LITURGIA
SACRAMENTOS
FESTAS

Dados Internacionais de Catalogação na Publicação (CIP)
(Câmara Brasileira do Livro, SP, Brasil)

Biffi, Inos
  Liturgia, sacramentos, festas / Inos Biffi ; tradução de Frei Ary E. Pintarelli. – Petrópolis, RJ : Vozes, 2022.

  Título original: Liturgia, sacramenti, feste
  ISBN 978-65-5713-515-0

  1. Ano Litúrgico 2. Igreja Católica – Liturgia 3. Sacramentos – Igreja Católica I. Título.

22-108159   CDD-264.02

Índices para catálogo sistemático:
1. Liturgia : Igreja Católica   264.02

Cibele Maria Dias – Bibliotecária – CRB-8/9427

INOS BIFFI

LITURGIA SACRAMENTOS FESTAS

Tradução de Frei Ary E. Pintarelli, OFM

EDITORA
VOZES

Petrópolis

© 2015, Editoriale Jaca Book Srl, Milão

Tradução realizada a partir do original em italiano intitulado *Liturgia, Sacramenti, Feste*

Direitos de publicação em língua portuguesa – Brasil:
2022, Editora Vozes Ltda.
Rua Frei Luís, 100
25689-900 Petrópolis, RJ
www.vozes.com.br
Brasil

Todos os direitos reservados. Nenhuma parte desta obra poderá ser reproduzida ou transmitida por qualquer forma e/ou quaisquer meios (eletrônico ou mecânico, incluindo fotocópia e gravação) ou arquivada em qualquer sistema ou banco de dados sem permissão escrita da editora.

CONSELHO EDITORIAL

Diretor
Gilberto Gonçalves Garcia

Editores
Aline dos Santos Carneiro
Edrian Josué Pasini
Marilac Loraine Oleniki
Welder Lancieri Marchini

Conselheiros
Francisco Morás
Ludovico Garmus
Teobaldo Heidemann
Volney J. Berkenbrock

Secretário executivo
Leonardo A.R.T. dos Santos

Editoração: Maria da Conceição B. de Sousa
Diagramação: Raquel Nascimento
Revisão gráfica: Nilton Braz da Rocha / Fernando Sergio Olivetti da Rocha
Capa: SGDesign

ISBN 978-65-5713-515-0 (Brasil)
ISBN 978-88-16-41315-3 (Itália)

Este livro foi composto e impresso pela Editora Vozes Ltda.

Sumário

A oração celeste que sustenta o mundo, 13

Parte I
A liturgia, 15

1 Liturgia e mistério cristão, 17

    1 A liturgia: mistério de Cristo na Igreja, 17

    2 Sentido teológico da liturgia, 21

    3 A liturgia, fonte da piedade cristã, 24

    4 Liturgia e vida espiritual, 27

2 Liturgia, experiência da fé, 30

    1 A liturgia e a crise da fé, 30

    2 Liturgia, "realismo" da fé, 32

    3 Correlação entre dogma e liturgia, 34

    4 A liturgia: desenvolvimento e exercício da fé, 37

    5 A liturgia como expressão de uma Igreja viva, 39

3 A liturgia e o sagrado, 42

    1 A liturgia é "sagrada", 42

    2 Ainda sobre o sagrado e o santo, 45

4 Pastoral e piedade litúrgica, 49

    1 O pastor de almas educador litúrgico, 49

    2 A liturgia é participação interior, 51

    3 A harmonia entre liturgia e piedade privada, 53

    4 Graus e formas de participação litúrgica, 56

5 A linguagem litúrgica, 60

    1 Linguagem litúrgica no âmbito da tradição, 60

    2 Para a compreensão dos textos litúrgicos, 66

    3 Linguagem litúrgica despertada por uma memória, 71

6 Liturgia e valores humanos, 75

7 A reforma litúrgica e seus frutos, 80

    1 A intenção da reforma litúrgica, 80

    2 Exigências para a reforma, 81

    3 Um balanço da vida litúrgica hoje, 85

8 Uma síntese sobre liturgia e espiritualidade, 96

    1 Fundamentos doutrinais, 96

    2 Aspectos de vida e de pastoral litúrgica, 109

9 Ulteriores reflexões teológicas, 118

    1 O coração da liturgia, 118

    2 Liturgia celeste e liturgia terrena, 120

    3 Na ação litúrgica: Cristo associado à Igreja, 123

    4 A participação na liturgia celeste, 126

    5 A liturgia, "cume e fonte" da vida da Igreja, 128

    6 A liturgia, oração pessoal e "exercícios piedosos", 130

10 Formação litúrgica, 135

    1 A liturgia, sinal e presença da obra da salvação, 135

    2 A liturgia: educação e iniciação ao mistério cristão, 138

    3 A formação litúrgica do sacerdote: condição para uma comunidade em oração, 142

    4 Educação teológica para a liturgia, 144

    5 A formação litúrgica de Romano Guardini, 147

Parte II
Os sacramentos: memória e sinais de salvação, 153

1 Os sacramentos: atos de Cristo e da Igreja, 155

1 Os sacramentos, sinais e presença do Mistério Pascal, 155

   2 Sacramentos e "confirmação" eclesial, 160

   3 Sacramentos e vida da Igreja, 163

   4 Os sacramentos e o mundo da graça, 166

   5 Os sacramentos cristãos: obra do Crucificado glorioso, 168

   6 Os sacramentos e a presença de Cristo na matéria, 171

   7 Os sacramentos e a ação invisível do Espírito, 173

2 O sacramento e a vida, 178

3 Sinais litúrgicos cristãos, 182

   1 Linguagem do culto e Evangelho, 182

   2 Um difícil problema da reforma litúrgica, 186

   3 A "mística" alma da celebração litúrgica, 188

4 Sacramentos e espiritualidade cristã, 191

   1 Síntese "clerical" de ontem, 191

   2 O sagrado, o santo e o cristão, 194

5 A Iniciação Cristã – Introdução à história da salvação, 198

6 Batizados na fé da Igreja, 212

   1 O significado do Batismo das crianças, 215

7 Reflexões teológicas sobre o mistério do Batismo, 219

   1 O Batismo na perspectiva geral da história da salvação, 220

   2 O Sacramento do Batismo e a Páscoa de Cristo, 222

   3 A *virtus* do Mistério Pascal e os diversos aspectos do Batismo, 228

   4 O Batismo na estrutura da Iniciação Cristã, 237

   5 Sacramento do Batismo, vida cristã, escatologia, 239

   6 Conclusão, 242

8 O Sacramento da Crisma, 244

   1 O Sacramento da Crisma na tradição oriental e na ocidental, 244

   2 A idade da Confirmação: teologia e pastoral, 248

9 O Sacramento da Eucaristia, 257

1 A Eucaristia: sacramento da cruz, 257

2 Aspectos do mistério eucarístico e uma catequese renovada, 264

3 A Eucaristia e a ressurreição de Cristo, 268

4 Eucaristia: medida da fé, 270

5 Eucaristia e fidelidade eclesial, 273

6 Eucaristia e missão da Igreja, 275

7 Eucaristia e originalidade cristã, 277

8 Eucaristia e antropologia, 279

9 Eucaristia e escatologia, 282

10 Uma leitura do cânon, 285

11 A Eucaristia: conclusão da Iniciação Cristã, 293

12 O culto eucarístico e seu valor, 295

Como complemento – A Eucaristia no centro da comunidade e de sua missão, 297

10 Liturgia e Eucaristia – Presença da obra da salvação por força do Espírito Santo, 303

1 O Espírito Santo: princípio da presença eficaz de Cristo, 304

2 O Espírito Santo na constituição do Corpo de Cristo na Eucaristia, 307

3 O Espírito Santo: princípio da Eucaristia nos textos litúrgicos, 314

11 As anáforas eucarísticas, 317

1 Da "Eucaristia das anáforas" para a "Eucaristia espiritual", 317

2 A unidade interior das anáforas: a Eucaristia Mistério Pascal de Cristo na Igreja hoje, 324

3 Os primeiros princípios da liturgia e a introdução das anáforas, 336

12 O Sacramento da Penitência, 344

1 A Penitência, sacramento pascal, 344

2 As causas de uma crise, 348

3 Cristo crucificado: reconciliação do homem pecador, 352

4 O ministro e o ministério da Penitência: reflexões teológicas, 356

13 A Unção dos Enfermos e o conforto pascal de Cristo, 371

14 O sacerdócio ministerial, 375

15 O Sacramento do Matrimônio, 382

16 Uma visão de conjunto, 390

    1 Os sacramentos cristãos, 390

    2 Na gênese dos sacramentos, 390

    3 A decisão de Cristo: o sacrifício da cruz, sua autoentrega e a efusão do Espírito, 391

    4 A razão da autoentrega na última ccia, 391

    5 O sacrifício da cruz e seu significado, 392

Parte III
O Ano Litúrgico ou as estações da salvação, 395
Seção I
Advento, Natal, Epifania, 396

Introdução – O Ano Litúrgico: memória e presença, 397

    1 O Ano Litúrgico, celebração da obra de salvação, 397

    2 A memória do Senhor no tempo, 401

    3 O Ano Litúrgico; ou seja, o tempo como sacramento da graça do Senhor, 404

1 Espiritualidade do Advento, 407

    1 O ano da graça, 407

    2 Pastoral do Advento e identidade da Igreja, 410

    3 Na escola dos profetas, 413

    4 A salvação que vem de Deus, 415

    5 As duas vindas do Senhor, 417

    6 No tempo em direção ao Reino, 418

    7 Advento e prudência cristã, 421

    8 Maria e o Advento, 423

2 Tempo de Advento numa Igreja, 426

    1 O Advento: memória, realização, espera, 426

  2 O Advento: tempo da esperança da Igreja, 434

  3 "Tu que bordas a noite de estrelas" (*Conditor alme siderum*), 437

  4 "Ó Virgem Santa Maria (*Verbum salutis omnium*), 439

  5 "Os profetas anunciam em altas vozes" (*Magnis prophetae vocibus*), 440

3 O Tempo de Natal, 442

  1 Natal: o divino entra na história, 442

  2 Natal cristão, 444

  3 Nas origens da alegria natalina, 446

  4 O Natal de Jesus: verdadeiro homem e verdadeiro Deus, 448

  5 Identidade cristã do Natal: Epifania de Deus e do homem, 451

  6 Maria no mistério do Natal, 453

  7 A Epifania do Senhor, 456

  8 O Batismo de Jesus: imagem do Batismo cristão, 461

4 Tempo natalino de uma Igreja, 465

  1 A salvação e a história, 465

  2 "Hoje" nasceu o Cristo, 468

  3 O Natal de Cristo: Epifania de Deus e manifestação do plano de salvação, 470

  4 O mistério natalino na Virgem Mãe, 472

  5 A múltipla graça do "misterioso evento salvífico", 474

  6 A correspondência à graça do Natal, 476

Seção II
Quaresma e Páscoa, 482

Introdução – A Páscoa: substância do Ano Litúrgico, 483

1 O itinerário da Quaresma, 485

  1 Finalidade e caracteres do tempo da Quaresma, 489

  2 A comunidade cristã "sobe a Jerusalém", 492

  3 Quaresma: êxodo da Igreja, 494

  4 Quarenta dias de silêncio e de abandono com Jesus no deserto, 497

    5 A vitória sobre o diabo no itinerário quaresmal, 501

    6 Os gestos salvíficos de Cristo: o seu jejum, 503

    7 Cristo, pão da Igreja a caminho no mundo, 506

    8 Consciência viva do pecado e espera da redenção, 509

    9 A água viva que regenera toda a Igreja, 511

    10 O culto espiritual no "agora" de Jesus Messias, 514

    11 Jesus, Senhor e Deus, 516

    12 A nova piscina de Siloé, 519

    13 O sacramento da iluminação, 522

    14 O sinal de Lázaro hoje, 525

2 A Semana Santa, 531

    1 Teologia e espiritualidade dos dias santos, 531

    2 Os dias da redenção, 534

    3 Fato passado e realidade presente, 536

    4 Hinos do tempo quaresmal, 540

    5 Hinos da Semana Santa, 542

    6 Quinta-feira Santa: os óleos e a ceia, 545

    7 A cruz: critério e juízo da história, 553

    8 O silêncio e a esperança do Sábado Santo, 558

    9 A Vigília: uma luz sobre toda a história, 561

3 Para a compreensão teológica do Tríduo Pascal – Uma visão teológica, 564

    1 Primeira dimensão: a memória, 565

    2 Segunda dimensão: a história, 566

    3 Terceira dimensão: a realização, 569

    4 Quarta dimensão: o sacramento, 572

    5 Quinta dimensão: a eclesialidade, 573

    6 Conclusão: uma página esclarecedora de Santo Agostinho, 576

4 O Mistério Pascal, 578

    1 A Páscoa "iminente" sobre o mundo, 578

 2 A Páscoa na Igreja, 580

 3 O evento definitivo e atual, 583

 4 A Páscoa: horizonte e substância do mistério cristão, 586

 5 A plenitude do tempo em Cristo ressuscitado, 589

5 Da páscoa a Pentecostes, 592

 1 Tempo pascal, 592

 2 A fé na escola da liturgia pascal, 596

6 Maria Virgem na história da salvação, 599

7 A festa cristã, 603

8 A Quaresma de uma Igreja, 606

9 O tríduo sagrado de uma Igreja, 625

 1 Na Ceia do Senhor, 625

 2 O mistério da morte e da redenção, 627

 3 A Vigília da Páscoa, 628

10 Espiritualidade litúrgica do tempo pascal, 632

 1 O tempo litúrgico pascal, 632

 2 Espiritualidade pascal, 634

 3 A Liturgia da Palavra no tempo pascal, 635

 4 A *Sequência de ouro* de Pentecostes, 636

Índice onomástico, 639

A oração celeste que sustenta o mundo

Ao tema da liturgia já foi dedicado um volume das *Opera Omnia*: a *Esperienza del mistero*; este outro retoma o tema com a edição de uma variedade de estudos – aparecidos em diferentes tempos e lugares. De fato, o assunto despertou-me vivo interesse desde o início dos meus estudos, para não dizer que graças a um sacramento, o Batismo, teve início, um dia após o nascimento, a minha vida cristã.

Por outro lado, os ritmos litúrgicos anuais, semanais e diários, com suas recorrentes celebrações e suas festas, refletiam-se e ainda se refletem no decurso do ano, das semanas e dos dias.

Os aspectos tomados em consideração são múltiplos:

• a Liturgia Eucarística, que representa o sacramento principal do Mistério Pascal e se irradia nos outros sacramentos;

• o valor teológico e espiritual da piedade litúrgica;

• os vários tempos do ano sagrado, com sua mensagem e sua graça;

• a linguagem da liturgia;

• o sentido de uma reforma litúrgica e também os não raros desvios ocasionados por iniciativas pouco sábias.

Como se vê, a liturgia como expressão e fonte do espírito cristão.

Desde as primeiras reflexões sobre ela, foi clara a percepção de sua dimensão teológica, como sustento das formas rituais, cuja importância foi também logo percebida.

No entanto, no percurso houve um momento de importância radical que, de certo modo, subverteu todo o significado da liturgia. Foi quando percebi que não é o culto celeste que se realiza no culto terrestre, mas, ao contrário, é a liturgia terrena que deriva da celeste, que é seu reflexo. Aquela é seu modelo e sua fonte. E eis sua razão: a glória ou a escatologia a abranger e incluir o tempo. Nosso rezar cá na terra está incluído no louvor e na intercessão perene lá do alto; é exemplarmente vivido pela companhia dos bem-aventurados, que torna participantes a nós que ainda estamos a caminho. Nós podemos rezar porque Cristo é o eterno orante e nos associa à sua piedade para com o Pai, à sua ação de graças, às suas invocações.

É como dizer que o mundo é sustentado pela incessante oração de Jesus, da Virgem Maria, dos bem-aventurados, unidos aos coros angélicos.

PARTE I
A LITURGIA

1
Liturgia e mistério cristão

1 A liturgia: mistério de Cristo na Igreja

Cristo na liturgia

A celebração é parte essencial da vida da Igreja. A tal ponto que, se a ação litúrgica – e a Eucaristia em particular – viesse a faltar ou fosse relegada às margens da ocasionalidade ou das opções secundárias, a Igreja perderia a própria possibilidade de existir e de se compreender. E a razão é simples: a palavra do homem, a filosofia, a história "natural" são radicalmente incapazes de "inventar" e de sustentar a Igreja, que tem outro início e substância. Ora, é na memória litúrgica – entendida como a presença novamente eficaz da Páscoa de Cristo, ou como o sacramento do dom do Espírito do Senhor morto e ressuscitado – que a Igreja tem sua origem, reconhece-se na sua natureza, recebe a força para a sua vida.

Muitas outras coisas são necessárias para a realização da Igreja, para sua expressão, mas nenhuma mais do que o sentir Jesus Cristo nos seus mistérios, como diz Santo Ambrósio (*Ap. Dav.*, I, 12, 58). É preciso não perder a sensibilidade para a exata hierarquia dos valores e dos momentos e, especialmente, é necessário permanecer – por parte de todos e em cada atividade eclesial, que assim queira qualificar-se – nesta comunhão concreta. Caso contrário, a eclesialidade corre o risco de se desqualificar e, por fim, de revelar-se inútil e insignificante: inclusive a teologia, cujas finezas científicas são simplesmente inválidas se não tiverem por fundamento, e se não manifestarem e não introduzirem ao concreto mistério cristão, que a fé recebe e que a liturgia reapresenta.

Na Igreja, não serve ou serve muito pouco o perito ou o profissional que sobrevenha do exterior; o teólogo não é um especialista da fé que possa dispensar-se da comum vida eclesial, e assim deixe para os "simples" e os indoutos a experiência do mistério, como se fosse um nível pré-científico, ainda não iluminado. Não faltaram tais teologias e teólogos, mas a Igreja pode ignorá-los tranquilamente.

Mas poderia parecer que exatamente a liturgia, pela "monotonia" de seu desenvolvimento e a identidade de suas propostas, pela segurança de sua linguagem e a necessidade de suas implicações, não deixe espaços à novidade de uma verdadeira história, às suas esperanças não previamente conhecidas. Já sabemos antecipadamente que tal dia ocorrerá a Páscoa, em tal data, Pentecostes, em tal, também, o Natal do Senhor, e assim por diante. Surge a impressão de uma história em circuito interno e fechado, que comprime um espaço para uma nova escolha e a surpresa.

Que a história na liturgia seja previamente conhecida é certíssimo: quer no sentido de a liturgia propor e celebrar os eventos já conhecidos da história da salvação, quer porque ela mesma, na sua constituição e nos seus ritmos, é perfeitamente predeterminada e não é deixada à improvisação do acaso ou do gosto; ou, se quisermos ser mais precisos, é sempre concluível em identidade de componentes, sem modificações substanciais, mesmo na hipótese de outras modalidades nos recursos litúrgicos.

Na realidade, aquilo que pareceria uma a-historicidade de conteúdo e de estrutura da liturgia fundamenta e torna possível a única verdadeira história do homem.

A liturgia "recorda"

A liturgia não é original: relembra um evento já acontecido – a morte e a ressurreição do Senhor. Se por história se entende ou um início absoluto ou um fato imprevisível ou um acontecimento que brota da liberdade e que ainda não existe, devemos dizer que a liturgia não contém uma novidade histórica e não se coloca num horizonte onde se espere ou possa surgir algo radicalmente novo. A liturgia recorda: é uma memória e a ela introduz a Igreja e o homem. Na liturgia forma-se e cresce a consciência que o desígnio do homem já está estabelecido, que não lhe compete inventá-lo, que ele é projetado pela iniciativa divina que concebe o homem, cria-o e o faz vir ao mundo em Jesus Cristo redentor. Em outros termos, não é o homem que se dá um significado, que se autoinvente: somos precedidos por Deus e por seu plano, a quem compete a invenção. Ora, a liturgia retorna incessantemente aos mistérios salvíficos de Cristo, sem jamais mudá-los, sem se cansar ou extenuar-se como diante de uma realidade que possa envelhecer. É o sentido de sua "monotonia", que temos percebido também na disposição do Ano Litúrgico, que retorna sobre si mesmo no ciclo das festividades.

Esta identidade "monótona" – considerada sempre como recordação do mesmo acontecimento que é Jesus Cristo – não se encontra, porém, simplesmente na própria recordação. O fato comemorado e ligado ao passado é também iminente e dominante; está presente de maneira sacramental; ontem e agora significativo e eficaz. Na liturgia, a Igreja não tem outra coisa a oferecer, nada que seja diferente do Senhor com seu ato de salvação. Se por história se entende uma diversidade, uma pluralidade, a liturgia é a-histórica. Mas ela se distingue exatamente porque não se propõe dar algo diferente ou que seja além em relação a Jesus Cristo: em cada tempo, imprescindível e totalmente só Ele é oferecido, de forma que o que não aconteceu a Cristo não tem valor, está fora da história autêntica, porque está fora do projeto de Deus. Não existe um "futuro" em relação a Jesus de Nazaré ressuscitado da morte: Ele é o passado, o presente e o futuro, que se resolvem nele misteriosamente; Ele se coloca, na sua singular unicidade histórica, como sentido e valor universal da própria história: concreto histórico e universal de significado.

A liturgia e a verdadeira história do homem

Todavia, desta "monotonia" litúrgica, da festividade "preestabelecida", não provém uma espécie de movimento uniforme, ou até um imobilismo, no qual as escolhas ou as invenções do homem e de sua condição de criatura histórica permanecem paralisadas. Acolhendo na fé o projeto divino, que é Jesus Cristo, fonte de significado, e realizando a comunhão com Ele, assumindo seus mistérios da morte e da ressurreição, o homem, a Igreja suscitam e administram uma verdadeira, ou melhor, a única verdadeira e possível historicidade. Colocam-na como eleição de Jesus Cristo – sem eleição ou liberdade não existe propriamente história. Sobre este plano surge a novidade e emerge a história: na libertação e na escolha do homem que, pessoalmente, reconhece Jesus Cristo, de quem a liturgia é memória e presença ao mesmo tempo. O fato que Ele seja lembrado e já seja oferecido, não só não bloqueia a história do homem, mas suscita-a segundo a sua verdade e possibilidade. O fato de ter Jesus Cristo e de já sabê-lo, o seu retorno "cíclico" – mas esta imagem tem sua parte de ambiguidade – cria a única liberdade possível do homem, cuja "essência" não é a de optar e de agir prescindindo de Jesus Cristo, num futuro ignoto, ao qual venha indicada uma substância original. Ou melhor: esta originalidade, que faz consistir a história, é a novidade que faz surgir liberdades em Jesus Cristo, a novidade da libertação cristã, que não é coagida ou necessitada, mas é deixada à escolha do homem. E exatamente para que isso aconteça, a liturgia propõe ininterrupta e fielmente a "mesma coisa". Ela faz retornar ao idêntico, para que nasça o novo, que é a experiência da fé, a comunhão com a Páscoa, a novidade do nosso amor, no qual continua o próprio amor de Jesus Cristo. Em outras palavras: assim tornamos sensata a nossa existência. Cristo é dado para a nossa história: a imaginação do homem coloca-se neste momento e neste nível. Sua "habilidade" – se esta expressão for permitida – está toda neste deixar-se tocar pela graça, pelo Espírito de Cristo, para o qual a morte e a ressurreição têm representado o último, o cume escatológico, o máximo da realização perfeita. Por isso, a liturgia não é uma ação e uma fase elementar e superável de quem consiga, por assim dizer, ser mais sábio e mais maduro.

A tentação da "gnose"

O perigo, a tentação, da "gnose", do conhecimento superior, que se põe além destes "simples" momentos, nunca foi ultrapassado.

Nenhuma cultura, nem elaboração científica, nem outro carisma, poderá substituir ou fazer tomar as distâncias da celebração, compreendida nos termos indicados. Sair de seus limites – que, por certo, não coincidem profundamente com uma determinada figura do Ano Litúrgico ou com dadas imagens rituais que de todo o modo se supõem irreformáveis – quer dizer simplesmente sair da história e operar na inutilidade definitiva e, portanto, não se aproximar do "futuro", nem viver verdadeiramente o presente. Então, acontece antes a paralisia da história, que é a história privada do sentido de Jesus Cristo. A aparente originalidade inventiva, a deliberação sem prevenção, a autossignificação levam à marginalização da história. O sentido das escolhas e dos acontecimentos que disso seguem somente pode ser resgatado de sua insignificância por Jesus Cristo.

Sem dúvida, a liturgia não é a única forma de constituir a história, mas é a primeira. Sua segurança e pré-constituição, seu decorrer que não muda naquilo que nos propõe, permitem-nos crescer (e a história é crescimento) e adquirir nossa identidade, mas que a encontramos e a conseguimos fazendo-a surgir de Jesus Cristo. Quem não se sentir à vontade constrói sobre o nada, pois tudo foi criado nele. Mas quem se inserir na Igreja que celebra os mistérios do Senhor, com a eficácia que sabemos, está certo de não agir em vão. E se é teólogo, tem a certeza de não separar de um lado o intelecto e do outro a fé; isto é, de não ser inútil à Igreja.

2 Sentido teológico da liturgia

A liturgia, celebração do mistério cristão

O êxito da reforma litúrgica depende do tipo e do grau de preparação doutrinal e teológica (em sentido amplo) do pastor de almas e também da comunidade. Na base e como conteúdo da renovada formulação litúrgica existe uma teologia, não digamos nova, mas certamente mais completa; não só, mas a própria valorização dos elementos permanentes exige uma compreensão ou uma capacidade de leitura e de interpretação que, talvez ainda a comum educação e mentalidade teológica sem uma revisão e integração, não está em condições de permitir. A incompreensão e a consequente passividade diante da renovação litúrgica têm aqui uma de suas causas primárias. Não é por nada que reforma litúrgica e reforma teológica (sempre no significado global de acolhimento e "compreensão" da Palavra de Deus ou do "mistério" cristão, na fé) implicam-se mutuamente, enquanto na liturgia se manifesta, de forma ritual, cultual, sacramental, o mistério cristão, que a "teologia" propõe e "explica". E enquanto, correspondentemente, a liturgia é uma fonte da própria teologia, a fonte no "sinal" celebrativo.

Não separação entre teologia e pastoral litúrgica

A reforma litúrgica continua a encontrar não pouco despreparo nesta insensibilidade de perceber, na sua função e relação dentro da ordem da história salvífica, diversos elementos atualizados pela mais genuína tradição.

Acrescente-se a isso que não raramente se concebe e se realiza a pastoral separada da teologia, como se esta fosse uma ciência abstrata (e de fato um certo tipo de teologia o foi), enquanto a "prática" é outra coisa. Se esta fissura não for superada, também por um novo e mais concreto (e neste sentido prático) conceito do exercício da teologia, necessariamente a pastoral, a começar pela litúrgica, é cortada pelas suas raízes e murchará por esgotamento numa técnica infundada e por fim insuficiente. É como uma lei: tal o pastor qual o teólogo; isto é, aquele que é perito na doutrina da salvação segundo aquela medida e aquele método de compreensão que a comunidade eclesial sente e exige. Não nos detemos a examinar as causas deste desamor da teologia e deste seu empobrecimento – talvez foi uma espécie de ativismo na impostação da cura das almas, talvez um imprevidente ceticismo sobre sua importância, e talvez também um interesse menos iluminado para tarefas e competências de suplência que o irreversível processo histórico está revelando e subtraindo, provocando as assim chamadas crises de identidade do sacerdote. De qualquer forma, agora é evidente a diferença entre a disposição teológica, que hoje a liturgia com suas renovações supõe e nos impõe, e a condição de fato sobre a qual ela agora é obrigada a agir.

Por sua vez, o Concílio é explícito. Antes de mais nada, quer que a liturgia seja ensinada também "sob o aspecto teológico" e que todas as disciplinas sagradas "sejam renovadas por meio de um contato mais vivo com o mistério de Cristo e com a história da salvação" (*Sacrosanctum Concilium*, art. 16): somente desta renovação poderá vir o sentido litúrgico integral, que não se fixa e não se perde muito no particular, mas que sabe ultrapassar as diversas expressões para compô-las na justa metodologia e significado de conjunto, que sabe ligar-se no amplo e vivo fundo da história sagrada sobre o qual se colocam e se entendem as diversas intervenções compreendidas em sua função e justificação.

Caso contrário, os vários momentos e as diferentes expressões de renovação continuam a ser aplicações externas, no máximo, feitas com espírito legalista, e no fim, simplesmente destinadas a tomar a posição dos sinais passados, exatamente pela falta da chave exegética e relacionada. Portanto, a pastoral não deve andar por si: é necessária uma simbiose com a teologia; correlativamente, também se verá que uma teologia sem expressão pastoral é vã – para usar as palavras do Padre Chenu, o "descobridor" do Santo Tomás histórico.

Liturgia e praxe

Por fim, mais decisiva e mais perigosa para uma liturgia de sucesso, ou muito mais exatamente em contínuo esforço de dar certo, é a separação entre a ação litúrgica, a expressão cultual da comunidade e sua vida e praxe. Neste caso, a celebração torna-se como que um absoluto isolado, que, mesmo na sua potencialidade fontal do mistério de Cristo, não se manifesta e não se realiza como "fruto" da "iniciativa" da própria comunidade, que na liturgia revela sua conformidade real com aquilo que é celebrado. Estaremos, pois, num culto de representação ou de substituição, preocupado com o sinal litúrgico, que somos até capazes de interpretar pela própria ciência teológica.

O ideal ao qual a celebração tende é a adequação do sinal litúrgico com o conteúdo que ele reapresenta e está em condições de comunicar, de modo a se verificar a identificação rito-vida que Cristo realizou, no qual a liturgia não foi uma "coisa", uma ação externa a Ele, mas a sua própria existência humana, a sua experiência que se consumou sacrificalmente no dom de si mesmo na cruz e na ressurreição gloriosa.

A liturgia não é uma "terceira" realidade

A liturgia não é uma "terceira" realidade entre a vida concreta da Igreja e Cristo, mas ela provém da vida da Igreja na qual está em ação Cristo e para a sua edificação prática: é essencialmente função e relação de vida, de imitação do mistério, de envolvimento e associação a Ele. O rito é sinal sacramentalmente eficaz do mistério para a eficácia da conformação real.

Sob este aspecto, a liturgia, propriamente, não é o cume da atividade da Igreja, mas, no fim, é destinada à revivescência prática dos mistérios de Cristo: ela se encontra ainda em posição de instrumento: o fim é a comunhão e a assimilação das obras.

Ou melhor: ela já deve ser ponto de chegada de uma iniciativa de fé e de uma disposição de caridade, sem o qual o mistério de Cristo não encontra o corpo de desenvolvimento e de assunção, para uma mais fiel e mais difusa aplicação. A celebração da comunidade não seria efetivamente significativa: o gesto se formaliza, a palavra soa no vazio e é condenação, o rito é jogo que, no fim, enjoa. Então, poderiam vir reformas ainda mais atualizadas e mais felizes, só que não teriam o sustento, a matéria da qual emergir, o esforço de ação e de acolhimento com o qual agir. Bem-entendido o conceito, podemos falar de "relatividade" da liturgia, segundo a perspectiva da própria constituição conciliar, onde é reafirmado que a "liturgia impele – não temos falado de dinamismo, de vitalidade – os fiéis, saciados pelos sacramentos pascais, a viver em perfeita união, e pede – este é, pois, o *culmen* – que exprimam na vida o que receberam na fé [...]. É por isso que no sacrifício da missa pedimos ao Senhor que, aceitando a oferta do sacrifício espiritual, faça de nós mesmos uma oferta eterna" (art. 10). Ou como é dito no decreto sobre o ministério e vida sacerdotal: "Por sua vez, para ser plena e sincera, a celebração eucarística deve constituir-se em canal para as múltiplas obras de caridade e auxílio mútuo, para a ação missionária, como ainda para as várias formas de testemunho cristão" (*Presbyterorum Ordinis*, n. 6).

Nesta linha, uma certa exigência de redimensionamento, de "plenitude e sinceridade" da Eucaristia e de sua sinapse, está na base de impaciências, que deveremos ouvir, avaliar e integrar, para não receber a condenação pelo louvor com os lábios, enquanto longe está o coração, a ação missionária, o ágape, que continua sempre o ponto de partida e o ponto de chegada da ação da Igreja; o ágape que é o mistério de Cristo que age na Igreja e se comunica no mundo como amor ao Pai e aos homens. O liturgismo, o ritualismo, a não correspondência permanecerão sempre como perigo de tornar estéril o sinal sacramental.

3 A liturgia, fonte da piedade cristã

Celebração e piedade

A celebração dos mistérios destina-se a renovar profundamente o espírito da piedade e o "estilo" da oração cristã.

Se em cada tempo a liturgia da Igreja esteve segura na sua validade e radicalmente eficaz na sua função, aos poucos, por várias razões, seu contato vivo e habitual com a comunidade foi se abrandando: os fiéis viram-se sempre mais distanciados e, sobretudo, incapazes de tirar dela o alimento, o ritmo e a forma de sua oração. Disso resultou uma piedade sempre mais autônoma, rica e com frequência quase hipertrofiada de práticas devotas, nem sempre iluminadas e facilmente dispostas em paralelo – embora não em contradição – com a celebração.

O sentido do tempo litúrgico – o domingo, a grande preparação da quaresma, os cinquenta dias pascais – é perdido em favor de outros tempos ou meses. O Natal com sua novena e seu folclore atrai, mas a Páscoa, seu Tríduo Sacro, sua vigília e oitava e sua consumação pentecostal transcorrem menos interessantes e incisivos, não raramente encobertos e embaraçados por exercícios piedosos secundaríssimos ou por preocupações estranhas; o culto prevalece sobre a celebração da Eucaristia e a devoção aos santos quase sobre os mistérios do Senhor.

Numa palavra: a piedade cristã faz-se mais devoção enquanto a piedade oficial, a liturgia, afasta-se dos fiéis (e em parte também do clero) e perde ou não explica mais suficientemente seu ofício de medida e de sustento. Agora, com a reforma litúrgica, a Igreja se propôs religar-se mais estreitamente às fontes originárias de sua piedade, tornar mais autêntica a aproximação às fontes de uma espiritualidade. E o faz não tanto suprimindo imediatamente quanto deslocando o eixo da oração, tornando a confiar à liturgia a tarefa de gerar e nutrir a oração dos fiéis e educar sua sensibilidade religiosa, propondo exatamente os valores e os objetivos referidos no mistério cristão.

Uma revisão necessária

Isso levou indubitavelmente à revisão e, às vezes, à supressão, de algumas formas devocionais, exatamente pelo primado da liturgia enfim reencontrado. Os exercícios de piedade e a oração fora da liturgia devem permanecer: uma vontade de eliminá-los não revelaria um sério espírito litúrgico, mas um superficial fervor que prejudica e deforma. Eles são preciosas expressões da vida de piedade: como encontro com Deus, íntimo, "privado": "cada cristão, embora devendo, por força de sua própria vocação, rezar comunitariamente – declara a constituição litúrgica – não pode deixar de entrar no seu cubículo interior e ali, longe do olhar dos outros, orar ao Pai" (art. 12); e depois, como oportuna acentuação de aspectos particulares do mistério do Senhor, dedicar-se a práticas mais livres, mais imediatas e "contingentes"; e, em todo o caso, como prolongamento dos próprios ritos ou introdução a eles. A liturgia será fonte de vida interior tanto mais fecunda quanto mais intensamente for desenvolvida ou se preparar com pios exercícios. São palavras do Concílio: "os piedosos exercícios do povo cristão [...] são encarecidamente recomendados" (art. 13).

Mas é muito claro o destaque que vem depois: "Assim, pois, considerando os tempos litúrgicos, estes exercícios devem ser organizados de tal maneira que condigam com a Sagrada Liturgia, dela de alguma forma derivem, para ela encaminhem o povo, pois que ela, por sua natureza, em muito os supera" (ibid.). É uma indicação evidente da necessidade sempre atual da piedade: seu movimento deve decididamente tornar a subir ao sentido de sua origem. Primeiramente, a vida litúrgica, e depois dela, ativo e pleno, o florescimento das devoções que, separadas, sozinhas, inevitavelmente desviarão – e desviaram – para um devocionismo pobre. Nesta perspectiva, podemos falar de um tipo renovado de piedade: mais bíblica, mais "sacramental" e, portanto, mais essencial; menos "especializada" e fraccionada em práticas de ordens ou de terceiras ordens, menos individualista, de caráter eclesial mais amplo. E acrescentemos também: menos sentimental, mais austera e desapegada, como convém à *devotio christiana*.

Dificuldades e resistências

Esta direção da reforma pode encontrar ainda alguma dificuldade ou resistência em quem tenha recebido uma diferente – mas com frequência muito intensa e exemplar! – formação para a piedade. Por um lado, é necessário um tato pastoral iluminado, paciente e compreensivo e, por outro, um esforço confiante de assimilação. No mais, à medida que a celebração litúrgica readquire claramente seu justo lugar, o equilíbrio cria-se gradualmente, quase por si mesmo. A qualidade e a eficiência da liturgia dispõem convenientemente as devoções, seja as prescritas, seja as livremente escolhidas e cultivadas. Agora, trata-se de educar progressiva e firmemente e com especial cuidado os mais jovens, atualmente em fase de iniciação à piedade, para entrar ativamente dentro do rito e para reencontrar e deduzir da liturgia o modo e a substância da oração. É preciso pensar numa verdadeira escola de piedade litúrgica, aliás, já em andamento.

Mas a Igreja necessita, sobretudo, de mestres de espiritualidade litúrgica, capazes de "fazer escola", que lhe tragam não só a doutrina, mas a experiência de uma grande vida cristã que brota, exercita-se e se edifica *cum frequentatione mysterii*, na "assídua celebração dos mistérios".

4 Liturgia e vida espiritual

A liturgia e as tradições espirituais

Dispondo mais imediatamente a celebração dos mistérios, com seus sinais e seus textos, à compreensão e à participação da comunidade cristã, nestes anos a reforma da liturgia está, sem dúvida, despertando e formando uma piedade animada de um novo espírito, mais de acordo com as propriedades do dogma, mais inserida na história da salvação e, portanto, mais eclesial e menos dispersa nas periferias das devoções. Por sua natureza – e não por uma particular deliberação –, a liturgia deve representar a fonte e o modelo da didascália cristã, a presença concreta, sacramental, da graça, sua assunção na fé, seu comentário, sua resposta. A Igreja lê na liturgia os "temas" da própria contemplação e os transforma em oração. Os ritos, as memórias cristológicas neles recorrentes, os sentimentos por elas suscitados representam o esquema e a história original e ortodoxa da espiritualidade.

Todavia, quem dessa constatação concluísse que se tornaram supérfluas as expressões da tradição espiritual cristã que, com menor evidência, aparecem ligadas ao ritmo litúrgico, que o contato de estudo e de meditação com elas já é insignificante, como se fosse de uma época superada, revelaria uma grave pobreza de juízo, quer quanto à tradição, quer quanto à própria liturgia.

Por expressões da tradição espiritual cristã entendemos, particularmente, a documentação que a experiência ascética e mística e a respectiva doutrina nos deixaram: agora, ela não se põe como alternativa para a espiritualidade litúrgica: seus frutos mais altos são o amadurecimento da substância, da "realidade", da liturgia. Mesmo com as reduções da cultura em que nasceram, ou com a perspectiva delimitada em que surgiram, os textos da ascética e da mística cristã pertencem à vida mais profunda da Igreja e seus próprios "traços clássicos" os torna intransponíveis.

Objetividade da liturgia

A liturgia propõe e desenvolve o mistério cristão na sua "objetividade" sacramental e, num certo sentido, transobjetiva. Compete a quem nela toma parte inseri-la no horizonte da própria existência, com a intenção de alcançar, através do "sacramento" que fixa no tempo e no lugar o mistério do Senhor, a graça da qual ele é portador. Sem esta subjetividade, pela qual a "realidade da liturgia (Santo Tomás dizia a *res* na qual termina o "sacramento") se torna história e a própria verdade de cada um, a celebração seria uma transferência, um jogo: uma vã sucessão de palavras, uma emoção estetizante, uma pura recordação do passado incapaz de produzir uma novidade no presente.

O destaque que a liturgia está assumindo na vida da Igreja não dispensa, mas deixa em todas as suas rigorosas exigências o trabalho da assimilação e da aplicação, somente do qual pode nascer uma consistente espiritualidade. Estas reflexões revelam quanto a experiência espiritual do passado – "exteriormente" ou "formalmente" menos litúrgica (excetuados os casos nos quais mais imediatamente a própria liturgia a produziu) – continua a ser exemplar e edificante.

O "sacramento" da liturgia na tradição espiritual

Sem dúvida, numa primeira leitura, é difícil perceber a ligação entre a espiritualidade litúrgica e, por exemplo, os "exercícios" de Santo Inácio: mas o esforço da "indiferença" inaciana, seu progressivo transformar-se em libertação e liberdade interior, a elevação da eleição como escolha que seja movida pelo "conhecimento interno" de Jesus Cristo, pela comunhão mais íntima com Ele, por um amor que leve àquela disponibilidade e àquele serviço no qual ajam puramente sua vontade e sua mais estreita imitação, o que são senão o desenvolvimento do mistério da Páscoa, da paixão, da morte e da ressurreição do Senhor celebrados na liturgia e, sobretudo, na Eucaristia? A oração dos "exercícios": "Toma e aceita, Senhor, toda a minha liberdade [...] dá-me teu amor e me basta" (n. 234): é a oração e a experiência de Cristo que morre na cruz e que ressuscita, e de quem, através do "sacramento" da liturgia, alcança a intenção última e completa. Em outros termos: a graça da liturgia é a de poder fazer em verdade aquela oração.

E mais: não tem outra natureza a "subida ao Monte Carmelo" em São João da Cruz, com a travessia da "noite escura" para chegar à perfeita união de amor com Deus: é o caminho espiritual durante o qual acontece a crucificação do homem velho e começa o nascimento do homem novo; isto é, aquele que é chamado a partilhar a ressurreição. Ora, este itinerário de separação, este "vazio", não é senão a realidade pascal de Cristo; isto é, o absoluto de Deus, que, em seu plano misterioso que passa pela cruz, recria em Cristo ressuscitado dos mortos o homem segundo o Espírito. Portanto, não é senão o objeto e a finalidade da liturgia.

A releitura destes textos – e de muitos outros ainda – que a tradição espiritual nos deixou, ajuda-nos assim a compreender toda a seriedade da celebração da qual hoje nós participamos mais ativamente e toda a concretude que ela pede para que seja verdadeira.

Importância do conhecimento da tradição espiritual

Mas podemos acrescentar outras breves observações sobre a importância deste conhecimento da tradição espiritual. Ela nos introduz em experiências vivas, "subjetivas" (acima, porém, falávamos da "objetividade" da liturgia) que, se têm o limite do caso particular, têm a vantagem da historicidade e da aplicação, da análise vivida, das avaliações particulares, que, com frequência, atingem o nível da lei universal, agora e para todos válida e esclarecedora. Isto a liturgia não pode e não deve dar imediatamente.

Por isso, falamos de mestres da vida espiritual: eles passaram pelo caminho tanto de uma doutrina segura quanto de um itinerário pelo qual permanecem como mestres da vida interior na Igreja. Eles nos ajudam na introspecção da alma e na interpretação de seus movimentos, preservam-nos do vago e do genérico, fazem-nos captar o essencial da vivência espiritual que jamais muda. Ter sorrido – como aconteceu – sobre a "meditação" em nome da escolha litúrgica não foi uma obra-prima de sagacidade: no fim, pode-se chegar a uma liturgia despersonalizada, anônima, sem história: isso seria contrário ao propósito da reforma litúrgica da Igreja, que costumeiramente se revela mais culta e também mais concreta do que o mais apaixonado liturgista.

Em continuidade, pois, a estas experiências vivas se poderá esperar o aparecimento não só de homens doutos – que em geral não faltam – mas de homens que tragam para a Igreja e dispensem o carisma do guia espiritual, que não se improvisa lendo alguns livros de teologia, mas vem de uma experiência que é dom particular de Deus e também esforço do homem.

2
Liturgia, experiência da fé

1 A liturgia e a crise da fé

A ação litúrgica da Igreja, apesar da reforma conciliar que a revisou e reestruturou profundamente, hoje, num raio não vasto, mas significativo, parece penetrada por uma íntima crise. Se uma parte das dificuldades nasceu e permanece por uma certa menor coerência e oportunidade de atualização, especialmente no sentido de adaptação, raízes muito mais profundas e motivos muito mais graves concorrem para criar hoje o "aborrecimento litúrgico". Ou, ao menos, poríamos interrogações sobre estas causas: este aborrecimento não proviria de algumas incertezas no plano da fé? De uma incapacidade de aceitar a presença e a obra de Cristo ressuscitado mediante a celebração? De uma opacidade encontrada no "sacramento" porque faltou sua percepção?

Obviamente: quando, se não se duvidar, todavia for posta em segundo plano, como se fosse um incômodo, a divindade de Cristo para pôr à luz a perfeição humana, o ato sagrado perde seu conteúdo especificamente cristão: que é de ser, no sinal eficaz, a obra da salvação do Senhor com o envio do Espírito Santo.

Liturgia e "morte de Deus"

Assim uma mentalidade "da morte de Deus": bloqueia e, por fim, destrói o movimento ascensional – para usar uma linguagem figurada, mas válida depois de uma crítica que a resgate da equivocidade – que anima o movimento da liturgia como resposta ao movimento descensional, que tem a fonte em Deus, no seu amor originário. Quanto ao mais: o término do método da assim chamada "morte de Deus" já chegou à negação que, talvez sem que se o quisesse, substituiu-lhe a humanidade e a incapacidade de uma admissão e de uma fé no Deus trinitário, transcendente e íntimo, criador e salvador na "história" do Filho de Deus. A indisponibilidade litúrgica não refletiria a dúvida ou a insegurança no absoluto do amor, que, para Cristo, representava o sentido total de sua vida e de seu evangelho e o próprio fundamento de sua Páscoa?

É fácil ver a que se reduzem, a partir dessas premissas, a própria Igreja e seu recolhimento litúrgico: a uma expressão humana, não a um sacramento de Cristo. O louvor, a "contemplação" (termo até carregado de ambiguidade, mas também rico de história válida), aparecem como ociosidades diante da urgência da ação.

Sem dúvida, o culto da Nova Aliança está no Espírito, princípio das obras. O ato litúrgico deve abrir-se e envolver a vida toda e suas opções. Não é um sentido litúrgico enfraquecido, mas, ao contrário, a sensação viva de sua realidade e de seu cargo que dará o impulso ao amadurecimento do amor e à concretude da fraternidade. Antes, a própria assembleia já deve ser fruto da caridade da Igreja: a caridade para Deus, em Cristo, de quem a assembleia dos fiéis surge.

Tradição

Dizendo isto não se quer criticar ou olhar com desconfiança reformas e adaptações, para que a ação sacra não só seja compreendida, mas também formada pela comunidade na sua concretude e atualidade. Só que, se é a fé – como parece – que em algumas camadas está decrescendo, então não terá valor continuar a atualizar fórmulas ou recuperar símbolos. É a atividade litúrgica da Igreja como tal que permanece mortificada e incompreendida, acabando ou prejudicando-se o dogma, particularmente, aquele relativo a Cristo, que, por ser Filho de Deus feito homem, torna possível o "espaço" e o "tempo" sagrado, ou seja, cheio do amor do Pai, operante no Espírito da Páscoa.

E talvez tenha chegado o tempo de garantir a tradição, que constitui a própria fé da Igreja, contra um relativismo e um subjetivismo que por sua "intenção" conduziriam à dispersão da norma e da "matéria" da fé e, portanto, ao desmantelamento da liturgia. O apelo ao dogma como gerador da piedade nos torna atentos aos perigos mais graves que poderiam atacar a ação sagrada e suas exigências mais profundas. E nos adverte também a não esperar a vitalidade e a eficiência de uma celebração por uma renovação que não seja alimentada pela verdade.

2 Liturgia, "realismo" da fé

A relação que existe entre a fé e a liturgia cristã é um dos temas que somos continuamente chamados a examinar e a aprofundar, seja pela importância do assunto em si, continuamente vivo e influente, seja pela atualidade particular assumida neste nosso tempo e trabalho de reforma, especialmente caracterizado pela precisa intenção de recolocar em evidência doutrinal e prática a intercomunicação entre o dogma e a celebração e, portanto, o desenvolvimento e a consumação da fé nela. Acentuamos, sobretudo, que a fé encontre sua expressão e transmissão na liturgia.

Conexão entre ação sacra e anúncio da Palavra

A conexão orgânica entre a fé e a ação sacra é enunciada sintética e estruturalmente nesta declaração da constituição litúrgica do Vaticano II: "Como Cristo foi enviado pelo Pai, assim também Ele enviou os Apóstolos, cheios do Espírito Santo, não só para pregarem o Evangelho a toda criatura, anunciarem que o Filho de Deus, pela sua morte e ressurreição, libertou-nos do poder de satanás e da morte e nos transferiu para o reino do Pai, mas ainda para levarem a efeito o que anunciavam: a obra da salvação através do Sacrifício e dos sacramentos, sobre os quais gira toda a vida litúrgica" (art. 6): uma identidade de conteúdo, pois, no anúncio e na liturgia – a obra da salvação ou mistério da Páscoa – proclamado na sua entidade histórica e celebrado, representado e transmitido na atualidade da ação sagrada.

Mas a fé, nascendo da pregação, na sua substância consiste na aceitação de Cristo morto e ressuscitado, princípio, com seu Espírito, de conversão e de vida nova; isto é, consiste em aderir "existencialmente" – para usar um termo capaz de evocar imediatamente um tipo de compromisso – à Palavra de Deus que se manifesta e se confirma num plano histórico com seu sentido e fio condutor no Senhor que morre e ressuscita. Por orientação espontânea e necessária, em vista de seu cumprimento e de sua maturação, no primeiro momento de presença e de acolhimento do anúncio acontece a realização real sacramental ou a comunicação do plano de salvação no seu resumo em Cristo ressuscitado, com aquela modalidade única segundo a qual não é tanto um passado que se repete por uma destruição da cronologia quanto uma entrada em ação daquele "poder sobre toda a criatura humana" (Jo 17,2) ou *virtus* do Senhor glorificado, que se adapta a todo o arco histórico, assimila-o com uma contemporaneidade que o transcorrer do tempo não consegue superar e vencer. É a tarefa da liturgia, na qual exatamente o *opus salutis*, já eficaz como matéria vivificante do "mistério da Palavra" e como término justificante da fé, alcança e se dota de um realismo de presença e de ação última, perfeitamente desenvolvida. Talvez também poderíamos expressar-nos melhor assim: a celebração é o próprio anúncio que adquire o crescimento em vigor de símbolo eficiente; é o "evangelho" num mais amplo e incisivo campo de operação. De qualquer forma, o que importa destacar é que o dogma da fé, o evento que ela aceita, na liturgia reconfirma no seu dinamismo que diz, com os caracteres diferentes segundo diferentes ritos, transmissão e obra atuais, qual é a função e possibilidade do "mistério" cristão realizar: "Não só anunciassem [afirmava o art. 6 da Constituição], mas também realizassem", e disso faz eco o art. 35/2 ao definir a pregação "como que a proclamação das maravilhas divinas na história da salvação ou no mistério de Cristo, que está sempre presente em nós e opera, sobretudo, nas celebrações litúrgicas".

Bíblia e liturgia

É como apresentar então o relacionamento por homogeneidade entre a Bíblia e a liturgia, entre a fonte da fé e seu fluir atual e continuado: de uma para a outra se passa do testemunho (a Bíblia, livro de testemunho) dos "sinais" do passado para a celebração na qual eles não cessam de se repetir e de crescer para sua transcendente vitalidade e envolver novamente; vai-se de uma Palavra já criadora e santificante, que agora cria e restaura como que provocando e ela mesma produzindo as ações rituais e repetindo-se e regenerando-se como matriz de renovadas e também continuadas *res*. Pense-se, para exemplificar e talvez esclarecer uma continuação não muito simples de pensamentos, como passamos da Bíblia para a Eucaristia, da documentação e anúncio da Páscoa da Escritura ao seu realista memorial na missa; da proclamação que o Senhor morreu e ressuscitou para a confirmação e aplicação sacramental de tal morte e ressurreição na ação do Batismo. Em resumo: com a mediação do sinal, do gesto, da palavra ritual, e de acordo com a categoria do mistério, a História sagrada, que é ao mesmo tempo Palavra e fato e é a "substância" da fé, encontra-se exatamente em ato e na condição de proposta real na liturgia: harmonia objetiva e mais ainda: identidade de plano numa sucessão de fases e de movimentos. Assim deveria estar ilustrado o nexo fundamental entre a fé e a liturgia.

3 Correlação entre dogma e liturgia

Esclarecido o relacionamento fundamental entre a fé e a liturgia, que é a celebração do conteúdo da fé e, por isso, a real atuação, tornam-se evidentes algumas consequências.

Condições para a eficácia da liturgia

A primeira é que a liturgia será tanto mais válida e eficaz quanto mais estreita e amplamente tiver no dogma sua medida e seus desenvolvimentos, na dependência dos desenvolvimentos da fé. Como declara a encíclica *Mediator Dei*: "Se quisermos distinguir e determinar de maneira geral e absoluta as relações que existem entre fé e liturgia, pode-se afirmar com razão que 'a lei da fé deve estabelecer a lei da oração'". Por outro lado, é verdade que a "lei da fé", por sua natureza intrínseca, subsiste substancialmente também na "lei da oração", na liturgia: "Assim, tem-se a conhecida e veneranda sentença – são ainda palavras da *Mediator Dei*: "A lei da oração estabeleça a lei da fé" (1,3); e talvez, mais ainda do que fez esta encíclica, seria necessário sublinhar o recíproco apelo e a íntima complementariedade e interdependência entre dogma e celebração, não sem destacar que a fé é, mais do que uma aceitação de verdades, a aceitação de acontecimentos, de *mirabilia Dei* e, portanto, já de "liturgias" em estado originário: pense-se na ação litúrgica por excelência, o mistério da Páscoa, ao qual cada rito atual se reduz, com realce para um ou outro aspecto, mas na identidade de conteúdo. Não se trata de separar, mas, para dizê-lo com uma célebre fórmula, de "distinguir para unir": uma dogmática sem vital comunhão com a ação litúrgica torna-se menos "verdadeira", vê-se no perigo do abstracionismo; uma ação litúrgica não iluminada intensamente pelo dogma e pela fé perde sua perspectiva e seu sentido e desanima ou se reduz a mortificação. No próprio exercício da ação litúrgica, a fé encontra seu lugar mais natural de ilustração e de aprofundamento, também para a graça da qual a celebração está cheia e a transmite.

Concretude da fé na liturgia

A segunda consequência da tradução da fé na liturgia é o modo concreto segundo o qual o objeto de fé se reveste: ele se realiza e presencia através de um aparato de sensibilidade que vai dos símbolos aos gestos, às palavras: todo um significativo tecido a serviço das "admiráveis obras de Deus" que intervém *hic et nunc* (aqui e agora), numa visibilidade mistérica. Temos, pois, o dogma proferido e exposto em simbologia, e numa simbologia solidária com uma história, ou melhor, continuadora de uma história que agora anima, esclarece e justifica o tecido visível do *opus salutis*, tornando-o eficaz na linha de sua significação. Então, é fácil compreender de que história estamos falando: é a história da qual a Bíblia é revelação e documento, garantia e profecia. Daqui "a máxima importância da Sagrada Escritura na celebração litúrgica" (*Sacrosanctum Concilium*, art. 24), e daqui a formulação tipicamente bíblica do dogma na liturgia: quem o extrai e o aprende no seu dispor-se e se desenvolver dentro do rito e na sua convivência, mais imediatamente o recebe como ato e como palavra de Deus e, por isso mesmo, com os dotes da historicidade e da visibilidade sacramental.

Liturgia e escatologia

Ligadas com a precedente concretude aparecem duas outras qualidades da existência do dogma na liturgia: sua evidente orientação escatológica, impressa e comunicada por seu estado simbológico destinado a ser ultrapassado pela perfeita transfiguração do sinal, por sua dissolução pela manifestação da realidade, pela realização do sacramento na *res*, quando a história agora em curso for levada à sua saturação e a ação de Cristo ressuscitado tiver alcançado e glorificado todas as coisas. A liturgia tem um dinamismo escatológico como a fé; mais propriamente: a história da salvação, cuja aceitação com todas as suas implicações coincide com a fé e cuja celebração consiste na liturgia, se faz no mundo, mas para o "além"; é sensível, mas ordenada ao invisível; é exposição conceptual voltada para a visão e a pregustação e ainda espera da plena celebração "na santa cidade de Jerusalém para a qual tendemos" (*Sacrosanctum Concilium*, art. 2 e 8). Numa palavra: nunca como na sua versão litúrgica a verdade cristã nos aparece em movimento de superação e em tensão para seu fim e sua satisfação: recordamos o suspiro de expectativa, imanente em cada celebração da Eucaristia, que São Paulo evocou poderosamente em seu *donec veniat* (1Cor 11,26).

O âmbito orante do dogma

Além disso, traduzido em liturgia, o dogma oferece-se a nós em seu clima mais natural: o do louvor, da oração, do canto interior e exterior, do entusiasmo da festividade, e assim se abre na sua origem e finalidade mais íntima: a de ser um dom de salvação que vem do amor e da indulgência divina, não um conjunto para uma ordenação de verdades só para a inteligência. Assim, a liturgia derrama a fé de seu ambiente vital e torna possível sua frutificação: clima, disposição, impulso de louvor e de oração – preste-se bem atenção – que não se acrescentam externamente a uma *Summa Theologiae* já elaborada, e que são muito mais do que necessidade de ajuda ou da alegria reconhecida que nascem na alma do teólogo em dificuldade ou em contemplação: a forma "religiosa" ou litúrgica do dogma na ação sacra é a confirmação necessária ou a condição normal da verdade cristã. Vale perfeitamente o que está escrito no Comentário de Santo Tomás ao Evangelho de Mateus: *"Prius vita quam doctrina: vita enim ducit ad scientiam"*[1].

Poderíamos continuar com outras análises sobre o estado do dogma na liturgia e sobre os reflexos da liturgia sobre o dogma; terminemos, antes de passar para a liturgia como exercício e educação da fé, pensando no conteúdo mais original e mais completo que o conceito de mistério cristão recebe: limitado unicamente, ou principalmente, sobre o plano da formulação dogmática conceitual, ele corre o risco de ser entendido antes de tudo como verdade "incompreensível" à razão humana e, portanto, objeto de sua "inquisição"; ao contrário, visto como está a liturgia, o mistério significa, em primeiro lugar, transmissão da vida divina, gesto do Deus redentor, comunicação do Cristo ressuscitado por meio de uma história e dos seus sinais, e, portanto, fala mais de presença do que de distância, de acessibilidade do que de separação, embora no limite do símbolo que é infinitamente ultrapassado.

---

1. *Super evangelium S. Matthaei Lectura*. 5. ed. Turim/Roma: Marietti, 1951, p. 74, n. 458.

4 A liturgia: desenvolvimento e exercício da fé

Depois de haver esclarecido o relacionamento objetivo entre a fé e a liturgia que a exprime no mistério, e ter marcado os caracteres de concretude e historicidade de que o dogma se reveste na sua modalidade litúrgica, resta ver como na ação sagrada o ato de fé encontra seu exercício e como a vida litúrgica desenvolve e aprofunda a própria fé.

"Realização" de fé

Se o ato de fé é adesão ao plano de salvação, como na liturgia o conteúdo da fé se torna realidade sacramental, assim este ato qualifica-se e encontra realização como inserção plena na salvação presente no rito e operante sacramentalmente. Neste sentido, a participação na ação sagrada equivale ao aperfeiçoamento da aceitação da fé, ao seu exercício, que a faz passar a um nível mais alto de realismo e de eficiência. Para exemplificar: vai-se da aceitação do valor justificante da Páscoa de Cristo à comunhão ontológico-mistérica com a mesma Páscoa, através dos sacramentos da Iniciação Cristã: Batismo, Confirmação, Eucaristia, que transmitem ao homem, com uma experiência transpsicológica, a *virtus* da morte e ressurreição do Senhor; mais perfeitamente: o próprio Senhor glorificado, "pneumático", com todas as suas exigências de aplicação.

Experiência da fé

Deste ponto de vista, o ingresso inteligente, operante e frutuoso na celebração é como a consumação da realização da fé, que tende a identificar o ato de fé com a história da salvação em ato. Chega-se assim a um conhecimento quase experimental da fé; ou, se isto não agrada, chega-se a criar uma "conaturalidade" ou afinidade com o mundo da fé, levando a termo em si mesmos a tendência intrínseca no próprio ato de fé e ultrapassar o conceito para desembocar na *res*; a mesma da qual a liturgia já é portadora, embora como pregustação (cf. *Sacrosanctum Concilium*, art. 8). Quereria dizer que na ação sagrada, de algum modo, supera-se o aspecto "abstrato" da fé, mas facilmente hoje, num clima de superficial e incompetente crítica antiescolástica e antitomista, isso poderia ser entendido como desvalorização da insuprimível historização da Palavra divina numa inteligência humana e, portanto, da elaboração conceitual que, em geral, é um bom sinal de sanidade teológica e mental e de espírito que não confunde a concretude com a confusão e com o livre-trânsito; ao contrário, numa luz mais justa: o aparato "abstrato" da fé é visto acontecer na liturgia e dela tirar vigor e alimento por uma compreensão ainda mais aguda e penetrante, para aquela mútua *circulatio* no plano subjetivo que reflete a intercomunhão objetiva entre dogma e liturgia.

Celebração comprometedora da fé

Mas o caráter concreto da fé na celebração revela-se especialmente fazendo sobressair a exigência comprometedora para a qual é chamado nela o ato de crer ou o exercício da fé: para que o ingresso na ação sacra não seja um jogo, mas se torne eficaz, é preciso que o crente se abra plena e intimamente à obra da salvação, à oferta da graça, afinal, à ação de Cristo ressuscitado realmente presente pela mediação do sinal litúrgico, de forma que o movimento da fé para a caridade se realizem perfeitamente. Entendida dessa maneira, a celebração desperta a fé, torna-a consciente de todas as suas implicações. Ainda para exemplificar: a fé na Eucaristia dá-se plenamente conta de si mesma quando é chamada a celebrá-la segundo cada uma de suas dimensões e, portanto, a realizar-se verdadeiramente como fé eucarística. Naturalmente, o circuito não se fecha neste ponto: será preciso, então, continuar para impregnar de fé e de liturgia real a vida, aquela que sobe e escorre cada dia na mais comum ferialidade.

Liturgia e didascália

Enquanto, na liturgia, a fé adquire o alcance de uma realização e profundidade mais plena, sob forma de compromisso e de exercício encontra ali também o lugar e o esquema para seu crescimento em extensão. Reproduzindo aos poucos os diversos mistérios da salvação, a liturgia corresponde a uma pedagogia progressiva da fé: traz de volta e fixa incessantemente a aceitação da fé sobre seu objeto nas suas várias manifestações históricas. Toda a liturgia é um sinal da fé e toda a fé se encontra na liturgia: desta simbiose natural provém a fecundidade litúrgica e a incisividade do Credo, a clareza formativa da celebração e a fundação completa das verdades de fé. Fora do ambiente litúrgico, porém, a educação para a fé, seu desenvolvimento, se porventura acontecerem, continuam ainda num nível superficial de puro aumento de conceitos. Todavia, é por sua natureza que a liturgia deve servir também de "catecismo", especialmente por sua substância bíblica. O problema é vivo não só para um catecismo, mas também para a concepção e a organização teológica. Parece certo que – no que se refere ao catecismo – ele deva apresentar-se numa perspectiva fundamentalmente histórica e que não possa construir-se isolado de uma visão litúrgica: naturalmente, não por alergia à indispensável tarefa da inteligência sistemática.

Concluindo, aparecem as vastas proporções do tema: fé e liturgia e os campos de reflexão da qualidade de seu relacionamento. Trata-se de um dos problemas, na vida da Igreja, cuja solução condiciona uma mentalidade e, no fim, uma prática e uma experiência cristã.

5 A liturgia como expressão de uma Igreja viva

A Igreja como sujeito litúrgico

É habitual encontrar as causas da pouca vontade litúrgica na secularização e na dessacralização, que derrubaram o próprio sentido de Deus com a substituição da dimensão vertical pela horizontal, ou na insuficiência do sinal e na dificuldade de integrá-lo, ou melhor, de fazer dele uma manifestação verdadeira e homogênea. Certamente são razões objetivas, que seria necessário examinar uma a uma e que em parte estão ligadas entre si.

Seja como for, mais do que no "sacramento", a crise está no seio da Igreja, ou que é a Igreja, o lugar onde foi confluir e produzir seu sintético efeito o conjunto das componentes que provocaram o incômodo ritual e, em alguns casos, sua desagregação. Por sua natureza, a liturgia é sempre tão viva quanto o é a comunidade eclesial que a celebra; tão significativa quanto o é a assembleia reunida para a ação sagrada; tão consistente quão estreito é o laço entre a expressão litúrgica e a Igreja que a produz no seu íntimo.

Com efeito, o gesto ritual não tem vida, tempo e espaço autônomo. Não se acrescenta externamente. Nasce e se irradia de uma comunidade concreta, de uma "Igreja", da qual recebe alcance e sentido. Ele seca quando ali não houver uma comunidade reunida sob a força da compreensão da Palavra de Deus e da fé para ser envolvida, através do sacramento, no mistério eterno de Cristo Salvador e Senhor. Em resumo: a liturgia "vale" – isto é, edifica, é eficiente – quando é a epifania de uma assembleia que crê e é comprometida. É a Igreja no ato de confessar a própria adesão ao plano de salvação, na vontade de fazê-lo próprio.

O momento da liturgia

Portanto, é primeiramente pela incerteza da comunidade enquanto crente que a celebração perde em presenças ou facilmente continua como um peso de atitudes inertes, vazias de incisividade e de testemunho. O esquema palavra-sacramento reflete uma estrutura rigorosa e exigente. O sintoma, perceptível imediatamente e quase violentamente no plano litúrgico, encontra o diagnóstico originário no plano da fé, de onde deve partir a terapia. Sem a Palavra de Deus apaga-se a luz que ilumina a ação – para não dizer que seu próprio anúncio e o louvor que ela provoca já é celebração.

Se o que estamos dizendo for exato, para a pastoral abrem-se graves problemas, quer para os que ainda venham para celebrar, quer para os que já se foram ou nunca vieram. Não se trata, então, de abandonar a liturgia, mas de compreendê-la e realizá-la no momento e no lugar certos, em coerência com as conexões do mistério da Igreja e de suas articulações; de não totalizar nela a "cura das almas" e de fazê-la passar através do crivo de condições bem precisas.

O esforço não pode ser o de ter uma assembleia celebrante de qualquer modo. O decréscimo da atividade sacramental deve ser exatamente colocado no dinamismo da própria Igreja e de seu ser no mundo hoje. Poderia até dar-se que as situações hodiernas não fazem mais que decantar e distinguir aquilo que no passado até recente convivia mais facilmente numa espécie de ambiguidade e de menor faculdade de escolha e tomada de posição: isso sem querer reduzir, com superficial drasticidade antievangélica, o cristianismo e a genuína eclesialidade a poucos eleitos. Não devem ser apagados os pavios fumegantes. A fé apresenta níveis diferentes e múltiplas expressividades que só Deus conhece.

Vontade de adesão

A ação litúrgica, enquanto testemunha a Palavra de Deus em função na comunidade que a está realizando, significa também a vontade de aplicá-la. O sinal sacramental é alimentado pela sinceridade com que a Igreja quer santificar-se de modo tal que se revele na vida o que se recebe na fé, segundo o binômio – *percipere fide/tenere vita* – lembrando na constituição litúrgica (*Sacrosanctum Concilium*, art. 10). Uma comunidade descomprometida oferece sinais intencionalmente, mas não atualmente santificantes: sua intenção e potencialidade não é sustentada por uma adesão efetiva na qual a graça do sacramento se difunda. O circuito está como que fechado, o meio e o instrumento continuam selados e inutilizados.

Assembleias eucarísticas

Exemplifiquemos ainda pela ação litúrgica por excelência, a Eucaristia. Uma assembleia reunida para a missa significa uma atual vontade de comungar com o sacrifício que Cristo torna presente e, portanto, com sua concreta disposição obediencial e redentora, com seu serviço cultual ao Pai. Se faltar este tipo de Igreja, temos a repetição "vazia" da morte e da ressurreição, sem funcionalidade e novidade; sem objetivo e contrário à finalidade pela qual Cristo quer "repetir" seu sacrifício no tempo da Igreja, por Ele e com Ele.

E ainda: uma comunidade que celebra a Eucaristia está em seu lugar e em seu tempo oportuno quando, superando o voltar-se para si mesma, manifesta a própria espera escatológica e, adaptando-se ao sacramento da Páscoa do Senhor, que é a Ceia, profere sua orientação para a Volta, que dá, pois, direção e movimento a todas as atividades cristãs, que é progresso se aproxima e "acelera" a Vinda e se, também no seu bem terreno, "inclui a esperança de um bem futuro maior". E o sumo bem futuro é o Senhor da Glória.

Quando não são Igrejas assim que realizam a ação litúrgica, ao sinal sacramental não resta senão entrar em crise e morrer, como uma árvore à qual foram cortadas as raízes. E o bom agricultor não começa pela folhagem ou pelo tronco, se quer ter frutos maduros.

Mas quando a fé é viva e real a vontade de realizá-la, a liturgia não morre e está repleta de significado. Pedirá e porá em ação as renovações que o Concílio apresentou. Será inventiva na "observância", mas para ser mística; isto é, inclusão no mistério. Caso contrário, para que serve celebrar? A liturgia deve ser o sinal de uma Igreja viva.

3
A liturgia e o sagrado

1 A liturgia é "sagrada"

Partir de Jesus Cristo

Quem quiser impostar corretamente, em termos cristãos ou segundo o "evangelho" – onde está em ato a intenção definitiva do plano divino –, o problema do "sagrado" e do profano, do culto e da vida, não pode assumir qualquer ponto de partida: nem o da "natureza" do homem, nem imediatamente o da experiência cultual da Igreja, que se trata de compreender. Deve partir de Jesus Cristo, para reconhecer que nele o sagrado e o profano, culto e vida coincidem, e que Ele próprio confere conteúdo e valor ao nosso culto eclesial e à nossa vida.

Contudo, não encontramos simplesmente em nós uma identidade entre experiência cultual e experiência secular: ela deve acontecer e acontece só na medida em que – pela presença eficaz de Jesus Cristo, em particular de sua Páscoa – o nosso ser e as nossas ações são "redimidas".

Nesta perspectiva, a ação cultual não é primariamente a exigência de exprimir a fé cristã com símbolos sagrados e fórmulas religiosas, com a atenção de fazer transparecer o culto da vida como verdadeira oferta agradável a Deus. É preciso que no todo, na sua validade e eficácia insubstituível, apareça a "graça" de Cristo, a caridade de seu sacrifício, o Espírito que dela deriva. É necessário que se "renove" no sacramento, como ato do Senhor, a doação ao Pai na cruz; que ela continue no homem, na Igreja, para que a atividade "secular" seja vivida em Jesus Cristo.

Caídas as barreiras entre o sagrado e o profano?

Se o culto nos aparecer segundo estes termos cristológicos – termos de Páscoa, de sacrifício, de caridade de Jesus Cristo, de graça, de sacramento – que "precedem" nossa existência e suas experiências no mundo e na história, a afirmação que as barreiras entre o sagrado e o profano estão radicalmente caídas deve ser tomada com muita cautela e não sem as devidas explicações. Caso contrário, seria seguida uma desvalorização não proposta e inaceitável do "sacramento", que é muito mais, ou melhor, que, no seu significado e na sua função, é algo totalmente diferente de um resíduo de sacralidade que obedeça a imposições humanas ainda não superáveis. Uma menor ou incerta sensibilidade ao momento, ou antes, à estrutura sacramental da salvação cristã, que levaria a uma dissolução da Eucaristia, derrubaria o culto cristão a um nível "natural", ou também somente a uma óbvia finalidade pedagógica e exibitiva. A liturgia na forma do evangelho, embora inclua inclinações e valores "naturais" e necessariamente simbolize e formule a fé, tem um caráter original não comparável, uma propriedade que não se explica com analogias. Como acenávamos, é o ato salvífico de Cristo, seu Corpo dado e seu Sangue derramado, o culto de sua vida tornada sacrifício e fonte do Espírito. A liturgia é antes de mais nada este dom do Espírito do Senhor através dos sinais, que não se compreendem a partir de nossa possibilidade e de nossa necessidade, mas da palavra, da vontade e da instituição que se encontra em Jesus Cristo.

Se tudo isso permanecer evidente: se a "graça" nos precede e também permanece impretrível, se ela é o "conteúdo", a força e o sentido da liturgia e se o êxito ao qual tende é a nossa assemelhação ao Espírito de Jesus Cristo, é arriscado e pode até ser desviante afirmar que o "sagrado" já não existe, consumou-se em Cristo e, por fim, foi superado. O sagrado cristão existe e nós não o relativizamos nem o transcendemos: é constitutiva e historicamente diferente daquele pagão; é Jesus Cristo, operante em sua "área" sacramental de salvação; ou também: é o Espírito e a Verdade que alcançamos no modo ou nos limites do sacramento. Deve ser recuperada esta imagem do sacramento no qual objetivamente – a linguagem técnica dizia: *ex opere operato* –, e não como meta do nosso esforço (que, aliás, não pode faltar e que consiste essencialmente na fé), somos colocados diante de Jesus Cristo, para acolhê-lo, para sermos por Ele santificados, de maneira que se realize o resgate de nossa "profanidade".

O primado de Cristo na ação sacramental

É necessário e urgente o destaque deste primado de Cristo na ação sacramental. O "sacramento" – mas deve-se sublinhar a ampla dimensão que lhe atribuímos –, enquanto sinal da presença do Senhor, não é redutível à realidade "secular", nem é recuperável por nossa vida, mesmo considerada na sua santidade e no seu culto espiritual. Importa, então, que, na teoria e na prática, permaneça viva a "diversidade" do culto, onde se entrega, com o memorial de seu sacrifício, o Corpo de Cristo, sagrado e santo, para que por nossa vez nos santifiquemos.

Relatividade da liturgia e o "absoluto" de Jesus Cristo

Com isso não se absolutiza a liturgia. Mais exatamente: como presença de Jesus Cristo e tradição de sua realidade e de sua obra salvífica ela tem um valor absoluto. Só que no ato litúrgico, que originariamente é ato seu, Jesus Cristo está presente para abrir-se à nossa experiência e vida. Nesse sentido, é justo falar de relatividade e de função do culto em relação a nós e à liturgia que consiste na vida. Aparece, então, que o absoluto é Jesus Cristo e não, separadamente dele, o ato litúrgico. Mas não é admissível tal ato separado dele, ou separado de nossa vontade de inserir-nos nele para reviver e tornar a exprimir o próprio Jesus Cristo na existência, ou se quisermos, na secularidade. É preciso colocar as componentes e conectar as articulações de acordo com as exigências objetivas e hierárquicas. E o ponto hierárquico que quisemos destacar é o de Jesus Cristo, que é sempre início de graça, ao qual chegamos no culto, diferente da "mundanidade" que, ao contrário, tem necessidade de ser resgatada. Antes que o seja, ela deve ser contraposta à "sacralidade" do culto, à ação de Jesus Cristo.

Com efeito, necessitamos ser batizados, pois não nascemos santos, mas envoltos num mundo e numa condição de pecado. Temos necessidade daquele "sagrado" que é um dom que nos é transmitido no sacramento (e não só nele): temos necessidade do Corpo e do Sangue de Cristo. Uma vez salvos por Cristo e por seu gesto em ato no sacramento – e não sem a nossa adesão –, confirmamos a salvação e a manifestamos, enquanto o ato cultual, em tempos e aspectos variados, recorda-nos a gratuidade e a dimensão surpreendente com a qual por Cristo chega a nós a redenção.

Pode-se até dizer que o ato cultual nos faz sair do mundo: não porque deixamos sua responsabilidade, mas para poder assumi-la segundo o espírito de Cristo, com a contemplação de um nível, de uma história e de uma possibilidade que nos vêm experimentalmente revelados e permitidos no "sacramento" e no tempo do culto cristão.

2 Ainda sobre o sagrado e o santo

O sagrado e o santo – já dizíamos acima – não coincidem perfeitamente. Se o contrário fosse verdadeiro, já não seriam necessários os sacramentos. Os sinais não seriam mais necessários, porque o mundo novo, no Espírito, já teria totalmente surgido. Então se teria o Apocalipse: "A cidade não precisa de sol nem de lua para ficar iluminada, pois a glória de Deus a ilumina, e sua luz é o Cordeiro" (Ap 21,23).

Certamente já agora a luz e a lâmpada são a glória de Deus e o Cordeiro, mas na mediação sacramental da graça, que, acolhida e vivida, gera e difunde a santidade.

Depuração de sacralidade?

O sagrado é destinado a desaparecer, a santidade a permanecer. Mas é preciso ter claro o conceito do sagrado, ou do sacramental. Ele diz tempo e lugar, ou gesto e "história" de graça, que não dependem da santidade do homem, que não correspondem a ela e que, muito menos, são seu resultado. Ao invés, são sua premissa e a oferta "exterior", objetiva, gratuita. Parece de acordo com o evangelho e com a novidade e plenitude do tempo neotestamentário a dissolução da "linguagem" (que não é língua) rapidamente taxada de sacralidade, e realmente o contrário é verdadeiro.

Aliás, esta tendência não surpreende: em sua origem está objetivamente um conceito "protestante" de Igreja e, paradoxalmente, um conceito reformado de graça entendida em sentido antissacramental. Ou seja: a rejeição da mediação e o êxito na subjetividade. Radicalmente, a reforma não é uma proclamação unicamente da graça, mas um humanismo ao contrário, uma subjetividade exasperada.

Nesta linha, compreende-se a contestação do sacerdócio ministerial e a tendência a fazer coincidir "natureza" e graça, evangelho e filosofia, libertação política e libertação do pecado: mas assim estamos perfeitamente fora da ordem da redenção, enquanto se banaliza o próprio mistério da cruz.

A liturgia tinha necessidade de uma depuração de sacralidade? Talvez. Mais ainda necessitávamos dela nós e nossa pastoral, pois, para nossa vantagem e nossa satisfação libertadora e tranquilizante, somos sempre tentados a recuperar e possuir o "mundo" divino ou a transferir para ele as nossas necessidades e os nossos compromissos, ou a delimitá-lo e concretizá-lo material e comodamente na imanência de nossa história. Disso nos libertou o evangelho, assim como nos abriu as figuras antigas que se fizeram verdadeiras em Jesus Cristo, que se tornou e é para nós o templo e o culto, o sacerdote e a vítima. Mas simplesmente não nos tirou a realidade "visível" de sua presença, o sacramento, o dado objetivo do seu estar para nós e conosco, de modo que podemos tornar-nos santos. O paradigma e o sintoma de tudo isto é a Eucaristia, que é o Corpo e o Sangue do Senhor e não outra coisa; portanto, é o Santo, isto é, Jesus Cristo, que nos é entregue na dimensão do sinal/sacramento ou do sagrado para nós, diferente de nós. Logicamente, se santo e sacramental coincidissem, bastaria o Corpo de Cristo e bastaríamos nós, a "mediação" eucarística seria inútil, enquanto ela é como que "a intercessão" histórica, o existir em nosso tempo da glória de Deus e do Cordeiro. Se desaparecesse o regime sacramental, também a Igreja perderia sua visibilidade e seria simplesmente Igreja celeste, ou não Igreja. Rejeitados os erros e os equívocos "sacrais", o reconhecimento do sagrado ou, talvez melhor, do "sacramento" será sempre necessário.

Irradiação pelos sacramentos

E o será analogicamente também pelas "difusões" sacramentais, que continuam por irradiação através dos sacramentos. Uma vez se falava dos "sacramentais": parece-nos que não perdemos seu justo sentido, nem possam ser reduzidos só aos termos da intenção subjetiva, da convenção móvel, da função pedagógica e evocativa. Também eles são uma "forma de graça", que transcende a subjetividade e o apelo puramente intencional. Um objeto "bento", "consagrado", não equivale absoluta e indiferentemente a um objeto não consagrado, não bento, ainda que um benedicionismo deva ser evitado com cuidado. Também ele significa um dom de graça, embora sem a densidade e objetiva eficácia que o sacramento apresenta.

Sabe-se muito bem que o valor absoluto é a santidade cristã, que sem a fé e a adesão interior também ao sacramento por excelência – isto é, a Eucaristia, válida em si – não é operativa. Ainda é indubitável a precariedade e a condição passageira da ritualidade e de seus textos e elementos, que têm a função de despertar o "santo", sobre o qual advirta o juízo de Deus, e de quem dependerão, ao invés que do ofício exercido na Igreja, o prêmio e a bem-aventurança eterna. Mas é exatamente a distinção entre sacramento/ou sagrado, e santo/ou da ordem da graça que permite manter esta verdade cristã incontestável, e reconhecer, para além da santidade do ministério, o valor do sacramento. Isto institui o estado da diferença que, no fim, é a proclamação do primado de Jesus Cristo – no qual sagrado e santo coincidem – e de cujo ministério, sacramento, é representação e lugar de eficácia, enquanto o "santo" é a afirmação da identidade, do não hierárquico, da realidade – os medievais diziam da *res* – simplesmente.

Duvidamos que na interpretação das vicissitudes do "sagrado" na vida litúrgica da Igreja haja suficientemente atenção para captar e evidenciar este sentido e esta preocupação. É bem verdade que não existe uma língua sacra – mas também aqui é preciso não atribuir convicções ou posições que retrocedem, que, afinal, é muito fácil demolir –, mas a linguagem concreta que substancia o sinal litúrgico, que é sua interpretação e remonta radicalmente a Jesus Cristo, o complexo de textos, de formulários que unem o rito: são realmente uma volta à magia considerá-los "sacros", como se estivessem fora da palavra e do senso comum e ordinário?

Alergia às realidades diferentes

Alguns princípios – simplesmente não proféticos, ou proféticos como o são, disse alguém; os primeiros contagiados de uma peste – e algumas expressões de uma atitude menos sensível à figura do sagrado, segundo a plausibilidade antes destacada, por lógica levaram à assemelhação da ceia na própria casa com a Ceia do Senhor: no fundo por uma alergia à ceia diferente, isto é, àquela que Cristo criou e determinou para a comunhão de seu Corpo doado e do Sangue derramado; identificada, porém, com uma reunião convivial de fraternidade e de amizade, possibilidade do homem e manifestação do seu desejo. A Eucaristia é outra coisa: é exatamente dom e graça, é tradição do sacrifício do Senhor. Desta propriedade e diversidade nasce a fraternidade, a amizade, a necessidade que se façam na caridade os banquetes nas casas.

Infelizmente, com frequência também os cantos – com sua monotonia angustiante e sua falta de sabor, embora fácil e comunitariamente assimiláveis e juvenilmente cantáveis – induzem à incompreensão e ao não reconhecimento da ceia do Senhor ou à sua diluição.

Para terminar: não parece muito sábio num clima de secularização – que é mais do que heresia, porque é a dissolução do evangelho e o esvaziamento do mistério da graça e da redenção – dissipar ou confundir os sinais do sagrado. Fundamentalmente pelas razões de princípio acima expostas, mas também para ajudar os homens a reencontrar o caminho de Deus. O sagrado não invade, não é ruidoso e, todavia, é perspicaz: quer seja ele entendido em sentido rigorosamente sacramental, quer como prolongamento nos sacramentais, quer como "convicção" que também toque o profundo do homem na sua orientação para Deus e dele provenha.

Pode-se acrescentar que certas contestações ou discussões sobre o sagrado, entre outras, têm a característica de ler os sinais dos tempos passados.

4
Pastoral e piedade litúrgica

1 O pastor de almas educador litúrgico

O conceito rubricista da liturgia

Houve um tempo em que falar de liturgia significava examinar e discutir rubricas reguladoras das cerimônias, e a figura por excelência do liturgista era a do cerimoniário, um verdadeiro general inapelável e nas catedrais até pitoresco. Na verdade, o aparato das rubricas é somente a casca da liturgia ou seu bom gosto, que, aliás, hoje por vezes nos dá vontade de desejar ou sentir saudades.

O conceito histórico da liturgia

Ao lado do conceito rubricista houve o conceito histórico da liturgia: a liturgia coincide com o preciso conhecimento de seus ritos e de sua sucessão ao longo dos séculos. Nesta perspectiva, a escola de liturgia, se não é mais uma iniciação às cerimônias, é uma explicação de sua origem e de seu futuro e o liturgista ideal é o historiador da liturgia.

Sem dúvida, estamos num nível mais profundo em relação ao precedente, contanto, porém, que a história litúrgica não se reduza a um elenco, até abundante, de notícias, mas inclua, com a objetividade da reconstrução e com uma efetiva introdução aos textos, uma avaliação teológica, que permita julgar do ponto de vista doutrinal, e uma avaliação pastoral, que meça o rito em todas as suas relações com o contexto sociológico concreto, do qual nasce e ao qual se dirige. Dois critérios – o teológico e o pastoral – que estão imprimindo uma orientação nova aos estudos históricos da liturgia, sem os quais eles continuariam abstratos e insignificantes. Exige-os a própria Constituição sobre a liturgia quando afirma: "Para conservar a sadia tradição e, ao mesmo tempo, abrir o caminho do legítimo progresso, a revisão de cada parte da liturgia seja antecedida por uma profunda investigação teológica, histórica e pastoral" (*Sacrosanctum Concilium*, art. 23). Consequentemente, neste perfil, alguém será tanto mais historiador quanto mais for teólogo e quanto mais for pastor, enquanto tiver assim à sua disposição a capacidade de criticar o dado obtido historicamente e, portanto, de pô-lo a serviço da vida da Igreja de hoje.

O conceito da liturgia como mistério

De fato, a liturgia faz parte da existência da Igreja hoje, é sua própria vida no atual exercício do seu culto e de sua salvação. Chegamos assim ao conceito de liturgia como mistério; isto é, ao conceito mais verdadeiro, mais completo e determinante.

A liturgia não é o aparato das rubricas segundo as quais um rito se desenvolve, mesmo que o exija para compor-se com propriedade e decoro; certamente, a liturgia está inserida numa tradição histórica e também histórico-dogmática, que, por certos graus e ligamentos, condiciona a validade e a vitalidade atual e, no seu conjunto, exerce a função de modelo ou, ao menos, de ponto de referência para as inovações e as atualizações, mas trata-se, essencialmente, de uma história à disposição da celebração como mistério vivo, que é sinal de comunhão com Cristo ressuscitado em ato de comunicar seu Espírito, símbolo eficaz do dom da salvação, ação que realiza o "intercâmbio" (*commercium*) entre o homem e Deus em Cristo, prolongamento da sensibilidade de um gesto e de uma palavra da humanidade glorificada do Senhor.

Beauduin e Casel – para citar dois grandes nomes – haviam-no percebido claramente já decênios antes do Concílio, mas não foram muito acreditados; agora é a grande aquisição que está se difundindo, e de seu êxito e incisividade dependerá a renovação da piedade cristã proposta pela reforma. Mas, o do mistério, é um conceito de liturgia que custa a ser compreendido e assimilado. Verdadeiramente exige uma espécie de conversão e um esforço de reflexão e de meditação considerável, mesmo porque, em si sintético, dinâmico, interior, condiciona um vasto raio e antecede as manifestações e os retoques externos.

Mais adiante veremos algumas consequências desta visão da liturgia como mistério, tão nova na aparência e também tão tradicional. Notemos só que, nesta luz, os liturgistas ideais não são mais o rubricista ou o cerimoniário, nem o historiador: o verdadeiro, completo liturgista, que conhece as rubricas e não ignora a história, é o pastor de almas ou – com um termo que está se reanimando – o "mistagogo", entendida a "mistagogia" à maneira de Santo Ambrósio ou de um São Cirilo, ou João, de Jerusalém: a educação e a introdução aos mistérios da salvação em aplicação mediante a liturgia ("com a liturgia realiza-se a obra da nossa redenção"; *Sacrosanctum Concilium*, art. 2). E, com efeito, a Constituição recomenda que "os pastores de almas promovam com zelo e paciência a formação litúrgica dos fiéis e sua participação ativa [...] conscientes de estarem assim cumprindo uma das principais funções do fiel dispensador dos mistérios de Deus" (art. 19).

2 A liturgia é participação interior

Preparação espiritual

O fato de saber que a liturgia não coincide com o cerimonial ou com a reconstrução da história, mas é a ação da salvação no seu atual irromper e refluir na vida da Igreja, é o mistério de Cristo ativo mediante os sinais e as palavras, comporta, para um eficaz resultado, condições precisas e insubstituíveis nos atores que nela tomam parte.

A execução ordenada e atenta é certamente exigida, no celebrante e nos fiéis, e para obtê-la sempre mais a ação pastoral deve ser fiel e solícita. Mas estamos no primeiro passo, a um nível de superfície. Também a compreensão histórica tem seu alcance: a salvação, com seus ritos, é uma história que implica particularidades, contingências, uma tradição, cujo conhecimento favorecerá uma assunção e participação conscientes e estimulantes.

Todavia, a preparação espiritual mais profunda, sem a qual a liturgia até mais solene, mais cuidadosa e mais compreendida nos seus apelos históricos e nas suas ressonâncias "arqueológicas", não é edificadora de espírito cristão, comunicadora de salvação, lugar e forma de oração, é a aceitação e a consonância interior com o mistério que se celebra, a adesão interna, a vontade de entrar realmente na *actio* que se põe, para continuá-la associando-se a ela em imitação. Numa palavra: é necessária a *devotio*, que é bem mais do que a devoção em curso, mas fala de dedicação e esforço, quase como um abaixamento ao atrativo e à exigência presentes e imanentes no mistério da liturgia.

Assunção pessoal

Por sua vez, a Igreja é tão consciente e preocupada com a possibilidade de separação entre os *sacramenta* e os *mores* (entre os ritos e a vida), entre os *visibilia mysteria* e o *invisibilis effectus*, que com frequência pede, como graça própria da liturgia, a tradução em vida da ação celebrada: *festa moribus et vita teneamus!"*

É uma advertência para quem, com a liturgia reformada, crê substituído o esforço pessoal de oração, ou considere superada a comunhão íntima e a contemplação, fruto de subida laboriosa, que não coincide automaticamente com nenhuma atividade litúrgica, nem de sinal nem de palavra, quando estes, na sua riqueza objetiva, não forem individualmente assimilados e levados ao controle, com uma metodologia que na sua substância não mudou nada, nem com o Concílio Vaticano II. Toda a liturgia é sinal e sacramento, de caráter instrumental, mas se faltar a vida pessoal da passagem, o instrumento já não é meio, mas obstáculo e coisa; sem a sinceridade do culto (que é a própria existência cristã no seu ser e no seu devir) a liturgia cai no ritualismo e permanece potencial de graça que não frutificou.

Para este aspecto, Maritain repetia: "A liturgia exige que, para dela participar verdadeiramente, já que é um culto em espírito e verdade, aqueles que dela participam tenham na alma o amor de Deus"[2].

Portanto, não se deve passar com demasiada facilidade sobre os art. 11 e 12 da *Sacrosanctum Concilium*: "A vida espiritual, todavia, não se limita unicamente à participação na liturgia. Com efeito, o cristão chamado a participar da oração comunitária é, também, sempre chamado a entrar em seu quarto e no segredo do recolhimento orar a Deus, e o apóstolo recomenda ainda mais ao dizer que devemos rezar sem cessar. O mesmo apóstolo também ensina que devemos levar sempre em nosso corpo os sofrimentos da morte de Jesus [...]. É por esta razão que, no sacrifício da missa, pedimos a Deus que 'aceitando este sacrifício espiritual faça de nós mesmos uma

---

2. MARITAIN, J. *Le Paysan de la Garrone*. Paris: Desclée de Brouwer, 1966, p. 324.

oferenda eterna para Ele'" (art. 12). "Mas, para assegurar toda esta eficácia, é necessário que os fiéis participem da sagrada liturgia com reta intenção e boa disposição de ânimo, que coloquem sua alma em sintonia com as palavras que pronunciam e colaborem com a graça de Deus, a fim de não recebê-la em vão" (art. 11).

Atividade interior

É preciso, pois, dar uma densidade e um rigor bem mais profundos do que se possa pensar à primeira vista aos termos recorrentes da pastoral e da espiritualidade litúrgica: ativamente, conscientemente e plenamente. Deve-se tratar da atividade que na sua consistência cristã corresponde à vida de graça, à vitalidade da caridade; da consciência que usa e supera o rito, o sinal e a palavra, para chegar à "res" na aplicação pessoal; da plenitude que, empenhando-se totalmente na ação sacra com o exercício do próprio sacerdócio, torna idôneos a perceber a graça de cada fase e de cada aspecto da celebração: tudo isso contra qualquer pragmatismo que se detém no exterior. São ainda palavras de Maritain: "O mesmo termo ativamente se aplica à atividade interior da alma não menos [e até mais] que à atividade exterior da voz"[3].

Sem dúvida, não porque estejamos esquecendo a importância do sinal e sua objetiva eficiência, mas porque ele é ainda o meio, ainda que necessário, da salvação, que só o realismo da comunhão com Deus torna "criativo" testemunhando seu êxito, que pela meditação e pelo silêncio recebe significação e transparência, e que tende, como que para seu "cume", para a caridade, enquanto é por ela vitalizado.

Talvez não seja inútil acrescentar que, de acordo com as diversas famílias de espíritos, o uso, a pedagogia e a dependência do sinal e do exercício litúrgico imediato podem variar.

3 A harmonia entre liturgia e piedade privada

Nos dois capítulos precedentes pusemos às claras dois aspectos inseparáveis e complementares da piedade cristã, isto é: a sua fonte no mistério da salvação realizado e oferecido no sinal ritual, e seu campo de tradução e

---

3. Ibid., p. 315.

cumprimento na assimilação interior e na imitação real. A clara percepção e a firme manutenção deste relacionamento recíproco torna viva a liturgia, inserindo-a no seu corpo e levando-a ao seu natural amadurecimento e ainda prepara a seiva nutritiva e o critério de valor aos pios exercícios.

Ao contrário, sua oposição, ou separação, ou também só a justaposição, tem como efeito: ou a celebração litúrgica executada como culto "oficial", objetivo, de necessidade, sem que dele se tire alimento para a própria vida espiritual, sustentada, porém, por um abundante florescimento de pios exercícios em concorrência com a liturgia e, por fim, pobres de substância, facilmente exauridos e demasiadamente periféricos em relação ao mistério cristão; ou então, temos a assim chamada "piedade objetiva" que, limitando-se à celebração, deixa de recebê-la e aprofundá-la na intimidade da própria experiência interna.

Duas tendências na atual piedade cristã

Com efeito, podem ser percebidas duas tendências na atual piedade cristã: a primeira é a daqueles que insistem e praticam de preferência uma contemplação e, sobretudo, pios exercícios, permanecendo antes estranhos à liturgia, mesmo que a celebrem. Esta dificuldade e quase insensibilidade encontra sobretudo uma explicação histórica; por séculos, o rito desenvolveu-se separado da participação ativa, e se certamente, no seu conteúdo objetivo – *ex opere operato*, como se diz – o mistério cristão é sempre operante, seu reflexo sobre a espiritualidade, que inclui aceitação inteligente e pessoal, era demasiado remoto e indireto.

Daí provém um fluir paralelo entre ação litúrgica por um lado e a própria vida interior por outro. Era possível uma celebração da palavra de Deus que fosse princípio de "meditação" quando, concretamente, ela estava unida unicamente pela língua, de maneira a bloquear a compreensão e o ingresso consciente e pleno? Assim, era muito difícil entrar com esforço na Liturgia Eucarística quando ela se apresentava notavelmente com um aparato de antiguidade e uma superestrutura que quase todos tinham dificuldade de aceitar.

Nestas condições, compreende-se que se procurassem em outra parte as fontes e as formas de oração pessoal, aptas a interessar e a ocupar todo o próprio espírito nas suas exigências de compreensão, de ação, de emoção e de atualidade; e se compreende que em relação à liturgia aparecesse um sentido de indiferença e de estranheza. Não causa maravilha que este estado de espírito continue a ser notado um pouco, mas o ponto é: trata-se de dar-se conta do conceito renovado da liturgia, o do mistério, que está em ato e que o Concílio quis despertar e aplicar, não por amor à arqueologia, mas para que, mais eficaz e facilmente, seja disposta nela a fonte única e perene da oração e da santidade cristã: Jesus Cristo morto e ressuscitado.

Aliás, não é num dia que se reforma a liturgia (nos seus elementos reformáveis), ou que se modifica uma sensibilidade espiritual; é preciso superar e recolocar em harmonia uma separação, para não dizer que, também em melhores condições objetivas rituais, é uma obra a ser recomeçada incessantemente e que a passividade em tomar parte no rito e a resistência a torná-lo fecundo têm raízes e motivações muito mais determinantes.

A reforma deve "continuar" se se quiser uma liturgia tal que a comunidade cristã de hoje ali se encontre e dela tire alimento para a própria vida espiritual. Certas pressas nascem da incompetência, da imprudência ou da superficialidade; certas lentidões e cautelas derivam da obtusidade e do despreparo; a discussão crítica e a pesquisa sincera, iluminada e não alcançada, devem aliar-se para criar as condições ontológicas e psicológicas para uma feliz solução.

Todavia, para aqueles cujo critério de ação não é a simples atitude ou a injustificada desconfiança, mas um agudo juízo formado por uma válida experiência de oração, a insistência sobre os valores da piedade privada permanece e permanecerá sempre um apelo precioso e uma admoestação contra o risco da oração litúrgica "ser uma árvore com as raízes ao vento e ao sol" (Cardeal G. Colombo). Só será necessário enxertar a oração privada no seu tronco sólido e sadio e estabelecê-la sobre o fundamento do qual receberá segurança e equilíbrio; então será superada toda dualidade e desarticulação. Particularmente – como já temos destacado –, não serão simplesmente eliminados os piedosos exercícios, mas melhor medidos, com a perda de expressões involutivas, excrescentes e paralisantes. Então crescerão "em harmonia com a sagrada liturgia", dela tomarão inspiração e a ela conduzirão (cf. *Sacrosanctum Concilium*, art. 13), também mais variada e livremente num certo sentido, segundo os gostos e as necessidades.

Função de modelo

Por sua vez, os teólogos da liturgia insistem exatamente na função de modelo da ação sacra, enquanto representação no sinal do mistério da salvação, sobre sua natureza "muito superior", sobre sua riqueza em si inexaurível. E têm razão. Mas, também eles podem pecar por alguma oposição aos primeiros. Isto é, podem esquecer que de fato a estrutura da celebração não satisfaz sempre a atual participação ativa e pessoal; podem subavaliar as leis da gradualidade, da psicologia religiosa, as exigências pedagógicas, as disposições subjetivas, a interioridade e outros fatores que simplesmente não são negligenciáveis e insignificantes. E mais: alguém poderia ser tentado pela mania e nostalgia arqueológica e pela fobia contra aquilo que, com uma certa suficiência, define sumariamente "devotio moderna" e em prática contra a piedade privada.

Na realidade, o movimento da piedade cristã é unitário: não é uma liturgia que não frutifique na interioridade e não anime os pios exercícios, nem uma contemplação e uma oração privada em reação ou separação em relação à liturgia. Ao contrário: é uma oração que nasce da *actio sacra*, fixa-a individualmente, prolonga-a nos exercícios piedosos e a traduz na vida para voltar enriquecida na própria *actio sacra*.

O êxito está ligado ao esforço de todos e ao surgimento de alguns grandes mestres de espiritualidade e, portanto, da experiência cristã litúrgica. Os simples eruditos ou os enjoados vulgarizadores surgem da terra: os mestres de espiritualidade, porém, são um dom celeste, como São Cirilo de Jerusalém, ou São Gregório Nazianzeno ou São Leão Magno.

4 Graus e formas de participação litúrgica

Quem participa das celebrações litúrgicas hoje e conserva um pouco a memória das celebrações passadas, não pode deixar de perceber quanto se transformou o aspecto da assembleia cristã nos seus atos e momentos sacramentais e rituais.

Mesmo antes da reforma litúrgica, as celebrações tinham seu fascínio: sabiam recolher o espírito, alimentar a oração, atrair e impressionar o sentimento e, naturalmente, ser sinais eficazes da graça. Mas a linguagem dos ritos, a mensagem das palavras, a evocação dos símbolos eram dificilmente perceptíveis, e mais por intuição do que por expressão. Desde que uma teologia mais aguda e objetiva do rito sagrado e uma pastoral mais atenta em traduzi-lo em ato realizaram uma cuidadosa e iluminada renovação, a reunião litúrgica apresenta-se totalmente mais significativa: por entidade e qualidade de presenças e pela maneira e a medida da participação.

Presenças jovens

Quanto à presença, a juvenil é, sem dúvida, sintomática. Ela não mostra tanto possibilidades de horário pertinentes quanto capacidades de ação litúrgica a ser assumida e compreendida; para satisfazer o que dela se espera e, antes ainda, para provocá-la, para substanciar a oração e o encontro com Jesus Cristo; para evidenciar e para sustentar as relações de Igreja. Nem tudo teve êxito na reforma; provavelmente, se tivesse de ser realizada hoje, algumas opções seriam diferentes. Ali se encontra alguma "complicação" inútil; no fim, a liturgia é histórica; sobre ela refletem-se opções e gostos dos operadores imediatos não sempre condivisíveis. E no entanto, ela aparece hoje a grande e fecunda escola da piedade cristã, o lugar primário da formação para a mentalidade e para a experiência cristã. Não é excessivo em prudência nem quem tem saudades do passado, nem quem com ânimo insatisfeito gosta de se deter na crítica suficiente e humilhante.

Acenamos aos jovens, onde vive e promete o projeto pelo amanhã. Mas vemos presenças de todas as idades, desde as iniciantes até as mais maduras, a ouvir a Palavra de Deus, a receber nos santos sinais – sinais antigos, certamente, mas de fato não apagados; e sinais aliviados e interpretados pela "explicação" da Igreja – o dom da graça, com seu espanto e sua poesia, pois na liturgia as dimensões são várias: existe o discurso, a admoestação, o apelo, a serenidade, a doçura, a monotonia, a fantasia; e nós somos diversamente atraídos e tocados por ela.

Liturgia "sacramento"

Em tudo isso, porém, existe uma condição postulada com antecedência; isto é, que, por um lado, tenha sido ultrapassado o nível do culto às rubricas (de fato é sempre mais raro encontrar um liturgista rubricista) e, por outro, o nível do capricho arbitrário e pouco profundo; e que, ao invés, se tenha alcançado o sentido "teológico" da liturgia, que saiba ligá-la à sua origem, que é o evento da salvação. O rito é também "jogo", é inspiração e invenção, suscetível de mudança e de reconstrução, mas na sua primeira verdade é "sacramento" da paixão de Cristo ressuscitado dos mortos, é concessão do Espírito Santo, é comunhão com a Páscoa do Senhor. A liturgia reescreve os gestos da redenção no atual espaço da humanidade e da Igreja, na vontade de quem queira se tornar conforme Jesus Cristo, morto e ressuscitado. Não se trata de representar como num drama sacro; daí a extrema seriedade e realidade da ação litúrgica, ou do mistério.

Se faltar ou for insuficiente esta concepção sacramental dos ritos cristãos – como já destacamos –, eles não poderão nem mediar a graça – não com outra, mas com a mesma mediação de Cristo, do qual o rito é sinal –, nem edificar a comunidade da paixão e da esperança, que é a Igreja.

Ação pastoral iluminada e perseverante

Da concepção sacramental provém uma assídua pastoral litúrgica, pela qual a celebração, que certamente não coincide com toda a missão e manifestação da Igreja, significa seu momento mais evidente e específico. Aliás, será a superação do liturgismo, mediante a teologia do sacramento, a fazer perceber que a celebração é realizada pela vida e pela experiência, que antes já é vida e experiência. Não existe, de um lado, a liturgia e, de outro, a caridade; o símbolo "alienante" e a concretude. São dualismos que comumente são enunciados e denunciados, mas que, objetivamente, são inconsistentes.

Esta atenta pastoral litúrgica se preocupará em preparar com cuidado a ação litúrgica, na multiplicidade de suas formas e colaborações, com método perspicaz e perseverante. Se alguma desilusão apareceu depois da reforma, uma das razões foi uma pretensão injustificada de frutos imediatos. Nenhum semeador experiente espera a colheita logo após a semeadura. Ora, estamos somente nos inícios: não será suficiente uma geração, mas as metas serão alcançadas quando os atuais jovens, reinseridos – ou talvez inseridos como nunca antes – na liturgia se tornarão adultos: quando as crianças atuais tiverem aprendido e assimilado os gestos, as fórmulas, a linguagem.

Por vezes, a objeção: o que entendem as crianças?, ou até: o que compreende "o povo"?, revela mais generosidade do que perspicácia. Nem tudo se compreende logo: mas a liturgia volta, seja nas celebrações do ano, seja na longa subida da vida. Aspectos despercebidos por um são percebidos por outro: e aquilo que passa inobservado hoje, é reencontrado amanhã. A criança não compreende e não imposta a vida a não ser pelo grau que lhe é possível, e que crescerá na idade seguinte. O mesmo fenômeno acontece na escola, no trabalho, nas relações com os outros, no amor etc.

Certamente os frutos escasseiam onde hoje se gosta de substituir o austero mas pensado desenvolvimento litúrgico e sua pedagogia, e se propõem as próprias descobertas, no momento talvez impressionantes, mas mais adaptadas ao teatro e não a uma verdadeira pedagogia. No fim, estarão desiludidos e deformados os mesmos aos quais pareciam agradar. Seguir o itinerário litúrgico "oficial" é mais árduo, pois ele tem um traçado obrigatório, mas seu êxito é prometido ao trabalho constante, que é de toda a obra do pastor de almas e de seus mais diretos colaboradores.

Níveis celebrativos

Sobre isso, deveriam ser recordadas outras coisas: a pluralidade dos níveis ou das exigências das comunidades; ou a analogia das celebrações: sobre este ponto, talvez, a liturgia do passado era, em algum caso, mais corretamente sensível, prevendo, por exemplo, e praticando diversas formas de celebração eucarística. Uma coisa é a liturgia da catedral – pelos componentes com frequência transitórios e heterogêneos –, e outra coisa é o grupo de uma paróquia, cujos membros são habitualmente os mesmos, nos diversos graus; uma coisa é um seminário e uma comunidade monástica, outra é um grupo de rapazes da Ação Católica ou de escoteiros. Julgar a liturgia de uma catedral pelas possibilidades ou pelas exigências destes últimos seria mais uma vez mais boa vontade do que outra coisa. O espaço de adaptação, na unidade da estrutura e de sentido e nos limites previstos, é mais amplo do que costumeiramente se pensa, só que é mais laborioso realizá-lo.

Também se deveria lembrar que os modos de participação na liturgia não são apenas os verbais e imediatamente administrados. Participa-se vendo, ouvindo, ficando calado, contemplando. Algumas pretensões e críticas não estão privadas de alguma linha de rusticidade e de simplismo. Também quem não sabe construir a catedral de Milão pode apreciá-la e, de certo modo, sentir-se representado, sem ser afligido pela frustração.

5
A linguagem litúrgica

1 Linguagem litúrgica no âmbito da tradição

Palavra de Deus e palavra do homem

O homem que aceita e crê na Palavra de Deus exprime necessariamente sua fé numa linguagem, que é muito mais do que uma simples língua: é uma mentalidade, uma cultura, uma sensibilidade e uma perspectiva e, no fim, uma síntese unitária e uma teologia. Na história da linguagem da fé existem épocas nas quais o caráter emergente é a estabilidade e a tradição tranquila e repetida, e existem outras, ao invés, marcadas pela passagem, pela mobilidade e, portanto, pela crise. É fácil perceber o risco, tanto no primeiro quanto no segundo fenômeno.

O risco da idade da síntese unitária e estabelecida é o de fazer coincidir a Palavra de Deus com determinada linguagem que a exprime e de entender a tradição como pura rejeição e rigorosa transmissão. Assim, temos uma fé ou uma teologia que se isola, ou então que domina, que age como rainha em relação à cultura leiga. A possibilidade de uma vitalidade autônoma é paga com o perigo de se tornar ineficaz e incompreensível.

Ao contrário, o risco da época evolutiva é o de uma abertura à renovação, à necessidade da reforma da linguagem, a ponto de, com a tradição, romper a própria comunhão com a Palavra e com a natureza e o conteúdo próprio da fé, que é como que recriado nova e originariamente. Ele tende a tornar-se compreensível e eficaz, não se isola e não domina, mas o perigo é de pagar a presença com sua dissolução. O nosso tempo traz com clara evidência os sinais da teologia em evolução, os sinais da crise de uma linguagem que se percebe, ao menos por alguns aspectos, superada, impossível de encontrar, separada em relação à Palavra de Deus e à fé; os sinais da busca de uma forma renovada para compreender e melhor pronunciar o Credo, hoje.

Não se trata propriamente de "deixar" a linguagem do passado para adotar uma mais apropriada. A linguagem não é absolutamente um hábito, e seria muito equivocado também falar de "tradução" ou mudança de terminologia, que é ainda pior. Em tal caso se teria a ideia de uma Palavra ou de uma fé em estado chamado "puro", ao qual tirar ou ao qual impor uma veste, ou ao estado abstrato a ser coberto com o concreto. Na realidade, a Palavra é também sempre história, interpretação, linguagem; e sua passagem é muito mais complexa e complicada.

Tanto mais que não basta um teólogo para fazer a primavera teológica. Expressar novamente a fé exige e solicita a obra e a colaboração dos teólogos profissionais, mas é depois toda a Igreja que, num modo ou noutro, ali deve ser reconhecida, na consciência de exprimir não outra Palavra e outra fé.

Duas tentações

Pelo perfil das tentações, hoje seria possível considerar – e aliás, obviamente – que elas são duas, correlativas: um apelo ao passado feito valer indiscriminadamente como norma – mas no fundo age também a preguiça e o medo – ou o apelo a uma voz nova, a um teólogo ou escola teológica, feita simplesmente equivaler a uma autêntica reproposta da fé – também aqui, com rosto diferente, mas não menos está agindo a preguiça e o medo. Por outro lado, não é questão fácil: a mudança da linguagem – isto é, da interpretação e do significado – não pode comportar o rompimento da comunhão com a fé, com o sentido da Palavra. E isto explica a atenção crítica da Igreja para as expressões da fé e também a possibilidade de períodos em que a linguagem antiga é conservada como garantia, antes de se reconhecer outra linguagem. Já que é preciso, ao mesmo tempo, dizer que para a mudança das linguagens não pode ser submetida à mobilidade e à revolução a própria Palavra e a própria fé, que também recebem novidades de compreensão, de desenvolvimento e de organização.

A este discurso de renovação da linguagem, de sua necessidade e também da função da Igreja, que o reconhece como linguagem da Palavra e da fé, liga-se estreitamente, ou, mais exatamente, é dele um aspecto, o discurso de uma nova linguagem litúrgica. A Igreja "pronuncia" a Palavra e sua adesão de fé, assim ela "reza" a Palavra e a própria aceitação. A liturgia muda em oração o conteúdo do dogma ou do plano de salvação. Faz dele motivo de ação de graças e de súplica. A oração cristã não é genérica ou "natural", mas é a oração da fé. E como a fé, também a oração litúrgica se expressa e se desdobra numa linguagem segundo uma mentalidade e sensibilidade, a uma "cultura", que assimila a história e dela recebe os recursos e os limites.

Tradição e renovação na linguagem litúrgica

Em correlação com a fé, também a liturgia está presa consequentemente entre duas exigências: a comunhão com a tradição que a precedeu e a constitui, e a necessidade de tornar a se exprimir e reformular. Ou seja, a comunhão com a fé e a necessidade de celebrá-la "hoje", na atualidade de sua forma; mas importa precisar que a forma da oração é também a língua, sinal exterior, "físico", e é sobretudo algo mais profundo. É o correspondente litúrgico do "discurso" teológico em relação à Palavra.

Existem também na história da liturgia épocas nas quais, em certo sentido, prevalece a repetição. A comunidade cristã, dadas as suas condições e situações doutrinais e práticas, está mais à vontade na formulação litúrgica. Recebe-a do passado e, sem problemas, transmite-a ao futuro. É o correspondente litúrgico da estabilidade teológica. Quem examinar o Sacramentário de Verona e o antigo Missal Romano percebe logo a identidade da linguagem e a uniformidade da expressão eucológica. Agora, esta não pode continuar em estabilidade tranquila, como se não estivesse em curso a renovação da compreensão da fé, de seu discurso, de sua linguagem, além da novidade que toca especificamente o gênero da liturgia, que tem suas leis e sistemas em relação àqueles da inteligência da fé.

Evidência da diversidade

A partir da tradução dos textos latinos de oração para as línguas vivas e faladas (também o latim pode ser considerado língua culturalmente viva, mas num sentido muito diferente), começou a se tornar aguda a consciência da diferença da linguagem e a insuficiência, para falar de atualização, da simples versão. Afirmar que a comunidade no seu complexo não trai esta advertência e, portanto, não acusa dificuldade, é ao menos um pouco apressado; sua razão poderia ser a incompreensão e o desinteresse e a solução correta não seria aceita.

Tal diversidade mostra-se ainda mais sensível a quem medir o horizonte e a "figura" teológica ainda refletida na liturgia em relação ao horizonte e à "figura" teológica que hoje estão se esboçando. Por certo, ninguém porá em dúvida que a liturgia sempre envolveu a fé cristã no mistério. Supor o contrário revelaria a incompreensão da própria liturgia e da Igreja. Mas, contemporaneamente e pelo mesmo motivo, é discernível na liturgia, com a fé, também sua linguagem, com as próprias relatividades.

Duas soluções inadequadas

Isto significa que a liturgia, hoje mais do que no próprio tempo do Concílio Vaticano II, está entrando na "crise", pela qual há duas soluções tão fáceis quanto inadequadas, porque representam uma pura concessão à dupla tentação da qual falávamos a propósito da teologia. Seria extremamente fácil a solução da crise evitando-se o problema, sua realidade ou dimensão. A sedução desta opção é particularmente compreensível como necessidade de segurança e estabilidade diante do experimentalismo desprevenido e inquieto destes anos. Mas a linguagem passada não é simplesmente repetível sem problemas.

A outra solução de renovação para a crise litúrgica é comparável à segunda, e também fácil, da teologia. Esquecendo-se de que a liturgia não celebra "uma" teologia, mas o dogma cristão, a história da salvação na compreensão reconhecida pela Igreja, com pouco cuidado de estar em comunhão com a tradição, esta alternativa abandona, transforma, introduz, sob a pretensão de linguagem nova, a ponto de, na celebração, não ser mais legível integralmente a fé ou o mistério cristão. Este não deve ser inventado ou criado hoje; e como existe uma linguagem que o exprime e outra que o trai, assim existe uma liturgia que o revive e outra na qual ele se perdeu ou corrompeu. Esta não seria mais liturgia cristã, mas, no máximo, liturgia segundo a mente de um determinado teólogo ou não teólogo.

Sem dúvida, os destaques litúrgicos podem ser diferentes: a liturgia oriental sintetiza, compõe e propõe de maneira diferente da ocidental, mas a Igreja ali reconhece sempre a própria fé e a própria oração. Todavia, temos lido textos eucológicos, por exemplo eucarísticos, nos quais dificilmente se reconhece o sentido cristão, "católico" da Eucaristia.

Expressavam outra coisa, não a morte e a ressurreição de Jesus de Nazaré, Filho de Deus. Não faltava uma atualização de linguagem, mas esta era simplesmente a interpretação de um teólogo ou de uma escola que já não expressavam completamente a fé. Vale, como dizíamos acima, que uma teologia, uma escola, não fazem uma primavera litúrgica.

No mais, está em uso um conceito de "atualização, um modo de concebê-la repleto de ambiguidades ou até de equívocos. Sobretudo, não tem sentido tomar uma compreensão atual da liturgia fora da compreensão e da aceitação da fé. Seria o caso de se perguntar se, com frequência, não se faz a liturgia carregar a responsabilidade e o peso que, por sua natureza, não lhe compete. Tende-se a não adaptar a liturgia ao nível da compreensão da fé, mas ao da não fé. O "povo" – observa-se – não compreende a linguagem litúrgica. É verdade, mas a razão primeira é porque não compreende a linguagem da fé; isto é, com frequência e na raiz, não tem a fé. É muito perigoso, nesta condição, o trabalho de adaptação. Diz-se: certas orações não são entendidas, mas não será também porque traduzem o mistério cristão a quem não o recebe mais ou não está suficiente animado a ele? No fim, o que conta não é simplesmente celebrar assim mesmo. A liturgia nasce pela fé cristã e a supõe, sem que de modo algum se possa substituí-la. Do mesmo modo: não se poderá mudar a Bíblia simplesmente porque já não é aceita.

No entanto, o que continua verdadeiro é que a Bíblia, a fé, a liturgia devem receber a interpretação hoje, na mudança do "discurso", através da meditação da "Palavra", que tem em si o poder de criar um discurso novo. Então pode-se "falar" de criatividade teológica e litúrgica, mas com a advertência de que só num certo sentido pode-se "criar"; isto é, em nível da linguagem e na medida em que esta devolva a Palavra hoje. Tal Palavra, ou mistério cristão, não é recriável, mas ela nos sustenta contínua e legitimamente, contanto que uma atualização não consista concretamente numa alteração, da qual não é um indivíduo, mas a Igreja que é juiz e critério.

É inegável que a Igreja sempre se tenha preocupado com esta possível alteração e também a esta preocupação deve-se a constituição, num certo ponto, de uma uniformidade litúrgica e de sua intocabilidade textual, ao menos, subtraída à invenção de um indivíduo.

Unidade da fé e variedade de discurso

Aliás, mais outra emergência veio se impondo: a da pluralidade na unidade da fé. Segundo a categoria frequentemente recordada: uma diversidade de linguagem litúrgica, necessariamente, não traz consigo uma divisão da fé. Pensa-se que é radicalmente errado pretender que haja "uma" língua litúrgica, ou "um" canto litúrgico, mesmo se é claro que nem todo o canto seja adaptado à liturgia, nem cada gesto lhe seja apropriado. Percebe-se que novos textos não comprometem a fé e a oração da fé, como a memorização de textos passados não equivale, em absoluto, à permanência da fé na imprescindível comunhão com a tradição.

Se nos perguntarem em que medida a liturgia reformada, por exemplo o novo Missal, se apresenta renovada, a resposta não é fácil e depende, sobretudo, da exigência e do conceito que se tem de novidade.

Pode-se reconhecer que entraram temas novos, matéria doutrinal mais evidente e algumas aderências mais concretas. Cada um pode dar-se conta disso e pode avaliar o progresso em relação ao Missal precedente. Contudo, em relação a novidades de orientações de linguagem e a desenvolvimentos teológicos que em todo o horizonte da compreensão da fé marcam estes anos, não é muito difícil perceber que não tocaram muito a oração da Igreja.

Mas, exatamente em base aos destaques precedentes, sobressai a complexidade do problema da renovação da oração litúrgica.

Uma compreensão eclesial

Em primeiro lugar, compreende-se que é precisamente em tempo de revisão e revolução cultural e de reestruturação teológica que a Igreja está atenta a evitar as repercussões imediatas na liturgia, que, por sua natureza, não pode ser um banco de prova, nem uma base de lançamento das linguagens e das teologias novas. A liturgia é oração do mistério cristão e da fé, e se é verdade que não existe uma fé sem uma hermenêutica e um nível teológico, este primariamente é o nível que precede uma especialização, à parte a questão da própria ortodoxia de tais repensamentos especializados. Falávamos de "reconhecimento", por parte da Igreja, da teologia, para que esta tenha condições de traduzir-se também liturgicamente.

Além disso, o ingresso do novo em liturgia, tendo como critério intrínseco a fé e sua compreensão eclesial, e não a atualidade de uma hipótese nem a síntese própria de um teólogo ou de uma escola particular, não pode representar um fato habitual e recorrente. Também deveriam ser lembrados dois outros elementos: o primeiro é uma certa característica da culturalidade e da sua formulação, que creio valha também para a liturgia, e é uma tradicionalidade de tipo diverso daquele específico da fé, mas que é também significativa da profundidade da qual qualquer culto em geral se aproxima; o segundo elemento é a função intimamente "pedagógica" – de uma pedagogia que provém do dogma – da liturgia cristã, que impõe uma linha de continuidade.

Quando se fala, pois, de novidade ou não do Missal, não se devem perder de vista estes destaques, se não se quiser dissolver a liturgia e fazê-la perder a eficácia e o significado de sua presença na comunidade cristã.

Com isto estamos bem longe de pensar que a oração litúrgica se renovou porque simplesmente às perguntas condicionadas por um contexto de necessidades "rurais" pode-se ter passado a um contexto de necessidades "industriais"; isto é, se em vez de pedir que terminasse a peste dos animais, celebra-se uma missa para o mundo do trabalho. Nem jamais saberíamos em que medida seja necessária esta substituição, mas permaneceríamos na superfície se se admitisse acriticamente a equivalência e a mudança material. Se não tivéssemos de usar uma expressão difícil, diríamos que uma verdadeira mudança não está no plano "material", mas no "formal": não dos conteúdos, primariamente, mas da maneira de entender a liturgia e as relações que ela cria e manifesta.

2 Para a compreensão dos textos litúrgicos

Quem compreende as versões?

Retomemos a questão da linguagem litúrgica. Quem compreende os textos litúrgicos, embora traduzidos ou redigidos em língua viva? É a interrogação que há alguns anos se levanta em relação ao problema da linguagem da liturgia hoje. Mas não seria muito previdente se tal interrogação partisse da convicção prejudicial que imediatamente, sem muito esforço e estudo, um prefácio, uma oração, um símbolo, devem ser eloquentes – assim como pode ser a leitura de um artigo de jornal ou de um manifesto mural – ou, como se está dizendo com cândida simplicidade e viva paixão, devem ser "humanos. Na realidade, a questão é complexa. Não apenas pela elaboração abstrata das teorias da versão, da hermenêutica e da criatividade, que, sem dúvida, exigem inteligência e fineza, mas pela necessidade de proporem depois uma análise concreta dos modelos exemplares, que, em todo o caso, não poderiam dispensar da iniciação.

Iniciação ao mistério cristão

A razão mais profunda pela qual esta iniciação é necessária não está na óbvia condição de qualquer texto ou símbolo, que dificilmente se aceita logo, sem esforço. Mas está na natureza da linguagem litúrgica, ou melhor, do mundo que ela é chamada a mediar e a exprimir. Por mais variados que possam ser os conceitos da linguagem, deve necessariamente ser reconhecida uma regionalidade da linguagem litúrgica: já em nível "natural" e histórico. Como é sabido, uma religiosidade natural e histórica, corretamente não é tomada como ponto de referência ou como critério litúrgico cristão. Não porque a liturgia não deva ser "secular" – os volúveis teóricos da liturgia secular dos anos de 1960-1970 há muito já passaram de moda – ou porque aquela religiosidade não possa absolutamente ser assumida num momento derivado; mas porque a liturgia cristã é sinal e lugar do evento de salvação, que é graça; portanto é heterogênea, nova, original; quem não tem complexos pode chegar a dizer: sua linguagem nasce por um evento que vem "do alto" não de baixo. Jesus Cristo, pouco preocupado com a contestação e não atemorizado pelos teólogos da morte de Deus, disse-o com uma clareza e uma confiança na possibilidade de compreensão que somente estes últimos jamais teriam compreendido, ao menos por uma época. É preciso partir da originalidade do fato evangélico para compreender a perspectiva da linguagem litúrgica. Tal fato não criou, indubitavelmente, nem o saberia, uma linguagem no estado puro e reservado. Conceito e palavras não são fornecidos nem independentemente da estrutura da inteligibilidade humana, nem fora dos contextos históricos, nos quais foram encontradas, inscritas e também transformadas as proposições, com suas imagens, símbolos, pensamentos. Criticamente determinante é, porém, o horizonte novo, não o "ferial", sociológico, e ainda digamos "natural": em tal horizonte novo o conjunto linguístico está como sentido pré-compreendido e dele recebe especificidade.

A linguagem propriamente cristã

A consequência é que iniciar para a liturgia cristã comporta também iniciar para a sua linguagem própria, não exaurível na sua obviedade e na sua aproximação superficial. Por esta origem e natureza – e pela indissociável convivência entre realidade e linguagem – seria ilusório e indevido pretender uma facilidade que a liturgia não pode e não deve ter. Outro discurso é o da língua, de suas estruturas, de seu vocabulário não específico. A estrutura e a matéria linguística têm uma mobilidade à qual se deve estar muito atentos: as estruturas italianas são diferentes das latinas, e os textos litúrgicos atuais parecem ainda se ressentir demasiadamente, quanto à língua e conexões sintáticas, dos originais, também quando estão redigidos diretamente em italiano. Seria dito que instintivamente, e não sem uma razão, são pensados naquela língua que de fato constituiu por séculos uma tipologia litúrgica.

Necessidade de uma pedagogia

Mas o lado da questão que estamos considerando é outro, e absolutamente mais importante, porque pré-compreensivo. Jamais será pensável uma idade litúrgica na qual textos-símbolos do culto cristão não necessitem de iniciação, analogamente à necessidade, que nunca poderá cessar, de introduzir à Sagrada Escritura. Assim não é possível levantar a hipótese de uma idade que rompa radicalmente com o passado e retrate em linguagem nova (linguagem, não língua). Existe um aspecto de tradicionalidade da Igreja que toca a própria liturgia e que permite "reconhecê-la" seja no interior da Escritura, seja no interior da vida da Igreja. E mais: existe uma linguagem de oração que pertence em profundidade à Igreja e ao homem orante, sobre a qual não é simples pôr as mãos e reformar. Não está em jogo só a cultura – palavra prestigiosa e confusa –, mas a mediação e a retomada da fé, que não existe em estado abstrato e fora da palavra.

Tudo isso significa que não seria método correto na avaliação – por exemplo, de formulários litúrgicos – partir unicamente de critérios pedagógicos ou linguísticos, sem levar em conta a realidade que o formulário é chamado a transmitir e também a criar, a "criticar", a formar. É imprescindível o critério teológico, sem o qual teríamos, no máximo, a obra de um sociólogo ou de alguém que culturaliza; é o critério teológico, porém, que garante a especificidade cristã.

Metodologias erradas

Alguns casos de metodologia errada: partir daquilo que o homem hoje pode compreender de "Verbo", "sacramento", "mistério", "redenção" – alguém acrescentou brilhantemente "virgindade" e "Maria virgem" – e propor uma formulação correspondente. Certamente o "termo" como tal é suscetível de variação, mas o "sentido" não é variável, e não é nem "natural"; deve-se salvaguardar sem alteração, e não porque seja já de per si compreendido, mas porque deve ser feito compreender. Na tradição não se estudou e debateu em vão para precisar, captar e propor os dados do mistério cristão, a cujo sentido a linguagem deve servir.

Liturgia "humana"

Uma consideração particular, mas de algum modo ligada, mereceria a exigência de uma liturgia sob medida, ou em "calor humano". É preciso prestar atenção para não pretender que o momento litúrgico suporte todas as expressões de humanidade ou também todas as formas e os "problemas" cristãos; mas é necessário sair da ambiguidade deste "humano". A única humanidade que a liturgia pode entender e propor é a humanidade da qual é portador Jesus Cristo. Opor e, no fim, também só distinguir entre humano e cristão, humano e eclesial, é bastante discutível, antes, poderia ser errado. O aspecto "humano" profundo, por exemplo, da liturgia fúnebre é exatamente proclamar e celebrar Jesus ressuscitado dos mortos; é anunciar a surpreendente novidade que não são as lágrimas que selam o desaparecimento de um irmão e que a morte não é um "horrendo risco" ao encontro do qual fatalmente se vai. Um rito que exaltasse o pranto, a comoção, afinal, seria inútil, desajeitado: a função cristã da liturgia é outra, mesmo que sua linguagem não deixe de demonstrar toda uma sincera e fina sensibilidade e piedade. E isso exatamente para deixar ao seu momento certo, conforme sua natureza, a dimensão de humanidade. Mas não é só na celebração fúnebre que pode surgir o equívoco sobre a "humanidade" da liturgia: em geral isso se constata todas as vezes que disso trate um puro sociólogo, ou linguista, ou pedagogo, que absolutizem a própria competência e nos aflijam com o refluxo de um liturgismo insuportável. Quem compreende os textos litúrgicos? Ninguém que não os estude ou não ouça quem os explique, em relação a todas as formas de experiência e de catequese cristã.

O exercício celebrativo

Mas o estudo e a catequese não são suficientes, ainda que alcançassem um alto nível de compreensão. Há quem tenha expressado a decepção e a admiração que se possa julgar positivamente um ritual antes de as revistas especializadas o examinarem! Elas têm todo o direito e o dever de fazê-lo, mas se acompanhadas pela convicção de que tal perspectiva é parcial, assim como os comentários e os estudos que também consideramos indispensáveis. É preciso também – para fazer uma avaliação – ver uma liturgia no momento em que se realiza, captar os textos no contexto celebrativo concreto, onde recebem ressonância, interpretação, objeção, dificuldades e relatividade. Um pouco como para o libreto de uma ópera, que adquire vitalidade e consistência fora da simples leitura, na representação.

Isso não significa desvalorizar o trabalho "de gabinete" ou esperar da "base" os livros litúrgicos. Os livros litúrgicos sempre saíram de um "escritório", sempre exigiram cabeças que pensam e canetas que deixam lá sua marca, mais ou menos exitosa e simplesmente não infalível. Aliás, com frequência, as saudades da "base" são suspeitas, quando esta "base" for uma artificial ou reservada comunidade, que já decidiu o que compreender e o que não compreender, ou quando facilmente se está persuadido de interpretá-la.

Culturalismo litúrgico

Caso contrário, apenas haveria condições de perceber somente um aspecto, abstrato e certamente importante, mas limitado, por sua própria especificidade. Os monges medievais diziam: "Nem todos podemos fazer tudo"; e é verdade. Quando os teóricos pretendem emitir juízos sobre a concretude, sem que de algum modo dela participem interiormente, acontecem problemas. Não para eles que depois se retiram para sua reserva, mas para os outros, que foram desorientados com leviandade. São os efeitos de um culturalismo teológico que ainda é iluminismo e que muito redutivamente compreende o valor e o sentido de toda a tradição da Igreja e de sua vida. A figura dos Padres que eram teólogos e mistagogos continua protocolar. Quando não for possível – não certamente por princípio – a convivência daqueles aspectos na mesma pessoa, é indispensável, ao menos, a complementariedade das diferentes competências.

3 Linguagem litúrgica despertada por uma memória

Com a reforma litúrgica e a possibilidade das versões em línguas atuais tornou-se – como temos visto acima – particularmente vivo e apareceu de difícil solução, o problema da linguagem. Trata-se de traduzir não só uma terminologia, mas todo um mundo, feito de imagens, de sensibilidade, solidárias com uma cultura claramente datada e não simplesmente traduzível. Não é o caso de deter-nos para avaliar os resultados obtidos, mesmo porque a formulação dos princípios é até fácil e comum; a prática, porém, uma vez iniciada, é tudo, menos simples. No entanto, existe um aspecto da questão que parece emergir e revelar-se mais importante e mais urgente, e é a escuta que a linguagem litúrgica supõe, a memória da qual provém, o evento que nela se faz presente e se torna palavra.

O justo sentido da linguagem

Já uma concepção de linguagem como puro revestimento mutável de uma ideia ou também de um fato permanente não é muito profunda. Ela vê a linguagem como um conjunto manipulável de conceitos e de termos sobre os quais intervir e que se deve usar segundo a necessidade, e no caso da liturgia com a tradução ou com novas composições, tendo presente a capacidade de compreensão daqueles que utilizarão os textos ou realizarem celebrações. Esta perspectiva e finalidade "operatória" denuncia um limite bastante grave, se faltar a consciência de que este é somente um lado e um momento do problema e que o essencial é a presença na linguagem do evento e da memória, que o gera e quase o possui. É conhecida a filosofia heideggeriana da linguagem: mesmo quando se contestam as etimologias de Heidegger, suas genealogias linguísticas e suas dissoluções arqueológicas, continua aguda e válida a percepção de uma linguagem que não cobre externamente como um véu conceitual e abstrato, mas é suscitado pelo ser como uma palavra sua, que é sua "casa", o espaço sobretudo interior, que se manifesta: a linguagem que é escuta, silêncio, revelação, presença, que diz e que é dita, que se realiza sob a força do ser, do evento, e realiza a aparição, numa distinção entre o conceito e a palavra. Sem a integração e a valorização deste modo de entender a linguagem, mesmo na hipótese de versões ou de criações categorialmente claras, a liturgia não seria verdadeiramente "compreendida". É preciso encontrar as premissas, que talvez não sejam tão raras ou tão árduas como poderia parecer à primeira vista, também pelo fato que para existir não têm sempre necessidade de aparecer em nível lógico e explícito.

A liturgia é radicalmente um evento

Em primeiro lugar, a liturgia não é um texto que se recita, nem um gesto que se realiza ou um rito que se celebra. É o ser de um evento, ou melhor, é concretamente Jesus Cristo no seu evento pascal, em sua morte, da qual ressurgiu; é sua caridade com o Pai e com toda humanidade. Na hipótese de uma ausência de Cristo, de um seu não acontecimento, de uma dissolução de seu sentido, a liturgia se encontraria esvaziada, impossível. Certamente seria possível considerar a obviedade desta observação: que se Cristo não tivesse morrido e ressuscitado não teríamos a Eucaristia e a celebração de seu Corpo doado e do seu Sangue derramado. Mas exatamente por isso, nenhuma linguagem "exterior" seria capaz de tornar presente o sacrifício de Cristo. Ele precede, com a virtude de reapresentar-se e de reviver numa linguagem.

Ou antes, o sacrifício de Cristo não é tão passado que permita somente a reevocação numa memória, que seja o traço e o resíduo, do qual se configure a linguagem ritual, com seus sinais e suas expressões. A exigência ou a intenção heideggeriana da linguagem como "acontecer" do Ser, como apelo e escuta, encontra na liturgia a única realização perfeita. Com efeito, aquilo que ali se diz supõe uma memória "real" e não uma memória puramente psicológica, que alimente uma meditação ou uma representação interior, destinada depois a exprimir-se na voz e nos textos, mesmo que não falte este nível da recordação e de sua aparição imaginária.

Originariamente, não existe liturgia cristã se não nos encontrarmos e nos deixarmos reconduzir para a realidade do evento que alimenta e dá a memória objetiva através da linguagem, na qual é como que inscrito e experimentado no seu existir novo. É uma ilusão crer que este existir derive da multiplicação ou da evidenciação exterior dos termos e dos conceitos. A primeira condição para superar a insipidez ou a não significação da realidade é que sua proveniência seja o envolvimento atual, na fé, dentro do fato salvífico narrado "realmente" nas palavras. Mais do que "possuir" e "dominar" tal fato, é preciso estar possuído por ele; caso contrário, alienamo-lo de nós, e a linguagem litúrgica opera como distanciamento e separação, ou como reminiscência e comentário literário e emotivo.

O Senhor disse: "Fazei isto em memória de mim" (Lc 22,19), e com isso Ele entregou a si mesmo, seu Corpo sacrificado e seu Sangue derramado, à Igreja. Assim, quando nós realizamos o gesto de partir o pão e de beber o cálice, segundo a intenção, sob a fidelidade e a correspondência com Jesus Cristo, tornamos a ter "à disposição" aquele Corpo e aquele Sangue: somos ali recolocados; o fazer sua memória significa eficazmente o seu existir; propriamente fazemos sua memória e estabelecemos uma linguagem como sinal de sua presença e de sua palavra "agora, aqui", para nós.

Nossa iniciativa cronologicamente precedente encontra sua realização por força daquela presença, quando nossas palavras "transmitem" o Corpo e o Sangue do Senhor, e significam nossa comunhão. A linguagem eucarística sela e testemunha a verdade, o acontecimento do sacrifício do Senhor, o doar-se em ato de Cristo, seu oferecer-se no nosso rito. Por aqui se vê que, no plano do valor e da causalidade, nós viemos depois por causa do evento, que se produz liturgicamente.

Na liturgia o Corpo do Senhor

Não acenamos aqui às condições e à pedagogia para que tudo isso aconteça; nem seguimos os outros aspectos do tema somente acenado. O propósito era unicamente de recordar a premissa que se diria ontológica e imprescindível para a "solução" ou a realização da linguagem litúrgica. Os problemas práticos ou atuais permanecem na sua complexidade e podem ser novamente, e sempre, considerados, em vista de melhores resultados, simbólicos e conceptuais. E mais, permanece a necessidade de aprofundar a teologia da liturgia, a compreensão e o sentido da "contemporaneidade" do sacrifício do Senhor, que é o sujeito de toda a ação litúrgica e de toda a oração da Igreja. Permanece, todavia, como prejudicial que, se na linguagem não acontece nada de objetivamente novo; se ela não proclama e não propõe, de forma renovada, o evento salvífico, sua real presença e experiência, da qual a linguagem é "pulsante" contexto, a questão da versão não será eficazmente praticável; a clareza formal permanecerá vazia e não mediará nada ou demasiado pouco; não disporemos do espaço para que o Corpo e o Sangue de Cristo nos edifiquem a Igreja. Por isso, a participação na liturgia não se torna mais complicada e mais sofisticada. Ao contrário: torna-se evidenciada uma premissa que não é tão estreitamente ligada e dependente da cultura. Isso acontece, porém, quando o problema da linguagem litúrgica é enfrentado autônoma e separadamente, e – segundo o que já precedentemente temos considerado – busca-se sua dissolução no plano e com os instrumentos puramente linguísticos e lógicos.

Como o poeta ou o artista não coincidem com o homem douto – a cultura amontoa a madeira, mas não acende o fogo –, assim torna-se verdade a pré-compreensão real da liturgia, também quando a linguagem possa ser formalmente impedida ou esboçada e quando na pobreza ou obscuridade das palavras nos encontramos – pessoalmente – com o Corpo e o Sangue; isto é, com o amor do Senhor, que estabelece, entregando-se e sendo recebido, o sentido do ato litúrgico. Tal sentido é exatamente o de não ser um comentário ou uma descrição do que aconteceu no passado, mas a comunhão real com Ele, definível nos valores e nos próprios termos daquele evento que é equivalentemente este evento para nós. A liturgia é agora o corpo e a caridade de Jesus Cristo, no qual somos colocados e do qual recebemos a atualidade cristã.

6
Liturgia e valores humanos

Um qualificado documento, proposto pouco antes da discussão sobre evangelização e promoção humana no mundo do trabalho, constatava que, infelizmente, "a própria liturgia não consegue fazer emergir os valores promocionais humanos". Pareceria uma afirmação espantosa e provocadora, mas examinada de perto – quanto isso for possível – no seu caráter genérico revela-se menos robusta e, no fim, até desproposital. Ao menos assim nos parece, se partirmos de um preciso conceito de liturgia. Já que, antes de mais nada, é este conceito que está envolvido; segue depois o conceito dos valores promocionais humanos e, por fim, o terceiro, relativo ao emergir de tais valores na liturgia.

O conceito de "liturgia"

Sobre a liturgia não é possível ter diversas concepções. Como viemos repetindo, devemos deduzi-la somente de Cristo como presença sacramental – ou seja, memória – da Páscoa em ato de ser assumida na fé e na experiência da comunidade cristã. É a caridade pascal de Cristo, contida no "Corpo doado" e no "Sangue derramado", que torna possível e produz a Igreja como prosseguimento e epifania da própria caridade do Senhor. É verdade que, neste caso, a liturgia é a eucarística, mas se sabe que a Eucaristia é a liturgia por excelência e a ela podemos referir-nos.

Ora, em qualquer refeição na qual não seja absolutamente claro, com caráter não controverso, que aquilo que se realiza encontra origem, sentido e conteúdo na vontade e na palavra de Cristo, na comunhão com seu Corpo e com seu Sangue, sinais de seu amor redentor, não temos de modo algum a "Ceia do Senhor" e, portanto, não temos liturgia cristã. Analogamente, numa reunião de cristãos em torno à mesa, quando não se manifeste a fé da Igreja que obedece ao comando de Cristo e põe em ação não uma invenção própria, mas aquilo que Ele próprio fez – seu sacrifício – com a intenção de revivê-lo por sua vez, não teremos uma "sinapse" cristã.

Obviamente, se tal caridade da Igreja, que continua a mesma do Senhor, quer ter uma consistência histórica e exprimir-se em toda a concretude no homem, significará projeto e compromisso de promoção integral do mesmo homem, segundo o plano, o método e a substância do evangelho, segundo os primados e as articulações que ele estabelece. Quando estiver definido que o único homem existente é aquele criado em Cristo redentor, qualquer verdadeira "promoção humana" aparece pré-compreendida, a tal ponto que, ultimamente, pode-se perguntar se "evangelizar" e promover o homem são objetivamente distintos e, portanto, se "humanamente promovido" não esteja unicamente o homem morto e ressuscitado em Cristo. E isso não comporta preterição das exigências do homem enquanto faz parte da história em fase de futuro: a libertação evangélica não só as admite, as suscita, mas coincide com elas; entenda-se bem, para a realização e a integralidade exigida pelo anúncio da salvação. Uma certa incômoda e insolúvel complicação do problema deriva de sua alteração abstrata, que põe em concorrência promoção humana e evangelho, de forma a temer a concessão a um em prejuízo do outro, e vice-versa. Disso não se conclua então, facilmente, que promover o humano é, por isso mesmo, evangelizar. A conclusão pode ser legítima se, invertendo, se disser que evangelizar, concreta e completamente, é promover o homem em toda a sua dimensão, a partir de agora, mas enquanto no evangelho pode-se encontrar o homem. Somente com esta premissa e condição pode-se dizer que a promoção é idêntica à evangelização, pois é o evangelho que radicalmente define o homem e dá a possibilidade de realizá-lo verdadeiramente.

Os "valores promocionais humanos"

Se o que precede é exato, surge a pergunta: o que significaria para a liturgia, além do peso e do fascínio nebuloso das palavras, fazer emergir "os valores promocionais humanos"? E antes ainda: o que são estes valores? Parece que se ouve a resposta: são a libertação, a elevação da cultura em todos os níveis, a atenção aos marginalizados, a superação da alienação, a positividade da "política", do trabalho, a crítica das classificações burguesas etc. Todos valores, ninguém ousaria negá-lo, ao menos em sua enunciação normal: nem algum cristão deveria retirar-se de um ativo esforço para que aconteçam e se difundam. Mas, junto e não menos conscientemente, o cristão deveria saber encontrá-los dentro da realidade, do juízo, do método da evangelização; e, já que a evangelização é a graça, dentro da graça e da caridade pascal de Cristo (o plano e o dom da graça, com efeito, exprimem-se e se oferecem na sua morte e ressurreição).

Pelo próprio fato de a liturgia tornar presente e pôr em ação na fé da Igreja, que se dispõe a tomar parte nela, a caridade do Senhor, seu "entregar-se" para a glória do Pai e para a nossa libertação, ela promove os valores humanos em sua origem e em sua singularidade. Tudo será possível pretender da liturgia, exceto que aprenda o que finalmente é o homem fora do evangelho; e pior, derive seus termos de um humanismo "secularizado", ou que não faça, na sua natureza específica, aquilo que histórica e positivamente fez Cristo. Que, em tempo pós-conciliar, algumas "ceias" tenham sido, ou talvez ainda o sejam, consumidas sob a insígnia contestadora de interpretações últimas ou principais cristãmente insignificantes, é um fato certo quanto aquele que elas não eram e não são eucaristias e liturgias evangélicas, a não ser com fortes dúvidas. Certamente, a fé e a vontade da Igreja de serem conformes ao amor pascal de Jesus Cristo pedem para ir além do momento e do ato litúrgico.

Toda a vida da comunidade é interpretação e consistência da "Ceia do Senhor", e provavelmente certas críticas à liturgia provêm até, contra sua explícita intenção, do querer totalizar a expressão litúrgica na Igreja, iludindo-se em fazê-las carregar e, portanto, em torná-la responsável de todas as manifestações e de todos os esforços da experiência cristã. Seria bom – para dizê-lo mais uma vez – não se deixar encantar por *slogans* ou generalidades emotivas como: "liturgia viva", "liturgia concreta, "liturgia expressão da base"; não porque sejam falsas, mas porque – quando se quer passar do confuso ao preciso e do sensível ao inteligível – é preciso ser rigorosos sobre o sentido de "vivacidade", de "concretude", de caráter de "base" da liturgia, e perguntar-se, por exemplo: a caridade de Cristo, seu Corpo e Sangue, são por acaso realidades abstratas ou não interessantes? E o Senhor na Eucaristia é "criado" pela base? E é tal para despertar atenção? Mais do que se crê, de um lado, a liturgia deve conquistar especificidade, e de outro, relatividade. A liturgia é somente a liturgia e, simplesmente, não substitui toda a vida cristã e seu desenvolvimento. Ao menos por julgar que o importante, o exauriente seja que na liturgia voltam as "palavras" ou os "gestos" chamados promocionais humanos, e aqui é tocado o terceiro conceito: aquele relativo ao "emergir" de tais valores na liturgia.

"Emergência dos valores humanos" na liturgia

Também a este respeito é necessário sermos exigentes e determinar com rigor o que entendemos e como queremos fazer "emergir" na ação litúrgica "os valores promocionais humanos", sem deslocar para o segundo plano ou ofuscar a natureza original e própria da liturgia. Se quisermos dizer que na linguagem litúrgica eles devem aparecer mais evidentes, podemos aceitar, uma vez posta a condição que na liturgia, particularmente, é preciso que seja sublinhado seu envolvimento e resultado pela evangelização, pela graça e pela caridade pascal de Jesus Cristo, morto e ressuscitado.

Dois perigos

Mas atenção a dois perigos: o primeiro, aquele de uma acentuação da linguagem promocional humana quase em antítese para compensar e equilibrar uma linguagem "não promocional humana"; isto é, a linguagem do Corpo e do Sangue de Cristo, da qual se enfraqueceu o sentido e as consequências. O segundo perigo: aquele de crer por esta acentuação de linguagem, que compreende também o "gesto" humano, que a liturgia cristã tenha encontrado sua realização, seu cumprimento. Seria sinal daquela absolutização, no fundo cômoda, do momento litúrgico, quando, ao contrário, na finalidade, este está aberto à aplicação da praxe. Por mais densidade que o assim chamado humano possa adquirir na liturgia, ele nunca é resolutivo e compensativo. E nos perguntamos se não é uma vontade de fácil antecipação e substituição aquela que dirige à base a exigência e a conclamação de uma liturgia aberta a tais valores promocionais humanos e, portanto, a concessão à atração e à mania da palavra, ou melhor, das palavras, com que ilusoriamente carregar o espaço e o ato litúrgico da Igreja. Seria uma abstração exatamente naqueles que juram estar prontos a dar a vida pela autenticidade, e depois a concluem no debate litúrgico, nos seus textos fixados ou improvisados. Seria um liturgismo belo e bom, talvez às avessas, mas igualmente estéril.

O ideal é outro: isto é, a liturgia, celebração eficaz do mistério da salvação divina do homem – de todo o homem – com a proposta real/sacramental do amor de Cristo na sua permanente originalidade e novidade, com o propósito de assumi-la, de apropriá-la lá e quando não é mais questão de forma, de estilo e de linguagem, mas de obras, ou como alguém gosta de dizer, tendo estudado São Paulo, de liturgia em sentido paulino. Em poucas palavras: de vida.

7
A reforma litúrgica e seus frutos

1 A intenção da reforma litúrgica

O significado da reforma

Quando falamos de reforma litúrgica, logo pensamos na renovação dos ritos: ou pela versão para a língua viva ou pela simplificação dos gestos ou pela criação de ações novas; em resumo, pensamos numa articulação renovada, mais simples, mais significativa, mais funcional. Que nossa liturgia tinha necessidade deste tipo de reforma está fora de dúvida e, talvez, hoje ninguém o contesta. A Constituição conciliar sobre a liturgia apresentou seus fundamentos e formulou os critérios inspiradores; as aplicações seguiram num ritmo coerente e comprometedor. É previsível que no decorrer dos próximos anos a liturgia já terá assumido de fato um rosto novo, através de uma verdadeira refundição e estruturação, mesmo que seja sempre numa comunhão e continuação com as linhas e as componentes tradicionais.

A intenção profunda

Mas a "intenção profunda" da reforma, tão laboriosamente preparada e vivamente discutida, será exaurida ao refazer os ritos; ou, como se diz, o *sacramentum*? Se assim fosse, teríamos obtido simplesmente um "corpo" novo, sem uma alma que o vivifique, e este é o esforço pessoal da comunidade que naquele "corpo" exprime sua fé e sua oração real; é a adesão original, própria, pela qual o "sinal" litúrgico transmite verdadeiramente a "graça" de que é portador; é a assunção e a assimilação do "dado" ritual para que seja plasmada a sua espiritualidade. Numa palavra: é preciso que, nos seus diversos aspectos e nas suas várias formas, a celebração provoque efetivamente o encontro "subjetivo" – como já o chamamos – com o mistério da salvação que é sempre Cristo no ato de celebrar a sua Páscoa de redenção. Se isto não acontecer, se a liturgia permanecer anônima, "oficial", mas sem a inserção da oferta e do renascimento eficaz de cada membro do povo de Deus, na sua singularidade, teríamos mudado o hábito, o aparato, mas nada ou bem pouco mais.

Cansaço e opacidade

Será que já não existem sinais de cansaço e monotonia, mesmo com a liturgia ao menos em parte renovada? A celebração tornou-se, de fato, fonte de vida espiritual e, portanto, princípio inspirador da "prática" e das suas opções? Eis, de um lado, ainda um liturgismo, preocupado unilateralmente em mudar fórmulas; de outro lado, uma depreciação da "contemplação" ou "vida interior", quase como obstáculos, ou se ponha em concorrência com a liturgia; por outro lado ainda, um verdadeiro atentado ao indispensável espírito de recolhimento, de "silêncio", na própria ação sacra; aqui um persistente rito que pesa demais e que não pode ser carregado, por falta de atenção pastoral à realidade das situações diversas, por falta de simplicidade; lá uma negligência ainda na ação pastoral, que torna insípido e não sabe animar internamente o ato litúrgico.

A reforma autêntica, aquela que deve exprimir o mistério de Cristo e introduzir ao seu encontro, deve realizar-se em tal nível de profundidade e deve comportar tais exigências, que exatamente não pode bastar a espera passiva ou a passiva execução. Vale se para mim é vida. Ou seja, se manifesta o meu culto e a minha aceitação da salvação e, portanto, se move a minha vida de cada dia, já que, olhando bem, é esta a liturgia "última" do Novo Testamento, do culto em "espírito e verdade".

2 Exigências para a reforma

Se quisermos perceber mais de perto motivos e influências, remotos e próximos, da atual situação no campo da liturgia, poderemos apresentar os seguintes destaques.

Esforço de sempre

Primeiramente, existe uma razão da dificuldade que por sua natureza é permanente, mas da qual, talvez, não nos damos conta suficientemente. A liturgia não é uma fórmula abstrata, um rito cristalizado que acompanha de maneira quase mnemônica a Igreja, mas é a própria vida da Igreja, ou uma de suas expressões mais típicas e mais vitais. É uma ação que ela faz e na qual está empenhada ativa e "criativamente" a cada momento, poderia ser dito. Como é na sua pregação, na sua relação com o mundo, na sua inserção na história, onde a tradição continua na fidelidade e se renova na atualização, exatamente por amor à fidelidade; onde, mais profundamente, a Igreja como comunidade, e em cada indivíduo em comunhão e manifestação da comunidade, é chamada a uma "conversão" incessante e para um movimento de vida.

Por isso, também a liturgia será sempre "laboriosa", e a ação mistagógica – como se costuma dizer – deverá repetir-se continuamente com o cuidado iluminado, paciente do pastor de almas, associado intimamente a seus fiéis. Não existirá nunca um período de sucesso estabilizado e constituído como que por força de inércia, a não ser que a própria liturgia se desvie para uma involução ou uma estagnação, na qual já não emerge e não transpasse a vida, que é sempre precedente, que é a gênese do rito e que na sua origem está o próprio Cristo, Vida da Igreja e Liturgia primigênia e perene. Tomar consciência disso torna-nos, ao mesmo tempo, comprometidos e desconfiados em relação a fórmulas mágicas, e abre-nos especialmente à questão da essencial "praticidade" da liturgia, da "conversão" que ela supõe e que é chamada a provocar, da escuta que impõe e da necessidade das experiências e das adaptações, para que a imutabilidade do culto cristão, originário e tradicional, envolva concretamente a Igreja e as Igrejas.

A correspondência a tudo isso – que é também o que a Constituição conciliar e os documentos posteriores afirmam sobre a liturgia como manifestação do mistério da Igreja, numa dialética de imutabilidade (mas o termo não é rigorosamente apropriado) e de mutabilidade que fundamenta e exige a reforma (melhor seria a fidelidade à vida), e, portanto, numa adaptação das mais variadas aplicações – não pode ser um dado adquirido uma vez para sempre. Ele se torna realidade a um preço não pequeno: ou seja, o trabalho pastoral ou – como se costumava, com uma expressão que foi banida por escrúpulo excessivo de ceder ao maniqueísmo ou ao clericalismo – a cura de almas, que tem entre suas tarefas fundamentais não repetir passivamente, mas aplicar e introduzir vitalmente aos mistérios cristãos.

Concepção integral de liturgia

Esta vitalidade concreta da liturgia da Igreja – que se opõe aos sucessos certos de tipo matemático, por ser dinamismo, iniciação e pedagogia – explica, por natureza e inerência, a laboriosidade da ação litúrgica fiel e da inserção nela consciente, plena e fecunda, a condição histórica, em que até ontem a liturgia se apresentava, acrescenta-se como segundo motivo de explicação do laborioso caminhar da própria liturgia, embora hoje esteja em grande parte renovada na formulação e disposição. Mantendo firme a certeza de sua ininterrupta eficácia, como fonte da vida da Igreja, pela segura presença e explicitação nela do mistério de Cristo, é constatável ainda uma notável dificuldade quanto ao desdobramento e adequação à comunidade concreta e, portanto, ao interesse vivo dos fiéis. A Constituição conciliar falava de elementos que menos respondem à natureza íntima da liturgia, ou menos oportunos, que se insinuaram em seu tecido móvel e de duplicações, acréscimos inúteis e perdas imprevidentes das quais proveio uma complicação, obstáculo para a compreensão operosa (art. 21).

Se descêssemos às raízes desta situação que durou séculos, e que nem deve ser absolutizada pelas imaginações que o cuidado pastoral da Igreja, mais ou menos diretamente, nunca deixou de encontrar e de aplicar, encontraríamos a cumplicidade de uma concepção menos completa e integral da própria liturgia, menos aberta à dimensão eclesial na sua totalidade, menos inserida no futuro histórico que forma a comunidade concreta novamente e não repetível, menos sensível, plena e coerentemente, à novidade do culto cristão. Analogamente, a retomada é determinada pela recuperação da liturgia como ação individualmente eclesial, portanto solidária com o tempo e com seu futuro, numa percepção prática de sua "relatividade", que é um dos aspectos da lei de encarnação que, homogeneamente com o mistério de Cristo, a liturgia apresenta e realiza.

Já na *Mediator Dei*, de 1947, é agudo, no estado de consciência e de afirmação, o sentido da Igreja que "é um organismo vivo e, por isso, também por aquilo que respeita à sagrada liturgia [...] cresce e se desenvolve, adaptando-se e conformando-se às circunstâncias e às exigências que se verificam no decorrer do tempo". O problema será o da tradução nesta conformidade sob o estímulo e em autêntica escuta das "circunstâncias", isto é, da história na qual se transformam os "elementos humanos" – como os chama ainda Pio XII – mutáveis em relação às necessidades "dos tempos, das coisas, das almas" (I, 5).

Nem fixismo nem impulsividade

Desenvolvendo esta mesma perspectiva, ulteriormente amadurecida em conexão com a evidência da eclesialidade e dos valores tradicionais reavaliados em seu conteúdo agora significativo, o Concílio Vaticano deu início à renovação do "corpo" litúrgico, e não por acréscimo substitutivo, mas por exigência de crescimento. Se se tratasse de revestimento externo, a operação seria fácil, mas superficial: elementos divinos e elementos humanos crescem juntamente e o amadurecimento atual dos segundos, sob o impulso dos primeiros, obviamente apresenta a lentidão, e um pouco como a inicial incerteza da vida que volta. Mas também exige escrupulosamente o cuidado e a atenção contra uma impulsiva e iludida facilidade e desembaraço que, exatamente por sua impaciência e sua ruptura, seria uma abstração perigosa e destrutiva quanto o fixismo de quem congelou as formas litúrgicas históricas, identificando-as com o absoluto irreformável.

Se, pela primeira razão apresentada, o desenvolvimento e a expressão da liturgia da Igreja tiver sempre imanente em si a dificuldade de expansão e de tradução da vida, hoje esta também é condicionada pelo particular estado no qual foi se encontrando, e que se trata de superar, retomando aquele "diálogo" sinal-história, liturgia-comunidade que conheceu o enfraquecimento percebido pela Constituição conciliar.

Os impulsos e os insucessos, parciais e iniciais, são aqueles típicos dos momentos (que podem durar também mais de uma geração e que jamais serão definitivamente superados por si mesmos) de transição e reanimação, nos quais se enfrentam a "segurança" e o favor do passado e a força da vida do presente, menos segura certamente, mas atual nas suas urgências e nas suas razões.

3 Um balanço da vida litúrgica hoje

A constituição litúrgica do Vaticano II, realizando uma caminhada de despertar e de amadurecimento, há tempo iniciada na consciência e na praxe, repropôs com lucidez e coerência o significado da liturgia na vida da Igreja. Talvez não se possa falar de uma reflexão perfeitamente articulada e levada até o fundo, que coloque a ação litúrgica em relação com todo o mistério cristão; nem de uma expressão que traduza a intenção adequadamente – isso é feito depois pelos documentos seguintes. Todavia, uma clara lógica interna, composta de três momentos, conduz e rege a *Sacrosanctum Concilium*: a percepção teológica da liturgia; a consequente necessidade de evidenciação; o resultado da reforma.

A lógica da *Sacrosanctum Concilium*

A "novidade" da intuição teológica da liturgia toma toda a sua evidência diante de uma concepção que, por razões diversas, a reduzia e a delimitava à atividade ou à manifestação periférica (estético-ritual ou arqueológica) do mistério cristão. Segundo a *Sacrosanctum Concilium*, "a vida litúrgica" é presença e prosseguimento eficaz do "Mistério Pascal", em ato com a consistência não só do anúncio e da proclamação, mas da representação real (art. 6), sustentada pela atualidade da presença do próprio Cristo, que suscita e está em comunhão com seu Corpo, que é a Igreja (art. 7).

Assim, disposta na economia da salvação e dentro do futuro histórico de seus gestos que culminam na Páscoa – a paixão, a morte e a ressurreição do Senhor –, a liturgia encontra imediatamente seu sentido, que não é ultimamente o simbólico-ritual, válido por si, mas o "real" ou de permanência de Cristo que, através do sacramento, oferece o dom da graça e associa a si a comunidade de fé; isto é, torna-a participante da verdade da caridade pascal. No destaque desta dimensão transritual pode ser compreendida a denominação da "liturgia cume e fonte da vida da Igreja" (art. 10).

Assumida esta perspectiva, que logo confere caráter originário e incomparável à celebração, ao culto cristão, a primeira consequência é que a liturgia deve emergir e tornar-se evidente em seus vários aspectos e aplicações: a começar pela dimensão eclesial e comunitária – enquanto obra de Cristo ativa em função e em forma de Igreja – e, portanto, hierárquica, e sobre a vertente "objetiva" de sua estrutura sacramental. Em outras palavras, por aquilo que é, a ação litúrgica deve, de maneira perspicaz e efetiva, aparecer o ato da salvação, sua história *hic et nunc*, que, na mediação de sinais próprios, é consciente e participativamente feita por uma assembleia que crê.

Se e na medida em que houver inadequação na dimensão eclesial e sacramental, estreitamente correlacionadas, impõe-se e se delimita um espaço de reformas concretas. É o terceiro momento, especificamente operativo, da lógica da Constituição litúrgica. Em si mesmo hipotético, de fato tornou-se real e comportou todas as reformas particulares determinadas pela própria Constituição, e depois continuar, naquele campo "móvel" da liturgia, no qual, no decorrer dos tempos, entram legitimamente as variações e, consequentemente, com a mesma legitimidade, pode-se impor uma renovação. A *Sacrosanctum Concilium* contempla e inicia um "cuidado geral", precisamente justificado: de forma que "textos e ritos [...] exprimam mais claramente as santas realidades que significam, e o povo cristão possa compreendê-las facilmente e participar delas com uma celebração plena, ativa e comunitária" (art. 21).

Da *Sacrosanctum Concilium* até hoje

Hoje é possível estabelecer um balanço. Tracemos um deles, sintético e que, naturalmente, não pretende ser indiscutível.

No pós-concílio, tratava-se de estar doutrinal e praticamente – na reflexão teológica e na pastoral – em coerência com a lógica sobre a qual a Constituição litúrgica se fundamentava.

O desenvolvimento da "intuição teológica da liturgia" exigia, sem dúvida, que fosse mais rigorosamente continuado, e que superasse uma certa redundância (verbal e conceptual) dos primeiros artigos da Constituição litúrgica. Em nosso parecer, os elementos para aquele rigor estão todos: era necessária uma "organização" mais simples e mais perspicaz, que ligasse em particular, criticamente, a liturgia com a cristologia – em toda a sua plena concretude – e com a eclesiologia, de forma que aparecesse o "aqui e agora" de Cristo que, na força do Espírito, "faz" a Igreja, ou de revelar-se a manifestação da Igreja historicamente suscitada pelo Espírito do Senhor. Este, aliás, é o contexto e a condição para a justa compreensão do símbolo litúrgico na sua propriedade – apelo e revelação da história da salvação, sinal de obediência a Cristo, significação da fé, necessidade do estado histórico em que o realizado e não repetível Mistério Pascal está se realizando hoje.

E também o "sagrado" evangélico vem oportunamente a se encontrar nesta visão teológica da liturgia: como espaço e realidade em que – em contestação com a "natureza" – age a graça, a cruz, a redenção, com sua "novidade" oposta à "profanidade", um sagrado que é também obediência, aceitação, fidelidade, encontro histórico decidido por Deus. Não é difícil ver quanto esta reflexão sobre o símbolo "histórico-salvífico" e sobre o sagrado evangélico seja importante para a reforma pastoral dos ritos e das celebrações. Caso contrário, pouco a pouco se chegaria a uma espécie de exaurimento, de diferentes tipos, da ação litúrgica.

As luzes

De qualquer modo, à parte o rigorismo da "intuição teológica da liturgia", são evidentes as luzes. É inegável – como já notávamos – que, nestes anos, no seu conjunto as comunidades cristãs perceberam o "momento" litúrgico da vida cristã bem mais do que antes, o que é demonstrado por uma participação, sem dúvida, mais consciente e mais ativa. Não devem ser esquecidas duas coisas: a primeira, que o modo e os caminhos pelos quais uma consciência se forma e se reforma são muitos, e não só de natureza intelectual e "falada"; a segunda, que a lei do tempo, com suas resistências e suas impressões, exige paciência e espera, também por gerações. O setor jovem da comunidade está crescendo promissor e está absorvendo, diretamente e indiretamente, o sentido do ato litúrgico na piedade e na conduta da Igreja.

As sombras

Isso não impede que existam sombras. Não temos a impressão de que – falamos em particular dos pastores de almas – a impostação e o amadurecimento teológico da liturgia tenha sido e seja suficiente: e, contudo, compreende-se, dada a solidariedade da liturgia com a interpretação global do mistério da salvação. É difícil até que historiadores da liturgia, especializadíssimos na sua matéria, consigam superar seus limites teológicos. E isso explica que, após os primeiros fervores de pastoral litúrgica, tenha havido um retorno a uma espécie de mecanicidade cerimonial e o aparecimento de um "sentido de saciedade", tendo-se a vontade de dizer: "As sementes brotaram logo porque a terra não era profunda, mas o sol, quando se levantou, queimou as plantinhas e elas secaram porque não tinham raízes fortes" (Mt 13,5-6).

Novidade arbitrária e pastoral inquieta

A falta de consciente e aprofundada teologia litúrgica é facilmente levada a confiar em hipóteses e experiências "impressionantes", em novidades no plano exterior que, rapidamente, às normas litúrgicas preferem as improvisações, contanto que causem sensação. Parece-nos que, cá e lá, o pós-concílio tenha cedido a esta mania inventiva, que, no fim, demonstra-se estéril, discutível e criatividade simplista. Acenamos já à lei do tempo em liturgia: uma vez captado o significado da liturgia – que fundamentalmente está no nível do mistério cristão – torna-se rica de frutos uma pedagogia retomada logo, ordenada e linear, que tem a regularidade – esta, sim, criativa – de repassar tempos e mistérios litúrgicos. Apresentando o novo Missal Ambrosiano, o Cardeal Giovanni Colombo dizia: "O novo Missal quer ser compreendido, penetrado na sua riqueza, traduzido na vida espiritual do nosso povo. A publicação de um texto definitivo – enquanto definitivo possa ser chamado aquilo que é posto no fluxo do tempo – é um apelo a todos os cultores da liturgia de passar das elaborações das hipóteses e das contemplações dos experimentos para o trabalho – mais laborioso, mas também mais frutuoso – de guiar para as descobertas dos tesouros que a Igreja guarda em seus livros e oferece incansavelmente à piedade dos crentes. É uma obra sem ressonância e aparentemente monótona, porque é sempre mais fácil e fragoroso mudar um rito do que um coração. Quando o interesse litúrgico é confiado à novidade do rito mais do que à renovação do coração, está à espreita a cilada da superficialidade e da teatralidade. Só o retorno a um espírito humilde e verdadeiro de penetração no íntimo valor dos gestos e das palavras permitirá ao movimento litúrgico superar o sentido de saciedade e manter suas promessas"[4]. Que são as próprias promessas da obra de salvação eficaz na ação litúrgica da Igreja e que derivam da presença sacramental – isto é, real – do Senhor e do seu Espírito.

---

4. *Il rinnovamento della liturgia ambrosiana*, em *Il nuovo messale ambrosiano* – Atti della "3 Giorni" 28-29-30 settembre 1976. Milão: Centro Ambrosiano di Documentazione e Studi Religiosi, 1976, p. 9-10.

Como a arbitrária novidade, continuamente inquieta, deriva de uma teologia frágil e ausente, assim também aquilo que se poderia chamar – e que é também constatável – de liturgismo, que é a autonomia do rito, uma sua absolutização com o qual é como que hipostasiado, deriva da mesma razão. Assim, significa esquecer que, sem a estrutura da fé, a delimitação por ela escrita, a própria vida que dela é suscitada, não é possível a liturgia, que não é um *"tertium quid"* válido em si e por si. Não porque a fé e a vida cristã saibam gerar a presença do Senhor e do Espírito, mas porque elas são o lugar e o fim de tal presença, sua maneira atual no sacramento. Querendo usar uma linguagem difícil, poderia ser dito que a Igreja, por aquilo que crê e é, faz a hermenêutica, dá a interpretação e constitui o sinal do ato litúrgico; é como que sua matriz.

A mesma insuficiente penetração do sentido teológico da liturgia está na origem de alguns fenômenos de reação à reforma ou de fechamento, alguns ruidosos, outros mais calados. Por alguma medida, eles encontram explicação nas atitudes opostas, ou seja, nos arbítrios; mais radicalmente têm como causa a falta de distinção entre o "perene" e o "histórico" em liturgia, o não discernimento entre a tradição e as tradições. Trata-se de uma forma de fechamento que fixa e canoniza idealizando e privilegiando indevidamente uma época, uma síntese, ou uma possibilidade.

E mais, esta mentalidade e este comportamento, com frequência, são encontrados em competentes de história – aliás, mais informados do que críticos – e sempre como consequência de não saber julgar o ato litúrgico aberto exatamente por sua natureza de ato salvífico, ainda que, na medida em que a própria Igreja sabe reconhecer, pré-constituído e irreformável na sua "substância", ou no conteúdo em que aparece ato de Cristo e fidelidade a Ele.

O pretexto da antropologia

Os limites precedentemente considerados e, em diferentes graus, encontráveis pela reforma do Concílio até hoje, assumiram expressões de particular gravidade em relação teorética ou puramente prática com aquela que foi chamada de virada antropológica e, consequentemente, com a crítica e reinterpretação do sagrado, ao qual temos acenado.

A emergência antropológica e a exigência de secularização, por um lado, não só não contradizem, mas continuam e confirmam a novidade da lei ou da economia evangélica. É muito certo que o anúncio e a graça de salvação devolveram o homem a si mesmo, à própria autonomia, libertando-o de ingerências e opressões que indevidamente assumiam um rosto ritual ou cultural e, de fato, deformavam a presença divina criadora e redentora: uma presenta que se tornara opressiva e concorrencial. O realce do homem, com sua historicidade e validade, com seu fazer-se não prefixado, mas eletivo, e, por sua vez, susceptível, com seu sentir-se chamado a uma relação com Deus em termos de coerência, correspondência e responsabilidade, era certamente sinal de amadurecimento.

"Em espírito e verdade"

Do mesmo modo, indicava amadurecimento uma mais evidente e operativa superação de categorias e condições de sacralidade que contestavam sua consistência físico-objetiva, de inspiração mágica. O culto novo, o sagrado, é a verdade do Espírito e de uma vida no Espírito: "Acredita em mim, vem o momento em que a adoração a Deus não será mais ligada a este monte ou a Jerusalém; mas vem a hora, e já chegou, em que os verdadeiros adoradores hão de adorar o Pai guiados pelo Espírito e pela Verdade de Deus. Deus é espírito" (cf. Jo 4,24).

Emergência antropológica e superação da sacralidade, pagã mais do que veterotestamentária, como aqui foram expostas, não só não contradizem, mas são a base de uma exata teologia da liturgia. São simples reconhecimento do mistério da salvação realizado e sempre em ato por obra de Cristo, que é a verdade de Deus e do seu Espírito, que edificam a Igreja "com pedras escolhidas e vivas" (1Pd 2,5).

Ora, destas premissas, com manifestações e em áreas mais ou menos chamativas, na doutrina ou na prática foram deduzidas aplicações gravemente erradas e que tendencialmente levariam a um esvaziamento do ato litúrgico, de sua originalidade e especificidade. Levaram – para usar uma linguagem de imagens – a abaixar o nível do mistério e substituí-lo, como resultado concreto, pela celebração do homem, de sua história e de suas empresas. A consequência é clara: a insignificância da liturgia, a perda da comunhão com a história específica de Cristo, o Filho de Deus, "Deus verdadeiro de Deus verdadeiro", que é a real novidade da história do homem exatamente na sua humanidade "nazarena". Antes, aqui analisamos um fenômeno não já no início: a secularização aberrante da liturgia é, por sua vez, já derivada em relação a um processo anterior, que é a incompreensão da originalidade de Cristo "Filho de Deus", que morre na cruz e que neste evento, que tem em si o nível do mistério de Deus, já em cada espaço da história deve estar eficazmente presente e recordado, ou seja, celebrado. A ação litúrgica desagrega-se e se dissolve quando não for mais entendida como presença criadora que o homem recebe para ser o verdadeiro real homem de Cristo, que nele passa através do mistério da cruz. Igualmente, se tudo é entendido tão originariamente "sacro" – e certamente o termo se presta a ambiguidades, mas se trata, afinal, de compreender-nos – de não ter necessidade de ligação com a ação histórica de Cristo, com sua possibilidade de graça, com sua memória e os sinais da fidelidade a Ele, então de novo uma ação litúrgica é privada de uma matéria que lhe é específica e irresolvível. Estamos persuadidos que, com frequência, usa-se indevidamente o termo e o conceito sagrado, com mentalidade de fato reversível (ao menos até certo ponto) a um estado que a economia, ou a "plenitude dos tempos" de Cristo ultrapassou irreversivelmente. Mas é indispensável reconhecer que, *donec veniat* (1Cor 11,26), existem gestos, lugares, símbolos – ou como quer que se queira chamá-los – dispostos na historicidade na qual Cristo, sua Palavra, sua Presença, é atingível pela fé. Digamos sintética, mas completamente: em que se atinja seu Corpo, vivo no Espírito, do qual nasce a humanidade, a antropologia, a secularidade cristã. Com efeito, a liturgia reduz-se à Eucaristia.

Também a liturgia, se arriscássemos a dar um nome, foi investida por método e por concepção iluminista, na qual a "natureza" (termo igualmente pleno de ambiguidade, mas que pode ser compreendido corretamente) compara-se à graça", a história do homem compara-se simplesmente à história da salvação, a memória da morte de Cristo, do Corpo doado e do Sangue derramado, equivale à memória da morte de cada homem, de cada corpo e de cada sangue.

Talvez seja árduo encontrar estas explicitações plenamente conscientes na raiz de certas liturgias pós-conciliares, mas igualmente difícil é não encontrar estas intenções objetivas, por exemplo, em algumas ceias que não são a "Ceia do Senhor", na qual a Palavra eficazmente interpretativa não é aquela da última ceia, aquela da "tradição", da "noite em que foi traído" (1Cor 11,23). São ceias – e o caso é paradigmático, porque a Eucaristia é o *princeps analogatum* litúrgico – às quais São Paulo censuraria precisamente a profanidade, a não sacralidade: "Não poderíeis comer e beber em vossa casa? Mas quando vos reunis, na realidade a vossa ceia não é a ceia do Senhor! Deve-se discernir o Corpo do Senhor" (cf. 1Cor 11,20-21.29). É a passagem que, talvez, mais do que qualquer outra pode explicar o preciso sentido do sagrado para o cristão.

Prevalência da história do homem

Se formos às bases, talvez inconscientemente, percebemos a mesma mentalidade em certos apelos para que nas ações litúrgicas apareçam a concretude, a vida vivida; se por um lado absolutizam a liturgia, desconhecendo sua "momentaneidade", ou funcionalidade, enquanto celebração "sacramental" que é preciso traduzir na "res" eclesial, alargando-a vitalmente, por outro, não é raro que à originalidade da ação litúrgica se sobreponha mais uma vez a pura história do homem: referida a Cristo, é verdade, mas como a um dos muitos, ou ao primeiro, não àquele único como é proposto pela Palavra de Deus e pelo dogma que o expõe e o define.

Neste horizonte, evidentemente, foge qualquer critério de reforma, enquanto se abre o campo à proliferação simbólica, que não hesita em mudar e em substituir, sobretudo por força de uma espontaneidade que se impõe quando, entre os elementos específicos que são afundados ou ofuscados, existe aquele da relação hierárquica da celebração litúrgica, em nome de uma igualdade evangélica, que é veríssima, mas em outro plano. Em particular, é bastante rápido o juízo sobre os símbolos culturais tradicionais, como são chamados, e que são substituídos com outros "mais atuais e mais vivos, mais simples e mais falantes".

Invasões arbitrárias

Não resta dúvida que na liturgia – e exatamente por sua complexa historicidade e humanidade – são integrados símbolos "culturais" ou, melhor, símbolos não teologicamente substanciais. Mas eles não são simplesmente substituíveis ao bel-prazer. É estranho, mas é sintomático, que os mesmos que apelam para a antropologia não sejam sempre muito rápidos em compreendê-la, não sejam os intérpretes mais competentes de fases, de atitudes, de manifestações humanas que representam – quase se diria – o "corpo" também de uma manifestação litúrgica cristã, dos valores em que ela encontra sinal e fôlego natural: com as diferenças, entende-se, de povos e de idade. Nas mãos de semelhantes teóricos, mesmo quando perfeitamente ortodoxos, mas demasiado propensos a sentir-se intérpretes do povo, a ação litúrgica viu-se muitas vezes despida, ora como empobrecida ora como complicada; sem lirismo, sem poesia interior; algumas vezes agradável, mas, por fim, ainda inconcludente.

Por isso, não seria correto falar logo de falta de sentido do mistério: acima acenamos em que verdadeira e originariamente ele consiste. Existe uma maneira de entender o mistério que é igual às ambiguidades acima recordadas, como aquele que faz espíritos aristocráticos sentir saudades da língua latina, como se esta fosse naturalmente sagrada. Porém, pode-se falar de perda das condições humanas, extremamente preciosas, que são bastante profundas no ânimo, ricas de significado e de intenção; poderia se falar de gratuidade. Romano Guardini falava com encanto e com verdade dos "santos sinais". É de se perguntar quem seria mais abstrato: se aqueles que ainda estão dispostos a crer neles ou aqueles que os expulsaram, por banalização, ou por reduzido espírito de geometricismo iluminado. Recuperar, mesmo profundamente renovados, estes santos sinais, torná-los vivos à luz da Palavra de Deus, a serviço do ato e do momento sacramental, como ajuda para a alma rezar e cantar sua ação de graças porque Cristo nos redimiu com sua morte e com sua ressurreição. Quer dizer: fazer encontrar horizontes e assembleias vivas e serenas, contemplativas e "alienadas", sim; isto é, que entram num mundo diferente, que não é o costumeiro, que é o mundo da "alteridade" de Deus, que nos salva com "sua" Palavra, com "sua" graça, e ao qual respondemos com nossas coisas mais belas e mais apropriadas, mais simples e mais refinadas: sinal pobre, mas eloquente de nossa alegria e de nosso serviço.

Perspectivas e esperanças

O discurso feito até aqui não soube sair de uma certa generalidade, mesmo que tenha apresentado e induzido exemplos precisos e, julgo, controláveis.

Mas a avaliação logo no início do capítulo – e em todo o trabalho – era claramente positiva. Talvez sejam necessárias retificações e, em alguns casos, muito fortes e comprometedoras. No mais, parece poder-se dizer que no seu conjunto a própria comunidade cristã, um pouco vítima da "traição dos clérigos" (em outro sentido, entende-se), esteja julgando por si; não só, mas que se esteja mostrando uma geração nova de pastores, que, sobretudo em estreita comunhão com as expressões autênticas da Igreja, deveria absorver o espírito litúrgico, aquele que a Constituição litúrgica chamava exatamente de *spiritus et virtus liturgiae* (art. 14), começando por uma profunda teologia da própria liturgia e por um correto sentido do mistério cristão.

Parece-me que sejam especialmente iluminantes, a propósito de perspectivas e de esperanças, as palavras do Cardeal Giovanni Colombo no discurso já acima recordado: "Esperamos um renascimento do autêntico espírito litúrgico, livre tanto das nostalgias arcaizantes de quem ainda não consegue vibrar ao sopro da juventude com a qual o Espírito Santo vivificou a Igreja nestes anos quanto do experimentalismo incontestável de quem, seguindo através das contínuas mudanças e das efêmeras novidades a miragem de uma celebração sem passividade, acaba por ser inconcludente e por gerar nos fiéis um sentimento de perda e de repulsão. O espírito litúrgico é calmo, paciente, contemplativo; tende mais a viver com ânimo novo os ritos de sempre do que antecipar os ritos do futuro. Não se agarra, como uma ostra, à pedra das próprias concepções, mas mergulha no mistério eclesial com a humilde consciência de quem sabe que a liturgia da Igreja transcende sempre qualquer iluminação pessoal e qualquer erudição. O espírito litúrgico não gosta de ensinar a Igreja, mas prefere pôr-se na escola da Igreja, desejoso de aprender cada dia de sua tradição e de seu vivo e atual mistério"[5].

Mas outras palavras do mesmo cardeal ajudam a enunciar as esperanças e a prefigurar as perspectivas. Encontram-se nas passadas apresentações de calendários ambrosianos anuais: "Como árvores plantadas ao longo do rio, as celebrações litúrgicas alimentam-se da seiva da oração interior, da qual querem ser preparadas, acompanhadas e seguidas. Com a oração interior florescem e frutificam; onde esta faltar tornam-se, infelizmente, gestos sem alma e palavras sem espírito"[6]. "Não se pense, com muita superficialidade, que o culto litúrgico seja uma espécie de evasão estéril, distante da realidade dos problemas e dos contrastes que atormentam a cidade terrena. As

---

5. Ibid., p. 12.
6. *Calendário Ambrosiano 1974*. Milão: Centro Ambrosiano di Documentazione e Studi Religiosi, 1973, p. 7.

primeiras gerações cristãs deram a máxima importância às suas celebrações litúrgicas, converteram o mundo a Cristo e realizaram uma revolução social à qual a humanidade toda é ainda hoje devedora. E mesmo tendo diante de si as liturgias mistéricas vindas do Oriente – plenas de fantasia e de magia, de emoções e de sensualidade, extremamente fascinantes para as massas populares – aqueles primeiros cristãos não abandonaram a simplicidade, a dignidade e a austera beleza de seus ritos e de seus cantos, sobre os quais vigilava o olhar atento e apaixonado dos pastores [...]. O homem está perdido se se deixa enclausurar em si mesmo pela onda de imanentismo que hoje invade o mundo. O coração humano tem duas portas, duas portas que se abrem juntas para a salvação ou juntas se fecham para a perdição: o amor de Deus e o amor aos irmãos. Da liturgia provém um sopro poderoso que a ambas escancara"[7].

---

7. *Calendário Ambrosiano 1976/1977*. Milão: Centro Ambrosiano di Documentazione e Studi Religiosi, 1976, p. 7-8.

8
Uma síntese sobre liturgia e espiritualidade

1 Fundamentos doutrinais

Esclarecimentos terminológicos

Talvez – como premissa – seja oportuno algum esclarecimento de linguagem que ilumine logo os dois termos fundamentais.

1) O termo a ser esclarecido é o de "espiritualidade". Aqui será entendido – será mais uma descrição do que uma definição – como o estilo e o conteúdo de vida do cristão; a orientação e a "sensibilidade" profunda; a mentalidade da qual provêm suas opções e suas sínteses; a maneira de julgar e de agir; aquilo que está na origem e dá substância ao espírito e à vida cristã. Digamos já que a liturgia consegue sua criatividade mais eficaz, sua "novidade histórica" exatamente neste nível de espiritualidade. Então a liturgia alcança seu sentido último: sua "realidade"; e o "dado" é interiorizado e personalizado.

2) O termo "realidade" introduz-nos a outro esclarecimento, aquele relativo à "liturgia". Segundo a formulação do tema, a espiritualidade cristã é litúrgica. É verdade – como veremos –, mas contanto que na liturgia e na sua celebração se perceba a emersão de uma "história", que é a "história da salvação"; a subida de uma Presença, que é a do "Corpo doado" e do "Sangue derramado" de Cristo; aquela da Pessoa do Senhor Jesus, em seu gesto e em sua caridade pascal. Ainda: contanto que, mediante a ritualidade, aconteça na liturgia o dom do Espírito.

Então, é algo plenamente concreto afirmar que a espiritualidade cristã é uma espiritualidade litúrgica, já que, através do sacramento, realiza-se a comunhão com o Espírito que Jesus Cristo nos doa de sua cruz, de si mesmo, no momento em que se oferece por nós ao Pai. Exatamente a esse respeito, sem preocupar-nos muito em sermos atuais e procurando ser verdadeiros, cedemos de boa vontade à tentação de recorrer a uma preciosa distinção, que encontramos nos escolásticos quando falam dos sacramentos.

Os escolásticos distinguem como os três níveis estão ligados estreita e dinamicamente: 1) o do "sinal" – o "sacramento"; nós diríamos o nível da celebração e da ritualidade. 2) O do primeiro efeito do *sacramentum*; é o valor, a presença objetiva da obra de salvação. 3) O nível da *res*; isto é, da realidade ou do efeito do sacramento. Referindo-nos particularmente à Eucaristia – que é o exemplar dos sacramentos – temos primeiramente o plano celebrativo; depois a presença da paixão de Cristo – isto é, o evento redentor; e, enfim, sua *susceptio* ou "a união ao Cristo que sofreu"; e, portanto, a caridade e a participação na "sociedade dos santos" (cf. *Summa Theologiae*, III, 79 4 e; 80, 4 c; 73,1).

Quando se fala de liturgia, é preciso ter presente estes três, não tanto, momentos, mas aspectos indivisíveis da ação sacramental.

A hipótese de uma separação

Com efeito, ponhamos a hipótese de uma separação: no fim, por caminhos diferentes, o êxito seria idêntico. Teríamos:

1) O liturgismo: isto é, uma "impossível" espiritualidade cristã, que proviria unicamente dos sinais e se alimentaria de ritos que, no máximo, poderiam satisfazer uma exigência da natureza e uma sociologia ou, como hoje ou apenas ontem era comum dizer, a "lucidez" ou "jocosidade" do homem. Mas certamente não é tal experiência de liturgia – ou "unicamente do sacramento" – que pode dar forma e vida à espiritualidade cristã, ainda que esta passe através dele e nele se detenha. Uma concepção litúrgica que nos faça parar nos sinais separados do nível da presença, no máximo estimula o apelo, a recordação do "Corpo doado" e do "Sangue derramado"; isto é, do mistério da Páscoa. O sacramento cristão, e eminentemente a Eucaristia, porém, é sinal operativo de presença. Antes, é esta própria presença que confere especificidade à estrutura dos sinais litúrgicos. Poderíamos nos perguntar se ao lado do liturgismo cerimonialista, já antigamente zombado – e que, bem-entendido, não

tem nada que contradiga a estética e o bom gosto – não tenha saído cá e lá outro liturgismo, socionaturalista, talvez em condições de saturar o grupo celebrante, mas numa diluída ou somente acenada percepção da presença – história ou evento do Senhor.

2) Outro êxito de uma possível separação entre os níveis acima acenados seria também o reconhecimento do evento e da história, mas como bloqueado no ato da celebração. Isso provocaria uma repetitividade litúrgica que, se, por um lado, reconhece o valor objetivo da presença da obra da salvação, na realidade não a leva ao destino, ou, de qualquer modo, espera automaticamente sua eficácia. Também por este caminho chega-se, afinal, a um vago e manco extrinsecismo, incapaz de sustentar na verdade de seu conteúdo a própria espiritualidade cristã, que quereria fortificar e qualificar. Deste ponto de vista, começa a se delinear a função da fé, que aceita a presença de Cristo na liturgia, e da vontade que conforma sua existência, de maneira que o sacramento obtenha a sua verdade, para que a liturgia não seja, em sentido pejorativo, um "jogo", que deixe Jesus Cristo suportar tudo.

Liturgia: *culmen et fons*

Destes esclarecimentos de linguagem e de conceito, e especialmente do segundo, sobressai o que se deve entender por liturgia e o que ela deve comportar, para que se possa, com fundamento, falar de espiritualidade cristã; sobressai o que ela implica totalmente para que seja *culmen et fons*, segundo a expressão da *Sacrosanctum Concilium* (art. 10). Tal expressão é verdadeira na medida em que, por um lado, a *fons* seja reconhecida na pessoa de Cristo, no seu sacrifício pascal, no seu Espírito, todas realidades presentes na liturgia; e, por outro lado, o *culmen* não se identifique com o rito separado da realidade de Jesus Cristo, ou com a realidade de Jesus Cristo e do mistério da salvação separados da operativa comunhão com Ele.

Sem estes esclarecimentos, a expressão *culmen et fons* não seria exata. A liturgia é *fons* porque é mediação sacramental de Jesus Cristo, que é pessoal e propriamente a fonte; é *culmen* porque inicia o procedimento com o próprio Cristo na vida da Igreja. Donde o caráter "relativo" – dando ao termo todo o seu significado – da liturgia: relativo a Jesus Cristo primeiramente e, portanto, relativo à Igreja, que é edificada por Cristo.

Espiritualidade litúrgica enraizada em Cristo

Neste ponto, a articulação do tema já está delineada: a liturgia fundamenta a espiritualidade, a piedade e a vida cristã porque ela é o sacramento e a presença real do mistério da páscoa de Cristo; que está na origem e no coração da história da salvação e no cumprimento do plano de Deus. Não se deve partir da liturgia – que é como que segunda e como que consequência – para compreender a salvação; mas, ao contrário, deve-se partir de Jesus Cristo, que morre e que ressurge, para compreender a liturgia, que é seu sinal.

Se esta relação for invertida, seria como andar para trás e, mais uma vez, cair no risco de um *a se* da liturgia, de uma absolutização, que mortificaria Cristo e o êxito de seu sacrifício, que é a Igreja e, portanto, a espiritualidade cristã em termos de vida concreta. Inevitavelmente a palavra da liturgia e sobre a liturgia seria palavra do homem, mais uma invenção e possibilidade sua e não de Jesus Cristo.

É preciso partir da história e do plano divino. Por esta própria partida e por suas consequências se justificará o tríplice nível da liturgia ou do sacramento ao qual temos acenado.

1 Todo o plano divino – a razão pela qual concretamente é decidida e levada adiante a história – consiste na experiência de Jesus Cristo, ressuscitado dos mortos, do qual vem o dom do Espírito Santo, que a Ele introduz. Por esta razão, a cruz é o juízo e o fim do mundo: é a "consumação" (Jo 19,30) para a história, no sentido de que ela não deve – como história – esperar mais nada de ulterior, de maior em relação a Jesus Cristo que se entregou ao Pai e à humanidade. Pela participação na morte de Cristo, no último, definitivo, não repetível gesto de salvação – para além da história – a humanidade espera a ressurreição com Ele.

É de absoluta importância perceber vivamente e destacar o verdadeiro significado e o conteúdo profundo da *traditio* de Cristo: nela acontece a novidade radical; encontra-se o valor único: a amplitude infinita da caridade que redime o mundo, ao contrário do mesquinho "fechamento" que a deteriorou.

A partir do sacrifício da cruz – à qual misteriosa e realmente já antes a humanidade era atraída e pela qual já profeticamente era salva – a própria humanidade já não é chamada a outra coisa senão a tomar parte nela. Nós estamos verdadeiramente, mesmo que não fisicamente – o que por si não chegaria a nada –, sob a cruz. A discriminação e a origem da vida da "espiritualidade" cristã estão neste evento, que é o amor de Jesus Cristo crucificado. Nos é dada a existência para assumi-lo; nos é conferido o Espírito Santo para que possamos ser nele introduzidos.

Segue-se – como já temos destacado – a "precedência", para a espiritualidade cristã, da história ou do acontecimento em relação à liturgia: a relatividade desta ao sacrifício pascal de Jesus.

E, antes ainda, compreendem-se duas coisas:

1) Porque à Igreja, à humanidade, através dos apóstolos, Jesus tenha deixado para ser assumido como sinal perfeito de caridade (Jo 13,1) o próprio Corpo, oferecido em sacrifício, e o próprio Sangue, derramado como selo da Nova Aliança (Mt 26,26-28). A humanidade nova, aquela ultimamente projetada por Deus, deve nascer com a ressurreição, mas por força desta comunhão com o sacrifício, do qual a Igreja, e através dela, toda a humanidade dispõe.

2) Dispõe dele realmente, não numa memória que faça voltar ao passado para ali permanecer em algum modo aprisionada, mas numa memória na qual o Corpo doado e o Sangue derramado se reencontrem na sua verdade e identidade, para além de um puro simbolismo.

2 Compreende-se, assim, a segunda coisa; isto é, que o Corpo e o Sangue do Senhor foram entregues irrevogavelmente como um valor último; e portanto, o sacrifício da cruz não pode ser renovado ou repetir-se: isso declararia sua insuficiência, seu não ser o gesto último e completo da salvação divina.

Nesta luz, compreende-se o sacramento, que não reevoca simplesmente, mas que também não afasta do sacrifício, mas é o sinal de sua presença real, sua mediação e sua transmissão; o lugar, no tempo e no espaço, no qual o Corpo "entregue" e o Sangue derramado são para nós repetíveis, para que possam ser revividos na nossa existência. Acima temos falado da "relatividade" do sacramento – entendido aqui em sentido amplo – e em outra parte com especial referência à Eucaristia, que – com sensibilidade à hierarquia entre os sacramentos, presente na Idade Média e ainda no Concílio de Trento[8] – deve ser chamada o "principal entre os sacramentos; temos falado de "relatividade" do sacramento em relação a Jesus Cristo, que é sua possibilidade, sua origem, seu conteúdo: temos destacado o fato pessoal salvífico, que é o sacrifício da cruz; agora, porém, deve ser destacada particularmente, pela própria relatividade, não só a importância, mas também a inderrogabilidade do sacramento, exatamente porque não é puramente sinal, mas mediação e momento eficaz de presença do Corpo e do Sangue do Senhor e, por Ele, de seu Espírito.

O sacramento, portanto a liturgia, não tem uma novidade sua ou uma propriedade salvífica sua: vale porque dela emerge e é entregue a nós o sacrifício de Jesus Cristo; vale porque é exigência e, antes ainda, é fundamento – enquanto medeia no sinal o sacrifício – do consenso ao próprio sacrifício na vida cristã.

Nesta perspectiva, a liturgia adquire sua posição exata, que é a de deixar, por assim dizer, transparecer Jesus Cristo, que felizmente "domina" sobre a história da humanidade como gesto perfeito de Deus, à espera da adesão da humanidade que o faz próprio; e que, por esta razão, pede para ser ponto de partida para a tradução na vida. A liturgia está entre a vida de Cristo e a nossa vida; entre a vida de Cristo, consumada no seu sacrifício pascal, e a nossa adesão. Assim, pode-se ver a verdade do tríplice nível do sacramento com o qual nos introduzimos.

Espiritualidade litúrgica centrada no Mistério Pascal

1 Sobre a proeminência e sobre a presença de Cristo na liturgia podemos recordar algumas felizes expressões do Concílio Vaticano II e de João Paulo II no discurso para o Congresso de Lourdes[9].

Na constituição litúrgica, depois de ter declarado que no Mistério Pascal aconteceu o perfeito cumprimento da obra da salvação – reconciliação e culto (art. 5) –, o Vaticano II prossegue (art. 6) afirmando que agora está em ato o anúncio daquele mesmo mistério e seu "exercício": a *opus salutis* (= obra da salvação), que coincide com a Páscoa do Senhor, não só é procla-

---

8. DENZINGER, H.; SCHÖNMETZER, A. *Enchiridion Symbolorum*. 32. ed. Barcelona: Herder, 1963, n. 1.603, 1.639-1641.
9. Cf. *Nuntius televisificus iis qui XLII Eucharistico ex omnibus nationibus conventui interfuere missus*, 21/07/1981. In: *AAS.*, 73, 1981, p. 547-553.

mada, mas é "exercida" – o termo latino *exercere* diz presença e eficácia –, e o é quando se celebra o sacrifício eucarístico e quando se realizam os sacramentos. O Concílio mantém ainda a distinção sacrifício/sacramento: Santo Tomás fala da Eucaristia que é sacrifício porque sacramento, sinal eficaz, memória (real), "representação" (*Summa Theologiae*, III, 83, 1); sacrifício e sacramentos, de qualquer modo, nos quais – são palavras do Concílio – "resolve-se toda a vida litúrgica".

Com os art. 5 e 6 recordemos também o 7 – que com os precedentes é o mais rico teologicamente –, relativo à presença de Cristo na liturgia, presença eminente e singular, tipicamente sacerdotal, que envolve e reúne a Igreja, fundamento da "sacralidade" da própria liturgia. De nossa parte, já colocamos em destaque a importância de perceber a presença de Cristo: uma presença que não só emerge na ação litúrgica, mas qualifica a própria ação como tal; de forma que logo podemos dizer: um enfraquecimento da percepção desta presença que define a ação, interpreta-a e a torna possível, oferece, como resultado, as premissas para qualquer desvio litúrgico, seja ela feita em nome da antropologia, da sociologia, da atualidade ou da espontaneidade.

2 Também algumas expressões de João Paulo II foram particularmente significativas no discurso ao Congresso de Lourdes, especialmente onde afirma que a celebração eucarística "não se soma ao sacrifício da cruz; não se acrescenta a ele e não o multiplica. A missa e a cruz são um único e idêntico sacrifício". E ainda: "A fracção eucarística do pão tem uma função essencial, a de pôr à disposição a oferta primordial da cruz". Ela "torna atual e acessível à nossa geração o sacrifício da cruz, que, na sua unicidade, permanece o eixo da história da salvação, a articulação essencial entre o tempo e a eternidade. A Eucaristia é, assim, na Igreja, a instituição sacramental que em cada tempo serve de ligação com o sacrifício da cruz, que lhe oferece uma presença ao mesmo tempo real e operatória"[10].

3 Podemos então concluir estes esclarecimentos com uma compreensão mais aprofundada da espiritualidade cristã em relação ao Mistério Pascal e à liturgia.

A ação de Cristo no sacrifício pascal – do qual veio sua ressurreição – coloca-se no início da espiritualidade: é sua gênese e sua substância absoluta

---

10. Ibid., p. 551.

e permanente na história. Portanto, a espiritualidade cristã – a espiritualidade que queira ser conforme o plano de Deus – deve ser pascal, ou seja, comunhão concreta com a caridade de Cristo, evidenciada na *traditio* de seu Corpo e de seu Sangue.

Ora, o Corpo e o Sangue de Cristo, sua doação, sua perfeita caridade, em plena correspondência com o projeto divino, estão presentes sacramentalmente na liturgia, de modo especial na Eucaristia e, em conexão com ela, nos outros sacramentos; por ramificação depois e por reflexo em todas as outras ações litúrgicas.

Consequentemente, a espiritualidade cristã alcança a liturgia: através de sua mediação, por meio dos sinais sacramentais, ela entra em comunhão com a Páscoa do Senhor, com seu Espírito, que vem de seu Corpo imolado. Eis por que e em que sentido exato a espiritualidade cristã é uma espiritualidade litúrgica: entendendo, naturalmente, a liturgia como "instituição sacramental" de Cristo, pela constituição da Igreja.

A Páscoa faz a Igreja – através da liturgia, levada a cumprimento na vida – porque somente Jesus Cristo, e nenhum outro, pode fazer a Igreja, que é sua, que é obra de Deus e do seu Espírito. É verdade que é a Igreja que faz a liturgia, não porém no sentido que seja ela a "criar" Jesus Cristo, que é sempre o Dom e a Doação de Deus; mas no sentido que a Igreja oferece sua fidelidade a Cristo, sua obediência ao mandato, sua fé e seu amor, sua memória e sua adesão, que são como que o lugar no qual o sacrifício absoluto, que não se repete e perenemente válido de Cristo na história se torna presente e operante.

Da Páscoa para a liturgia, que é sua expressão sacramental, e desta para a vida, que é sua tradução concreta.

Conotações fundamentais da espiritualidade litúrgica

Ponhamos agora em destaque algumas das propriedades fundamentais da liturgia e, por reflexo, da espiritualidade simplesmente cristã que ela substancia e alimenta.

Objetividade

A liturgia é marcada pela objetividade. Isso não significa que ela seja abstrata ou fossilmente estática. Quer dizer, porém, que ela traduz – no sentido de transmitir – o Dado e o Fato de salvação, que absolutamente precede e que é Jesus Cristo, seu Mistério Pascal, seu Corpo e seu Sangue, que dizem a verdade concreta de sua pessoa. Obviamente, concebida neste sentido, a objetividade da liturgia não se contrapõe à subjetividade: ao contrário, forma-a, suscita-a e a exige. Jesus Cristo "objeto" da liturgia – mas resgatemos logo o termo "objeto" do imobilismo anônimo de seu significado – está em função da nossa subjetividade e da nossa existência.

Historicidade

A liturgia tem conotação de historicidade. Isso significa – já o temos destacado – que a liturgia é precedida pela história de Cristo, por seus mistérios – *mysteria* realizados na Carne do Filho de Deus, dizia Santo Tomás (*Summa Theologiae*, III, 62, 5, 3m) –, e especialmente pelo mistério da Páscoa. Eis por que na liturgia está presente a Escritura, como Palavra de Deus que atesta o evento, que o coloca exatamente no curso da economia redentora, que produz e nutre a "memória". A liturgia é um recordar Jesus Cristo, e a Sagrada Escritura garante-nos a autenticidade da recordação. A liturgia – e a Eucaristia sempre em particular – é a memória do Senhor, do Fato e do Dado que é a objetividade do Cristo sobre a cruz. Ela é ainda a fidelidade da recordação, de uma recordação que é uma presença. Sair da liturgia, separar-se dela, quase olhá-la com suficiência, deixando-a mais aos indoutos do que aos iluminados – e parece até que também alguns teólogos creem mais em seus livros, em seus cursos do que na simples liturgia, quase rude, digamos até monótona. Separar-se dela, dizia, no fim leva a esquecer-se do Senhor, a substituí-lo pelo homem, por si mesmo, por suas próprias incertezas e inquietudes, pelas próprias reivindicações e pelas próprias crises. Na liturgia acontece – como diz João Paulo II – a articulação, a conexão anual com o sacrifício de Jesus[11].

Isso significa também que sem iniciação bíblica a liturgia fica desambientada, privada de contexto e de referência; que a fé sobretudo precede, para depois repetir-se nela e dela alimentar-se sem cessar. E isso significa também que a liturgia não deve ser situada em qualquer circunstância indiscriminadamente.

---

11. Cf. ibid.

Proclamação de fé

Com efeito, pré-requisito da liturgia é a fé, enquanto conhecimento e aceitação do evento Jesus Cristo. Quem não crê não pode ser iniciado ao sacramento. Aqui, porém, não se trata de separar Palavra e sacramento. Separada do sacramento, a Palavra estaria como que esgotada quanto à verdade e eficácia da presença, arriscaria fechar-se na subjetividade; e o sacramento separado da Palavra seria esvaziado até a falta de sentido e o automatismo sacramental. A Palavra interpreta eficazmente o gesto sacramental. O próprio sacramento é fidelidade à Palavra de Deus, é sua realização, por isso o sacramento deve ser sustentado pela fé, que faz saber e faz aceitar. A adesão à Palavra de Cristo faz saber o que é a Eucaristia; melhor, tal Palavra "cria" sua presença.

Eis por que a liturgia proclama a fé da Igreja, faz crescer e, portanto, sustenta a espiritualidade litúrgica, é uma espiritualidade de fé cristã.

Quando tudo isso se ofuscar ou se enfraquecer, nossas celebrações irão tomar sua interpretação do homem, de sua história e filosofia. Só Jesus Cristo, sua Palavra e a fé nele podem dar-nos a definição da celebração, por exemplo, da Eucaristia: nenhuma antropologia ou história da convivibilidade jamais nos dirá de maneira específica e formal que a Eucaristia é a mesa do Senhor. Inevitavelmente transformaríamos a Eucaristia nas ceias das nossas casas, sem o discernimento que São Paulo exige. Certas concepções e certas experiências da Eucaristia estão fazendo um preocupante caminho para trás; julgando-as criticamente, reduzem-se a uma autossatisfação barata ou uma proposta impossível: aquela do homem que saberia amar por si, sem a precedência da cruz.

No entanto, o papa pronunciou estas palavras preciosas: "A verdadeira fracção do pão, aquela que é fundamental para nós cristãos, nada mais é senão aquela do sacrifício da cruz. Dela as outras derivam e a ela todas convergem"[12].

Sacralidade

A liturgia constitui o sagrado, é seu lugar, determina e desenvolve seu sentido. Mas agora é claro que o sagrado litúrgico não é uma espécie de tabu

---

12. Ibid., p. 550.

naturista, uma regressividade, como dizem alguns, de tipo ainda veterotestamentário em contraposição ao "santo" que o teria abolido. O sagrado cristão é Jesus Cristo, como Graça e como Dom: *Sacrum absolute, ipse Christus* (TOMÁS DE AQUINO. *Summa Theologiae*, II, 73, 1, 3m): sagrado absoluto, que é expresso em sinais eficazes, educativos e pedagógicos. Eles dizem ao homem que é salvo e não se salva a si mesmo; que a salvação é exatamente graça e dom, que lhe é dada de fora, pelo sacramento, porque não a encontra originária e autonomamente em si. Dissolvamos o sentido do sagrado, entendido assim a partir da origem pessoal, que é o Corpo doado e o Sangue derramado do Senhor Jesus, o Cristo, representado no sacramento e mais uma vez, logicamente, prevalecerá o homem como princípio de salvação; Cristo há de revelar-se inutilmente e será banalizada a salvação que vem da cruz.

Eclesialidade

A liturgia é conotada de eclesialidade. É a espiritualidade da Igreja, não de um grupinho ou de um endereço particular. Nela, sacramento da Páscoa de Cristo, é gerada e edificada a experiência cristã como tal e, portanto, a Igreja. A liturgia é imprescindível à Igreja, que nela se encontra toda como Igreja, na sua memória de Jesus Cristo, na sua piedade, na sua esperança, pela razão que a Igreja se encontra em Jesus Cristo e no seu sacrifício pascal.

Estrutura hierárquica

Dentro desta natureza eclesial da liturgia aparece a necessidade e o sentido da componente hierárquica. A memória de Jesus Cristo – seu Corpo e seu Sangue – é confiada a toda a Igreja, é para toda a Igreja, como a Palavra de Deus, mas o é – ainda que isso nos pudesse desagradar – através da sucessão apostólica e, portanto, da hierarquia, à qual certamente não é confiada a presidência do poder segundo as categorias do mundo, mas um verdadeiro poder, que representa o de Cristo e está em função da Igreja inteira. Assim, a hierarquia aparece a garantia – não a recuperação – da eclesialidade, segundo a ideia de Jesus Cristo. É o princípio amalgamante que mantém a Igreja e autentica o sacramento – de maneira exemplar a Eucaristia – como sinal eficaz da presença real. Assim, mais do que opor-se, o caráter hierárquico da liturgia evidencia e serve a eclesialidade, sem arbítrios e repartições, exatamente como Jesus Cristo é para todos, para toda a Igreja.

Em base a este indiscutível princípio, é evidente o não sentido, ou melhor, a gravidade mais ou menos acentuada do arbitrarismo que manipula a liturgia em nome próprio, quer bloqueando quer reduzindo a dimensão eclesial: arbítrio que, na sua lógica consequência e segundo sua entidade, intencionalmente faz encontrar na liturgia mais a si mesmo do que Jesus Cristo e a Igreja; e assim, o ministério, retoricamente exaltado como serviço, torna-se um próprio poder ou uma prepotência. É preciso sermos muito prudentes antes de falar em nome das pessoas, do povo de Deus, para evitar de fazer tudo coincidir com os próprios gostos, ou os gostos do grupinho: o que seria, para dizer pouco, exibição desajeitada e desrespeitosa. O povo de Deus tem o direito de encontrar a liturgia da Igreja e aquele tipo e aquela forma de presença hierárquica, aberta e funcional, ainda que determinante e normativa, que lhe dê garantia dela. Mas também sobre isto voltaremos ainda, obviamente sem causar prejuízo àquela forma de presença operativa que torna concretamente viva e eficaz a celebração.

De qualquer forma, trata-se de compreender todas as exigências e consequências do fato que nem o celebrante sozinho, nem a comunidade sozinha são radicalmente o sujeito da liturgia; porém, com uma condição, podem tornar-se sujeitos: que estejam em comunhão com toda a Igreja através da mediação apostólica; e sendo esta, exatamente porque mediação, subordinada e representativa em relação àquela de Jesus, único mediador, exatamente ela considera a salvação como recebida. E então, a tão implorada imagem da verticalidade ou da piramidalidade, se for lícito o uso das imagens, é ao menos sensata.

Centralidade

A liturgia é dotada do caráter da centralidade em relação àquilo que é periférico, da completa realização em relação àquilo que é parcial. Eis por que a liturgia é a fonte imprescindível de cada espiritualidade cristã categorial, se assim podemos nos exprimir: centra a vida e a piedade sobre Jesus Cristo, sobre o mistério da Páscoa, sobre o sacrifício, sobre o Corpo e sobre o Sangue do Senhor. Eis por que não tem um requinte particular, precisamente porque necessário e eclesial. Qualquer experiência cristã que negligencie a liturgia, esta proposição sacramental da obra da salvação, é de algum modo destinada ao exaurimento ou à exasperação. Sob este aspecto podemos também falar de liturgia como da piedade simples, quotidiana: exatamente por causa de sua substancialidade, de sua repetição, assim como sobre nossas mesas volta a cada refeição o pão, o vinho, a água, sem que simplesmente nós percebamos, neste quotidiano recurso, uma incômoda monotonia.

Equilíbrio

E mais, podemos falar de "equilíbrio" da liturgia. Primeiramente por sua centralidade, que age como princípio de conexão de uma variedade de componentes; e depois, pela composta ocorrência de propostas e de recursos, pela relação correta entre interioridade e valor simbólico, entre a palavra e a expressão. E isto é consequência tanto da exata impostação sobre o centro quanto da eclesialidade como valor de síntese. A liturgia é "discreta". Não digo, necessariamente, os liturgistas ou os celebrantes. Pensemos, por exemplo, na relação entre os diferentes temas; entre a alegria e a penitência, a festividade e a ferialidade. Nem desprezemos o significado das próprias cores litúrgicas, cuja invenção foi mais sábia do que aquilo que se pode, à primeira vista, imaginar e supor. A própria conexão com o ritmo do tempo e das estações não é destituída de eficácia equilibrante. Enfim, a liturgia é feita para pessoas normais: e a normalidade não é uma qualidade que se deve subvalorizar em âmbito algum.

Mutabilidade e imutabilidade

Com justiça, alguém poderia observar que na liturgia deve-se distinguir um aspecto essencial e imprescindivelmente continuísta – o Corpo e o Sangue do Senhor, a mediação do Mistério Pascal – e a sua expressão histórica, como tal variável no tempo e no espaço: âmbito das reformas no decorrer dos séculos, como a última reforma precisamente operou. Surge, então, a pergunta: aquilo que acabamos de dizer refere-se à parte imutável ou à parte mutável da liturgia? Não há dúvida que se refere primeiramente ao aspecto imutável da liturgia: somente que esta nos é expressa e traduzida num complexo de sinais históricos, que trazem o reflexo dos caracteres essenciais que temos acentuado e com os quais, aos poucos e segundo as variedades rituais, a liturgia nos é proposta e de fato torna-se para nós a escola da espiritualidade cristã: uma espiritualidade saturada de sentido eclesial, sabiamente dócil à orientação da hierarquia e, por isso mesmo, construtiva e fecunda.

2 Aspectos de vida e de pastoral litúrgica

Liturgia e criatividade

A liturgia pode e deve ser criativa? Antes de mais nada, pode-se responder que a criatividade é radicalmente uma prerrogativa divina e que nos aproximamos da liturgia para receber o fruto da divina criatividade que é Jesus Cristo e seu Espírito: e, portanto, que o espaço e que o verdadeiro sucesso da criatividade é o realmente novo e surpreendente que é a Igreja, que somos nós enquanto acolhimento de Cristo e do Espírito. Antes de ser feita pela Igreja, a liturgia – isto é, a presença de Cristo – faz a Igreja, que o recebe. Este discurso deve ser considerado prejudicialmente, pela pura compreensão da liturgia cristã, discurso de fé e de disponibilidade ao plano de Deus, já que não somos nós – como temos lembrado –, mas é o Espírito Santo que cria o Corpo de Cristo, é a Caridade do Pai, que opera mediante seu Espírito.

Mas é fora de dúvida que a Igreja, na sua tradição – e com intensidade particular segundo as várias épocas –, instituiu o tecido mutável da liturgia. Pois bem, aqui deve-se fazer uma distinção. Existe a ligação ritual que a comunidade cristã de um determinado tempo recebe de quem é chamado a presidir a própria comunidade (a hierarquia): é mortificação da criatividade? Diria antes que é um dos sinais da unidade e da comunhão, onde a criatividade não está na mudança de textos e de símbolos, mas na inscrição daquilo que é dado estatisticamente, dentro da convicção e dentro da espiritualidade pessoal. A mudança como tal não é, de per si, um valor: antes é valor a força com que é interiormente vivificado um rito, uma oração, um gesto, um canto. Se existe uma variação que permite um movimento e contribui para a comodidade e para a assimilação, existe também uma variação que dissipa e, no fim, não edifica, que perturba o crescimento progressivo, mesmo que no momento atraia. Seria possível perguntar se certas exigências de variedade – à parte sua efetuação – não desconhecem exatamente esta lei do crescimento. A vida não cresce só pela lei da mudança, mas também pela força da monotonia. Deixando de lado a reflexão sobre a eclesialidade e a hierarquia, uma desvairada variabilidade perturba e cansa. É uma constatação que a pastoral jamais deve esquecer.

Acenamos para a monotonia da liturgia: é um valor raro. A liturgia tem uma repetição e uma monotonia em alguns pontos análoga àquela das estações, e tem também uma variedade que se repropõe continuamente e é capaz de eficazes recursos pedagógicos. Não é por nada que existe uma certa solidariedade entre a liturgia, que certamente é interpretada pela história de maneira surpreendente e inesperada, e a natureza e também a antropologia, enquanto história e antropologia – exigências conaturais ao homem – são assumidas no interior da liturgia. O inesperado, o fantasioso, por vezes, pode agradar, não pode ser uma lei. Aqui cairíamos, entre outras coisas, na falta de respeito com a comunidade cristã, que vai pedir ao pastor de almas não os prodígios de sua habilidade, mas os dados objetivos da liturgia. É preciso ajudar o povo de Deus iniciando-o e introduzindo-o à liturgia e estimulando sua criatividade de assimilação, que se manifesta depois na operosidade da vida cristã. De algum modo, hoje seria possível falar de "liturgias de surpresa". Corretamente foi dito – e existe uma validade na comparação – que a habilidade de um diretor de orquestra não está no recriar o texto que manda executar, mas em animá-lo com toda a própria genialidade criativa. É uma comparação que não deixa de ter alguma indicação.

A ideologia da criatividade – sempre à parte os destaques feitos sobre a hierarquia – pode nascer de uma espécie de impaciência e de vontade de obter mudanças fáceis e imediatas. A espiritualidade litúrgica é a longo prazo, e uma séria pastoral correlativa deixa o devido espaço ao crescimento, na convicção de que a lentidão é também uma lei da vida. Trata-se de trabalhar com método e com confiança, de retomar do início, sem uma espécie de prazo fixo ou um limite que se possa comparar como da licença de reconhecimento. Trata-se da vida, da piedade da Igreja, que continua, não sempre com resultados evidentes, mas numa programação que faz parte de sua íntima história e realidade. É uma escola de sempre. Por isso, é o método pastoral seguro: para a ortodoxia e para a ortopraxia. Sobre ele deve-se depositar confiança: as outras intervenções – escolas, cursos, semanas – são preciosas e necessárias, mas, no fim, estão em função desta escola de espiritualidade repetida e "monótona", aberta a todos, aos doutos e aos indoutos.

Mas sempre a propósito de criatividade, a reforma litúrgica deixou espaços muito mais amplos do que habitualmente se julga e daqueles que são mais utilizados: usá-los com sabedoria compete ao pastor de almas e aos fiéis; com sabedoria e constância. E aqui acrescentaríamos também – pelos aspectos que lhes competem – com sobriedade. Por exemplo, nem sempre é respeitado o equilíbrio entre o silêncio e a palavra. Então, realizam-se liturgias insuportáveis, entulhadas de palavras, quer pelas intervenções intemperantes de quem preside, quer pelas enfadonhas e indiscretas improvisações de alguns – ou de vários participantes –, convencidos de que a improvisação é um valor: sobretudo é um risco facílimo, uma vez mais, de falta de respeito, de proclamação de nós mesmos, ao invés do Senhor e da fé da Igreja. Pensemos em certos modos insuportáveis de fazer a oração dos fiéis quando aquilo que se devia dizer é sabido depois de ter sido dito. A liturgia é discreta e pudica e apela para a interioridade e o bom gosto. Deixando de lado o fato que também a lógica e a gramática portuguesa são criaturas de Deus que devem ser respeitadas. Uma liturgia edifica, portanto, também na medida da correta economia das palavras, dos comentários, do silêncio nos âmbitos que são deixados à "criatividade".

A propósito de intervenções chamadas criativas, aceno para uma apenas: aquela do celebrante que se julga ser fiel a Jesus Cristo e a seus gestos na última ceia: pela qual logo após a consagração "parte" o pão. Na realidade, a fidelidade também material ao gesto de Cristo está mais na intenção do que na realidade: porque Cristo partiu o pão depois de ter "dado graças"; ora, a ação de graças é precisamente todo o cânon, que compreende a *anamnese* – a lembrança – da Ceia; portanto, fidelidade exige que se parta o pão depois de "ter dado graças", depois da doxologia. Sem dizer que logo depois de ter partido o pão se deveria apresentá-lo em comunhão: Jesus "partiu-o e o deu a seus discípulos". Talvez seja o nosso destino de criaturas ser sempre inteligentes até o "y" e não até o "z".

Ainda se poderia observar que este modo de entender a liturgia não é aberto, mas fechado. Mas que sentido têm estas categorias? O problema é de saber a que estar abertos e a que estar fechados. A liturgia está fechada a todos os ingredientes que lhe desnaturem a fisionomia; assim como também a Escritura está fechada a cada palavra que não seja a palavra de Deus. A liturgia, porém, é aberta à sua natureza de ser sacramento da presença do sacrifício pascal de Cristo, com as conotações apresentadas.

Consequências do caráter hierárquico

Por sua natureza, refletindo a imagem da Igreja, a liturgia certamente evidencia também o aspecto hierárquico com sua estrutura, que exige uma presidência, que não é resultado da deputação da comunidade, mas sinal eficaz do poder de Jesus Cristo, da sua "pessoa" e do seu "nome", deputação fixada no "caráter" sacerdotal ministerial. Ora, uma vez captado o sentido do ministério, que é um serviço a Jesus Cristo Senhor por sua Igreja – serviço não confiado na sua eficácia à lábil e sempre problemática santidade pessoal, mas precisamente ao caráter sacerdotal –, tal presidência deve sobressair na ação litúrgica para sua autenticidade cristã. Sem corar por isso e sem procurar diluí-la, de quase fazer perdoar exercendo-a clandestinamente. O prejuízo de tudo isso, em última análise, reflete-se sobre o próprio Jesus Cristo, que quase teria feito melhor se fizesse uma Igreja totalmente democrática. Por vezes, é verdade, tratam-se de coisas pequenas. Mas quando – coisa muito grave! – convidam-se todos os fiéis a recitarem juntos o cânon? Seria como dizer que o Senhor teria feito melhor se dissesse: "Tomemos e comamos: este é o nosso corpo"! Assim não se constrói a Igreja sobre a imagem que dela tinha Jesus Cristo. Ao invés, no fim de contas, não se revela uma concepção do sacerdócio como poder de Cristo, mas como poder pessoal, como riqueza do sacerdote que, com os tempos que correm, precisa ao menos fingir que reparte.

O problema é totalmente outro e é bastante mais árduo e pessoal: o de viver o sacerdócio ministerial evidenciando Jesus Cristo, que não reteve sua vida para si, mas a deu aos outros, fazendo-se servo na cruz. Fazer-se servo no rito é a coisa mais fácil deste mundo.

Consequências da sacralidade

E mais: nesta delineação da imagem da liturgia não temos a evidenciação da "sacralidade"? Sem dúvida, na pessoa de Cristo, nele que morre na cruz, o culto encontra realização: é Ele, Jesus – recordemos a expressão citada por Santo Tomás – o "Culto" é o "Sacro", Ele, o "Santo". E é a partir pessoalmente dele que toda a sacralidade pode ser concebida. E mais: a comunhão realizada com Ele acontece com a santidade: mas esta graça da santidade – este espírito e esta vida – são-nos dados nos sinais sacramentais, a começar pela Eucaristia. Em economia cristã, o sagado é o sacramental. Aquilo que, na liturgia, o cristão considera – ou deve considerar – sagrado é como o lugar, o sinal no qual, com maior ou menor intensidade, é-lhe oferecida a graça: a graça – se a expressão fosse possível, pois não lhe falta alguma ambiguidade – oferecida à "natureza". Existe uma sacralidade fundamental – o Corpo de Cristo e seu sacramento – e existe uma sacralidade derivada, que nos serve na nossa história. No fundo, os padecimentos do "santo" e os opositores indiscriminadamente do "sagrado" estão antecipadamente sobre os tempos; eles não têm mais necessidade da luz do sol e da lua porque já estão iluminados, como na Cidade celeste, pela graça de Deus e pela lâmpada que é o Cordeiro (Ap 21,23).

Mas o desguarnecimento acrítico dos sinais sacros, se, por um lado, reduz as próprias expressões do sagrado pessoal que é Cristo, por outro, diminui o incentivo à lembrança e, portanto, ao apelo: desse modo, mais ou menos diretamente, se faz o espaço à autorredenção do homem. A natureza torna-se o sagrado, o santo, a graça. Não são sem ligação a perda do sentido do sagrado e a perda do sentido da situação de deformidade original, pela qual Cristo e a cruz tornam-se vãos e se coloca o homem e sua glória no centro, desagregando, assim, todo o plano divino e banalizando, contra qualquer evidência, a própria vida humana e sua dramaticidade.

Se todos os sinais são eliminados – com a razão da santidade como único valor e da simplicidade reduzida ao essencial – além de empobrecer a expressão multiforme da piedade e suas exigências de historicidade, põem-se, ao mesmo tempo, as condições para o ressurgimento de uma sacralidade pagã corretamente contestada e superada pelo Espírito e pela verdade do evangelho, uma sacralidade despersonalizada, reconhecida e conferida às coisas, aos "elementos".

Ora, se existe um tempo em que o apelo ao sagrado cristão deve ser mantido vivo, não será, por acaso, o nosso?

A liturgia e o homem

A liturgia não deve dar lugar ao homem, à sua linguagem? Certamente! E o modo é, sobretudo, o de assumir a imagem do homem como se encontra na concepção do plano divino; exatamente esta imagem continua o critério de interpretação do homem que, para ser verdadeiramente ele mesmo, deve ser posto em atitude de fé. Na dimensão humana devem estar os sinais e as palavras: mas prestando atenção que eles devem refletir a intenção e a posição da história da salvação, devem traduzi-la e devem conformar-se a ela. Não toquemos a questão da linguagem litúrgica, mas digamos que sua atualidade e compreensão devem estar primariamente em função da ortodoxia – isto é, da verdade da palavra de Deus. Esta é dirigida ao homem, e, portanto, assume forma humana, mas para que o homem a compreenda no seu sentido, e então, conforme a própria linguagem. Se atualizar as fórmulas litúrgicas comportasse reduzi-las a puras dimensões de significado humano – "racional" –, essa redução seria desviante e inaceitável.

Assim, na linguagem eucarística, os sinais da Eucaristia devem mostrar não aquilo que imediata e "naturalmente" um homem sabe de um banquete, mas aquilo que originariamente Cristo entendeu com a Eucaristia, com aquela originalidade de interpretação e compreensão que no-la apresenta como a "sua mesa"; isto é, como o banquete de seu Corpo doado em sacrifício e de seu Sangue derramado. Toda a linguagem – toda a hermenêutica – deve partir dele: a proposição histórica deve traduzi-lo com toda a fidelidade. Certas eucaristias – e o comentário de certos cantos, e também o uso de certas instrumentações – ajudam a compreensão da singularidade do banquete eucarístico? Fazem captar seu mistério, que é o da morte do Senhor na cruz? Ou não correm o risco de ser a proposta e a exibição do homem? Alguns contextos estariam a dizer que a Eucaristia é a ceia dos homens, à qual eles se dignam convidar o amigo Jesus Cristo, um homem como qualquer outro, que estava passando, e ao qual se pensou em dar uma mão, para inseri-lo na exultação da festa convivial. Em alguns pontos, se quisermos ir adiante, devemos voltar para trás, reconhecendo ter errado o caminho. Deixem-se em seu lugar as amizades e suas efusões, para retomar o sentido da Eucaristia, que é a amizade originária da cruz. As nossas ações e também as ceias em nossas casas poderiam, no máximo, ser um reflexo.

Também por este lado, somos chamados ao sagrado; um sagrado expressivo e pedagógico, que não pode não se refletir no canto, enquanto certamente em alguns cantos não se reflete, sobretudo por causa das palavras, para dizer pouco, levianas. Para retornar à linguagem: é preciso reconhecer que ela é um problema e uma meta difícil. Mas a pergunta já encontrada: "O que o povo compreende?", que parece indicação de muito bom-senso, não é brilhante sempre e sob todos os aspectos. Antes de mais nada é preciso ser prudente ao conceder ao povo o próprio nível de incompreensão; mas sobretudo não se pode esquecer que se deve estar iniciado à liturgia com a evangelização, com as categorias da fé. Se o povo não compreende os conceitos e as categorias da linguagem relativa a Deus, ao Pai, ao Filho, ao Espírito Santo, ao Verbo, não é que eu deva esforçar-me por mudar estas categorias: em primeiro lugar, deverei esclarecê-las: e é o que deve ser feito com a catequese bíblica e litúrgica.

Se a eucologia jamais é explicada e se é recitada apressadamente, é certo que o povo não compreende. E depois, se uma comunidade celebrante não tem fé e não dispõe da linguagem da fé, a liturgia só poderá tornar-se obscura. Porque a fé tem sua linguagem própria, que gera e conota aquela liturgia.

Poderia se acrescentar que a linguagem litúrgica – sem ceder à ideologia da língua sacra – tem sua beleza quase por direito natural, e o povo talvez a percebe mais do que o refinado liturgista que está convencido de interpretá-la: quase por instinto parece perceber que a linguagem de igreja deve ser diferente da linguagem do dia a dia: só que, para compreender isto, é preciso não ter feito muitos anos de estudo. Prestemos atenção ao "feio estilo novo".

Sempre a propósito de antropologia, deve-se destacar que a celebração, nascendo da fé, é a alegre proclamação de suas certezas. O cristianismo conhece certamente os momentos de dificuldade interior, de incômodo, se não de dúvida, e tem seus momentos para exprimi-los, debatê-los e esclarecê-los. O momento litúrgico é aquele em que a Igreja exalta a própria convicção de fé, não as próprias dúvidas e ondulações sobre a própria fé. Isso é "triunfalismo"? Sim, é o reflexo do triunfo de Cristo ressuscitado, que garante a fé da Igreja e da comunidade cristã. Algumas celebrações da Eucaristia são assim marcadas pela problematicidade, ou pelas reivindicações, que Jesus Cristo, que sobre a cruz esclarece e doa a medida das certezas e da solução das dúvidas, aparece quase totalmente negligenciado ou muito pouco levado em conta. A liturgia não é todo o momento da vida cristã e da experiência humana nela, mesmo que celebrar não signifique simplesmente entrar numa espécie de narcose que esconde os dramas do homem e da comunidade humana.

Liturgia e adaptação

A liturgia e os componentes que ela oferece para a espiritualidade cristã são para toda a Igreja, e não para algumas categorias apenas. Isso comporta que nenhuma celebração deverá ser mutilada das propriedades específicas que a definem; não poderá ser adaptada, se por adaptação se entende a preterição de algumas qualidades essenciais. Se, por hipótese – mas aqui não teorizo simplesmente um certo método de catecumenato, porque à Eucaristia não se foi iniciado em vão –, uma comunidade não está em condições de compreender que a Eucaristia é o banquete do Senhor, e que nela se assume seu Corpo e seu Sangue, no máximo não celebra; não é lícito situar no vago e no ilícito, ou na generalidade, a realidade da própria Eucaristia.

Mas isso não significa a desatenção aos diversos níveis dos sujeitos celebrantes, à tipologia das comunidades litúrgicas. Sobre isso, as possibilidades deixadas abertas pela reforma litúrgica são muito amplas. Pensou-se ser bom também oferecer formas de celebração para as crianças. Revelou-se particular sensibilidade aos jovens. É coisa ótima, sob alguma condição.

Juvenilismos

A primeira é de não ideologizar a condição da idade jovem, que, certamente, é um dom divino, mas é fugaz. O jovem cresce e deve-se fazê-lo crescer; e deve ser introduzido à liturgia "adulta" com simplicidade, se fosse lícito exprimir-se assim. Então, mais do que reduzir a liturgia a um nível "juvenil", deve-se ter o cuidado de fazer os jovens crescerem ao nível da liturgia. Sei que neste modo de se exprimir existe o risco de uma certa hipostatização abstrata da liturgia, como que considerada em si, sem os sujeitos que ao invés concretamente a celebram. O que quero dizer é que não se deve tanto infantilizar objetivamente a liturgia ou "adolescentilizá-la", mas aos poucos levá-la à sua realidade global. Não se muda o texto de uma poesia para adaptá-lo à criança: esta aprende e memoriza o texto, e depois, crescendo, compreende-o e assimila sua mensagem.

Também aqui, por um lado, é cômodo o destaque: o que compreendem os jovens se não são iniciados à compreensão? Por outro lado, porém, o destaque é mais grave se tivesse de supor, subentender um recurso demasiado fácil de adaptar, sem ter presentes as exigências da objetividade da fé e do mistério.

E depois pode-se acrescentar que as propostas devem ser elevadas: a simples constatação: "Aos jovens agrada assim" é pedagogicamente muito frágil. O "agrada assim" é só um fato. Existem sinais que àqueles jovens aos quais agrada efetivamente um determinado tipo de canto estão descobrindo – talvez seja somente um fenômeno cultural, como se gosta de dizer até enjoar – o canto tradicional da Igreja. Que a cultura o vá buscando e os responsáveis pela educação litúrgica o negligenciem porque demasiadamente sagrado, não parece um prodígio de prudência. Não se corre o risco de ter um grande futuro atrás das costas?

Espaços extralitúrgicos

Um último destaque: a liturgia e a espiritualidade que a segue não eliminam os exercícios piedosos. De certo modo estes derivam naturalmente da liturgia ou a ela se dirigem. Enchem outros espaços e exigências de vários gêneros. Sua necessidade será indubitavelmente mais relativa, dependendo também das diferentes pessoas e de seus gostos: eliminá-los, ou suportá-los, não é sábio. Não houve uma certa pressa quanto a isso? Tanto mais com a consequência que o vazio deixado pelo desaparecimento dos exercícios piedosos – que certamente devem ser medidos criticamente pela liturgia – com frequência foi preenchido pela Eucaristia, que correu e corre o risco, com sua indiscriminada e fácil multiplicação, de ser reduzida à condição de pio exercício, que cabe sempre e em toda a parte, quando, por outro lado, é proclamada sua posição de cume da liturgia e da piedade cristã.

É verdade, porém, que os pios exercícios vão sendo redescobertos, e quase degustados, como se fossem novos, assim como alguns estão sabiamente descobrindo o valor e a beleza do primeiro cânon.

Mais que resolver, esta relação quis considerar alguns problemas e indicar alguma orientação que, certamente, tem a validade que lhe vem do valor das razões apresentadas.

Duas convicções

Como conclusão, exprimiremos duas convicções: a primeira é que a reforma litúrgica, para ter êxito, exige um sério repensar teológico e pastoral, para o qual os apontamentos por nós feitos oferecem o critério.

A segunda convicção é que uma coisa é sobretudo urgente na liturgia: a dimensão do mistério – isto é, a presença do Senhor –, que se associa à sua cruz como penhor da ressurreição: "Já [exclamava Santo Ambrósio num discurso] uma clara luz resplandece, não sombreada ou prefigurada, ou simbolizada, mas em todo o seu real esplendor; já vejo a verdade, reconheço seu esplendor; agora te adoro, meu Deus, com mais vivo afeto ainda [...] [Cristo] possuo-te inteiramente nos teus sacramentos. Estes são os verdadeiros sacramentos de tua sabedoria, com os quais são purificados os secretos sentimentos do espírito" (*De apologia David*, 12, 58).

9
Ulteriores reflexões teológicas

1 O coração da liturgia

O cume teológico da constituição *Sacrosanctum Concilium* do Vaticano II está na concepção da liturgia como representação da morte e da ressurreição de Cristo, e, portanto, "realização" "da obra de nossa salvação" (art. 2, 6), graças à presença de Cristo intimamente associado à Igreja (art. 7).

A liturgia cristã nasce, pois, na Páscoa, quando o Senhor oferece seu Corpo e seu Sangue, deixados como seu memorial no sacramento da última ceia.

Assim, ela depende totalmente de Jesus Cristo, de sua iniciativa que, colocado num tempo preciso da história – "padeceu sob Pôncio Pilatos" –, permanece perenemente em ato, "aqui e agora" na ação litúrgica, e particularmente na Eucaristia e nos outros sacramentos.

O sacrifício do Calvário, ocorrido uma vez por todas por causa de sua perfeição e de sua glória, ultrapassou e venceu qualquer limite temporal e espacial, assumindo uma atualidade intransponível. Não é o tempo que atrai a si a Páscoa de Cristo, mas é a Páscoa de Cristo que atrai a si o tempo. Elevado da terra, Ele se tornou o "Atrativo" intransponível, para todos e para sempre.

A liturgia é possível porque "Jesus é o Senhor" – *Dominus Iesus* (Fl 2,11). Ela é o sinal e o conteúdo, o exercício e o fruto da realeza de Jesus, perenemente em ato. O senhorio escatológico do Crucificado, conseguido no evento histórico do Calvário, fazia-se salvificamente presente. E, com efeito, não é originariamente a Igreja que torna presente Cristo na liturgia, mas é a presença de Cristo que gera radicalmente a ação litúrgica.

A missa é instituída por Jesus como o sacramento da última ceia, ou seja, como a repetição eficaz de seu gesto de dar o pão, que é seu Corpo, e fazer passar o cálice do vinho, que é seu Sangue.

Vêm à mente as palavras do Santo Ambrósio: "É claro assim que seja o próprio Cristo a realizar a oferta em nós, visto que quem santifica o sacrifício que é oferecido é sua palavra: Ele mesmo que está junto ao Pai como nosso advogado e que agora não vemos, mas veremos um dia, quando a imagem tiver passado e tiver chegado a verdade" (*Explanatio Psalmi*, XXXVIII, 25).

E, de fato, segundo a *Sacrosanctum Concilium*: "Para realizar uma obra tão grande, Cristo está sempre presente na sua Igreja, de modo especial nas ações litúrgicas", das quais Ele é o ator principal.

É o pensamento de Tomás de Aquino, que, falando dos sacramentos – nos quais consiste principalmente a liturgia – afirma que é "Cristo que age nos sacramentos (*Christus operatur in sacramentis*)" (*Summa Theologiae*, III, 64, 5, 2m); eles são "obra de Cristo" (*opus Christi*; ibid., 64, 10, 3m).

Particularmente, neles está em ato a Paixão do Senhor, cuja eficácia – são ainda palavras de Santo Tomás – "de certo modo vem ligada a nós quando os recebemos (*quodammodo nobis copulatur*), e é seu sinal o fato que do lado de Cristo pendente da cruz brotam água e sangue" (ibid., 62, 5, c).

Consequentemente, a primeira condição para compreender a liturgia é a viva sensibilidade da presença real nela do Crucificado ressuscitado e glorioso. Com uma cristologia débil e confusa, na qual não apareça a realidade do Cristo pascal, ficaria fatalmente enfraquecida a consistência da ação litúrgica e seriam esvaziados tanto sua possibilidade de realização quanto seu conteúdo.

Em outras palavras, sem Jesus, Filho de Deus, real e historicamente ressurgido da morte e glorioso, a liturgia seria de fato mal-entendida e seria reduzida a uma boa ação religiosa, proveniente da iniciativa do homem, mas não seria a liturgia cristã, na qual "está em ato a obra da nossa salvação" (*opus nostrae salutis exercetur*).

Mas é preciso logo acrescentar que, de fato, Cristo age na liturgia, sim, por força de seu Primado, mas como Cabeça em estreita associação com a Igreja, seu Corpo.

E é o segundo fundamental conteúdo teológico da liturgia, que esclareceremos.

Mas já neste ponto podemos observar que, nesta radical dimensão cristológica da liturgia, a *Sacrosanctum Concilium* não faz mais que repropor a doutrina tradicional da Igreja, exatamente aquela dos Padres, espelhada especialmente nas orações, onde para defini-la aparecem os termos "mistério" ou *"sacramentum"*, mesmo que não raramente depois foi exatamente o aspecto de mistério ou sacramental que ficou encoberto.

Em todo o caso, já aqui aparece claro que o primeiro sinal da fidelidade à Constituição conciliar, e junto com a tradição dogmática que ali se reflete, é a assunção da teologia da liturgia que a própria Constituição propõe, enquanto a primeira condição subjetiva, que aparece imprescindível para dela participar ativamente, é a fé e, faltando esta, nenhuma ação litúrgica, por mais perfeitamente executada, seria fonte de graça.

Surgem, então, as perguntas: se a pastoral está suficiente e adequadamente ocupada em elucidar primeiramente o conteúdo teológico dos ritos; se, portanto, o interesse e o cuidado da catequese são, sobretudo, dirigidos para a figura do Senhor; se é solicitada a íntima adesão, que sabe "ultrapassar" os sinais para ali encontrar o próprio Senhor, do qual, invisivelmente, a liturgia é gerada a avaliada.

O fruto da ação litúrgica amadurece nesta adesão e nesta confiança, na qual age o poder salvífico de Cristo e ao qual Santo Ambrósio se dirigia e exclamava: "Intimamente te possuo nos teus sacramentos (*Te, Christe, in tuis teneo sacramentis*)" (*De apologia David*, 12, 58).

Mas, talvez, devêssemos acrescentar outra decisiva e crítica pergunta sobre o tipo de cristologia e de sacramentaria que se ensinam especialmente aos que são chamados a presidir a liturgia, como afirma Tomás de Aquino, em "representação de Cristo (*in persona Christi*)" (*Summa Theologiae*, 82, 1, c).

2 Liturgia celeste e liturgia terrena

1 Quando a Igreja, peregrina sobre a terra, celebra a liturgia, e em particular, a Eucaristia, está persuadida de que em seu louvor tome parte também a Igreja celeste. Ela conclui habitualmente os prefácios proclamando estar unida "aos anjos e aos arcanjos e a todos os santos do céu" no alegre canto do hino da glória, e pedindo que suas "humildes vozes" possam se associar a seu hino eterno.

A mesma persuasão volta ao longo do cânon: assim, na recordação da Virgem Maria, dos santos apóstolos e mártires e de todos os santos; na súplica de poder "gozar de sua sorte feliz"; na imploração que a oferta eucarística "seja levada para o altar do céu".

Toda a população celeste, invisível mas real, presencia os ritos da Igreja aqui embaixo em oração. Os sentidos não a percebem, mas percebe-a a fé. Vem à mente a convicção de Newman, que no caso da liturgia é ainda mais fundamentada. Em 1831, num sermão para a Festa de São Miguel, escrevia: "Qualquer sopro de ar, qualquer raio de luz ou de calor, qualquer bela visão é, por assim dizer, a bainha da veste [dos anjos], o ondejar do manto daqueles cujo rostos contemplam a Deus". Ele considerava "a Santa Igreja com seus sacramentos e sua escada hierárquica, [...] até o fim do mundo", como "um símbolo das realidades celestes que enchem a eternidade", e "seus mistérios [...] somente uma expressão, em termos humanos, de verdades que a mente humana não tem condições de explicar".

Mas não basta reconhecer esta companhia da Igreja celeste concelebrante com a Igreja terrena. Na realidade, se nós podemos celebrar cá a nossa liturgia, é porque a celebra lá a Comunidade bem-aventurada: o nosso sacrifício é imitação e reflexo daquele do céu; a memória da imolação do Calvário chega a nós, passando através da exaltação do Crucificado glorioso.

2 Começamos, primeiramente, por observar que a Igreja existe sobre a terra porque existe a Igreja gloriosa, que fundamenta e precede a Igreja ainda no tempo.

Com efeito, a Igreja tem seu princípio e sua razão no Cristo ressuscitado, que é, em absoluto, o Cabeça da Igreja, seu Corpo. Onde está o Ressuscitado, lá está a Igreja, lá estão todos os justos que a compõem, entre os quais primeiramente a Virgem Maria, e está o próprio mundo angélico, do qual Jesus ressuscitado é igualmente Senhor – "Cabeça de cada principado e de cada potestade" (cf. Ef 2,9).

A figura da Igreja é agora exemplarmente confirmada na Igreja celeste, onde a graça, que deriva totalmente do Crucificado ressurgido, é transfigurada e ultimada na glória.

Não é, pois, a Igreja da realização que segue os passados da Igreja do futuro, mas a Igreja do futuro que se inspira naquela da realização.

3 Por outo lado, toda a graça e todo o ministério na Igreja terrena derivam do Ressuscitado: daquele que com a ressurreição recebeu "todo o poder no céu e na terra" (Mt 28,18) e, "elevado da terra", atrai "todos" a si (Jo 12,32).

Todas as ações eclesiais salvíficas sobre a terra, que têm a finalidade "de edificar o Corpo de Cristo" – apostolado, profecia, evangelização, atividade pastoral e magisterial (cf. Ef 4,1-13) –, são dom do Senhor ressurgido e sentado à direita do Pai e obra do Espírito por Ele enviado.

Segue-se que também todo o ato litúrgico é possível e válido pela presença ativa do senhorio de Jesus e pela ação de seu Espírito que, perfeitamente em ato no céu, inserem-se na história da Igreja na terra. Nossos ritos são – segundo a linguagem de Santo Ambrósio e de Newman – uma imagem da verdade dos "ritos" celestes, onde, na realidade já se desfizeram os símbolos. A eficácia dos "sacramentos" provém toda de Jesus, que é o Senhor vivo, que plenifica os nossos sinais ou os nossos serviços. Santo Ambrósio diria: *"Nostra servitia, sed tua sunt sacramenta"* (*De Spiritu Sancto*, I, Prol., 17).

Em outras palavras: se por liturgia se entende a celebração do louvor divino, a ação de graças pela redenção, a exultação pela comunhão com Cristo glorioso e pela contemplação, nele e com Ele, da Santíssima Trindade, claramente é no céu que esta liturgia se encontra na condição perfeita.

4 Ou melhor, devemos reconhecer que nossos ritos, que ainda se desenvolvem no tempo, são possíveis porque quem os preside é Jesus, o Sumo Sacerdote, capaz de "salvar perfeitamente aqueles que por meio dele se aproximam de Deus: com efeito, Ele está sempre vivo para interceder em seu favor" (Hb 7,25).

Nossa liturgia é substanciada exatamente pela intercessão celeste do Filho de Deus, constituído sacerdote e "tornado perfeito para sempre" (Hb 7,28).

Faltasse esta presença de Cristo e esta sua persistente intercessão, ela se encontraria extenuada e impotente. Isso vale em particular pela celebração eucarística.

Nem por isso estaria comprometido o valor histórico da imolação da cruz. Ao contrário. Na missa está presente o sacrifício do Calvário na sua verdade histórica. Só que aquele sacrifício – no qual Cristo, Filho de Deus, "sumo sacerdote dos bens futuros" (Hb 9,11), ofereceu a "si mesmo" "uma só vez" (Hb 9,26) "obtendo uma redenção eterna" (Hb 9,12) –, diferentemente de todos os outros sacrifícios, destinados a se exaurir e a se repetir, recebeu uma realização e uma perfeição, ou uma condição celeste, que o resgatavam de uma pura historicidade e temporalidade terrestre.

O sacrifício da cruz é o sacrifício do Ressuscitado; um íntimo laço conecta a morte de Jesus com sua ressurreição: se Jesus não tivesse ressurgido, seu sacrifício teria sido ineficaz. Neste sentido, seria possível dizer que o sacrifício histórico da cruz é um sacrifício "celeste", e pela condição celeste do Ressuscitado, na sua real e singular historicidade, pode estar sempre e sem repetir-se presente na liturgia da Igreja terrena.

Mas estas reflexões pedem um atento e visado tratado. Aqui era importante esclarecer que, para a celebração litúrgica da Igreja e, de modo especial, para a celebração da Eucaristia, mesmo a mais solitária, a população celeste, com Jesus ressuscitado, todos os santos e toda a corte angélica, não só toma parte, mas constitui seu modelo. O nosso culto é ainda "imagem e sombra das realidades celestes" (cf. Hb 8,5), todo animado pelo seu desejo, à espera que nelas passe, da vinda do Senhor.

Mas quão pouco as catequeses sobre a missa o esclarecem!

3 Na ação litúrgica: Cristo associado à Igreja

Na ação litúrgica, o Crucificado ressurgido não age solitariamente, mas como Cabeça em íntima associação com sua Igreja. Como afirma a *Sacrosanctum Concilium*, "em tão grandiosa obra, pela qual Deus é perfeitamente glorificado e os homens santificados, Cristo sempre associa a si a Igreja, sua dileríssima esposa, que invoca seu Senhor e por Ele presta culto ao eterno Pai" (art. 7).

E, de fato, na vigília da morte, Cristo deixou aos apóstolos sua última ceia para que a renovassem como seu memorial. Celebrando a Eucaristia, que é o cume ao qual se dirige e do qual se irradia todo o ato litúrgico, a Igreja responde ativamente ao legado do Senhor: na liturgia liga-se a iniciativa de Cristo, que é sempre seu autor original, e a correspondência da Igreja ao testamento de Jesus. Se Ele é seu conteúdo e seu celebrante principal, nem por isso a Igreja permanece inerte e inativa.

Se faltasse a fidelidade da Igreja não haveria nem a liturgia, e a ação pessoal e unicamente salvífica de Cristo Cabeça seria destinada a permanecer, por assim dizer, fechada em si mesma, e a não dilatar-se e passar para seu Corpo místico.

Se não houvesse a Igreja com sua fé e seu ministério, nem haveria a celebração.

Na realidade, a Igreja, em consonância com o mandato de Cristo e indissoluvelmente unida a Ele, celebra sua memória e, assim, o sacrifício da cruz se reapresenta na história graças à potência do Senhor e à obediência da própria Igreja, que o acolhe.

Por isso, onde existe a liturgia, lá existe Cristo, e lá existe sua Igreja, tornada partícipe do sacerdócio de Cristo.

Se é verdade que ela não é totalmente ministerial em virtude do Sacramento da Ordem, é, porém, totalmente sacerdotal por força do Sacramento do Batismo. A ação litúrgica brota do sacerdócio de Cristo, que se irradia no Povo sacerdotal, que é sua Igreja.

É a afirmação da *Sacrosanctum Concilium*: "Com razão, pois, a liturgia é tida como o exercício do múnus sacerdotal de Jesus Cristo, no qual, mediante sinais sensíveis, é significada e, de modo peculiar a cada sinal, realizada a santificação do homem e é exercido o culto público integral pelo Corpo Místico de Cristo, Cabeça e membros" (art. 7). "Público"; isto é, epifania da piedade da Igreja como tal. "Integral", porque fruto da conspiração e da sintonia santificante e orante de Jesus e de sua Esposa.

Por isso, cada liturgia revela e difunde a íntima comunhão da Igreja com Cristo: pelos ritos realizados em sua memória deve transparecer sua alegria de encontrar-se com Ele, que é continuamente a razão de sua existência, a fonte de sua vida, o sustento de sua caminhada. Ela se recolhe para refazer a última ceia, não para executar preguiçosamente ou de má vontade seu mandato, imposto de fora, mas para receber seu abraço esponsal.

Mas se a liturgia é em si mesma, essencialmente, um ato que nasce de Cristo e que inclui o mistério da Igreja, cada um que dela participa está, por isso mesmo, unido à Igreja universal, mesmo que se trate do rito mais simples na forma e mais restrito no número de seus celebrantes.

Em cada assembleia litúrgica está sempre e profundamente compreendida toda a Igreja.

Segue-se que a liturgia jamais poderá ser considerada "propriedade" ou "posse" nem dos fiéis individualmente nem daqueles que a presidem: estes são sempre "dependentes", exatamente "ministros", chamados a prestar seu admirável e generoso serviço ao Senhor e a seu Corpo místico.

Quem desempenha o ministério age quer *in persona Christi*, como seu representante" ou seu "ícone" – e, portanto, propriamente, não como seu "substituto" –, quer *in persona Ecclesiae*. Como escreve Tomás de Aquino: "O ministro age em nome de toda a Igreja, da qual é ministro (*minister agit in persona totius Ecclesiae cuius est minister*" (TOMÁS DE AQUINO. *Summa Theologiae*, III, 64, 8, 2m).

Se não se compreender o mistério da Igreja, Corpo de Cristo, e sua cooperação e dedicação à obra da salvação e, portanto, sem uma completa eclesiologia, não é possível a compreensão da liturgia, de modo que ela permanece absolutamente fechada quando não for captada como atual ação do Senhor.

E a própria reforma da liturgia viria a sentir falta de regra e de referência se não se perceber nela a inclusão da Igreja. Todas as bizarrices poderiam entrar para deformá-la, sob o pretexto de atualizá-la.

Aliás, é exatamente o critério da eclesialidade que permite celebrar em comunhão com a Tradição e, portanto, pôr-se em continuidade com a liturgia instituída por Jesus Cristo, depois recolhida e transmitida pelos Apóstolos. E isto também não quer dizer celebração monótona e repetitiva. Ao contrário, significa receber e dispor da inexaurível e eficaz energia da graça, garantida exatamente à fidelidade, unicamente na qual pode ser oportuna e feliz uma reforma.

Poderia se perguntar se esta perspectiva é sempre límpida; se é lúcido e coerente o sentido da presidência como serviço à Igreja e não aos próprios arbitrários juízos e aos próprios gostos de adaptação, que, no fim, terminam numa atitude de prepotência em relação à própria comunidade celebrante, cujos direitos se proclamam por palavras.

Também em relação à eclesiologia, qualquer um vê quanto seja determinante a formação teológica. Como se faz confiar na sua ortodoxia, quando, como acontece com frequência, não se reflete coerentemente sobre estas duas surpreendentes afirmações da Carta aos Efésios, onde está escrito: "A [Deus] a glória na Igreja e em Cristo Jesus, nos séculos dos séculos" e onde

Paulo declara: "A mim [...] foi concedida esta graça [...]: de manifestar a todos o plano misterioso da salvação, oculto desde os séculos em Deus, criador de todas as coisas. Assim, de agora em diante, os principados e as autoridades celestes podem conhecer pela Igreja a infinita diversidade da sabedoria de Deus, de acordo com o projeto eterno que Deus realizou em Cristo Jesus, nosso Senhor" (Ef 3,8-11).

Aliás, a novidade neotestamentária sobre a Igreja não é que seja Povo de Deus – também Israel o era –, mas que o seja a tal ponto de ser o Corpo de Cristo, sua carne, sua Esposa nascida de seu lado.

4 A participação na liturgia celeste

"Na liturgia terrena [afirma a *Sacrosanctum Concilium*], antegozando, participamos da liturgia celeste, que se celebra na cidade santa de Jerusalém" (art. 8).

Todavia, não se trata de duas liturgias paralelas ou justapostas. A liturgia originária e exemplar é aquela realizada por Cristo sentado à direita do Pai. É seu sacrifício celeste, ao qual é associada a Igreja, aquela já gloriosa e aquela ainda peregrinante.

Não raramente, os liturgistas, que nem sempre conseguem surpreender por competência ou agudez teológica, mostram-se relutantes em considerar a liturgia que celebramos aqui na terra como um real "reflexo" daquela do céu; e, portanto, vendo no sacrifício eucarístico a presença do sacrifício glorioso. Parecer-lhes-ia que dessa maneira são diminuídas a verdade e a natureza histórica do evento da cruz.

Na realidade, não existem dois sacrifícios: aquele histórico e aquele glorioso no céu, mas um único sacrifício, aquele do Calvário, que é intimamente glorioso e, portanto, radicalmente celeste e eterno. No mais, se à imolação da cruz faltasse a prerrogativa de ser "celeste", não teria possibilidade de ser reapresentado.

Em outras palavras, imolando a si mesmo, Jesus, Sumo Sacerdote e Filho de Deus, confere à sua oferta – já não carnal, mas "espiritual" – um valor que não se consuma, e que está em condições de ultrapassar a momentaneidade: "Nós fomos santificados por meio da oferta do Corpo de Jesus Cristo, feita uma vez para sempre" (Hb 10,10).

Em toda parte em que se realize uma celebração cristã, também na sua forma terrena, está sempre em exercício o sacerdócio eterno de Cristo, e está em ato a oferta feita com "o próprio Sangue", e dotada de valor inexausto.

É a razão pela qual ela não é capturada por nenhum tempo e não está circunscrita a nenhum lugar. Ao contrário, é compreensiva e aberta em relação a todos os tempos e a todos os lugares.

Certamente, o culto na Igreja terrena e incompleta apresenta uma modalidade diferente em relação àquele que é próprio da Igreja do céu, onde já está livre da trama dos sinais e onde a graça transformou-se na glória. Na terra, a santificação está ainda em curso, à espera e na esperança da glória e age pela mediação dos sacramentos.

E, todavia, trata-se da mesma liturgia, que tem sua fonte e sua origem naquela que se desenvolve – dizia a *Sacrosanctum Concilium* – na "santa Cidade de Jerusalém", "onde Cristo está sentado à direita de Deus, como ministro do santuário e do verdadeiro tabernáculo".

Nós podemos celebrar "aqui e agora", porque o Cristo glorioso eternamente celebra com a Igreja do céu. Eis por que a constituição conciliar afirma que nós participamos da liturgia celeste, que transcende e até atrai a nossa.

Compreendemos, então, que são todos os seus membros que celebram com Cristo cabeça; afinal, existe um único Corpo do Senhor, uma única Igreja.

Por isso, quando estamos no altar para a missa, ou nos reunimos para os sacramentos, ou estamos recolhidos para os louvores ao Senhor, a fé nos faz perceber com o Crucificado ressurgido a presença dos anjos e dos santos, que invisivelmente intervêm para rezar conosco na nossa celebração: uma presença invisível e, portanto, mais real, mais consistente e mais verdadeira do que aquela dos fiéis que vemos ao nosso redor e dos quais percebemos sensivelmente os rostos e as vozes.

E estes não são apenas piedosos e devotos sentimentos. É, ao invés, pura teologia, para não dizer simples dogma. Em todo o caso é a certeza que proclamamos na oração eucarística, em particular no antigo primeiro cânon, do qual, depois de tê-lo mais ou menos abandonado, se ao menos por pouco não desaprovado, descobrimos a admirável e suntuosa riqueza.

Neste ponto percebemos que a celebração litúrgica equivale a uma proclamação da comunhão dos santos. Ela é de certo modo o sacramento do

Paraíso. Na liturgia, marcam um encontro todos os justos da história da salvação, a começar por Abel, para chegar à Virgem Maria, a seu esposo, aos apóstolos, aos mártires e a todos os que formam a Igreja celeste, sem que sejam deixados os coros dos anjos com os quais dividimos nosso canto de louvor.

Um sugestivo *transitório* ambrosiano diz: "Os anjos estão ao redor do altar e Cristo põe o Pão dos santos e o Cálice de vida para a remissão dos pecados".

E o texto conciliar: "Com toda a milícia do exército celestial entoamos um hino de glória ao Senhor e, venerando a memória dos santos, esperamos fazer parte da sociedade deles; suspiramos pelo Salvador, nosso Senhor Jesus Cristo, até que Ele, nossa vida, se manifeste, e nós apareçamos com Ele na glória" (n. 8).

A liturgia nos leva, assim, a outro mundo, o mundo da graça e da glória, que só tem sentido pela fé. Assim, todas as celebrações aparecem como o cume da profissão de fé.

5 A liturgia, "cume e fonte" da vida da Igreja

Na ação litúrgica celebrada pela Igreja, o Senhor torna presente sua Páscoa. O rito sacramental não é apenas uma recordação afetiva e evocativa da morte e da ressurreição de Jesus. Nela se expande eficazmente nos fiéis que dela participam toda a graça do acontecimento salvífico.

Mas, se a liturgia é o sinal real da Páscoa de Jesus, ela pode ser definida, equivalentemente, o sacramento de sua piedade. Nas celebrações, com efeito, os cristãos encontram o Cristo orante, que, associando-os à sua imolação, tornam-nos participantes de sua oração: o sacrifício da cruz foi a suprema adoração, louvor, ação de graças e, portanto, cume de sua oração, a mesma que continua inexaurível e eterna à direita do Pai.

Poderíamos, então, definir brevemente a liturgia como o exercício da *devotio* de Jesus e da Igreja, uma vez marcado ao termo *devotio* o significado expressivo que lhe é dado e reconhecido na linguagem da Tradição e que é muito diferente daquele habitualmente entendido quando hoje falamos de *devoção* ou *devoções*.

A constituição litúrgica *Sacrosanctum Concilium*, com muito equilíbrio, afirma: 1) que a liturgia não representa a única atividade da Igreja, permanecendo, todavia, seu cume e sua fonte; 2) que a vida espiritual do cristão exige também a oração "no segredo"; e 3) que conservam sua importância os "pios exercícios", quando em consonância com a própria liturgia.

Vejamos o primeiro ponto: "A sagrada liturgia não esgota toda a ação da Igreja. Pois, antes que os homens possam achegar-se à liturgia, faz-se mister que sejam chamados à fé e à conversão" (art. 9).

Se não for pregado e não for aceito o mistério da salvação e, portanto, Jesus Cristo, Filho de Deus, único salvador e Senhor, a liturgia, que representa aquele mistério, não seria proponível; não se perceberia seu sentido e sua substância.

É como dizer que sem a fé, a celebração, embora objetivamente válida, seria ineficaz e estranha: os ritos apareceriam como um complexo de sinais confusos e enigmáticos, privados de significado e de referência. Não se parte da celebração: esta segue. Parte-se do anúncio e da fé, que a ela consente e que, no sacramento, encontra oferecida a realidade anunciada. Decrescendo o nível da fé, não admira que decline a participação na ação litúrgica. A cristologia é a razão e o fundamento do culto cristão: talvez, a pastoral nem sempre tenha consciência disso. Existem épocas na história da Igreja, nas quais as assembleias rareiam e, então, é preciso retomar do início a evangelização ou repropor, sem confusões ou concordismos que desviam, mas em toda a sua clareza e unicidade, o mistério de Cristo. Ou melhor, este esclarecimento jamais deve cessar, e ser habitualmente desenvolvido na própria ação litúrgica, que é exatamente a cristologia em ato, ou a cristologia na forma de sacramento.

Por outro lado – prossegue o texto conciliar –, "a liturgia é o cume para o qual tende a ação da Igreja e, ao mesmo tempo, é a fonte donde emana toda a sua força" (art. 10): *culmen et fons*. É constantemente repetido.

Mas a expressão deve ser corretamente entendida. E para isso pode esclarecer-nos a aguda distinção da Escolástica, que remonta a Agostinho, entre: "sacramento (*sacramentum*)" e "realidade do sacramento (*res sacramenti*)", entre a celebração e a graça nele recebida.

Como no caso da Eucaristia. Não importaria o simples sinal sacramental sozinho, nem a multiplicação das presenças sacramentais objetivas de Cristo, mas a comunhão com Ele, ou a caridade que é o objetivo da própria Eucaristia.

Quando a *Sacrosanctum Concilium* declara que a liturgia é "o cume" ao qual aspira a ação da Igreja, no fim, não pode senão referir-se a esta comunhão. A memória do sacrifício da cruz é renovada para que aquele mesmo sacrifício seja "apropriado" e, assim, se possa entrar – são as palavras do Concílio – "na imperiosa caridade de Cristo" (art. 10). Neste sentido preciso, a liturgia é o "cume" da vida da Igreja.

E é, também, sua "fonte". Em todos os sacramentos, mas de modo completo no eucarístico, a Igreja se associa à imolação de Jesus; nutre-se dele; insere no próprio íntimo sua sorte para viver nele.

Como confirma a Constituição conciliar: "Da liturgia, portanto, mas da Eucaristia principalmente, como de uma fonte, deriva-se graça para nós e com a maior eficácia é obtida aquela santificação dos homens em Cristo e a glorificação de Deus, para a qual, como a seu fim, tendem todas as demais obras da Igreja" (art. 10).

As celebrações são, pois, meio: valem por aquilo que "contêm" – isto é, o próprio Cristo – e pela transformação que Ele opera em quem nelas toma parte; a razão dos sacramentos é a assunção da caridade de Cristo, que se expande eclesialmente.

Multiplicar ou repetir simplesmente os sinais não aumenta a santidade da Igreja; não é sua reiteração que constitui seu cume e sua fonte, mas sua "criatividade" e sua novidade.

Assim, mais uma vez, a ação litúrgica desponta como obra pessoal de Jesus: a Ele os fiéis aspiram supremamente e dele brota todo o seu bem.

Em todo o caso – é a advertência da própria *Sacrosanctum Concilium* – será necessário aproximar-se da liturgia "com reta disposição de ânimo", com o cuidado de harmonizar a mente com as palavras pronunciadas e, portanto, cooperar com a graça divina, para que não seja recebida em vão.

Somente assim se poderá tomar parte da celebração "de maneira consciente, ativa" e, portanto, "frutuosa" (art. 11).

6 A liturgia, oração pessoal e "exercícios piedosos"

Ao primado da liturgia como exercício da *devotio* de Jesus e da Igreja – ou como lugar em que sacramentalmente se reflete sua eterna e incessante oração elevada à direita do Pai – não segue que a piedade cristã deva limitar-se e se exaurir nas formas e nos tempos litúrgicos.

Importa também a oração pessoal e privada.

Entretanto, observemos que, por um lado, a própria oração litúrgica e pública envolve sempre profundamente a pessoa, sua iniciativa e seus recursos e, por outro, que a oração cristã jamais é "privada" e solitária.

Quando se define a oração litúrgica como oração "objetiva", não se entende afirmar que seja anônima ou genérica, mas que nela se encontra verdadeiramente, na sua "realidade", o dom da salvação, oferecido para a aceitação de quem toma parte nele, para que o partilhe subjetivamente e o irradie nos diversos tempos de oração que marcarão a vida.

A própria liturgia suscita a necessidade de ser continuada para além de seus espaços e seus momentos e, portanto, tornar a penetrar, com sua força e com seu espírito, os ritmos, a sensibilidade e a concreta possibilidade de cada fiel.

Sem esta extensão – que reacende a oração litúrgica nas constantes reuniões e encontros individuais com o Senhor – a própria celebração correria o risco de sobrevir numa mente dissipada e numa alma distraída e, por isso, tornar-se estéril e infrutuosa.

No mais, não deve ser esquecido que cada oração, também a mais secreta e íntima, é sempre acesa no coração pelo Cristo em oração; ela se eleva como gemido de seu Espírito (Rm 8,26), e é sempre comunhão com sua invocação elevada sobre a cruz e ininterruptamente continuada na glória.

É o que afirma a *Sacrosanctum Concilium*: "A vida espiritual não se restringe unicamente à participação da sagrada liturgia. O cristão, chamado para a oração comunitária, deve, não obstante, entrar em seu cubículo e orar ao Pai em segredo (Mt 6,6); deve até orar sem cessar, como ensina o Apóstolo (1Ts 5,17). E do mesmo Apóstolo aprendemos que devemos sempre trazer em nosso corpo a morte de Jesus para que também sua vida se manifeste em nossa carne mortal (2Cor 4,10-11). Razão por que suplicamos ao Senhor no sacrifício da missa que nós mesmos, pela "aceitação da oblação da hóstia espiritual", sejamos feitos "eterna dádiva sua" (art. 12).

Do mesmo perfil é o próprio ser cristão a fazer-se oração, exatamente como foi toda uma oração a existência de Cristo, consumada no Calvário como amorosa e total oferta ao Pai.

Mas a própria reforma do Vaticano II, enquanto sublinha a necessidade da oração pessoal, confirma o valor e a importância dos "exercícios piedosos", quando estão conexos, com mais evidência e consonância, à sua fonte – isto é, à liturgia –, que deve constituir sua medida e sua referência.

Assim, a *Sacrosanctum Concilium*: "Os piedosos exercícios do povo cristão, contanto que sejam conformes às leis e normas da Igreja, são encarecidamente recomendados [...]. Assim, pois, considerando os tempos litúrgicos, estes exercícios devem ser organizados de tal maneira que condigam com a sagrada liturgia, dela de alguma forma derivem, para Ele encaminhem o povo, pois que ela, por sua natureza, em muito os supera" (art. 13).

Na época da liturgia selvagem não faltaram pastores pouco criteriosos que desprezaram, quando não eliminaram desconsideradamente, as "devoções" de suas comunidades.

Ao contrário, os mais iluminados e equilibrados pastores de almas acentuaram corretamente o primado da oração litúrgica, também suprimindo o que indevidamente havia-se sobreposto a ela; todavia, para retomar e renovar o precioso legado que a tradição orante e férvida do povo de Deus havia criado como expressão e alimento de sua piedade.

Pense-se, por exemplo, na prática da *Via Crucis*, que é toda uma ardente contemplação e participação da paixão do Senhor; ou no *Rosário*, que equivale a uma *lectio divina* orante, que repensa e representa os mistérios de Cristo e de Maria associada intimamente a Ele; nas novenas, nos tríduos, em preparação às festas do Senhor ou da Virgem ou dos santos.

Indubitavelmente, qualquer um poderá voltar a eles segundo a própria discrição e a própria comodidade, sentindo-se interiormente livre, já que as famílias dos espíritos são muitas, assim como são diferentes os temperamentos, os gostos e os estados de ânimo. Nem todos se sentem da mesma maneira neste ou naquele piedoso exercício, e não é o caso de fazer pressão nem de angustiar-se.

Se, como conclusão, quisesse pensar num modelo de piedade litúrgica transfundida depois em toda uma transparente vida de oração, vem-me à mente o arcebispo que por 25 anos os ambrosianos puderam ver e admirar e edificar-se com ele: o Cardeal Ildefonso Schuster. Desde o início do século passado ele havia compreendido a liturgia como a piedade da Igreja. "A oração litúrgica" – escrevia – é "aquela que diretamente brota do coração da Igreja orante"[13].

Dele escreveu o Cardeal Giacomo Biffi: "Sobretudo para seu povo foi um grande mestre de oração eclesial". Foi um grande mestre por força de sua "presença"; uma presença que dava, em cada celebração orientada por ele, o sentido quase fisicamente perceptível da realidade salvífica que a ação sacra eficazmente evocava. Não era um colosso, no entanto sua presidência era percebida como algo determinante e intenso. O povo simples corria para contemplar este homem exíguo e frágil que, como "liturgo", tornava-se um gigante. "Liturgo": eis a palavra certa, mesmo que obviamente nenhum dos simples a conhecia. Portanto, um liturgista insigne, porém, mais do que outra coisa, um "liturgo" incomparável. Seus gestos eram sempre soltos e medidos: nada havia de teatral na sua atitude. No entanto, o que fazia era realmente um espetáculo, ao mesmo tempo espontâneo e fascinante. Atento e absorto, aos olhos de todos era uma testemunha eloquente do invisível. Imergia-se com naturalidade no mundo do transcendente; tanto que parecia mais desambientado, na dimensão comum e secular da existência. Não tinha necessidade de demorar-se nas locuções e nos gestos para dar consistência e significado aos ritos. Ninguém era mais solícito do que ele, que se movia dentro dos sagrados mistérios com a desenvoltura de quem se sente em casa. Não nos causa maravilha, então, que os milaneses acorriam ao *duomo* para o inevitável encontro dominical"[14].

O antigo bispo de Crema, o filipino Carlo Manziana, confiava que, quando nos inícios dos anos de 1920 encontrava-se em Roma, descia com Giovanni Battista Montini a São Paulo fora dos muros, para participar das celebrações presididas pelo Abade Schuster, e ficavam profundamente impressionados.

Como arcebispo, e já em sua primeira carta ao povo ambrosiano, Schuster insistia na necessidade que fosse a liturgia a primeira catequese e a primeira e exemplar forma da piedade cristã.

> Parece [escrevia ele] que nem todos os eclesiásticos tenham penetrado bem o método cristocêntrico do Breviário e do Missal; assim como vários, contrariamente ao espírito da Igreja, não o entendem

---

13. SCHUSTER, A.I. *La sacra liturgia* – Il cuore orante della Chiesa. Casale Monferrato: Piemme 1986, p. 39.
14. Ibid., p. 5-6.

como deveriam, assim torna-se para eles como que uma massa indigesta e pesada, e uma corrente que é necessário de tempos em tempos arrancar para agir de maneira própria. Deixo de lembrar a verdadeira mania que está na moda em alguns lugares, onde a católica veneração dos santos parece que não pode realizar-se senão através de numerosas estátuas de papelão e de gesso que enchem cada canto da igreja.

E ainda:

O tesouro litúrgico transmitido a nós pela Igreja, como método eficacíssimo para a formação espiritual dos fiéis, é talvez demasiado pouco conhecido por alguns sacerdotes. Daqui a desestima prática da liturgia e a constante tentativa de substituí-la por outras formas pessoais de piedade, que consideram de maior atualidade.
Penso que hoje se reza geralmente menos, também porque os muitos livrinhos e minúsculos manuais que se substituíram ao grande livro da oração eclesiástica, enfraqueceram muito as antigas fontes da meditação e da contemplação[15].

Não se pode dizer que tenha sido ouvido. No entanto, percebia-se que a liturgia plasmava sua oração e se propagava habitualmente em sua vida. Ele foi popularíssimo. Não porque – reservado como era – se lançasse desajeitadamente entre os fiéis, mas os fiéis acorriam a ele atraídos pela presença cativante e impressionante de um verdadeiro e inesperado "homem de Deus".

---

15. Ibid., p. 104.

10
Formação litúrgica

1 A liturgia, sinal e presença da obra da salvação

1 Uma memória sinal e presença da obra de salvação: é uma definição teológica límpida e precisa da Eucaristia e de toda a liturgia, que se irradia da Eucaristia e nela se resolve. Encontramo-la na "secreta" do Missal de Pio V, no IX domingo depois de Pentecostes – agora no II *per annum* –, mas a fórmula é antiga e já a contêm os primeiros sacramentários. No seu claro latim soa desse modo: *Quoties huius hostiae commemoratio celebratur, opus nostrae salutis exercetur*, e uma versão, que infelizmente não consegue traduzir seu teor e elegância originária, poderia dizer: "Sempre que é celebrada a memória deste sacrifício, torna-se operante a obra de nossa salvação".

Não é fácil encontrar um termo que traduza adequadamente o *exercetur* original, mas o conceito é claro: na memória litúrgica – como por uma vitória sobre o tempo e sobre seu poder desgastante – é revivida a obra da nossa salvação.

2 Este texto tem chamado a atenção particularmente dos grandes liturgistas e autores do movimento litúrgico nos séculos XIX e XX como Guéranger ou Schuster – que o recordam e o comentam, e a própria constituição *Sacrosanctum Concilium* do Vaticano II o cita, para determinar o papel da liturgia na vida da Igreja.

Hoje, talvez, importa particularmente retornar à clara visão teológica da liturgia, tão perspicazmente evocada por esta breve oração: sua ofuscação ou sua negligência comportariam um mau entendimento da celebração. E podemos reconhecer que, cá e lá, ela se tornou e pode ser captada onde a celebração não seja originariamente vista como ato de Cristo, que envolve em seus mistérios, como lugar de seu senhorio, como dom do seu Espírito numa Igreja fiel e orante, totalmente tomada pela ação de graças e pela admiração de encontrar e "deter" Cristo nos santos sinais.

3 Mas voltemos à "secreta".

Nela a Eucaristia é compreendida como "celebração da memória do sacrifício", e como rito que remete para o acontecimento histórico da cruz.

Mas este acontecimento, ocorrido e circunstanciado no tempo, não é sentido como definitivamente consumado e cedido ao passado, do qual se tornou irremediavelmente posse, e que só possa ser encontrado nos precários traços deixados ou desenterrar na forma lábil de uma lembrança do espírito.

A imolação da cruz, na qual se realizou a *opus salutis* – a expressão é já de Leão Magno –, é percebida como presente: na celebração de sua memória está ativa, ou "em exercício", a obra da salvação, captada não como um episódio do passado, simplesmente relembrado, ou só intensamente representado, mas como um fato que alarga todo o seu vigor na atualidade.

O sacrifício do Calvário marcou para sempre a história, quase vencendo sua força naturalmente extenuante: ocorrido no tempo "uma vez por todas" (Hb 9,28) – "morreu sob Pôncio Pilatos" –, Ele se pôs "acima" de todo o tempo, para jamais acabar no decorrer dos séculos: não existe momento em relação ao qual o sacrifício da cruz esteja distante ou um lugar do qual esteja ausente.

Na celebração eucarística, que é o modelo e o princípio de toda celebração, a memória não se volta sobre si mesma, mas abre-se a uma presença; o sinal não é o delinear-se da pálida imagem de um irrecuperável passado, mas o abrir-se de uma inexaurível novidade.

4 Mas isso não surpreende: a morte de Jesus não é um fim, mas uma realização; nela se confirma o eterno plano de Deus, que visava totalmente a Cristo crucificado e ressuscitado. Em sua morte, coroada de glória, Jesus é constituído Senhor, que tudo atrai a si (Jo 12,32); ela possui uma graça ilimitada, ou – diria Santo Tomás – está provida de uma *virtus* salvífica, que não se consuma: no Corpo doado e no Sangue derramado o Pai deu tudo e para sempre.

Na Eucaristia, como em cada ação litúrgica, encontra-se esta graça; ou melhor, encontra-se o Crucificado glorioso, que torna participante da graça de seu sacrifício, e é como dizer que efunde seu Espírito.

O que constitui os sacramentos, e os torna eficazes, é esta presidência pessoal e atual de Jesus, ou esta "iniciativa" do Ressuscitado, que não só os instituiu historicamente, mas cada vez os sustenta e a eles confere substância e validade. Cada sacramento é o indicador da precisa e salvífica fidelidade de Jesus Cristo.

Santo Ambrósio era particularmente sensível a esta presença. Escrevia: "É o próprio Cristo que realiza a oferta em nós: Ele mesmo que está junto ao Pai"; "É Cristo que batiza na Igreja".

E, falando do batismo numa Vigília Pascal, ele observava: não foi o Papa Dâmaso que purificou, não o Bispo Pedro de Alexandria, não Ambrósio, não Gregório Nazianzeno em Constantinopla, já que se "nossa é a prestação ministerial, de Cristo são os sacramentos" (*nostra servitia, tua sacramenta*).

Os nossos ritos tornam-se eficazes pela garantia que o próprio Jesus lhes confere; ou seja, porque primariamente são sinais por Ele administrados e preenchidos, como se fossem invólucros que contêm sua presença e sua graça.

5 Segundo a tradicional e precisa expressão teológica, que aparece no próprio magistério eclesiástico, nos sacramentos os ministros agem *in persona Christi*; isto é, como vigários ou representantes de Cristo. Enquanto celebram, eles são intimamente associados e ligados a Ele, que está por trás de sua obra litúrgica como verdadeiro e único autor dos sacramentos, que incessantemente fundamenta e dá valor ao serviço eclesial.

Isso é indispensável, para que apareça o sacramento, mas sempre como profissão de fé e de obediência, como acolhedora e reconhecida disponibilidade, que não desperta, mas recebe a graça, que pertence exclusivamente ao Senhor.

Se fosse deixado só, o ministério seria estéril; na realidade, ele institui uma companhia com Jesus Cristo; um consenso a Ele, que "precede" e "preocupa" o sinal sacramental.

A consequência será que tudo, no rito litúrgico, deverá fazer emergir Jesus Cristo, o único supremamente interessante; tudo deverá pôr em destaque que Ele é o Primeiro, e que não somos nós que enviamos a Ele, mas é Ele que envia a nós, evitando tudo quanto poderia obscurecer ou fazer passar para uma segunda ordem o seu senhorio.

A liturgia não é um dobrar-se da Igreja sobre si mesma, para se autocelebrar, mas é memória das "maravilhas de Deus" realizadas em Jesus Cristo; não é incessante exaltação de nossas empresas, mas das "grandes coisas que o Senhor fez por nós" (Sl 126,3) e, portanto, é contemplação, alegria e adoração. Mas a liturgia é também e sobretudo drama, extremamente sério, porque incessante "anúncio da morte do Senhor, à espera de sua vinda" (cf. 1Cor 11,26).

Na sua variedade e na sua multíplice linguagem, os ritos valem porque todos professam sua relação com Cristo e porque todos significam a fé e a obediência da Igreja, que, através da ação litúrgica, recebe dele a "obra de salvação".

É fácil ver que, sem esta teologia, ou melhor, sem este "cristocentrismo", toda "arte de celebrar" dissolve-se em esteticismo, toda formação é vazia de conteúdo e toda recuperação se destempera em pura nostalgia do antigo.

2 A liturgia: educação e iniciação ao mistério cristão

1 A catequese do mistério cristão pode realizar-se de duas maneiras: quando o mistério se torna tema de ensino ou de reflexão teológica, e quando ele é retomado na celebração litúrgica.

Neste segundo caso, a catequese provém do evento que está se realizando: ela já não se refere simplesmente a um objeto reavivado na memória ou a um assunto indagado pelo pensamento: refere-se ao mistério presente e agora em ato, para que se torne oração e experiência. A liturgia inscreve o acontecimento da salvação não só na área do intelecto, para que o compreenda, mas também naquela da vontade, para que o partilhe.

A catequese litúrgica expõe na linguagem do símbolo a obra da salvação, em ação na forma sacramental e sobre a qual estão fixados o olhar da fé, a percepção dos sentidos, a atenção da inteligência e a intenção do amor.

No entanto, é preciso acrescentar logo que esta obra da salvação celebrada na liturgia é pessoalmente Jesus Cristo. É Ele, nos seus mistérios, que se encontra nos sinais e é anunciado em sua memória. Aliás, toda a catequese cristã se resolve na catequese sobre Cristo, fim, substância e irradiação da Revelação e da história sagrada que a manifesta e a verifica.

2 Quanto às prerrogativas da catequese que acontece através do rito, é preciso, antes de mais nada, considerar que ele não se refere a uma matéria oferecida à intenção do intelecto – como programa de "escola" –, que se trata de compreender mentalmente: a catequese litúrgica toca uma realidade presente, que concretamente está acontecendo e está envolvendo, como objeto de experiência. É esta realidade que promana da ação litúrgica na modalidade dos sinais, dos quais o primeiro a fazer transparecer o mistério é o tempo sagrado.

A liturgia cria seu tempo original, colocando nele a recordação dos eventos de Jesus e a eficácia da graça deles, assim imprimindo neles uma orientação nova.

Com seus ritos, a Igreja, de certo modo, resgata o tempo de sua indeterminação para imprimir nele um significado cristológico.

Assim é com o tempo dominical, que se refere ao acontecimento da Ressurreição do Senhor, e chega à própria Igreja com as repercussões do dia pascal.

Assim é também com o curso de um ano inteiro, que, assumido na liturgia e ritmado pelas festas do Senhor e de seus santos, converte-se em ano sagrado: o ano que encontrou seus poetas, Manzoni, com seus *Inni sacri*, inserido na *Liturgia ambrosiana das Horas*, e Paul Claudel, com a incomparável *Corona benignitatis anni Dei*: um título que é sugestiva e luminosa definição do Ano Litúrgico: exatamente, ano de Deus, no qual, como numa coroa, se enlaça e se irradia a sua bondade.

Mas cada dia surge marcado e matizado com a graça do Senhor, na medida em que, com a Eucaristia, ali se imprima e se difunda a memória da cruz e da ressurreição e o acompanhem os encontros orantes das diversas Horas.

Realmente, todo o tempo pertence a Jesus, que é seu Senhor, já que tudo foi criado por Ele, nele e em vista dele (Cl 1,16). A Igreja, com suas comemorações, por assim dizer condensa e acentua sua presença sacramental.

Ora, o primeiro aspecto da catequese desenvolvida pela liturgia é o apelo ao valor cristão do tempo, assumido e possuído por Jesus Cristo, e lugar simbólico de seu encontro com a Igreja, que o soleniza e o decora com múltiplos apelos para remarcar sua diferença. Portanto, na liturgia deve ser encontrada uma teologia do tempo, a serviço de Cristo e de seu mistério de salvação.

3 Mas, destaquemos, em correlação, outra prerrogativa que distingue a catequese litúrgica, e é o decorrer renovado de seus conteúdos, seu retorno de domingo em domingo, de ano em ano e de dia em dia: e este é um dos claros indícios da sábia pedagogia da Igreja, que não teme propor e voltar a oferecer o inexaurível mistério, de forma que seja diferente e progressivamente assimilado.

4 Ora, este mistério é exatamente Jesus Cristo. Poderíamos dizer: na liturgia é desdobrada uma cristologia concreta, com a finalidade de ser conhecida e experimentada.

E o que nela volta é sobretudo a *Cristologia* na sua realização pascal em exercício na Eucaristia, que é o coração do Domingo.

Cada dia do Senhor representa na comunidade cristã o sacrifício da cruz e a participação no Corpo doado e no Sangue derramado.

Segue-se que a Páscoa de Cristo, o significado de sua representação e comunhão sacramental deve constituir o tema renovado e fundamental da catequese litúrgica, para que os ritos dominicais sejam intimamente compreendidos e sua "realidade" eficazmente partilhada.

Por outro lado, esclarecer a Páscoa e seu sacramento significa explicar o próprio sentido da vida de Cristo, que culmina no sacrifício, a finalidade do plano de salvação e a confirmação da Escritura.

Só assim a Eucaristia pode aparecer em toda a sua luz e tornar-se atraente diante da mente e da visão dos fiéis, e brilhar em todo o seu valor e suscitar a surpresa sem a qual a liturgia torna-se uma monotonia aflitiva, coberta de uma atualidade só aparentemente interessante, já que não tem o interesse daquilo que é sobrenatural e, portanto, entre tudo supremamente maravilhoso.

E só Jesus Cristo revela-se vivo no gesto supremo de seu amor, cada vez renovado.

No Domingo, e sobretudo na Eucaristia, a cristologia se torna viva e deve desdobrar-se.

5 Existe, depois, a *Cristologia orante* distribuída no curso do ano, cujas festividades relembram os vários mistérios da vida de Jesus e, relembrando-os, permitem sua devota compreensão e sua intensa iniciação.

É a função dos diversos tempos litúrgicos, que também nos apetrechos exteriores, de certo modo, voltam a quebrar externamente o conteúdo daqueles mistérios, tornam-nos familiares e populares e criam a sintonia da alma que os revê e torna a senti-los com gosto e distensão.

Tanto os Padres quanto os autores medievais deixaram sermões litúrgicos admiráveis, cuja leitura é uma esplêndida e magnífica introdução a estas festividades. Pensemos em Gregório Nazianzeno, em Agostinho, em Leão Magno, em São Bernardo e em outros deliciosos abades cistercienses.

Cada tempo tem sua luz, sua mensagem e sua graça cristológica.

6 Depois, o comentário mais próprio para as festividades é aquele feito pelas Sagradas Escrituras, ou seja, pela Bíblia litúrgica. Ela é a Palavra de Deus destinada sobretudo a anunciar Jesus Cristo, Princípio e Cumprimento, a descrever a história de sua espera e a oferecer o testemunho de seu aparecimento.

Especialmente na Liturgia, o Livro Sagrado assume seu valor, fundindo-se com o acontecimento celebrado e, por sua vez, tornado motivo e fonte de oração, o Livro de oração.

7 Mas é preciso considerar toda a densidade ou todas *as relações da Cristologia* encontráveis na liturgia, seja ela colhida na forma da Eucaristia ou repartida nas anotações do tempo sagrado.

De fato, no mistério de Cristo estão incluídas todas as verdades da fé: por ele chega-se à *Santíssima Trindade* – o mistério do qual brotam todos os outros, continuamente lembrado na oração litúrgica, que se dirige ao Pai, por Jesus Cristo, no Espírito Santo; à *Mariologia*, mais vezes repassada nas memórias da Virgem; à *Eclesiologia*, envolvida como o próprio sujeito da liturgia; aos *Sacramentos*; aos *Novíssimos*; à *Antropologia* teológica e ao comportamento cristão, que, no mais, encontra seus modelos no Santoral, que tece abundantemente o "ano de Deus".

8 Certamente, para que toda a verdade cristã, que é a substância da liturgia, possa nela emergir e transformar-se numa catequese de acordo com a oração – uma *lex credendi* que se converte em *lex orandi* – são indispensáveis o cuidado e a competência do pastor de almas.

Hoje, costuma-se falar de "arte de celebrar": mas é preciso que seja uma arte fundamentada numa boa cultura histórica e numa séria preparação teológica, esta, não entendida como uma atualizada informação sobre a última brilhante teoria de um teólogo, convencido de que com ele começa a teologia, mas como conhecimento de todo o dogma professado pela fé da Igreja, que, quem o compreende bem, conserva uma novidade e um atrativo inexaurível.

Mas isso ainda não basta: deve-se associar-lhe um gosto estético e uma sensibilidade em relação da todo o conjunto dos sinais de que é formada a liturgia e que seu comentário sabe despertar e tornar transparentes: um comentário, porém, apropriado e sóbrio – para que não se torne, como não raramente acontece, um contínuo e oprimente arbítrio –, ao qual se una a persuasão de que a liturgia não é o campo da fantasia criativa, improvisada e desconcertante, de quem a preside.

Hoje, com frequência, de boa vontade vai-se à procura de novas "estratégias" pastorais, um pouco em todos os campos da catequese e da pastoral. Mas não está distante o risco de negligenciar as "estratégias – se assim podem ser chamadas – que já existem e fazem parte da própria vida da Igreja e que se trata de traduzir para a prática. É o caso da liturgia como escola de fé e de oração. É o caminho estratégico mais simples e mais seguro, ao qual é garantido o êxito.

Só que neste ponto abre-se a questão fundamental, que é a da formação do celebrante.

3 A formação litúrgica do sacerdote: condição para uma comunidade em oração

1 A celebração litúrgica não é o resultado unicamente da ação do sacerdote que a preside "em nome de Cristo": com Ele todos os fiéis concorrem ativamente, embora de maneira diferente, para seu êxito. Porém, é inegável que a qualidade e a forma de uma liturgia dependem primariamente de quem a preside e ao qual compete como esforço primeiro educar para a oração, iniciando sobretudo pela compreensão, pela participação e pelo gosto da liturgia.

Imperícias, opções desconsideradas, ou distorcidos conceitos litúrgicos do pastor de almas, no fim, refletem-se fatal e profundamente na sensibilidade dos fiéis, na sua maneira de entender e de assumir o rito: pelo "estilo" celebrativo de uma comunidade cristã pode-se facilmente concluir sobre a sensibilidade e a competência litúrgica de seu sacerdote.

2 Mas estas prerrogativas, por sua vez, não podem deixar de depender radicalmente do tipo de formação que no seminário o próprio sacerdote recebeu nos anos em que foi se preparando para o sacerdócio.

1) Para esta formação concorre primeiramente a efetiva e "edificante" experiência litúrgica feita durante aqueles anos.

- As celebrações exemplares – especialmente da Eucaristia e do louvor – são a primeira e determinante escola, na qual concretamente se compreende o sentido, aprende-se a linguagem e se percebe o estilo da ritualidade cristã. Celebrações negligenciadas, normalmente sem solenidade, mais suportadas externamente do que intimamente partilhadas, deixariam um sinal negativo dificilmente reparável e, por certo, não preparariam celebrantes inteligentes e competentes.

- O tempo ocupado na "solenidade" litúrgica não é perdido em relação à finalidade formativa do tempo do seminário; sê-lo-ia antes o tempo dedicado a compromissos que parecem um treinamento pastoral, mas poderiam revelar-se evasões inconcludentes, relações pré-sacerdotais, artefatos e até prejudiciais.

- Sabemos perfeitamente que a liturgia não se resolve nas cerimônias e na mania por elas: já antes do Vaticano II temos compreendido sua natureza de mistério, particularmente com Casel, com Guardini e com outros que, antes da desolação e da aridez teológica do nosso tempo, foram ao mesmo tempo teólogos finos e mestres confiáveis; precisamente eles, enquanto ensinavam a teologia da liturgia, também exaltavam seu estilo, sua medida e, por isso, instruíam-nos a não negligenciar e, mais ainda, a não desprezar os "santos sinais", mas a conhecê-los e a animá-los.

- Dedicar atenção aos *missarum sollemnia* – para usar o título da célebre obra de um grande liturgista, Jungmann – não é subtrair tempo precioso à formação sacerdotal, mas gastá-lo para que esta aconteça de modo completo. Rapidamente faz-se espírito sobre as cerimônias; na realidade, não é entusiasmante ver o sacerdote recém-ordenado – que sabe repetir perfeitamente as informações recebidas sobre a hermenêutica e a aculturação da fé – agir depois nas celebrações com a incerteza e a patética confusão de um estrangeiro que aparece num país quase desconhecido, para não falar de outras impropriedades e deformações, como aqueles ordinários cantos juvenis, impostos na assembleia litúrgica aos ignaros e demasiado pacientes fiéis.

2) A experiência – necessária para criar uma conaturalidade litúrgica – não é, porém, suficiente para a formação sacerdotal. É necessária – ou melhor é premissa imprescindível para o próprio êxito da experiência – uma visão teológica da liturgia. É certamente necessária uma história dos ritos, para que se saiba explicá-los e situá-los, mas importa antes uma apresentação teológica, ou seja, uma concepção da liturgia como mistério cristão em estado celebrativo. Todo o conteúdo da fé, aos poucos exposto nos tratados de sistemática, encontra-se presente e adotável em condição sacramental exatamente na celebração. Sem a teologia, com todo o seu rigor, não existe compreensão da liturgia. Não raramente o fraco sentido celebrativo de um pastor de almas é atribuível à pobreza de sua educação teológica. Numa grande teologia – como é aquela que se pode elaborar e pode-se viver somente na integral tradição cristã – a liturgia não pode sentir-se mal.

4 Educação teológica para a liturgia

1 Uma das principais tarefas do pastor de almas, ou digamos simplesmente do sacerdote, é a de presidir e de iniciar a liturgia. Mas isso só é possível se, por sua vez, ele foi introduzido à sua compreensão, ou à sua teologia e espiritualidade; somente se compreendeu o mistério que é chamado a celebrar e a esclarecer, fazendo dele o próprio coração de seu ministério.

Podemos mais uma vez recordar o difuso afã com que se vai à procura de estratégias inéditas para a evangelização e a formação cristã: na realidade, a mais eficaz, a mais válida e, acrescentamos, a mais nova, continua a ser aquela que desde sempre acompanha, por instituição divina, a vida da Igreja; isto é, a celebração dos santos mistérios, que segue e traduz a evangelização e o acolhimento da fé.

Se a liturgia se tornar sem interesse e não cativar, a razão não está no conteúdo que se deteriorou: o olho e a sensibilidade da fé percebem-no sempre vivo e exuberante.

Somente que este olho e esta sensibilidade devem, primeiramente, marcar o espírito e o estilo daquele que celebra.

2 Neste momento, penso num grande liturgo que a Igreja teve no século passado, o Cardeal Ildefonso Schuster, arcebispo de Milão, que edificava só ao vê-lo celebrar. Como observava acima o Cardeal Giacomo Biffi: "Sua presença dava a cada celebração orientada por ele o sentido quase fisicamente perceptível da realidade salvífica que a ação sacra eficazmente evocava. Não era um colosso, e, no entanto, sua presidência era percebida como algo determinante e intenso. As pessoas simples corriam para contemplar aquele homem exíguo e frágil que, exercendo a função de "liturgo", tornava-se um gigante. Seus gestos eram sempre soltos e medidos: nada havia de teatral na sua atitude. No entanto, o seu era realmente um espetáculo, ao mesmo tempo espontâneo e fascinante. Ao mesmo tempo atento e absorto, aos olhos de todos era uma testemunha eloquente do invisível. Imergia-se naturalmente no mundo do transcendente, a ponto de parecer mais colocado fora, na dimensão comum e secular da existência. Não tinha necessidade de demorar-se nas falas e nos gestos para dar vigor e significado aos ritos. Ninguém era mais solícito do que ele, que se movia nos sagrados mistérios com a desenvoltura de quem se sente em casa. Por isso, nada daquilo que podia dizer ou fazer adquiria aos olhos dos fiéis maior relevância do que este "magistério vivo".

O que contava, o que era mais precioso, o que definitivamente inscrevia-se nos corações, era seu testemunho sacerdotal, que para todos se tornava a mais autêntica e válida das "mistagogias"; isto é, "tornava-se um convite discreto e eficaz a entrar existencialmente no esplendor e na alegria do mistério da salvação" (Card. Giacomo Biffi)[16].

3 Ora, a primeira condição para que isto aconteça é a formação teológica do presbítero, exatamente centrada sobre os pontos fundamentais do dogma cristão, do qual é gerada a piedade.

O principal esforço nos anos de preparação para o ministério, de fato, não deve ser o de treinar para as relações pré-pastorais, mas o de iniciar – num clima de silêncio, de estudo prolongado e rigoroso e de oração – para a assimilação e para a contemplação do mistério cristão. O mais virá e será fecundo a seu tempo. Hoje, com discutíveis e autorizadas motivações de início ao apostolado, os seminaristas aparecem demasiadamente distraídos.

---

16. SCHUSTER, A.I. *La sacra liturgia...* Op. cit., p. 6.

4 Passando aos conteúdos: o coração de toda a formação teológica deve relacionar-se à figura de Cristo e, em particular, à profissão de sua divindade, tanto mais necessária quanto mais hoje corre o risco de ser obnubilada. Um movimento de redução da figura de Jesus de Nazaré aos limites puramente humanos, ou uma espécie de inquietante arianismo parecem serpear, como se a absoluta originalidade de Cristo fosse seu ser homem e não, ao invés, seu ser verdadeiro homem que é pessoalmente Deus, portanto, o único Revelador e, para todos e em cada tempo, o único meio de salvação.

No mais, é o que imediatamente aparece nos evangelhos, que nascem do espanto suscitado por Aquele no qual, com a óbvia humanidade, constatam uma dimensão inesperada e insuspeita, aquela que o coloca no próprio plano da divindade.

Não admira que nesta inquietante e serpeante obnubilação os próprios milagres de Jesus sejam entendidos como puros símbolos, aos quais a própria ressurreição do Senhor é reconduzida.

5 O segundo grande dogma ao qual deve ser iniciado quem estuda teologia refere-se à Igreja, "Obra de Deus", Corpo de Cristo e seu "sacramento" e, portanto, sua concreta visibilidade, seu inicial e fundamental êxito.

Também sobre isso não é difícil encontrar concepções eclesiológicas simplesmente não católicas, que interpretam a Igreja como um conjunto de frágeis e efêmeras tentativas de experiência cristã, diferentes uma da outra, mas no fim equivalentes, em vez da imprescindível e histórica mediação de salvação para cada homem. Bastaria ver com que facilidade é contestada sua unidade e sua santidade e com que complacência se faça dela objeto de denigração, que pareceria a condição para ser "profetas", esquecendo que cada ferida feita à Igreja é feita ao próprio Jesus Cristo.

6 Depois vem a formação teológica relativa aos sacramentos, onde está em ato a obra da salvação, por causa da presença neles de Jesus Cristo e de seu Espírito, dos quais os sinais recebem eficácia.

Na realidade, uma autêntica e estável educação para o dogma – que não pode certamente equivaler a uma simples e estéril repetição escolástica – deve abraçar todos os seus ramos e, portanto, também a Mariologia, a doutrina do pecado original, os "Novíssimos", com a preocupação de ouvir e de compreender a esplêndida Tradição da fé, que se tornou uso marginalizá-la para ouvir as vozes novas, de teólogos e de filósofos, que não raramente seduzem com algumas de suas doutrinas brilhantes, mas que, numa reflexão crítica, dissolvem a originalidade da Revelação.

Igualmente se poderia perguntar se a respeito exatamente da Mariologia e do pecado original o ensino é em toda a parte conforme a doutrina de fé definida.

7 Percebe-se logo que, sem esta formação dogmática do pastor de almas, também a celebração será alterada e privada de sua substância, pelo que não consistirá numa celebração por parte da Igreja, Esposa de Cristo, da Graça que redime e que recria; nem num olhar admirado e adorante do plano divino; nem num ministério desenvolvido *in persona Christi*, e que introduz ao mundo sobrenatural; nem num elogio e numa ação de graças pela iniciativa de Deus para a salvação do homem; equivalerá, ao invés, à celebração de uma iniciativa do homem, a uma autoglorificação sua.

8 Sem dúvida, embora fundamental, a instrução doutrinal não basta para a iniciação litúrgica: são necessários o exercício e o cultivo do gosto e da propriedade, que nada têm a ver com um superficial liturgismo estético, mas que são tanto mais necessários quanto mais sublime é o nível sobre o qual os pastores de almas serão chamados a agir e quanto mais precioso é o dom que passa através de sua mediação ritual.

De qualquer modo, se se encontrassem ministros da liturgia desmotivados, indiferentes, negligentes, a primeira razão seria encontrada numa carência de tipo teológico, no sentido que ou se permaneceu na periferia do dogma, ou de alguma forma ele foi contaminado, em particular no que se refere à figura de Jesus Cristo, à imagem da Igreja e ao conceito dos sacramentos. Daí a grave responsabilidade dos que administram esta educação teológica.

5 A formação litúrgica de Romano Guardini

1 Mesmo que tragam os sinais de seu tempo – os primeiros remontam aos anos 20 do século passado – os escritos de Romano Guardini ainda são lidos: continuam atuais a agudez e o fascínio que os distinguiam, e continua, assim, a genial obra de educador que, por decênios e formas diversas, Guardini desenvolveu com um sucesso único, de uma cátedra criada por ele, dedicada à *Weltanschauung*; na prática com ele concluída.

Ele não foi, como se diria, um teólogo de profissão – antes a teologia oficial e renomada o ignorou, não faltando algum caso de zombaria e também, como nota nos *Appunti per un'autobiografia*, quem o olhasse com reservas e desconfiança.

E, todavia, o tempo não desclassificou sua ampla e original leitura do mistério cristão e do dogma – que ele declara não ter jamais sentido "como limite, mas como sistema das coordenadas" de sua consciência; não apagou suas penetrantes interpretações dos grandes pensadores antigos e modernos, nem exauriu suas reflexões, que abraçaram uma variedade de temas religiosos e culturais.

2 Tomemos o tema da liturgia, estudado e aprofundado junto com aquele da Igreja, em relação ao qual pôde escrever: "Agi sempre com a Igreja, também quando, para servi-la, caminhei sozinho".

Mesmo depois do Vaticano II – que reformou e renovou profundamente a liturgia, em relação a quando, vários decênios antes, Guardini começava a tratar dela – conservam sua permanente e construtiva validade o felicíssimo ensaio *Lo spirito della liturgia*, de 1918, com suas inúmeras edições, no qual Max Scheler lhe escrevia ter encontrado "um válido enriquecimento espiritual", os encantadores *Santi segni*, não menos renomados, de 1927, e a *Formazione liturgica*, de 1923, há pouco editado pela Morcelliana, como os outros pequenos volumes.

3 Decisivo para o interesse de Guardini em relação à liturgia – e à eclesiologia a ela estreitamente ligada – foi a frequência à Arquiabadia de Beuron como estudante.

Ele mesmo recorda, estamos em 1907, ter assumido daquele mosteiro nos seus "procedimentos de pensamento teológico o fato litúrgico" e ter encontrado em suas celebrações uma mística "na qual a intimidade do mistério" estava "ligada à grandeza das formas objetivas".

Não menos importante naqueles inícios foi o contato de Guardini com os estudiosos de liturgia Kunibert Mohlberg, Ildefons Herwegen e Odo Casel de Maria Laach, o mosteiro do qual lhe veio o convite de colaborar nos estudos litúrgicos: o célebre volumito *Lo spirito della liturgia*, fundamental para a renovação litúrgica e que se tornou um clássico, veio à luz como primeiro volume da série *Ecclesia Orans*, publicada pelo Abade Herwegen, que até persuadiu Casel a ficar ao lado de Guardini no cuidado do

Jahrbuch für Liturgiewissenschaft, abandonado, porém, por Guardini depois de dois anos.

4 De fato, foi se desligando do grande teólogo dos mistérios e de seu *Jahrbuch*.

A visão da piedade cristã e eclesial de Guardini, com sua atenção aos "opostos", compreendia e reconhecia, com a liturgia, o valor das formas privadas e populares da oração. Casel censurava-lhe a falta de orientação místico-cristológica. E, em certo sentido, com razão. O monge de Maria Laach estava todo centrado sobre a liturgia como presença sacramental dos mistérios de Cristo; Guardini partilhava esta doutrina caselilana, e, certamente, entendia a liturgia como celebração do mistério e do dogma cristão, mas sua sensibilidade e perspectiva estavam em partes diferentes. Partindo da fonte e da substância cristológica do rito, destacado na sua objetividade e dimensão eclesial, Guardini visava, de modo particular, a pôr em sua luz o "espírito"; a esclarecer e a renovar as condições estruturais antropológicas, para que este espírito se realizasse eficazmente; portanto a elucidar seus sinais e a iniciar a eles, tendo como objetivo formar e educar o povo para a oração da Igreja, ou a "uma verdadeira vida litúrgica", sendo esta "parte essencial da vida católica".

Daí, em relação ao perfil mais científico e exclusivo de Maria Laach, o caráter "iluminante" e pedagógico dos escritos litúrgicos de Guardini, que é o perfil do pequeno volume *La formazione liturgica*, onde ainda notamos a propriedade do método dos "opostos" que lhe é próprio e que o preserva das "exasperações "ou das unilateralidades.

5 Nesse ensaio, Guardini deseja contribuir para que "o indivíduo e a comunidade sejam educados para aquele particular modo de comportamento religioso cultual exatamente como é exigido pela natureza da vida litúrgica", e que a sensibilidade moderna e, em conexão, a piedade católica foram negligenciando, na intenção de possuir "o puro ser espiritual".

Trata-se, então, sobretudo, de retomar o sentido do corpo na oração, contra um espiritualismo que o recolocou numa inumana separação entre alma, indevidamente "sublimada", e corpo, pura e extrinsecamente justaposto e, portanto, com a rejeição da concepção da alma "forma" do corpo.

"Aquilo que assume a atitude litúrgica, que reza, oferece e age – adverte Guardini – não é a "alma", não a "interioridade", mas "o homem": é o "homem inteiro" o sujeito da atividade litúrgica"; "o homem inteiro é o sujeito que exercita a piedade religiosa cristã".

Somente com uma corporeidade animada espiritualmente e com uma espiritualidade que se exprime corporalmente, o homem pode "tornar-se novamente capaz de símbolos", de gestos e de ações nas quais se encarne a interioridade destinada a exprimir-se visivelmente e, consequentemente, agir liturgicamente e não só cerimonialmente: sem símbolos têm-se a cerimônia, não a liturgia.

6 Além disso, para a realização da liturgia – continua Guardini – é preciso que a assunção simbólica do corpo seja acompanhada por aquela das coisas, onde o corpo se estenda temporal e espacialmente e onde a própria alma se estenda como "forma", e se desdobre, assim, a possibilidade e a fecundidade simbólica da liturgia.

Então, criam-se o tempo e o espaço sagrados, onde as coisas não sofrem violência, mas, graças à ação humana que as interpreta intimamente, são como que "libertadas" e assim desdobram todos os seus escondidos recursos e sua "intenção mais profunda".

Segundo as palavras de Guardini: "O homem exprime-se nas coisas; a *alma* torna-se também *forma* da coisa, capta-a inserindo-a na sua relação expressiva com o corpo: vestuário, alfaias, espaço e tempo e qualquer ação que possa ser realizada neles". Pense-se – diz o autor – nas riquezas simbólicas, bem diferentes das utilizações alegóricas, oferecidas pela água, pelo fogo, pelo incenso na liturgia, que não se desenvolve numa trama de puros conceitos, mas no vigor de toda uma corporeidade ou criação reconhecida e também elevada e reformada.

7 Todavia, isso ainda não basta: é preciso que se recrie a atitude "comunitária" – isto é, que o indivíduo ultrapasse sua "solidão" – e, sem dissolver – antes, promovendo sua condição de pessoa –, viva numa concreta comunhão eclesial em que Igreja e indivíduo se encontram reciprocamente.

As afirmações de Guardini são lúcidas e penetrantes: a "Igreja é sujeito da liturgia e o indivíduo também o é como seu membro. Um comportamento verdadeiramente litúrgico é possível somente se se possui uma consciência vigilante e cheia da Igreja". No entanto, ele "desaparece assim que a representação da Igreja se dissolve no individualismo, ou decai a formação com finalidades ético-pedagógicas".

Consequentemente, é preciso que sobressaia uma concepção da Igreja que compreenda, sobretudo, "a mística comunidade dos reconciliados com Deus em Cristo e entre todos eles", ou uma Igreja entendida "como a infinita comunidade vital do Corpo místico e a ligação que tudo abraça da ordem da hierarquia".

"O crente deve progressivamente dilatar a própria consciência religiosa, o próprio Eu orante. Ele deve superar o isolamento individualista, o subjetivismo romântico-sentimental e, na oração, no sacrifício eucarístico e na ação sacramental deve pôr-se totalmente na grande comunhão da Igreja", aliás, considerada numa concretude sua. "A consciência do eu deve ampliar-se para aquela do "eu" comunitário, até que no espírito não exista senão um grande "nós" como sujeito da oração e do sacrifício.

8 A formação litúrgica, aliás, não se concluiu neste ponto: falta a realização substancial destas atitudes, ou seja, seu "conteúdo", ou seu "objeto", ou seu dado "histórico". Estas são chamadas a emergir e sair nesta vivência, e a elas deve-se "obedecer", sob pena de se resolverem e dissolverem, como aconteceu, segundo Guardini, depois do Renascimento e da Reforma, numa absoluta subjetividade, que altera a própria "essência" real.

Ora, o "Objetivo" que na formação se deve exprimir é Jesus Cristo, ou seja, o "arquétipo vivo", sobre o qual o homem deve ser plasmado, ou o modelo que, acolhido obediencialmente, confere ao homem sua autêntica identidade: "A liturgia é autoexpressão do homem como deve ser", portanto, do homem "em Cristo". É Ele que "plenifica a Igreja", e é seu Espírito que "forma a liturgia".

De Cristo e do Espírito são penetradas e transfiguradas as palavras e os gestos rituais, que se ligaram historicamente na tradição, por sua vez chamada, com seus valores e seus limites, a entrar na confiante e disciplinada subjetividade, de maneira que seja revelado e obtido, sob a orientação da Igreja, todo o seu valor.

Com efeito, "a formação litúrgica é educação ao pensar e ao querer eclesial, ao *sentire cum Ecclesia*".

Neste ponto, podemos observar que, se as considerações de *La formazione liturgica* de Guardini valiam no segundo e terceiro decênios do século XX, quando a liturgia ainda não havia conhecido a reforma do Concílio Vaticano II, certamente preparado e desejado por Guardini, hoje elas talvez sejam mais urgentes, diante do uso não raro e da muito frequente mania de "criatividades" arbitrárias, em que é ignorada a "disciplina" e naufraga exatamente o sentido do eclesial e do objetivo.

Este pequeno volume, sem dúvida de leitura um tanto difícil pela densidade do pensamento, pela não fácil linguagem e pelas avaliações históricas que ali se cruzam, é um convite – e seria uma graça admirável e singular se fosse aceita nos seminários – a uma revisão mental e prática, de forma que a ação litúrgica seja eficazmente o sacramento da Igreja em oração.

PARTE II
OS SACRAMENTOS: MEMÓRIA E SINAIS DE SALVAÇÃO

1
Os sacramentos: atos de Cristo e da Igreja

1 Os sacramentos, sinais e presença do Mistério Pascal

Realizações da salvação

A primeira capital afirmação relativa aos sacramentos é que eles são a realização da obra da salvação anunciada na pregação, ou a realização no presente do mistério da Páscoa de Cristo, que morre, ressurge e transfere o homem do poder de satanás para o reino do Pai.

Segundo o que é dito na *Sacrosanctum Concilium*: "Como Cristo foi enviado pelo Pai, assim também Ele enviou os Apóstolos, cheios do Espírito Santo, não só para pregarem o Evangelho a toda criatura, anunciarem que o Filho de Deus, pela sua morte e ressurreição, nos libertou do poder de satanás e da morte e nos transferiu para o reino do Pai, mas ainda para levarem a efeito o que anunciavam: a obra da salvação através do sacrifício e dos sacramentos, sobre os quais gira toda a vida litúrgica" (art. 6).

"Do Mistério Pascal da Paixão, Morte e Ressurreição de Cristo [...] adquirem sua eficácia todos os sacramentos e sacramentais" (art. 61).

Consequentemente, a ação sacramental contém e transmite Jesus Cristo, sua *virtus* ou eficácia pessoal e atual de salvador e sacerdote:

> Cristo está sempre presente em sua Igreja, sobretudo nas ações litúrgicas. Está presente com sua *virtus* nos sacramentos, de tal forma que, quando alguém batiza, é o próprio Cristo quem batiza (art. 7).

Num ensaio sobre os sacramentos, Schillebeeckx falava, há alguns anos, de "intersubjetividade do crente com Cristo" mediante os sacramentos[1] e escrevia: "Os sacramentos da Igreja são [...] os encontros localizáveis, sensíveis com o homem Jesus glorificado: uma tomada de contato velada, mas real, plenamente humana – isto é, corporal e espiritual – com o Senhor e, por consequência, por força da obra redentora e histórica de Cristo, que é Ele próprio o *Eschaton*, uma celebração misteriosa da Parusia [...]. O sistema sacramental da Igreja lança uma ponte sobre a desproporção entre o nosso mundo não glorioso e o Cristo (i. é, o mundo que no seu Centro já está glorificado). Os sacramentos, inseridos na dimensão de nosso mundo histórico, são uma manifestação visível da salvação atual e celeste de Cristo, o *Eschaton*. Nos sacramentos, nós encontramos o Cristo"[2]. Talvez fosse necessário precisar que nos sacramentos encontramos certamente o Cristo ressuscitado, mas enquanto imediatamente nos torna participantes de sua paixão, penhor para nós de ressurreição; mas certamente os sacramentos são os atos do Senhor glorificado. "Todo o mistério redentor de Cristo é tornado presente ativamente nos sacramentos [...]. O núcleo do poder dos sacramentos é a redenção eternamente atual do Filho de Deus [...]. Devemos, pois, considerar o sistema sacramental como mediação entre Cristo e nós"[3].

No sinal

Tal mediação acontece através de uma estrutura de sinal: a obra da salvação ou o mistério sempre atual da Páscoa, a presença e a *virtus* de Cristo sacerdote e salvador agem e são postos à disposição com um desdobramento de "sinais sensíveis" (art. 7), "os sinais dos sacramentos" (art. 59).

Ainda Schillebeeckx: "Nos sacramentos nós encontramos o Cristo, ausente corporalmente, sob um aspecto corporal localizável [...]. Nós que não pudemos encontrar Cristo na sua vida terrena, teríamos perdido, por isso, uma inestimável dimensão humana da Encarnação de Deus. Mas Deus permaneceu fiel à sua pedagogia da salvação. Num respeito humanamente amigável do caráter singular da pessoa humana que, profundamente ligada

---

1. SCHILLEBEECKX, E.H. *I sacramenti punti di encontro con Dio* [o termo original é muito mais significativo: *"Organe" der Gotthegegnung*. Bréscia: Queriniana, 1966, p. 32.
2. Ibid., p. 38 e 40.
3. Ibid., p. 52-54.

ao corpo, vive num mundo de homens e de coisas, nas quais e mediante as quais alcança sua plena maturidade espiritual (neste mundo e através deste mundo), Deus apresenta-nos o Reino dos Céus num revestimento terrestre"[4].

Edificação do Corpo de Cristo

Deste seu conteúdo e desta sua natureza, compreende-se que o art. 59 da *Sacrosanctum Concilium* possa definir sua função nestes termos: "Os sacramentos destinam-se à santificação dos homens, à edificação do Corpo de Cristo e ainda ao culto a ser prestado a Deus"; e afirme: "A liturgia dos sacramentos e sacramentais consegue para os fiéis bem-dispostos que quase todo acontecimento da vida seja santificado pela graça divina que flui do Mistério Pascal da paixão, morte e ressurreição" (art. 61).

Caráter cultual e santificante dos sacramentos

Nesses textos aparece o caráter santificante e cultual dos sacramentos, ou a dupla orientação descendente e ascendente da ação sacramental, em perfeita continuidade e coerência com o sentido santificante e cultual da humanidade de Cristo e de seus *mysteria*: "Nas ações salvíficas de Cristo – observa Schillebeeckx – encontramos [...] um duplo aspecto: por um lado, o culto de Deus, e por outro, a santificação dos homens. São os dois aspectos dos *mysteria carnis Christi*"[5]. O homem Jesus é essencialmente amor obediente, adoração do Pai; isto é, tradução em termos humanos de sua relação divina de origem. Vista sob este aspecto, toda a vida humana de Jesus é a experiência desta filiação encarnada em relação com o Pai. No amor obediente ao Pai, Ele aceitou toda a sua existência humana [...] como experiência religiosa do dom irrevogável de si a seu Pai. Nós fomos redimidos mediante este supremo ato cultual de Cristo [...]. O Espírito Santo nos foi doado e enviado pelo Pai no amor perfeito de obediência religiosa do Filho [...], o Cristo nos mereceu o Espírito Santo através de sua vida humana". "A redenção é um ato litúrgico porque é mistério de culto realizado em nosso nome [...] e ao mesmo tempo dom de redenção ou santificação. Um e outro é Deus que os

---

4. Ibid., p. 40 e 39.
5. Ibid., p. 56.

realiza numa natureza humana"⁶. "Estes dois aspectos nós os encontramos nos sacramentos da Igreja, como celebrações misteriosas da redenção: os sacramentos são uma celebração eclesial dos *mysteria carnis Christi*, um mistério do culto litúrgico no qual Cristo, na e mediante a Igreja, permanece o Sumo Sacerdote atual ou liturgo celeste. Na Igreja, e mediante a Igreja, Cristo sacramentaliza "sua intercessão por nós" [...]. Cada sacramento conferido a um crente torna-se uma oração sacramental de graça para o próprio crente e uma oração de Cristo à qual se une a oração atual da Igreja [...]. Por outro lado, os sacramentos são também a sacramentalização da santificação efetiva celeste de Cristo, no e mediante o Espírito Santo. Por força do ato redentor eternamente atual, cultual e eficaz do *Kyrios*, os sacramentos doam a graça que pedem a Deus em forma cultural"⁷.

Âmbitos e dimensão eclesial dos sacramentos

Do texto conciliar segue também a amplitude de campo na qual o prolongamento do Mistério Pascal de Cristo começa a agir no duplo aspecto de santificação e de culto; isto é, no âmbito de "quase todos os acontecimentos da vida".

Enfim, impõe-se a dimensão eclesial dos sacramentos: constroem o Corpo de Cristo, são seu princípio de início e de dilatação. Aliás, a dimensão eclesial é aquela posta à luz e em vigor pela constituição para toda a liturgia: "As ações litúrgicas não são ações privadas, mas celebrações da Igreja, que é o 'sacramento da unidade'; isto é, o povo santo, unido e ordenado sob a direção dos bispos. Por isso, a ações litúrgicas pertencem a todo o Corpo da Igreja, e o manifestam e afetam" (art. 26).

"Os sacramentos [nota ainda Schillebeeckx] não são senão a concretização e a realização daquilo que a Igreja é essencialmente [...], são gestos específicos da Igreja"⁸. "Os sete sacramentos [...] são, principal e fundamentalmente, a ação visível, ministerial da Igreja, ou, melhor ainda, ação de Cristo celeste sacramentalizado numa ação eclesial"⁹.

---

6. Ibid., p. 57-59.
7. Ibid., p. 59.
8. Ibid., p. 47.
9. Ibid., p. 46.

Com efeito, somente assim se põe à luz que originariamente os sacramentos são atos do Senhor, emergentes na obediência da Igreja.

A fé da Igreja; condição de eficácia dos sacramentos

Assim, tendo percebido a realidade dos sacramentos cristãos na sua posição objetiva, é necessário examinar suas condições de eficácia pessoal-subjetiva. Ora, para que os sacramentos ajam eficazmente, é necessária a fé; é preciso que na fé seja acolhido exatamente aquele *opus salutis*, aquela presença e *virtus* de Cristo, aquele Mistério Pascal de que são portadores. Os sacramentos são o "término", no sentido de consumação e perfeição, do ato de fé suscitado pelo anúncio da obra de salvação, segundo a sucessão: anúncio, fé, sacramentos, postos em luz pelo art. 6 da Constituição. Portanto, além de sobre a eficácia objetiva do sacramento, capaz em si de atividade, independentemente da disposição subjetiva, deve-se insistir sobre as condições para que de fato esta atividade se comunique: fundamental é a fé – a fé sobretudo e radicalmente da Igreja – pela qual adquire toda a sua imprescindível importância e sua relação orgânica com o sacramento e o anúncio da Palavra de Deus; isto é, o anúncio "das maravilhas divinas na história da salvação ou no mistério de Cristo, que está sempre presente em nós e opera, sobretudo, nas celebrações litúrgicas" (art. 35/2).

E de fato, declara o art. 59 da *Sacrosanctum Concilium*: "Os sacramentos [...] supõem a fé [...] alimentam-na, a fortalecem e a exprimem; por esta razão são chamados sacramentos da fé".

Vale para os sacramentos, que com o sacrifício formam a substância da vida litúrgica (cf. ibid., art. 6), o que se diz da liturgia em geral: "É mister que os fiéis se acerquem [...] com reta disposição de intenção, sintonizem a sua alma com as palavras que pronunciam e cooperem com a graça divina para não recebê-la em vão" (ibid., art. 11).

Citemos ainda de Schillebeeckx, que assim precisa a natureza do empenho subjetivo: "A atitude interior religiosa do sujeito do sacramento é algo diferente de uma pura disposição pré-sacramental ou parassacramental: ela se insere na essência do sacramento frutuoso. Certamente a experiência religiosa não contribui em nada para a validade do sacramento; a demonstração de amor do Cristo tem a prioridade absoluta sobre qualquer resposta humana à qual não está nunca condicionada; antes, é a resposta humana a ser sustentada pelo amor de Cristo. Todavia, só quando existe uma inicial disposição religiosa do sujeito crente, sua participação no mistério de culto da Igreja torna-se uma digna expressão sacramental daquilo que o anima interiormente. Então, este sacramento recebido dignamente torna-se, não só oração cultual do Cristo e da Igreja, mas também oração do próprio sujeito, expressão sacramental de seu desejo de graça e de sua vontade de encontrar Cristo. Se não existir esta vontade religiosa de encontro, o sacramento válido (i. é, a vontade de encontrar Cristo na e mediante a Igreja) não pode desenvolver-se num real mútuo encontro. Como encontro pessoal com o *Kyrios* celeste, o sacramento verdadeiramente perfeito implica necessariamente uma disposição religiosa do sujeito [...]. Os sacramentos não são automatismos, mas uma tomada de posse bem-sucedida na fé e no religioso desejo interior do poder santificante do Cristo, que opera na Igreja sacramental [...]; não são um caminho cômodo para a santidade, como se nos dispensassem totalmente do esforço religioso que é exigido para alcançar fora dos sacramentos a graça da reconciliação e a intimidade com Deus"[10].

2 Sacramentos e "confirmação" eclesial

A história sagrada hoje na experiência cristã

Uma "iniciação" cristã – de que trataremos expressamente mais adiante – não é introdução nem a uma história sagrada que se limite ao passado, nem a um sistema de sinais rituais propostos no presente. Não que a história, com seu passado, seja secundária ou os "santos sinais" sejam negligenciáveis: o mistério da salvação é acontecimento e tem uma forma e um momento em liturgia. Mas eles têm valor quando são "interpretados"; isto é, se a história é como que resgatada e recebe testemunho num presente e se os ritos emergem e se dispõem dentro de um horizonte vivo, sendo radicalmente significativo.

A história da salvação se desdobra hoje em continuação ao passado através de Jesus ressurgido dos mortos, nele – síntese e permanência das intervenções e das "maravilhas" de Deus. Mas – é preciso acrescentar – é nele que suscita concretamente um testemunho. A história sagrada hoje é o Senhor acolhido e exposto na fé e na experiência cristã. Sermos iniciados

---

10. Ibid., p. 64-65.

significa entrar nessa presença de Jesus, tomar parte na comunhão por Ele criada, no seu tempo e espaço, numa epifania; portanto, de sua ação, no seu Corpo e na sua plenitude. Brevemente: no seu "ser conosco" até o fim dos dias, que deve assumir a consistência de uma história e de uma revelação.

A Igreja: tradição viva de Cristo

Neste plano, encontra um problema primeiramente o discurso da iniciação. É o plano da Igreja, entendida como a tradição de Jesus, recebida, vivida e retransmitida, na qual a memória se transforma em presença. Consequentemente, uma interrogação fundamental para a iniciação torna-se esta: existe uma comunidade histórica, ou seja, concreta, que oferece o testemunho de Jesus ressuscitado, que, em certo sentido, é seu sinal e seu âmbito, no qual o mistério realizado seja manifestado com intensidade e continuidade? A Eucaristia pode ser expressa como memorial crível do Senhor só enquanto a comunidade em si mesma, aquém da formulação ritual, já se proponha como lugar vivo da memória, da qual a Eucaristia pode receber interpretação.

Nem por isso é condicionado o primado de Cristo e de sua Palavra, ou se pretende estabelecer antecipadamente limites à ação de sua Páscoa, ou reduzir o testemunho e o conteúdo da Igreja à sacralidade ritual. Ao contrário, é reconhecido o poder criador do Senhor, sua força de testemunho na história, e não numa liturgia unicamente, ou principalmente, mas nas determinações humanas postas no Espírito que é a lei nova e a liturgia da nova economia, na qual Jesus seja reconhecível. Como oferecer uma explicação de Cristo hoje aos que chamamos para a iniciação? Ou um horizonte – como se gosta de dizer – no qual a história da salvação esteja em ato, a força transcendente da Palavra seja confirmada e a memória tenha a manifestação da Presença (para a relação estreitíssima entre memória e testemunho em função da Presença)? Se não nos preocuparmos primeiramente disso, cede-se facilmente à absolutização de elementos derivados e de momentos segundos e, portanto, à desarticulação das relações, com reformas em níveis separados, destinados a ser inevitavelmente estéreis.

Depois, quanto ao tipo de sinal que deve aparecer lá onde a história se torna presença do Senhor e, portanto, onde existe uma comunidade de Cristo, este só poderá ser o sinal da Páscoa do doar-se, do "esvaziar-se" do Filho de Deus. Não dizemos o sinal da celebração da Páscoa, do rito da Eucaristia, que certamente é ato principal, ato do próprio Jesus, mas "válido" quando for interpretado e levado à realização no testemunho da Igreja, no qual a tentação permanente é a de transferir e reenviar à precariedade do regime ritual, que é ministerial em relação à fé e à presença.

A Igreja: atestação real da presença de Cristo

Na realidade, a Igreja torna manifesto o sacramento a partir daquilo que ela é e que vive e revela: ou seja, a unidade com Cristo e a experiência no Espírito.

O gesto litúrgico tem necessidade de atestação, e pode recebê-la quando vier de uma comunidade aberta à ação de Jesus ressuscitado, do qual o rito é indício e transmissão. Não existe a Igreja de um lado, Cristo do outro e a celebração que faça a síntese disso. Em vez disso, existe Jesus ressuscitado, atestado pela fé e pela experiência da Igreja, imanente e constitutivo dela e sua eficaz reproposição e memória, "que renova" a intervenção ou a transmissão de salvação, em proporção ao contexto da verdade que a Igreja lhe põe à disposição, ou da realidade da síntese entre memória e testemunho, que tem função de suporte do sinal.

Não se entra na densidade da Eucaristia, não somos iniciados a ela, não é possível sua leitura profunda, em base à ciência histórica, que nos esclareça a gênese e a evolução ritual, ou às relações internas dos momentos, ou às relações dos sinais, ou às leis psicológicas que os ordenem; e nem se só sabemos da presença do Senhor, se esta é separada da atestação ou do sinal real da Páscoa na comunidade que está a celebrar a ceia do Senhor.

Compreendemos e entramos no sinal quando não nos aparece nem autônomo nem autossuficiente, mas indissoluvelmente ligado à Igreja que, superando sua indiferença e sua anonimidade, e quase neutralidade, se oferece por aquilo que ela é, porém, a partir de Jesus Cristo, o atual significado, impedindo que o sinal se dobre sobre si mesmo e seja deixado aos próprios recursos. Assim, o sacramento não se sobrepõe à Igreja, mas é a atestação e a segurança da presença e da ação de Jesus nela: não só na maneira e no tempo da celebração, mas por aquilo que ela é na sua "mundanidade".

3 Sacramentos e vida da Igreja

A percepção da Igreja – de seu existir e de seu agir – começa a se ofuscar quando se enfraquece o sentido dos sacramentos e de sua eficácia. Deles nasce a forma e a exigência cristã realizada, pois neles se recebem o Espírito Santo e o Corpo de Cristo: as realidades únicas e últimas da salvação. Correspondentemente, dos sacramentos nasce a Igreja e por eles somos perfeitamente inseridos na sua estrutura e na sua graça. Os sacramentos nascem na Igreja – que aparece assim a fidelidade a Jesus Cristo e sua tradição – e ainda edificam a Igreja e a expandem no tempo.

A Igreja: revelação do Corpo de Cristo

Quem recebe os sacramentos – especialmente a Iniciação Cristã – acolhe na sua plenitude o mistério de Cristo e se torna Igreja com todas as suas prerrogativas, que se tratará de viver e manifestar. Isto é, trata-se de viver e de manifestar o dom do Espírito Santo e o corpo de Jesus. Ora, a Igreja define-se adequadamente afirmando que ela é a revelação na história do Espírito de Jesus Cristo, a epifania do Corpo do Senhor. É simplesmente e tudo isso: nada menos, já que o plano divino, concebido desde a eternidade, visava exatamente à efusão do Espírito, à constituição do Senhor ressuscitado dos mortos, do Senhor que se entrega a nós no seu sacrifício e se torna a Cabeça e o princípio da humanidade nova, a Igreja.

Todo o significado da revelação e todo o esforço para a sua compreensão consistem respectivamente em transmitir e compreender o Espírito e o Senhor, e neles o Pai.

O "mandato" inscrito nos sacramentos

Mas importa uma reflexão mais analítica sobre o ser Igreja em virtude dos sacramentos e, portanto – do sinal à realidade –, em virtude do Espírito e do Corpo de Cristo. Por causa dos sacramentos, todos, originária e indistintamente, são chamados e enviados ao anúncio e ao testemunho. É um mandato inscrito – se for lícito usar uma expressão um pouco difícil – "ontologicamente" no batismo, na crisma e na Eucaristia, o que significa objetivamente no ser Igreja. Depois da ressurreição de Cristo, seus discípulos – sem ser pertencentes, como parece, a nenhuma associação reconhecida –, pela força da Páscoa, pela ação do Espírito Santo no qual renasceram, sentem o privilégio de ser um povo não profano, mas sacerdotal, enviado a anunciar ao mundo as maravilhas de Deus (cf. 1Pd 2,9-10). Sentem-se, em outras palavras, leigos segundo o conceito e a propriedade cristã, e consequentemente consagrados, "reconhecidos", e mandados.

Sacramentos e apostolado "hierárquico"

Ainda, por sua natureza, os próprios sacramentos criam um relacionamento singular e específico com a hierarquia. Eles têm no bispo o ministro originário, aquele que assume e ao redor do qual se faz a comunidade eclesial. Pensemos se para um Inácio de Antioquia é plausível um apostolado hierárquico ao qual – à parte o caso do Sacramento da Ordem – alguns cristãos seriam associados direta e corresponsavelmente por constituição, e um apostolado da Igreja ao qual se seria participante mais distantemente, porque falta um envio especial e qualificante. Que eclesiologia é esta? Onde se encontra seu fundamento seriamente teológico e não só ideologicamente tal? E a teologia é ideológica quando só serve para justificar um fato não evidenciado segundo as perspectivas de sua gênese histórica, e não "criticado" segundo as regras da reta metodologia. A relação com a hierarquia e com sua missão apostólica institui-se radicalmente com os sacramentos, e está presente e é vivida na existência eclesial. Não será talvez que, suponhamos, o apelo ao bispo expresso na celebração da Eucaristia tornou-se puramente ritual? Não temos necessidade de acréscimos intrínsecos: é preciso descobrir todo o valor objetivo daquilo que é já dado.

O restante, por certo importante, pertence à ação e às concretas delimitações da presença.

Eclesiologia renovada

Com efeito, hoje a teologia sente ao menos a necessidade – que é mais um dever – de fazer reemergir a estrutura sacramental da eclesialidade, num processo de simplificação e, portanto, de releitura e dimensionamento de experiências e de síntese claramente datadas. Certamente não o faz – ou não deve fazê-lo – prescindindo do magistério. A teologia não é a livre e mais ou menos genial elaboração de um teólogo, ou de alguém que se supõe tal. Aliás, faz isso avaliando o variado significado e o diferente alcance das intervenções do magistério, sem nivelá-las indiscriminadamente. A teologia consistente seguiu sempre este caminho, que é árduo, mas que é o único válido. Os teólogos sabem disso, alguns que os criticam não. Este é seu serviço à fé e à Igreja. Se os teólogos se tivessem, por exemplo, limitado a "justificar", a comentar e a propor alguns documentos do passado sobre o relacionamento da Igreja com a realidade temporal ou sobre a liberdade religiosa ou sobre a inspiração bíblica, de fato teríamos tido as premissas (já que por si são apenas premissas ou matéria) do Vaticano I, e depois as do Vaticano II, ao qual com frequência, e por vezes retoricamente e também desprevenidamente, se apela? A crítica histórica – sem dúvida, nos limites da fé – é tarefa imprescindível da teologia, que é a ciência da fé.

O essencial e o contingente

Mas deixemos estas considerações, para realçar que a eclesiologia está a caminho da renovação na medida da reavaliação, coerente teórica e praticamente, dos princípios primeiros e constitutivos do ser cristão e da Igreja, ou seja, daquilo que pertence a seu plano constitucional. Os elementos deste plano jamais podem faltar, porque definem a própria Igreja. Diferente é, porém – como acenávamos –, o programa operativo, que faz parte das opções e das necessidades históricas e contingentes. Alguém, de constituição antes emotiva, poderia deixar-se impressionar pelos termos "histórico", "contingente", como se necessariamente significassem "negligenciável", "não pertinente", "discutível". Mas esta não é a perspectiva teológica. Não devemos assustar-nos antes de sabê-lo. O "contingente", certamente, não coincide com o estrutural.

A não distinção entre os dois aspectos levaria a afirmações, para dizer pouco, problemáticas, como aquela que afirma de uma realidade que faz parte da estrutura teológica ou dogmática da Igreja e também reconhecesse sua data de nascimento, talvez muito distante. O apostolado, a comunhão formal com a hierarquia nele, a missão em geral: estes elementos, sim, fazem parte da estrutura, não a modalidade de organizá-los e de "sintetizá-los". Trata-se, consequentemente, de elementos que somente com método mais cheio de boa vontade do que iluminado poderiam ser reivindicados como específicos de um movimento eclesial. No entanto, são específicos do simples ser Igreja e têm seu explícito fundamento nos sacramentos; bem-entendido: se felizmente redescobertos na sua definição e função eclesial.

4 Os sacramentos e o mundo da graça

Os sacramentos introduzem no mundo absolutamente novo e impensável, o mundo da graça. Mas deve-se, logo, deixar claro: a graça não é uma "coisa" sagrada. São "coisas sagradas" os sinais, objeto de visibilidade e de experiência, mas através deles estão presentes e agem o Pai, o Filho e o Espírito Santo. É esta presença das três Pessoas divinas, com sua ação eficaz e seu senhorio, que é preciso destacar e exaltar: a graça, ou a transformação e santificação interior, é obra deles.

A primeira consequência diz respeito àquele que preside a celebração em virtude do sacerdócio ministerial "em representação de Cristo (*in persona Christi*)". Ele não sucede a Jesus Cristo, não entra no lugar do Senhor, não o substitui e não faz as vezes dele, já que "um só é o Senhor", declara Paulo (Ef 1,5), e nós o professamos no *Glória*: "Só Vós sois o Santo, só Vós o Senhor, só Vós o Altíssimo".

Por certo, o sacerdote não é um puro instrumento passivo e anônimo: o ministério comporta uma dedicação viva e apaixonada, mas é unicamente de Jesus Cristo, mediante o Espírito Santo, que provém a eficácia do gesto sacramental. O "ministro" de Jesus Cristo – como o Apóstolo gosta de dizer – não dispõe dos dons da salvação, não os possui, não é seu árbitro e o "senhor", mas o "servo", como ainda Paulo se compraz em dizer, que os recebe do "único Senhor".

Eis por que o celebrante é o primeiro a perceber profundamente o sentido que poderíamos chamar de "diferença" entre a ritualidade e aquilo que ela "contém", entre o mundo visível dos sinais no qual se move e aquele que, invisível, realmente recebe e distribui; o primeiro, pois, a perceber o excesso entre seu "serviço" e os "mistérios" por ele "dispensados" (cf. 1Cor 4,1), que põem os fiéis em imediata e total comunhão com Jesus Cristo, com o Espírito Santo e com o Pai celeste.

Basta que, minimamente, ele reflita sobre a Trindade, a ele tão próxima nos sacramentos, para sentir a própria ilimitada e quase dramática pequenez e persuadir-se de não ter poder algum sobre as almas, que pertencem absolutamente às três Santas Pessoas divinas.

Acontece, então, que nos deparamos com uma linguagem de pastores de almas e com programações e comportamentos onde é admirável a boa vontade, mas da qual parece não brotar uma impostação possessiva e diretiva, que dá a impressão de esquecer em alguma medida o absoluto e único senhorio de Deus sobre as almas.

Daqui brota também a discrição e a prudência em fazer declarações a propósito da "vontade de Deus", cujos sinais são difíceis de interpretar e que, de qualquer modo, só Ele conhece na sua absolutez. Pode acontecer que se proclame vontade de Deus aquilo que pessoalmente é mais agradável ou aquilo que é querido pelos superiores, quando forem segundo o próprio coração.

O jovem Monge Schuster escrevia a um irmão seu: "O verdadeiro bispo das almas é Jesus", enquanto que, como arcebispo, admoestava numa lucidíssima página: "O diretor espiritual se acaudele sobretudo de substituir-se ao Espírito Santo, que não tem esquemas e sistemas de santidade. Deus atrai sobretudo as almas por graça do Espírito Santo. Por isso disse: 'Ninguém pode vir a mim se o Pai não o atrair' (Jo 6,44). O Paráclito, ou seja, o advogado e guia das almas, atrai-as diretamente a Cristo Verbo encarnado. Este, por sua vez, guia-as e as coloca diante do Pai. A obra da santificação do cristão se desenvolve, pois, e se realiza sob a ação da Augusta Trindade".

Desta digressão, porém, voltemos à celebração dos sacramentos, para dizer que, em todo caso, para a "percepção" de sua "realidade" profunda é necessário o "lume" ou a "sensibilidade" da fé, que atesta tal "realidade" além do visor, ou melhor, na trama dos sinais. A "multiforme graça de Deus" (1Pd 4,10) só pode ser crida e não diretamente experimentada; com efeito, ela tem seu princípio em Deus, "cuja presença ou ausência em nós – como ensina Tomás de Aquino – não pode ser percebida com certeza" (*Summa Theologiae*, I-II, 112, 5).

Poderíamos comparar aquele que preside a liturgia a Moisés que, segundo a Carta aos Hebreus, por sua fé "permaneceu firme como se visse o Invisível" (11,27).

Contudo, verdadeiramente, não só o sacerdote, mas também toda a comunidade é chamada com ele a esta visão do Invisível, como pressuposto ou fundamento para o êxito dos sacramentos. A correção e a estética rituais são, sem dúvida, importantes, mas a fé é essencial, e não simplesmente como convicção mental, mas como adesão "afetiva", quase "perceptiva" ou "real" da graça: ousaria dizer como contato "místico", já que nos sacramentos assumem-se os "mistérios", a começar pelo Corpo e pelo Sangue de Cristo.

Toda a compreensão da natureza dos sacramentos e toda a sua incomparável originalidade estão ligadas a esta sua dimensão "estática" que, enquanto os celebramos, nos transpõe para o íntimo da Trindade.

5 Os sacramentos cristãos: obra do Crucificado glorioso

Quando a Igreja celebra a Eucaristia, comemorando a paixão de Cristo, recorda um evento temporalmente datado, como dizemos no Credo: "Padeceu sob Pôncio Pilatos". Ela evoca, pois, um evento histórico do passado, e como tal sem a possibilidade de uma volta sua e de uma atualidade, como acontece com todos os fatos concretos conexos com a história, que os detêm em suas tramas. Assim, pensamos no nascimento de Jesus que, ocorrido uma vez para sempre nos dias de César Augusto, não pode renovar-se.

Por outro lado, se faltasse esta real conexão de Cristo com a história, não só seria desfeita a efetiva redenção do homem, que vive e está situado no tempo, mas perderia consistência a encarnação divina, que não pode ser assemelhada a um mito que volta sem ligação com o tempo e o espaço. Verdadeiramente, o Verbo "se fez carne e habitou entre nós" (Jo 1,14).

Por este perfil, a missa não pode ser entendida como um re-acontecer, com suas conjunturas temporais e com suas características contingentes, da paixão de Cristo, consumada "sob Pôncio Pilatos"; isto é, não pode ser concebida como um renovar-se da imolação do Calvário, exatamente segundo o enredo histórico de sua primeira realização.

Tal concepção, olhando bem, faria a paixão e toda a vida de Cristo perder seu caráter de evento que, por sua solidariedade com o tempo, não é circunstancialmente repetível. O acontecimento como tal, uma vez realizado, pertence ao passado, do qual pode ser resgatado somente através das múltiplas formas da memória, entre as quais a narração. Manzoni, na Introdução aos *Noivos* fala da história como de uma "guerra ilustre contra o Tempo, porque tomando-lhe da mão seus anos ilustres, antes, já feitos cadáveres, chama-os à vida".

Mas, a celebração eucarística, realizada em obediência ao mandato de Jesus: "Fazei isto em memória de mim" (Lc 22,19), não consiste realmente numa simples reevocação psicológica ou simbólica da imolação da cruz, como se se tratasse de recuperar um fato totalmente transcorrido, para trazê-lo à mente e, assim, narrá-lo e repropô-lo à piedade.

Ao contrário, a Igreja está certa de que sobre o evento daquela imolação não se fazem simplesmente ouvir as comuns leis do tempo, que afasta as coisas e, implacavelmente, sepulta-as no campo das coisas acontecidas e definitivamente irrecuperáveis.

No encontro eucarístico, o sacrifício da cruz está, porém, efetiva e atualmente presente em si mesmo, por isso, partindo o pão e bebendo o cálice recebe-se o Corpo de Cristo oferecido no Calvário e se bebe seu Sangue derramado pela redenção. As palavras de Jesus não deixam dúvida: "Tomai e comei: isto é o meu Corpo". "Bebei dele todos: pois isto é o meu Sangue da aliança, derramado por muitos" (Mt 26,26-28).

São Paulo, por sua vez, declarando transmitir uma tradição que remonta ao Senhor, não nutre a mínima incerteza: "O cálice da bênção que benzemos – pergunta-se – não é por acaso comunhão com o Sangue de Cristo? E o pão que partimos, não é por acaso comunhão com o Corpo de Cristo?"

Por isso, graças àquele gesto e àquelas palavras do Senhor, como os Apóstolos na última ceia, também nós na mesa eucarística não recebemos pão comum e não bebemos puramente vinho, mas assumimos em toda a sua verdade o Corpo de Jesus e bebemos verdadeiramente seu Sangue. A Eucaristia, pois, não é uma pura, ainda que intensa, recordação; nem tão somente a fonte da qual tirar os "frutos" merecidos pela cruz e transmitidos como um legado sobre o fio do tempo. Mais precisamente, ela é o sacrifício do Crucificado aqui e agora ativo e disponível a nós; é a oblação e a entrega sem ocaso e irrevogáveis de Jesus ao Pai para a nossa redenção.

Também na linguagem do Magistério aparece ora a definição da missa como o "sacramento" do sacrifício, ou o sacrifício na forma de sacramento, e com justiça. Com efeito, com tal linguagem, afirma-se que a diferença entre a cruz e a Eucaristia não está na atualidade ou no conteúdo, mas na modalidade de presença: no Calvário, a modalidade era "física" e fisicamente circunstanciada; no rito eucarístico a modalidade é sacramental.

Eis, então, que se apresenta a pergunta: como é possível esta modalidade ou forma de presença sacramental, que aparece claramente como uma "exceção" ou uma "vitória" do sacrifício de Cristo sobre o tempo e sobre suas leis?

Como é possível que na celebração eucarística o sacrifício da cruz esteja em ato antes de emergir da onda do tempo, como no caso da última ceia, e continue para nós depois de ter sido cúmplice de um passado?

Para responder é preciso fixar a nossa atenção na natureza singular do acontecimento da cruz e sobretudo na figura daquele que, sendo seu autor, pode explicar como Ele ultrapassa e transcende os limites da momentaneidade e da "pontualidade".

É o que fez a admirável Carta aos Hebreus, pela qual o sacrifício do Calvário permanece atual e não se repete por causa da perfeição do sacerdote que o oferece e do caráter celeste e glorioso que o distingue.

Os sacerdotes da primeira aliança não permaneciam por muito tempo, estavam sujeitos à fraqueza e seu sacerdócio era imperfeito e passageiro (Hb 7,11.23.28).

Jesus, ao contrário – "mediador de uma Nova Aliança" (Hb 9,15) –, é o "sumo sacerdote para sempre" (Hb 6,20); "permanece para sempre" (Hb 7,24), e "para sempre é constituído perfeito" (Hb 7,28), "seu sacerdócio não passa" (Hb 7,24).

Os sacrifícios levíticos tinham um valor provisório e sua capacidade salvífica era passageira, sem condições de conferir a perfeição (Hb 9,9; 10,1), por isso, os sacerdotes deviam repeti-los (Hb 7,27; 10,3.11). Cristo, porém – "sumo sacerdote santo, inocente, sem mancha" (Hb 7,26) –, o fez uma única vez, oferecendo a si mesmo" (Hb 7,27; 10,10), "mas com seu próprio Sangue [...] e conseguiu uma redenção eterna" (Hb 9,12).

E mais, enquanto os sacrifícios da antiga aliança eram terrenos e exprimiam um culto que era "imagem e sombra das realidades celestiais" (Hb 8,5; 10,1), o sacrifício da cruz aparece celeste, glorioso, definitivo, munido de um expediente duradouro. Eis por que consegue, por sua natureza, ultrapassar incólume a sucessão do tempo, vencer seu desgaste e seu redemoinho e até preveni-lo. Eis por que a graça de Maria foi graça da cruz, embora esta ainda estivesse temporalmente distante, e por que o pão partido e o vinho bebido pelos apóstolos na última ceia eram já o Corpo doado e o Sangue derramado de Jesus.

Por outro lado, pode existir o sacramento do sacrifício da cruz, e os outros sacramentos que são como que o reflexo, exatamente porque o valor deste sacrifício é definitivo e permanente: não é o sacramento como tal que tem a força de atrair a si e de repropor o sacrifício, mas é a energia do sacrifício que fundamenta e torna possível sua renovada presença e sua eficácia na modalidade sacramental.

Com maior precisão: o sacrifício de Cristo pode ter, além de seu momento histórico, como se diz, um novo *ubi* e um novo *quando* sacramentais, por causa da glória obtida por Jesus com sua imolação no Calvário, onde foi constituído Senhor. Tal sacrifício não está ultrapassado – e é ainda perfeitamente alcançável –, rigorosamente, por causa do senhorio glorioso de Jesus, do que é o sinal e o dom. Todavia, notando que, quando se afirma isto, de modo algum se nega que a Eucaristia seja o sacramento do sacrifício "histórico" de Jesus e, com efeito, o que se tornou glorioso e celeste foi exatamente aquele sacrifício, ocorrido na história.

A própria Igreja não dispõe, por um poder autônomo seu, do Corpo e do Sangue de Jesus: é sempre Jesus glorioso pessoalmente que, mediante seu Espírito, confia à Igreja, sua Esposa fiel e obediente, o próprio Corpo e o próprio Sangue; aliás, é sempre dele que o exercício do ministério deriva todo o seu êxito.

Cada missa, na qual reencontramos o sacrifício da cruz, é proclamação e presença da "glória do Filho unigênito, vindo do Pai cheio de graça e verdade" (Jo 1,14). Poderia ser dito que o véu dos ritos esconde o Paraíso.

6 Os sacramentos e a presença de Cristo na matéria

A transcendência de Deus – que excede a qualquer possibilidade nossa de compreensão – deixa-nos cheios de silencioso e admirado espanto. E, por outro lado, que seja absolutamente impossível chegar a Deus é óbvio: sendo, por sua natureza, infinito e eterno, Ele foge a qualquer contato humano.

Contudo, o que não é igualmente óbvio e, portanto, não desperta um espanto muito maior, é a sua proximidade. Aquele que ultrapassa, sem medida, qualquer representação e que nenhum conceito pode conter e circunscrever aparece-nos, na realidade, o mais íntimo e radicalmente próximo. Nós não "compreendemos" e não possuímos a Deus, mas Deus "compreende" e possui a nós. Se existimos, é porque Ele existe e nós somos incluídos nele; é porque nos encontramos no seu próprio Ser ou no seu abraço, que nos chama à existência.

Antes que nos seja possível dirigir qualquer olhar para Deus, ou antes que comecemos a procurá-lo, Ele já nos olhou, já nos procurou. E é o significado da criação do nada, ou melhor, a partir do seu Ser. A criação é a primeira condescendência de Deus por nós.

Reflete-se pouco sobre este assunto que, não obstante, já oferece as razões e o impulso para uma experiência mística "natural", se assim pudermos chamá-la. Ao constatar que, por puro e gratuito amor, Deus venceu nosso absoluto e original não ser e nos fez sair para o ser, que só a Ele pertence, é normal que nos sintamos invadidos de um inefável sentido de admiração e desfalecimento, de emoção e dilaceração, de êxtase e perturbação, de exuberância e ausência.

E, todavia, a proximidade que ultrapassa toda a nossa esperança e imaginação é outra: é aquela que se torna realidade quando o Filho de Deus se faz carne e, supreendentemente, se estabelece em nosso meio (Jo 1,14); quando Aquele que "tem a condição de Deus" chega ao extremo da comunhão com o homem assumindo a condição de servo e humilhando a si mesmo até a morte de cruz (Fl 2,6).

A criação, então, torna-se redenção, a vicissitude humana, uma vicissitude divina e as nossas situações terrenas, situações divinas. Deus experimenta as nossas circunstâncias, encontra-se nos tempos e nos espaços humanos.

Mas aqui gostaria de fixar a atenção sobre a forma de presença do Filho de Deus nas circunstâncias sacramentais, onde, de certo modo, a encarnação irradia e se estende, e a graça da salvação se insinua nas dobras da matéria de que são plasmados os sinais sacramentais. Não que a graça esteja como que materializada ou aprisionada na água ou no óleo, no pão ou no vinho, nos gestos das mãos ou nos sons das palavras. Antes, ao contrário. É Jesus, o Senhor, que, assumindo os sinais de seu "poder real", na sua dimensão gloriosa, transfigura-os com sua onipotente palavra e os torna instrumentos visíveis e eficazes de sua ação invisível.

Então, aquilo que nos é mais próximo e mais correspondente, aquilo do qual somos substancialmente tecidos e no qual estamos imersos – o mundo material – sem que nada venha e se imponha externamente, torna-se como que mediação e passagem salvíficas.

O que impressiona é certamente a imperceptibilidade absoluta desta presença sacramental de Cristo, subtraída a qualquer reconhecimento sensível. Somente elementos materiais podem ser percebidos, ao passo que seu sentido inesperado e especial, seu significado atual, é proclamado e operado pela forma – isto é, pela Palavra de Cristo –, por força da qual, mesmo permanecendo exteriormente intactos, eles recebem uma intenção e uma eficácia novas.

Por isso, assumindo o pão e o vinho consagrados, comemos o Corpo e bebemos o Sangue do Senhor, verdadeira comida e verdadeira bebida (Jo 6,55); imergindo-nos na água batismal, somos feitos participantes da morte de Cristo, de sua sepultura e de sua ressurreição (Cl 2,12; Rm 6,4); por sua vez, a unção com o óleo consagrado são meio para a abundância do Espírito e do sacerdócio.

A proximidade de Deus não poderia ser mais próxima e mais disponível e sua modalidade mais costumeira. Sabemos, sem dúvida, que também um grão de areia tem em si a presença de Deus, que o sustenta para que não caia no nada original do qual veio. Mas, no tempo e no espaço dos gestos sacramentais, na rede da matéria que os entrelaça, age Cristo ressuscitado, que concede a graça da redenção.

Certamente, para acolher esta presença e chegar até ela, é necessária a fé, para qual, mais verdadeiramente, conta aquilo que o próprio Filho de Deus assegura e garante. O crente vê com os olhos de Jesus ressuscitado. Eis por que, nos sacramentos, chega a descobrir e a alcançar aquilo que ao olhar humano não aparece.

Os sacramentos: um milagre do Ressuscitado, sentado à direita do Pai.

7 Os sacramentos e a ação invisível do Espírito

Os sacramentos da Igreja valem porque neles opera o Espírito Santo, efundido pelo Senhor ressuscitado. Sua ação acontece no silêncio; só a fé tem certeza dela e a reconhece. Os sentidos não a percebem nos sinais. Estes não apresentam nenhuma mudança exterior: são como que a casca inalterada daquilo que acontece no plano do mistério.

Por outro lado, é próprio do Espírito agir no íntimo, fugindo da aparência ou das leis naturais. Com efeito, estamos no mundo eficaz e invisível da graça. A Nicodemos Jesus declara que o Espírito está fora de controle: não se sabe de onde vem nem para onde vai (Jo 3,8).

Nos sacramentos usamos, sem dúvida, linguagens, imagens e coisas pertencentes à vida e à experiência natural, mas, na realidade, destinados a assumir nos sacramentos um significado absolutamente inédito e novo, por causa da força do Espírito, que os converte.

Assim, no batismo. Seu rito realiza-se com uma imersão física na água que buscamos em nossas fontes terrenas: uma imersão qualificada por palavras precisas, que a interpretam ligando-a à Santíssima Trindade. O que nós imediatamente percebemos é uma lavação; o que na realidade acontece, para além de qualquer constatação sensível, é uma purificação interior, uma regeneração sobrenatural, uma criação nova na vida da graça.

Julgando segundo a óbvia sensação carnal, Nicodemos pensa que o nascimento "do alto", necessário para ver o Reino de Deus, deva exigir "entrar uma segunda vez no seio da mãe", para vir ao mundo uma segunda vez.

Mas Jesus adverte seu surpreso interlocutor que, neste caso, de fato não é assim; que já não se trata de um nascimento costumeiro e normal, que teria a carne como resultado, mas sim de uma geração "pelo Espírito", cujo fruto não pode ser senão espírito – "Aquele que nasceu da carne é carne, aquele que nasceu do Espírito é espírito" (Jo 3,6).

Como se vê, a ideia do nascimento permanece, com sua imagem e seu vocabulário, mas o que vem à luz é o homem regenerado, um ser absolutamente novo e inaudito, que tem como princípio o Espírito.

E é o que constatamos em todos os sacramentos, na variedade de seus sinais.

Ali encontramos o óleo, o crisma, a imposição das mãos, o juízo de absolvição que, junto com as palavras, a teologia chamou "matéria e forma" dos sacramentos.

Mas se trata, exatamente, de sinais de eventos não perceptíveis e não verificáveis com os sentidos e, portanto, de realidades invisíveis, subtraídas à experiência natural, pertencentes a outro mundo, precisamente o mundo do Espírito, que somente a fé, fundamentada na Palavra de Deus, tem condições de atestar.

Sem a obra do Espírito e sem a fé cristã, a ritualidade reveste-se, sem dúvida, de um sentido e é um indício precioso e recorrente da dimensão teológica do homem, de sua natural religiosidade. Os sacramentos, porém, são outra coisa: tomam sua gênese e sua propriedade da instituição de Jesus Cristo, compreendem-se no plano salvífico por Ele representado e constituído; todo o seu êxito provém do poder do Senhor ressuscitado e da energia do Espírito por Ele efundido, sem o qual os sinais, privados de sua vida interior e de sua trama salvífica, permaneceriam impotentes e ineficazes.

Podemos agora dirigir uma atenção particular ao Sacramento do Matrimônio e, sobretudo, ao da Eucaristia.

No Matrimônio, os sinais são o homem e a mulher na concretude de suas pessoas e de sua corporeidade, distintos da vontade de um vínculo de recíproca e estável pertença conjugal. Quando estes sinais se percebem na Igreja entre dois discípulos e Cristo, temos o Sacramento do Matrimônio – o sétimo sacramento –, no qual age a obra do Espírito. Então, seu amor é radical e indissoluvelmente transfigurado à imagem do amor que une esponsavelmente Jesus e a Igreja, e se torna um amor "espiritual": isso não significa cancelamento, mas assunção da corporeidade na novidade e na "diferença" do mundo da graça e da redenção. Eis por que, para além da aparência, o matrimônio "natural" e o matrimônio sacramento são incomparáveis.

Quanto ao Sacramento da Eucaristia, a ação do Espírito do Senhor ressuscitado consiste na transformação do pão e do vinho no Corpo e no Sangue do Senhor. Ela acontece – escreve Santo Tomás – quando o sacerdote "consagra em representação de Cristo" (*Super evangelium S. Ioannis Lectura*, VI, 52).

Também assim somos levados ao mundo invisível da graça, para uma manducação espiritual. Os sinais permanecem; não são tocados em sua propriedade física; a substância material e experimental do pão e do vinho permanece intacta; também depois da consagração ela continuaria a ser a primeira a nutrir os nossos corpos.

A transubstanciação – que para Santo Tomás é mais difícil de compreender do que a criação – não é perceptível pelo "olho do corpo"; nem se pode percebê-la "através dos sentidos ou das imagens" (*Summa Theologiae*, III, 76, 7, c). Ela se refere "a aquilo que não é atingido pelos sentidos" (ibid., 75, 5, 2m).

Só a fé pode afirmar: "Que o verdadeiro Corpo de Cristo e seu Sangue estejam presentes neste sacramento, o sentido não tem condições de captar isso; isso é possível unicamente à fé, que se fundamenta na autoridade divina" (ibid., l. c.).

E, de fato, o objeto da mudança é a identidade ou a essência "ontológica" do pão e do vinho, que pode ser convertida por aquele que é "o autor do ser" (ibid., 4, 3m).

Eis por que na Eucaristia o Corpo de Cristo não está presente "localmente", como está nas realidades físicas, extensas, mas "espiritualmente; isto é, invisivelmente e por força do Espírito" (ibid., 1m) e com o objetivo de uma manducação espiritual.

Assim, somos levados ao tema do Espírito.

Em relação a isso, porém, é absolutamente necessário precisar que presença "espiritual" não significa presença não "real", ou simbólica, no sentido débil do termo – *solum secundum mysticam significationem*, como escreve Santo Tomás (ibid.).

Definir "espiritual", ou seja, fruto do Espírito, a presença do Corpo e do Sangue de Cristo na Eucaristia, significa reconhecê-la sumamente real e imensamente mais verdadeira e autêntica do que uma presença segundo a pura modalidade e o limite da realidade física. Assim dissemos do renascimento no Sacramento do Batismo, incomparável em relação ao nascimento natural do seio da mãe.

Mas, se a presença do Corpo e do Sangue de Cristo é "espiritual", igualmente o é manducação. Cristo não é lacerado nos membros de seu Corpo físico; no entanto, Ele é comido verdadeiramente, só que o modo é definitivamente novo, e é aquele tornado possível pelo Espírito.

Como se vê, o termo e o conceito de manducação permanecem, mas com um significado e um conteúdo anômalos e inimagináveis em relação à forma normal de tomar alimento e de assumir bebida.

No lavacro se nasce "do alto" (Jo 3,3), na Eucaristia come-se "o pão vivo descido do céu". E é o próprio Jesus que o declara aos judeus, que haviam entendido mal as palavras de Jesus: "Eu sou o pão vivo descido do céu. Quem come minha Carne e bebe o meu Sangue tem a vida eterna. É o Espírito que dá vida, a carne de nada serve" (Jo 6,51.54.63).

Comenta Santo Tomás: "O Senhor dizia que se teria oferecido a eles como alimento espiritual, não no sentido de que no sacramento do altar não esteja presente a verdadeira Carne de Cristo, mas porque ela é comida segundo uma forma espiritual e divina" (*Super evangelium S. Ioannis Lectura*, VI, 64).

E de fato, "a Carne de Cristo considerada, em si mesma, separada da divindade e do Espírito Santo, não serve para nada, não traz vantagem alguma e não tem nenhum efeito benéfico, exatamente igual a qualquer outra carne; enquanto que, com o advento do Espírito e a presença da divindade, é de proveito para muitos, já que faz inserir em Cristo aqueles que a comem" (ibid.).

Assim, quando se celebra um sacramento, assistimos a um prodígio do Espírito Santo efundido pelo Cristo ressuscitado que vence e reforma aquele que pertence à carne. Pelo caminho simples e costumeiro dos sinais sensíveis, os sacramentos abrem o ingresso ao reino celeste. Eles são cada vez uma profissão e uma experiência deste reino.

Mas para isso é indispensável a visão da fé, pois somente a ela é concedido fixar o olhar no mundo da graça. E para suscitá-la existe a Igreja.

2
O sacramento e a vida

Sacramento ou experiência?

Para o cristão conta mais o rito ou mais a vida? Mais o sacramento ou a experiência? Por um lado, a Constituição litúrgica conciliar declara que "a liturgia é o cume para o qual tende a ação da Igreja e, ao mesmo tempo, é a fonte donde emana toda a sua força" (art. 10), ou eficácia; por outro, vemos o próprio Cristo dizer à Samaritana que o sinal litúrgico do templo já não conta, porque Deus deve ser adorado "em espírito e verdade" (Jo 4,24).

Na realidade, a alternativa não é proponível, mas é preciso mais uma vez distinguir entre "sacramento", conteúdo do sacramento e sua última "resolução", e compreender e manter a distinção entre o *sagrado* e o *profano*, e entre o *sagrado* e o *santo*. A dissolução desta última distinção é superficial, ainda que difusa – como diz alguém – na "última" teologia; e sobretudo, é muito perigosa, porque simplesmente não é sustentável.

A liturgia fonte "relativa"

Examinemos a afirmação do Concílio sobre a liturgia "cume e fonte". É uma afirmação verdadeira, mas são necessárias algumas distinções que, aliás, são claramente propostas na seção mais teológica do documento do Vaticano.

Propriamente, a "fonte da força" da Igreja é Jesus Cristo, ressuscitado dos mortos e princípio do Espírito Santo. São seus eventos ou mistérios de salvação. É o valor do sacrifício da cruz. Fora dele, pessoalmente, não existe possibilidade alguma de Igreja, e a liturgia não o cobre e não o distancia. Radical e imprescindivelmente, ontem como hoje, como no futuro, enquanto houver a história, a salvação será verificada e a Igreja vivificada somente graças à obra pessoal, intransferível e insubstituível do Senhor. Não que, distanciadas dele, a ação litúrgica, seus ritos, suas palavras, devam ser entendidas como o lugar e o tempo em que Cristo emerge e é, mais que representado, tornado presente. Ou melhor: em que com sua "iniciativa" se torna presente, nas condições postas por Ele próprio.

A Igreja jamais pode "criar" Jesus Cristo, mas recebê-lo, com o ativo consenso e a aberta disponibilidade da fé. Primeiramente vem a história da salvação, o dom do Espírito, e depois a liturgia, como seu memorial e sinal no qual a salvação sobe e se transmite. Por isso, a liturgia/o sacramento, deve ser considerada fonte "instrumental"; isto é, como serviço e relação com Aquele que originariamente permanece em si a fonte da Igreja e de sua graça. Por este caminho, qualquer liturgismo é superado, se por liturgismo se entende a absolutização do sinal e do rito, considerados de maneira não relativa. E a relação substancial é com Jesus Cristo.

O sagrado cristão: Jesus Cristo

Com isso não acontece nenhuma desvalorização do "sacramento", que é o cruzamento espaçotemporal em que a presença de Cristo é encontrada e assumida por um relacionamento e uma relação pessoal; enquanto aparece o sentido cristão do sagrado[11]. Este não é uma espécie de tabu, veterotestamentário ou naturista; não é um reconhecimento da salvação a uma "coisa" anônima; uma transferência da santidade a um elemento extrínseco. Nem é a sobrevivência de um dualismo, que indevida e aprioristicamente distingue uma zona boa e uma zona perversa, ou desprezível da realidade; mas não é simplesmente o resultado de uma convenção e de uma pedagogia.

Originariamente o sagrado cristão é Jesus Cristo e seu Espírito – e neste nível sagrado e santo coincidem –, e representativamente é o "sacramento" como "lugar" de oferta da graça, como sinal que ela nos é objetivamente doada. Neste plano, identificar sagrado e nossa santidade comportaria, no fim, que esta provém de nós, que ela não é "entregue" e recebida. Anularia a necessidade dos sacramentos e a necessidade de Jesus Cristo, que os

---

11. Sobre o sagrado e sobre o santo, cf. BIFFI, I. *Eucaristia, teologia e pastorale*. Turim: Marietti, 1982, p. 49-53. • BIFFI, I. *Liturgia I* – Riflessioni teologiche e pastorali. Roma: Pietro Marietti, 1982, p. 45-52.

substancia em si, em primeiro lugar e em grau único na Eucaristia. Não é sem uma fatal lógica que, quando o sagrado assim concebido é dissolvido, introduz-se um secularismo que julga com indiferença a redenção; que não compreende nem o pecado nem o perdão; que busca na "natureza" o sentido e a medida dos valores. Mas sempre, por uma coerência lógica, encontra-se então incompreendida e banalizada a cruz.

A conclusão é dupla: a primeira é a precedência histórico-ontológica de Cristo na liturgia; sua proeminência pessoal, com a qual se realiza a comunhão. A segunda é a valorização do sacramento, porém, nesta total intenção e abertura sobre ou de Jesus Cristo, que, por meio dele se entrega no curso da história, "até que venha" (1Cor 11,28).

A liturgia "cume"

A outra afirmação conciliar – a liturgia como "cume para o qual tende a ação da Igreja" – exige igualmente, para ser verdadeira, sair por assim dizer da pura "sacramentalidade", e chegar à *res*, da qual falavam os medievais: à "realidade realizada". De maneira rigorosa – e a constituição litúrgica o diz muito bem – o sentido e o êxito último do rito não são a ritualidade, mas a vida: a vida não conforme o rito, mas conforme a Jesus Cristo, de quem, por sua vontade, o rito é meio. Deveríamos exprimir-nos assim: Jesus Cristo, o seu Espírito, são o cume da ação da Igreja; ou, se quisermos, a comunhão com Cristo, a vida no seu Espírito, são o vértice e o termo da ação da Igreja. Ou seja: são a Igreja. Desse modo, o rito aparece transeunte, um ponto, fundamental por certo, de passagem, para que seja a própria existência do cristão a trazer o sinal da morte e da ressurreição: para que seja uma existência "espiritual".

Então, já não se trata de opor, ou também só de aproximar, rito e vida, sinal e "espírito e verdade". Encontrou-se o primado do Senhor na origem do sacramento e a partilha com Ele mediante o sacramento. Encontrou-se a Ele como "Espírito e Verdade" que, na mediação sacramental, associa a si. Remover a memória e seus sinais comportaria a remoção do símbolo e do meio histórico da presença, dos mistérios do Senhor, do apelo à sua historicidade. Exaltar o sacramento sem conversão e sem santidade faria Jesus Cristo suportar tudo.

O "santo"

E aqui vemos onde se institui o nível do "santo"; isto é, na experiência real do dom de Cristo e do Espírito. Somos santos na medida em que personalizamos o sagrado, que é Jesus e o Espírito, por meio do sacramento da cruz – a Eucaristia – e os outros sacramentos.

O santo é o sucesso do sagrado. Certamente, o sinal "sacral" – portanto, os sacramentos – desaparecerá quando a história estiver acabada. Assim, a memória terá acabado porque o Senhor terá vindo além de cada símbolo, e nós seremos tornados capazes de vê-lo como é (1Jo 3,2). Não existirá mais liturgia no esquema desta nossa liturgia terrestre. A cidade celeste já não tem necessidade do pão e do vinho, da água e do crisma; da luz da vela e do livro: "porque a glória de Deus a ilumina e sua lâmpada é o Cordeiro" (Ap 21,23).

É preciso respeitar os momentos e os papéis; é preciso distinguir por um lado, e unir por outro, o rito e a vida, com uma teologia elaborada e atenta, sem a qual a reforma litúrgica torna-se retórica.

3
Sinais litúrgicos cristãos

1 Linguagem do culto e Evangelho

Nestes anos, é viva a questão do sinal litúrgico[12]. O sinal faz parte da estrutura e da vida do homem. É uma linguagem, um jogo, com sua região e suas leis, algumas bastante históricas e móveis, outras mais estáveis e profundas. A história conhece a região e a linguagem dos sinais religiosos, múltiplos e diferenciados. Eles são uma manifestação do homem numa precisa dimensão sua e num seu sentido que parece superar as mudanças e as variabilidades, para resolver-se simplesmente numa forma humana fundamental, a forma do relacionamento e da tradução do "divino". Uma mortificação sua ou abolição estaria na linha da abstração, ainda que somente o fato da linguagem, por certo, deva ser verificado. Para alguns, a linguagem do sinal, em regime cristão – e, portanto, a liturgia "evangélica" –, estaria definitivamente superada: agora o culto deve acontecer "no espírito e na verdade" (Jo 4,23) e, de qualquer forma, essa linguagem puramente religiosa não pode mais conotar uma liturgia que encontra seus sinais na intenção positiva de Jesus Cristo. Para alguns outros, a linguagem ritual religiosa não está superada: o culto cristão insere-se ali e o leva à realização; antes, de certo modo, oferece o "esquema", a premissa: a liturgia seria o caso eminente da comum linguagem dos relacionamentos com Deus. Para outros, ainda é preciso chegar mais radicalmente à secularização que, dissolvendo a categoria do sagrado, exprima a liturgia com a linguagem comum: a linguagem das

---

12. Cf. BIFFI, I. *Eucaristia, teologia e pastorale*. Op. cit., p. 74-78. • BIFFI, I. *Liturgia I...* Op. cit., p. 67-80.

coisas não "separadas e a da vida simplesmente. Por fim, alguns, sem esta radicalidade e este fundamento de princípios, estão em posição crítica sobre os sinais tradicionais da liturgia cristã.

A linguagem litúrgica não é "inventada" pelo homem

Não se trata de questão secundária: só um pensador cristão ou um teólogo alheio à vida da Igreja e a uma verdadeira presença na sua obra pode considerá-la tal e, talvez, com presunção. Certamente, em primeiro lugar, é preciso sublinhar que os sinais litúrgicos cristãos ou a linguagem do culto conforme o evangelho não são "inventados" pelo homem, mas postos positivamente pela Palavra de Deus, por Jesus Cristo. Posição e invenção divina não enquanto como do nada criem sua matéria, mas enquanto o gesto litúrgico recebe significado – ou, para usar uma palavra difícil, "hermenêutica – em relação à história da salvação, portanto, a Jesus Cristo, no qual todos os sinais devem resolver-se. Um caso típico: nenhuma análise do sentido de um banquete com o pão e o vinho jamais poderá revelar o relacionamento com a "tradição" de Cristo, com seu Corpo doado e seu Sangue derramado. Introduzindo-se, por sua vez, na "positividade" do significado hebraico da Páscoa, Jesus Cristo o "constituiu" sinal do seu sacrifício. O mesmo vale, digamos, para o lavacro batismal: o significado cristão é concluído por ligações e por precedentes que as premissas histórico-naturais são incapazes de traduzir. Isso não quer dizer nem que estes sinais cristãos não são, de algum modo, ligáveis com os sinais religiosos, nem que, em absoluto, não se possa fazer uma espécie de comparação dos sinais cristãos. Mas o que deve sobressair como primeiro e como original é que aqueles sinais litúrgicos, primeiramente, interpretam e concretizam a vontade e a conexão com Jesus Cristo.

Jesus Cristo: princípio do significado do sinal litúrgico

Disso não segue uma tal heterogeneidade de linguagem religiosa "natural" – não ou não ainda expressamente cristã – que não possa ser assumida. Como a Palavra de Deus "abstrata e aistórica não existe; como a fé não pode viver historicamente sem que seja sensata para o homem – isto é, inteligível; portanto, inscrita também nas suas regiões "racionais" –, assim a região antropológica da linguagem religiosa confere espaço, expressão, possibilidade e "jogo" à intenção e à "instituição" de Jesus Cristo, que permanece o princípio do significado e a quem pertence a iniciativa. Já deste ponto de vista, destruir os sinais religiosos significaria subtrair uma dimensão de humanidade e, ao estremo, uma possibilidade ao culto cristão, à "memória" da Páscoa. Partir dos sinais religiosos comportaria menosprezar a propriedade evangélica e a novidade cristã, mas que também assume e, por isso, aceita significados, ao mesmo tempo renovando-os com sua referência. Evidentemente não é problema de equilíbrio: o primado dos sinais da economia cristã deve aparecer, com seu poder de pôr e de discernir, mas estes sinais pedem conexão, antes, já têm uma conexão e um valor: caso contrário, nem seria compreendida a novidade cristã em termos escolásticos: sua "conveniência". Hoje, sem dúvida, a Igreja mostra, por princípio, uma maior disponibilidade de assunção. Ou melhor, de assunção também da linguagem religiosa que não seja a linguagem religiosa da tradição latina.

Necessidade de uma catequese litúrgica

Naturalmente, para que a linguagem cristã da liturgia seja sensata, é necessário que seja explicada e comentada. Não é concebível uma partilha litúrgica sem catequese. As queixas sobre as expressões difíceis da liturgia, embora em língua viva e falada, não são justificadas se pretendessem uma imediata, fácil e popular compreensão de textos, de imagens, de sinais, sem uma antecedente explicação. O máximo que se pode esperar é a compreensão da linguagem religiosa, ao mesmo tempo, espontânea e profunda; essa compreensão da linguagem é quase percebida arquetipicamente, mas, certamente, não o é a capacidade natural e fácil de ligar os sinais litúrgicos à vontade de Jesus Cristo e a seus conteúdos imediatos. É necessária uma catequese, digamos, "abstrata", sistemática ou "escolástica", mas de modo algum basta ao cristão: é igualmente indispensável uma catequese que seja iniciação à liturgia, de forma que esta se torne esclarecedora exatamente enquanto sinal.

A concepção secularizadora da liturgia e o propósito de demolir o sagrado, que também têm ainda propugnadores, hoje parecem gritar e impressionar menos. E o motivo mais profundo é que tal posição não tinha fundamento crítico. Não o tinha pela superficialidade com que liquidava a linguagem religiosa a ser desmistificada, levianamente explicada como resíduo ou como superestrutura; mas, sobretudo, não o tinha pela equivalência estabelecida entre o litúrgico cristão e o secular, em nome do culto em espírito e verdade, entendido como desaparecimento dos sinais específicos. Os "sacramentos" são uma realidade, uma "história" diferente e específica: são mediação e epifania de uma novidade cristã, que – pode-se dizer sem complexos – "desce do alto" criativamente; que não coincide com a vida e as vicissitudes "originais" do homem, mas é destinada a santificá-las, a inseri-las na história da salvação. Traduzindo a intenção de Cristo, os sinais litúrgicos cristãos não fazem mais que tornar evidente e operativa a dimensão ou o mundo da Palavra de Deus. Somente com a ressurreição – como anotávamos acima – a "região" do sagrado evangélico virá a desaparecer: não serão mais necessárias as mediações; a realidade substituirá o sacramento; o mundo será todo em Jesus Cristo, que o terá redimido e conformado.

No mais, os secularizadores da liturgia não brilharam pela tenacidade e continuidade. Felizmente, no fim das contas, seu ruído não ultrapassava talvez o mundo ou o claustro das faculdades e o recinto dos grupinhos. A comunidade "mais ampla" não se convenceu facilmente de que a Ceia eucarística fosse só o reflexo ou um caso típico da ceia de cada dia; que a Palavra que a interpreta deva ser a imprensa diária ou sociológica e política; que sua celebração como sinal de pobreza e de eficácia evangélica deva acontecer fora de qualquer sinal diferente e sacralizado. Tal reação popular opõe-se com o fundamento da fé e também com o da linguagem que chamamos "religiosa-antropológica. Se uma indevida sacralidade e mitização exigiam que fossem retomadas e invertidas, o caminho certo não era a secularização radical e o apelo à mudança de cultura, com a afirmada coincidência entre o litúrgico-sacral e o "rural", mas, por um lado, e antes de mais nada, o aprofundamento da propriedade evangélica da liturgia cristã, e, por outro, a devida valorização da região religioso-simbólica do homem.

Todavia, não estamos tão certos de que o processo de denigração não continue a esterilizar.

Simplicidade e verdade da linguagem litúrgica

Que houvesse uma sobrecarga e uma complicação realmente "artificial" nos sinais litúrgicos foi reconhecido pelo concílio, que ordena clareza, simplicidade, verdade, sem as quais a linguagem litúrgica na singularidade cristã e na concretização com os sinais religiosos "naturais" e históricos permaneceria obstaculada, em vez de promovida. Com este critério, ocorreu uma transformação. Talvez ainda exista alguma artificialidade. Mas, hoje, o verdadeiro perigo é o outro: que as reuniões litúrgicas e seus desenvolvimentos não levem suficientemente em conta a necessidade expressiva e hermenêutica dos sinais em sua precisa diversidade em relação à linguagem e aos sinais comuns. Que o espaço reservado à eloquência significativa seja demasiado restrito. Os triunfalismos litúrgicos são sempre perigosos: mas hoje, o risco é um essencialismo mortificante, sem "jogo"? Sem dúvida, a tarefa da oração não poderá ser transferida para nenhum sinal, como por representação. Em Cristo, a liturgia e a vida coincidem. Mas os sinais têm a função de criar um bem-estar contemplativo e de oferecer e submeter com os apelos de sua singularidade um sentido, um nível diferente, tanto cristão como antropologicamente.

Deveríamos reler o admirável volumito de Romano Guardini, *I santi regni*[13]. Cremos que a cultura não os tenha superado e dificilmente os supere. A menos que se reduza e se abaixe, se não o espírito cristão, certamente uma sensibilidade religiosa que o cristão assume e confirma. Por fim: a menos que, simplesmente, se reduza e se abaixe um nível de humanidade.

2 Um difícil problema da reforma litúrgica

A sobrecarga dos sinais litúrgicos, alguns artificiosos e discutíveis em si mesmos, outros historicamente desgastados, sem mais um atual âmbito vital, foi a primeira origem de juízos críticos e de propostas tímidas de renovação, e depois, autorizadamente, de formulações conciliares de reforma. Uma leitura atenta dos "sinais dos tempos" – como se costuma dizer – talvez já há séculos teria indicado a falta de correspondência de grande parte do conjunto simbólico cristão e o grave risco de levá-lo adiante por inércia, como vestígio, sem que a comunidade se sentisse plenamente atraída e implicada nele, em contínuo interesse confirmador e criativo. Os símbolos morrem, não veiculam mais nada, bloqueiam e atacam o relacionamento religioso quando não forem – e não sejam mais – um resultado fácil e "natural" da matriz da própria comunidade: não nascem e não funcionam a não ser numa posição imprevisível, espontânea e ao mesmo tempo livre, dos fiéis que ali se

---

13. 4. ed. Bréscia: Morcelliana, 1954.

manifestam e se encontram, não tolerando predefinições ou superposições, nem quando tenham a novidade, se a incubação e o nascimento aconteceram fora de seu seio e de seu espaço.

Agora, facilmente constatamos que não poucos símbolos exauriram-se já numa área social mais vasta do que aquela específica religioso-litúrgica e é impossível revitalizá-los como instrumentos de comunhão. O fenômeno da contestação, que é global e em si mesmo, à parte as concretas deformações e as pontas exasperadas, e que é uma lei histórica de retomada, está investindo sempre mais contra a simbologia litúrgica, provocando muitas e substanciais dificuldades à ação de reforma, mas antes ainda, indicando como são amplas as dimensões que ela deve assumir, de quais implicações esteja no centro, de que dependências seja devedora e de que convergências seja o resultado. Brevemente: de que intenções e exigências é portador o texto conciliar coerentemente traduzido em aplicação.

E, de fato, o texto da Constituição mostra ter percebido com lucidez a necessidade e a urgência de rever o sinal litúrgico em vista de encontrar nele a parte da comunidade. Nos ritos exige *nobre simplicidade, clareza na brevidade, adaptação à capacidade de compreensão dos fiéis* e, portanto, *adaptação às exigências do nosso tempo* (art. 34, 59/b, 62). A formulação é precisa e põe às claras o valor de medida próprio da *capacidade dos fiéis* e das *exigências contemporâneas*, mas obviamente estamos no plano abstrato. O que "concretamente" comporta a fidelidade a estes princípios restauradores do símbolo e até onde, na prática, iniciem e devam conduzir para que a formulação corresponda à intenção, não é possível determinar *a priori*, sem o recurso e a prova da experiência, nem fixá-lo estavelmente uma vez por todas. As próprias primeiras aplicações feitas pela Constituição foram progressivamente superadas em base às verificações e às críticas. O que coerentemente pode permanecer – e de fato permanece – de um artigo como o 36: "O uso da língua latina seja conservado nos ritos latinos"? O que dizer, quando se capta a intenção profunda da reforma, também de um artigo como o 38, que fala de "substancial unidade do rito romano"? Rebelião, então, vontade de substituir a autoridade e introduzir novidades por próprio arbítrio? Nada disso tudo, mas consciência obrigatória e clara manifestação das dúvidas, das insatisfações, das inabilidades que não poucos estratos da comunidade parecem perceber por causa dos sinais antigos que permanecem ou daqueles que, até foram renovados, mas com uma novidade artificial que não se aproxima da comunidade real.

Por tudo isso, o trabalho dos reformadores é difícil e delicado se quiser ser solidário exatamente com as efetivas exigências e possibilidades da comunidade de nosso tempo. Mas quais são as exigências e seus símbolos vivos e eficazes? Sem dúvida, devem ser conservados – e é a característica específica do cristianismo, como religião positiva e "tradicional" – as *partes imutáveis, porque de instituição divina, os sinais escolhidos por Cristo* (art. 21, 33), mesmo que tudo isso não deixe de levantar várias questões; mas sua celebração insere-se e se propaga num raio de símbolos "naturais", susceptíveis de contínua evolução e vicissitudes, para os quais a comunidade concorre ativamente para reconhecer, formar ou rejeitar. Sobre o reconhecimento deste realismo fundamenta-se o êxito da renovação da liturgia.

3 A "mística" alma da celebração litúrgica

Para compreender a liturgia é necessário a mentalidade teológica capaz de reduzir os "membros" na resolução que a todos unifica; isto é, o "Mistério" de Cristo em ato *hic et nunc* dentro da ação pluriforme que o significa e o comenta, enquanto o repropõe. É necessário uma concepção longamente assimilada e profundamente penetrada pelo significado do *sacramentum*, do "memorial", com tudo o que eles dizem de "atividade" num *hodie* que é prerrogativa do rito cristão realizar. Tal *hodie* é tomado pelo Cristo Ressuscitado que "é" *hodie et in saecula* (Hb 13,8) e do qual provém a "repetição" de seus mistérios de culto e de salvação. Se faltar isso, a liturgia carece do espírito e da verdade do Novo Testamento. E por que não dizer que, mesmo depois de todas as necessárias reformas realizadas, estamos sempre na tentação natural da "letra", da "carne" e da "lei"?

Não queremos dizer que estes sejam os aspectos sensíveis e rituais da ação sacra, mas que tais se tornam quando não promanam do fundo ou do seio do mistério, quando não forem percebidos e vistos como derivação sua, instrumentos e itinerário, e não sejam internamente transfigurados, de maneira que todas as palavras bíblicas sejam aceitas e ouvidas como sinais da Palavra, do Verbo Vivo feito Carne, de maneira que todos os gestos assumam a função de significar e de estar a serviço do Gesto e do Sinal único e definitivo da Presença e da Ação de salvação que é ainda o Verbo visível e tangível na sua Carne humana.

Isso não acontece por quem sabe que filão de erudição reservada, como privilégio, a poucos eleitos, mas por uma iniciativa comprometedora, sim, mas simples e, no fundo, que totaliza o conteúdo e o sentido da própria elementar Iniciação Cristã e da formação pastoral que tem o fim de transmiti-la.

A educação à liturgia reduz-se a isso, ao aspecto sacramental do ministério sacerdotal, como também a possuí-lo mais sólida e intimamente tende o retorno e o aprofundamento, tanto da liturgia quanto da pastoral litúrgica. Diferentemente, o rito não alimenta, ainda que possa agradar por alguma exterioridade sua, e a palavra não ilumina potentemente e não acende com ardor, ainda que emane algum raio. Não sei se é apenas uma impressão: mas parece que os organizadores da liturgia, certamente não privados de invenção, tenham-se multiplicado neste tempo de reforma e estão perturbando e irritando. Prevê-se que morrerão por exaustão.

Mas a mentalidade teológica, apta a deliberar no mistério, se pede para ser tomada como teologia, torna-se verdadeira só concretamente e, portanto, na experiência. Para que a liturgia seja fecunda é preciso que aconteça nela a experiência do mistério: a efetiva, original, pessoal abertura à ação de Cristo operante na celebração. E então, uma oposição entre vida interior e liturgia, entre contemplação e ação nela, entre mística e rito revela toda a sua aberração e a sua abstrata artificialidade.

Se a ação sacra não me puser pessoalmente em comunhão com Deus, com o Pai, por meio de Cristo, no Espírito Santo, se não atingir a *res* do *sacramentum*, eu não entro na celebração com toda a doação de minha existência na ação *hic et nunc* do Cristo presente na comunidade e, portanto, em mim, na minha fisionomia que está em solidariedade pessoal com todos os membros da comunidade litúrgica, numa vital inter-relação, a liturgia escorre como uma água pura não bebida. A explicitação da riqueza objetiva do ato litúrgico é proporcional ao grau de envolvimento que sabe provocar na comunidade presente.

Então, não só mística – fazendo este termo encontrar seu significado original de participação no mistério e não o reservando a uma sua experiência pelas formas particulares – e liturgia não estão em oposição, mas a eficácia concreta desta é proporcional àquela. Quanto mais o cristão, na sua vida espiritual, por seu esforço ascético, for homogêneo ao conteúdo primeiro da celebração, que é o mistério da salvação, tanto mais a ação litúrgica tem sua animação, seu *spiraculum vitae*, em progressivo crescimento pela graça de que é portadora para aqueles que como "vivos" fazem a liturgia.

Brevemente: a graça de que o sinal é portador deve ser recebida por um espírito aberto a ela; assim como desta abertura o sinal recebe genuinidade e verdade. Mas para que isso aconteça, de quanta simplicidade deve revestir--se o rito litúrgico, que disposição exige, que espírito de contemplação e que silêncio! E também que relatividade o sinal como tal, a serviço de uma vida! E por fim, que pluralidade no próprio uso do sinal, contra aquele liturgismo que é, ainda, a ressuscitada tentação, mas que, chamado com seu nome, nada mais é do que evasão!

4
Sacramentos e espiritualidade cristã

1 Síntese "clerical" de ontem

Com alguma simplificação, mas não sem verdade, pode-se dizer que, no passado, a síntese evangélica exemplar considerada na Igreja era a síntese "religiosa" e a síntese "clerical", vistas como a expressão da mais radical sequela de Cristo e, portanto, da novidade "espiritual" característica do próprio evangelho.

Para poder fazer uma avaliação objetiva desta concepção, que até convivia com a teologia da caridade como princípio absoluto e forma da santidade cristã, seria necessário examinar todas as componentes do fenômeno "religioso" – por exemplo, na idade medieval – para encontrar suas motivações e a "ideologia". Em todo caso, parece inegável que, ao menos paralelamente, se possa constatar uma insuficiente valorização da estrutura sacramental cristã e, portanto, uma menor incidência sua no plano prático.

Assim, os sacramentos recebem uma perspectiva limitada, facilmente interpretados mais em função medicinal e saneadora do que como atos de Cristo, representação eficaz de sua Páscoa, iniciação ao seu mistério e conformação a Ele, por força do Espírito Santo. Não seria exato dizer que estas conotações faltem na precedente teologia, em particular na grande teologia de Santo Tomás, que, de fato, é termo para uma real renovação da teologia atual dos sacramentos. Mas elas não sabem criar uma mentalidade, uma tomada de consciência operativa.

Por outro lado, exatamente a consciência do significado dos sacramentos, e especialmente da Eucaristia, cria o sentido da novidade e especificidade da praxe cristã; eles a fundamentam e a substanciam, imprimem-lhe a imagem e a exigência. Tal praxe pode aparecer como a fiel e concreta tradução dos dados sacramentais. Acenamos a isso ao tratar, no capítulo 1, dos sacramentos e da vida da Igreja.

Valor e função dos sacramentos

Dando a plenitude da redenção – isto é, o Espírito Santo e o Corpo e Sangue de Cristo – os sacramentos colocam na objetiva condição da santidade cristã, aquém de toda ulterior especificação. A começar por aqueles da iniciação, aos quais reservaremos um amplo capítulo, eles inserem perfeitamente na Igreja, fazem assumir seu conteúdo e sua missão. O enfraquecimento, quando não o eclipsamento de uma teologia completa, na mentalidade e, sobretudo, na disposição e prática operativa; a clericalização no sentido discutível e negativo do termo; a busca de formas acrescentadas ou exteriores para convencer-se de estar num estado de santidade e em seu caminho, revela em geral esta carência fundamental. O que é reconhecido para a liturgia – o isolamento sacerdotal, a insuficiente participação e a inevitável influência da ação litúrgica sobre a espiritualidade – vale também para a orientação prática e para a concepção da vida cristã e de suas características e possibilidades.

Páscoa de Cristo e caridade cristã

Retornar a uma visão mais objetiva quer dizer primeiramente agir no sentido da simplificação das componentes cristãs, mas na medida da percepção da riqueza singular e surpreendente dos elementos principais da própria vida cristã, que pede por si ou que em si é apelo à perfeição. Não é dado a alguém mais e a outro menos; ou, não é que seja projetado e teorizado num nível menos exigente – aquele dos mandamentos – e um nível mais exigente – aquele dos assim chamados conselhos. Antes da pertinência – supondo que exista a pertinência teórica – destes discursos existe um discurso fundamental e imprescindível; um discurso verdadeiramente pertinente: é aquele que parte do dom da graça, do conteúdo e da finalidade dos sacramentos, do dom do Espírito – como já temos acenado – e do Corpo e Sangue de Cristo; ou também do dom da Páscoa de Cristo e da real participação nela. Neste ponto, trata-se simplesmente de ser coerente, de agir pela ação do Espírito que assemelha a Jesus Cristo e à sua caridade. Não é pensável a tolerância de uma menor caridade e de uma menos intensa correspondência, até como estado. Nem o sacerdócio – que especifica e distingue – é uma vocação a uma correspondência maior do que aquela estruturalmente inscrita na comunhão ao Espírito e a Jesus Cristo, que é idêntica em todos os cristãos. Nem se poderia falar de um "mais", de uma "maior exigência" na opção religiosa. A exigência de absoluta caridade – no princípio da qual está sempre o Espírito e o sacrifício de Cristo – é igual em todos e é precedente: ela não tolera em si uma resposta menor.

Comum esforço de santidade cristã

Talvez no passado – por uma teologia carente a esse respeito – insistiu-se demasiadamente sobre os meios e sobre os ingredientes, no fim das contas, "exteriores, e se colocou fora o exemplar da coerência evangélica. Assim, o monge apareceu como aquele que se consagra, que busca a Deus, que segue o caminho do Evangelho até o fim, que deixa o mundo. Nisso, talvez, tenha entrado alguma coisa de ideológico; e sobretudo enfraqueceu-se a consciência da fonte da santidade cristã – o Espírito e Jesus Cristo – que absolutamente definem o estado do crente, do "simples" cristão. Este, por sua natureza – por aquilo que é, e sem o qual seria puramente não cristão, não crente – é consagrado: já que a consagração é essencialmente a ação do Espírito de Jesus Cristo, sua interior transformação que é a graça. Disso seguem: a busca de Deus, a adesão com todo o coração ao seu Reino; o Evangelho como norma de vida; a renúncia ao mundo, seu juízo e recusa enquanto não seja salvo por Cristo. Estas atitudes são próprias de todos os fiéis; digamos a palavra obrigatória: são próprias dos leigos na Igreja.

Santidade do matrimônio

A gênese e as causas da "ideologização" deveriam ser criticamente examinadas para ver como uma concepção de sociedade ou uma mediação filosófico-cultural foi pré-compreendida na leitura da Palavra de Deus e na sua interpretação e aplicação. Recordemos uma delas em particular – isto é, uma determinada concepção da sexualidade – que, em algum aspecto, não deixou de idealizar o estado religioso em relação ao estado matrimonial, que em alguma medida impediu que se concebesse a opção matrimonial como opção de pura caridade cristã, chamada a realizar a obra do Espírito e a presença de Cristo fundamentadas e oferecidas no sacramento do próprio matrimônio.

Com isso, não está anulado o espaço teológico da virgindade consagrada. Na sua gênese, ela não tem um Espírito Santo ou um Jesus Cristo "mais abundantes", mas por estes o chamado e a graça de realizar na Igreja uma forma de santidade singularmente profética e em si mais difícil, menos natural, e cujo valor, de qualquer modo, está, como qualquer forma cristã de vida, no grau de caridade sobrenatural que o anima.

2 O sagrado, o santo e o cristão

Se fosse verdade que o sagrado e o santo simplesmente já coincidem, não seriam mais necessários os sacramentos. Os sinais não seriam mais necessários porque o mundo novo, no Espírito, já teria surgido. Teríamos o Apocalipse: "A cidade não tem necessidade da luz do sol, nem da luz da lua, porque a glória de Deus a ilumina e sua lâmpada é o Cordeiro".

Certamente já agora a luz e a lâmpada são a glória de Deus e o Cordeiro, mas na mediação sacramental da graça, que acolhida e vivida gera e difunde a santidade.

Depuração de sacralidade?

O sagrado é destinado a desaparecer, a santidade a permanecer. Mas é necessário ter clara a concepção do sagrado ou do sacramental. Ele diz tempo e lugar, ou gesto e "história" de graça, que não dependem da santidade do homem, que não correspondem a ela e que, muito menos, não são seu resultado. Ao contrário, são sua premissa e sua oferta "exterior", objetiva, gratuita. Parece conforme o evangelho e a novidade e plenitude do tempo neotestamentário a dissolução da "linguagem" (que não é a língua) obrigatoriamente tachada de sacralidade e, na realidade, o contrário é verdade.

Aliás, esta tendência não surpreende: na sua origem está objetivamente um conceito "protestante" de Igreja e, paradoxalmente, um conceito reformado de graça, entendida em sentido antissacramental. Ou seja: a rejeição da mediação e o êxito na subjetividade. A reforma radicalmente não é uma proclamação da graça somente, mas um humanismo ao reverso, uma subjetividade exasperada.

Nesta linha compreende-se a contestação do sacerdócio ministerial e a tendência a fazer coincidir "natureza" e graça, evangelho e filosofia, libertação política e libertação do pecado; mas assim estamos perfeitamente fora da ordem da redenção, enquanto é banalizado o próprio mistério da cruz.

A liturgia tinha necessidade de uma depuração de sacralidade? Talvez. Porém, mais ainda tínhamos necessidade dela nós e a nossa pastoral, já que sempre somos tentados a recuperar e a possuir para a nossa vantagem e para a nossa satisfação libertadora e tranquilizadora o "mundo divino", ou a transferir para ele as nossas necessidades e os nossos esforços, ou a delimitá-lo e concretizá-lo material e comodamente na imanência de nossa história. Disso nos libertou o evangelho, como nos abriu às figuras antigas que se fizeram verdadeiras em Jesus Cristo, que se tornou e é para nós o templo e o culto, o sacerdote e a vítima. Mas simplesmente não nos tirou a realidade "visível" de sua presença, o sacramento, o dado objetivo de seu estar conosco e para nós, de forma que podemos tornar-nos santos. O paradigma e o sintoma de tudo isso é a Eucaristia, que é o Corpo e o Sangue do Senhor, e não outra coisa; portanto, é o Santo – isto é, Jesus Cristo – que nos é entregue na dimensão do sinal/sacramento ou do sagrado para nós, diferente de nós. Logicamente, se santo e sacramental coincidissem, bastaria o Corpo de Cristo e bastaríamos nós; a mediação eucarística seria inútil, enquanto ela é como "a intercessão" histórica, o existir em nosso tempo da glória de Deus e do Cordeiro. Se desaparecesse o regime sacramental, também a Igreja perderia sua visibilidade e seria simplesmente Igreja celeste, ou não Igreja. Rejeitados os erros e os equívocos "sacramentais", o reconhecimento do sagrado ou, talvez melhor, do "sacramento" será sempre necessário.

Irradiação pelos sacramentos

E o será analogicamente também pelas "difusões" sacramentais, que prosseguem como por irradiação pelos sacramentos. Uma vez, falava-se dos "sacramentais": parece-me que não tenham perdido seu correto sentido, nem possam ser reduzidos aos termos da única intenção subjetiva da convenção móvel, da função pedagógica e evocativa. Também eles são uma "forma de graça", que transcende a subjetividade e o apelo puramente intencional.

Um objeto "bento", "consagrado", não equivale absoluta e indiferentemente a um objeto não consagrado, não bento, ainda que um benedicionismo deva ser evitado com cuidado. Também ele significa um dom de graça, mesmo sem a densidade e objetiva eficácia que marca o sacramento.

Sabe-se muito bem que o valor absoluto é a santidade cristã; que sem a fé e a adesão interior, também o sacramento por excelência – isto é, a Eucaristia –, válido em si, não é operativo. É ainda indubitável a precariedade e a condição passageira da ritualidade e de seus textos e elementos, já que são destinados a suscitar o "santo", sobre o qual cairá o juízo de Deus e do qual dependerão, e não ao ofício exercido na Igreja, o prêmio e a bem-aventurança eterna. Mas é exatamente a distinção entre sacramento/ou sagrado, e santo/ou da ordem da graça que permite manter esta verdade cristã incontestável, e reconhecer, para além da santidade do ministro, o valor do sacramento. Este institui o estado da diferença, que, no fim, é a proclamação do primado de Jesus Cristo – no qual sagrado e santo coincidem – e do qual o ministério, o sacramento, é representação e lugar de eficácia, enquanto o "santo" é a afirmação da identidade, do não hierárquico, da realidade – os medievais diziam da *res* – simplesmente.

Não sei se na interpretação das vicissitudes do sagrado durante a vida litúrgica da Igreja estamos suficientemente atentos a captar e a evidenciar este sentido e esta preocupação. É verdade que não existe uma língua sacra – mas é preciso também aqui não atribuir convicções ou posições excedentes, que é até demasiado fácil demolir –, mas será realmente um retorno à magia considerar como sagrada, como fora da palavra e do sentido comum e ordinário, aquela linguagem concreta que substancia o sinal litúrgico, que é sua interpretação, que remonta radicalmente a Jesus Cristo, aquele complexo de textos, de formulários que unem o rito?

Alergia às realidades diferentes

Alguns pontos-princípios – nada proféticos, ou proféticos, como o são, disse alguém, os primeiros contagiados de uma peste – e algumas expressões de uma atitude menos sensível à figura do sagrado, segundo a plausibilidade precedentemente considerada, levaram, por lógica, a assemelhar a ceia na própria casa com a Ceia do Senhor: no fundo, por uma alergia à ceia diferente; isto é, àquela que Cristo criou e determinou para a comunhão de seu Corpo doado e do seu Sangue derramado, identificada com a reunião festiva de fraternidade e de amizade, possibilidade do homem e manifestação de seu desejo. A Eucaristia é outra coisa: precisamente é dom ou graça, é tradição do sacrifício do Senhor. Desta propriedade e diversidade nasce a fraternidade, a amizade, a necessidade de que os banquetes nas casas se façam na caridade.

Infelizmente, com frequência também os cantos – com sua aflitiva monotonia e falta de sabor, mesmo que fácil e comunitariamente compreensíveis e juvenilmente cantáveis – induzem à incompreensão e ao não reconhecimento da Ceia do Senhor ou à sua diluição. Mas, é verdade: o canto sacro não existe. Enquanto alguns, chorando tardiamente o precedente, estão à espera de outro papa segundo seu coração.

Para terminar: não parece muito sábio num clima de secularização – que é mais do que uma heresia, porque é a dissolução do evangelho e o esvaziamento do mistério da graça e da redenção – dissipar ou confundir os sinais do sagrado. Fundamentalmente, pelas razões de princípio acima postas à luz, mas, enfim, também para ajudar os homens a reencontrarem o caminho de Deus. O sagrado não invade, não é ruidoso e, todavia, é perspicaz; quer seja entendido em sentido rigorosamente sacramental, quer como prolongamento dos sacramentos, quer como "convicção" que, ao mesmo tempo, toque o profundo do homem na sua orientação para Deus e dele provenha.

Pode-se acrescentar que certas contestações ou discussões sobre o sagrado têm, entre outras coisas, a característica de ler os sinais dos tempos passados.

5
A Iniciação Cristã
Introdução à história da salvação

Perspectiva do discurso

O Batismo, a Confirmação e a Eucaristia, na sua correlação e unidade de significado "iniciante" e no primado da Eucaristia como sacramento por excelência, introduzem de maneira constitutiva e plena à história da salvação. Tratamos disso desenvolvendo as sugestões oferecidas nos capítulos 1 e 2.

A iniciação e a história da salvação

A Iniciação Cristã é radicalmente possível e compreensível a partir e dentro da realidade da história da salvação, da qual é sinal eficaz e função. A iniciação a pressupõe em ato, como história e experiência de Jesus Cristo, morto e ressuscitado, como realidade do Espírito, derramado pelo Senhor, à direita do Pai, no dia de Pentecostes, e princípio da comunidade, que, com a própria fé e com a própria vida, dá testemunho concreto da Páscoa e do dom do Espírito que dela veio. Sem a presença da história da salvação assim concebida, que dá valor e que sustenta a ação sacramental – que a torna efetivo acontecimento de graça –, Batismo, Confirmação e Eucaristia não iniciariam nada. Conclui-se imediatamente que o discurso primeiro sobre a iniciação não começa pela celebração dos três sacramentos, mas pela história da salvação que está na sua origem.

A iniciação sacramento

Dentro da história constituída por Jesus Cristo, por seu Espírito e pelo testemunho, que é a fé e a vida da Igreja, a iniciação não é, exatamente como celebração, um momento acessório e secundário. Sua liturgia realiza, precisamente porque emerge da história da salvação em ato, uma presença real desta, uma comunhão eficaz com ela. É sua memória e significa seu esforço operativo de participação: é seu "sacramento". Antes, por isso, propriamente a própria Igreja é seu resultado, é edificada na sua origem e no seu crescimento, enquanto, por outro lado, é ao mesmo tempo seu lugar e sua interpretação.

A consequência é o nível e a intensidade da ação do rito. Batismo, Confirmação e Eucaristia não significam uma realidade e um esforço qualquer, mas aquilo que é especificamente histórico-cristão. Sob este aspecto aparece a simplicidade da liturgia da Iniciação Cristã (e da liturgia cristã em geral) – basta que exprima no seu significado essencial a relação com a história da salvação – e aparecem também os diversos planos e as várias possibilidades de disposição daquilo que a significatividade cristã fundamental ritualiza: são planos extremamente móveis em si mesmos, instáveis, e de validade derivada. Mas, ao mesmo tempo, revela-se a dificuldade, a não obviedade da proposição e da manutenção da relação específica com a história da salvação; não são fáceis as condições pelas quais uma celebração evidencia sua ligação com a Páscoa de Cristo, com seu Espírito, com a fé que os acolhe e os realiza, com a Palavra que a veste de significado salvífico. Em outros termos: para que o rito não coincida com a "naturalidade" religiosa, cultural, ou com a antropologia, de que já tratamos.

Do sacramento à vida

Exatamente porque "sacramento", a Iniciação Cristã, por nascer e ser trazida pela realização da história da salvação, da mesma forma realiza-se essencialmente em função dela, segundo toda a sua extensão de realismo. No Batismo, na Confirmação e na Eucaristia não se termina nos sinais, mas somos envolvidos na ação de Cristo e de seu Espírito e com Ele se conclui. Por sua natureza e destinação são "momentâneos" e mediadores: não se autojustificam, não se exaurem em si mesmos. Seria possível dizer: como sua *fons* não é a natureza ou a antropologia, mas o Senhor e o Espírito, ativos no testemunho que é a Igreja – que, aliás, é feita por eles –, assim seu *culmen* não se encontra dentro deles, mas no próprio Senhor e Espírito e testemunho, ou na vida "espiritual", à qual se está iniciado, através dos sinais sacramentais. Portanto, após ter destacado a importância imprescindível da celebração, é reconfirmada a sua relatividade funcional em relação à história da salvação na qual se insere, como em sua *res*. A liturgia não coincide simplesmente com esta e com a vida da Igreja. É um momento intermediário (e que meio, tratando-se de sacramento!). Então, alguém poderia, justamente, perguntar-se como se pode falar de liturgia como *culmen* da *actio Ecclesiae* e *fons* da qual emana toda a sua *virtus* (*Sacrosanctum Concilium*, art. 10).

Vejamos, agora, analiticamente os três aspectos da colocação da Iniciação Cristã – mais exatamente dos sacramentos da Iniciação Cristã – entre a história da salvação em ato, da qual procedem e da qual são sinais operativos – e a história da salvação em ato, à qual introduzem como a realidade de vida.

A história da salvação: Cristo morto e ressuscitado, o Espírito Santo em ato na Igreja

A Iniciação Cristã, como celebração ritual, não é por si mesma criadora da história da salvação. Supõe-na e a proclama acontecida; reconhece-a em ato, ela própria é seu efeito. Batismo, Confirmação e Eucaristia são compreendidos se captados no "tempo" correto, ou seja, na exata conjunção com a configuração presente da economia redentora.

A realidade de Cristo morto e ressuscitado

Esta é, hoje, a realidade de Jesus Cristo: a vida, a morte, a ressurreição do Senhor, que são simplesmente a síntese e critério da realidade e da história. Nós estamos na história da salvação, ou melhor, realizamo-la na medida em que nossa vida concreta – mais adiante precisaremos o sentido desta concretude – é vida "em" Jesus morto e ressuscitado, conformação a Ele na fé, na esperança e na caridade; brevemente: somos homens segundo a projetação e a dimensão da humanidade de Jesus Cristo. A história da salvação é a antropologia segundo Jesus Cristo, no qual fomos predestinados.

O Espírito de Cristo

Porém, afirmar isso equivale a dizer que esta história é o dom e a realidade do Espírito Santo efundido por Jesus. Na sua morte e ressurreição Ele leva a cumprimento em si e por si (como de uma fonte) o plano da história, a antropologia concreta, enquanto envia o Espírito Santo. O princípio da história *sacra* é seu Espírito: do Espírito vive o próprio Jesus, dele é estabelecido como "Senhor" e, portanto, como Salvador permanente. O Espírito Santo, dom "histórico" de Deus em Jesus Cristo, reúne em si todas as *mirabilia Dei*, que desde a criação do mundo e do homem começaram a história da salvação, antes que encontrasse plenitude na morte e na ressurreição de Cristo segundo o Espírito. Hoje, ela é Jesus Cristo ressuscitado dos mortos que, com seu Espírito, é a vida do homem; é a realidade, o lugar, o tempo formados por Ele.

A comunhão com o Espírito de Cristo

Com isso reconhecemos que a história da salvação hoje é a realidade e a concretude da comunhão com o Espírito de Jesus e, portanto, que ela está em ato na comunidade humana constituída pela ação do Espírito. Mas é necessário destacar que esta comunhão e esta ação do Espírito apresentam, ou deve apresentar, os caracteres da visibilidade. Caso contrário, não seria importante o poder do Espírito do Senhor para fazer uma verdadeira história da salvação, capaz de efetiva humanidade. Ou seja:

1) O Espírito do Senhor é princípio da história da salvação quando determinar a consciência, as ações históricas, a historicidade humana e nela criar o testemunho para a presença e para a atualidade de Jesus Cristo. A história da salvação é e se realiza nela, na "praxe", que manifesta como a Palavra de Deus é acolhida na fé, e como nela acontece a "economia" divina. Talvez seja necessário observar que Jesus Cristo, seu Espírito, a comunhão não são realidades ritualizadas, ou sacralizadas. A Páscoa do Senhor é seu sacrifício real, sua ressurreição é sua vida real; o Espírito por Ele efundido não é uma celebração, mas é a Pessoa do Espírito Santo; portanto, a própria comunhão é a verdade de uma vida humana que se interpreta e se desenvolve em participação com a realidade do Espírito de Jesus ressuscitado. Com isso, não estamos, decididamente, numa concepção "secularizada" da história da salvação, exatamente porque a história e a praxe do homem são concebidas na história de Jesus Cristo e no dom "histórico" de seu Espírito: no qual se realiza a verdade humana. Nem excluímos a celebração ou o sacramento: só os condicionamos,

como possibilidade e eficácia, à realidade. Sem dúvida, deve-se ainda falar de "sacralidade", mas esta é entendida de maneira radicalmente nova: pois ela é Jesus Cristo e o dom do seu Espírito que santificam a vida que deles provém, e que é a comunhão. Devemos continuar a falar de história "sacra": mas precisamente, já que nela se exprime e se transmite a vida do Espírito, seria mais perspicaz dizer que ela é a expressão e a transmissão de tal vida. Dizer isso é também fazer coincidir a história da salvação, hoje, com a caridade do Pai, realizada na experiência humana de Jesus, que a manifesta, cumprindo-a, na sua Páscoa e a comunica com o dom do Espírito, pelo qual a caridade de Deus se torna a nossa história. Existe uma correspondência perfeita entre história da salvação, sacralidade e caridade na lei nova do Evangelho.

2) Segundo esta correspondência, que vê o futuro da economia salvífica como visibilidade (no sentido de praxe) da caridade, torna-se evidente que a vida da Igreja e a vida "litúrgica" não se sobrepõem adequadamente, não são correspondentes, enquanto que a vida da Igreja coincide com toda a secularidade, interpretada em Jesus Cristo, vivida segundo seu Espírito: mas, acrescentemos, interpretação e vida, em que entram eficaz, constitutiva e redentoramente os sacramentos, a começar por aqueles da iniciação, entra a "memória" de Jesus, a Eucaristia, da qual todos os outros sacramentos são, de certo modo, participação e função.

Cremos que seja sempre importante recordar esta dimensão da história da salvação, ao menos quanto o é o destaque do valor da sacramentalidade, sob pena de reduzir o evento de Cristo e de seu Espírito, e a circunscrição da comunidade, na qual tal evento deve ser revivido, a alguns de seus momentos, que não a totalizam e não a definem, com a grave incompreensão da visibilidade da Igreja, e da história da salvação, feita equivaler à visibilidade ritual e litúrgica.

Intui-se a carga de equivocidade ou ambiguidade que traria uma reforma litúrgica que fosse administrada pela convicção (ou que não fosse suficientemente crítica em relação a uma convicção), que liga "a celebração" com a história da salvação a ponto de fazê-la coincidir perfeitamente com a própria salvação, ou que insiste sobre a visibilidade e, portanto, credibilidade da Igreja no rito, a ponto de confundi-la com a visibilidade de praxe, que deve ser suscitada pela atualidade da presença de Jesus ressuscitado e pela ação do Espírito Santo.

Iniciação à atualidade da salvação

No contexto da história da redenção que sobressai, de tal modo, como presença de Jesus ressuscitado e ação do Espírito, por Ele enviado em Pentecostes, torna-se significativa uma iniciação através dos sacramentos do Batismo, da Confirmação e da Eucaristia, e se começa a compreender o conteúdo da afirmação temática, segundo a qual eles introduzem à história da salvação. Começa-se a perceber que eles não iniciam a uma história do passado – embora se coloquem, na sua historicidade, também em essencial ligação com um passado –, mas a uma realidade presente e em ato, na qual entra o passado; e, ao mesmo tempo, que eles não são uma introdução a um sistema de sinais rituais, embora cresçam em harmonia com a antropologia e a simbologia de hoje, já que também e talvez sobretudo é preciso que esta harmonia seja submetida à crítica teológica e, de qualquer modo, não ser – como já vimos – o primeiro critério de interpretação.

As consequências disso tudo podem ser intuídas no plano da reforma e da pastoral da iniciação. A interrogação fundamental e o primeiro cuidado pastoral não é: como celebrar, como fazer compreender e introduzir aos textos da celebração, aos gestos, com seu simbolismo; mas, onde, como existe uma comunidade que seja o testemunho do Espírito de Jesus ressuscitado, sua epifania, o lugar em que, por assim dizer, a iniciação possa brotar e ser significativa como ação de Cristo, que tenha a atualidade histórica? Se esta não for a preocupação, age-se pastoralmente num momento e sobre um plano segundo (não dizemos simplesmente secundário!), num campo e sobre elementos já derivados. Sob este aspecto, e neste momento, também a questão da iniciação dos adultos ou das crianças vem depois. Mas passemos ao segundo ponto: o Batismo, a Confirmação e a Eucaristia: sinais eficazes da história da salvação.

Batismo, Confirmação, Eucaristia: sinais eficazes da história da salvação

A comunhão com Jesus morto e ressuscitado e com a efusão do seu Espírito, que formam a história da salvação antecedente, originária e constitutiva e que é destinada a criar a comunidade cristã, realiza-se na forma e no momento primário e estrutural, mediante o Batismo, a Confirmação e a Eucaristia, e isso porque eles são a memória objetiva de Cristo ressuscitado e do Espírito, a mediação da Páscoa.

Valor dos sacramentos: memória objetiva de Cristo

Se acima falamos de relatividade e de parcialidade do gesto sacramental, não era para subvalorizar seu alcance preciso, mas para individuar sua origem real e para não reduzir sua salvação e sua história a rito. Mas agora dizemos: não existe normal iniciação ao mistério de Cristo sem os sacramentos, nos quais Ele é representado e se acha presente, que são sua transmissão eficaz. Se a afirmação do primado litúrgico diante da realidade da caridade levasse, como limite, a uma global e não evangélica sacralização e ao desprezo de uma verdadeira história do homem em Cristo, a incompreensão da eficácia litúrgica – certamente dependente e funcional – levaria, sim, a uma história humana, mas ainda, como limite, a uma história do homem que se faz por si, que não "recorda" Jesus Cristo; que prescinde dele, que quis o sacramento para que exista e cresça a comunidade humana que se interpreta nele e por Ele interprete a realidade, e para que receba, com o dom do Espírito, já o princípio objetivo da interpretação nova.

Contrapor a vida concreta da Igreja, numa palavra, a sua caridade, ou sua missão evangelizadora aos sacramentos, como se estes fossem prescindíveis e secundários, significaria, de fato, renunciar ou subvalorizar a mediação da memória histórica sacramental, que o próprio Jesus Cristo quis e especificou para a continuidade de sua presença e de sua ação, ainda que – devemos logo acrescentar – a iniciação (e cada sacramento) não pode consistir em total validade fora da evangelização e da fé, antes é ela mesma, como memória já em ato, que, por sua vez, foi mediada pela iniciação e agora é testemunho da história da salvação, que os sacramentos concluem.

Batismo, Confirmação, Eucaristia não são, pois, gestos resolvíveis naturalmente, ou na imanência e historicidade do homem, mas uma expressão fundamental da atual Presença do Senhor, que neles, com a efusão do Espírito, torna participantes de seu Corpo, de sua Páscoa. Nesse sentido, são "memória": pois Jesus já está morto e ressuscitado e o Espírito já veio, mas são uma memória "presença", porque a ligação histórica com o evento não se realiza nos limites de um apelo gerado pela recordação física ou psicológica, mas através da comunicação e da participação atual na realidade ocorrida no passado.

Por força desta articulação, o banho batismal, a imposição das mãos com a unção e o banquete eucarístico são, com a formalidade própria do sacramento, história, acontecimentos de salvação. Se dissemos que a interrogação e o primeiro cuidado pastoral da iniciação não é como celebrá-la, uma vez que seja percebida a sua natureza de memória – presença da própria história da salvação, sua celebração revela-se de importância e, portanto, de esforço principal. Mas exatamente porque não estão em jogo coisas, desenvolvimentos cerimoniais autossuficientes, ou um aparato venerando por seus apelos a uma tradição entendida só como passado – é a concreção ritualista ou arqueológica da liturgia, que vê a reforma como restauração, e que agora diríamos antes encontrável ao lado da concepção aventureira, que é sua antítese. Dizíamos: exatamente porque não estão em jogo coisas ou cerimônias, ocupar-se da Iniciação Cristã significa, sim, perceber seu nível dentro do sacramento (a palavra, o sinal), mas ainda numa profundidade maior do que a simples ritualização. Ou seja, com a exata percepção dos diferentes planos e dos diferentes significados na celebração. Antes de precisar, sempre com um só aceno, esta diversidade, recordemos o que acontece através dos três sacramentos, globalmente entendidos.

Os três sacramentos

O Batismo é um banho no Mistério Pascal de Cristo, precisamente na sua morte e ressurreição: a realidade da Páscoa é assumida e participada na sua eficácia atual. No Batismo nasce o "homem novo", "do alto" – o homem da história da salvação –, por força do Espírito Santo (Jo 3,5) que através do sinal da água é o princípio da nova vida, pois é o Espírito pascal, que fez Jesus ressurgir, que vem de sua glorificação, e no qual confluem todas as *magnalia Dei*.

O batizado passa a fazer parte da Páscoa de Cristo e de seu Pentecostes com ulterior plenitude através da Confirmação e com perfeita consumação com a celebração da Eucaristia, comunhão com o Corpo e o Sangue de Cristo que, em sua realidade, são seu sacrifício pascal. Assim, deve-se dizer que: o sentido completo da iniciação é a Eucaristia como verdadeiro Corpo e Sangue de Cristo: o Corpo pascal, morto e ressuscitado e vivo no Espírito; esta é a história originária da salvação, e o iniciado, a partir do Batismo e através da Confirmação é incorporado ao Corpo e ao Sangue de Cristo ("concorpóreo", "consanguíneo"; cf. CIRILO DE JERUSALÉM. *Catéchèses mystagogiques*, IV, 3). Segundo o destaque cristológico, o itinerário sacramental poderia ser descrito assim: Jesus Cristo ressuscitado começa a representar e a associar à sua Páscoa histórica no sacramento batismal, amadurece a participação na confirmação e a consuma na Eucaristia; e assim como a Páscoa é a história da salvação na sua constituição, o itinerário dos primeiros três sacramentos é um itinerário de introdução à história da salvação, exatamente por seu caráter crístico.

Por outro lado, se tivermos presente que a Páscoa de Cristo atinge seu cume e a sua perfeição na efusão do Espírito Santo, segundo o destaque pneumatológico, o itinerário de iniciação poderia ser delineado e compreendido como a progressiva ação e participação do Espírito Santo, pelo Batismo onde o homem novo, como Cristo, é fruto do Espírito, através da Confirmação, para a Eucaristia onde o Corpo pascal de Cristo é igualmente dado pelo Espírito.

Mas as duas linhas – a cristológica e a pneumatológica – não são separadas: Cristo ressuscitado age na iniciação e faz entrar no seu mistério de morte e de ressurreição através do Espírito; e, correlativamente, o Espírito de Jesus ressuscitado não faz mais que propor e introduzir no próprio Mistério Pascal.

A gênese da Igreja

Assim, disso segue-se "feita" a Igreja: a iniciação "faz" a Igreja – tanto num sentido quanto num plano profundamente diferente em relação àqueles segundo os quais se diz que a Igreja "faz" a iniciação: e pensemos que estamos ainda, a respeito, numa ambiguidade que não distingue a identidade puramente verbal do "fazer". Da iniciação resulta a Igreja como comunhão na Páscoa e no Espírito, comunidade em que vive o Espírito de Jesus ressuscitado, na fé e no testemunho da caridade, a comunidade que é o Corpo de Cristo, o lugar do seu Espírito, a tradição da salvação, a história da salvação, precisamente como caridade, continuação da caridade pascal.

Já tocamos o tema da fé: a Iniciação Cristã parte da fé, e esta é a primeira mediadora da economia da redenção enquanto é acolhimento da Palavra de Deus, que no fim é Jesus Cristo, e o Cristo pascal. Através da fé, sobretudo, o passado é reapresentado, recebido como presente: a fé não é busca e conhecimento, mas aceitação do mistério de Deus na sua atualidade. Mas não se trata somente da fé de quem é iniciado, e para o qual, nela, a história sacra toma a dimensão da presença; trata-se também – e pensaríamos que se deva insistir nisso – da fé e da fidelidade da comunidade que já resultou da iniciação, e na qual ela se completa, dispondo-se como termo de introdução, como lugar de expressão histórica da salvação. Brevemente veremos sua consequência.

Os níveis do sacramento e a pastoral

Pelo íntimo relacionamento entre celebração dos sacramentos do Batismo, Confirmação, Eucaristia e ação salvífica, já temos reconhecido a importância da pastoral litúrgica da iniciação, mas, dentro da própria celebração, temos também afirmado uma diversidade de planos. É necessário percebê-los e distingui-los – e já acenamos para isso – para que o esforço não seja desviado ou absolutizado no nível da simples ritualização e para que não aconteçam retomadas estéreis – catequéticas e pedagógicas – ao passado ilusoriamente atual.

Com efeito, numa liturgia, é preciso considerar a relação do sinal com a história da salvação, sua exegese nesta linha, a ligação com a "imitação" real do mistério de Cristo (é Cirilo de Jerusalém que fala de *mimesis* em sentido diferente: *Catéchèses mystagogiques*, II, 5, 3-6; 6, 12-13), e a ritualização desta "imitação" real ou do significado fundamental e específico do sinal, que, ainda que forme unidade, vem, porém, em segundo plano: em parte a ritualização é em si mesma móvel e culturalmente variável, como demonstra a história da liturgia.

Poderíamos chamar o primeiro nível, aquele extremamente simples em si mesmo e absolutamente insubstituível, de memorial essencial, através do qual o rito alcança a história sacra, e o segundo aquele da derivação, mais complexo, que simplesmente não se pode negligenciar, por sua própria funcionalidade em relação ao primeiro nível e antes, num certo sentido, concretamente inseparável. A preocupação pastoral não poderá deixar de lado o sentido desta hierarquia ou gradualidade e procurará principalmente tornar perspicaz a significabilidade na linha de tal história "sacra" – isto é, da morte e da ressurreição de Cristo – com as ligações essenciais à "velha história" (como diz São Cirilo em *Catéchèses mystagogiques*, I, 2, 4; 8, 15). Dizemos essenciais no sentido de indispensáveis para compreender a própria historicidade da Páscoa, deixando, porém, o que se apresenta com os caracteres da definitiva caducidade, ao menos para os objetivos de uma liturgia. Para exemplificar a distinção de nível: a ritualização da Eucaristia poderá variar, mas nela jamais poderá faltar o sinal, a palavra que a faça aparecer na sua natureza de ceia do Senhor, de representação de seu sacrifício, portanto, de seu Corpo e de seu Sangue e, portanto, ainda, na sua natureza de ato de caridade pascal. O desenvolvimento do rito – aquilo que temos chamado de ritualização – partirá, por assim dizer, deste significado e sinal original e definitivo e por ele será determinado, por mais diferente e mutável que seja a forma.

Para voltar à iniciação: sua pastoral litúrgica deverá ocupar-se, por absoluta exigência teológica, primariamente do sinal original e definitivo. Repetimos: não para negligenciar a ritualização, em que convive, em solidariedade e em vital unidade (compreende-se quando existe esta viva solidariedade), o significado primeiro e o derivado, mas para o correto juízo de hierarquia, da qual nasce a liberdade litúrgica.

Naturalmente, quando falamos de liberdade, não entendemos reservá-la à arbitrariedade do indivíduo, mas que permaneça como que numa liberdade segundo a teologia, que jamais poderia admitir uma celebração na qual se perca ou se altere a referência e a interpretação fundamental; todavia, liberdade cujo apelo é sempre necessário e atual, para que um conjunto de sinais não seja obrigado a carregar um peso de importância que não tem, e não se assuma o elemento derivado para compreender ou para sustentar o original.

A "exegese" da comunidade concreta

Mas, em particular, gostaríamos de salientar a interpretação que a celebração dos sacramentos do Batismo, da Confirmação e da Eucaristia deve receber da comunidade concreta, aquela que dissemos ser suscitada pelo Espírito de Jesus ressuscitado como comunhão em que revive a história da salvação e na qual a liturgia iniciante se completa. Esta liturgia, exatamente porque mediação, realiza-se enquanto é gerada e sustentada no seu valor pelo poder de Jesus ressuscitado e por seu Espírito, mas passa através de uma Igreja, o ministério que nela age, na sua fé, que já mencionamos como primeira condição de representação da história da salvação, e toda a sua vida, já que a ação salvífica toca toda a antropologia e a secularidade, para que se manifeste segundo a caridade. Ora: sobretudo os sinais essenciais da celebração da iniciação e, antes ainda, seu conteúdo e significado global, encontram sua interpretação real (além daquela que poderíamos chamar catequético-pedagógica) não só e quase não tanto na condição celebrativa da Igreja, mas naquela antecedente (uma antecedência de natureza) e habitual, na qual se lê, segundo a forma da realidade, o que é o Batismo, a Confirmação, a Eucaristia cristã. Sem este horizonte vivo, que seja a síntese entre a memória e o testemunho, que revele a presença da Páscoa e do Espírito na experiência cristã, também a ligação fundamental da celebração com a história sacra torna-se menos consistente e perceptível, tende a reduzir-se e a exaurir-se: a comunidade não oferece sua credibilidade e, por isso, reduz o espaço da iniciação. Pensamos em sinais de Eucaristia litúrgica postos numa comunidade em que esteja ausente a confirmação da caridade, que é a mesma realidade da ceia e do sacrifício do Senhor.

A ação do Senhor e a resposta da caridade

Com isso não se nega, certamente, aquilo que se acostumou chamar de *opus operatum*, que é precisamente a presença constitutiva de Cristo ressuscitado e de seu Espírito, que não é criada em si mesma nem determinada no seu poder pelas condições da Igreja. Só que esta presença não se coloca abstratamente e exige um testemunho: aquilo que é chamado "intenção de fazer o que faz a Igreja" não é senão um mínimo de testemunho, que – se permanecesse assim – indicaria uma Igreja que está se apagando. O *opus operatum* não é uma "coisa": mas a própria ação do Senhor que pede não somente a disponibilidade litúrgica. O sinal está imediatamente conexo àquilo que a Igreja é e vive simplesmente: não é autônomo, mas depende dela, para sair de uma espécie de indiferença, ou neutralidade e anonimato. É o grau de história de salvação como continuação do amor pascal que impede ao sinal (aqui ao sinal da iniciação) de voltar-se sobre si mesmo e de ser deixado aos seus recursos, bastante precários e até inconcebíveis sem a vida da Igreja. Em outras palavras: não temos de um lado Jesus Cristo, depois a Igreja e, assim, a celebração. Temos Cristo que, na celebração, suscita a Igreja e temos a Igreja, a qual, nos sinais da celebração que põe e confirma por si mesma (partindo de tudo o que é), se abre e manifesta e revive em si Jesus Cristo e seu Espírito.

Se a hermenêutica litúrgica vem da caridade da Igreja, a pastoral da iniciação encontra nela seu critério e seus momentos. Já o temos recordado: o que importa antes de mais nada (e falamos ainda especialmente de prioridade de natureza) não é multiplicar materialmente as iniciações, mas torná-las críveis, e não é, portanto, reformar ritos e mudar textos: não porque não seja importante, pelo contrário (já que o rito, e suas palavras, atestam e são sinal eficaz da ação do Senhor), mas porque não é possível a leitura profunda, última e primária, do Batismo, da Confirmação, da Eucaristia em base à ciência histórica, que ilustre gênese e evolução – os historiadores, aqueles verdadeiros e raros, são indispensáveis, mas não são suficientes para uma vida litúrgica. Nem é possível em base às relações internas dos sinais e dos momentos ritualizados, ou às leis psicológicas da celebração – os psicólogos e os cerimoniários (se por acaso ainda existirem!) são úteis, mas são igualmente insuficientes.

Se a vida concreta da Igreja é a hermenêutica da iniciação, é também e consequentemente porque ela, como vida, é seu termo, ou seja, como comunhão com Cristo e com seu Espírito. É o segundo aspecto do caráter medial do sacramento.

A vida em Cristo e no Espírito: término da Iniciação Cristã
O sentido final dos sacramentos

Sobre este ponto, o discurso já foi feito substancialmente quando falamos da história da salvação. A iniciação recai sobre ela, e lhe é totalmente relativa. Como é ontologicamente condicionada a ela – é a atualidade da Presença de Jesus Cristo e do Espírito Santo que a torna possível e compreensível, junto com a vida da Igreja que dela deriva, que é vida em Cristo e no Espírito –, assim é a ela que sua celebração conclui. Completa-se não para que permaneça fechada em si mesma (seria insignificante), mas para que se tenha aquela vida "espiritual" que é própria do homem da história da salvação. Palavra de Deus, sacramentos: estão em função do homem segundo o Espírito, ou na caridade. É aquilo que a teologia distinguiu e chamou – como já sabemos – com o termo de *res*, no qual se encontra a validade completa da liturgia.

Com isso, ainda não retornamos a uma visão redutiva dos sacramentos, mas ao seu verdadeiro sentido diante daquele sacramentalismo que já conhecemos como redutivo, tanto da história da salvação quanto da vida da Igreja, ou vida cristã simplesmente. Isto é, estamos nos sacramentos/memória de Cristo, para que toda a Igreja e sua vida, que afinal é a vida do homem no Espírito, seja a memória, o anúncio, a visibilidade de Cristo. Não desenvolvemos o que significa a vida, a história da salvação no iniciado. Basta ter precisado a funcionalidade e, portanto, ter "relativizado" – no sentido de posto em relação e em função – a celebração da Iniciação Cristã e exatamente colocado – cremos – a pastoral litúrgica que a ela se refere e que recebe horizonte, medida e eficácia numa pastoral total da Igreja – isto é, da fé, da esperança e da caridade –, na qual Jesus ressuscitado com seu Espírito se revela e faz a Igreja.

O último culmen

Nesta vida consiste o *culmen* da Igreja, já que ela é a vida de Jesus Cristo ressuscitado da morte. Mas, ainda um *culmen* que espera a consumação final, a conformação perfeita ao Senhor, a ação plena do Espírito que terá resgatado a mortalidade e transformado toda a realidade no Corpo de Cristo. A história da salvação estará terminada no *Eschaton*; então, será revelada em toda a sua verdade também a iniciação, que agora está sempre por vir e em fase de projeto começado. Então, os sinais sacramentais e as memorizações desaparecerão: será superado aquilo que nós exprimimos com o esquema da distância, junto com o limite da historicidade, e há de revelar-se como glória, ao cessar da liturgia, a sua própria "realidade". Será – como se costuma dizer – a "liturgia celeste", mas, claramente, o termo liturgia é então empregado num sentido bem diferente daquele que se usa para a liturgia terrena. Diz-se também: Na liturgia terrena, nós participamos pregustando-a em relação à celeste (cf. *Sacrosanctum Concilium*, 8); mas é sua pregustação e participação ainda mais profunda a caridade, da qual cada rito é função e sinal, antes que Cristo "entregue o reino a Deus Pai [...] e Deus seja tudo em todas as coisas" (1Cor 15,24).

6
Batizados na fé da Igreja

A praxe do Batismo de crianças – que há algum tempo e não sem motivos desperta perplexidades e levanta interrogações – envolve, mais do que uma disciplina eclesiástica, alguns dados teológicos fundamentais.

A fé eclesial na ação sacramental

O primeiro dado é a própria praxe da Igreja que, por sua antiguidade e amplitude, é teologicamente significativa. Além de não se opor à intenção do mistério cristão, tal praxe exprime alguns de seus aspectos de extrema importância, particularmente em relação ao sentido da presença e da ação sacramental de Cristo. Deste contexto compreende-se, no seu verdadeiro conteúdo, o relevo que a fé da Igreja recebe no Batismo das crianças.

Mas, na realidade, é preciso sermos mais rigorosos e mais perspicazes, e captar logo o papel da fé eclesial na ação sacramental, antes ainda da distinção entre adultos e crianças (ou infantes). Em caso algum, a fé "cria" o sacramento, ou seja, a presença sacramental de Jesus Cristo. Ela determina seu espaço – por assim dizer – de emergência, que supõe a própria presença de Cristo; isto é, o valor de sua pessoa e de sua obra de salvação: valor realizado, escatológico, que compreende o tempo e a história, que nele se encontram como que assumidos.

A vontade e a possibilidade de Jesus Cristo, na sua condição de Senhor e de Salvador perfeito, antecedem a fé e a área que ela estabelece e que confere a atualidade, ou melhor, na qual a atualidade de Cristo toma concretude, temporalidade, circunscrição. A "graça" precede ontológica e existencialmente a fé, a quem é oferecida. O Espírito é concedido ao crente pelo Senhor.

A Igreja sinal real de Jesus Cristo

Mas – e é o segundo dado teológico – esta fé, ou fé da Igreja, substancialmente, de fato já existe. O espaço que medeia e permite atualidade concreta ao Espírito do Senhor é a própria Igreja, seu existir como ligação e amor objetivo por Cristo. Aqui é exato dizer que a Igreja é a fé em Jesus Cristo, a fidelidade a Ele, por Ele mesmo criada: a Igreja, com sua união ao Senhor, não se faz por si mesma, mas deriva dele, é o sinal real de sua ação redentora, é sua própria redenção. É preciso insistir nesse caráter eclesiológico objetivo da fé e nesta derivação da Igreja de Jesus Cristo. Então, adquire todo o seu alcance a expressão relativa ao sacramento conferido "na fé da Igreja".

Iluminismo e crise eclesiológica

A crise teologicamente mais aguda que, nestes anos, a Igreja atravessou e ainda está atravessando é de natureza propriamente eclesiológica, uma incompreensão como mistério objetivo de salvação e sacramento real e eficaz do plano de Deus. Ou seja: a Igreja foi e ainda é atacada por uma crítica de tipo iluminista, com frequência por aqueles mesmos que se propõem superar a teologia iluminista. E é iluminista – isto é, não cristã – uma teologia na qual se tenha apagado o sentido e a percepção do primado do mistério. Um indício claro é uma espécie de estado de acusação e de crivo judicial no qual a Igreja é disposta, chamada quase a se justificar e a dar a razão de si mesma. Mas é simplesmente impossível, já do ponto de vista do método, fazer teologia, se não se parte da aceitação da Igreja como obra de Deus, a quem intimamente concordar e consentir.

O espírito crítico, sem o qual não existe teologia, coloca-se noutro plano e contexto. Se quisermos precisar: o limite mais evidente e mais grave de uma certa eclesiologia hoje está numa exteriorização que não consegue dar e reconhecer consistência à realidade da Igreja que, se é formada pelos indivíduos e não abstratamente concebível, é também para nós pré-formada e recebida independentemente dos indivíduos, pela verdade da ligação criativa de Cristo, de quem veio e por quem existe a "Católica" – diria Agostinho (*Contra Cresconium*, III, 67, 77): Igreja que é estrutura sacrossanta, lugar histórico da ação de Jesus, de seu senhorio e poder no tempo; "área" do Espírito e de sua santidade – repetimos – objetiva e intrínseca, que a terminologia usada (estrutura, lugar, área) traduz bastante imperfeitamente. Talvez não seja exagerado afirmar que existem, em eclesiologias atuais, traços de luteranismo, com sua justificação imputada e incapaz de sanar radical e entitativamente o homem, e também – não ilogicamente – tendências pelagianas, de consciência e vontade de autorredenção.

À parte isso, se não se perceber e não se insistir sobre esta objetividade e sobre a existência e consistência da fé da Igreja, que vem a coincidir com o existir e a antecipação da própria Igreja, não se compreende nenhum sacramento, que acabaria somente impossível. Daqui, pode-se e deve-se recuperar e valorizar devidamente a expressão "sacramento" da Igreja ou – como diria Santo Ambrósio – "grande e salutar mistério da Igreja" (*De Spiritu Sancto*, II, 10), que já está em ato e do qual se participa quando nos reunimos nas Igrejas particulares. Também este aspecto da eclesiologia, profundamente tradicional, é importante: todas as comunidades, com sua fé, fazem referência à realidade, não à ideia, da Igreja universal, que nelas se exprime e, de certa maneira, especifica-se e se circunscreve.

É preciso reconhecer que as categorias e os critérios hermenêuticos que não se encontrarem no interior da originalidade e propriedade do mistério cristão não conseguem perceber e dar inteligibilidade a estas relações internas da Igreja.

O Batismo de um adulto e a maternidade da Igreja

Em terceiro lugar, importa observar que cada ação sacramental implica e é possível por esta relação entre Cristo e a existência da Igreja com sua fé. A graça é transmitida pelo serviço da fé eclesial: a fé que constitui o mistério da Igreja universal e que, aqui agora, é considerada e realizada pela fé da particular comunidade reunida. Como acenávamos, esta existência e consistência da Igreja é graça de Jesus Cristo, que mostra sempre o objetivo relacionamento com a Igreja.

Por hipótese, apresentemos o caso do Sacramento do Batismo de um adulto. Ele se realiza pelo dom de Cristo e a obra da Igreja, de sua maternidade, de seu mistério, do qual é sinal e realização a comunidade que agora celebra, ou, ao menos, também só o ministro que se coloca na real intenção de identidade com a Igreja. A fé particular do adulto que é batizado é indispensável, mas vale como vontade de acolhimento e quase perímetro de presença sacramental na suposição do já existir da Igreja, por cujo serviço a

Cristo o adulto recebe a graça, e da qual, preexistente, Ele entende participar. Isto é, também o adulto que dá sua adesão consciente é batizado, não menos do que a criança, na fé da Igreja, que ela não sabe suscitar, mas que, sobretudo, se encontra e da qual se torna membro. Ele é gerado pela Igreja e pela fé.

A disponibilidade pessoal – que significa seu propósito de aderir a Jesus Cristo – insere-se eficazmente no acolhimento que define a Igreja. Este é um aspecto essencial da economia cristã que deve ser fortemente relembrado e novamente sublinhado. Também a fé do adulto faz referência à fé da Igreja, que o precede: abrandar sua sensibilidade e sua convicção comportaria individualizar a salvação e desprezar o sinal e o meio pelo qual ela acontece e que para todos identicamente é a Igreja.

1 O significado do Batismo das crianças

O primado da graça

A diferença entre o Batismo da criança e aquele do adulto não é o diferente relacionamento com a Igreja, por cuja mediação todos igualmente recebemos e cuja presença e obra indicam-nos a gratuidade da salvação; mas na fé subjetiva, consciente, que falta na criança e que ao invés no adulto faz espaço por livre-eleição à graça. Então, como se pode compreender o Batismo das crianças? Que valor ele tem?

Necessidade do Batismo

A necessidade salvífica do lavacro batismal, e a situação não batismal como anômala em relação à própria salvação, não é discutível. Todos têm necessidade de nascer do alto, do Espírito e da água (Jo 3,5); de ser colocados numa situação nova em relação à situação natural; de entrar positivamente no horizonte da redenção histórica de Jesus Cristo; de ser constituídos Igreja. A interrogação sobre a sorte de quem sem culpa não é batizado, em particular da criança, e a indubitável vontade salvífica universal, que projeta e conduz um único plano, não podem prejudicar a certeza sobre a necessidade do Batismo, precisamente entendido como ingresso positivo – não dado por força do puro nascimento terreno – na comunhão de Cristo.

Batismo e âmbito eclesial

Todavia, não se consegue que cada criança seja de qualquer modo batizada, a prescindir de qualquer outra consideração. Salvas as precedentes indicações dogmáticas e teológicas, aqui entra o problema pastoral, que avalia as circunstâncias. Como norma, a Igreja realiza o Batismo das crianças quando o vê colocado num âmbito de fé ou de Igreja, no qual a objetiva graça batismal possa depois subir ao plano do reconhecimento e da confirmação. Certamente não é exato, ou é bastante pouco persuasivo, considerar esta fé na qual se insere a graça batismal da criança como nominalmente aplicada ou atribuída à criança, como um "crer no lugar de", recorrendo ao princípio da solidariedade. Antes de mais nada, a fé é a mediação originária e real da graça, e neste sentido é a Igreja, e age em cada sacramento; a fé eclesial, à qual, por assim dizer, é confiada a graça do Batismo, é aquela na qual previsivelmente ela amadurecerá com o crescimento da criança. A Igreja está bem longe da concepção que um reconhecimento e um pessoal acolhimento e experiência cristã sejam impossíveis no menino. Tal experiência existe em graus e em formas diferentes; uma comunidade composta só de adultos, que exclua da vida, também sacramental, as crianças e a idade inicial, seria de qualquer maneira artificiosa, empobrecida e, no fim, não natural. Certamente a participação dos meninos pode ser projetada diferentemente, mas, em princípio, não pode excluir a modalidade do Batismo.

Os vários contextos da fé eclesial

Deve também ser precisado que este contexto de fé que, em união com a Igreja universal, é mediação de graça, e que imediatamente acolhe e se faz garantia, pode se oferecer e se manifestar de muitos modos.

O primeiro modo é, sem dúvida, o familiar, mas não é o único. Existe o escolar, o de movimento, de grupo, o paroquial etc. A experiência ensina que a ajuda ao progresso da fé vem por ocorrências multiformes e múltiplas. Seria não suficientemente perspicaz um juízo unilateral. Depois, sem esquecer quanto é difícil – e antes em si impossível – avaliar as condições de fé, por exemplo de uma família, dos pais. Muito menos deve ser subavaliada ou ser considerada fundamento superado e negligenciável a providência que acompanha o plano de salvação em ato na criança batizada.

Aliás: tanto é homogênea e plausível uma comunidade cristã na qual o mistério de Cristo e da Igreja é assumido e convivido por adultos e por crianças, também em forma sacramental e não só catecumenal, quanto seria não natural, incoerente, uma "comunidade" de adultos que rejeitam ou claramente não vivem a experiência cristã, e isso não obstante o Batismo das crianças continuar a ser celebrado. Faltaria, então, aquele perímetro que lhe confere sentido de fé e no qual se enxerta para crescer, e correria o risco de ser um fato de "cultura", de passiva tradição, no qual está extinta a propriedade original e eletiva. Permanecem sempre importantes os destaques dogmáticos sobre os conteúdos do Batismo, sobre sua absoluta necessidade: somente que, de fato, não existiria uma comunidade disposta a reconhecê-los e levá-los adiante. Ora, um sacramento não vive por si, mas porque foi constituído historicamente e lhe são conferidas interpretação e forma. Eis por que, talvez, não se discutirá ainda muito se dar ou não o Batismo a crianças em certas condições. Esta discussão será, provavelmente, uma fase transitória; inevitavelmente se chegará – como está acontecendo agora (em analogia com o Sacramento do Matrimônio) – a não pedi-lo mais.

Perspectivas sobre o Batismo de crianças

Certamente – como já dizíamos acima –, a Igreja poderia estabelecer uma praxe diferente da atual a respeito do Batismo das crianças. E mais: a presença de um estado catecumenal teria, por certo, um significado: faria retomar aspectos e valores que uma disciplina do Batismo em tenra idade, se não suficientemente lúcida ou demasiado tranquilamente admitida, corre o perigo de relegar e de cobrir. Isto é, teria a eloquência de uma opção, de uma preparação e conversão.

Parece que a Igreja deva sentir a necessidade, para seu "bem-estar" e seu "equilíbrio", de uma categoria de catecúmenos evidente e em destaque. Por este lado, não se trataria só de problema pastoral e disciplinar. E todavia acreditaríamos que, em todo caso – e também agora que a praxe do Batismo das crianças registra um significativo fenômeno de decréscimo – a Igreja não pode simplesmente escolher, como alternativa que não causa problema, a "norma" do Batismo dos adultos. Poderá ser constrangida a isso se o Batismo dos pequenos não for mais pedido (mas será bem difícil se existir a Igreja); de qualquer forma, jamais cessará, supomos, de insistir sobre a importância e o valor do renascimento em Cristo, do dom do Espírito, da plena comunhão eclesial que tal Batismo comporta e confere às crianças. Com frequência, as motivações sobre sua liberdade a ser respeitada e, portanto, a espera de uma superior fase psicológica denotam uma visão incompleta e até míope da realidade cristã. Alguns pensam que se deva partir para um pluralismo de praxe, mas em si – e de fato uma análise o revelaria – o rareamento do Batismo das crianças está bem longe de ser indício de uma exigência de fé madura. Se ele for adiado, não será sempre sem algum incômodo.

Porém, é bastante sintomático que, a propósito do tempo para conferir o Batismo, a pastoral da Igreja, hoje, não urja como no passado e tenha aumentado a atenção a outros valores, além daqueles que exigem ser conferidos o mais breve possível, como a adequada disposição da família e da comunidade. A juízo da própria Igreja, para além das oposições concretas que podem mudar, o Batismo das crianças jamais será tão marginalizado que perca um sentido altíssimo e se torne uma opção secundária. Ele continuará a propor a antecedência e a gratuidade da salvação sobre a deliberação do homem; a proclamar o plano salvífico de Deus simplesmente para o homem que é chamado e escolhido a isso, pelo próprio fato de existir e de vir ao mundo; a acentuar, quase, a função mediadora da Igreja, a remarcar uma gradual, autêntica e válida capacidade de santidade e de graça, a partir dos inícios da vida humana, e convivente com a idade adulta; e, enfim, mas não secundariamente, a afirmar que a vida à redenção vem pelo renascimento, pelo Espírito e pela água, e que a criança batizada, se tivesse de morrer, iria seguramente ao paraíso: o que, se não aos olhos de todos os teólogos – isto é, excluídos aquele que são mais sociólogos – importa extremamente à Igreja. São verdades que, desprezadas, alterariam gravemente a concepção e a experiência do mistério cristão.

7
Reflexões teológicas sobre o mistério do Batismo

Este capítulo se propõe oferecer algumas anotações de teologia batismal, referindo-nos, a título de ensaio e de modelo, a alguns textos litúrgicos (de origem certamente patrística), nos quais, sem que fosse teológica, praticamente (espiritualmente) apreciada e habitualmente traduzida no ensinamento, permaneceu presente e proposta uma rica teologia batismal (ou, mais completamente, da Iniciação Cristã); isto é, as missas pelos neobatizados ainda contidas e de possível celebração no Missal Ambrosiano do Sábado Santo ao Sábado *in albis* (digo possível, enquanto nem foram traduzidas com a introdução da língua italiana; por outro lado, também com uma certa coerência, porque, de fato, a conexão entre Páscoa e Sacramento do Batismo, na prática, estava perdida)[14]. Sobre isso, podemos acrescentar um destaque geral: efetivamente, sobretudo na liturgia pascal, os textos continuaram a oferecer uma ótima teologia que, todavia, permanecia como capital inutilizado e, mais ainda, inutilizável pela mentalidade e pelas impostações concretas que não estavam conformes a eles. Faremos também algum aceno a um precioso texto de teologia-liturgia-pastoral batismal, uma das testemunhas da grande e fundamental atividade catequética dos pastores de almas dos primeiros séculos: *As catequeses mistagógicas de São Cirilo* (ou João) *de Jerusalém*[15], no qual eficazmente o mistério da Iniciação Cristã, que inicia

---

14. Citamos estes textos com a sigla MB (= *Missa pro Baptizatis*). Como aparece nas tabelas comparativas do *Sacramentarium Bergomense* (Bérgamo: A. Paredi, 1962, p. 458-468, 482), a maior parte dos textos eucológicos das *Missae pro Baptizatis* atualmente presentes no Missal Ambrosiano encontra correspondência nos antigos sacramentários romanos (Veronês, Gelasiano e Gregoriano).

15. Dependemos de CIRILO DE JERUSALÉM. *Catéchèses mystagogiques*. Ed. de A. Piédagnel. Paris: Du Cerf, 1966.

com o Batismo e se consuma na Eucaristia, é proposto e comentado depois de sua celebração.

1 O Batismo na perspectiva geral da história da salvação

1 A tarefa da teologia – e hoje não saberia dizer exatamente em que se distingue, segundo limites rigorosamente delimitados, a teologia chamada bíblica e a teologia chamada especulativa (ou sistemática) – é a de determinar exatamente o conteúdo da história da salvação para ter sua possível compreensão na fé. Ou, em outros termos, é a atual compreensão, a partir e dentro da palavra de Deus, do mistério de Cristo que é a história da salvação.

Acrescento "atualmente": para dizer que a teologia, no seu acolhimento e experiência (global) do mistério de Cristo está inserida no tempo (em sentido positivo, "pastoral", e em sentido de relatividade de história e de estrutura); e, portanto e sobretudo, para indicar que a teologia entende e percebe o significado do mistério da salvação dentro de seu desenvolvimento na história da Igreja. A teologia, pois, fixa o próprio objeto, que é o mistério de Cristo, num complexo de relações: tendo por fundo o AT, que prefigura e prepara, ao seu cumprimento decisivo, único, não repetível, originário, ao seu desdobramento no tempo até o retorno de Cristo. Isso numa perspectiva de história. Numa visão de estrutura, que é inseparável da perspectiva histórica (se a teologia quiser ser concreta), a pesquisa procura ver a conexão interior dos diversos aspectos do mistério cristão integral.

2 Segundo esta premissa metodológica, a teologia do Batismo pesquisa o significado, em ordem à história da salvação e à estrutura do mistério de Cristo (e com os relacionamentos postos à luz), do gesto do lavacro, da celebração que chamamos banho batismal. Esta pesquisa pressupõe o conhecimento e o valor da história da salvação, no seu cumprimento em Cristo; isto é, o conhecimento do Mistério Pascal do Senhor, de sua morte e ressurreição. A teologia do Batismo é uma função da teologia da Páscoa de Cristo. Com efeito, esta é o centro e o cume do plano salvífico, e toda a realidade teológica reduz-se a ele, quer como preparação prefigurativa quer como aspecto, implicação e explicitação.

Fazer a teologia do Batismo quer dizer, pois, discernir a relação entre o Batismo e a Páscoa de Cristo, sem a qual, condicionante como é a matéria e a expressão do plano divino no tempo a partir de Cristo, a teologia do Batismo não teria nenhum significado.

Isso mostra logo que na base, por gênese e por estrutura, da teologia batismal está a teologia pascal. Sem uma compreensão da Páscoa não é possível uma compreensão do Batismo, como, aliás, de cada sacramento, como também do regime sacramental, não só, mas do próprio Evangelho, da própria vida cristã e da própria Igreja. De fato, é significativo observar que a renovação teológica do nosso tempo deu grande espaço ao estudo do Mistério Pascal.

Talvez, não seja exagerado dizer que foi, senão necessariamente em sentido cronológico, mas em sentido de valor, de dinamismo e de exigência, a descoberta do alcance e das dimensões do mistério da Páscoa do Senhor, no duplo e indissociável aspecto de morte e de ressurreição, de paixão e de glória, a despertar na Igreja a retomada bíblico-teológica, litúrgico-espiritual e pastoral.

3 Se o ponto de partida genético e continuísta para a teologia do Batismo é a Páscoa de Cristo, com a qual discernir a precisa relação, a teologia do primeiro sacramento deve, em segundo lugar (segundo, mais no sentido de necessidade prática de uma arrumação que continua progressivamente, pela impossibilidade de uma compreensão sintética e imediatamente exaustiva), considerar em que relacionamento está este sacramento com os outros sacramentos da Igreja. Isto é, que laço une este aspecto do Mistério Pascal, hoje, esta forma de comunhão sacramental com ele – como veremos – e com os outros aspectos, com as outras formas de comunhão ou de tradução do Mistério Pascal.

No tecido unitário e na ligação da reapresentação da Páscoa do Senhor na vida da Igreja, no seu dinamismo, que conexão apresenta e exige o banho batismal? Em palavras simples: é a pesquisa do lugar do Batismo, com sua função e sua orientação na "arrumação" – se assim podemos chamá-la – dos sinais eficazes de salvação, dos sacramentos; em particular dos sacramentos da iniciação. Uma teologia completa é sempre uma teologia orgânica; isto é, busca compreender um dado particular à luz e como aspecto do complexo mais geral, aliás, próprio, para ser fiel à integralidade da atual operação do Mistério Pascal. Em nosso caso, quer destacar em que ponto preciso da ação da Igreja se dispõe o Sacramento do Batismo. E aqui veremos que, se originariamente a compreensão primeira do Batismo vem da Páscoa de Cristo, sacramentalmente, em consideração com os sacramentos da Igreja, seu dinamismo final leva à Eucaristia, passando pela Confirmação.

Antes, mais profundamente: é uma relação que ontologicamente deriva da Eucaristia, que é o Mistério Pascal na sua plenitude operante na Igreja através dos sinais, por isso, aparece uma etapa para a Eucaristia, e quase um aspecto da própria Eucaristia, se é verdade que esta é como que a fonte de todos os sacramentos, o sacramento por excelência (e bem-entendido como "celebração", e não como "comunhão" isolada).

Desse ponto de vista: importância radical do Batismo, mas derivada da Eucaristia e em intrínseca relação com ela.

4 Esclarecido o relacionamento entre o Batismo e a Páscoa, e entre o Batismo e os sacramentos da Igreja, em particular a Eucaristia, fica definida a função eficaz, ou os efeitos deste sacramento, no plano vital e prático: o estado de vida em que este sacramento põe a Igreja, ou os membros da Igreja que o recebem, as exigências interiores que ele comporta, a espiritualidade que dele brota.

5 Além disso, mas sempre como consequência ou como aspecto, a teologia do Batismo deve pôr em destaque a conexão escatológica que ele contém, a qual não poderá ser senão a participação na relação escatológica que tem imanente a Igreja, enquanto mistério de Cristo que vive no tempo, ali se traduz e ali se exprime, à espera e em ativa disposição do cumprimento, que é o retorno glorioso de Cristo quando termina a Páscoa, ou integral, com seu Corpo que é a Igreja e o universo inteiro.

Elaborada esta estrutura geral ou exigência da teologia do Batismo – que obviamente é um ensaio e, numa certa medida, uma proposta, com limites certos – passemos a ver cada um dos pontos.

2 O Sacramento do Batismo e a Páscoa de Cristo

1 É a primeira relação, a originária e fundamental, que o Batismo apresenta: no Batismo age a Páscoa do Senhor. Na Introdução geral à Iniciação Cristã[16], temos uma sintética e feliz definição do Batismo segundo

---

16. *Rito del battesimo dei bambini*. Roma: Ed. Pastorali Italiane, Roma 1970.

este relacionamento constitutivo: no Batismo "comemora-se e se realiza o Mistério Pascal, que, para os homens, é a passagem da morte do pecado para a vida" (n. 6).

Recolere e *exercere*: são os dois termos-chave que encontramos pela liturgia aplicados à celebração eucarística, como na oração sobre as ofertas do II domingo *per annum*: *Quoties huius hostiae commemoratio celebratur, opus nostrae redemptinis exercetur*.

Na Constituição Litúrgica existem dois artigos que me parecem entre os mais ricos doutrinalmente, o 5 e o 6, onde muito eficientemente é posta em destaque a relação genética e orgânica do Mistério Pascal e do Sacramento do Batismo: a obra da salvação encontra seu cumprimento em Cristo, no qual as *mirabilia Dei* concluem como no seu cume, sob o duplo aspecto de reconciliação com Deus e de culto e glorificação divina; e mais propriamente no Cristo Senhor "por meio do Mistério Pascal de sua sagrada Paixão, Ressurreição dos mortos e gloriosa Ascensão", mistério com o qual "morrendo destruiu a nossa morte e ressuscitando recuperou a nossa vida". De fato, do lado de Cristo morrendo na cruz brotou o admirável sacramento de toda a Igreja" (art. 5): é a posição e a função central da Páscoa na *Historia salutis*. A Igreja nasce como "criatura" da Páscoa, seu fruto em ato no tempo.

Ora, a partir deste, que é o Mistério cristão, é definido o sentido e o conteúdo da missão cristã: anúncio e realização (tornada ativa) do Mistério Pascal:

> Como Cristo foi enviado pelo Pai, assim também Ele enviou os apóstolos, cheios do Espírito Santo [...] para [...] anunciarem que o Filho de Deus, por sua morte e ressurreição, nos libertou do poder de satanás e da morte e nos transferiu para o reino do Pai [...] [e] levarem a efeito (*exercerent*: o mesmo termo encontrado acima) através do sacrifício e dos sacramentos, sobre os quais gira toda a vida litúrgica, a obra da salvação que anunciavam (art. 6).

Sacrifício e sacramento, mais corretamente: os sacramentos e, em forma eminente, o sacramento por excelência que é a celebração da Eucaristia, levam a efeito, ou tornam atualmente operativo, explicam, aplicam o Mistério Pascal – são todas palavras que tornam pleno o significado daquele *exercere*, dando assim substância aos termos *recolere* e *commemoratio*.

Não é aqui o lugar de deter-nos, mas basta conhecer os Atos dos Apóstolos para captar no seu nascer a ligação: Páscoa, proclamação da Páscoa, adesão ou fé, celebração e, em particular, celebração do Batismo (e da Eucaristia). Assim, em At 2: proposta de Jesus crucificado constituído Senhor e Cristo (i. é "ressuscitado [...] elevado à direita de Deus"), acolhimento da palavra, conversão, Batismo, dom do Espírito Santo. É importante observar estes nexos, pois nos dizem em que vivo contexto vem colocar-se a celebração do Batismo: contexto da Páscoa e contexto de fé, como adesão a ela, que comporta a conversão, a remissão dos pecados e o dom do Espírito Santo.

2 O texto conciliar prossegue especificando *o exercere* – a realização – do Mistério Pascal no Batismo, apresentando particularmente a doutrina paulina:

> Mediante o Batismo os homens são inseridos no Mistério Pascal de Cristo: com Ele mortos, sepultados e ressuscitados [...] (art. 6),

enquanto a Introdução geral à Iniciação Cristã, usando um termo que é clássico na teologia da vida de Cristo e dos sacramentos, afirma:

> o Batismo [...] realiza estes efeitos por força [*virtute*: é o termo ao qual nos referíamos] do mistério da paixão e ressurreição do Senhor (n. 6),

encontrando sua demonstração sempre na doutrina paulina:

> de fato, aqueles que recebem o Batismo, sinal sacramental da morte de Cristo, com Ele são sepultados na morte e com Ele vivificados e resgatados (n. 6).

Trata-se dos célebres textos de Rm 6,1-11: com o Batismo somos imersos na morte de Cristo, somos associados à sua morte e à sua ressurreição, crescemos com Ele à imagem de sua morte. No Batismo está presente o momento da morte de Cristo, é crucificação que acontece agora para o nosso velho homem, e é comunhão na sua ressurreição. No Batismo realiza-se ontologicamente a identidade do destino entre Cristo, na sua obra ou experiência pascal, e nós, a associação "ao evento salutar da morte e da ressurreição de Jesus Cristo"[17].

---

17. KUSS, O. *La lettera ai Romani*. Vol. I. Bréscia: Morcelliana, 1962, p. 396. Cf. tb. p. 380-396: ótimo comentário a Rm 6,1-11, e p. 396-409: a doutrina paulina sobre o Batismo. Interessa também a nota sobre o significado de "com Cristo" em São Paulo, p. 409-470.

Aliás, se é certo que para São Paulo "no Batismo a ação redentora de Jesus Cristo é feita presente"[18], faltaria estudar analiticamente a modalidade desta presença, problema, como é sabido, que cai sob a denominação: "a teologia dos mistérios". Limitamo-nos a dizer que parece difícil negar qualquer analogia (não só de linguagem) entre a doutrina dos mistérios greco-helenistas e a doutrina batismal paulina.

> No Batismo, e mediante ele, o crente se associa à morte e à ressurreição salvífica de Jesus Cristo, percorre o caminho já percorrido pelo Salvador para obter-nos a saúde e põe o princípio para adquirir a salvação, que definitivamente consiste na participação ao cumprimento já conseguido por Jesus Cristo. Esta singular característica, pela qual as ações de Jesus Cristo devem voltar a se realizar na vida concreta do batizado, depois que já se verificaram uma vez no tempo, entra na dialética da concepção paulina do tempo e da situação[19].

Esta "reapresentação que envolve" o Mistério Pascal no Batismo retorna em Cl 2,12: "Sepultados com Ele no Batismo, vós sois também ressuscitados com Ele, porque crestes na força de Deus que o ressuscitou dos mortos; em Cl 3,1-4: "Vós sois mortos [...] vós sois ressuscitados com Cristo; em Ef 2,5-6: "Deus [...] nos fez reviver com Cristo [...] com Ele nos ressuscitou e nos faz sentar nos céus, em Cristo Jesus"[20].

Por esses textos, parece evidente quanto são apropriados os termos *commemoratio, recolere, recoli, exerceri, virtus* aplicados ao rito batismal para exprimir sua eficácia e a que ponto a Páscoa do Senhor dá a radical compreensão do próprio sacramento.

3 A patrística e a liturgia, que na sua parte mais antiga é fruto e expressão da teologia dos Padres, mantém vivo o sentido desta relação de origem e desta concretude e eficiência de atualidade. Interessa, sobretudo, o contexto no qual a celebração é posta: o contexto da noite pascal; "os mistérios espirituais e celestes" foram celebrados "nesta noite" – consta Cirilo de

---

18. Ibid., p. 400.
19. Ibid., p. 465-466.
20. Cf. o analítico e magnífico comentário de H. Schlier: *Lettera agli Efesini*. Bréscia: Paideia, 1965, p. 130ss.

Jerusalém – e a catequese mistagógica tende a introduzir ao sentido do que aconteceu "na noite [tarde] do Batismo", que é a noite pascal[21].

> Despojados, estáveis nus, imitando [imitação é um dos termos e conceitos fundamentais para a compreensão teológica dos sacramentos nestas catequeses] também nisso Cristo nu na cruz [...]. Portanto, fostes conduzidos à santa piscina do divino Batismo, como Cristo da cruz ao túmulo [...]. Depois de ter professado a confissão salutar, fostes imersos três vezes na água e fostes emersos, significando também nisso simbolicamente [símbolo: outro termo básico] a sepultura de três dias de Cristo [...]. enquanto na emersão vos tendes encontrado no dia [na luz] [...]. Num mesmo momento Vós morríeis e nascíeis: esta água salutar foi vosso túmulo e vossa mãe[22].

São Cirilo passa, então, a comentar o mistério que é um "ícone (imagem) e imitação", e também "participação" (outro termo fundamental) e salvação verdadeira.

> Ó coisa extraordinária e paradoxal! Não estamos verdadeiramente [fisicamente] mortos, não fomos verdadeiramente [fisicamente] sepultados, nem verdadeiramente [fisicamente] crucificados e ressuscitados e, todavia, se a imitação acontece na imagem, a salvação se produz na realidade. Verdadeiramente Cristo foi crucificado, sepultado e ressuscitou, e todas estas coisas nos foram dadas como dom, a fim de que participantes em imitação [com a imagem da participação] de seus sofrimentos ganhássemos realmente a salvação. Ó filantropia sem limites: Cristo recebeu os pregos nas próprias mãos puras e sofreu, e a mim, sem sofrimento e pena, Ele concede pela participação a graça da salvação [...]. O Batismo é o antítipo [representação, a imagem, "a réplica"] da paixão de Cristo. Por isso, São Paulo dizia [...] na sua morte nós fomos batizados. Nós fomos sepultados com Ele no Batismo [...]. Em nós aconteceu a semelhança da morte e de sua paixão, mas quanto à salvação, não uma simples semelhança, mas a verdade[23].

A eucologia litúrgica é riquíssima do tema Páscoa-Batismo (melhor, Iniciação Cristã completa): e aqui seria necessário desenvolver toda a teologia litúrgica da *sacratissima nox*, na qual a memória do Mistério Pascal não é

---

21. CIRILO DE JERUSALÉM. *Catéchèses mystagogiques*. Op. cit., I, 1, p. 84.
22. Ibid., II, 1, 4, p. 107, 111-112.
23. Ibid., 5-7, p. 113-119.

simplesmente sugestivo e já em si significativo contexto, mas origem e realidade participada pelos próprios sacramentos.

A celebração da Páscoa é um

> *Redemptionis nostrae festa recolere, quibus humana substantia vinculis praevaricationis exuta, spem resurrectionis per renovatam sumpsit originis dignitatem* [que é o Batismo][24].
>
> *Hoc [...] die, quo Domini nostri Iesu Christi resurrectio celebratur [...] potestas diaboli cecidit [...]. Nos quoque de servitutis iugo dominationis Aegyptiacae per spiritales aquas educens, triunphans resurrexit in gloriam*[25].
>
> *Tuere familiam tuam, quaesumus, Domine, paschali mysterio gloriantem: ut cuius salutarem fidei veneratur originem, iugiter instituta custodiat*[26] [o Mistério Pascal origem da fé salutar do Batismo].
>
> *Fac, quaesumus, omnipotens Deus: ut qui paschalibus remediis innovati, similitudinem terreni parentis evasimus, ad formam caelestis transferamus auctoris*[27] [o Batismo e, ainda mais amplamente, os sacramentos da iniciação, e mais imediatamente a Eucaristia, são uma *innovatio paschalibus remediis*].

Na bênção da água batismal segundo o novo Rito, tocando-a, o celebrante diz:

> Desça sobre esta água o poder do Espírito Santo: para que aqueles que nela receberem o Batismo, sejam sepultados com Cristo na morte e com ela ressurjam para a vida imortal (n. 60).

Compreendemos assim também o cuidado do atual Rito por dispor num âmbito de tempo pascal a celebração do Batismo. Após ter exortado que "a celebração do sacramento manifeste sempre sua índole pascal" (Introdução geral, n. 28), continua: "Para melhor evidenciar o caráter pascal do Batismo, recomenda-se celebrá-lo durante a Vigília Pascal ou no domingo, dia em que a Igreja comemora a ressurreição do Senhor" (Introdução ao Batismo das crianças, n. 9).

---

24. MB: *feria secunda in albis, praefatio*.
25. MB: *feria tertia in albis, praefatio*.
26. MB: *feria quarta in albis, oratio super populum*.
27. MB: *feria sexta in albis, post communionem*.

Outro destaque:
> Quando foi benta na Vigília Pascal, a água se conserve e se use possivelmente durante todo o tempo da Páscoa, para afirmar, com maior evidência, o nexo entre o sacramento e o Mistério Pascal. Fora do tempo pascal, é preferível que a água seja benta em cada celebração, para que as próprias palavras da bênção exprimam mais claramente o mistério da salvação que a Igreja recorda e proclama (Introdução geral, n. 21):

isto é, sempre o *mysterium paschale* eficazmente comemorado e proclamado. São os reflexos litúrgico-pastorais da teologia do Batismo.

E exatamente a Introdução geral à Iniciação Cristã, após ter falado da memória e da realização do Mistério Pascal no Batismo logo prossegue: "A celebração do rito batismal, sobretudo quando se realiza na Vigília Pascal ou no domingo, exprima a alegria da ressurreição" (n. 6).

3 A *virtus* do Mistério Pascal e os diversos aspectos do Batismo

O Mistério Pascal é histórica e estruturalmente a síntese da salvação, que se explicita em diversos aspectos. Inserção (e num certo sentido reapresentação) do Mistério Pascal, o Batismo participa de sua riqueza e complexidade de estrutura ou de eficácia. São, como os chama a Introdução geral, os vários "efeitos" que precisamente "o Batismo opera [...] por força do mistério da paixão e ressurreição do Senhor" (n. 6). Em outras palavras, poderia ser dito que no batizado é assumido o Mistério Pascal, tornando-o operativo.

1 Esta assunção ou enxerto ou apropriação acontece na fé, a tal ponto que o Batismo é, por excelência, denominado o sacramento da fé. É o primeiro aspecto que a Introdução geral examina ao tratar da "dignidade do Batismo".

> O Batismo, ingresso à vida e ao reino, é o primeiro sacramento da nova lei. Cristo o propôs a todos para que tenham a vida eterna e o confiou à sua Igreja junto com o Evangelho, dizendo aos Apóstolos: "Ide e anunciai o Evangelho a todos os povos e batizai-os em nome do Pai e do Filho e do Espírito Santo". Por isso, o Batismo é, sobretudo, o sacramento daquela fé com a qual os homens, iluminados pela graça do Espírito Santo, respondem ao Evangelho de Cristo (n. 3).

O Batismo "corresponde" à fé como adesão ao Evangelho que, nos Atos, Pedro resumia como plano divino de salvação realizado em Cristo morto e ressuscitado (2,29-42) e que Paulo, ainda mais expressamente e como profissão batismal, sintetiza nas palavras: "Se teus lábios confessam que Jesus é o Senhor e se teu coração crê que Deus o ressuscitou dos mortos, tu estarás salvo" (Rm 10,9). Ora, fé e Batismo em Paulo estão estreitamente unidos, de modo que este poderia ser definido o sinal sacramental da aceitação da fé pascal. Ele "atribui a um e a outro exatamente os mesmos efeitos"[28]. Em Gl 3,26-27 são praticamente identificados:

> Vós todos sois filhos de Deus mediante a fé em Jesus Cristo, pois os que fostes batizados em Cristo vos revestistes de Cristo[29].

Filhos de Deus = revestimento de Cristo; Fé = Batismo. Em Cl 2,12 o mesmo Apóstolo escreve:

> Sepultados com Ele no Batismo, com Ele também ressuscitastes, porque crestes na força de Deus que o ressuscitou dos mortos:

a fé aqui aparece como adesão que, num certo sentido, age como mediação para a "força de Deus"; em virtude dessa mediação, tal força torna o Batismo eficaz. Esta relação Fé-Batismo explica – continua a Introdução geral – a ação da Igreja, desde suas origens, entendida para suscitar a fé genuína e ativa nos catecúmenos, nos pais e nos padrinhos das crianças como adesão a Cristo, introdução ou confirmação pessoal no pacto da nova Aliança (cf. ibid., 3). A mesma relação explica a pastoral dos catecúmenos, a preparação dos pais e, no rito, a celebração da palavra de Deus e a profissão de fé.

Dessa forma, para o Batismo, é posta em destaque a essencial necessidade da fé, como aceitação de Cristo no mistério de sua Páscoa: fora de um âmbito de fé – isto é, de não sentido ou de não aceitação ou recusa – o Batismo não é visto como operativo. Ora, se existe um ponto no qual a reforma litúrgica batismal reformou concretamente é esta evidenciação da relação fé-sacramento, e isso não só em relação ao primeiro sacramento, mas também a toda celebração e à liturgia cristã (cf. *Const. lit.*, art. 33, 35); poderia ser dito

---

28. LYONNET, S. *Les Epitres de St. Paul Aux Galates, Aux Romains*. 2. ed. Paris: Du Cerf, 1959, p. 61.
29. Cf. tb. SCHLIER, H. *Lettera ai Galati*. Bréscia: Paideia, 1965, p. 176ss.

que pela fé o sinal, como tal "material", vê-se transfigurado em sinal "eficaz"; tornado, pela fé, capaz de ser instrumento eficiente da "força de Deus.

Neste ponto surge, logo, a pergunta: como esta fé está presente no Batismo? Não está presente ainda subjetivamente no batizando como adesão consciente, mas, mais ou menos evidente e imediatamente, está de fato presente na comunidade, de maiores ou menores dimensões (no limite, na única verdadeira intenção de um ministro pessoalmente não crente), de modo que por meio desta fé se opere no batizando a comunhão com o Mistério Pascal que define o próprio Batismo e que, então, toma um especial destaque como dom e graça. Portanto, não uma fé que propriamente substitui aquela dos batizandos que não a possuem como adesão pessoal, mas uma fé como presença instrumental, objetiva, na qual o mistério da salvação se exerce e se difunde, fundamentando-se sobre a ligação também "natural" que une em particular a comunidade familiar e para-familiar ao batizando.

A Introdução ao Batismo das crianças, após afirmar que desde os primeiros séculos a Igreja batizou as crianças, declara que a justificação disso é que eles são batizados "na fé da Igreja", proclamada pelos pais, pelos padrinhos e pela comunidade presente. Até se acrescenta:

> Estes representam [melhor: reapresentam, tornam presente: *repraesentantur*] tanto a Igreja local como a sociedade universal dos santos e dos fiéis, a Igreja mãe, que toda inteira gera a todos e a cada um (n. 2).

Isto é, no Batismo das crianças destacam-se ao mesmo tempo a presença e a eficiência instrumental da Igreja, que no seu mistério único está lá onde o Batismo é celebrado. É a doutrina e a terminologia de Agostinho (*Ep.* 98), para quem, precisamente a regeneração da criança não é produzida pela apresentação, pela vontade, pela fé daqueles que imediatamente a oferecem ao Batismo, mas, em sentido absoluto, pelo único Espírito e pela "sociedade universal dos santos e dos fiéis", que age na sua totalidade e contribui para a comunicação do próprio Espírito Santo[30].

Por outro lado, se esta fé objetiva e mediadora da Igreja age instrumentalmente de modo eficiente, deve ser, ao mesmo tempo, comprometedora, para que no batizado, no qual o Mistério Pascal de Cristo agiu, se efetue a

---

30. Cf. *Le baptême des enfants dans la tradition de l'Eglise*. Tournai: Desclée, 1959, p. 61ss.

adesão a este mesmo mistério de forma consciente, responsável e pessoal: "para realizar plenamente a realidade do sacramento" (Introdução, n. 3).

A teologia, que por sua reflexão está aqui "antecipada" pela tradição da Igreja, que neste ponto ela aceita como dado dogmático do qual procura dar uma explicação (não se diz que outra, senão a que salvaguarde a tradição do batismo às crianças, não seja melhor). Neste ponto, deixa aberto o problema de caráter pastoral; isto é, se hoje, tendo presente a solidez da presença ativa da comunidade de fé, da Igreja em sua forma de presença local, familiar, deva continuar como norma o Batismo das crianças, ou se, ao invés, na previsão que a *completio veritatis sacramenti* permaneça bastante duvidosa, ou não exista simplesmente, embora permanecendo a eficácia da *fides Ecclesiae*, o problema seja revisto ou modificada de algum modo a forma de conferir o Batismo às crianças.

Entretanto, a liturgia deste tipo de Batismo, e, portanto, suas exigências pastorais, foram renovadas no sentido de fazer tomar sempre mais consciência e responsabilidade a toda a comunidade local e, em particular, aos pais, como primeiros educadores da fé (cf. Introdução, n. 4-7).

2 Esclarecido o papel da fé no Batismo, resta ver, analítica e organicamente, como se explicita no Batismo o Mistério Pascal de Cristo, que ali é reapresentado. Se o primeiro sacramento fala de relação genética e orgânica ao Mistério Pascal, sua eficácia de associação salvífica com o próprio Mistério Pascal não pode senão ter início pelo Espírito Santo, enquanto Espírito difundido como dom e amadurecimento pelo Cristo glorificado; isto é, pela Páscoa.

A obra da salvação, a morte e ressurreição de Cristo movem-se operativamente pelo Espírito de Cristo que é o Espírito do Ressuscitado. Água e Espírito são temas unificantes prefiguradamente no AT e em ato no NT.

O renascimento e a participação no Reino de Deus acontece "pela água e pelo Espírito" (Jo 3,5); o dom de Deus, dom messiânico de Cristo, é a água que jorra até a vida eterna (Jo 4,1-26), a água que brota do seio de Cristo, para quem crê nele, e que é símbolo do Espírito Santo, que é dado por Cristo glorificado (Jo 7,37-39): o Espírito que brota do lado de Cristo "em mistério" (Jo 19,34), é efundido sobre os apóstolos na tarde da Páscoa (Jo 20,22) e, portanto, como réplica do Dom da Lei, mas já da Nova, no dia de Pentecostes, segundo a relação-exaltação de Cristo para a direita do Pai e missão do Espírito Santo posta à luz por Pedro (cf. At 2). "Elevado ao céu [...] difundiu aquele mesmo Espírito" (At 2,33).

Pois bem: o Batismo é, por excelência, o sacramento da transmissão do Espírito messiânico de Cristo ressuscitado e glorificado, o Espírito pascal, no sinal e no símbolo da água (notem-se os dois termos, que não são usados como sinônimos):

> Todos nós fomos batizados num só Espírito [...] e todos bebemos do mesmo Espírito (1Cor 12,13).

> Deus [...] nos salvou por sua misericórdia, mediante o batismo de regeneração e renovação do Espírito Santo que Ele derramou copiosamente sobre nós por Jesus Cristo, nosso Salvador (Tt 3,5).

A teologia do Batismo aparece assim como um aspecto da teologia do Espírito Santo enquanto dom e fruto de Cristo ressuscitado, ou da teologia da Páscoa, considerada no seu futuro, no tempo da Igreja mediante a transmissão do Espírito Santo (cf. tb. Ef 1,13; 4,30 etc.).

3 Eficaz pelo dom do Espírito de Cristo ressuscitado, o Batismo se põe, então, como o sacramento da regeneração, do renascimento como filhos de Deus:

> Quem não renascer pela água e pelo Espírito não pode entrar no Reino de Deus (Jo 3,5).

> O Salvador nosso Deus nos salvou por sua misericórdia, mediante o batismo de palingênese [regeneração] e renovação do Espírito Santo (Tt 3,5).

O Espírito de Cristo ressuscitado é, pois, princípio de um novo nascimento e de uma renovação. Assim, o Batismo é purificação e santificação:

> Cristo amou a Igreja e se entregou por ela, para santificá-la, purificando-a pela água do batismo com a palavra (Ef 5,25-26).

> Vós que estáveis mortos pelos pecados [...] [mediante o Batismo] Deus vos vivificou com Ele perdoando-vos todos os pecados (Cl 2,13).

> O que lhe corresponde agora [as águas do dilúvio] é o batismo que vos salva, não tirando a sujeira da carne, mas pedindo a Deus uma boa consciência pela ressurreição de Jesus Cristo (1Pd 3,21).

O fruto desta palingênese e renascimento, ou o efeito da purificação e santificação, que tem como princípio o Espírito Santo, é a adoção a filhos, na conformidade a Cristo, o homem novo, o homem do Espírito, o Filho de Deus.

> A prova que vós sois filhos está no fato de que Deus enviou a nossos corações o Espírito de seu Filho que clama: *Abba*, Pai (Gl 4,5).

> Todos os que são conduzidos pelo Espírito de Deus são filhos de Deus. Vós não recebestes o espírito de escravidão para recair no medo, mas recebestes um espírito de filhos adotivos pelo qual clamamos: *Abba*, Pai [...]. Se filhos também herdeiros de Deus e coerdeiros de Cristo (Rm 8,14-15.17).

O Batismo é, pois, o sacramento dos filhos adotivos de Deus, da herança divina. Esta adoção filial acontece pelo dom do Espírito, o qual produz a morte do homem velho e a ressurreição do homem novo. A associação no Batismo na morte e ressurreição de Cristo realiza-se, pois, em virtude do Espírito do Cristo ressuscitado:

> Se alguém não tem o Espírito de Cristo, não é de Cristo [...]. Se pelo Espírito fizerdes morrer as obras da carne, vivereis [...]. E se o Espírito daquele que ressuscitou Jesus dos mortos habita em vós, quem ressuscitou Jesus Cristo dos mortos também dará vida a vossos corpos mortais pelo seu Espírito que habita em vós (Rm 8,9-13, passim).

Se à luz destes textos relermos Rm 6,1-11, encontramos que pelo Espírito provém aquela conaturalidade na morte de Cristo, aquela crucificação do homem velho, aquele caminho na vida nova, aquela semelhante ressurreição que deriva do fato de termos sido "batizados em Cristo".

Por tal Espírito, o Batismo apresenta-se a nós, então, como o sacramento do homem novo ou da configuração a Cristo morto e ressuscitado. É o sentido da declaração paulina: "Todos vós que fostes batizados em Cristo, vos revestistes de Cristo" (Gl 3,27); tendes despojado o homem velho, que foi crucificado e tendes revestido o homem novo. É o que São Paulo acaba de constatar: "Vos despojastes do homem velho e de suas ações e vos revestistes do homem novo" (Cl 3,9-10). "Conforme a verdade que está em Cristo, nele aprendestes a despojar-vos no que se refere à vossa vida passada, do homem velho [...] a renovar-vos no espírito dos vossos pensamentos, a revestir-vos do homem novo, que foi criado à imagem de Deus" (Ef 4,20-24; c. 1Cor 15,53; 2Cor 5,1ss.; a "nova criação", Gl 6,15; 2Cor 5,17).

O conteúdo desta teologia batismal é assim comentado por São Cirilo:

> Vós fostes renovados da velhice para a novidade [...]. Despojastes a vossa túnica e este gesto era a imagem do despojamento do velho homem com suas ações. Despojados, Vós estáveis nus [...]. Ó maravilha! Estáveis nus diante de todos e não vos envergonháveis. De fato, vos leváveis a imagem do primeiro homem Adão, que no paraíso estava nu e não se envergonhava[31].

Mas, sobretudo, estes aspectos da teologia do Batismo encontram sua versão na eucologia batismal:

> *Deus, qui humanam naturam supra primae originis reparas dignitatem, respice ad pietatis tuae ineffabile sacramentum: et quos regenerationis mysterio dignatus es innovare, in his dona tuae perpetis gratiae, benedictionisque conserva*[32].
>
> *Deus, qui credentes in te fonte baptismatis inovasti, hanc renatis in Christo concede custodiam [...]*[33].
>
> *[...] conserva in nova familiae tuae progenie adoptionis spiritum, quem dedisti [...]*[34].
>
> *Quia vetustate destructa, vitae nobis in Christo reparatur integritas*[35].
>
> *[...] ut Ecclesia tua et suorum firmitate membrorum, et nova semper foecunditate laetetur*[36].
>
> *Ecclesiam tuam novo semper foetu multiplicas*[37].
>
> *Deus, qui multiplicas sobolem renascentium [...]*[38].
>
> *[...] confessione tui nominis et baptismate renovati*[39].

---

31. CIRILO DE JERUSALÉM. *Catéchèses mystagogiques*. Op. cit., II, 2, p. 105-107.
32. MB: *In die sancto Paschae, oratio super populum*.
33. MB: *In die sancto Paschae, super sindonem*.
34. MB: *Sabbato santo, super sindonem*.
35. MB: *Sabbato santo, praefatio*.
36. MB: *feria secunda in albis, super sindonem*.
37. MB: *feria tertia in albis, oratio super populum*.
38. MB: *feria quinta in albis, super sindonem*.
39. MB: *feria quinta in albis, super oblatam*.

> [...] *per sacramenta baptismatis adoptionis tuae filii, retgno caelesti mereantur ascribi*[40].
>
> [...] *ut qui paschalibus remediis innovati, similitudinem terreni parentis evasimus, ad formam caelestis transferamur auctoritas*[41].

Mas no Missal Ambrosiano há uma oração verdadeiramente bela:

> *Omnipotens aeterne Deus, quem, docente Spiritu Sancto, paterno nomine invocare praesumimus, effice in nobis filiorum corda fidelium: ut haereditatem promissam mereamur ingredi per debitam servitutem*[42].

4 Mas existe um último aspecto do Batismo, na realidade constitutivamente já presente nos primeiros, que temos visto intimamente ligados entre si, e é o aspecto eclesial, ao qual acenavam as orações precedentes com os termos *família, ecclesia*. No Espírito de Cristo ressuscitado, o batizado é agregado à Igreja, comunidade de salvação, novo Povo de Deus, Corpo e Pléroma de Cristo. Melhor: o Espírito de Cristo ressuscitado constituiu a Igreja – "do lado de Cristo dormente na cruz jorrou o admirável sacramento de toda a Igreja": declarava a Constituição litúrgica, referindo o pensamento e o comentário patrístico da saída da água do lado de Jesus morto na cruz; isso aconteceu na difusão do Espírito Santo sobre os apóstolos, que – como temos visto – tem seu solene desdobramento em Pentecostes.

O Batismo faz entrar na comunidade constituída pelo Espírito de Cristo ressuscitado, que é a comunidade messiânica: "Como o corpo é um só e tem muitos membros [...] assim é o Cristo. De fato, nós todos somos batizados num só Espírito [...] para formarmos um só corpo, e todos bebemos de um só Espírito" (1Cor 12,13): o Espírito batismal revela-se assim o princípio constitutivo do único Corpo de Cristo.

O autor dos Atos nota que "aqueles que acolheram a palavra foram batizados". Pedro exortava: "Cada um de vós seja batizado em nome de Jesus Cristo para o perdão dos pecados, e recebereis o dom do Espírito Santo (At 2,36), e naquele dia o número dos discípulos aumentou" (At 2,41). O Apóstolo já havia dito: "A promessa é para vós, para vossos filhos e para

---

40. MB: *feria sexta in albis, oratio super populum*.
41. MB: *feria sexta in albis, post communionem*.
42. Missa da Oitava: *sabbato in albis, super sindonem*.

todos os de longe que o Senhor nosso Deus chamar para si" (At 2,39); isto é, fará disso a "Igreja", congregação por chamada.

Ainda São Paulo:
> No Senhor, vós também sois integrados na construção para vos tornardes morada de Deus no Espírito (Ef 2,22).

O fato de se ter tornado filhos de Deus pela fé e pelo Batismo, ter-se revestido de Cristo, destruiu qualquer diferença e unificou em Cristo:
> Todos vós sois filhos de Deus pela fé em Cristo Jesus, pois todos vós, que fostes batizados em Cristo, vos revestistes de Cristo. Já não há judeu nem grego, nem escravo nem livre, nem homem nem mulher, pois todos vós sois um só em Cristo Jesus (Gl 3,26-28; cf. Cl 3,11; 45 [Um só Senhor, uma só Fé, um só Batismo].

Existe depois o célebre texto da Primeira Carta de Pedro:
> Fostes regenerados não de uma semente natural [...] como crianças recém-nascidas, desejai o leite sincero da Palavra. Vós sois a geração escolhida, sacerdócio régio, nação santa, povo que Ele conquistou para proclamar os grandes feitos daquele que vos chamou das trevas para a sua luz admirável (1Pd 1,23; 2,2.9).

É o que dizia Paulo:
> Cristo amou a Igreja e se entregou por ela, para santificá-la, purificando-a pela água do Batismo com a palavra, para apresentá-la a si mesmo toda gloriosa, sem mancha, sem ruga, sem qualquer outro defeito semelhante, mas santa e irrepreensível (Ef 5,25-27).

E eis como comenta a eucologia:
> *Deus, qui diversitatem gentium in confessione tui nominis adunasti: da, ut renatis fonte baptismatis, una sit fides mentium, et pietas actionum*[43].

> *Deus, humani generis reparator et rector: fac Ecclesiam tuam in nova plebe semper augere, et devotione cunctorum crescere filiorum*[44].

Dessa forma, o Batismo aparece como o sacramento da unidade cristã. A Introdução geral cita a respeito o Decreto *Unitatis Redintegratio* (n. 22)

---

43. MB: *feria quinta in albis, oratio super populum.*
44. MB: *sabbato in albis, oratio super popululm.*

que tem as palavras: "O Batismo constitui o vínculo sacramental da unidade que vigora entre todos aquele que, por meio dele, foram regenerados".

No plano litúrgico pastoral, este aspecto do Batismo explica a importância dada à presença e à ação da comunidade cristã a respeito do Batismo e de sua celebração. Antes: é exatamente uma das características da reforma do rito batismal a explicitação ritual-prática da dimensão eclesial.

> O povo de Deus – isto é, a Igreja [...] – considera sua tarefa "fundamental a preparação para o Batismo e a formação cristã de seus membros" (Introdução geral, n. 7).

> O povo de Deus – isto é, a Igreja, presente na comunidade local – tem uma tarefa importante no Batismo das crianças, não menor do que naquele dos adultos (Introdução, n. 4).

Compreende-se, assim, o convite à celebração comunitária, não arbitrariamente repetida, na igreja paroquial, com a participação da comunidade (cf. Introdução geral, n. 27; Introdução, n. 10-11; Rito, n. 32).

Se, neste ponto, sintetizarmos a teologia do Batismo – isto é, sua função na história da salvação –, devemos dizer: é a ação na qual o homem, por força do Espírito de Cristo ressuscitado – portanto, pela a Páscoa de Cristo –, é enxertado na própria Páscoa e feito participante, tornando-se filho de Deus, homem novo, ressuscitado, pela morte do homem velho e, portanto, agregado à comunidade estabelecida no Corpo de Cristo, que é a Igreja.

4 O Batismo na estrutura da Iniciação Cristã

O sinal batismal, do qual temos destacado o conteúdo, não é, porém, o único sacramento que provém da Páscoa e que age no tempo da Igreja, depois da Páscoa. Ele está inserido por primeiro, não só com prioridade cronológica, mas de estrutura, no aparato sacramental da Igreja, em particular, na disposição da iniciação que, com o Batismo, compreende a Confirmação e a Eucaristia.

Provavelmente, na teologia que vimos na fonte bíblica e na formulação litúrgica, com o termo Batismo entende-se também o dom pleno do Espírito Santo. Não é aqui o lugar para abrir este problema. Está o fato que a comunhão e a eficácia do Mistério Pascal no Batismo exige, na distinção e explicitação sacramental acontecida na Igreja, de ser completada com o sinal do segundo sacramento, a Confirmação, para depois ser definitivamente consumada na Eucaristia.

Sobre este ponto, é particularmente importante adquirir o sentido do dinamismo interno e da relação intrínseca que, como exigência de realização, apresenta o Batismo em relação à Crisma (ou Confirmação) e, portanto, um e a outra em relação à Eucaristia. Os três sacramentos não são, por assim dizer, colocados ao lado, mas integram-se um depois do outro até a perfeita iniciação que é precisamente a Eucaristia, como etapas de um itinerário unitário, com o qual, plenamente realizado, opera-se a inserção, ou a consagração estruturalmente completa no mistério de Cristo.

> Os três sacramentos da iniciação estão, assim, intimamente unidos entre si, que levam os fiéis àquela maturidade cristã pela qual possam realizar na Igreja e no mundo a missão própria do povo de Deus (Introdução geral, n. 2).

A respeito disso, existe um texto particularmente feliz no Decreto *Presbyterorum Ordinis*:

> Assim, a Eucaristia se apresenta como fonte e ápice de toda evangelização, pois já os catecúmenos são introduzidos pouco a pouco a participar da Eucaristia, e os fiéis, uma vez assinalados pelo santo batismo e confirmação, acabam por inserir-se plenamente no Corpo de Cristo pela recepção da Eucaristia (n. 5).

A distinção dos sacramentos e sua distanciação cronológica não devem, pois, fazer perder de mira o relacionamento recíproco e progressivo: a necessidade do Batismo ao complemento ou à confirmação da Crisma e à plenitude da Eucaristia. Nem se trata de ordem puramente disciplinar entre Confirmação e Eucaristia: esta é em si fonte, cume, centro e plenitude do enxerto em Cristo e na Igreja.

Cada um vê a consequência no plano pastoral. Em particular: o assim chamado problema da idade não é referível por si a um só sacramento, por exemplo, a Confirmação, mas a todo o complexo da iniciação. E de fato ele se coloca sempre mais agudamente para o sacramento primeiro, genérica e radicalmente.

Parece também que, pelas exigências que temos definido como intrínsecas, os três sacramentos tendem a permanecer juntos: *coalescunt* – e a mais antiga tradição mostra-as juntas, quase se diria como um único sacramento, ou certamente um único sinal sacramental complexo, global. Nesta perspectiva, não sei até que ponto seja ainda isolável o problema da idade da Confirmação e, por certo, não se vê como possa ser justificado pela pastoral, que queira traduzir o mistério cristão segundo suas componentes e seus relacionamentos, a Confirmação depois da Eucaristia; isto é, um complemento do Batismo depois do sacramento da exauriente consumação cristã.

No mais, a esta ordem teológica refere-se mais vezes o próprio "Rito do Batismo das crianças" (Introdução, n. 5 § 5; Rito 51, 76). Deixamos de enfrentar o problema da relação entre Eucaristia e Batismo na estrutura sacramental da Igreja. Acenamos a isso no início. Talvez se possa dizer que o próprio Sacramento do Batismo é uma participação do Sacramento da Eucaristia; que na vida da Igreja existe uma prioridade ontológica da Eucaristia em relação ao Batismo, *in via causalitatis* ou *dignitatis*, e não *in via generationis* ou *executionis*; que o Batismo significa tendência intrínseca para a Eucaristia porque a plena representação mistérica da Páscoa de Cristo é a Eucaristia. A Eucaristia é, por excelência, a memória e o exercício da paixão e ressurreição no sinal sacramental; o Espírito Santo age, então, pelo Cristo ressuscitado precisamente para tornar a Eucaristia inerente na Igreja e, portanto, o Batismo, que encaminha para a Eucaristia e introduz como a plena inserção no Cristo que morre e que ressurge; isto é, como a plena realização e plena posse dos efeitos ou aspectos do Batismo.

Na Liturgia ambrosiana reza-se assim:

> *Deus, cuius munere honoranda baptismatis sunt impleta mysteria, concede populo tuo, originalis delicti errore mundato, post sacratissimum fontem terram tuae promissionis intrare: ut dulcis sacramentorum tuorum iam nunc alimenta percipiat*[45].

5 Sacramento do Batismo, vida cristã, escatologia

1 É o último aspecto da teologia do Batismo que queremos tratar. Inserindo na Páscoa de Cristo, e em dinâmica orientação e, portanto, conexão

---

45. MB: *sabbato santo, super oblatam*.

com a Eucaristia, o Batismo com todos os seus aspectos qualifica e determina a vida do cristão, a forma de existência da Igreja no mundo.

Daquilo que afirmamos sobre o conteúdo teológico do Batismo, já resulta claramente em que sentido ele seja a "forma" da vida cristã. Ele dispõe constitutiva e existencialmente o cristão a viver em si aquele Mistério Pascal que o Batismo lhe "aplica", ou no qual é assumido. O Batismo lhe confere exprimir a morte e ressurreição de Cristo, viver no Espírito de Cristo ressuscitado, na qualidade de filho de Deus, como criatura nova. É o sacramento da conformação pascal radical da vida.

"Devemos caminhar numa vida nova" (Rm 6,4: e nós sabemos o que significa isso no contexto de Rm 6,1-11): "O homem velho foi crucificado [...] considerai-vos estar mortos ao pecado [...] não reine, pois, o pecado" (Rm 6,11-12); "Não estais na carne, mas no Espírito" (Rm 8,9); "Fui crucificado com Cristo. Vivo, mas não eu, Cristo vive em mim" (Gl 2,19-20): são simples acenos que falam do "condicionamento" vital e prático no qual o cristão é posto por força do Batismo, que o faz viver como "homem novo", que deve agir consequentemente (Cl 3,9ss.; Ef 4,20ss.) e "regular-se segundo o Espírito", "caminhar segundo o Espírito" (Gl 5,16.25).

A liturgia reza pelos neófitos, a fim de que *"sacramentum vivendo teneant, quod fide perceperunt"*[46], e chama isso um *"transferri ad formam caelestis auctoris"*[47]; *"in mysteriis, quibus renati sunt, permanentes"* – reza ainda – *"ad novam vitam, his operantibus, perducantur"*[48].

2 Enfim, o Batismo torna a própria vida do cristão, da Igreja, um "mistério", uma realidade ainda escondida, que tende à plenitude; isto é, ao retorno de Cristo como Páscoa completa. É a relação escatológica ou a tensão escatológica criada pelo Batismo, que define, pois, a vida cristã.

> Se, pois, ressuscitastes com Cristo, procurai as coisas do alto, onde está Cristo sentado à direita de Deus; pensai nas coisas do alto e não nas que estão na terra. Afinal, vós estais mortos e a vossa vida está escondida com Cristo em Deus. Quando aparecer Cristo, que é a nossa vida, então também vós aparecereis na glória (Cl 3,1-4; cf. Ef 2,5-6).

---

46. MB: *feria tertia in albis, oratio super populum.*
47. MB: *feria sexta in albis, post communionem.*
48. MB: *sabbato in albis, praefatio.*

O estado do cristão é já de comunhão escatológica, mas "escondida" ("no mistério", temos dito). O Batismo põe a estrutura do Mistério Pascal no cristão, mas não a desdobra ainda em forma glorificada; mas isso acontecerá pelo próprio Espírito de Cristo que ressuscitou Cristo e que nos é dado no Batismo:

> Se, pois, morremos com Cristo, cremos que também viveremos com Ele (Rm 6,8).

> Se o Espírito daquele que ressuscitou Jesus dos mortos habita em vós, aquele que ressuscitou Cristo Jesus dos mortos, dará a vida também aos vossos corpos mortais por meio de seu espírito que habita em vós (Rm 8,11).

> Se filhos também herdeiros; herdeiros de Deus, coerdeiros de Cristo, pois sofremos junto para sermos glorificados junto (Rm 8,17).

Com o Batismo nós somos, pois, postos, mesmo estando ainda no tempo, já num certo sentido no além, na participação já em ato com a glória de Cristo, sob a condição que à participação ontológico-sacramental corresponda a conformação nas obras. A eucologia batismal retorna com frequência a esta "aspiração" escatológica do Batismo e do batizado:

> [...] *populum tuum, quem sacro baptismate renovare dignatus es, per haec paschalia munera, ad aeternae vitae gaudia pervenire concedas*[49].

> [...] *ut confessione tui nominis, et baptismate renovati, sempiternam beatitudinem consequantur*[50].

> [...] *per sacramenta baptismatis adoptionis tuae filii, regno caelesti merantur ascribi*[51].

> [...] *ut qui sacramento baptismatis sunt renati, regni caelestis mereantur introitum*[52].

> *Familie tuae corda, cui perfectam baptismatis gratiam contulisti, ad promerendam beatitudinem aptes aeternam*[53].

---

49. MB: *feria secunda in albis, super oblatam*.
50. MB: *feria quinta in albis, super oblatam*.
51. M*B: feria sexta in albis, oratio super populum*.
52. MB: *feria sexta in albis, super sindonem*.
53. MB: *sabbato in albis, post communionem*.

É a tensão e a orientação que encontramos expressas nos ritos que completam a celebração batismal (n. 71-78).

6 Conclusão

Podemos, então, concluir: o Batismo na ordem da história da salvação é compreendido a partir da Páscoa de Cristo como o rito no qual se opera a comunhão com a própria Páscoa, morte e ressurreição, comunhão eficaz, pela qual, pelo Espírito de Cristo ressuscitado que nele se difunde, o Mistério Pascal de Cristo desdobra-se nele em multiforme eficácia. É o sacramento que radical e geneticamente torna participantes do ato culminante do plano redentor. Este é o primeiro princípio ou a primeira relação da compreensão teológica do Batismo, que nos faz compreender em que ponto exato ele se põe no futuro da história sacra, ou do futuro do mistério de Cristo.

Mas este sinal eficaz da comunhão com a Páscoa de Cristo não é o sinal único e total; embora seja o determinante, não é em si mesmo culminante: ele faz parte do sinal mais integral e completo, que é a Iniciação Cristã; apresenta-se, pois, como orientação para a complementação desta que acontece na Eucaristia.

Antes, ele próprio se compreende como sinal ou sacramento que introduz à Eucaristia e da Eucaristia, que é o memorial pascal por excelência, de certo modo deriva. Este sacramento torna pascal toda a vida, a experiência da Igreja, destinada por ele, pelo seu dinamismo, a reproduzir na vida o mistério da Páscoa do Senhor: marca, pois, essencialmente e determina a vida da Igreja no tempo, no qual está sob a ação do Espírito de Cristo ressuscitado, que torna possível e operativa a conformação ao Mistério Pascal e à sua sacramental representação.

Enfim, esta conformação pascal operada no Batismo e já presente é destinada, em proporção da fidelidade a ela, a explicitar-se na escatologia, passando da fase do "escondimento" àquela da revelação ou da glória. Segundo a história, temos pois esta sucessão: Páscoa de Cristo, Espírito Santo, Batismo = páscoa ontológica do cristão, vida pascal, revelação pascal.

No plano que poderíamos chamar de estrutura: encontramos o Batismo como instrumento, por força do Espírito Santo, da assemelhação a Cristo morto e ressuscitado para ter em si a eficácia de seu mistério e estar nele, na sua posição em relação ao Pai.

Traçamos as linhas teológicas. Na medida em que são válidas, serão a orientação da ação pastoral nas suas diversas formas: a começar pela catequética e litúrgica.

8
O Sacramento da Crisma

1 O Sacramento da Crisma na tradição oriental e na ocidental

Tradição oriental

Para onde vai o Sacramento da Confirmação? Hoje, a interrogação surge, sobretudo, do ponto de vista teológico. Como se sabe, na Igreja delinearam-se duas tradições: a oriental[54] e a ocidental. Na primeira, o aspecto caracterizante é a estreita relação e a precisa colocação da Crisma no itinerário da Iniciação Cristã: como norma, à criança é conferido o Batismo, e imediatamente depois a Crisma e logo a Eucaristia. Ou seja, é oferecida em plenitude, sem distanciação, a graça da salvação, a completa inserção em Cristo e na Igreja, o organismo e a vida nova destinados a crescer no acolhimento responsável e no testemunho pessoal. O valor desta tradição – que, aliás, na sucessão reflete a praxe mais antiga – é, em particular, o de tornar evidente a função consumadora da Eucaristia, antecipada gradualmente, em forma sacramental, no Batismo e no selo da Crisma. Quando se recebe o Corpo e o Sangue do Senhor, o dom é perfeito, a intenção dos dois precedentes sacramentos é satisfeita; a estrutura cristã não espera "acréscimos": na Eucaristia é dado tudo, pois é dada a Páscoa. Neste unitarismo dos três sacramentos, embora distintos em si, a Crisma apresenta sua fisionomia clara de complemento do Batismo na plena efusão do Espírito e, por isso, de objetiva disponibilidade à assunção do Corpo e do Sangue de Cristo.

---

54. Cf. FORTINO, E.F. *Liturgia greca*. Roma: Chies adi S. Atanasio, 1970, p. 89-100.

Mas também nesta praxe não está ausente o apelo ao bispo, que é o mistagogo, o iniciador originário: se o ministro é o presbítero, o crisma – o *myron* – é consagrado pelo bispo: a uma sensibilidade ocidental a ligação pode parecer demasiado tênue, mas é por uma diferente percepção da força significante e representativa dos símbolos sacramentais.

A surpresa que habitual ministro da Crisma seja o presbítero não tem em si nenhuma razão de ser, quando só se refletir que, participando da plenitude sacramental que é própria do bispo, o presbítero é ministro da Eucaristia, que é o sacramento da perfeição cristã.

Concluindo: na tradição oriental permanece "simbolicamente" presente o bispo, enquanto se acentua, de maneira perspicaz, o unitarismo e a "solidariedade" dos três sacramentos iniciadores, com a Eucaristia como ponto mais alto. Uma discussão – o problema da idade – de fato os envolveria e os problematizaria juntos. Aquilo que entre nós veio se configurando, com impostações e opções não sempre indiscutíveis, como o problema da idade da Crisma – como veremos mais adiante –, por si seria posto concretamente, naquela tradição, como problema da idade da Iniciação Cristã globalmente entendida.

A tradição ocidental

Na tradição ocidental, mais do que o estreito unitarismo e solidariedade sucessiva dos três sacramentos – Batismo, Crisma, Eucaristia –, parece importante o expresso relacionamento com o bispo, "ministro originário da Confirmação"[55], e a própria catequese sublinha e esclarece seu significado, em relação com a natureza e a função do sacramento. Hoje, porém, assistimos a duas orientações que podem suscitar perplexidade teológica e fazem surgir a interrogação inicial: para onde vai o Sacramento da Confirmação?

O presbítero como ministro

A primeira orientação é a extensão da faculdade de administrar a Crisma a simples presbíteros, e tais são obviamente os vigários episcopais não bispos. Em si, não existe motivo algum de surpresa; estaríamos na linha da

---

55. Cf. *Ordo Confirmationis* – Praenotanda. • *Enchiridion documentorum instaurationis liturgicae*. Turim: Marietti, 1976, p. 817, n. 2.609. • *Lumen Gentium*, n. 26, 329.

tradição oriental. Todavia, levanta-se algum problema: por exemplo, a catequese que centra sobre o bispo o Sacramento da Crisma parece-nos que não esteja muito à vontade. Nem serão muito producentes os expedientes e os paliativos frágeis de insígnias episcopais a pseudobispos. É provável que os "fiéis", em alguma medida, as exijam, mas a razão profunda é precisamente sua convicção, criada através da catequese e da praxe, que o ministro da Crisma é o bispo. Sem dúvida, o ministro presbítero representa o bispo, é seu delegado; e também ele unge com o crisma consagrado pelo bispo: mas na tradição latina sua presença foi percebida habitualmente através de seu ministério concreto. A menos que conscientemente enveredemos por outra estrada, que de fato é já largamente percorrida onde a maioria dos que conferem a Confirmação são os simples vigários episcopais não bispos, e onde a afirmação que "ministro originário da Confirmação é o bispo" parece valer especialmente no sentido de que na origem da Iniciação Cristã está radicalmente o bispo. Menos no sentido de que o seja como regra (*ex more*), como de fato não o é no oriente.

Crisma e Eucaristia

Mas deve-se acrescentar outra observação que revela "desvantajoso", em relação ao próprio Oriente, o atual encaminhamento latino. A praxe oriental, onde ministro é o presbítero, apresenta tanto o valor de uma iniciação entendida e realizada como uma coisa só em três momentos sacramentais íntima e sucessivamente conexos, com a Eucaristia no cume – ordem que não é puramente contingente, mas reflexo de uma economia objetiva do mistério cristão – quanto o valor de uma iniciação "cuidada" pelo pastor de almas habitual da comunidade, o qual exprime seu ministério no nível mais alto e eficaz com a admissão à Eucaristia.

Na verdade, também a tradição latina é sensível a esta ordem, ou – como se diz na constituição apostólica *Divinae Consortium Naturae* – na "unidade da Iniciação Cristã: "Os fiéis, renascidos no santo Batismo, são corroborados pelo Sacramento da Confirmação e, depois, são nutridos com o alimento da vida eterna na Eucaristia"[56]; "A Confirmação é de tal modo ligada à santa Eucaristia que os fiéis, já marcados pelo santo Batismo e pela Confirmação,

---

56. Constituição Apostólica *Divinae Consortium Naturae*, p. 808, n. 2.591.

são inseridos de maneira plena no Corpo de Cristo mediante a participação na Eucaristia"[57]. Estas afirmações de Paulo VI fazem eco ao Vaticano II no Decreto sobre o ministério e a vida sacerdotal[58].

Na realidade, permanecem praticamente sem resposta: não, como acontecia no passado não raramente, porque o bispo que crismava estava presente nas paróquias em intervalos distantes, mas por disposições "pastorais" que colocam a Crisma depois da primeira Eucaristia.

Exigências da teologia do sacramento

O apelo a motivos precisamente "pastorais" em alternativa ou em confronto com razões teológicas não é rico de consistência: que pastoral é aquela que prescinde da teologia, antes, de um ensinamento tradicional, e mais, retomado com clareza e insistência? Mas não entramos aqui no mérito da questão sobre a idade da Iniciação Cristã (já que – se existe – este é o problema, não aquele – como veremos – da Crisma isoladamente); nem tocamos a questão da natureza da Confirmação, sobre a qual nestes anos e ainda hoje, as confusões são admiráveis: pense-se só naqueles que a chamaram de sacramento dos leigos ou o sacramento da ação católica; destacamos unicamente que a difusão do presbítero como ministro, de um lado, e também, de outro, o isolamento e a programada separação da Crisma da objetiva e sucessiva ordem da Iniciação Cristã, têm como consequência um distanciamento contemporâneo tanto da tradição oriental quanto da ocidental. Da primeira, por extrapolação da estrutura da Iniciação Cristã na qual o ministério presbiteral a insere intimamente; e da segunda, pela habitual ausência do bispo, substituído pelo presbítero, e que era elemento característico.

Em outras palavras: pergunta-se se não se está perdendo o nosso elemento caracterizante, sem recuperar verdadeiramente os traços específicos da outra tradição. Todavia, ainda não bastará conservar nosso aspecto típico: deverá ser recuperado também aquele da colocação da Crisma no seu momento e lugar corretamente dentro do itinerário da iniciação; isto é, o bispo, que dá o selo do Espírito Santo depois do Batismo e antes da Euca-

---

57. Ibid., p. 810, n. 2.595.
58. Cf. *Presbyterorum Ordinis*, n. 5.

ristia. Por motivações e exigências "práticas" não podem ser submetidas e sacrificadas razões que derivam da natureza e dos relacionamentos internos dos sacramentos.

Poderia ter chegado o tempo no qual perguntar-nos se a solução verdadeira não deva ser encontrada na conferição ordinária da Crisma por parte de quem já inicia com o Batismo e com a Eucaristia, complemento da iniciação, no exato momento do caminho sacramental. Também em tal solução deverá ser destacado especialmente o lugar do bispo.

2 A idade da Confirmação: teologia e pastoral

A idade da Confirmação é uma das "questões disputadas" de pastoral[59] e pode ser formulada nestes termos: é conveniente que hoje a idade da Confirmação seja protelada de forma que o sujeito tenha uma maior capacidade de opção e de responsabilidade, a fim de poder manifestar de maneira mais madura as exigências e as responsabilidades do sacramento, ou deve-se ainda continuar a conferição precoce no início do uso da razão? Contrariamente ao que poderia parecer à primeira vista, este problema de aplicação eficaz da Confirmação envolve também aquele doutrinal do valor e da função do próprio sacramento e aquele mais amplo da estrutura da Iniciação Cristã. Examinamos: 1) A proposta em favor da prorrogação. 2) A praxe e a disciplina eclesiástica. 3) Os elementos de impostação e solução do problema.

Retardar a idade da Confirmação

A proposta de prorrogar a Confirmação não é de hoje. Da maneira como foram expostos, com calor e com candor[60], os motivos poderiam ser sintetizados nestas duas afirmações:

1) A Confirmação é o sacramento da maturidade cristã: ora, a maturidade cristã deseja também uma maturidade humana; portanto, é útil deslocar a conferição da Confirmação.

---

59. Cf. BIFFI, I. L'età della confermazione e i suoi problemi. *Ambrosius*, 43, 1967, p. 54-83. • BIFFI, I. L'età della confermazione e le rette regole della metodologia teologica. *Sc. Catt.*, 95, 1967, p. 256-269. • BOTTE, B. A propos de la confirmation. *Nouv. Rev. Th.*, 98, 1966, p. 848-852. • BOTTE, B. L'età della confermazione: risposta a Padre Cipriano Vagaggini. *Sc. Catt.*, 95, 1967, p. 270-274.
60. Cf. esp. *Civiltà Cattolica*, 01/10/1966, p. 11.

2) O cristão recebeu o Batismo sem um compromisso de fé consciente e pessoal; mas, especialmente no atual mundo descristianizado, um tal compromisso de fé parece particularmente necessário; ora, a Confirmação se apresenta otimamente como aprovação consciente e pessoal do Batismo; portanto, deve ser prorrogada para a idade dos atos capazes de confirmar.

Algumas críticas imediatas

A subjetividade destes raciocínios não conserva seu poder intacto já com algumas críticas imediatas.

Quanto à prorrogação

Uma prorrogação da idade, certamente, é um problema sobretudo prático; isto é, depende de um juízo concreto. Por isso, não se pode falar abstratamente de "idade ideal" da Confirmação.

Todavia, são ambíguos os apelos à "maturidade" como dom do sacramento: a mais antiga e comum tradição não apresenta tal "maturidade" em relação a uma idade cronológica, mas ao sacramento precedentemente recebido que é o Batismo: trata-se de uma maturidade de graça ontológico-sacramental. Na lógica de uma idade de anos, mais do que a Confirmação, não seria o Batismo a exigir uma maturidade psicológica?

Então, se, dadas as condições ambientais negativas, teme-se dar a "maturidade" do Batismo, sua assim chamada ratificação, por que não se teme administrar o Batismo sem uma opção pessoal e com as consequências tão graves às quais é preciso ser coerente? Sempre na lógica da prorrogação, não deveria o Sacramento do Batismo ser antes objeto de uma decisão livre e, portanto, resistente?

Ainda: por que não propor que se prorrogue a primeira comunhão? Tradicionalmente aparece como o sacramento que completa – isto é, amadurece a Iniciação Cristã – e é posto em especial destaque em nossos dias o seu aspecto tipicamente eclesial.

Finalmente, não é inútil revelar que, sem desvalorizar a importância da consciência psicologicamente mais madura na recepção dos sacramentos, também a Confirmação é sobretudo um dom efetivo e gratuito da graça e não deve ser confundida "a eficácia sacramental com o choque que o rito pode produzir[61]. Todavia, destas observações críticas, percebendo os motivos e as exigências lógicas, ao menos, de algumas propostas em favor da prorrogação, não deriva por si nem que não seja mais conveniente transferir a idade da Confirmação, nem que não se deva rever toda a idade da Iniciação Cristã.

Quanto ao adiamento

Uma Confirmação depois da primeira comunhão é o segundo aspecto da questão, que é preciso distinguir com cuidado daquele simplesmente da idade – distinção, com frequência, infelizmente negligenciada. A respeito, deve-se impor a pergunta: que valor tem a ordem segundo a qual uma antiga e constante tradição apresenta a Confirmação como seguinte complemento do Batismo e depois a Eucaristia como terceiro sacramento de consumação e plenitude da iniciação? Estamos diante de uma ordem apenas disciplinar, na prática modificável sem dificuldade, ou esta ordem reflete a natureza e as relações recíprocas dos três sacramentos, de maneira a ser o ideal de inspiração e o princípio das determinações pastorais?

No primeiro parágrafo já citamos as afirmações tanto da Constituição *Divinae Consortium Naturae* quanto do Vaticano II[62]. Na realidade, trata-se certamente de uma sucessão de valor ao menos teológico. "A começar pelos mais antigos documentos, o dom do Espírito Santo é dado a todos, adultos e crianças", e tanto o Oriente quanto o Ocidente, com uma disciplina diferente, salvaguardam "tanto a integridade da iniciação quanto a sucessão normal dos sacramentos: Batismo, Confirmação, Eucaristia"[63], que assim parece "o sacramento que completa ou coroa a Iniciação Cristã, realizando plenamente a participação na vida da Igreja como Corpo de Cristo"[64].

A praxe que estabeleceu a Confirmação depois da Eucaristia introduziu, então, uma "novidade" na tradição sacramental da Igreja e na explicação

---

61. Cf. BOTTE, B. A propos de la confirmation. Art. cit., p. 851.
62. Cf. notas 55-57.
63. BOTTE, B. A propos de la confirmation. Art. cit., p. 849-850.
64. COLOMBO, C. *I Sacramenti dell'iniziazione cristiana*: Battesimo e Cresima. [man.]. Venegono Inferiore, [s.d.], p. 127.

tradicional que lhe é conexa: seria uma "novidade" legítima, constitutiva de uma tradição sacramental diferente? Não é uma interrogação inconsistente, especialmente depois das afirmações de princípio ligadas ao novo rito da Confirmação.

O uso e a disciplina eclesial

Numa questão como a idade da Confirmação e suas implicações o primeiro método para uma solução não pode ser senão o uso e a disciplina da Igreja, que tomamos em rápido exame:

1) Nos primeiros séculos, Batismo e Confirmação são administrados juntos, no curso do único rito da Iniciação Cristã: a idade da Confirmação está ligada à do Batismo que é conferido habitualmente a adultos. Batismo e Confirmação tornam-se sempre mais a regra geral no século VI, mas até o XIII continuam a ser confirmados tantos os "infantes" quanto os adultos (ou seja, confirmandos já com o uso da razão). Quanto à separação entre os dois sacramentos no Ocidente: inicialmente fundamenta-se só no fato material da ausência do bispo, não sobre considerações, de caráter teológico, relativas à natureza da Confirmação; no Oriente – como temos destacado – é o simples sacerdote que confirma imediatamente após o Batismo.

2) Em fins do século XIII, porém, percebe-se um desenvolvimento novo em base à importância que se anexa ao uso da razão e uma certa teologia do próprio sacramento. Fixa-se, então, um limite mínimo: os sete anos (Catecismo Tridentino).

3) Uma evolução ulterior encontramo-la nos séculos XVIII-XIX na França, na Áustria e na Alemanha: a idade da Confirmação é prorrogada dos 12 aos 14 anos e também depois da primeira comunhão.

4) Depois, a Santa Sé começa a intervir, em particular com Leão XIII, que remarca tanto os benefícios de uma recepção da Confirmação em tenra idade quanto a importância da ordem tradicional, que põe a Confirmação antes da Eucaristia, para a qual torna mais idôneos. Prosseguem no mesmo sentido os documentos seguintes: destaque à "discrição" e apelo ao valor da antiga sucessão, onde a Confirmação aparece como um segundo sacramento.

Por sua vez, a Constituição sobre a liturgia queria uma revisão do rito da Confirmação, de maneira a fazer aparecer "mais claramente sua íntima conexão com toda a Iniciação Cristã" (art. 71): se um critério de referência da Iniciação Cristã é a tradição mais antiga, parece dever-se concluir que, segundo este artigo, a Confirmação seja administrada depois do Batismo e antes da Eucaristia. O Decreto *Presbyterorum Ordinis* fala – temos visto – dos "fiéis já marcados pelo sagrado Batismo e pela Confirmação [que] são plenamente inseridos no Corpo de Cristo por meio da Eucaristia" (n. 5): a Eucaristia, cume e selo do ser cristão. E de fato, a Constituição apostólica *Divinae Consortium Naturae* põe expressamente nesta linha o Sacramento da Crisma.

Sobre o significado da Crisma, os *Praenotanda* escrevem: "Com o Sacramento da Confirmação, os batizados prosseguem a caminhada da Iniciação Cristã. Por força deste sacramento, eles recebem a efusão do Espírito Santo, que no dia de Pentecostes foi enviado pelo Senhor ressuscitado sobre os apóstolos.

Este dom do Espírito Santo torna os fiéis de modo mais perfeito conformes a Cristo e comunica-lhes a força de dar-lhe testemunho, para a edificação de seu corpo na fé e na caridade. Eles recebem, além disso, o caráter ou sinal indelével do Senhor; por isso, o Sacramento da Confirmação não pode ser repetido"[65].

Quanto à idade, porém, os próprios *Praenotanda* do novo rito da Confirmação declaram: "Com referência às crianças, na Igreja latina, a administração da Confirmação é geralmente feita até os sete anos aproximadamente. Todavia, por razões pastorais, e especialmente para inculcar com maior eficácia na vida dos fiéis uma plena adesão a Cristo Senhor e um firme testemunho, as Conferências episcopais podem estabelecer uma idade mais madura se a julgarem mais idônea para fazer preceder à recepção do sacramento uma côngrua preparação"[66].

Porém, na perspectiva de uma idade mais madura, é deixado aberto o problema da relação da Crisma com a Eucaristia.

---

[65]. *Enchiridion documentorum instaurationis liturgicae*. Op. cit., p. 815, n. 2.603-2.604.
[66]. Ibid., p. 818, n. 11.

Os elementos para resolver o problema

Após ter apresentado a praxe e a legislação da Igreja, podemos compreender melhor em que contexto se põe uma prorrogação da idade da Confirmação:

1) A proposta e o fato de prorrogar a Confirmação não parecem novos na história da idade da Confirmação, e mais ou menos idênticos são os motivos apresentados para sua justificação.

2) Mas é possível agora, à luz dos destaques críticos à proposta e da história e disciplina da idade da Confirmação, avaliar os vários aspectos da questão.

Prorrogabilidade

Aparece, sobretudo, a prorrogabilidade da idade da Confirmação e sua efetiva prorrogação na Igreja ocidental conexa com uma valorização da "discrição" para a recepção consciente do sacramento.

Portanto, na medida em que a proposta da prorrogação põe em destaque a incidência também da idade, está na linha da disciplina eclesiástica ocidental.

Porém, deve-se acrescentar que tal valorização não pode fundamentar-se na finalidade essencialmente "maturante" da Confirmação, como com frequência é interpretada; caso contrário, o que dizer da tradição oriental, com a qual concordava até o século XIII a ocidental, que continua a dar a Confirmação aos infantes, certamente com a convicção e a certeza de alcançar perfeitamente o fim do sacramento? A própria Igreja ocidental recomenda, em casos particulares, uma Confirmação também antes da idade da discrição. Se dizemos que a Confirmação nos faz soldados de Cristo – observa B. Botte –, não se deve abusar da metáfora: "caso contrário será preciso retardar a Confirmação até a idade do serviço militar!"[67]

Então, segundo a praxe e a doutrina da Igreja, também uma criança pode aproveitar-se plenamente da graça da Confirmação antes de chegar à adolescência: é preciso insistir nisso com Leão XIII, para não assemelhar a Confirmação dada às crianças – como tende fazer uma concepção psicológi-

---

67. BOTTE, B. A propos de la confirmation. Art. cit., p. 850.

ca da graça – a uma medicina ministrada muito cedo e que teria perdido sua força – são sempre palavras de B. Botte – depois de alguns anos[68].

Quanto ao juízo sobre o ambiente, hoje cristãmente menos comprometedor, seria necessário, entre outras coisas, perguntar se verdadeiramente a solução está em procrastinar a Confirmação ou se não se deveria antes enveredar por outra estrada mais árdua.

A pastoral tradicional

Estas observações, por ter examinado seus motivos criticamente, não obstante, não se opõem de forma absoluta a um retardo do sacramento. Porém, existe outro fator que deve conspirar contra a impostação do problema, e é a legislação eclesiástica, que se orientou sempre mais clara e insistentemente no sentido de uma antecipação em relação a um costume contrário estabelecido. Consequentemente: uma praxe e uma norma que deslocassem demasiado para a adolescência a administração da Confirmação assumiriam um certo caráter de "novidade" em relação à disciplina e ao esforço consciente feito neste século pela Igreja para levar o sacramento de volta a uma idade precoce, ainda que a possibilidade de uma "idade mais madura" é deixada aberta pelos *Praenotanda* do novo rito da Confirmação (n. 11).

Sem dúvida, a disciplina pastoral da Igreja, também neste ponto, pode mudar, permanecendo válidos – parece-nos – os destaques sobre a assim chamada "maturidade" conferida pelo sacramento e sobre sua eficácia em idade precoce. Mas, a juízo de B. Botte, que não era o último a chegar, "os orientais sentiriam isso como uma injúria à sua tradição que, aliás, é a de toda da Igreja antiga", nem seria um progresso aos olhos dos protestantes, que "lógicos consigo mesmos"[69], deslocaram a idade da Confirmação, mas deslocaram também a idade da comunhão. Com efeito, é difícil impedir a pergunta: Se se continua com o Batismo das crianças (e uma comunidade composta só de cristãos adultos nos pareceria discutibilíssima), não é mais "lógico" que se continue ainda com a Confirmação precoce, que leva à realização aquele Batismo? Por que se obrigam as crianças à primeira comunhão

---

68. Ibid., p. 851.
69. Ibid., p. 851-852.

pascal a começar pela idade da razão e se privariam por anos do sacramento do qual Leão XIII declarou que dele necessitam desde a tenra idade? Se aos sete anos as crianças têm a capacidade de receber eficazmente o Sacramento da Penitência, por que não deveria ser-lhes sumamente conveniente o dom pleno e perfeito do Espírito Santo reclamado pelo Batismo? Também estas não são interrogações inconsistentes.

Permanece certamente o problema do compromisso cristão da adolescência, mas, deixando de lado as considerações até aqui feitas, será efetivamente resolvido pelo retardo da Confirmação? Que seja necessária uma particular catequese é inegável: mas é precisamente necessário ligá-la à Confirmação? Se o batizado adolescente não foi educado em ambiente cristão, não corre facilmente o risco de não se apresentar simplesmente para a Confirmação ou de apresentar-se indisposto? No primeiro caso, teríamos um aumento de cristãos "não iniciados completamente": para que serviu, então, o Batismo precoce? E a Confirmação não teria servido simplesmente para nada? No segundo caso: com que fruto é recebida a Confirmação adolescente? Mas se o batizado teve uma formação cristã coerente: a Confirmação antes da adolescência não teria sido um fecundo enriquecimento?

Eucaristia e Crisma

Quanto à consequência de ter a Confirmação depois da comunhão: é difícil aceitar que a ordem Batismo-Confirmação-Eucaristia possa como norma inverter-se, como se se tratasse de uma ordem disciplinar e não, ao invés, de consistência teológica, a ser estudada com atenção extrema: isso manifesta relacionamentos intrínsecos objetivos dos três sacramentos, de forma a impor-se como ideal de referência. Ainda B. Botte não acreditava que a teologia moderna da Confirmação tenha feito tais progressos que se possa contradizer a sucessão Confirmação comunhão como de interesse somente disciplinar[70]. Aliás, a legislação eclesiástica sobre a idade da Confirmação tem recordado a validade da ordem tradicional, e a atual renovação litúrgica, com fundamento doutrinal, não levou a acentuá-lo ainda mais rigorosamente como norma? Naturalmente com as reformas coerentes – às quais acenamos acima – em matéria de ministro da Confirmação.

---

70. Ibid., p. 852.

Como conclusão: a idade da Confirmação parece "complicada" num contexto muito vasto e comprometedor. Já colocamos à luz, brevemente, algumas implicações e os multíplices critérios de medida. O que importa agora é precisamente tal sensibilidade para a complexidade das relações do problema: às dificuldades, às interrogações, aos resultados que uma proposta e uma disciplina nova sobre a idade da Confirmação suscitam para a teologia e para a pastoral.

9
O Sacramento da Eucaristia

1 A Eucaristia: sacramento da cruz

Para compreender radicalmente a Eucaristia é preciso compreender o significado da cruz na vida de Cristo e na história do mundo. Daqui deriva o sentido do sacramento e, portanto, da Eucaristia "sacramento da cruz". Dando esta definição, colocamos a própria Eucaristia na centralidade que ela "representa" na economia da salvação e no relacionamento que ela tem com a humanidade, portanto, conosco, com a Igreja.

Sentido da cruz

Vejamos, pois, qual é o sentido da cruz de Cristo. No curso da vida do Senhor Jesus, a cruz não acontece como vivência inevitável e estranha; a cruz não é um acidente que interrompa o desenvolvimento que deveria ter a vida do Senhor; ao contrário, quando Cristo morre na cruz, sua vida é realizada, atinge seu significado último, a cruz não interrompe, não desarticula um plano, mas leva a seu êxito uma intenção profunda que atravessa todos os dias da vida de Cristo: a cruz é cumprimento de Jesus Cristo.

Isso não tira que ela seja expressão de liberdade perversa, de sumo erro, de radical imprudência; e, todavia, ela vem dar o selo perfeito a Jesus Cristo. Desse modo, a morte de Jesus, na sua imediata e evidente irracionalidade, é o "sim", é a satisfação de um plano de Deus: o Sangue de Cristo é desde a eternidade objeto da opção pela redenção dos homens.

Aqui tocamos o ponto mais avançado, mais difícil de compreender. Nós quereríamos saber as razões da opção, da parte de Deus, do Sangue de Cristo como instrumento e lugar de redenção. Mas este é o fato: Cristo ressuscitado da morte é o termo da eleição; a humanidade não foi pensada fora de sua constituição no Sangue de Cristo, enquanto homem, assim como desde a eternidade o concebeu, é o homem resgatado, diz Paulo, "por alto preço" (1Cor 6,20). Portanto, a cruz como consumação da vida de Cristo e do plano de Deus para o homem.

A morte de Jesus

Mas o que é esta morte? Se nos detivermos na descrição fenomenológica, diremos que é uma das tantas mortes que marcam a vileza, a prepotência de um lado e a impotência, a fragilidade do homem de outro: uma das tantas mortes.

Mas devemos embrenhar-nos na morte de Cristo e captar sua singularidade. Então, dizemos que a morte de Cristo, em grau único, exemplar, criativo, é a entrega do Filho ao Pai, é uma *traditio*, um confiar-se ao Pai, é o ato mais perfeito, além das suas componentes materiais que a substanciam e a representam; é o ato de confiar ao Pai da parte da humanidade do Filho de Deus; é a entrega absoluta, o ato extremo de confiança; é a fidelidade e a obediência maior; o cume mais alto pensável do amor de um homem a Deus; é o amor da humanidade do Filho do Pai.

Esta morte de Cristo, interpretada no seu significado mais profundo, mais íntimo, é a entrega da vida de Cristo aos homens, o ato mais gratuito feito na história para o homem, para a humanidade. É ao mesmo tempo amor ao Pai e amor ao homem: entrega a Deus na obediência total e disponibilidade ao homem no modo mais absoluto: Cristo se entrega.

Paulo ficou surpreso, admirado e confuso com esta entrega, que o fez exclamar: "Amou-me e se entregou por mim" (Gl 2,20).

É uma entrega cuja raiz é a liberdade, é a caridade, que também é manifestação, é epifania da caridade do Pai: Cristo que morre na cruz é o sinal que o Pai amou de maneira absoluta o homem e o amou por primeiro, e lhe entregou o Filho da complacência, o Filho unigênito, o Filho predileto.

Vêm à mente as palavras de João: o Pai tanto amou o mundo que não manteve para si, mas entregou aos homens o Filho (3,16). Na sua morte, Cristo é, pois, expressão do dom supremo do Pai.

Cruz e caridade

Desse modo, Jesus Cristo cria na história uma realidade nova: a caridade, a fidelidade a Deus; cria um espaço humano, uma humanidade absolutamente redimida, única. No início, a humanidade fizera-se decrépita, estava deteriorada, precisamente pela desobediência; pelo fechamento e manutenção do homem em si: esta é a forma do pecado original, é a manutenção para si, a construção do próprio mundo, do próprio plano, é a desconfiança.

Cristo sobe à cruz levado pela confiança no Pai (Jo 14,31), sobe à cruz para poder confiar-se aos homens. Eis por que realiza a humanidade nova, a humanidade redimida: na cruz encontra-se o princípio da redenção: através deste princípio será gerada a nova humanidade, aquela da qual Adão é etapa e também contrafação.

Quando Cristo morre na cruz, sua morte é a dissolução da humanidade velha através da caridade: é, pois, o princípio da vida renovada através da ressurreição; quando Cristo morre, acontece, começa a nova criação, que já é estruturada pelos filhos de Deus, pela humanidade conformada àquela de Cristo: a humanidade nova é uma humanidade que crê, uma humanidade que sabe amar, sabe entregar-se. Cristo na cruz dá o início, é a primícia desta caridade, desta novidade.

Valor absoluto da morte de Jesus

Exatamente por este valor absoluto, único, a morte do Senhor não pode ser repetida, porque cumpriu para todos o seu significado.

A morte do Senhor, então, apresenta, por um lado, a sua clara colocação na história: nós a percebemos lá onde se cruza o tempo e o espaço, tem uma data e uma cronologia, portanto, tem um lugar, uma geografia; no entanto, a morte de Cristo se desdobra como valor e se torna emergente, iminente sobre toda a história, por isso, cada idade, cada homem individualmente, deve referir-se à cruz.

Segundo a Carta aos Hebreus, é Cristo *semel oblatus* (9,28), que se ofereceu uma só vez, e nesta sua oferta apresenta a capacidade redentora, salvífica, recriadora de toda a humanidade.

Não é pensável um amor mais alto, uma fidelidade mais total, portanto, não existe um "além" da morte de Cristo, porque é a exibição, a oferta, a revelação de todo o plano de Deus, de toda a sua possibilidade e capacidade de cumprimento. Cristo morreu uma vez por todas, porque morreu para todos, porque a força de sua morte redentora é tal que pode tocar todo fragmento de tempo e toda passagem de idade: é uma colocação da morte de Cristo sobre a cruz não fora da história, porque está dentro da história, acima e envolvendo toda a história. A cruz não pode ser renovada porque tem dentro de si uma suficiência indelével e inesgotável.

Colocado cada homem sob a morte de Cristo, então, trata-se de poder sermos tocados por tal morte, de poder assumi-la, de ter o meio para sermos envolvidos e participantes desta morte redentora.

A Eucaristia: partilha do sacrifício de Cristo e início da fraternidade

A Eucaristia é exatamente o modo de comungar com o sacrifício do Senhor, é a memória que torna presente esta morte de modo que nós possamos comorrer com Cristo e estar na objetiva situação e premissa para ressurgir com Ele.

Quando Jesus chega ao fim de sua vida, deixa os seus, e através dos seus deixa à Igreja, não alguma coisa de si, um bem seu; nem deixa à Igreja um sinal a ser reavivado psicologicamente ou a ser representado na iconografia; quando Cristo faz seu testamento – isto é, chega ao limite do tempo que o plano, que a providência de Deus lhe entregou, à história – Ele deixa a si mesmo.

A Eucaristia é instituída por Cristo como o ato no qual sua morte já é confiada ao curso da história da humanidade. Ele deixa, a esta humanidade que vive e que viverá historicamente, o "seu Corpo doado e o seu Sangue derramado"; isto é, a sua realidade crucificada. Deixa o Corpo enquanto doado, o que significa não o Corpo separado do Sangue (como nós pensaríamos numa concepção tipicamente nossa, quando evocamos o Corpo), mas sua pessoa enquanto entregue em sacrifício. E o Sangue que Ele deixa ainda não significa tanto distinção do corpo, mas, assim como o Sangue evoca a vida, Ele indica a sua vida efundida, doada. O seu Corpo e o seu Sangue: início de vida para os homens.

Por isso, institui a ceia como comunhão: "Tomai e entrai em comunhão, é minha existência não detida, mas 'entregue', oferecida a vós. Tomai e entrai em comunhão, é minha vida e meu Sangue que são derramados por vós, e pela multidão, para sancionar a Nova Aliança com a humanidade" (cf. Mt 26,26-29; Lc 22,14-20).

O Sangue que é derramado sela a humanidade nova, dando vida à aliança já perene que é aquela da fraternidade que se realiza como amizade, a amizade que Deus suscita em Cristo com os homens e entre os homens.

Portanto, o Senhor, como última vontade, como manifestação consumada de sua caridade, confia sua morte, confia a si mesmo para que os homens possam dispor dele na história e ser uma fraternidade que nasce de Deus. A Eucaristia é memória da morte do Senhor, mas não é memória que se distinga ou se distancie da presença, mas, ao contrário, é uma memória que, representando, reapresenta.

Sentido da "memória" eucarística

Existem diferentes dimensões, ou diferentes faixas, eficazes de memória: existe a memória exteriorizada na documentação, e então a reevocação é deixada toda ao conhecimento, à notícia; existe a memória que se imprime na alma, como um afeto, como uma vivência que deixa os seus sinais e que jamais se apaga, mas, no fim, é também sempre um ato que provém e se institui no sujeito. Existe a memória eucarística, que é a objetividade do dom de Cristo tornado realmente presente em meio a nós e para nós: esta é a memória do sacrifício da cruz.

Chamamo-la de "sacramento", porque é um sinal, não dos muitos sinais, mas um sinal sagrado; não um dos muitos sinais que recordam a sacralidade: o sacramento é o sinal da presença real da cruz; recordando prodigaliza; fixando e acendendo a nossa memória interior, põe à nossa disposição a própria realidade: portanto, sacramento como representação, mas mais ainda como reapresentação.

Eis por que o sacramento não significa distância, não é sinal de um tempo passado que nos esforçamos por preencher, não proclama uma lonjura de alguma maneira geográfica que nos empenhamos por vencer: o Sacramento da Eucaristia descreve em meio a nós a verdade da presença do Corpo doado e do Sangue derramado.

Eis por que a doutrina e a pastoral da Igreja estão sempre atentas a manter viva a singularidade, a prerrogativa da Eucaristia como banquete do

Senhor: não é uma das muitas refeições que nós podemos tomar e tomamos na ferialidade de nossos dias: é a ceia do Senhor.

Paulo está vigilante e preocupado que sua comunidade tenha o exato discernimento, o critério de precisa avaliação, de maneira que saiba distinguir a mesa na casa e a ceia do Senhor, a Eucaristia; e terá palavras de um realismo preciso: nós comungamos com o Corpo de Cristo, nós passamos a tomar parte de sua morte, nós comungamos com o Sangue do Senhor (1Cor 10,16).

O sacramento, a memória da Eucaristia, não nos dá outra coisa; não uma coisa de algum modo diluída e imitada, mas a exata identidade: a doutrina e a pastoral da Igreja, também quando usam uma linguagem um pouco difícil, fazem isso para traduzir de maneira integral a especificidade e a propriedade da Eucaristia. Cada vez que surge uma doutrina que quer recuperar a Eucaristia no simbolismo – e, portanto, na distanciação – e na não perfeita identidade – a Igreja reage, porque percebe ser tocada no sacramento por excelência, através do qual a morte do Senhor na sua singularidade e identidade está presente e é disponível, de forma que toda a história esteja sob o sinal daquele único e insuperável sacrifício.

Concluindo: o sacramento não repete a cruz, a Eucaristia propriamente não "renova" aquele sacrifício, como se ele tivesse necessidade de ser reforçado e enriquecido: pode-se usar, e por vezes o é na liturgia, esta linguagem que fala de "renovação", mas só no sentido que nela o sacrifício é oferecido como realidade verdadeira, autêntica e nova para nós; Cristo em si não renova o sacrifício, porque este é completo.

A finalidade da Eucaristia: o amor de Cristo em nós

Para que, no sacramento, se reapresenta a cruz e para que a Eucaristia? Para que a humanidade possa morrer com Cristo, para que a humanidade possa ressurgir com Ele.

Celebramos a Eucaristia, fazemo-la lugar e sujeito da memória, da presença, para que nós possamos inscrever, em nossa liberdade, o consenso à vontade de Deus, de maneira que o ato de Cristo de confiar-se ao Pai, que é sua morte, seja o nosso ato de confiar-nos. Nós celebramos a Eucaristia para entregar-nos ao Pai, para inserir em nós a vontade do Pai, para dizer o nosso sim, o nosso consenso. Celebramos a Eucaristia para que prossiga a obediência do Senhor e se repare a desobediência das origens; nesta obediência e fidelidade será reconstituído, será recriado o homem, por Cristo e com Ele. Então dizemos sim à Eucaristia, comemoramos tal fidelidade reapresentando-a para, por nossa vez, poder morrer, para que morra esta velhice assim como Cristo fez morrer através de si, no seu ato, a velhice de Adão, que mantinha prisioneira a humanidade.

A Igreja é sujeito da Eucaristia para que possa amar no seguimento do amor de Cristo pelos outros, para que se possa realizar uma humanidade que sabe sair de si para entregar-se aos outros.

Então a celebração é proclamação da nossa vontade de doar-nos ao Pai e de doar-nos aos irmãos, é a profissão do nosso empenho; é o recolhimento que diz que nós consentimos que se cumpra a intenção de Deus, que nós decidimos que nossa vida seja repartida e dividida, exatamente como a vida de Cristo foi repartida e dividida, a caridade de Cristo foi doada.

Esta realidade do amor ao Pai e aos irmãos, este sim, esta caridade é indissolúvel e inseparavelmente realidade encontrável no sacramento e realidade que se imprime em nossa existência.

O momento da memória sacramental é um momento aberto sobre toda a vida. Se nos contentássemos em tornar presente a caridade de Cristo na objetividade do sinal sacramental e a prendêssemos ali e depois não abríssemos a nossa vida, a nossa vontade e a nossa liberdade a esta caridade que temos reapresentado no sacramento, nós humilharíamos o próprio sacramento, torná-lo-íamos objetivamente incompleto e insatisfeito, porque a Igreja celebra a Eucaristia não para aumentar a caridade de Cristo, mas para assumir a caridade de Cristo, para torná-la verdadeira em si mesma, Igreja.

Eis, então, que a morte do Senhor, perceptível no sinal sacramental, tem uma finalidade encontrável em nossa vida real; o sinal traz a impressão da cruz, para que esta impressão seja traçada em nossa experiência, na experiência que nossa vida diz e proclama.

Do sacramento à resolução na vida

Assim, do sacramento se chega à resolução na vida: é na existência da Igreja, na verdade da comunidade cristã, é em nossas obras que a morte do

Senhor deve ser agora completamente atingível e encontrável. Nós devemos proclamar que Cristo morreu, nós devemos significar a morte do Senhor, vivendo sob a forma da caridade desta morte. Eis, então, os três momentos dos quais devemos captar e realizar a unidade:

- o momento da cruz: é o primeiro e genético, o momento absolutamente válido e criativo;
- o momento do sacramento da cruz: é a reapresentação do sinal da morte do Senhor;
- o momento da vida, indissoluvelmente unido, sob o sinal da cruz.

Se é assim, a cruz encontra seu ponto de chegada e a Eucaristia não é celebrada em vão; caso contrário, nós podemos crer e proclamar que a Eucaristia é a memória objetiva da morte do Senhor, mas nosso testemunho não é crível, não convence porque não é "crente". A vida de caridade da Igreja é o fundamento da plausibilidade, do convencimento que Cristo morreu por nós, que sua morte foi o ato de libertação, porque ato de amor.

Nós dizemos isso celebrando, mas sobretudo tornamos verdadeira a celebração vivendo a caridade, que é a substância da cruz.

2 Aspectos do mistério eucarístico e uma catequese renovada

A teologia está conhecendo – em relação às estreitas perspectivas dos manuais – a retomada das componentes integrais do "mistério da fé". Recordemos as mais importantes, postas à luz pela instrução sempre atual *Eucharisticum Mysterium*[71], à qual nos referimos. As páginas que seguem hão de desenvolvê-las analiticamente.

Sacrifício memorial

A Eucaristia é sacrifício memorial da morte e da ressurreição do Senhor: "Fazei isto em memória de mim" (Lc 22,19b) – diz o Senhor na ceia. Isto significa: não como simples recordação psicológica, nem como repetição separada, mas como celebração que perpetua e reapresenta objetivamente a Páscoa do Senhor. Comer o pão e beber do cálice significa, continuando o

---

71. Cf. *Enchiridion documentorum instaurationis liturgicae*. Op. cit., p. 320ss.

banquete da Páscoa, "realizar" a morte do Senhor (cf. 1Cor 11,26), a obra da salvação.

Sacrifício convivial

A Eucaristia é, pois, um sacrifício convivial: pertence à sua natureza e destinação ser um banquete. Deve ser sublinhada a estreita relação entre sacrifício e banquete sagrado, diante de uma sua menor perspicácia e operatividade na consciência explícita difusa e diante daquele certo desinteresse que se criou e, em parte, permanece ainda entre celebração e assunção convivial: "A missa, ou ceia do Senhor, é ao mesmo tempo e inseparavelmente sacrifício [...] memorial da morte e da ressurreição do Senhor, sagrado banquete [...]. O sacrifício e o sagrado banquete pertencem ao mesmo mistério a ponto de estarem ligados um ao outro por estreitíssimo vínculo" (art. 3 a-b).

A Eucaristia: sacrifício convivial da Igreja

A Eucaristia é o sacrifício convivial da Igreja, com a finalidade de alimentar a comunidade, transmitir-lhe os frutos da Páscoa, associá-la à Nova Aliança no Sangue do Senhor, torná-la participante de sua grande "Eucaristia", prefigurando e antecipadamente contendo o banquete do reino celeste: "[Por meio da comunhão] o povo de Deus participa dos bens do sacrifício pascal, renova o novo pacto feito uma vez para sempre no Sangue de Cristo por Deus e com os homens, e na fé e na esperança prefigura e antecipa o banquete escatológico no reino do Pai, anunciando a morte do Senhor 'até o seu retorno'" (art. 2 a-b). "Assim a Igreja, especialmente na grande oração eucarística junto com Cristo, dá graças ao Pai, no Espírito Santo, por todos os bens que na criação e, de modo especial, no Mistério Pascal, concede aos homens e lhe suplica que venha o seu reino" (art. 2 c).

Dimensão eclesial da Eucaristia

Disso provém a dimensão essencialmente eclesial da Eucaristia: sua celebração sempre, existencial e operosamente, transcendendo o esforço e a possibilidade do indivíduo, implica a Igreja inteira na sua tomada dentro do movimento salvífico da Páscoa originado por Cristo Cabeça: "A celebração eucarística [...] é ação não só de Cristo, mas também da Igreja [...]. Nenhuma missa é ação puramente privada, mas celebração da Igreja [...], o centro de toda a vida cristã, tanto para a Igreja universal quanto para as comunidades locais" (art. 2 c-d; 6), o "cume" da mediação de culto e de salvação em ato na Igreja, o ponto mais alto de sua manifestação (art. 6-7).

A Eucaristia: mistério gerador da unidade cristã

Consequentemente, a Eucaristia é, por excelência, o mistério gerador da unidade cristã: "No memorial do Senhor, celebrado segundo sua própria vontade, é expressa e se realiza a unidade de todos os crentes nele". Esta capacidade de unificar da Eucaristia foi objetivamente reconhecida como efetiva em toda a parte onde seja realizada de forma válida, pelo Concílio (*Unitatis Redintegratio*, n. 15), onde se diz que para a celebração da Eucaristia, nas Igrejas que conservaram a ordem, "a Igreja de Deus é edificada e cresce" (art. 8). Ao mesmo tempo, a própria celebração, exatamente porque é seu símbolo e seu instrumento, revelará mais claramente e fará sentir com maior dor a anomalia da separação.

Primado da celebração eucarística

Eis, então, a posição originária do sacrifício convivial e o primado da Eucaristia como celebração da qual os outros aspectos são derivados e subordinados. "A celebração da Eucaristia no sacrifício da missa é verdadeiramente a origem e a finalidade do culto que se presta a ela fora da missa. Com efeito, não só as sagradas espécies que restam depois da missa derivam dela, mas são conservadas para que os fiéis, que não possam participar da missa, por meio da comunhão sacramental [...] se unam a Cristo e a seu sacrifício. Por isso, o próprio sacrifício eucarístico é a fonte e o cume de todo o culto da Igreja" (art. 3 e).

Aliás, "no sacramento que é reposto, deve-se adorar o próprio Senhor" e "considerar o mistério eucarístico em toda a sua amplitude, tanto na própria celebração da missa quanto no culto às sagradas espécies, que são conservadas depois da missa para estender a graça do sacrifício (art. 3 f-g). É o que deve sobressair na ordenação prática do culto eucarístico.

Participação ativa dos fiéis

Mas é preciso que a participação ativa e plena dos fiéis corresponda à estrutura do mistério eucarístico, sacrifício convivial-pascal da Igreja.

Os fiéis estão ontologicamente deputados a ela em virtude do sacerdócio "com o qual são consagrados por meio da regeneração e da unção do Espírito Santo" e pelo qual formam "aquele povo santo que, com os ministros, participa da ação sacra" (art. 11-12) e já realiza um grau de presença real do Senhor (art. 9).

Tal participação ativa comporta indissociavelmente a comunhão interior "no íntimo do ânimo" (art. 12) e aquela liturgia "através dos ritos" (ibid.), na qual "os indivíduos agem segundo seu grau e as próprias tarefas" (art. 3 d).

A Eucaristia deve ser conservada no modo de vida

Enfim – como temos destacado no parágrafo precedente –, uma vez celebrado e assim participado, o sacrifício convivial deverá permanecer na prática que se esboça na irradiação da Páscoa do Senhor: "Os fiéis devem conservar no modo de vida aquilo que receberam na celebração da Eucaristia com a fé e o sacramento" (art. 13).

A catequese eucarística

Esta é, pois, a doutrina que os pastores de almas devem fazer objeto de catequese, de maneira que "o mistério eucarístico permeie pouco a pouco o ânimo e a vida dos fiéis" (art. 5). Consequentemente, esta catequese será dotada de alguns elementos renovados ou, ao menos, de novos e mais ricos destaques, assim como será revisado no método: "Os pastores [...] orientem os fiéis a uma plena compreensão deste mistério de fé com uma conveniente catequese, que inicie pelos mistérios do Ano Litúrgico e pelos ritos e orações que voltam na celebração, para tornar-lhes claro o sentido, sobretudo, aquele da grande oração eucarística, que não coincida ou não se reduza primariamente à transmissão de fórmulas, mas se comunique com o sentido da ação que é veículo do mistério, a começar pela introdução das crianças e por sua preparação à primeira comunhão, "inserção completa no Corpo de Cristo" (art. 14).

3 A Eucaristia e a ressurreição de Cristo

A Eucaristia presença de Jesus ressuscitado pela partilha de seu sacrifício

Talvez a fraqueza mais grave de nossas assembleias eucarísticas seja a falta ou o enfraquecimento do sentido da presença do Senhor: de Cristo que, exatamente porque ressuscitado, pode oferecer-nos seu Corpo sacrificado e seu Sangue derramado. Parece que a relação entre as nossas ceias eucarísticas, que são o sacrifício pascal da Igreja e Jesus ressuscitado tenha sido deixada na sombra pela própria reflexão teológica e, certamente, pela catequese: na realidade, só a ressurreição de Cristo e a fé nela tornam salvífico o nosso estar juntos "a partir o pão".

Valor decisivo da ressurreição (At 2,42)

Se Cristo não tivesse ressuscitado, sua vida humana e terrena, seu Corpo e Sangue, como realidade deste mundo, não teriam sido capazes de ser fonte de salvação. Teriam sido subvertidos pela dissolução na solidariedade com a fragilidade daquilo que passa e não tem valor estável ultratemporal e supraespacial. Foi a glorificação da ressurreição no Espírito que tornou Jesus de Nazaré, no realismo de sua humanidade e na consistência de seu Corpo e de seu Sangue, a fonte da graça, a "manducação" e a assunção dos quais é alimento de vida.

Já não se deve separar a paixão e a morte da glorificação: em ato está o Mistério Pascal de Cristo na sua integralidade, que se realizou uma vez para sempre e é ativo na história que vai em direção à Parusia. Sem dúvida, aqui nos encontramos com o "mistério" da presença hoje da morte do Senhor, de forma que se possa dizer que a ceia é seu próprio sacrifício. Esta verdade, porém, não porá em discussão nem o fato de não se repetir sua oferta, feita "uma vez para sempre" (Hb 9,28), nem o estado glorioso de sua humanidade, a comunhão com a qual acontece na Eucaristia. Por isso, se se fala de "reapresentação" do sacrifício da cruz na Eucaristia, não se deve deixar de pô-lo em relação de dependência de Cristo ressuscitado e do Espírito Santo, que é o dom pascal que nasce pela morte e pela exaltação do Senhor. Ou seja: deve-se destacar que já cada realidade sacramental nos vem do Cristo sentado à direita do Pai, que levou a termo neste "século" a obra da salvação, entrou no "outro" mundo, o mundo escatológico, "espiritual", no qual e pelo qual pode ser salvação para cada século.

Do Ressuscitado, o dom do seu sacrifício

Mas não por ter abandonado este mundo. É precisamente a situação nova na qual Ele entrou, que é a situação da glória incomensurável com a terrena, que lhe torna possível uma presença e uma atualidade que vencem o limite do tempo e da história: o "estar conosco até o fim do mundo" (Mt 28,20). Diferentemente – isto é, sem a coextensão e a contemporaneidade –, seria necessária a repetição dos gestos redentores que temos excluído, porque Ele próprio, ressuscitado, é o gesto divino e que não se repete.

A salvação é precisamente a expansão da influência daquele gesto, sua presença operativa, hoje visibilizada nos sacramentos. Melhor: na Igreja, da qual os sacramentos são aspecto e momento de singular e eficaz expressividade. Os sacramentos – e, portanto, em grau eminente e originário a Eucaristia – são para a Igreja e nela o sinal da presença de Cristo ressuscitado, que nos torna participantes do sacrifício. Ou uma forma sensível – da sensibilidade que caracteriza o sacramento – da sua operatividade, imanência e acompanhamento: forma do Cristo que "está aqui", agora, para que sua morte seja assumida como passagem, por nossa vez, para a ressurreição.

Para a nossa Páscoa

Entre o século presente e o mundo "futuro"

O rito serve de instrumento entre o século presente e o mundo já de Cristo. Num certo sentido, no sacramento – mas seria necessário dizer muito mais exatamente na Igreja, da qual ele é manifestação e realização – "baixa" a "escatologia", o século futuro é possuído por Cristo. No mais, a Igreja encontra-se já no futuro da história, temporalizada e especializada, escondida com o Senhor em Deus, e, por este lado, fora do mundo. Os sacramentos, e especialmente a Eucaristia, não podem deixar de refletir este estado da Igreja: por um lado, ligada à condição definitiva de Jesus, lugar e momento de sua ativa presença, e, por outro lado, enxertada neste mundo.

A partir de sua glória, na qual está, como "último Adão, "Espírito que vivifica" (1Cor 15,45), Jesus ressuscitado opera dominando e compreendendo a história, para que nela se realize a associação à sua paixão, ao seu sacrifício e, depois, à sua ressurreição.

Nossa necessidade da Páscoa

Com efeito, a Igreja tem ainda necessidade de fazer Páscoa, já que para ela ainda não chegou o estado "espiritual", escatológico. É Jesus ressuscitado – como dizíamos – que lhe põe à disposição, em toda a verdade de sua eficiência, o próprio sacrifício, para que ela, com a originalidade de sua adesão no presente, o ofereça, tome parte nele. É a possibilidade de Cristo ressuscitado que faz permanecer não só o efeito, mas também a presença sacramental de sua morte na Igreja, mediante seu Corpo e seu Sangue. Aquilo que foi próprio de Cristo, sua Páscoa, seu valor de graça, é pelo Ressuscitado tornado possível de fruição na Igreja, representado nela no sinal eficaz. E anotávamos: não pela repetição segundo uma continuidade horizontal, temporal, mas na temporalidade da glorificação que está além do tempo e imanente nele.

A nossa esperança

A celebração da Eucaristia pela comunidade cristã é anúncio da morte do Senhor, proclamação de seu sacrifício. Mas é também inseparável anúncio e proclamação de sua ressurreição e de sua presença de ressuscitado. A Igreja percebe que Jesus é comensal, que não oferece senão a si mesmo. Enfim, testemunhando o sacrifício e a presença do Ressuscitado, ela professa sua esperança que Ele venha (1Cor 11,26), a própria esperança no ingresso na glória com Cristo, da qual a Eucaristia é sinal e penhor.

4 Eucaristia: medida da fé

Percepção da fé

Se a Eucaristia brota da presença de Cristo ressuscitado, que ali opera o sacramento de seu sacrifício, para que a Igreja o celebre e dele realmente participe, é fácil perceber qual é a força da qual vem e é constituída a sinapse. É a força da fé da Igreja no Cristo morto e ressuscitado que faz reunir a comunidade na fracção do pão, com o mesmo sentido da presença do Ressuscitado que transparece com profunda intensidade das primeiras refeições da comunidade cristã. Uma reunião na qual esta percepção esteja amortecida, repete gestos, mas sem a "emotividade" que deriva da certeza de estar à mesa com o Senhor, acaba não testemunhando nada.

Uma reunião eucarística deve apresentar a fé cristã em nível máximo. É sua medida. O restante – o aspecto ritual – vem depois, sob um plano de importância. Ou, de certo modo, é a própria fé que o cria e o reforma. Sem ela falta como que o meio e o espaço no qual Cristo ressuscitado possa introduzir eficazmente, por sua condição nova, o seu sacrifício, para que ali seja sacramentalmente reapresentado. Por acaso não é verdade que insistimos na fidelidade ao preceito, às vezes sem suficiente cuidado pela fé que transcende o próprio preceito e se põe em outra altitude? Então, poderemos ter sinapses que não "representam", nas quais é difícil ler a fé na ressurreição do Senhor, também se a participação é notável quantitativamente e precisa ritualmente.

Crise de fé, crise de liturgia

A pastoral percebe sempre mais que a fé está em crise e por ela torna-se crítica a liturgia; que a insistência unilateral sobre a participação ao sacramento está revelando largamente sua fragilidade. A maravilha que as assembleias se reduzem de participantes poderia ser indício de uma compreensão menos integral dos diferentes e conexos momentos do futuro e do exprimir-se cristão.

A Eucaristia testemunha a fé de uma comunidade que é reunida para celebrá-la. Este traço da eclesialidade deve igualmente sobressair na sinapse. Não são indivíduos somados, mas uma família de fiéis que senta à mesa com o Senhor. Sem dúvida: não deve ser confundida a ceia do Senhor com a refeição que se toma, como alimento que perece, em casa; nem se deve fazer coincidir o ágape fraterno, que é fruto da salvação em Cristo, com o simples estar junto, sem uma fé na qual opere a caridade de Deus em Cristo. Para usar uma imagem comum: o amor cristão não é pura horizontalidade, mas é renovação e transformação que recebemos da Páscoa com o dom do Espírito Santo.

Ao mesmo tempo, porém, esta dimensão eclesial necessita de um espaço "humano", de uma significatividade pela qual efetivamente vemos uma comunidade unânime que, na fé, senta-se ao banquete do Senhor e ali se explicita segundo os caracteres e o vigor de uma fraternidade, que vão do gesto à palavra, às várias atitudes e que exigem também uma condição de tempo, de lugar e de ambientes. Por outro lado, uma disciplina que subavaliasse estas componentes acabaria por dissolver a Eucaristia como testemunho de uma comunidade "familiar".

Valor da caridade e da eclesialidade

Se antes sublinhamos o valor da fé em Cristo ressuscitado, presente à mesa pela celebração de seu banquete sacrifical, agora, então, destacamos o valor da caridade e da eclesialidade. Uma ceia eucarística onde o amor não for evidenciado no conhecimento, na disponibilidade e na concretude, onde não exista "humanidade", já não é a ceia do Senhor, a refeição da família de Deus, na qual está Cristo que nos parte o pão: "nos serve e é distribuído" (*ministrat et ministratur*). Ali já não se vê uma Igreja viva e real. É uma Eucaristia que não é epifania do amor.

Também se, por vezes, em difusas e indisciplinadas eucaristias "domésticas", puderem ser percebidas atitudes discutíveis, menos iluminadas e até na linha do erro, pode-se descobrir no seu fundo também uma exigência de autenticidade que em indisciplinadas celebrações poderia parecer menos consistente. A Eucaristia é a vida da Igreja, que ali se compromete com opções práticas. Especialmente nos mais jovens que, por outro lado, estão sujeitos a um diferente e grave tipo de tentação, é sentida com singular acentuação a necessidade de tornar as reuniões repletas do sinal da eclesialidade que, simplesmente, não deve ser confundida com a numerosidade. Sentem a necessidade de eucaristias em *domus*, porque parecem testemunhos de uma verdadeira fraternidade que circunstâncias múltiplas de habituais liturgias correm o risco de dissolver, mesmo na ritual impecabilidade. Por outro lado, não sem ambiguidade: o espírito de grupo poderia isolar e, no fim, fechar-se à eclesialidade, e promover uma liturgia "privada e manipulada.

É sempre necessário o esforço, para que as sinapses sejam indícios da fé em Cristo ressuscitado, que faz Páscoa conosco "aparecendo" e acompanhando-nos no sacramento do seu sacrifício, como aparecia antes da ascensão a seus discípulos – a Eucaristia é uma aparição sacramental de Jesus ressuscitado, que torna partilhável seu sacrifício –, para que elas sejam sinais da Igreja como comunidade de amor e fraternidade significada na comunhão à mesa cheia de uma vida em ato de tornar-se operativa, em conformidade ao amor que a Eucaristia contém: o amor do Senhor que dá a vida por seus amigos.

5 Eucaristia e fidelidade eclesial

A Eucaristia "faz" a Igreja

Corretamente, na atual teologia eucarística, põe-se em relação de causalidade a Eucaristia e a Igreja: a Igreja é edificada pelo Corpo e pelo Sangue de Cristo; portanto, a Eucaristia faz a Igreja. O princípio é fundamental para a compreensão da própria Igreja. Ela não se autoconstrói, mas é suscitada pelo sacrifício de Cristo, por sua caridade, por seu Espírito, numa presença atual da ação edificante do Senhor. Deve-se dizer isto também diante do modo de conceber a instituição da Igreja, por parte de Cristo, que a liga à sua vontade passada, a uma sua ideação, sem o destaque da gênese permanente dele e, em particular, de sua morte e ressurreição.

Com maior generalização podemos afirmar: os sacramentos são os atos de Cristo que "constroem" a Igreja. Mas o discurso do relacionamento entre Igreja e Eucaristia não se exaure na afirmação: a Eucaristia faz a Igreja. Se pararmos neste ponto, seria até inaceitável. Teríamos uma Eucaristia abstrata, sem colocação e sem história. Faltar-lhe-ia a prerrogativa de memória e de sinal. Por fim, não poderia nem conseguir a Igreja, que apareceria assim uma pura função. Acrescentemos como simples ressonância da Palavra; sem identidade e consistência discriminante, num equívoco serviço do mundo, no qual Jesus Cristo estaria como que diluído.

A Igreja "faz" a Eucaristia

O sacrifício de Cristo, que é a realidade da Eucaristia – e é o princípio de salvação em todo tempo, por causa de seu valor escatológico, não recuperável e não solúvel com o passar do tempo –, emerge e adquire modalidade sacramental de presença pelo consenso e pela fidelidade dos discípulos do Senhor. Se uma comunidade se esquecesse de Jesus Cristo, se eliminasse seu mandamento – "Fazei isto em memória de mim" (Lc 22,19) –, se não quisesse pôr os sinais do banquete segundo a intenção do Senhor e sobre sua palavra, se não comesse o pão e não bebesse do cálice segundo o espírito de Jesus: então, o sacrifício da cruz permaneceria sim em toda a sua absoluta validade; certamente, não perderiam eficácia salvífica o "Corpo doado" e "o Sangue derramado" em si mesmos, mas sua força de redenção não tocaria a comunidade desmemoriada, a qual, por rigorosa consequência, perderia a própria possibilidade de ser cristã.

Sem dúvida, é Jesus – o Protagonista, o Sujeito originário e principal do sacramento – a fazer a Igreja; ninguém pode tomar seu lugar ou substituí-lo. Mas Ele age se não faltar a fé, que acolhe. A fé poderia ser definida o espaço no qual o sacrifício da cruz toma realidade.

Disso segue que é também verdadeiro – mesmo sendo num plano diferente – que a Igreja faz a Eucaristia. Por este caminho adquirem sentido as antigas imagens da Igreja esposa e mãe. Se é obrigatório para a teologia exigir a compreensão do significado destas imagens, é para ela empobrecedor rejeitá-las como se fossem simplesmente pré-teológicas, e não uma linguagem na qual a compreensão do mistério cristão se expressa. A imagem da Igreja-esposa é sugestiva e perspicaz por destacar a atitude da fidelidade e da dedicação. A Eucaristia é o memorial da paixão do Senhor, mas é também memorial que se institui na Igreja: é a memória da Igreja que se percebe e se reconhece como a esposa de Cristo que se dispõe para o banquete nupcial. Aqui as imagens se multiplicam e se entrecortam e, tecendo-se, tornam a verdade da Igreja que nasce como que nova Eva ao lado do novo Adão e que se torna seu corpo.

O "sim" esponsal da Igreja

Sem Igreja não existe Eucaristia, não existe gesto de recordação e ritualidade convivial. Não se deve ignorar o aspecto ritual da Eucaristia, não porque o rito salve por si, ou porque o sacrifício da cruz seja um rito distanciado da realidade, mas porque a ritualidade eclesial – que mostra os valores e os aspectos de fidelidade e de dedicação aos quais temos acenado – confere o "aqui e agora" ao sacrifício esponsal de Jesus Cristo, ou, talvez mais precisamente, porque a "tradição" de Jesus Cristo, a sua "iniciativa", tornam-se eficazes historicamente "sim" da Igreja: um "sim" que, por outro lado, coincide com a Igreja. Ela não é senão a humanidade enquanto consente no sacrifício do Senhor e vai se tornando participante de sua ressurreição.

Por este caminho, toma destaque o ministério, que é sinal tanto do "poder" de Jesus ressuscitado da morte e glorificado quanto da adesão amorosa e disponível da Igreja.

Pelo idêntico caminho aparece também o espírito que deve animar a celebração; ela não é uma sequela fria e impecável de atos, regulados por rubricas, mas um desenvolvimento cuidadoso que testemunha a consciência de que nela fazemos a memória do sacrifício, da ressurreição e da caridade do Senhor, que se confiou à nossa resposta reconhecida e alegre.

A maternidade da Igreja

Nesta perspectiva, assume significado a outra imagem tradicional da Igreja: a da maternidade. Não se trata, por certo, de interpretá-la como pura semelhança à nossa experiência de maternidade. Ela mostra a fecundidade da memória esponsal da Igreja, o êxito da salvação, a sua consistência, pela qual nós dela dependemos, mostra a mediação graças à qual somos regenerados. Mais do que diminuir o primado de Cristo e de seu Espírito, assim compreendido, a maternidade da Igreja exalta seu êxito. Todas as vezes que a mediação materna da Igreja é "denegrida" ou desvalorizada, ela é dissolvida, reduzida a uma extrínseca soma de crentes. Os ulteriores resultados são o desaparecimento da tradição, o aparecimento da individualidade, a anonimidade e, no máximo, uma exterior proclamação da Palavra que a Igreja faria ressoar. Tudo não separado da proclamação da Igreja pecadora, antítese do Reino de Deus.

A Eucaristia "faz" a Igreja, mas não sem que a Igreja faça a Eucaristia: com sua fé, sua ação de graças, sua vontade de inscrever em si o Corpo e o Sangue de Cristo, de conferir, assim, a Ele a novidade que não o multiplica, não o regenera, mas é seu prosseguimento na história e na forma da Igreja.

Um projeto de doutrina e de pastoral eucarística no qual essa colocação esteja ausente ou demasiado implícita, além das novidades linguísticas e dos altos e difusos consensos, não pode constituir a premissa de uma renovação. Mas, no máximo, um desvio, por causa de uma doutrina eclesiológica e sacramental teologicamente carente.

6 Eucaristia e missão da Igreja

A Eucaristia "missão" e para a "missão"

A Eucaristia está no centro da missão da Igreja. Mas é preciso observar os termos teológicos da relação entre Eucaristia e missão, em particular com o cuidado de evitar um fácil caráter extrínseco. E não seria evitado se a missão não aparecer interna ao ser da Eucaristia e da Igreja.

Antes de mais nada, a Eucaristia significa e é a missão, que nasce como envio da parte do Pai e como sua confiança no Filho. Cristo é em si o Enviado; e é no seu sacrifício, na "entrega" da cruz, que tal missão é realizada, que seu ser mandado é perfeito, que é consumada a sua vontade de adesão à missão. Como sacramento do sacrifício, a Eucaristia representa o "envio" de Jesus Cristo, seu consenso a ser mandado, "liga" tal consenso à história e às suas gerações na sua variedade; desdobra sua realização, torna-o disponível, para que a missão tenha prosseguimento.

A razão pela qual a Eucaristia é celebrada é esta associação à missão e ao sacrifício de Cristo, que é, equivalentemente, comunhão na caridade de Deus e de Jesus, que "iniciam" e dão consistência à própria missão. A fidelidade com a qual é celebrada a Eucaristia é expressão desta intenção e comunhão. A Eucaristia está no centro da missão da Igreja enquanto simplesmente a contém, enquanto é o Filho enviado e oferecido e, portanto, é o amor do Pai e de Cristo transmitidos a nós. Antes mesmo de dizer: a Igreja celebra a Eucaristia para ter a força de ser missionária, deve-se dizer: a Eucaristia é a missão, o término do envio, no sentido que, tomando parte nele, somos constituídos em missão; e sermos constituídos em missão quer dizer ser Igreja.

A Igreja como "missão" eucarística

Pertence à natureza da Igreja ser o resultado da humanidade na qual a cruz de Jesus Cristo "prossegue" ou torna-se eficaz. A tarefa de exercer a missão não se acrescenta, por isso, à Igreja, como dever que apareça num segundo tempo. É verdadeiro também este aspecto, mas na condição de conceber a Igreja, por definição, como a missão de Jesus Cristo no ato de ser partilhado, como a assunção de sua caridade, na qual a missão original é percebida e encontrada.

Desse modo, sobressai todo o primado de Jesus Cristo: A Igreja é seu envio pessoal, seu amor, que se difundem e se evidenciam. Sem dúvida, a Eucaristia dá a força de estar "em missão", ou de ser "missão", no sentido mais profundo que lhe confere o esquema e a "origem" permanente. Receber o Corpo do Senhor é para nós receber a missão, ou Jesus Cristo enquanto enviado sobre a cruz, para sermos, por nossa vez, missão – isto é, Igreja –, chamada a levar em si os sinais da oferta de Cristo, sem os quais a própria missão está privada de autenticidade. Isso mostra até que ponto a Eucaristia seja interior à Igreja: precisamente porque sacramento no qual é alcançável por parte da humanidade o término da missão do Pai, que nasce do amor; isto é, do Senhor.

O caráter extrínseco ao qual acenamos consiste em entender a missão da Igreja vendo-a só encarregada dela, sem ser por ela constituída. Se a Igreja assim fosse, não teria nem condições de ser enviada, porque tal envio não participaria com o de Cristo. A Igreja é mandada para que torne presente a missão de Jesus, do qual a Eucaristia é sacramento e do qual a Igreja é a Epifania realizada e sempre em fase de realizar-se.

7 Eucaristia e originalidade cristã

Consciência eucarística da Igreja

A Eucaristia faz parte da experiência da Igreja, acompanha-a desde o seu surgimento e é o sinal de sua fidelidade ao testamento de Jesus Cristo. Certamente, a própria Igreja tem consciência – enquanto se reúne para a "fracção do pão" – do significado de seu gesto. Basta reunir as fontes – a partir do Novo Testamento, que oferece o fundamento e, ao mesmo tempo, a confirmação de uma Igreja que faz a Eucaristia – para encontrar o significado reconhecido à ceia. Ela renova o rito do pão e do cálice do vinho segundo instituição ocorrida "na noite em que foi entregue" (1Cor 11,23), porque seu valor é o de realizar a comunhão com o Corpo de Cristo oferecido em sacrifício e com seu Sangue derramado pela aliança. As formas rituais variaram no decorrer da história, ou também são ao mesmo tempo diferentes, mas na Igreja "ortodoxa" a consciência precisa daquilo que fazia na própria celebração, em nível de intensidade particular mais ou menos alta, foi sempre preciso e obstinadamente defendido, diante de qualquer tentativa que parecesse diluição e recuperação: além das justificações dos teólogos e de suas teorias que, por diferentes razões – inclusive as da atualidade cultural –, nem sempre testemunharam com adequada objetividade a fé professada e a celebração realizada. É sempre ambíguo interrogar primeiro o homem, para chegar a saber como deve elaborar a compreensão do dado da fé. É ambígua também a teorização abstrata antropológica da ritualidade, que originariamente pretenda ensinar o que seja celebrar a Eucaristia.

Originalidade cristã da Eucaristia

É, pois, necessário destacar a originalidade da Eucaristia, enquanto Jesus Cristo, com sua interpretação do gesto da fracção do pão e da entrega do cálice na última ceia como entrega de si mesmo em sacrifício, que está no princípio da exegese que a Igreja faz de seu banquete. É a Palavra do Senhor, recebida na fé, que resgata o pão e o vinho de sua "ambiguidade", e os faz assumir pela humanidade como sinal de aceitação de Jesus Cristo, de sua caridade, manifestada na cruz. A Eucaristia torna-se assim a expressão e a proclamação da fidelidade a Jesus Cristo, através da renovação de seu gesto com aquele conteúdo de sentido por Ele conferido e com a intenção de evidenciá-lo por parte da Igreja como entrega, por sua vez, na conformidade com a "entrega" de Jesus Cristo.

É assim radicalmente superada a dicotomia rito-vida. Não só porque depois a vida sucede ao rito, mas porque a fidelidade "ritual" é epifania da maneira pela qual a Igreja se autocompreende em relação a Cristo e se realiza nele: meta, esta, não alcançável, apesar das intenções, quando, porém, o significado da Eucaristia dado por Jesus vier num segundo tempo. Este é o caminho para realizar o culto espiritual segundo o Novo Testamento: para que a ritualidade não pare em si, mas, ao contrário, seja "gerada" pela ação e pela vontade pessoal de Jesus Cristo que se dispõe, na doação de si e na efusão de seu Espírito.

O único culto possível é a comunhão com a Verdade de Jesus Cristo e do seu Espírito, que a Eucaristia não substitui nem medeia instrumentalmente, quase dispondo-se entre Cristo e a Igreja, mas que, para ser realidade do Senhor nos sinais por Ele determinados, não faz outra coisa senão realizar. Ninguém e nada pode tomar o lugar do Senhor e do Espírito Santo.

Ciências humanas e Eucaristia

Nesta perspectiva não está, certamente, fora de lugar, antes é exigida, uma pesquisa antropológica e sociológico-religiosa da ritualidade: tanto em nível de achado fenomenológico – que destaque o estatuto atual da ritualidade, ou melhor, do modo de viver e conceber o rito – quanto em nível de sua definição, na medida em que é possível e legítima.

Não é difícil partilhar a legitimidade e a utilidade de uma pesquisa e de uma comparação entre uma filosofia e uma teologia cristã da celebração, do seu sentido e de sua expressão no rito. O sujeito do banquete eucarístico não é um ser abstrato, mas um homem, que tudo refere antropológica e historicamente ou culturalmente. Daqui o problema da importância antropológica na determinação do sentido e também da gênese da celebração eucarística mediante os sinais da convivibilidade e daquilo que a exprime liturgicamente. A linguagem da "mediação" seria imprópria para exprimi-la, se entendesse negar que a "Palavra" de Cristo, sua intenção, mais do que ter necessidade de uma mediação, cria e mostra com absoluta singularidade e insuspeita propriedade o próprio significado da celebração cristã. Nesta precedência originária configura-se, por certo, por sua linguagem antropológica, o aspecto "humano", de compreensão da celebração, mas esta não pode ser a palavra nem realizada nem antes.

Por isso, só pode ser desviadora uma comparação que ponha de um lado uma filosofia do simbolismo e de outra uma teologia, procurando ler esta última como caso ou cumprimento daquela. Assim como seria incompleta uma teologia que não impelisse seu discurso até compreender as implicações antropológicas e a filosofia que as exprime.

8 Eucaristia e antropologia

Jesus Cristo ressuscitado da morte: "lugar" da antropologia

Para compreender a relação entre a celebração da Eucaristia e a antropologia é preciso partir do dado originário da fé cristã, que lê em Jesus o modelo antropológico original, a imagem perfeita à qual concretamente cada homem é chamado a conformar-se: isto, diante de uma visão de Cristo que se acrescentaria num segundo tempo apenas, como aquele que repara. A teologia só pode esterilizar-se no abstrato ou no nominalismo, ou não se identificar na cultura incerta e efêmera, quando não se voltar como esforço de compreensão deste concreto integral, que é o Senhor, no qual se acha o homem, por sua vez, concreto.

Para voltar à Eucaristia: ela "contém" e representa – com a verdade do sacramento cristão, que não é um puro símbolo, mas uma reapresentação – a humanidade de Jesus no seu ato completo de amor: na dedicação ao Pai, que age como antítese da autocomplacência orgulhosa de Adão, e na dedicação aos homens, que é o oposto do fechamento egoísta, que leva ao homicídio de Caim.

O crucificado e o exemplar do homem

Nesta caridade, expressa e significada sobre a cruz, o homem torna-se verdadeiramente homem: a humanidade divina de Jesus (a humanidade que é própria do Filho de Deus) atinge seu cume e sua plenitude. Antes, ela se põe como critério e como possibilidade de qualquer verdadeira humanidade. Cada homem é objetivamente referido a ela, mesmo para além de sua própria consciência.

Neste sentido, o caminho da cruz não é tanto o caminho que se aproxima a um homem, já em si mesmo definido e possível, quanto se abre ao homem, simplesmente para que seja tal. Rejeitar conscientemente o Crucificado significa distanciar-se do único exemplar sobre o qual construir o próprio ser homem.

A Eucaristia e o cumprimento da antropologia

A Eucaristia é celebrada pela Igreja – é destinada à humanidade – para que entre na comunhão com o Corpo doado e com o Sangue derramado, com a pessoa de Jesus, que se oferece em sacrifício, portanto, com seu sacrifício: e em tal modo tornar-se conforme com o próprio Jesus, cuja humanidade foi escolhida com a complacência do Pai.

Os três momentos de compreensão antropológica cristã são assim evidenciados: a humanidade do Filho de Deus, escolhida desde a eternidade pelo Pai como típica; a realização de tal humanidade, sua perfeição graças à caridade da cruz, pela qual proveio a ressurreição, na qual nasce o homem novo; e a Eucaristia como sacramento para a nossa participação na morte e na ressurreição do homem perfeito, Jesus ressuscitado da morte.

Assumir, para falar do relacionamento entre Eucaristia e antropologia, outro ponto de partida é facilmente ambíguo e redutor. A estrada é aberta ao afastamento de um impossível humanismo – um humanismo sem Jesus Cristo – ou de um cristianismo artificial, funcional, mais do que original.

Pode-se dizer que para aceitar o caminho cristológico é necessário a fé: é muito verdade. Sem ela o discurso eucarístico não é absolutamente receptível na sua singular perspicácia e propriedade. Nenhuma análise – como temos destacado –, nem dos sinais sacramentais, nem da antropologia convivial, leva à Eucaristia como sacramento da cruz. Isso simplesmente não significa que não tenha sentido a voz do homem antes de ouvir-se a de Jesus Cristo e aquela sobre o homem da parte do próprio Cristo. De certa maneira, ela já está em relação com o Senhor, porque nele tudo foi projetado e tudo consiste.

No entanto, a Palavra de Deus não pode ser concebida como a lógica conclusão da palavra do homem ou sobre o homem. Todo o resultado prévio deve ser verificado, criticado, realizado por Jesus Cristo, dom absoluto e imprevisível; dom discriminante, que mostra também o que é a Eucaristia – isto é, a si mesmo em ato de sacrifício e de caridade – e o que Ele é, e o que deve ser o homem. Mesmo que não se saiba ainda, também se nesta terra jamais se chegue a sabê-lo, onde existir um ato de amor, existe o reflexo real da cruz, da caridade que ela expõe e suscita.

Fazemos a Eucaristia para partilhar a paixão de Jesus, que depois é sua adoração, sua afeição ao Pai e sua fraternidade, para que realmente se tornem nossa adoração, afeição e fraternidade. Por esta razão, uma dicotomia, uma difração entre celebração e vida são inconsistentes, a menos que se mortifique o sentido da celebração ou se construa uma vida prescindindo de Jesus Cristo, de sua Páscoa e de seu Espírito.

Ritualidade eucarística e ritualidade antropológica

Está se discutindo também – já acenamos a isso – sobre o relacionamento entre a ritualidade eucarística e a ritualidade antropológica. Cremos que a impostação do problema não deva ser diferente, neste sentido. No fim, o valor válido dos vários conteúdos e das diferentes formas da ritualidade – de se colocar o homem em estado de símbolo, de jogo, de representação, de gratuidade, de desejo, de festividade, que não estão incluídos no rito –, o valor de tudo isso deve receber sua última (ou primeira) especificação na ritualidade sacrifical-convivial eucarística. A festa deve tornar-se radicalmente memória e profecia da Páscoa de Jesus Cristo. Ou, segundo outra perspectiva, de tal memória e profecia deve partir a ritualidade. Não enquanto recupere aquela que é chamada ritualidade antropológica, mas para que a interprete criticamente ou a promova com seu caráter de ser o rito e a festa de Jesus Cristo.

Também aqui: é preciso que o cristão preste atenção a não realizar uma espécie de pesquisa neutra; e nem admitir um: "sobretudo" a partida do homem. Desse modo é ainda implícita e disfarçada ou uma dicotomia ou uma visão da festa cristã que tem como que o cumprimento na linha lógica do próprio movimento.

Um "antes de Cristo" no homem ou é abstrato ou não é até agora redimido ou é uma dimensão válida já por causa de Jesus Cristo e que espera a revelação da Palavra crítica e criadora. Existe o risco de enfatizar esta ritualidade "humana", como se Jesus Cristo não a tivesse definido; como existe também o risco de empobrecer a ritualidade eucarística "desumanizando-a".

Na comunidade cristã, o perigo hoje parece mais o primeiro e não o segundo. De qualquer modo, aquilo que a Igreja, fiel à Palavra, é chamada particularmente a manter vivo é o significado único e último da Eucaristia como sacramento da morte do Senhor e penhor da ressurreição. Se se perder esta original referência, a Eucaristia não pode senão aparecer vazia de sentido. Mas, então, sem sentido aparecerá a própria Igreja: supérflua, diante de um homem que não "sente" sua necessidade e, até, percebe nela um estorvo. Para dizer: "Eu creio no homem", de um certo ponto de vista, não é necessária a Palavra. É necessária, porém, para dizer: "Creio em Jesus Cristo" e, portanto, no homem que só em Cristo é possível e verdadeiro.

9 Eucaristia e escatologia

Os últimos tempos

Quando aparece o Filho de Deus e se cumprem os seus mistérios, em particular, quando Ele morre e ressuscita, o plano de Deus chega ao término. Estamos nos "últimos tempos". Se o tempo ainda prosseguir, ele não é, todavia, destinado a gerar um valor e um sentido que ultrapasse o valor e o sentido representado pela morte e pela ressurreição de Jesus. A partir dele, trata-se de acolhê-lo na fé e de conformar a Ele a existência; de reconhecê-lo e de consentir nele. Ele é pessoalmente o nascimento da história; e a nossa tem êxito por causa de seu próprio êxito; mais concretamente: por causa de sua cruz e de sua exaltação, para sempre anexas à humanidade, não exauríveis pelo tempo nem diluíveis por causa da distância: o passado, o hoje, o amanhã convergem em Jesus Cristo e dependem dele.

Por causa de Jesus morto e ressuscitado, o Reino de Deus é já "aqui e agora", sem que nenhuma força – nem a diabólica – possa comprometê-lo e repô-lo em discussão. Não é fácil dizer ou imaginar o que será "o fim", a "segunda vinda". O que urge sublinhar é que já estamos dentro deste "fim" e que, depois da primeira vinda, a segunda começou; é que, por mais que sejamos plasmados pela história e envolvidos na temporalidade, graças à relação com Jesus ressuscitado dos mortos e ao dom do seu Espírito, já estamos num "além", participantes de outra dimensão e de outro estado, mesmo que para nós a ressurreição ainda não tenha acontecido. No coração, temos a esperança que, antes de ser uma virtude que habita no crente, no discípulo do Senhor, é uma realidade objetiva.

Nossa esperança é Jesus Cristo, que venceu o demônio e tudo o que no mundo é obstáculo para a realização do plano divino; e, consequentemente, é nossa comunhão com Ele.

A Eucaristia: meio entre a Páscoa e a nossa história

O sacramento que exerce a função de meio entre a nossa história e a Páscoa de Cristo – isto é, o evento de graça "último e absoluto" – é a Eucaristia. De certo modo, ela depõe ou torna disponível para cada geração, e para cada homem, a Plenitude, a Escatologia, o Reino de Deus, exatamente a Esperança objetiva.

A Eucaristia é o sinal eficaz do Corpo doado e do Sangue derramado – eficaz enquanto eles estão realmente presentes no sinal; ela realiza, renova a possibilidade de dispor do sacrifício de Cristo e, portanto, daquilo que é derivado e foi merecido por tal sacrifício. A "entrega" do Senhor, seu significado e sua força redentora continuam a valer e a ser atingíveis. O "tomai e comei: é meu Corpo doado; tomai e bebei: é meu Sangue derramado pela multidão" representam uma intenção e um ato de confiança de Jesus, que não se retratou mais. Na Eucaristia encontramos esta "entrega".

Certamente, não como uma "coisa", já que a Eucaristia contém a "intenção" de Cristo, sua vontade e disposição; e também já que a Eucaristia é o término da iniciativa da própria Igreja, que faz a memória e realiza o sacramento como gesto de fidelidade.

A Eucaristia: comunhão com o "Término" e o "Cumprimento"

Acontece que a Eucaristia associa, de forma única, a Igreja ao Evento último e não ultrapassável. Enquanto a celebra, ela não é ainda simplesmente o Reino de Deus, como o será na ressurreição; todavia, coloca-se realmente, pela participação no sacrifício que "tudo tem consumado" (cf. Jo 19,30), na plenitude que supera o tempo e sua história; coloca-se no "futuro", que não é um depois cronológico, mas um "Término" perfeito que é já apropriado. A obra da apropriação realiza-se ainda no tempo, sem dúvida. A liturgia, com seus sinais, fala de temporalidade, não de algo definitivo. O que é assumido – Jesus Cristo – representa, porém, o Último.

Sacramento da esperança

Por isso, a Eucaristia é o sacramento da esperança, que temos chamado de "objetiva". Realizando o sacrifício perfeito de Jesus Cristo – "oferecido uma vez por todas" (Hb 9,28), de modo não repetível pela própria perfeição de sua eficácia – a Eucaristia garante a Igreja de cada idade, conferindo-lhe a prova, que sua confiança não é infundada; que o plano se realiza infalivelmente; que lhe é dada a força e a condição para a vitória pascal.

A Eucaristia mantém em tensão a Igreja; impede-lhe a dissipação e as expectativas enganosas; priva-a de repor sua confiança em outra coisa que não seja o sacrifício de Jesus ressuscitado; põe-na de sobreaviso sobre a autocompreensão, em si e na sua ação, como uma entidade política, corretamente chamada à edificação do reino na história.

Esforço e expectativa

Verdadeiramente, a Eucaristia – a comunhão com a escatologia da cruz – não livra o crente do esforço temporal, mas com a função própria revela-lhe seu limite, a segmentariedade. Até a coerência à Eucaristia, que equivale ao sacramento da caridade de Jesus Cristo – a caridade do fim (cf. Jo 13,1) – estimula os discípulos a trabalhar dentro da história, para torná-la "humana", lugar e possibilidade de amor, mas age de modo que não coincidam, que também estejam atentos, para não ficarem presos e detidos.

Também este aspecto da Eucaristia deve ser posto em destaque, para que efetivamente se disponha no centro da vida e da missão da Igreja. Caso contrário, seria ofuscada a sua identidade; ela seria uma pura função do mundo, assumido como critério e também como fim de um ambíguo serviço. Assim, a Igreja não resistiria na própria possibilidade de caridade, que encontra modelo na imolação da cruz, que "desmente" e supera a história com suas figuras. Vale também para a caridade cristã: é ação no tempo, mas tem um valor que o transcende.

Quando se hesita a proclamá-lo, e a cruz e ressurreição do Senhor não são postos como os princípios de definição da Igreja e da Eucaristia, então, tanto a Eucaristia como a Igreja estorvam, mostram-se supérfluas e facilmente substituíveis: a Eucaristia pela ceia comum; a Igreja pela sociedade. E pensar que a renovação sacramental e eclesial pretendia iniciar exatamente pela crítica a um iluminismo que havia perdido o sentido do mistério.

10 Uma leitura do cânon

Eucaristia: experiência da Igreja

A Eucaristia pertence à experiência da Igreja; o lugar primário no qual buscar seu sentido é, certamente, lá onde esta experiência eucarística se exprime, ou seja, na celebração. Através dos ritos e das palavras, a Igreja manifesta a consciência daquilo que realiza, proclama a interpretação de seus gestos. A fonte original da teologia eucarística é, assim, a liturgia, ou a Eucaristia "exercida". Também os teólogos – que em geral se esforçavam por fazer saber sua tomada de distância dos liturgistas (mas eram realmente liturgistas, ou, sobretudo, historiadores e rubricistas?) – parecem tocados pela graça e reconhecer que não podem passar ao lado do momento eucarístico vivido na sua elaboração teológica.

Vem à mente a expressão que se encontra no comentário de Santo Tomás ao Evangelho de Mateus: "Primeiro existe a vida, depois a doutrina; com efeito, é a vida que introduz ao conhecimento da verdade"[72].

---

72. *Super Ev. S. Math. Lectura.* Lect. 4. 5 ed. Roma: Marietti/Turim, 1951, p. 74, n. 458.

No mais, é exatamente esta vida litúrgica a escola ativa e habitual onde a comunidade cristã – hoje certamente mais do que ontem – com a benéfica monotonia dos gestos e dos textos aprende e aprofunda a consciência daquilo que a Eucaristia é e representa.

Aparece logo uma consequência: a preocupação e o esforço de ensinar o que é a Eucaristia são imprescindivelmente e antes de mais nada satisfeitos pela forma de sua celebração.

A anáfora: coração do cânon

No conjunto do rito, o traço eucarístico fundamental – poderia se dizer o coração – está na anáfora ou cânon. É nesta grande oração que a Igreja realiza a experiência da Eucaristia e oferece sua didascália mais completa. Santo Ambrósio – quando quer explicar a seus neófitos o que é a Eucaristia à qual foram iniciados; quando quer fazer chegar à sua compreensão o significado daquilo que aconteceu para eles na noite da Páscoa (também aqui: "primeiro a vida, depois a doutrina") – detém-se a explicar os ritos e, de modo especial, o cânon. Como é sabido: o primeiro testemunho do cânon assim chamado romano encontra-se no cânon "ambrosiano" de Santo Ambrósio[73].

Tomando o cânon 2 como ponto de referência, ponhamos em luz o que a Igreja tem a consciência de fazer, como se representa a Eucaristia e como a prega, vivendo-a; e não de agora, mas de sempre – isto é, desde que a "recebeu" do Senhor.

Uma Igreja obediente

E, de fato, a primeira característica que marca a consciência da Igreja que celebra a Eucaristia é a de ser uma comunidade reunida por obediência a Jesus Cristo. A Eucaristia não é inventada pela Igreja, pela simples razão que a Eucaristia é o Corpo de Cristo, pois somente Ele pode dispor de si. Na origem está o mandato: "Fazei isto" (Lc 22,19). A consequência é uma Igreja que obedece – como é dito na anáfora V ambrosiana – "ao divino comando": "Obedecendo ao divino comando, nós celebramos, ó Pai, este mistério". A Eucaristia começa pela vontade do Senhor, ao qual consente a

---

73. Cf. *De Sacramentis*, IV-V. • SANTO AMBRÓSIO. *Spiegazione del Credo*: I sacramenti, I misteri, La penitenza. Milão/Roma: Città Nuova, 1982, p. 86-133.

Igreja; ela sintetiza a iniciativa de Cristo e a docilidade dos crentes, que não é, certamente, passividade, mas adesão.

O espaço em que a Eucaristia pode dispor-se é uma Igreja fiel, ocupada não tanto de si, quando de inserir-se na vontade de Jesus Cristo; preocupada não tanto com criar novidades, mas de recebê-las daquele que é para ela a única Novidade.

Uma Igreja que comemora

Não se trata, porém, de uma obediência e de uma fidelidade, por assim dizer, formais, vazias. A Igreja que obedece ao "divino comando" é uma Igreja que comemora, e não uma vivência qualquer, mas Jesus Cristo: "Fazei isto em memória de mim" (Lc 22,19). Reunida por Jesus Cristo, a Igreja faz, sobretudo, a memória dele. Representa e desenvolve as "maravilhas de Deus", as intervenções que estruturam a história da salvação. Aparece, assim, o sentido do prefácio: uma reevocação daquilo que o Senhor fez, e encontrou cumprimento na morte e na ressurreição de Jesus Cristo, na sua subida ao Pai, na missão de seu Espírito. Ligando-se com o mandamento de Cristo e com a última ceia, a Igreja coteja o Senhor Jesus, o gesto perfeito da presença de Deus na história. Não se compreende a Eucaristia senão no interior desta história da salvação, deste plano redentor, que tem Jesus Cristo como seu cume.

Assim, o prefácio é um olhar, uma memória, sobre os atos salvíficos de Deus, que, a partir da criação, concebida em Jesus Cristo, tem como seu término a Páscoa do Senhor. Todos os prefácios – que não são uma premissa, mas entram para compor o tecido vivo da oração eucarística, ou numa síntese ou no desenvolvimento de um aspecto – são a reevocação daquilo que Deus realizou.

Um exemplo feliz de síntese é oferecido pelo prefácio anexo à segunda anáfora, que parte da criação por meio de Jesus Cristo, e chega ao evento salvífico absoluto, a morte e a ressurreição: síntese que reencontramos mais elaborada e difusa depois no prefácio da anáfora IV.

Acontece que uma Igreja desmemoriada – mais uma vez preocupada mais de si do que de Jesus Cristo; voltada mais para o homem de hoje – como se diz –, ao mundo, como que contentando-se com seus naturais valores. Uma Igreja que não se reconhece nas *mirabilia Dei*, que não as professa com fé e não as repassa com ânimo amoroso e contemplativo, não pode celebrar a Eucaristia; inevitavelmente se desafeiçoa dela.

Uma Igreja que dá graças

Da memória que a Igreja faz das "maravilhas de Deus" nasce a ação de graças: quem celebra é uma Igreja que proclama a surpresa, a admiração, o louvor pelos acontecimentos do Senhor: a "ação de graças ao Senhor nosso Deus" revela que atitude interior e que festividade suscita a memória da economia divina.

É esta a raiz da festividade eucarística: o que a acompanha é seu reflexo; se tal raiz faltar, a festividade eucarística é, ao menos, ambígua e arriscada, não existe som nem órgão, nem violão ou canto que a possa substituir. É Jesus Cristo que cria a festa, que é a Festa.

A iniciativa de Cristo: gênese da Eucaristia

Quando a Igreja faz passar por sua memória os atos da salvação, dando graças por eles, não se volta para um passado a ser resgatado, contra as inflexíveis exigências do tempo que os tem recuperado. Tais gestos – já acenamos a eles – atingiram o cume no Senhor. Depois de seu único desenvolvimento, o resultado foi a morte, a ressurreição e, depois, o dom do Espírito, numa palavra: a Páscoa. Ela é a intervenção de Deus, o sinal do seu amor, último, absoluto; não existe um "além" da graça – a gratuidade pascal. Ela é o Corpo doado e o Sangue derramado, ou seja, a pessoa, a vida de Jesus Cristo, para nós e por todos; a caridade divina tem, por assim dizer, exaurido sua plenitude na entrega que fez do Filho unigênito sobre a cruz. Não existe um acréscimo à Páscoa, um dom maior do Espírito que é efundido. Ela é a consumação da história da salvação, "uma vez por todas" (Hb 9,26). E de fato, na última ceia Jesus institui o rito mediante o qual Ele confia aos seus exatamente a sua Páscoa; aos seus e, através deles, a toda a humanidade, que suba nas diversas idades da história. Desse modo, a Páscoa de Jesus é "praticada" e tornada disponível.

Mais profundamente, é neste ponto que encontramos a origem e o sentido da Eucaristia. Ela está na iniciativa de Jesus Cristo, na sua "entrega": antes, na iniciativa do Pai, que nos torna partilhável a vida do Filho, e na vontade do Filho, que dá a vida pelo mundo. Jesus Cristo inventou a Eucaristia, enquanto ela é seu Corpo e seu Sangue, e enquanto é o sacramento do seu Corpo e do seu Sangue. A Eucaristia é instituída na ceia e nasce da cruz.

A Igreja dá-se conta disso em cada celebração: a narração da instituição para a qual converge a anáfora dá à Igreja o objeto realizado da sua memória – é a memória "dele", que morreu e ressuscitou; e abre a razão perfeita da ação de graças.

Se a Eucaristia não é "enxertada" na iniciativa de Jesus Cristo e não é interpretada a partir dele, nenhuma análise do caráter convivial, nenhuma relação com uma cultualidade natural ou histórica, nenhuma doutrina sobre o homem, sobre sua sociabilidade, pode explicá-la e justificá-la. Ela é absolutamente original: sua identidade está na vontade e na confiança do Senhor; a Eucaristia é seu "mistério". Se isso não sobressair com toda evidência, e outras interpretações ou motivações se sobrepusessem; se nossa imaginação fizesse perder ou atenuasse a relação com a intenção de Cristo, teríamos a nossa ceia, o nosso banquete, e também o nosso sacrifício, mas não – como dizia Paulo – a "ceia do Senhor" (1Cor 11,20), a comunhão com seu Corpo e com seu Sangue, com a cruz e com a ressurreição de Jesus. Celebrando a Eucaristia, pois, enquanto realiza a memória da Páscoa, a Igreja a recebe; na comunidade obediente, fiel, que comemora, o Corpo e o Sangue de Cristo encontram-se realmente, na atualidade. Assim, a Eucaristia aparece como uma memória/presença; um sacramento – um rito – que não simboliza um passado, mas traduz um presente. A prestação de Cristo, partido de longe, encontra já sua causa no presente: Jesus Cristo volta a confiar-se à Igreja celebrante no gesto e no estado de sua doação absoluta na cruz.

A Igreja que celebra é, desse modo, uma Igreja em atitude de acolhimento: a obediência torna-se fidelidade esponsal, recepção do dom de Cristo. A Eucaristia exalta a "entrega" pessoal de Jesus à sua Igreja. Esta não gera o Corpo de Cristo, mas é gerada pelo Corpo de Cristo, que é sempre fruto do Espírito, da gratuidade, do amor do Pai: eis o sentido da invocação ao Espírito Santo para que os "dons se tornem para nós o Corpo e o Sangue de Jesus Cristo". O rito, melhor, a Igreja, com sua fé, sua obediência, sua memória, sua ação de graças, circunscreve de certo modo o lugar, para que ali brote o Corpo e o Sangue do Senhor. A Eucaristia não dobra ou não parte ao Senhor o seu Corpo e Sangue, mas é sempre a epifania de sua intenção pessoal e atual de se doar. Antes de mais nada, a Eucaristia é o sinal da fidelidade de Cristo à Igreja. Neste primado da vontade do Senhor, de sua caridade, e no acolhimento da Igreja compreende-se o sentido do sacerdócio ministerial. Ele representa precisamente a iniciativa de Jesus Cristo; se a extravagante retórica de uma Igreja toda ministerial vier a contestar o valor do sacerdócio hierárquico, apareceria certamente claro que a Igreja está a serviço do mundo; menos claro que esteja a serviço de Jesus Cristo. O sacerdócio hierárquico proclama, por um lado, que o Corpo e o Sangue pertencem a Ele e são entregues por Ele; e, por outro, proclama uma Igreja que os recebe, para aderir a eles e partilhá-los, para ser a Igreja de Jesus Cristo; para realizar a comunhão com Ele e ser seu corpo.

Se para que exista a Eucaristia é preciso que exista uma Igreja – uma fidelidade que recorda e que reconhece –, é por outro lado verdade que é necessária a Eucaristia para que exista a Igreja, pois a Igreja é exatamente a comunhão com o Corpo e o Sangue de Jesus Cristo, com o Espírito que os torna presentes e insere neles. E com efeito, em cada Eucaristia, a Igreja se reconhece; antes, a Eucaristia é originariamente o lugar em que a Igreja aprende quem ela é; encontra a própria identificação, coloca-se no seu exato sentido; é o âmbito onde se institui e se desenvolve a consciência eclesial.

A consciência eclesial na Eucaristia

Depois do memorial em que se realizou a presença, de modo que a Igreja pode oferecer ao Pai o sacrifício do Senhor com o qual se associou, a consciência e a identidade da Igreja manifestam-se nas intercessões. Elas exprimem as dimensões ou a estrutura que marca a Igreja, sua mediação orante no requebrar-se do valor do sacrifício do Senhor. O sujeito da Eucaristia é toda a Igreja, da qual a comunidade em ato de celebrar é porção, ou melhor, reflexo real.

Sobressai, em particular, a Igreja como comunhão; e enquanto comunhão, comemorando e dando graças, ela toma parte no Corpo de Cristo.

Cada comunidade – exatamente porque Igreja – realiza a liturgia de comum acordo com o papa, com o bispo. Daí a falta de sentido das celebrações contestadoras.

A própria emergente eclesialidade exige a Igreja celeste, que vive a comunhão perfeita, como Corpo de Cristo, e da qual a própria Eucaristia em ato celebrada foi, de certo modo, entregue a nós. A fraternidade eclesial compete também aos defuntos no Senhor, igualmente porção da Igreja, toda confiada ao sacrifício pascal de Jesus, por meio do qual, no qual e com o qual fazemos subir ao Pai "toda honra e glória".

É claro que nos limitamos a delinear somente alguns traços do sentido da Eucaristia, assim como ele se percebe no momento celebrativo interpretado pela anáfora. Podemos resumir: a Eucaristia é o ato pelo qual a Igreja, dando graças, comemora a Páscoa do Senhor, recebe-a no banquete e toma parte nela, conhecendo e vivendo assim sua realidade de Igreja; nesta pascal comunhão na terra espera o Senhor.

Destaques práticos

Passemos a dar algum destaque à "prática" da anáfora:

1) Antes de mais nada, é preciso que seja objeto de analítica e repetida catequese. É o texto eucarístico tipo a ser explicado e comentado, para fazer compreender o que é a Eucaristia, para fazê-lo compreender pelas pessoas. Se – como temos notado acima – ouve-se a crítica que os textos litúrgicos são difíceis, é até verdade, mas nunca explicá-los não é o melhor caminho para torná-los fáceis.

2) Uma segunda observação: importa, no cânon, perceber e fazer sobressair o sentido unitário profundo, para além de suas várias articulações.

3) Corretamente existia a queixa de que existia um único cânon antes da reforma. Por vezes, parece que ainda exista um só: o segundo. Sem dizer que estamos reencontrando um pouco o gosto pelo primeiro e nos surpreendendo que, no mais, tenha sido colocado de lado. Faz muito bem parar na audição da Palavra; por vezes, porém, tem-se a impressão que os textos eucológicos são apressadamente passados por cima.

4) Destacamos a monotonia construtiva do cânon: a monotonia é uma lei da vida. Quanto ao cânon: repropõe os motivos essenciais e imprescindíveis da Eucaristia, aqueles que devem retornar porque no-la definem. A busca de outros cânones, por assim dizer "circunstanciados" ou graduados à idade, pode também nos deixar indiferentes. Trata-se de crescer.

5) Quanto ao modo de praticar o cânon, acenamos a duas bravuras: a primeira, de quem, com muita boa vontade, mas com menor clareza, ao chegar às palavras: "tomou o pão, partiu-o", põe-se a partir o pão.

Por que é um gesto de mais boa vontade do que de clareza? Primeiramente, porque é infiel àquilo que Jesus fez: Jesus primeiro deu graças, depois partiu o pão. Ora, o cânon é precisamente a ação de graças. O pão é partido no fim, como fazem os ambrosianos, que, terminada a anáfora, partem o pão.

Então, se a intenção fosse realmente a de ser fiel àquilo que Jesus fez historicamente, não se vê por que o celebrante se detenha na ceia, e não prossiga (o horto das oliveiras e assim até a cruz e o túmulo).

A segunda bravura consiste em fazer recitar o cânon por todos os fiéis (os mais tímidos limitam-se a fazer recitar junto a doxologia final). A razão seria que toda a Igreja é sacerdotal e ministerial. Esta razão, em sentido desajeitado, já apareceu na história da Igreja: exasperada, levou à contestação do sacerdócio hierárquico e o tirou de todos; hoje, exasperada, a tendência seria a oposta, com os idênticos resultados – isto é, a tendência de que todos sejam ordenados bispos, a graduar a todos.

São exasperações provavelmente distantes da mentalidade de quem admite as precedentes bravuras, mas o escurecimento da presidência e da propriedade ministerial é muito sintomática de uma eclesiologia que não é completamente cristã.

Aliás, dizer que a anáfora é oração presidencial não é simplesmente reduzir os fiéis a um papel de assistência passiva: eles são ativamente participantes na compreensão e na comunhão, e também em perspícuas intervenções. Aquele que preside e proclama o cânon não é separado da comunidade orante, mas profundamente inserido nela, operando ali em nome e na pessoa do Senhor. Quase envergonhar-se por presidir, concebendo o sacerdócio como um poder indevido, quer dizer, fazer dele um bem pessoal, que, em alguma medida, é oportuno esconder ou não evidenciar. É um serviço a Jesus Senhor por sua Igreja. No máximo, os momentos para ser intimamente cercados pelos fiéis estão em outra parte. Esta crise ou obnubilação do sacerdócio hierárquico é muito grave, e a consequência seria a dissolução da Eucaristia e a autoimposição de uma Igreja que por si mesma cria o Corpo de Cristo.

Sem dizer que acontecem coisas estranhas: ministros ordenados da Eucaristia, desocupados ou empenhados em fazer os leigos e ministros extraordinários ocupados em agir como sacerdotes, talvez com a convicção de que assim acontece a promoção do laicato e a fidelidade à história.

11 A Eucaristia: conclusão da Iniciação Cristã

Na Eucaristia a plenitude da comunhão com Cristo e da eclesialidade

A Eucaristia é o mistério sintético do cristianismo, no qual se reapresenta e se repropõe eminentemente a ação pascal de Cristo. O decreto conciliar sobre o ministério e sobre a vida sacerdotal (*Presbyterorum Ordinis*), após afirmar que todos os sacramentos e todos os ministérios da Igreja e as obras de apostolado estão estreitamente unidos à Eucaristia e a ela são ordenados, encontra sua razão no fato de que nela se encerra "todo o bem espiritual da Igreja – isto é, o próprio Cristo; nossa Páscoa e pão vivo" (n. 5). Disso deriva a riqueza de aspectos que este mistério apresenta à reflexão teológica e à tradução prática litúrgico-espiritual.

Entre estes, a função completadora da Eucaristia no itinerário da iniciação ou participação no mistério de Cristo. A doutrina constante da tradição, tanto patrística como medieval, pode ser resumida nestas palavras: "A Eucaristia completa plenamente nossa incorporação ao Senhor que o Batismo e a Confirmação inauguraram [...]. Nossa inserção no Mistério Pascal é selada com a participação na Eucaristia que contém este mesmo mistério"[74]; é a Eucaristia "que termina a Iniciação Cristã, sem ela esta não é completa [...]. É a Eucaristia que dá seu verdadeiro sentido a toda a Iniciação Cristã"[75].

Nesta linha de compreensão da Eucaristia como "sacramento que completa ou coroa a Iniciação Cristã, realizando plenamente a participação na vida da Igreja como Corpo de Cristo"[76], colocou-se o Concílio Vaticano II. O Batismo – é dito na Constituição sobre a Igreja (*Lumen Gentium*, n. 11) é incorporação na Igreja e, portanto, já fundamento pela profissão pública da fé; com a Confirmação realiza-se um vínculo mais perfeito de comunhão e é comunicada uma especial força do Espírito Santo com uma obrigação mais estreita de testemunho de Cristo; mas é a participação no sacrifício eucarístico "como fonte e ápice de toda a vida cristã". É como dizer que Batismo e Confirmação estão estruturalmente e não só cronologicamente antes da Eucaristia.

---

74. BÉRAUDY, R. L'iniziazione cristiana. In: MARTIMORT, A.G. *La Chiesa in preghiera*. Roma: Desclée, 1963, p. 607.
75. LÉCUYER, J. L'initiation chrétienne chez les Pères. *La Maison Dieu*, 58, 1959, p. 26.
76. COLOMBO, C. *I Sacramenti dell'iniziazione cristiana*... Op. cit., p. 127.

Esta mesma ordem é proposta e destacada a seguir no texto do Decreto sobre o ministério e sobre a vida sacerdotal acima citado: "A Eucaristia apresenta-se como fonte e cume de toda a evangelização, de modo que os catecúmenos são introduzidos pouco a pouco na participação da Eucaristia, e os fiéis, já marcados pelo sagrado Batismo e pela Confirmação, são plenamente inseridos no Corpo de Cristo por meio da Eucaristia".

Consequências teóricas e práticas

Podemos extrair duas afirmações dos dois textos precedentes:

1) A primeira é que o sacramento da "plenitude" de consagração ou assemelhação ao mistério de Cristo na Igreja é a Eucaristia e não outro sacramento; enquanto faltar a participação a ela, a iniciação não é completa, mas só começada e em algum grau encaminhada (embora seja radical e decididamente).

2) A segunda afirmação, implícita mas clara, é que a Eucaristia supõe por exigência estrutural, exatamente para exercer sua função "completiva" da iniciação, a recepção preliminar de dois sacramentos: o Batismo e a Confirmação.

É, pois, nesta perspectiva, uma espécie de anomalia a participação na Eucaristia, que é o sacramento que leva a termo o itinerário da iniciação, ao qual falta ainda um grau ou um passo deste mesmo itinerário: seria um sacramento que é por natureza destinado a completar, mas que não leva simplesmente a cumprimento, porque a iniciação exige ainda um outro sacramento que virá a seguir.

Esta exigência do relevo e do valor das três ordenadas etapas da iniciação estava na base da disposição que queria a revisão do "rito da Confirmação, também para que apareça mais claramente a sua íntima conexão com toda a Iniciação Cristã" (*Sacrosanctum Concilium*, art. 71); por isso, assim como a Eucaristia é apresentada como o sacramento do cumprimento e da perfeição, a Crisma virá depois do Batismo, do qual é aperfeiçoamento, e antes da própria Eucaristia, na qual o primeiro e o segundo sacramento encontram seu ápice. É o que temos esclarecido no capítulo dedicado ao segundo sacramento.

12 O culto eucarístico e seu valor

O primado da missa e a "piedade" eucarística

A reforma da Liturgia Eucarística encontrou sua exigência e sua explicação fundamental numa nova percepção objetivamente mais adequada e mais completa dos diversos aspectos do mistério da Eucaristia, que aos poucos pusemos à luz e, portanto, numa nova percepção do primado de origem e de finalidade da celebração do sacrifício convivial, no qual, no sinal eficaz se reapresenta a Páscoa do Senhor. Por diversas razões, a posição ou evidência central da Eucaristia como celebração sofreu alguma inflexão, por vezes bastante grave, a favor de outro aspecto da Eucaristia hierarquicamente derivado e secundário, que se interpôs no âmbito da liturgia e refluiu especialmente ao orientar a piedade e suas práticas.

Todavia, essa certa superposição ou equiparação do culto eucarístico à celebração do sacrifício convivial não pode constituir uma objeção contra o florescimento como tal das várias manifestações de homenagem à presença eucarística de Cristo que consegue a liturgia da missa: saídas "sob a inspiração da graça divina" (*Mysterium Fidei*)[77], representaram e continuaram a significar um enriquecimento na vida espiritual da Igreja e, no fundo, não são outra coisa senão a explicitação, em parte na esfera do rito e, sobretudo, naquela da piedade, do dogma da própria presença substancial e permanente de Cristo nas espécies consagradas, que foi sempre termo de adoração e de respeito profundo da Igreja.

Partindo destas premissas e condições, aparece claro, mesmo que nem sempre de fácil realização, o sentido de algumas reformas em relação ao culto à Eucaristia: trata-se de derivar todas as conclusões da mais acentuada consciência do primado da missa em relação a outros elementos da Eucaristia, copresentes, mas subordinados. De fato, esta derivação coerente tem tolerado algum redimensionamento e alguma supressão de excrecências menos satisfatórias, aquelas que aos poucos se depositaram, até comprometer o destaque único e perfeito do rito convivial e sacrifical.

---

77. *Enchiridion documentorum instaurationis liturgicae*. Op. cit., p. 152, n. 447.

Os riscos de uma menor piedade eucarística

Por outro lado, é real o perigo de subavaliar as formas de culto eucarístico que a Igreja julga válidas e obrigatórias, capazes de manter e de desenvolver uma vida eucarística completa. Certamente, a ação pastoral porá sobretudo à luz a fonte mais profunda e decisiva da estrutura eucarística da Igreja: a celebração, na qual ultimamente é resolvível cada forma de culto à Eucaristia; saberá também estabelecer a diferente perspectiva do culto eucarístico por excelência na missa, onde Cristo é mediador em união com a comunidade, e das formas de culto nas quais Ele, pessoa divina, é imediatamente o término, mas não poderá negligenciar de educar para a contemplação e adoração do Senhor na Eucaristia.

A readquirida centralidade do sacrifício com todas as suas consequências, enquanto correta perspectiva fará compreender que incomparável tesouro seja para a Igreja o "Deus conosco", o corpo vivo do Senhor, e que função essencial tenha com seu permanecer, ou seja, a edificação, mediante a comunhão, do corpo místico que é a Igreja, tabernáculo vivo. Encontramos a exata direção nas palavras de Paulo VI: "Se no espírito do Concílio é preciso fomentar no povo um culto eucarístico mais centrado na santa missa, mais permeado de espírito pascal [...], o culto da adoração deve permanecer vivo e operante como antes. A Palavra, o próprio Verbo feito carne que reside no tabernáculo, merece um culto que coroa, completando-o, aquele no qual se venera e se recolhe a Palavra contida nos livros sagrados"[78].

Formas de culto eucarístico

A pastoral da Igreja recomenda vivamente as formas da piedade eucarística, especialmente pelo esforço que elas exigem no plano da fé e da caridade e pela atitude de adoração que elas estimulam.

A *Eucharisticum Mysterium*[79] recorda a oração diante do Santíssimo Sacramento, que "atrai os fiéis a participar mais profundamente do Mistério Pascal", a responder com gratidão ao dom de Cristo, ao qual abrem seu

---

78. *Radiomensagem ao VII Congresso Eucarístico Nacional do Peru* (25/08/1965: Insegnamenti di Paolo VI. Cidade do Vaticano: Poliglotta, 1965, p. 431).
79. Cf. nota 71, p. 264.

coração para si e para a salvação do mundo e, num aumento das virtudes teologais, dispõem-se a celebrar o memorial do Senhor (n. 50).

Quanto à exposição: ela "leva a mente dos fiéis a reconhecer [na Eucaristia] a admirável presença do Cristo e convida à comunhão do espírito com Ele" (n. 60); e se insiste no clima de "sagrado silêncio", de meditação, de unidade e dedicação a Cristo, sem o qual, de relacionamento pessoal o culto eucarístico decai para uma vaga relação quase com uma "Coisa" sagrada (n. 62, 63, 66). Por isso, não contará a repetição fácil e material das exposições e bênçãos que, no passado, talvez um pouco rapidamente, se iludiam resolver o problema da oração dos fiéis, mas uma opção sábia ditada por uma piedade que toma por seu critério não o "coração" mas o dogma e sabe orientar, em conformidade com a letra e o espírito da *Eucharisticum Mysterium*, "à comunhão do espírito com Cristo", presente no tabernáculo depois da missa e como fruto da consagração. Um cuidado especial exigirão as procissões eucarísticas: "testemunho público de fé e de veneração", quando "se desenvolvem com dignidade e sem prejuízo da reverência" (n. 59).

Como complemento[80]: a Eucaristia no centro da comunidade e de sua missão

Princípios

De teologia eucarística

1 A Eucaristia é a "memória" de si que Jesus Cristo deixou aos seus, na vigília de sua morte (Lc 22,19). Sob este perfil, pode ser considerada como o testamento de Jesus Cristo e, portanto, a expressão última e completa de seu amor (Jo 13,1).

2 Já que a "memória eucarística" de Jesus Cristo é o próprio Jesus Cristo – "seu Corpo e seu Sangue" – em forma sacramental, emerge a "singularidade" de Jesus Cristo (e portanto sua transcendência) que, único entre todos os homens, pode deixar aos "seus"; isto é, a todos que o acolhem na fé (Jo 17,20), não só sua lembrança e sua doutrina, mas a si mesmo.

---

80. Trata-se do documento para o 20º Congresso Eucarístico Nacional de Milão, redigido por Giuseppe Colombo e Inos Biffi, docentes da Faculdade Teológica da Itália Setentrional.

3 Jesus Cristo deu a si mesmo num duplo sentido:

• sacrificando a si mesmo, a própria vida: a Eucaristia, afinal, é o "sinal" eficaz do sacrifício da cruz, que exprime concretamente o amor de doação de Jesus Cristo;

• mas também, já que com sua morte Jesus Cristo venceu a morte, instituiu seu Corpo e seu Sangue, precisamente, enquanto "sacrifício", como princípios de vida para todos: o "banquete eucarístico" (cf. Jo 6), de fato é o "sinal" de Jesus Cristo vida (pão/alimento) dos homens.

4 Propriamente, a Eucaristia é princípio de vida para os homens, para que "se complete" no dom do Espírito Santo. Com efeito, por um lado, a Eucaristia não é fim em si mesma, mas enquanto é o sacrifício de Jesus para alcançar a redenção – isto, é a "justificação" dos homens – mediante o dom do Espírito Santo. Por outro, o Espírito Santo é o princípio da vida nova, vida redimida, reconciliada, santificada.

5 A vida "nova"/redimida é propriamente a vida em comunhão com o Filho e, mediante o Filho, com o Pai. Realmente, ela vem pelo Filho, enquanto vem pelo "Espírito do Filho" – isto é, "enviado" pelo Filho; enquanto o Espírito do Filho, exatamente porque tal, não pode senão transformar o nosso espírito para conformá-lo ao Espírito do Filho.

6 Emerge assim que o fim intrínseco e primário da Eucaristia é a comunhão com Jesus Cristo, direta e imediatamente, mas enquanto doa seu Corpo e seu Sangue (Lc 22,19-20).

Nesta perspectiva, a ordem da reiteração: "Fazei isto em memória de mim" (Lc 22,19), refere-se primeiramente à vida, e não ao rito sacramental. O Espírito Santo, afinal, enquanto Espírito de Jesus Cristo, é dado para dar testemunho de Jesus Cristo – isto é, pela conversão, pela fé, pela adesão a Cristo –, de modo que sua vida reviva nos crentes e, portanto, também eles deem o próprio Corpo/Sangue para cumprimento da redenção (Jo 13,12-14).

7 Coerentemente, a Eucaristia está "no centro", ou mais exatamente, no "princípio" da Igreja.

Com efeito, a Igreja nasce em Pentecostes, pela efusão do Espírito Santo "enviado" por Jesus Cristo, "merecido pelo sacrifício de Cristo (por isso pode-se dizer, com coerência, que a Igreja nasceu do lado de Jesus Cristo (Jo 7,37-39). Por outro lado, o Espírito é comunicado para converter a Jesus Cristo e, portanto, para tornar suas testemunhas: mais uma vez, para fazer viver como Ele viveu. Aquilo que faz ser "o povo de Deus", além de todas as conotações secundárias, embora necessárias, é o Espírito Santo – isto é, o Espírito de Jesus Cristo – que une a Jesus Cristo e, portanto, liga os homens entre si.

8 Sacramento do sacrifício de Jesus Cristo que, através do Espírito, gera a Igreja, a Eucaristia coloca-se como a própria esperança objetiva da Igreja: entrando em comunhão com o "Corpo doado" e o "Sangue derramado" e, portanto, com o Espírito Santo, a Igreja vive e amadurece a esperança da ressurreição, ou seja, da completa comunhão e conformação a Jesus Cristo ressuscitado, que, mais uma vez, só pode ser obra do Espírito Santo, oferecido como primícias da própria Eucaristia.

De teologia pastoral

1 Se se aceita que a ação pastoral tende à autoconstrução da Igreja num momento e numa cultura determinada, já que a Igreja é a comunhão (consciente e querida; isto é, "correspondida") dos homens com Jesus Cristo graças ao Espírito Santo; e já que coerentemente a Igreja tem sua "forma" ou seu "princípio" na Eucaristia, a Eucaristia deve considerar-se a forma ou o princípio inspirador da ação pastoral.

2 Propriamente, a ação pastoral tem – a serviço do Espírito Santo – a finalidade de criar a comunhão com Jesus Cristo; mas também e por isso mesmo de anunciar Jesus Cristo a todos os homens.

3 Aprofundando o sentido da ação pastoral é necessário precisar:

• que ela está a serviço do Espírito Santo, enquanto a comunhão dos homens com Jesus Cristo não é uma comunhão qualquer, mas especificamente aquela operada pelo Espírito Santo;

• a comunhão operada pelo Espírito Santo é essencialmente comunhão de vida, no sentido que a vida "cristã" (ou dos cristãos) é somente aquela conformada a Jesus Cristo e, portanto, a vida de quem dá a si mesmo (o próprio corpo/o próprio sangue) pelos outros;

• consequentemente, a comunhão operada pelo Espírito Santo e com o objetivo de exprimir e praticar a "caridade", que é o sinal distintivo dos discípulos – em sentido "individual" em relação a qualquer outro discipulado – de Jesus Cristo;

- o anúncio de Jesus Cristo aos homens é propriamente o anúncio da fé em Jesus Cristo enquanto salvador dos homens e, portanto, o anúncio de sua morte e ressurreição, segundo uma articulação incontestável: morte enquanto dom de si no abandono mais absoluto à vontade do Pai; ressurreição enquanto resposta do Pai à vida vivida no abandono ao Pai; coerentemente, é o anúncio da fé enquanto inerente à vida vivida como Jesus Cristo.

Esclarecimentos pastorais

Das teses expostas segue que a ação pastoral, na qual a Igreja exprime a consciência da própria missão, não é um ajuntamento de ações fragmentárias e não relacionadas, mas deve desenvolver-se segundo um "princípio" e um "fim" bem precisos.

Os "princípios" da ação pastoral

1 O "princípio" é a Eucaristia na sua identidade real com Jesus Cristo, que repropõe constantemente no centro da comunidade cristã o próprio sacrifício redentor, porém, mais exatamente, que mantém centrada a comunidade cristã, os "seus", no próprio sacrifício redentor, porém, não de forma exclusiva, mas precisa, porque o sacrifício de Jesus Cristo tem intrinsecamente o objetivo da redenção de todos os homens e, portanto, de operar a conversão de todos os homens mediante o dom do Espírito Santo.

É necessário recuperar o caráter de "princípio" da Eucaristia na ação pastoral, fazendo-a reemergir de todo o conjunto das ações pastorais, que devem ser relacionadas à Eucaristia segundo o respectivo relacionamento objetivo.

2 O discurso não deveria apresentar dificuldade alguma no que se refere aos sacramentos, reconhecida a "prioridade" de "valor" do Sacramento da Eucaristia e, correlativamente, a intrínseca ordenação à Eucaristia de todos os outros sacramentos: o Batismo e a Crisma, que a ela convergem como etapas à espera do cumprimento; a Penitência, que é destinada a readmitir à Eucaristia e, portanto, à Igreja; o Matrimônio, que é sinal da caridade esponsal de Cristo realizada na sua máxima expressão no sacrifício da cruz e na "entrega" do Corpo e do Sangue; a Ordem, pela qual se é escolhido para representar Cristo na "presidência" da Eucaristia; a Unção dos Enfermos, que torna participantes da "paciência" de Cristo, que no sofrimento, por amor ao Pai e aos homens, redime o mundo.

Na celebração e na catequese sacramental será necessário, pois, colocar em destaque que o específico de cada sacramento aparece e se compreende somente como determinação particular do significado do Sacramento da Eucaristia.

Quanto à pregação, nas suas várias formas, deverá evitar a fragmentação ocasional e reencontrar a coerência intrínseca centrando-se na Eucaristia, enquanto dela recebe o próprio significado completo que, evidentemente, por outro lado, não cancela o interesse pelos significados particulares.

Nesta perspectiva também a pregação de caráter parenético poderá reencontrar sua base sacramental de comunhão com Jesus Cristo.

O "fim" da ação pastoral

1 Quanto ao "fim" da ação pastoral, já que deve ser aquele mandado pelo "princípio" – isto é, pela Eucaristia –, não pode ser senão a comunhão/conformidade a Jesus Cristo operada pelo dom do Espírito Santo – isto é, a comunhão/conformidade a Jesus Cristo no doar o próprio Corpo/Sangue pela salvação dos homens. Neste assunto, o problema fundamental é o de evitar a resolução da comunhão/conformidade em termos puramente rituais, enquanto comporta o risco do farisaísmo; e, consequentemente, de dar expressão existencial à comunhão/conformidade ontológica operada pelo sacramento e também por toda a ação pastoral em vista do sacramento (da Eucaristia).

2 Concretamente, a comunhão/conformidade com Jesus Cristo compromete os cristãos com a prática da caridade, como opção radical da vida e, coerentemente, como "sinal distintivo" (Jo 13,35) da vida cristã.

3 Esta opção, se no passado pôde encontrar sua expressão mais significativa quase exclusivamente ou com reconhecido destaque na opção pela vida "religiosa", hoje, depois da mais precisa tomada de consciência do Matrimônio cristão, poderia encontrar sua expressão mais explicitamente reconhecida também na vida "familiar", pondo assim em destaque a opção cristã no seu aspecto propriamente caracterizante, em vez de associá-la quase que exclusivamente a um estado particular de vida.

É supérfluo acrescentar que a opção cristã em termos de caridade, entendida, porém, como impostação radical da vida, facilitaria o esforço dos cristãos na sociedade aos vários níveis, reconhecendo à caridade a sua dimensão social.

4 Na perspectiva da caridade deve-se compreender a recuperação da Igreja, contra a tendência emergente de cancelá-la. Propriamente, a recuperação iniciada pelo Concílio Vaticano II é a recuperação da "visibilidade" da Igreja, não nos termos da Contrarreforma de São Belarmino, mas nos termos da entidade histórica conexa com a noção de "povo de Deus", enquanto, por outro lado, a contestação à Igreja é a contestação da visibilidade/instituição, em favor de uma "comunhão" que, rejeitando preconceituosamente qualquer caracterização e qualquer discriminação, resolve o cristianismo num fato "anônimo e, portanto, "aistórico", não necessitado em particular da memória de Jesus Cristo e, portanto, da Eucaristia.

A recuperação da visibilidade da Igreja coerente com a noção de "povo de Deus" enquanto é o "sinal" da salvação operada por Jesus Cristo e, portanto, capaz de superar a contestação dirigida contra a tendência a considerar supérflua a Igreja, só pode acontecer se a Igreja for reestruturada sobre a Eucaristia, no sentido de evidenciar a Igreja na sua natureza profunda de comunhão-conformidade cm Jesus Cristo, como é exatamente a caridade.

5 Sempre no significado próprio da Eucaristia de ser o sacramento do sacrifício de Cristo, portanto, de sua caridade, que se torna visível na caridade dos cristãos, ligam-se e derivam "outras" expressões da Igreja, em particular "no dia do Senhor"; a ação de graças, o louvor, a "gratuidade", que respondem como acolhimento coerente à "entrega" de Cristo a nós.

10
Liturgia e Eucaristia
Presença da obra da salvação por força do Espírito Santo

Antes de mais nada, um esclarecimento e um comentário sobre o título do capítulo.

1 Fala-se de liturgia e especialmente de Eucaristia. Se certamente a expressão litúrgica cristã não se reduz à Eucaristia – existe todo o outro espaço sacramental; existe a Liturgia das Horas –, todavia, em cada ação litúrgica está presente e age o Corpo e o Sangue do Senhor, o evento de sua morte e de sua ressurreição, do qual a Eucaristia é o sacramento cumprido. Neste sentido, as diferentes manifestações da liturgia são como que partes e degraus da Eucaristia, que representa sua plenitude, e são sua preparação – pense-se no Batismo e na Crisma – ou seu seguimento, sua irradiação, sua condição.

Aquilo que iremos dizer, embora referindo-se à Eucaristia, valerá, por sua vez, também para os outros momentos e para a outras formas litúrgicas. De qualquer modo, importa manter vivo o sentido do primado e da importância principal da Eucaristia, sem menosprezar a fisionomia característica e, portanto, a função específica dos outros sacramentos que, na Eucaristia, se resolvem.

2 A liturgia é chamada – sempre na enunciação – "presença da obra da salvação". Ora, a obra da salvação não é uma realidade anônima, mas é Jesus Cristo, sua entrega ou seu amor consumado na sua paixão e na sua morte. Também este destaque é importante: é sempre Cristo, pessoalmente, que salva. A mediação dos sinais, a estrutura da liturgia, encontra em Cristo sua eficácia. Isso deve ser destacado contra o risco de anexar a redenção ao esforço inventivo e celebrativo do homem, à sua fantasia e habilidade.

Ao invés, nós somos salvos sempre e somente pela presença e pela iniciativa de Jesus Cristo.

Como consequência, compreende-se por que falamos precisamente de "presença" da obra da salvação. Não que, agora, Cristo volte a morrer: Ele se ofereceu e se tornou disponível na sua caridade "uma vez por todas" (Hb 9,28) e, portanto, disso fazemos a memória; mas não se trata de uma memória que só desperte o evento passado em nossa recordação. Comemorando a Eucaristia, reencontra-se a presença do Senhor, que por todo o desenvolvimento da história é alcançável no seu amor crucificado, do qual, em cada momento e para cada homem vem a redenção. Aqui, podemos logo destacar que não é a liturgia que cria Jesus Cristo, mas é Jesus Cristo que continua sua doação no sinal convivial: gesto de acolhimento fiel e amoroso.

3 O título enuncia, enfim, que a presença da obra da salvação – portanto, de Cristo na sua oferta redentora – acontece por força do Espírito Santo: o Espírito, portanto, como razão e possibilidade da presença e da memória.

A liturgia – e, portanto, a Eucaristia – não teria a prerrogativa de ser a memória de Jesus e a eficácia de sua presença se não entrasse em ação o Espírito Santo, em indissolúvel unidade de operação. De Cristo e do Espírito Santo provém uma liturgia – uma Eucaristia – válida. Da qual, uma vez mais, aparece logo a celebração como consenso no Espírito Santo.

Assim, somos remetidos para a consideração do relacionamento Cristo/Espírito na história da salvação: será o primeiro momento de nossa reflexão.

Veremos, depois, como este suporte – que já chamamos indissociável – está em ato pelo "êxito" da liturgia e da Eucaristia em particular.

E concluiremos destacando que nos textos litúrgicos esta relação entre Cristo e o Espírito encontra seu destaque ou sua expressão explícita.

1 O Espírito Santo: princípio da presença eficaz de Cristo

1 Muitas incompreensões na história – pense-se, por exemplo, na controvérsia sobre a epiclese; isto é, sobre a eficácia consecratória ou não da oração que invoca o Espírito Santo como Aquele que produz a presença; e assim também em certas formas de "liturgismo" ou de "ativismo" litúrgico, de diferente e até antitética proveniência – derivam do fato de não partir da estrutura "histórica" da salvação, que aqui quer dizer: do relacionamento Jesus Cristo/Espírito Santo; relacionamento que deve ser considerado em si mesmo antes ainda do que no plano litúrgico e sobre o dos textos, mesmo que, de fato, exista uma estreita coesão entre história, liturgia e textos. O que iremos dizer esclarecerá melhor estas afirmações.

Vejamos, pois, a conexão Cristo/Espírito Santo.

2 O autor da salvação é Jesus Cristo, o Filho de Deus que, nos mistérios de sua humanidade e, particularmente, com sua doação na morte e com sua ressurreição, é constituído princípio e modelo do homem. Quando a humanidade dispõe de Jesus crucificado e ressuscitado, então é redimida; então, alcança exatamente aquele plano segundo o qual Deus concebeu o homem. Dito em outros termos: o homem é salvo quando pode dispor do Corpo de Cristo doado e de seu Sangue derramado ou, o que é a mesma coisa, da caridade regeneradora do Senhor. Então, ele não deve esperar outra coisa: o evento redentor, o fim da história, seu significado, seu vértice é simples e objetivamente aquele.

O plano divino, e a vida de Cristo que o traduz, suspira por aquele momento absolutamente decisivo, do qual tudo depende e pelo qual o Filho de Deus veio (cf. Jo 13,1.31; 12,31; Mc 10,45; Lc 12,49).

3 Esta obra de Cristo, se, por um lado, exprime toda a iniciativa e a liberdade do Senhor, por outro, tem como seu início a intenção e a decisão do Pai. É o Pai que envia – tanto amou o mundo – seu Filho como dom e sacrifício pelo homem (cf. Jo 3,16). O Cristo redentor é a epifania do amor imensamente grande do Pai e do Filho.

Mas, junto também com o Espírito. Do Espírito vem a humanidade de Jesus, concebido no seio virginal de Maria (Lc 1,35), e assim é proclamada a redenção ou o Corpo de Cristo não como possibilidade do homem, mas como término da gratuidade de Deus: o Corpo de Cristo como pura graça. E mais: o Espírito Santo está sobre Jesus Cristo (assim no Batismo: Lc 3,22) e sugere e move seu caminho ("Jesus cheio do Espírito Santo [...] conduzido pelo Espírito": Lc 4,1).

O Espírito é sempre apresentado pelo próprio Jesus como o Dom e o fruto de sua obra, e especialmente de sua paixão e ressurreição, de sua exaltação (Jo 7,37-39): o Espírito existe porque sua fonte se abre quando Jesus está no alto da cruz: é dali que o Espírito brota (Jo 19,34); existe quando Jesus ressuscitado pode derramá-lo (Jo 20,22); quando, tendo subido ao Pai, envia-o sobre os apóstolos como "batismo" (Lc 24,49; At 5,8; 2,1ss.).

O Corpo de Cristo – no qual podemos ver como que a síntese da salvação – pode ser "usufruído" porque o Pai no-lo confia, porque o Filho se entrega (ninguém lhe arrebata a vida: Jo 10,17-18), porque o Espírito Santo, por assim dizer, "edifica-o" e habita nele.

É preciso insistir numa forma trinitária da salvação: as Três Pessoas convêm e concorrem na realidade de Jesus Cristo.

4 Detenhamo-nos em particular no Espírito Santo. Ele aparece como o Dom feito pelo Pai e por Cristo, dos quais procede ("o Espírito Santo, que o Pai enviará em meu nome": Jo 14,26; "enviar-vos-ei o Consolador": Jo 16,7). O Espírito é o enviado do Pai, através de Jesus Cristo e de sua humanidade glorificada. Onde estiver Cristo ressuscitado da morte, lá estará o Espírito.

E existe o Espírito que não está "ocupado" de outra coisa senão a de transmitir Cristo. O Espírito Santo não tem sua "autônoma" economia. Sua função é rigorosamente – e não poderia ser diferente – a de fazer que se realize o plano divino; isto é, que se "realize" Jesus Cristo. Segundo as palavras do próprio Jesus: "Tudo o que o Pai possui é meu [...]. O Espírito tomará do que é meu" (cf. Jo 16,12-15).

A ação do Espírito Santo não é separável daquela de Cristo: o Espírito liga Jesus à história, torna-o eficazmente presente, é seu vínculo e seu prosseguimento. Enquanto, sem sentido contrário, é o próprio Jesus a doá-lo com o Pai, a fazê-lo passar por si, para que sua obra se cumpra. O Espírito Santo está no mundo, difundido pela Páscoa, para a edificação do Senhor.

Se faltasse o Espírito Santo, quereria dizer que: ou Jesus não completou a salvação – isto é, não morreu e ressuscitou e não foi enviado pelo Pai – ou, se sua obra foi levada a término, não encontra possibilidade de ser e de agir realmente na história, no tempo e no espaço.

Portanto: onde está o Espírito, lá está Jesus Cristo; e onde está Jesus Cristo, lá está o Espírito.

Não existe área de salvação que não comporte indissoluvelmente a presença do Espírito Santo a reapresentar Cristo Salvador: não existe atividade de Jesus Salvador que aconteça prescindindo do Espírito Santo. Isso é preciso "radicalmente" compreender antes da liturgia e antes dos textos litúrgicos. A realidade de Jesus Cristo e aquela do seu Espírito precedem o sacramento e o ministério: duas realidades que não só não se opõem, mas também não estão simplesmente uma justaposta à outra.

É pertinente falar de articulação, pela qual o Espírito é para Jesus Cristo, para seu ser agora aqui: na Palavra, no sinal e na verdade da nova vida do cristão. O Espírito é a iniciação e o itinerário para Jesus Cristo.

Disso segue imediatamente uma consequência: o que a Igreja deve imprescindível e primariamente pregar é este plano, esta economia, que se resume na missão do Filho e do Espírito da parte do Pai. Uma pastoral litúrgica que esqueça esta precedência de conteúdo e este primado é falimentar: pode ser ativa, clara, até jocosa; pode movimentar e envolver: só que não seria cristã e não seria salvífica; isto é, não seria "mediação" de graça. Portanto, uma liturgia assim concebida é fatalmente destinada ao exaurimento, porque não é gerada pelo dogma. Portanto, quem julgar que este conteúdo trinitário, esta "pregação", que tem como substância a missão do Espírito mediante o Filho da parte do Pai, é algo de abstrato, distante, denunciaria o próprio plano de Deus, conotando-o de inutilidade; de qualquer modo, perderia seu tempo e suas energias num trabalho prejudicialmente comprometido. Se este fundamento se obscurecer, não é possível nenhuma reforma e nenhuma vida litúrgica autêntica.

2 O Espírito Santo na constituição do Corpo de Cristo na Eucaristia

1 Neste ponto, torna-se compreensível a ação do Espírito na Eucaristia. A Eucaristia é a presença do Corpo doado e do Sangue derramado de Jesus Cristo; a presença de seu sacrifício que não se repete e é perenemente válido; portanto, a presença não somente de sua Palavra ou de uma memória que tenha a efêmera labilidade de um sinal qualquer, mas também da memória na qual emerge a verdade daquele Corpo e daquele Sangue.

Na origem da Eucaristia não está a Igreja, mas está Jesus Cristo, com sua intenção e sua vontade de tornar o próprio Corpo e o próprio Sangue possíveis a toda a humanidade, para que toda ela tome parte.

É o próprio Cristo que se autoentrega no banquete, e que, tendo dado graças sobre o pão e o vinho, pode distribuí-los como sua Carne sacrificada e como seu Sangue derramado. Na Eucaristia continua a liberdade de Jesus na cruz, seu amor, pelo qual a vida é colocada, e não violentada num ímpeto que o constranja. A Eucaristia não cria o sacrifício da cruz, mas, por assim dizer, recebe-o; é sua presença renovada na forma de sacramento. Assim, ainda, a Igreja não "inventa" a Eucaristia/sacrifício da cruz: mas aceita-o. E este é o sentido católico da transubstanciação: por força da vontade de Jesus Cristo, de sua "instituição" na última ceia, nos sinais do banquete e com sua específica mensagem, é-nos dado encontrar a identidade do Corpo e do Sangue de Cristo. Assim, se autoentregando e declarando, depois da ação de graças, que o pão e o vinho são seu Corpo e seu Sangue, Ele aparece como o autor da consagração e da transubstanciação em cada Eucaristia. Em cada celebração da Eucaristia age a mesma intenção e a mesma força da instituição do cenáculo.

2 Mas Jesus Cristo age – temos visto – através do Espírito. Cristo é tomado pelo Espírito – "tomará do que é meu" (Jo 14,26) – e é reapresentado lá onde a Igreja, com sua fidelidade e com os sinais por Ele instituídos, espera-o e o invoca. Onde hoje está presente o Corpo do Senhor, quer dizer que lá desceu o Espírito, em analogia com a sua descida sobre a Virgem, de modo que nasceu o Santo, chamado Filho de Deus (Lc 1,35): assim como onde existe a fé na Palavra ou o reconhecimento que Jesus é o Senhor, lá existe o Espírito (Rm 12,3), e onde existe o nascimento do alto, que torne conformes a Cristo, existe como princípio o mesmo Espírito (Jo 3,5).

De maneira mais uma vez indissolúvel existe a Eucaristia, existe o Corpo de Jesus Cristo – no qual se resolve a obra da salvação –, porque Jesus Cristo, com seu Espírito, com sua autoridade e "senhorio", com sua instituição, que se torna eficaz na celebração, transforma o pão e o vinho. Com idêntico conteúdo, podemos dizer que existe a Eucaristia, Corpo de Cristo, porque o pão e o vinho são transfigurados na identidade do Senhor pelo Espírito Santo: aquele Espírito que o próprio Jesus, com sua "autoridade", envia para esta transformação.

O autodoar-se de Jesus na Eucaristia é a mesma coisa que o envio do Espírito que consagra o pão e o vinho. Se Jesus não enviasse o Espírito, o pão e o vinho permaneceriam simplesmente tais; e se o Espírito não estivesse presente, nenhuma força poderia substituí-lo, já que aquela própria de Jesus é significada e ativada pelo Espírito Santo.

Segue-se, então, que a transubstanciação deve identicamente ser atribuída tanto a Cristo quanto ao Espírito Santo: o Corpo do Senhor é sempre gratuidade, é sempre graça; não é nunca a possibilidade do homem. O homem é inadequado para dispor dele, assim como o era a Virgem, que se tornou fecunda pelo poder do Altíssimo e pela vinda do Espírito.

Deve ser destacado e repetido: nenhuma narração e nenhuma invocação, considerada em si mesma, separada, tem o vigor de efetuar a presença do Corpo e do Sangue do Senhor; nenhum ministério é habilitado a isso, a não ser como acolhimento e disponibilidade de receber a autoridade de Cristo e do Espírito, a quem deve ser atribuída a admirável transformação e, portanto, o existir do sacramento do sacrifício.

Esquecer esta precedência de causa e separar Cristo do seu Espírito só pode levar a consequências inaceitáveis, a alternativas que a economia trinitária não pode acolher. Separa-se Cristo do seu Espírito e se dissolve o plano de Deus. Daqui, então, surgem insanáveis controvérsias, dependentes de uma leitura parcial do mistério cristão.

3 De fato, na tradição cristã, Cristo e o Espírito são mantidos estreitamente unidos para a compreensão da Eucaristia. Nem podia ser diferente, se não se quisesse alterar as relações intrínsecas, no interior do mistério cristão, entre Jesus e o Espírito.

Esta tradição, com efeito, por um lado percebe claramente – a partir da comunidade neotestamentária que se reflete nos relatos da instituição – que a Eucaristia é o Corpo e o Sangue de Cristo enquanto se relaciona à instituição, portanto, à vontade de Jesus Cristo. É esta vontade que age na consagração: em cada Eucaristia está ativo o poder de Cristo, são "eficazes" as suas palavras (*operatorius sermo*; cf. AMBRÓSIO. *De sacr.*, IV, 15), que fazem passar o pão "atual" (*panis usitatus*; ibid., 14) na Carne de Cristo. É Cristo o "autor dos sacramentos", aquele que lhes confere valor e substância (*auctor sacramentorum... Dominus Iesus*; ibid., 13): se acontece a *consecratio*, é porque suas palavras estão em ato, assim como o foram na criação, como o estão na produção daquela "nova criatura" que é o cristão (ibid., 16). Em síntese: a ordem nova é o resultado da possibilidade e da vontade de Jesus Cristo.

Esta referência a Cristo e à sua instituição não é somente de Ambrósio. Encontramo-la habitualmente na tradição patrística e litúrgica para dizer que a Eucaristia se conecta com Ele e com sua disposição.

A Eucaristia é sempre memória de Jesus, de seu gesto na Ceia e de seu sacrifício na cruz. Quando a celebra, a Igreja tem sempre a consciência de corresponder ao mandato do Senhor, de reapresentá-lo. Isto vale tanto para o Ocidente quanto para o Oriente[81], e para o Oriente também quando é especialmente exaltada a ação do Espírito. A Eucaristia é sempre memória do sacrifício e conexão com a vontade manifestada por Cristo na última ceia.

4 Com o destaque de Jesus Cristo e de sua instituição está unida a ação do Espírito Santo. O próprio Ambrósio, que na tradição representará o destaque da eficácia consecratória das palavras de Cristo, no tratado sobre o Espírito Santo, afirmará – para demonstrar sua divindade – que Ele "com o Pai e com o Filho é nomeado pelo sacerdote no Batismo e é invocado nas oblações" – isto é, na Eucaristia (*De Spiritu Sancto,* III, 16, 112) – ou, como diz em outro lugar, na "prece" (*De fide*, IV, 10, 124: "Cada vez que recebemos os sacramentos, que, graças ao mistério da sagrada oração [*per sacrae orationis mysterium*] se transformam na Carne e no Sangue, 'anunciamos a morte do Senhor'").

Santo Agostinho afirmará: "A consagração, que faz um tão grande sacramento, não acontece senão pela intervenção invisível do Espírito de Deus" (*De Trinitate*, III, 4, 10).

Um monge do século IX, Pascásio Radberto, declarará que, "para ser verdadeira carne de Cristo, o corpo é consagrado cada dia, de maneira a ser vida do mundo, mediante o Espírito Santo" (*Liber de corp. et sang. Dom.*, 7), não separando por outro lado o aspecto cristológico do pneumatológico ou relativo ao Espírito Santo. Para Santo Tomás de Aquino, todos os sacramentos derivam sua eficácia da paixão de Cristo e do Espírito Santo (TOMÁS DE AQUINO. *Summa Theologiae*, I-II, 112, 1, 2m: "Nos sacramentos da nova lei, que derivam de Cristo, a graça é produzida pelos próprios sacramentos instrumentalmente, mas principalmente pela força do Espírito Santo

---

81. Para a bibliografia nos limitamos a citar: STROTMANN, T. Pneumatologie et liturgie. In: VV.AA. *La liturgie après Vatican II*. Paris: Cerf, 1967, p. 289-314. • BOUYER, L. *Il Consolatore*. Roma: Paoline, 1983, p. 349-364. • CONGAR, Y. *Credo nello Spirito Santo*. 3. ed. Bréscia: Queriniana, 1983, p. 238-266. • VV.AA. *L'Esprit Saint dans la liturgie*. Roma: *Ep. Lit.*, 1979.

que age nos sacramentos"). Quanto à Eucaristia, ele diz: "A bebida espiritual é consagrada pelo Espírito Santo" (*In 1Cor.*, c. 12, lect 3), e ainda: "A transubstanciação é apropriada ao Filho como àquele que age, sendo Ele sacerdote e vítima, e ao Espírito Santo como àquele por meio do qual Ele age" (*In IV Sent.*, X, exp. text.). Ainda Santo Tomás declara que a conversão eucarística acontece *virtute Spiritus Sancti*, sem por outro lado excluir a função instrumental das palavras do sacerdote (*In IV Sent.*, VIII, 2, 3, 1m).

A própria liturgia ocidental não deixa de manifestar esta convicção da ativa e operativa presença do Espírito Santo sobre os dons, de maneira que são transformados no Corpo e no Sangue do Senhor[82], ainda que a liturgia e a tradição oriental, sem isolar a invocação do Espírito do memorial e, portanto, da instituição e das palavras de Cristo, sublinha mais expressa e insistentemente a obra do Espírito Santo na reapresentação do Corpo e do Sangue do Senhor[83].

Trata-se, por um lado, de ler os textos precedentemente a um método e a um espírito de controvérsia, e, por outro, de compreender o significado dos dois apelos a Cristo, às suas palavras, e ao Espírito Santo, segundo a conexão que já temos destacado.

5 Mas aqui podemos esclarecer algumas consequências, que provêm do fato que no princípio da consagração e da presença do Corpo e do Sangue do Senhor existe a autoridade de Cristo e a força do Espírito Santo. Neste contexto, o ministério aparece como um serviço e um consenso à ação autorizada de Cristo e à antecedente atividade do Espírito Santo. A Igreja, certamente, não é inerte, como não é inerte a atitude da fidelidade e da recordação; mas é segunda, recebe, obedientemente e na ação de graças: disponibilidade e adesão que supõem a fé.

Esta consciência é necessária, tanto para o ministro, que não age por um pessoal poder seu, mas na "pessoa de Cristo", quanto para toda a comunidade cristã, que não celebra a liturgia para poder acolher a graça como termo do próprio esforço, mas como concessão do amor. Certamente, não se vai à liturgia para reivindicar e exaltar as próprias possibilidades, mas para re-

---

82. Cf. CONGAR, Y. *Credo nello Spirito Santo*. Op. cit., p. 238ss.
83. Ibid., p. 259ss.

ceber, na admirada surpresa da alma, o que supera infinitamente qualquer capacidade do homem, e só pode ser dado pelo Espírito Santo.

Talvez seja de se perguntar se esta disponibilidade é suficientemente cultivada e exigida na pastoral litúrgica, ou se, ao invés, não é concedida demasiada ou exclusivamente a uma atividade diferentemente entendida, pela qual a celebração litúrgica, e em particular a eucarística, acaba em elogio ao homem, em vez de elogio à graça.

Outra consideração parece pertinente: aquela que se refere à valorização objetiva tanto do aspecto cristológico quanto do aspecto pneumatológico. Uma "descoberta" em sentido único, uma espécie de entusiástico orientalismo não faz justiça equanimemente à tradição cristã integral.

Sem a relação com Cristo, à sua intenção, não existe Eucaristia, que se verifica porque dependente da vontade de Cristo e como Corpo de Cristo. A Eucaristia dá o Espírito porque é o Corpo do Senhor, que é o centro da economia da salvação. Os sacramentos traduzem ou transmitem Cristo, tornam conformes a Ele. Esta é a importância do destaque ocidental.

Mas tal destaque, para ser válido, exatamente por ser cristológico, não pode não deixar lugar ao Espírito. Daqui a integração da tradição oriental que precede e que prescinde a controvérsia sobre a epiclese ou sobre a invocação ao Espírito Santo como eficazmente consecratória.

Toda a salvação, na sua disposição trinitária, tem como início ativo o Espírito que vem de Jesus Cristo. Nesta precisa perspectiva, só pode ser benéfica a comunhão ecumênica, ou, mais amplamente, a comunhão com os grandes representantes da doutrina relativa à economia do Espírito Santo.

Mas antes de acenar para como efetivamente a liturgia ocidental tenha, com a reforma, mais perspicazmente evidenciado a ação do Espírito na celebração eucarística no plano dos textos, é necessária uma última consideração.

6 O Espírito Santo consagra o pão e o vinho no Corpo e no Sangue do Senhor, mas não em vantagem de Jesus Cristo. A Eucaristia não serve a Ele. Cristo envia seu Espírito não porque Ele, Jesus Cristo, tenha necessidade de estar presente, pois já é completo.

Cristo não precisa da Eucaristia, mas nós temos necessidade dela e podemos tê-la precisamente porque o Senhor e seu Espírito nos precedem.

Chegaríamos a dizer que uma pura reapresentação do Corpo eucarístico de Jesus por parte do Espírito Santo seria vazia de finalidade e de função se não ultrapassar Jesus Cristo e não edificar sobre Ele a humanidade – ou seja, a Igreja – ou seu Corpo, que é a Igreja.

Jesus não enviou o seu Espírito para que existissem liturgias e pronto, mas para que, na mediação da liturgia, se construísse a Igreja que é a novidade atual.

A Eucaristia não acrescenta nada a Cristo pessoalmente; a novidade não é que exista Jesus Cristo, porque Ele já é o Novo: a novidade é que exista uma humanidade que assume seu sacrifício, sua caridade; que exista a extensão, por assim dizer, do seu Corpo físico no seu Corpo que é a Igreja.

Por isso, o próprio Espírito que transforma o pão e o vinho no Corpo e no Sangue de Cristo é o Espírito que, exatamente pelo sentido e pela validade desta transformação, faz surgir e crescer a Igreja.

Não se trata de duas ações separadas. O Espírito que está no princípio do Corpo de Jesus na Eucaristia, está no princípio, quase aplicando o Corpo de Jesus, da humanidade renovada: a humanidade que se entrega como Cristo ao Pai e aos irmãos.

Também esta função, indissoluvelmente ligada à primeira reapresentação do Corpo do Senhor, faz parte da doutrina tradicional cristã, que está bem longe de ceder a um liturgismo satisfeito em si mesmo, que deixa Jesus Cristo sozinho carregado com seu sacrifício, sem que seja partilhado.

O Espírito consagra para que no mundo exista a única verdadeira novidade; isto é, o amor que Ele, paradigmática e inicialmente, realizou na cruz. Em outras palavras, o Espírito consagra para que venha e se forme uma humanidade que ama, uma humanidade de filhos de Deus. Transfigurando, como diria Santo Ambrósio, o pão e o vinho, o Espírito Santo visa, segundo a missão do Pai e a efusão por Jesus Cristo, a transfigurar os homens, num prosseguimento linear da Eucaristia à humanidade, ou melhor, do Corpo de Cristo à humanidade.

Também aqui uma consideração prática: até que ponto a ação litúrgica e a atividade que a ela se dedica têm clara esta finalidade e este juízo sobre seu êxito? Certamente, a participação ativa e liturgicamente expressa é indispensável; a realização de cada ofício confere uma necessária fisionomia à celebração, mas, no fim, a intenção e o critério de tal êxito é que uma liturgia seja o alcance da caridade de Cristo para poder vivê-la.

Sem a comunhão, mediante a liturgia, no Corpo do Senhor; isto é, sem o sacramento – e é a tentação do secularismo, que logicamente leva à inutilidade de Jesus –, o homem não encontra a fonte do amor. Iludem-se precisamente os secularistas, que, ou não celebram ou celebram conferindo à liturgia o seu sentido, como se tivessem sido eles a iniciá-la e a inserir nela a própria vida.

Mas mesmo com a pura comunhão sacramental, que não se volta para a "realidade" visada pela ação de Cristo e de seu Espírito, o circuito é interrompido, e a liturgia não consegue, ou consegue sim – como dizíamos –, mas como obra do homem, de sua habilidade. A obra do Espírito é como que quebrada.

3 O Espírito Santo: princípio da Eucaristia nos textos litúrgicos

1 Agora, passemos para a análise de como a liturgia evidencia a referência a Cristo e a ação do seu Espírito.

É sabido – e já o recordamos – que a liturgia oriental conferiu singular importância à explícita menção do Espírito consagrante. É sabido também que os novos textos eucarísticos ocidentais corretamente reservaram um destaque mais emergente a esta ação do Espírito, quer antes quer depois da consagração e da anamnese.

Aqui nos limitamos a algum destaque para a interpretação e a concluir com a leitura de alguns textos do atual Missal Ambrosiano.

a) Um primeiro destaque: é necessário ter a concepção da oração eucarística como de um todo único, que conecta, em particular, a memória de Cristo, a referência à ceia e a oração que invoca a força transfigurante do Espírito. Sem a anamnese não se saberia o que é a Eucaristia, estaríamos privados de sua invenção e do seu início, que é por Cristo.

Sem a oração – com uma simples recordação histórica – teríamos uma narração, não um "fazer em memória de Jesus" com fidelidade e com amor.

b) Mesmo que não se encontre expressamente a menção do Espírito invocado pela consagração, a consciência que o Corpo de Cristo é dado *per sacrae orationis mysterium* – isto é, mediante a prece da Igreja – apela implicitamente para a presença e para a ação do Espírito. A tradição latina, determinando o valor consecratório nas palavras, ou melhor, no "serviço" ou no ministério expresso nas palavras que são seu "instrumento", não tem simplesmente excluído ou discutido ou posto em dúvida que quem consagrou foi o Espírito Santo, enviado pela autoridade de Cristo, *auctor sacramentorum*.

Contudo, foi uma feliz aquisição a inserção da oração que pede o envio do Espírito antes e depois da consagração.

c) A tradição oriental, que põe a invocação do Espírito depois da consagração, não entende, por certo, deixar de lado as palavras, ou melhor, a referência à Ceia e à instituição de Jesus: tudo leva a entender que aquilo que a Igreja faz na Eucaristia, o faz pela vontade de Jesus e por sua autoridade. Mas é sempre o Espírito de Jesus Cristo, aquele que a Igreja invoca, e é o Cristo, aquele do qual a Igreja faz a memória, que enviou o Espírito.

Adquirida a unidade da prece eucarística, o "depois" das palavras tem valor relativo. Não define que a anamnese tenha sido ineficaz, já que aquela própria recordação é obra do Espírito, que chama o Senhor Jesus à memória da Igreja.

Nem poderiam ser excluídas duas tradições diferentes, se tem sentido, e tem um, a determinação do "momento" ou do gesto certamente consecratório. Mas não nos deteremos sobre isto.

2 Terminamos com a leitura de alguns textos do Missal Ambrosiano atual (mas não todos exclusivos dele). Algumas orações sobre os dons dizem:

> Acolhe, ó Deus, estes dons e consagra-os com a efusão do teu Espírito, para que alimentem em nós um amor sem fim" (III sem. do Adv., quinta-feira):

o Espírito, o Corpo de Cristo, a caridade (= a Igreja).

> Teu Espírito, Deus onipotente, descido com sua glória na Virgem Maria, acolha as nossas ofertas e as encha de sua graça:

Como o seio de Maria, cheio do Espírito, pôde dar à luz o Verbo de Deus feito homem, assim pelo Espírito, as nossas ofertas se tornem cheias da graça do Espírito, que é o Corpo de Cristo, aliás, fonte de Espírito.

Um conceito análogo está expresso em outra oração, esta depois da comunhão:

> O Espírito Santo, ó Pai, que acendeu no seio inviolado da Virgem a vida humana do teu Unigênito, reúna-nos e nos insira no corpo vivo da tua Igreja:

o Espírito deu o Corpo de Cristo à Virgem, na encarnação e o estende como corpo, que é a Igreja (Férias natalinas, sábado).

> Manda, ó Pai, o Espírito Santo, que transforme para nós estes dons no teu sacramento e nos disponha a participar com ânimo puro (segunda-feira depois do VII domingo da Páscoa).

Destacamos este "transforme para nós": a Eucaristia não é para Jesus Cristo, mas para a humanidade, de modo que se torne Igreja.

> Efunde, ó Deus, o poder do teu Espírito sobre as nossas humildes ofertas (Vigília de Pentecostes):

a nossa humildade, a humildade do pão e do vinho, como aquela da serva do Senhor, tem necessidade, para conseguir, do "poder do Espírito".

> Terminamos com um prefácio:
> [...] Deus onipotente e eterno.
> É justo exaltar a tua glória
> com esta oferta sacrifical
> que em toda a terra se eleva
> pela espalhada multidão dos povos
> e pela força do teu Espírito
> torna-se em cada celebração
> o único santo Corpo do Senhor.
> E também nós, que em todo o mundo somos enviados
> para a comunhão deste Pão e deste Cálice,
> temos a certeza de inserir-nos em Cristo como membros vivos
> e de formar uma única Igreja (Domingo VI, *per annum*):

o Espírito Santo age, e também, o único Corpo de Cristo e neste Corpo, os membros vivos que são a Igreja.

É a oração e a consciência da Igreja, que se faz a Eucaristia, Corpo de Cristo, e porque existe o Espírito de Cristo, o qual pelo Corpo de Cristo a constrói como Igreja do Senhor.

É a ilustração sintética e perfeita do maravilhoso plano de salvação que, imerecidamente, por surpreendente decisão divina, está acontecendo para nós e por toda a humanidade.

11
As anáforas eucarísticas

1 Da "Eucaristia das anáforas" para a "Eucaristia espiritual"[84]

Se a compreensão das "preces eucarísticas" está ligada à percepção de seu movimento interior e unitário – celebração da Páscoa de Cristo na Igreja hoje ou ação de graças pela obra da salvação pascal em ato no Povo da aliança, que realiza seu memorial –, todavia, o sentido último de sua proclamação (como de qualquer ação litúrgica) encontra-se além de seu próprio momento e uso. Para ser "verdadeira", cada anáfora deve provir de uma precedente concórdia do espírito com a voz em vista da identificação do rito com a vida. Não hesitamos em dizer que é preciso o realismo de uma experiência "mística" ou de comunhão, como fonte da "Eucaristia" que, por sua vez, leva ao amadurecimento de uma experiência "mística" que é a vida tornada "Eucaristia", ou res do sacramentum. E não nos impressione o vocabulário da "mística": certamente, ele foi abusado com a delimitação para experiências excepcionais que envolveram manifestações sensíveis em nível psicológico-fenomenológico. É necessário que retome sua função como normal categoria da experiência cristã. Esta é, sobretudo, acolhimento prático-vital do "mistério" da salvação, ativa e oferecida no "sinal" de Cristo; é inserção na reapresentação do mesmo "mistério" na liturgia, com um esforço na "verdade" de adesão àquilo que se celebra; depois, marca por si toda a praxe, tornada uma conformação real sempre ao idêntico "mistério.

---

84. Cf. BIFFI, I. I primi principi della Liturgia e l'introduzione delle nuove anafore. *La Rivista del Clero Italiano*, 50, 1969, p. 323-329. • BIFFI, I. L'unità interiore delle anafore: l'Eucaristia mistero Pasquale di Cristo nella Chiesa. *La Rivista del Clero Italiano*, 50, 1969, p. 402-411.

A "prece eucarística" como sinal e profissão de participação na Páscoa

1 O grande perigo de cada rito é o da substituição e de sua suficiência exaurida dentro de si mesmo e, portanto, a perda de seu caráter de instrumentalidade e de mediação. Sem uma vontade perspicaz e exigente é fácil mudar o símbolo, por mais eficaz que se queira, com a efetiva sucessão de seu significado. Assim, a diferença seria admitida – segundo as palavras da Constituição – entre a *mens* (que é muito mais do que a "mente", como em geral se traduz) e a *vox* (que tem a função de compreender o rito como desenvolvimento e participação ativa externa; cf. art. 11 e 19). Portanto, para que adquira verdade concreta (é verdadeiro em ato somente aquilo que se apresenta numa experiência de realidade, e, por isso, Deus é Verdade Suprema), a prece da anáfora, tanto no presidente da assembleia litúrgica como na comunidade que a ele está ligada, toda inteira também se diferentemente sacerdotal (cf. art. 14) e significante, deve subir de uma disponibilidade de vontade, que põe a própria vida em estado eucarístico. É importante a participação ativa, entendida a atividade como cumprimento da própria parte, para a qual são necessárias "as aclamações dos fiéis, as respostas, a salmodia, as antífonas, os cantos, bem como as ações, os gestos e a postura do corpo [...] [e], no devido tempo, o silêncio" (art. 30).

Ainda mais, é necessária a leitura luminosa e a consciência do alcance da celebração na ordem da salvação no tempo da Igreja (o movimento interior e unitário). Mas é preciso que estes dois degraus de atividade simbolizem a adesão da vida à Páscoa do Senhor presente e operante no *sacramentum*. A ação de graças vem do ter efetivamente elevado os corações e tê-los voltado para o Senhor. Em ligação com a precedente Liturgia da Palavra, faz-se a "Eucaristia" depois da conversão, que é acolhimento prático do anúncio e que em cada celebração é proposta dos *mirabilia Dei*: interpelação pessoal do Senhor, destinada a suscitar a resposta da fé que transforma e que torna a vida uma *devotio*. Na falta da decisão de acolher a graça pascal, de praticar a Páscoa "comemorada" na Eucaristia, o fruto sacramental da anáfora permanece presente na sua validade e liceidade, mas não se abre em atualidade. Esta só é garantida pela medida da realidade de vida que consente deixar-se associar à morte e à ressurreição do Senhor. Trata-se da originalidade não substituível e, absolutamente, não mutável, por cuja entidade e multiplicidade (que, aliás, nenhuma medida humana pode determinar) resulta a eficiência em ato do sacrifício litúrgico. Em outras palavras, resulta a eficiência daquele culto em espírito e verdade pelo qual o rito tende a identificar-se com a adoração que é a vida, numa função de sinal, cuja *virtus* vale para quem realmente se deixa envolver e transfigurar por ela. A Eucaristia cristã é de uma extrema seriedade: precisamente por seu *ex opere operatum*, pela real presença de Cristo nela (*adest et operatur*, art. 35) para que se ative sua Páscoa e seja transfundida com todas as suas consequências e manifestações para a comunidade. Deste ponto de vista, não é que apareçam desvalorizadas as formas de participação na constituição do próprio rito, "piedosa, conscienciosa e ativamente", mas, a condição primeira para que a *abundantia gratiarum* (cf. art. 21) passe da objetiva validade para a fecundidade (*fructuose*, art. 11), é o estado interior e prático, ao qual compete verificar toda a anáfora. É muito perigoso interpretar a *actuosa participatio* (cf. art. 14) somente num sentido e exaurir nela a preocupação pastoral, e, por este aspecto, parece-me fundamental e oportuno o apelo feito por Maritain em *Le paysan de la Garonne*, embora discutível em mais de um ponto, a propósito do participar "conscienciosa, pia e ativamente da ação sacra":

> Isso acontece mediante a palavra e o canto [...] mas a palavra e o canto não são suficientes: é necessária a atenção interior da alma e o desejo de Deus [...]. Muitos comentadores insistem com muito vigor, quando chegam à fórmula [...] citada [...] sobre a palavra ativamente, sem prestar piamente a mesma atenção à palavra [...]. Além disso, também o termo ativamente se refere tanto à atividade interior da alma [e também muito mais...] quanto à atividade externa da voz [...]. Os fiéis assistem bem à missa, e dela participam bem somente na condição que, segundo toda a imensa diversidade das condições de cada um, exista neles, mesmo que seja no grau mais implícito e mais distante, com um suspiro da alma, uma resposta ao apelo de todos à santidade. As maneiras de agir de Deus são infinitamente doces, e levam em conta condições e possibilidades de cada um em sua variedade ilimitada.

Maritain acrescenta também – e quem poderia negar-lhe a razão?:

> Existem almas de oração que estão de tal modo atraídas pelo recolhimento interior que não podem nem falar nem cantar, e não participam ativamente da liturgia senão no modo mais alto e convém deixá-las em seu silêncio e respeitar neles a liberdade do Espírito de Deus[85].

---

85. MARITAIN, J. *Le Paysan de la Garrone*. Op. cit., p. 314-318, passim.

Ouçamos por inteiro as palavras da Constituição:

> Para que se obtenha esta plena eficácia, é mister que os fiéis se acerquem da sagrada liturgia com disposições de reta intenção, sintonizem a sua alma com as palavras e cooperem com a graça do alto, a fim de que não a recebam em vão (art. 11).

É sem dúvida exato dizer que a liturgia é "o cume para o qual tende a ação da Igreja" (art. 10), mas este cume deve apresentar os caracteres daquele realismo que estamos sublinhando e que assume forma de sinal eminente na ação sagrada constituída pela anáfora, em que o corpo e o Sangue de Jesus Cristo tornaram-se verdadeiramente tal "para nós", onde para "nós" está disponível o Sangue da nova e eterna aliança e onde o anúncio da morte do Senhor, a proclamação de sua ressurreição, a espera de sua vinda, expressas nas palavras, são antes ainda inscritas na vida daqueles que compõem o sinal primário da assembleia, e onde a "perfeição no amor" – são todos traços da segunda anáfora – e a reunião num só corpo têm a genuinidade numa efetiva vontade que opere concretamente.

2 Por todas estas razões, existe uma verdadeira, mesmo que não sensivelmente perceptível, participação na liturgia da Igreja, em particular, na "Eucaristia", sobre a qual, talvez, insiste-se demasiado pouco e corre-se o risco de um liturgismo que é uma Eucaristia por substituição, onde o vigor do rito é trocado por vigor de realidade e de vida. É o estado no qual já se recebe e age a *vis passionis* – como diria Santo Tomás – que fala de um *passioni conformari* no plano do sacramento, naquele da caridade e da fé e naquele da semelhança no sofrimento: *sacramentaliter...*; *per meritum dilectionis et fidei ex passione surgentis...*; *per poenae similitudinem*. Sem a *dilectio* e a *fides*, a *conformatio sacramentalis* é precisamente uma substituição inoperante, um retorno à lei antiga segundo a Carta aos Hebreus, pela qual o sacrifício cultual é, ao invés, já com o Sangue de Cristo e com a oferta dele próprio, de sua Carne (Hb 9,12.14; 10,20). Por este motivo, é preciso entender bem aquele "cume" da vida da Igreja colocado na liturgia: esta, no Novo Testamento, indica a vida de fé e o exercício da caridade (Fl 2,30.17), assim como a "adoração" indica a doação interior e a vida moral do cristão.

> Portanto, irmãos, eu vos exorto, pela misericórdia de Deus, a que ofereçais os vossos corpos como sacrifício vivo, santo, agradável a Deus (Rm 12,1).

Tal é o "culto espiritual" (Gl 2,20), aquele próprio e único dos cristãos, nos quais "é Cristo que vive" (Gl 2,20) e que consiste nas ações de cada dia, que são ofertas de homenagem "segundo o Espírito de Deus" ou "serviço de Deus no espírito" (Fl 3,3).

A Constituição litúrgica não deixa de insistir precisamente no laço que une a celebração e a ação e, portanto, sobre a "unidade entre culto cristão e vida cristã absolutamente proclamada no Novo Testamento[86]. Ela fala, neste sentido, de liturgia como "fonte da qual promana toda a *virtus* da Igreja" (art. 10).

A celebração eucarística: princípio e forma da vida cristã

1 Se a anáfora que proclama e realiza o Mistério Pascal na Igreja deve ser sinal da fé concreta e, portanto, da adesão interior e da conformidade real à morte e à ressurreição de Cristo, sob pena de sua "invalidade" (ineficácia) de fato e sua redução a "jogo" litúrgico, por sua vez, é necessário que seja fonte do tipo e da intensidade da vida cristã. Esta não é senão continuação dos mistérios pascais por assunção e assemelhação real, por tradução da *virtus* da Eucaristia em nível da existência e de suas opções. Como a adesão interior é o órgão de percepção da graça sacramental, da mesma forma esta graça percebida é o dinamismo de seu amadurecimento in *res*. Em tais condições é garantida a "espiritualidade" do culto cristão, que não é verdadeiro em proporção à sua repetição segundo a formalidade litúrgica, mas segundo a sua averiguação. Recordemos alguns textos do documento conciliar, que também talvez tenham recebido menos atenção, enquanto permanecem sempre textos fundamentais.

> A liturgia – diz-se no art. 10 – impele os fiéis, saciados pelos sacramentos pascais, a viverem em "perfeita união", e pede que "exprimam na vida o que receberam mediante a fé". A renovação da aliança de Deus com os homens na Eucaristia introduz e estimula os fiéis para a imperiosa caridade de Cristo. Da liturgia, portanto, mas da Eucaristia principalmente, como de uma fonte, deriva-se a graça para nós e com a maior eficácia é obtida aquela santificação dos homens e a glorificação de Deus, em Cristo, para a qual, como a seu fim, tendem todas as demais obras da Igreja.

---

86. LYONNET, S. La nature du culte dans le Nouveau Testament. *La liturgie après Vatican II*. Paris: Cerf, 1967, p. 378-379.

Propriamente, pois, o cume para o qual tende toda a atividade da Igreja não é a celebração, mas o fruto dela: a obra de santificação e de glorificação que devem ter a dimensão das obras:

> obras de caridade, de piedade e de apostolado, através das quais se torne manifesto que os seguidores de Cristo [...] são a luz do mundo e dão glória ao Pai diante dos homens (art. 9).

Aliás, quem estuda atentamente os textos litúrgicos sabe quanto está marcado o laço liturgia-prática, Eucaristia-vida, o *sumere ore* e o *puramente capere*, o *professione celebrare* e o *imitari affectu*, o *percipere sacramentum* e o *transferri in novam creaturam*. Depois da comunhão, a comunidade reunida reza que a *paschalis perceptio sacramenti, continua in mentibus perseveret*, enquanto, apenas reunida para a celebração da Eucaristia, pede: *Qui paschlia festa peregimus, haec [...] moribus et vita teneamus*.

A celebração aparece como o módulo da vida cristã; mais exatamente: o instrumento de comunhão com o único e perene exemplar que é Cristo no seu mistério de morte e de ressurreição, com o qual sacramentalmente a comunidade se associa na Eucaristia para prolongá-lo na vida.

Ainda a Constituição confirma:

> O Apóstolo ainda nos ensina a trazer continuamente em nosso corpo os sofrimentos de Cristo que morre, para que a vida de Jesus se manifeste em nossa carne mortal. É por isso que no sacrifício da missa oramos ao Senhor que, "aceitando a oferta do sacrifício espiritual", faça de nós mesmos uma dádiva eterna (art. 12).

É a missa em ato do *spiritus vere chritianus* do qual a liturgia é *"primus, isque necessarius fons"* (art. 14) e que é estímulo, energia de lógica e de coerência. Enfim, tratando diretamente da Eucaristia, a Constituição litúrgica, num longo artigo, faz sobressair com clareza os diversos aspectos da participação na celebração: "compreensão dos ritos", "oferta da hóstia imaculada", "oferta de si mesmo":

> A Igreja preocupa-se vivamente que os fiéis não assistam como estranhos ou mudos espectadores a este mistério de fé, mas que, compreendendo-o bem por meio dos ritos e das orações, participem da ação sagrada consciente, piedosa e ativamente; sejam instruídos pela Palavra de Deus, saciados pela mesa do Corpo do Senhor e deem graças a Deus. E aprendam a oferecer a si próprios oferecendo a hóstia imaculada, não só pelas mãos do sacerdote,

> mas também juntamente com ele e, assim, tendo Cristo como Mediador, dia a dia se aperfeiçoem na união com Deus e entre si, para que, finalmente, Deus seja tudo em todos (art. 48),

isto é, de modo que a Páscoa seja verdadeira e definitivamente feita por toda a humanidade e pelo universo inteiro, com a dissolução do símbolo para o aparecimento da realidade integral.

2 Se este é o fim último da ação sagrada, por maior que seja, o cuidado pastoral da celebração será visto atentamente não só pelo deter-se ao rito e a seu desenvolvimento, mas também pelo fazer dele o objetivo exauriente e o espaço totalizante da vida da Igreja: teríamos uma cultualização da vida cristã em sentido ritual e uma eclesiologia liturgista que poderia causar fraturas, fechamentos e ilusões que vão em direção perfeitamente oposta ao movimento pascal conduzido por Cristo para o "Deus tudo em todos". Por este lado, a "descultualização" a que estamos assistindo poderia ser um fato muito salutar, se conseguisse abrir a comunidade cristã aos compromissos de vida não cobertos por sacralidade, mas realizados em si no espírito cristão, que comporta o engajamento de si mesmo, das próprias opções, onde nenhum símbolo pode velar ou substituir numa possível e fácil troca, mas é descoberto o valor da obra enquanto tal. O culto cristão completo é exigência de realismo e unitarismo.

> Esta "dissociação", tão vigorosamente denunciada pela Constituição sobre a Igreja no mundo moderno entre "a fé que professam" certos cristãos "e sua vida quotidiana", fazendo consistir a "vida religiosa [...] exclusivamente em atos de culto e em alguns deveres morais" (GS, n. 43) [escreve Lyonnet estudando a natureza do culto no Novo Testamento], supõe o desprezo daquilo que existe talvez de mais específico no culto cristão. Na realidade, é preciso ir mais longe: tais "atos de culto", assim dissociados da vida cristã de todos os dias [...] não merecem nem sequer o nome de "culto cristão"[87].

Como conclusão, a vida cristã é a anáfora realizada e genuína. Ela é a disposição e, sobretudo, o fruto da anáfora litúrgica, que receberá sua espontaneidade e liberdade numa disposição ainda mais simples e mais verda-

---

87. Op. cit., p. 384. Sobre a unidade do movimento entre liturgia e vida cf. BIFFI, I. La liturgia celebrazione ecclesiale in un'assunzione personale della Pásqua di Cristo. *Sacra Doctrina*, abr.-jun./1969.

deira. Em toda a liturgia, o "símbolo" que ultimamente conta é representado pelos cristãos como eles efetivamente são.

2 A unidade interior das anáforas: a Eucaristia Mistério Pascal de Cristo na Igreja hoje

Para que a introdução das novas anáforas na celebração da Eucaristia não se limite a interessar a estrutura ritual[88], mas represente uma "novidade" num nível mais profundo e mais vital, é preciso tomar consciência e perceber intimamente e com força o movimento unitário e interior que anima as três "preces eucarísticas" e o sentido que nelas se exprime. Na falta desta percepção, que é ao mesmo tempo teológica e mística, todas as componentes da anáfora, e de toda a ação eucarística, fragmentam-se e se dispersam e, no fim, perderiam o significado último, sem o qual a validade objetiva da celebração não passaria com adequada eficiência subjetiva. E não se trata de uma teologia e de uma mística complicadas, mas só de compreender que a Eucaristia é, por excelência, a *liturgia*; isto é, *o mistério de Cristo e, portanto, sua Páscoa, morte e ressurreição em ato na Igreja, hoje, na sua forma sacramental mais completa*. Retornemos ao que temos definido, no precedente artigo, o princípio primeiro da liturgia e o fundamento de sua reforma.

A Eucaristia "memorial da Páscoa de Cristo

1 Com efeito, quem estuda com atenção o texto das novas anáforas percebe que elas derivam e se exprimem precisamente a partir da concepção da Eucaristia como s*acramento do Mistério Pascal de Cristo operante na atualidade da Igreja*. Sobressai dos textos-chave das três preces: o relato da Ceia – a anamnese, onde a celebração encontra sua definição de *memorial* da Páscoa de Cristo realizado no sinal do banquete que "repete" a Ceia do Senhor:

> Na noite em que foi entregue, Ele tomou o pão, deu graças com a oração de bênção, partiu-o, deu-o aos seus discípulos e disse: "Tomai e comei todos; isto é o meu Corpo oferecido em sacrifício por vós". E depois da ceia, do mesmo modo, tomou o cálice, rendeu

---

88. Cf. BIFFI, I. I primi principi della Liturgia e l'introduzione delle nuove anafore. Art. cit., p. 323-329.

> graças com a oração de bênção, deu-o aos seus discípulos e disse: "Tomai e bebei todos: este é o cálice do meu Sangue para a nova e eterna aliança, derramado por vós e por todos em remissão dos pecados. Fazei isto em memória de mim" (III Oração).

A "repetição" da Ceia aparece, pois, ligada com a instituição de Cristo que quis fazer dela a "memória" ou "memorial", que tem como conteúdo objetivo Cristo na sua ação de oferecer, para que seja assumido, o seu Corpo dado em sacrifício e, para que seja bebido, o seu Sangue sinal da Aliança nova e eterna e fonte de purificação do pecado; isto é, de oferecer totalmente a si mesmo no mistério que resume e no qual converge a história da salvação antes que é a história da salvação. A Igreja tem disso consciência comentando assim a sua ação:

> Anunciamos a tua morte, Senhor, proclamamos a tua ressurreição, enquanto esperamos a tua vinda,

enquanto o celebrante prossegue:

> Neste memorial de nossa redenção celebramos, Pai, a morte de Cristo, sua descida aos infernos, proclamamos a sua ressurreição e ascensão ao céu, onde está sentado à tua direita, e esperando a sua vinda na glória, oferecemos-te o seu Corpo e o seu Sangue, sacrifício que te é agradável para a salvação do mundo (IV Oração).

2 Na nossa teologia e espiritualidade eucarística, pelo deplorável desinteresse ocorrido tanto em relação à Bíblia quanto em relação à tradição patrística, veio se enfraquecendo o sentido do "memorial" e, por caminhos transversos, procuramos a formalidade sacrifical da ação eucarística. Mas, exatamente porque "memorial", com toda a densidade realista que ela tem biblicamente e por aquela originalidade que lhe é conferida por Cristo, que é o "Senhor" que compreende a história (com seu tempo e espaço), o Ressuscitado que tem a *virtus* de reapresentar dentro dos limites do tempo e do espaço, *in mysterio*, a obra da salvação, *a Eucaristia é a presença real do sacrifício pascal*. A primeira e fundamental recuperação que nossa mentalidade eucarística deve fazer, para não dispersar-se e desagregar-se em discussões estéreis, é, portanto, a de sentir *a força da atualidade inerente à característica de "memorial"* que a celebração eucarística apresenta e pela qual ela "reabre" e volta a oferecer o Mistério Pascal nos seus dois aspectos fundamentais: de morte (e descida aos infernos) e de ressurreição (e ascensão) e na dimensão nova de esperança inserida na história, já tornada uma espera de cumprimento do próprio Mistério Pascal em toda a humanidade, até seu prolongamento cósmico.

3 Graças aos estudos bíblicos, em particular ao esforço de espírito e de animação religiosa e espiritual bíblica, esta categoria de "memorial" está se tornando sempre mais habitual e difundida: o importante é que se assuma o seu conteúdo a ponto de ela provocar uma sensibilidade e uma capacidade de percepção. Ela é o fruto da leitura sapiencial, além da Escritura, dos textos da liturgia hebraica[89] ou "eucaristia" hebraica da qual nasce e da qual se compreende a liturgia e a Eucaristia cristã. Observando a necessidade de "repor aquilo que nós chamamos hoje "o relato da instituição" da Eucaristia no contexto que lhe é próprio, aquele das bênçãos rituais da refeição hebraica, para captar-lhe o sentido e todo o alcance de suas expressões, Bouyer precisa nestes termos a função e o conteúdo do memorial, sobre o qual se detiveram recentemente diversos estudiosos da Eucaristia:

> O "memorial" não é [...] uma simples comemoração. É um penhor sagrado, dado por Deus ao seu povo, e que este o conserva como seu tesouro espiritual por excelência. Este penhor indica uma continuidade, uma permanência misteriosa das grandes ações divinas, dos *mirabilia Dei* comemorados pelas festas. Ele é, para o próprio Senhor, um testemunho permanente de sua fidelidade a si mesmo. É, portanto, a base de uma súplica confiante para que a virtude inexaurível da Palavra que produziu os *mirabilia Dei* no passado os renove e os acompanhe no presente. É neste sentido que a "memória" das ações divinas, que o povo conserva fielmente, pode incitar Adonai a ter a "memória" do seu povo. Já que a nossa comemoração subjetiva não é senão o reflexo de uma comemoração objetiva, estabelecida por Deus, que testemunha sobretudo diante de si sua própria fidelidade [...]. A comunidade, bendizendo a Deus por sua refeição, reconhecendo ali com tal bênção o memorial dos *mirabilia Dei* da criação e da redenção, reconhece ali o sinal eficaz da perpétua atualidade nela destes *mirabilia*, ou mais precisamente ainda, de seu cumprimento escatológico em seu favor[90].

---

89. Pode ser muito frutuosa uma leitura meditada, p. ex., dos *Textus Liturgiae Iudaeorum*, comentados por L. Ligier e publicados em HANGGI, A.; PAHL, I. *Prex Eucharistica*. Friburgo: Universitaires, 1968, p. 1-57.
90. BOUYER, L. *Eucharistie*. Tournai: Desclée, 1966, p. 87-88.

Na última ceia, quando Cristo diz: "Fazei isto como memorial de mim", não faz outra coisa senão pôr já a si mesmo, no próprio sacrifício pascal, como conteúdo da instituição memorial: a sua Páscoa será a realidade objetiva que, sintetizando – como diremos – e cumprindo todos os *mirabilia Dei* da história da salvação precedente, será perpetuada na Eucaristia, garantida e ativa, como penhor da presença permanente para a Aliança nova e eterna: sacrifício porque memorial.

4 É preciso, pois, deter-se longamente sobre o tema da anamnese, ligado à narração da instituição, para tirar e adquirir todo o seu alcance e poder proclamar "na verdade" numa e noutra anáfora:

> Celebrando o memorial da morte e ressurreição do teu Filho, oferecemos, Pai, o pão da vida e o cálice da salvação (II Oração).

> Celebrando o memorial de teu Filho morto para a nossa salvação, gloriosamente ressuscitado e elevado ao céu, nós, na espera de sua vinda, oferecemos-te, Pai, em ação de graças, este sacrifício vivo e santo (III Oração).

Como se vê, celebração do *memorial* e, portanto, *sacrifício vivo*.

5 Ainda, à luz do memorial chega-se a compreender o próprio sentido da "Eucaristia" ou a formalidade "eucarística" da celebração. Nascem pela presença no memorial da Páscoa, deste penhor da salvação, o louvor e a ação de graças, enquanto, por outro lado, é na ação de graças e no louvor que se realiza o memorial, numa fé e adesão cordiais e reconhecidos. É o sentido genuíno da "festividade" litúrgica. Aqui toma sua eficácia e seu valor a "ação de graças ao Senhor, nosso Deus", que marca por si e qualifica toda a celebração, definindo-a e unificando-a inteiramente, como ação de graças e louvor pela Páscoa do Senhor.

A Eucaristia cume dos *mirabilia Dei*

1 Mas exatamente porque Páscoa do Senhor, trazida na perenidade do memorial, a Eucaristia é *ação de graças por toda a obra da salvação*, desde as origens. A Páscoa de Cristo deve ser lida na sucessão que o art. 5 da Constituição sobre a liturgia resume com felicidade:

> Esta obra da redenção humana e da perfeita glorificação de Deus [...] completou-a Cristo Senhor principalmente pelo Mistério Pascal

de sua sagrada Paixão, Ressurreição dos mortos e gloriosa Ascensão [...] da qual foram prelúdio as maravilhas divinas operadas no povo do Antigo Testamento.

A Eucaristia da Páscoa de Cristo, presente como memorial, é, pois "*Eucaristia de todas as intervenções de salvação nela culminantes* e da qual a Escritura é anúncio e testemunho. Encontra aqui sua orgânica relação e união a Liturgia da Palavra – *quasi annuntiatio mirabilium Dei in historia salutis* (*Const. Lit.*, art. 35) – e a liturgia do sacrifício: eucarísticas uma e outra daqueles atos de salvação que, no sinal do banquete e pelo realismo da anáfora, *adest et operatur* (ibid.). Sem uma liturgia viva da Palavra não existe uma liturgia viva da Páscoa-memorial e, portanto, não existe sem uma particular capacidade de "ler", de aderir e de saborear a Escritura num acolhimento de fé, de admiração, de doação, de louvor e de canto. A Páscoa de Cristo tem sentido quando for vista surgir de uma história que começa pela criação, que é o primeiro grande gesto de aliança. Assim, a anáfora tem sentido quando é proclamada numa comunidade à qual "se abriram as Escrituras": todavia, quantas liturgias da Palavra áridas, estereotipadas, de execução, mas não de "confissão" – entendido o termo pelo "confiteor" latino, que é proclamação no louvor e reconhecimento na exultação e na ação de graças. Na origem da pobreza litúrgica e espiritual e, portanto, do tédio de muitas formas de nossa piedade está, sobretudo, a incapacidade de crer e de rezar pela Escritura, de deixar-se iluminar e mover por seu espírito; isto é, de assimilar a Bíblia na perenidade de sua alma e de sua mensagem como Palavra de Deus sempre atual ao interpelar a fé do homem: Palavra que, depois, se tornou Gesto, Realidade, no Cristo que morre e que ressuscita e está presente na memória eucarística.

Esta "história" de salvação estruturada de ações divinas para formar todo um plano de amor, passa – por assim dizer – pela Bíblia para alimentar a inspiração e a matéria da própria anáfora, que outra coisa não é senão "Eucaristia" dos *mirabilia Dei* realizados na Páscoa. O movimento de reevocação-celebração parte do prefácio, que é rigorosamente necessário ligar, pela identidade de significado e de animação, a seguir à oração, mais exatamente, que é um traço e um momento da única "bênção" e tem o ofício precisamente de comemoração da Bíblia, a partir dos primeiros gestos de salvação. O repertório litúrgico tradicional é rico e, depois do empobrecimento sofrido pelo rito romano – diferentemente do ambrosiano[91] –, precisamente agora existe a recuperação ou a composição de outros formulários: compreender seu sentido é indispensável para poder eficazmente fazer a Eucaristia do Corpo e do Sangue do Senhor. Como é importante compreender o significado do "Santo", no qual a comunidade, como resposta de louvor e de reconhecimento, exprime sua compreensão e participação na memória dos benefícios de Deus. Não é sem alguma pena e saudade que, por séculos, os textos litúrgicos – os que jaziam nos testemunhos históricos e os em uso ativo na celebração – tenham sido negligenciados ou tenham passado pelos lábios sem que lhe fosse aberta a linguagem e revelada a alma: e assim pastores e fiéis iam a outras partes para procurar as fontes de sua espiritualidade eucarística, ou simplesmente cristã; a versão, aliás com frequência apressada,

---

91. Como é sabido, o rito ambrosiano está dotado de um rico e precioso repertório de prefácios antigos. A meu juízo, seria um pecado se ao menos os mais significativos tivessem de cair em vista já de um rito que, se fiel aos princípios da reforma no duplo movimento de sadia recuperação da tradição e de uma necessária atualização, viessem certamente a perder os caracteres que os qualificavam e os distinguiam como rito ambrosiano. Com efeito, por mais notáveis que sejam pelo conteúdo teológico-espiritual e pastoral alguns aspectos da liturgia ambrosiana e por mais objetiva que possa ser a apologia que alguém faz dela, a consequência não é que deva continuar como rito distinto, agora que também o romano recupera e introduz – não se diga ingenuamente pelo rito ambrosiano, que é menos conhecido do que se pode desejar, mas pela tradição mais antiga – elementos que haviam caído e numa disposição e estrutura mais completa e hoje mais adequada. A menos que se queira um rito levado adiante por nostalgia de algum estudioso, somente distinto por traços secundários, e contra razões pastorais que são bastante mais válidas do que se queira crer. Foi certamente um bem tê-lo conservado até hoje, mas depois desta fase tão profunda de refusão seria sem conteúdo a pretensão de um rito milanês, que, entre outras coisas, a maioria do clero julgaria negativamente. Pense-se também só nas competências que exigiria uma reforma que se realize autonomamente dentro do próprio rito. Acrescentamos que, por mais que se faça apologia dos tesouros do rito ambrosiano, e por mais estudos históricos que tenham sido feitos, não houve simplesmente uma iniciação à compreensão teológica, espiritual e pastoral capaz de qualificar os portadores deste rito. É grande mérito ter as três leituras, mas quem as lia e fazia delas tema de homilia? Joias as missas para os batizados na semana *In Albis*, mas foram até excluídas do Missal em língua italiana "atual", que seria ingênuo pretender que as tenha o ambrosiano porque ainda dotado de algum elemento válido é que, de qualquer forma, entrou no movimento de reforma, encontra-se a ser não tanto romano, mas "conciliar" como o romano. Que sentido teria, então, prosseguir nas diferenças? Por um outro lado, mesmo na unidade do rito ele poderia conservar algum elemento próprio, significativo (portanto, não um gesto ou um particular insignificante), não constituindo uma diferença ritual. No caso que nos interessa, um repertório prefacial, próprio da Igreja de Milão, assim como pode ser próprio de outra Igreja a celebração em honra a um santo com uma liturgia correspondente. Também no seio do mesmo rito, a unidade não é rigorosa uniformidade: teríamos um pluralismo não por fossilização, mas por uma mais viva e mais rica expressão. Em outro lugar, tratamos mais amplamente da questão: BIFFI, I. La questione del rito ambrosiano: principi di impostazione. *La Scuola Cattolica*, 93, 1965, p. 256-265. Cf., sobre a questão diversamente definida: BIFFI, I. *La liturgia ambrosiana* – Vol. I: La riforma del rito e il nuovo messale. Milão, 2013.

não raramente errada e insípida[92], dos textos da oração litúrgica não basta de fato para iniciar-nos atualmente à sua assimilação, quando falta um trabalho lento e paciente de progressiva penetração.

3 As três novas anáforas são valiosas nesta apresentação celebrativa dos *mirabilia Dei* que dão sobre a Páscoa e, portanto, nesta "Eucaristia" que culmina, com o realismo mais eficaz, na "bênção" do pão e do vinho e, portanto, na presença do sacrifício pascal no Corpo oferecido e no Sangue derramado. São textos a serem meditados longamente, para que com todas as suas ressonâncias possam dar os motivos da ação de graças sempre e em toda a parte. Algumas notas a eles:

> Na tua bondade criaste o homem, e quando ele mereceu a justa condenação, Tu o redimiste na tua misericórdia (Pref. com. II).

> [Em Cristo] Tu quiseste renovar todas as coisas para que todos nós fôssemos participantes de sua plenitude. Ele que era Deus aniquilou a si mesmo e com seu Sangue derramado sobre a cruz pacificou o universo (Pref. com. I).

> Tu criaste todas as coisas por meio dele, tua Palavra viva, e o enviaste a nós como salvador e redentor, feito homem por obra do Espírito Santo e nascido da Virgem Maria. Para realizar a tua vontade e conquistar-te um povo santo, Ele estendeu os braços sobre a cruz: morrendo destruiu a morte e proclamou a ressurreição. Por este mistério de salvação, unidos aos anjos e aos santos cantamos a uma só voz a tua glória (II Oração):

o mistério da salvação, motivação e fonte do louvor, sendo fonte e sinal da "glória" no céu e na terra.

A última anáfora, em particular, recolhe e propõe a "justiça" da Eucaristia subindo à divina bondade criadora, à sua misericórdia redentora, princípio do plano de amorosa salvação realizado na encarnação, na Páscoa

---

92. Nesta crítica nos referimos ao rito ambrosiano, em que a versão, quando não envergonha um modesto estudante do atual liceu, apresenta-se com negligência e descuido alarmantes. É grave o fato, quando se pensa que ela é o texto oficial e obrigatório da oração comunitária, e se pode perguntar onde está todo o amor e toda a competência histórica referente a este rito, neste caso tão maltratado. Cf. um ensaio de exame crítico destas versões em BIFFI, I. Due preziosi strumenti per lo studio e la traduzion del messale: il difficile compito dalla riforma liturgica. *La Scuola Cattolica*, 83, 1965, p. 368-377.

e no dom do Espírito Santo, que é a causa santificadora dos dons conviviais e, portanto, da realização do "sinal de eterna aliança".

4 Aparece, então, por um lado, a íntima conexão entre o ofício divino – que idealmente, mas com frequência não praticamente, é oferta do louvor, da "confissão" que brota da comemoração dos benefícios de Deus (outra coisa não são os salmos e outra, e portanto essencial, função não tem a *lectio biblica* que ficou tão insignificante) – e a Eucaristia que agora é claro porque se define "sacrifício de louvor". Vê-se ainda que a piedade cristã é unitária na sua inspiração e na sua matéria e que a reforma é também global e unificante.

Como conclusão: *a vitalidade das anáforas*, sob este aspecto, *é solidária com a vitalidade da re-presença ativa e edificante da Bíblia*; elas têm sentido pelo coração e pelos lábios de quem seja dotado do gosto pela Escritura, o gosto que foi tão vivo nos Padres e nos medievais, especialmente monges, mesmo naquele luxuriante e para nós embaraçante florescimento de sentidos que eram sua linguagem e seu gênero literário.

A Eucaristia, Páscoa da Igreja

1 Se a Eucaristia é memorial no qual encontra realização a Páscoa do Senhor, não o é em função de Cristo, no qual a *humanae Redemptionis et perfectae Dei glorificationis opus* (*Const. Lit.*, art. 5) encontrou cumprimento perfeito e perene, mas *em função da Igreja*: como seu princípio e seu desenvolvimento, a fim de torná-la participante do único e definitivo Mistério Pascal. Este condescende com as condições históricas da humanidade e, precisamente na forma de memorial, "repete-se" dentro da sucessão temporal-espacial tanto do homem como da comunidade, de forma que *do Cabeça em estado pascal se passe ao estado pascal dos membros*.

Para isso, é indispensável sentir profundamente a realização do conteúdo memorial na novidade da apropriação e do enxerto nele por parte da Igreja *hic et nunc*. Não que a eficaz participação da comunidade seja causa da "validade" da presença memorial – mesmo que, vista a fundo, a indispensável "intenção" do ministro seja, mesmo num grau elementar (mas radical), uma expressão da participação da Igreja num ministro seu; existe um *ex opere operato* que, num certo sentido, precede e estimula o *ex opere operantis*, e todavia uma reapresentação objetiva da Páscoa do Senhor, à qual não responda a associação cordial da Igreja aqui e agora, realiza-se já quando também existe só o celebrante. Parece-nos um ponto sobre o qual é particularmente necessário insistir, para não cair numa das muitas formas que pode assumir uma mentalidade e uma praxe de validade, para que sejam "verdadeiras" ou "práticas" as palavras de Cristo tão comprometedoras: "Fazei isso em memória de mim", e as palavras das anáforas que provêm de um compromisso e também provocam um compromisso. No mais: a Liturgia da Palavra, a Eucaristia sobre os *mirabilia Dei* com seu cume na Páscoa, o apelo ao memorial de Cristo e sua realização são orientadas a agir de tal modo que a Igreja concretamente disponha da obra da salvação para entrar ativa e atualmente a fazer parte dela, e esta atividade e realização é propriamente o aspecto novo e que se renova do único sacrifício pascal do Senhor. Só assim recebe seu conteúdo na prece eucarística o tema da oferta da Páscoa no "pão da vida" e no "cálice da salvação, o tema da Igreja pelo qual é feito o memorial e, portanto, o tema da comunhão: é a *Eucaristia como compromisso eclesial*, para que se desenvolvam nela todas as suas virtualidades com uma verdadeira assunção que faz ou edifica a própria Igreja. Trata-se de realizar o "por todos" que é inscrito no dom que Cristo faz de seu Corpo e de seu Sangue.

2 As novas anáforas desenvolvem felizmente esta eclesialidade atual da Eucaristia; isto é, a Aliança que é destinada a exprimir e a causar. Mas também aqui, sempre para a verdade da oração da anáfora, é preciso que ela nasça de uma mentalidade e sensibilidade vivamente abertas à compreensão da Igreja como Povo de Deus, ou Aliança, e mais uma vez, antes ainda da teologia, revela-se sua matriz a Escritura Sagrada, que é o grande testemunho da Aliança de Deus com a humanidade no Sangue pascal de Cristo Cordeiro. *De uma eclesiologia pobre não pode derivar uma rica Eucaristia*; assim como de uma eclesiologia abstrata, que não se reconhece a começar da "fracção do pão" e da sua sucessão, a própria Eucaristia será genérica. Por outro lado, deve-se notar que a própria eclesiologia recebe conteúdo não em geral, mas pela verdade da participação pessoal de cada membro da aliança, porque para cada um deve resultar verdadeira a oração.

3 Na base dos acenos feitos, podemos captar as ressonâncias eclesiais na terceira e quarta anáfora:

> Celebrando o memorial de teu Filho [...] oferecemos-te, Pai, em ação de graças, este sacrifício vivo e santo. Olha com amor e reconhece na oferta de tua Igreja a vítima imolada pela nossa redenção; e a nós que nos alimentamos de seu Corpo e de seu Sangue, dá a plenitude do Espírito Santo, para que nos tornemos, em Cristo, um só Corpo e um só espírito (III Oração).
>
> Olha com amor, ó Deus, a vítima que Tu mesmo preparaste para a tua Igreja: e a todos aqueles que comerem deste único pão e beberem deste único cálice, concede que reunidos num só Corpo pelo Espírito Santo, se tornem uma oferta viva em Cristo, para o louvor de tua glória (IV Oração).

Precisamente porque memorial para a Igreja e da Igreja toma sentido as palavras da comunidade, que já temos recordado: "Anunciamos a tua morte, Senhor, proclamamos a tua ressurreição, na espera de tua vinda": anúncio e proclamação que se dirige ao passado, mas dotado de uma continuidade presente, já que estão em ato de aplicação e de envolvimento aquela morte e aquela ressurreição para a comunidade que elas estão selando, de forma que seja constituída como "corpo" de Cristo, "oferta viva".

4 As orações que seguem a anamnese são sempre expressão da dimensão e do dinamismo eclesial da Eucaristia, que é a Páscoa atual da Igreja: as intercessões para a realização perfeita da comunidade da Aliança que nasce do Sangue de Cristo no sinal da caridade, para o cumprimento na glória dos irmãos que são Igreja em estado de purificação, e as súplicas para a comunhão com a Igreja já na bem-aventurança eterna e também, no sacrifício de Cristo, associada àquela "peregrina sobre a terra". Cada reapresentação da Páscoa do Senhor implica e chama todo o Povo de Deus, todo o Corpo que se expande de Cristo Cabeça em indissolúvel unidade. Da intensa consciência desta expansão da Igreja devem provir os acentos de quem preside a sinapse, da qual toda a comunidade participa.

> Recorda-te, Pai [e precisamente *a celebração em ato é memorial ou apelo ao Pai, contendo em si e sendo geradora da Aliança*] da tua Igreja espalhada por toda a terra: torna-a perfeita no amor em união com o nosso papa, o nosso bispo e toda a ordem sacerdotal. Recorda-te dos nossos irmãos que adormeceram na esperança da ressurreição [...]. Tem misericórdia de nós todos: concede-nos participar da vida eterna, com a bem-aventurada Maria, virgem e Mãe de Deus, com os apóstolos e todos os santos que em todo o tempo

te foram agradáveis, e em Jesus Cristo teu Filho cantaremos a tua glória (II Oração).

Por esta vítima de nossa reconciliação, concede, Pai, paz e salvação ao mundo inteiro. Confirma na fé e no amor a tua Igreja peregrina sobre a terra [...]. Ouve a oração desta família que chamaste à tua presença (III Oração)[93].

5 Uma característica particularmente agradável das novas anáforas é a presença do tema do Espírito Santo[94]: o Espírito de Cristo ressuscitado, visto na sua "economia" – o que é bastante raro encontrar tanto na teologia habitual quanto na catequese e na espiritualidade; isto é, visto como princípio da consagração e, portanto, da eficácia do memorial (a liturgia cristã é "pneumática", possível unicamente por obra do Espírito que, provindo de Cristo ressuscitado, tem como missão difundir a Páscoa no mundo e na história) e como princípio da aplicação do memorial à comunidade. Ou, mais unitariamente: o Espírito Santo suscita a presença do Corpo único de Cristo, o sacramental (que os antigos chamavam místico) e o da comunidade que dele participa. Na sua simplicidade, a formulação da segunda anáfora é bastante eficaz:

> Pai verdadeiramente santo e fonte de toda a santidade, santifica estes dons com a efusão do teu Espírito para que se tornem para nós o Corpo e o Sangue de Jesus Cristo nosso Senhor [...]. Pedimos-te humildemente: pela comunhão no Corpo e no Sangue de Cristo, o Espírito Santo nos reúna num só Corpo.

---

93. S. Marsili observa, a propósito da eclesiologia da terceira anáfora: "Existe uma 'Igreja' explicitada, em graduação descendente, nos seus diversos membros, mas o último deles resulta ser o *populus acquisitionis*, ou seja, 'o povo de Deus', que no caso seriam os 'leigos'. Mas não é verdade que 'povo de Deus' sejam igualmente papa, bispo e sacerdotes, leigos?" (Le nuove preghiere eucaristiche. *Preghiere Eucaristiche*. Leumann: Elledici, 1969, p. 87).

94. Ainda Marsili mostra-se insatisfeito com o modo pelo qual foi restabelecido o lugar que compete ao Espírito Santo na celebração eucarística: "Usa-se – para indicar a ação do Espírito Santo – sempre a expressão *sanctifica-sanctificare*, exatamente para evitar que esta ação do Espírito seja qualificada como 'consecratória'. É de se perguntar: É 'abertura ecumênica para o Oriente', ou, é reafirmação da polêmica com o Oriente? Não era verdadeiramente uma 'redescoberta' e também mais 'abertura' se segundo a antiga tradição romana [...] tivesse sido conservada uma *verdadeira* epiclese depois da anamnese? [...] Com efeito, mesmo que aquela 'deprecatória' posta depois da *anamnese* seja chamada epiclese, na realidade, o Espírito Santo ali comparece [...] sempre em posição acidental" (ibid., p. 86-87).

Mais uma vez: sem uma teologia do Espírito Santo – não só no sentido de especulação de seu relacionamento trinitário, mas também de compreensão de suas "operações" na história da salvação – faltaria a compreensão da causa operativa e da eficiência do memorial do Senhor, que, porém, deve ser lido e interpretado sobre a base das missões do próprio Espírito.

6 Enfim, para que a Eucaristia se realize como Páscoa da Igreja em toda a sua natural plenitude e segundo o movimento imanente no próprio memorial é necessária a comunhão, que não se acrescenta ao memorial da Igreja, mas a ele se identifica, já que é na sua assunção que verdadeiramente o memorial recebe sua realização. A comunhão foi por muito tempo, e por uma insuficiente teologia eucarística (não suficientemente bíblica e patrística), separada ou excluída da celebração. Não que a comunhão convalide o memorial, mas o traduz e lhe faz atingir a finalidade, sendo a Eucaristia, por sua natureza, um banquete pascal, e propondo-se segundo suas intrínsecas componentes como banquete. É o que sobressai das anáforas, onde a vítima imolada é para o alimento e, portanto, para a realização da Igreja: por comer do único pão e beber do único cálice tornamo-nos a "oferta viva", em assemelhação a Cristo oferta pascal. Por isso, quem não participar da comunhão bloqueia, de certo modo, a orientação intrínseca do memorial-convivial e admite uma anomalia na constituição e na celebração da Páscoa do Senhor, que deixou um Corpo, dado para ser comido, e um Sangue derramado para ser bebido: na manducação e no ato de beber está o cumprimento de sua memória como acolhimento na fé e adesão aos *mirabilia Dei*.

E também este está cheio de ressonâncias, quando o tema da comunhão eucarística for lido no fim do tema convivial bíblico, do qual é o antítipo e também ainda prefiguração do banquete escatológico, variante da Aliança.

Neste ponto, parece-nos que o arco do movimento interior das novas anáforas tenha atingido seu cume e que seu unitarismo tenha sido suficientemente considerado. Elas traduzem a realidade da Eucaristia que é *a Páscoa do Senhor feita pela Igreja, que a assimila no louvor e no sacramento*. Se seu texto é breve, todavia, só vendo-o subir de toda a Bíblia, de toda a história da salvação, pode-se compreendê-lo e proclamá-lo "consciente, ativa e frutuosamente". Renunciar a esta iniciação equivale a mudar só uma fórmula que, sem sustentação, depois da primeira aparente impressão de novidade, tornará a passar com monotonia pelos lábios ou se repercutirá rotineiramente no ouvido. Ao contrário, serão apresentadas novas em sentido bem diferente, quando forem alimentadas pela corrente escriturística continuamente ativa, matriz também de outras possíveis formulações ou "eucaristias", e da própria piedade cristã, que chegou a um exaurimento e poderá renovar-se pela Bíblia, para centrar-se em tal Eucaristia.

3 Os primeiros princípios da liturgia e a introdução das anáforas

A introdução na liturgia latina de três novas "preces eucarísticas" pode comportar diversos graus de reflexão, de acordo com o nível ao qual a inovação for considerada. Propomos três deles, não com a intenção de comentar o texto das recentes anáforas[95] – dispomos já de boas exegeses doutrinais e de iluminadas indicações pastorais[96] – mas de destacar algumas condições fundamentais e alguns princípios "primeiros", sem os quais dificilmente este aspecto da reforma litúrgica entraria vitalmente na expressão viva e "edificante" da celebração da comunidade.

No plano da estrutura ritual, a disponibilidade de outras orações para a "eucaristia" não era pacificamente previsível, também há poucos anos, quando o sentido – mais do que uma fundada convicção – do valor do cânon era tal que para a mentalidade mais comum e atual, ele parecia insubstituível e perfeito. Acontecera uma espécie de consagração e mitização da própria fórmula de eucaristia, que a havia praticamente absolutizado. Hoje, os limites daquela difusa "sensibilidade" são uma evidência, que é acompa-

---

95. "Anáfora" é uma palavra grega que indica o ato de levar para o alto, elevar, oferecer o sacrifício. Sobretudo no Oriente é usada para significar a oração que acompanha a oferta do sacrifício e, portanto, o cânon ou oração eucarística.

96. Indicamos alguns trabalhos úteis de *La Maison Dieu*, n. 94, 1968/2: JOUNEL, P. La composition des nouvelles prières eucharistiques, p. 38-76. • THURIAN, M. La théologie des prières eucharistiques, p. 77-102. • ORCHAMPT, J. Valeur pastorale des nouvelles prières eucharistiques, p. 103-113. • GELINEAU, J. Le mouvement interne de la prière eucharistique, p. 114-124. • HUYGHE, G. Des prières eucharistiques pour l'Eglise d'aujord'hui, p. 125-138. Cf. tb. MOELLER, E. Pour une catéchèse des nouvelles prières eucharistiques. *Les Questions Liturgiques et Paroissiales*, 49, 1966, p. 193-200. • BOTTE, B. Où en est la reforme du canon de la messe. *Les Questions Liturgiques et Paroissiales*, 49, p. 138-141. • Diversos artigos de caráter sobretudo divulgativo. *Rivista di Pastorale Liturgica*, n. 6, nov./1968. • FALSINI, R. *Le nuove preghiere eucaristiche*. Milão: Regalità, 1968. • FALSINI, R. *I Quattro "Canon della messa"*. Milão: Regalità, 1969. • ASHWORTH, H. et al. *Preghiere Eucaristiche* – Texto e comentário. Leumann: Elledici. • Indications pour faciliter la catéchèse des anaphores de la messe. *Acta Consilii*. • CARDEAL GUT. Epistola ad praesides conferentiarum episcopalium. *Notitiae*, 40, mai.-jun./1968, p. 148-155.

nhada por outra constatação, válida para toda a liturgia; isto é, que de fato a guarda ciumenta da fórmula, inclusive sua particularidade linguística, não era realmente, na maior parte, objeto de efetivo estudo e interesse, ou, para um restrito grupo, era-o quase unicamente pelo perfil histórico-literário, raramente na sua função de oração que envolvia realmente a compreensão e a participação para ter sido percebida, tanto sua teologia quanto sua espiritualidade. Texto e língua estavam num estado de "consagração" que coincidia com um estado de separação: a piedade passava do centro envolvido pelo mistério às suas mais fáceis e imediatas derivações, exatamente por uma liturgia que, sem dúvida, tem sempre santificado a Igreja, mas para um estado de consciência e de participação menos explícita e menos expressiva. É um fenômeno estranho que, submetido à crítica, revela quanto seja nociva a tendência, aliás bastante inata, de cristalizar fórmulas, de paralisá-las e, portanto, de continuar a levá-las adiante, sem comprometer-se com elas em sentido crítico-criativo, que averigue sempre as próprias afirmações com contatos e com medidas concretas, para não cair na generalidade e na abstração, que, afinal, é incoerência.

O grande alcance da reforma litúrgica conciliar, mais ainda do que nas suas particulares disposições práticas – que vieram a seguir, em continuação e também em superação – está em alguns princípios postos com clareza e, por outro lado, também como síntese de aspirações e convicções que, mesmo na condição latente, eram difundidas na comunidade, sempre com mais indisposição. Trata-se de princípios energéticos que têm em si a força de exigir uma aplicação sempre mais fiel e, portanto, de ser a medida da contestação e da renovação. O que verdadeiramente e sobretudo importa, especialmente para um pastor de almas, não é aceitar ou desejar a abolição ou a introdução de um determinado rito, quanto, em vez, a percepção das motivações e das exigências profundas da liturgia, fundadas sobre sua natureza e, consequentemente, de adquirir a "lógica da celebração e de sua reestruturação. Faltando a posse destes instrumentos e critérios, renovadores da mentalidade, cada ulterior modificação não encontra seu terreno propício e cai na passividade, que executa até pontualmente, mas mais por acréscimo exterior do que por sustento do interior. Assumido interiormente o princípio que a liturgia é "o Mistério" de Cristo – isto é, a sua Páscoa (morte e ressurreição; cf. *Const. Lit.*, art. 5) – em ato na Igreja (e, portanto, Mistério Pascal da Igreja; art. 6-7), especialmente mediante a Eucaristia, que é sua expressão sacramental mais completa (art. 10, 47), não resta senão derivar todos os seus desenvolvimentos doutrinais e as consequências rituais-práticas com rigor, em outros termos, mais analiticamente.

1 O essencial é deixar-se tomar em profundidade, e com efeito recriador, pelo *sentido do mistério cristão*: é a conquista ou a recuperação mais laboriosa, mas é o sentido que marca de maneira original o culto cristão, sem o qual faltaria aquela faculdade interior que permite "sentir", operar e "degustar" (não segundo a modalidade psicológica) a ação litúrgica, com os reflexos de uma verdadeira eficácia[97]. Se quiséssemos iniciar uma caminhada de retomada do sentido do mistério, uma das mais seguras e válidas seria aquela de uma leitura inteligente e assídua da mistagogia patrística, e em geral das homilias litúrgicas, associada com a íntima e saborosa comunhão com os textos da liturgia nos tempos mais fortes e mais significativos do ano sagrado: mas quem nos iniciou neste gênero de contato, quando, depois de um uso habitual do latim, até custamos traduzir não só em forma precisa, mas em exato conceito os textos-chave da própria liturgia que, não raramente, nos são devolvidos de modo insípido por uma versão discutível, quando não errada? Quanto à consistência deste sentido do mistério: ele equivale ao sentido da presença *hic et nunc*, em real realização operativa da "*humanae redemptionis et perfectae Dei glorificationis opus*" (art. 5), sob o regime e na instrumentação dos sinais que o exprimem e o transmitem (art. 7.33).

2 É preciso, então, perceber que *o conteúdo do mistério cristão é extremamente unitário e pessoal*: Cristo que morre e que ressuscita, ou o Cristo ressuscitado em ato de envolver e associar, com o dom do Espírito Santo, a Igreja e, portanto, a história (que se torna sacra) à própria experiência pascal. Com tal espírito da Síntese cristã do culto e da salvação na sua viva

---

[97]. O "sentido do mistério" do qual falamos nos parece análogo ao *sens de l'unité* e à *"expérience"* de que fala Bouyer num dos livros certamente mais ricos e vivos aparecido sobre a Eucaristia: *Eucharistie – Théologie et spiritualité de la prière eucharistique* (Tournai: Desclée, 1966, p. 8) e que representa um "teste que permite distinguir com segurança entre os liturgistas do passado ou do presente que são verdadeiros "amigos do Esposo" e aqueles que são apenas eruditos, quando não até simples pedantes ou vulgares divertidores", privados de "salvação litúrgica" (p. 8-9). Um auxílio fundamental para adquirir este sentido são, com aquele citado, do próprio Bouyer: *La vie de la liturgie* (Paris: Cerf, 1956) e *Le mystère pascal* (Paris: Cerf, 1957). Fundamentais para o mesmo fim são os volumes de O. Casel: sua frequentação é quanto de mais eficaz possamos ter para absorver o espírito litúrgico; recordamos: *Le mystère du culte, richesse du mystère du Christ* (Paris: Cerf, 1964). • *La Fête de Pâques dans l'Eglise des Pères* (Paris: Cerf, 1963). • *Faites ceci en mémoire de moi* (Paris: Cerf, 1962).

Centralidade, supera-se a natural tendência à dispersão e somos capazes de realizar e seguir fecundas irradiações e genuínas derivações e retornar facilmente ao ponto unificante e ao momento perenemente gerador[98].

3 Além disso, deve agir o sentido da expressividade operativa do Mistério Pascal de Cristo na realização da Igreja, ativa e responsavelmente associada, e entendida em toda a concretude de comunidade reunida e determinada, mesmo na ramificação mística com todo o Corpo de Cristo e o Povo de Deus, de fato existente. Não existe liturgia construtiva quando estiver ausente a sensibilidade para sua função e seu laço comunitário, concebido em todo o realismo que lhe é conferido também pela fase histórica e pelos fatores humano-sociais.

4 Enfim, ao espírito sintético do mistério cristão, que é espírito pascal, deve corresponder o espírito sintético da expressão litúrgica da Páscoa de Cristo e da Igreja que se centraliza na Eucaristia, "memorial da morte e da ressurreição", pelo qual à Eucaristia se unem as outras manifestações litúrgicas, enquanto nela todas se consumam e dela promanam (art. 47).

Compreendido este "discurso" sobre o "método litúrgico" e assimilado este dinamismo, que anima e dá consistência, determinando suas particularizações, a toda a Constituição sobre a liturgia, explicitemos o que interessa à "lógica" da introdução de novas anáforas em língua viva.

Segue-se: a óbvia pluralidade da formulação ou a possibilidade de diversas formas de irradiação simbólica (sinais-palavras), precisamente pela riqueza dos aspectos do mistério cristão reapresentado na liturgia, a partir do imutável sinal substancial fixado pelo próprio Cristo. Tal pluralidade é um serviço ao próprio mistério, que não poderia com significatividade efetiva traduzir-se suficientemente senão com a riqueza também das expressões. Com referência à celebração eucarística: uma pluralidade de anáforas está em função da explicitação e do destaque, numa identidade do "gênero literário", dos vários lados do Mistério Pascal realizado na Eucaristia. No mais, a novidade é bastante relativa: a tradição conhece nas diversas liturgias, especialmente no Oriente, uma notável abundância de textos para a oração eucarística e representa sua autêntica riqueza: "uma anáfora completa a outra, uma permite exprimir certos conceitos melhor do que é possível fazê-lo

---

98. Também para o sentido pascal do mistério cristão são fundamentais as obras de Bouyer e de Casel citadas na nota precedente.

completamente e do mesmo modo em todas [...]. Uma só anáfora não pode conter toda a riqueza pascal, espiritual e teológica desejável [...]. Introduzindo também na liturgia romana três novas anáforas, além do cânon romano, a Igreja quis dar, também sobre este ponto, à liturgia romana uma maior riqueza pascal, espiritual e litúrgica"[99].

Se, depois, tiram-se as consequências da eclesialidade concreta da celebração litúrgica, aparece que suas formulações são solidárias com a história e com seu futuro e suas eventuais limitações. A liturgia – recorda a Constituição [art. 21] – "consta [também] [...] de partes suscetíveis de mudança [...] que no decorrer dos séculos podem ou mesmo devem variar, se nelas se introduzir algo que não corresponda bem à natureza íntima da própria liturgia, ou se estas se tornarem menos aptas! Com esta reforma, porém, o texto e as cerimônias devem ordenar-se de tal modo, que, de fato, exprimam mais claramente as coisas santas que eles significam e o povo cristão possa compreendê-las facilmente, na medida do possível, e também participar plena e ativamente da celebração comunitária". É como dizer que, quando uma expressão litúrgica não sustenta mais ou não permite mais, ou suficientemente, o ingresso da real comunidade na celebração, deve ser revista; e é também admitir que uma mesma formulação poderia ter acontecido e a seguir aparecer, mais conscientemente, menos feliz. São todas considerações óbvias e rigorosamente consequentes com o princípio da eclesialidade histórica na qual o Mistério Pascal é destinado a viver e a operar. Sobre isso fundamentou-se, por exemplo, a renovação linguística: fazer a liturgia na própria língua é uma exigência fundamental humana e evangélica para uma eficiência plena, mesmo permanecendo a validade (mas esta reflexão levou a um difuso "validismo") objetiva totalmente e mesmo tendo podido com outros meios ser operante aquela subjetiva. Sobre a mesma base apoia-se o juízo crítico que comportou o seguinte artigo: "O ordinário da missa seja revisto de tal forma que apareça claramente a índole própria de cada uma das partes, bem como sua mútua conexão, e facilite a participação piedosa e ativa dos fiéis. Por isso, as cerimônias sejam simplificadas, conservando cuidadosamente sua substância. Omita-se todo que foi duplicado no decurso dos tempos ou foi acrescentado sem verdadeira utilidade. Em troca, restaurem-se, segundo a

---

99. *Notitiae*, 40, mai.-jun./1968, p. 151. Encontramos uma valiosa e utilíssima coleção de anáforas orientais e ocidentais em HANGGI, A.; PAHL, I. *Prex Eucharistica*. Op. cit.

primitiva norma dos Santos Padres, alguns ritos que caíram em desuso, caso pareça oportuno ou necessário" (art. 50). Este artigo afirma que, de fato, a Liturgia Eucarística tenha falta de clareza e conexão suficiente, que os fiéis tinham dificuldade de participar dela, que se exigia maior simplicidade, supressão de superestruturas, com a possibilidade de retomar da tradição o que tivesse caído e que, em vez, agora constituiria um útil enriquecimento. Ora, também o cânon romano, além de ser já a única anáfora latina, não foge, em parte, de alguns destes limites, mesmo que, certamente, não naquela medida que uma leitura superficial ou uma mentalidade mais escolástica que litúrgica pudesse reter ou fazer crer. Em particular, destacou-se que deixa a desejar, quanto à unidade, à distribuição das intercessões, ao equilíbrio do aspecto de ofertório, ao tema da ação do Espírito Santo, à aspiração bíblica e à apresentação sintética da história da salvação[100].

Sobre toda esta base, compreende o sentido e a função das três novas "preces eucarísticas", que oportunamente não comportaram a abolição do antigo cânon que, a juízo de Bouyer, entre as anáforas, permanece "uma das mais ricas e mais puras formulações"[101]; "o único ponto sobre o qual a sua forma atual pede para ser completada [escreve ele] é o prefácio comum, no qual os motivos fundamentais da ação de graça não são explicitados", e "conviria certamente introduzir nele um apelo à criação mediante o Filho, à redenção cumprida na sua encarnação e na sua cruz, o conhecimento divino e a vida comunitária do Espírito"[102], o que, de fato, em parte aconteceu com os novos prefácios dominicais e comuns[103].

---

100. São os limites notados em VAGAGGINI, C. *Il cânone della messa e la riforma litúrgica*. Leumann: Elledici, 1966, p. 68-83. Recenseando este volume, Botte escreve: "É fácil criticar o cânon romano, todavia nem todas as críticas são fundadas. [...] lê os textos como escolástico meticuloso e parece que não os compreenda [...]. Não pretendo que o cânon romano seja o ideal [...]. Mas na vida não existe só a lógica ou a riqueza teológica (*Les Questions Liturgiques et Paroissiales*, 48, 1967, p. 174). Uma valorização do cânon romano, estudado a partir da tradição eucológica eucarística, é feita por Bouyer no volume *Eucharistie*, citado acima: "No seu verdadeiro contexto [diz ele], o cânon romano aparece como uma das testemunhas mais veneráveis da mais antiga tradição" (p. 238). "Refrescado para os fiéis de uma explicação nutrida pela tradição que o produziu, o cânon romano, apesar das teorias fantásticas das quais pensamos ter demonstrado a inconsistência, permanece uma das mais ricas e puras formas desta oração [eucarística]" (p. 439). Recordamos como precioso estudo sobre o cânon sobretudo o n. 87/3 (1966) de *La Maison Dieu*, com artigos de L. Ligier, B. Botte, J.A. Jungmann, J. Betz etc.
101. BOUYER, L. *Eucharistie*. Op. cit., p. 439.
102. Ibid.
103. Cf. *Notitiae*, 40, mai.-jun./1968, p. 163-164, 166-167.

Um último destaque, sempre como consequência derivada do princípio da eclesialidade litúrgica: o pluralismo, além de se realizar com novas formas contemporâneas, exige, por si, ou ao menos é aberto a possibilidades criadoras que não se deixam delimitar nem por um grupo de fórmulas fixadas, assim como não é excluída uma animação renovada com intensidade e com efeitos em nível mais profundo. Examinando as novas preces deste ponto de vista, S. Marsili nota que elas "são certamente uma 'criação' da Igreja: mas a 'Igreja' em questão é sempre e só aquela que 'ordena e dispõe a Liturgia', mas é – segundo uma concepção jurídica que já a *Mediator Dei*, ao menos em linha de princípio, rejeitava e que, todavia, demonstra ser sempre ainda profundamente enraizada – só algo que é imposto à Igreja. Talvez estejamos ainda persuadidos que a Igreja de hoje, aquela concreta e viva, não é suficientemente adulta para poder cantar *por si* um 'canto novo'. Talvez se teme que o Espírito Santo queira inspirá-la, como fez nos tempos antigos. Talvez se queira evitar que a Igreja de hoje caia em erros ao formular a própria oração. São preocupações que podemos compreender, mas também assim parece-nos que se esteja diante de uma ocasião perdida. Hoje, como talvez nunca há séculos, existia a premissa propícia para começar verdadeiramente a *criar* uma Liturgia Eucarística, que mesmo movendo-se sobre as linhas da mais antiga tradição, teria retomado dela não só o tema e as linhas mestras de composição, mas também a liberdade criativa, que na antiguidade lhe fora própria, e assim se podia ter uma *pluralidade* de orações eucarísticas, que, na diferença linguística e estilista, teria, porém, conservado uma *unidade*, da qual não teria sido alma uma fixidez de *forma* estabelecida por lei, uma fixidez de *pensamento* e de *conteúdo* passada pela *tradição*. Se tivesse acontecido assim, não se teria feito outra coisa senão aplicar o art. 37 da Constituição litúrgica, quando claramente afirma que *'a Igreja na Liturgia não deseja impor uma rigidez de forma, igual para todos'* [...] e teria sido oportuno que corajosamente, neste ponto tão fundamental 'de revisão dos livros litúrgicos tivesse sido tornada possível a legítima *seriedade* e as legítimas *adaptações* que devem levar em conta as *diferenças* de assembleia, de região e de povo"[104]: são sem dúvida observações agudas e pertinentes, mas julgaria que apenas saídos como estamos do fixismo litúrgico extremo e não dispondo do conveniente conhecimento, por íntima comunhão com a tradição litúrgica,

---

104. ASHWORTH, H. et al. *Preghiere Eucaristiche*. Op. cit., p. 83.

e de uma preparada e fundamentada sensibilidade sociológica atual, o justo princípio de uma certa, mas real criatividade, mesmo sobre um esquema-traço, teria produzido frutos insatisfatórios e discutíveis. Um indício disso é o florescimento "anárquico" – como o define Padre Botte – de anáforas. O mesmo liturgista, tratando da reforma do cânon em outras ocasiões, fez destaques não menos agudos e pertinentes: "O cânon romano [escreve ele] não representa a fórmula única nem ideal da oração eucarística, mas não é uma razão para substituí-la com outra qualquer, que esteja de acordo com o gosto do dia [...]. Uma reforma que não se apoiasse no terreno sólido da tradição e marcasse uma ruptura, seria uma catástrofe"[105]. "Qual seria [pergunta-se ele] a sorte destes novos cânones? Isso dependerá da atitude dos sacerdotes. Compreenderão que a era das pretensas experiências está superada e que se impõe um retorno ao bom-senso? Não se pode viver sempre na anarquia, e é exatamente esta que reina no momento. É estranho que existam muitos sacerdotes que se creem capazes de compor orações litúrgicas, enquanto são tão poucos aqueles que sabem fazer um sermão conveniente. Interroguem-se os fiéis: a maior parte lamenta-se da pobreza da pregação [...]. A liturgia é a expressão da oração da fé da Igreja e não dos sentimentos pessoais. A promulgação dos novos cânones será ocasião para repor as coisas no lugar e para acabar com um caos do qual os fiéis são vítimas. Eles já se lamentam [dissemos] da pobreza da pregação; não os esfomeemos ainda mais, dando-lhes orações vazias de qualquer substância doutrinal"[106].

A conclusão desta primeira série de reflexões é a da "lógica" de novas "preces eucarísticas", fundamentada sobre alguns princípios essenciais da natureza da liturgia, daquela eucarística em particular, dos quais sobressaem o significado e a função de renovadas fórmulas: a serviço do mistério cristão atual para uma comunidade viva.

Mas para que seu uso aja eficazmente na celebração, é necessário entrar no movimento interior que as penetra, o que é obtido aprofundando mais para uma fase não mais simplesmente de revérbero ritual, mas de animação dos próprios princípios primeiros da liturgia – isto é, através de novas fórmulas; é preciso captar a unidade da oração eucarística e o sentido primeiro da "Eucaristia" de Cristo na Igreja hoje.

---

105. *Les Questions Liturgiques et Paroissiales*, 48, 1967, p. 173.
106. Ibid., 49, p. 140.

12
O Sacramento da Penitência

1 A Penitência, sacramento pascal

O organismo sacramental cristão – e originariamente a Eucaristia – é essencialmente pascal: viemos dizendo isso nestas páginas. Ele encontra sua fonte, não só de cronologia, mas também de eficácia, na Páscoa de Cristo e não tem outra finalidade senão a de reapresentá-la e transmiti-la como conteúdo próprio. Em toda a parte onde se celebre um sacramento válido, lá se repercute e se põe em ação, na sua unicidade história e na sua capacidade extensiva, a "Passagem" de Cristo ao Pai, sua mortificação e glorificação, o homem novo que é Cristo ressuscitado em ato de salvar e assemelhar a si a humanidade e o universo.

A inserção radical e estruturalmente perfeita no Mistério Pascal do Senhor – como sabemos – é dada por três sacramentos: Batismo-Confirmação-Eucaristia, nitidamente unidos entre si e cada um com sua finalidade, os quais formam a "Iniciação Cristã", criadora do estado e das componentes específicas daquele que pertence a Cristo e, portanto, à comunidade eclesial na qual Cristo se manifesta.

Natureza antipascal do pecado

Mas esta acolhida da Páscoa, baixada na história da nossa liberdade, se por um lado se abre a ulterior desenvolvimento e a sucessivas qualificações, expõe-se, por outro lado, à possibilidade de ser diminuída, objetada e até renegada. Por isso, torna-se necessário revitalizá-la, deixando-se retomar pela graça da Páscoa. Se, na sua forma venial, o pecado impede seu pleno desenvolvimento, na sua eventualidade mortal quebra o enxerto salutar de Cristo ressuscitado, "extingue" o Espírito, dom do Senhor glorificado, dissolve o laço filial com o Pai, exclui da Eucaristia (memorial da Páscoa, aliança nova no Sangue do Cordeiro, sinal e presença do corpo físico de Cristo, símbolo e princípio da Igreja) e, portanto, separa intimamente da caridade e do povo de Deus.

Desta natureza antipascal do pecado resulta a definição do Sacramento da Penitência: celebração e realização da retomada, ou do esforço renovado, da Páscoa do Senhor na vida do cristão, com todos os aspectos intrínsecos e as recíprocas relações por ela determinadas.

Alguma das componentes do Sacramento da Penitência agora acenadas havia perdido um pouco em evidência na apresentação teológica, na praxe pastoral e na liturgia. Com efeito, a Constituição litúrgica prescrevia que se revisse "o rito e as fórmulas da Penitência, de maneira a exprimirem mais claramente a natureza e o efeito do sacramento" (art. 72).

Como de fato aconteceu com o novo rito da Penitência[107].

Uma teologia completa

Obviamente: isso não podia significar nem o puro retorno a um tipo ritual adotado em outras épocas, nem, muito menos, que se pusesse em discussão a legitimidade do tipo seguinte: é sempre necessário preservar-se de uma concepção da reforma litúrgica que menospreze a eficácia e o valor de expressões diferentes das antigas e propugne simplesmente pela abolição das modalidades que vieram a seguir. Como é necessário prestar atenção para agir sobretudo sobre o plano da educação teológica, que garanta a sanidade ritual, em nosso caso evidenciando uma doutrina da Penitência-sacramento na qual ela apareça como readmissão ou aprofundamento na comunidade cristã, esta entendida como mistério ou mediação da graça da Páscoa, como "lugar" do Espírito Santo, Espírito de adoção, pelo qual a reagregação coincide com o perdão divino, a reabilitação para a Eucaristia com a reaplicação da paixão e ressurreição, o juízo absolvente do sacerdote com o dom da misericórdia que purifica e justifica: elementos que destacam a substância e

---

107. Cf. *Enchiridion documentorum instaurationis liturgicae*. Op. cit., p. 981ss.

fazem sobressair o processo unitário do Sacramento da Penitência, e que se trata de manter estreitamente unidos, sem subtrair ou isolar.

Dimensão eclesial do sacramento

Para pôr em destaque especial a incidência social do pecado e a dimensão eclesial do Sacramento da Penitência, estão se difundindo celebrações comunitárias nas quais é inserida a confissão: não deixarão de ser frutuosas, quando não se sufocar a consciência do encontro pessoal, a discrição e a liberdade dos penitentes, e não entrar a "duvidosa 'mística de massas' ou a asfixiante e pueril pedagogia das multidões" (L. Bouyer), que são a manifestação patológica da genuína eclesialidade cristã que existe e age primariamente em nível de mistério.

Por certo, o caruncho do subjetivismo, da "intimidade privada", do "devocionismo" corroeu e ainda corrói a piedade cristã, como se oração litúrgica e oração individual devessem "soldar-se" e não se movessem, ao invés, numa *circulatio*.

A doutrina no Ritual novo

Nos *Praenotanda*, o novo rito sublinha a natureza eclesial do Sacramento da Penitência nestes termos:

> O pecado é ofensa feita a Deus e ruptura da amizade com Ele; portanto, o objetivo da Penitência é essencialmente o de reacender em nós o amor de Deus e levar-nos plenamente de volta para Ele. O pecador que, movido pela graça do Deus misericordioso, inicia o caminho da Penitência, retorna ao Pai que "por primeiro nos amou" (1Jo 4,19), a Cristo, que por nós entregou a si mesmo, e ao Espírito Santo, que foi efundido sobre nós em abundância.
>
> Mas "por um arcano e misericordioso mistério da divina Providência, os homens estão unidos entre si por um estreito relacionamento sobrenatural, por força do qual o pecado de um só causa dano a todos, e a todos traz benefícios a santidade do indivíduo", e assim a Penitência tem sempre como efeito a reconciliação também com os irmãos, que, por causa do pecado, sempre têm sofrido um dano[108].

---

108. Ibid., p. 985, n. 3.177.

O texto prossegue:

> Toda a Igreja, enquanto povo sacerdotal, está cointeressada e age, mesmo que de maneira diferente, na atual obra de reconciliação, que lhe foi confiada pelo Senhor. Com efeito, ela não só chama os fiéis à Penitência mediante a pregação da palavra de Deus, mas intercede também pelos pecadores, e com desvelo e solicitude materna ajuda e induz o penitente a reconhecer e confessar seus pecados, para obter de Deus, o único que pode remetê-los, misericórdia e perdão. E mais ainda, a própria Igreja torna-se instrumento de conversão e de absolvição do penitente, mediante o mistério confiado por Cristo aos apóstolos e a seus sucessores[109].

Celebrações comunitárias

Quanto às celebrações comunitárias, os *praenotanda* dizem:

> Quando mais penitentes se reúnem para obter a reconciliação sacramental, é bom que a ela se preparem com uma celebração da Palavra de Deus.
>
> De tal celebração, porém, podem participar também outros fiéis que em outro tempo se aproximarão do sacramento.
>
> A celebração comum manifesta mais claramente a natureza eclesial da Penitência. Os fiéis, com efeito, ouvem todos juntos a Palavra de Deus, que proclama a sua misericórdia e os convida à conversão, confrontam sua vida com a própria Palavra e se ajudam mutuamente com a oração. Depois que cada um confessou seus pecados e recebeu a absolvição, todos juntos louvam a Deus pelas maravilhas por Ele realizadas em favor do povo, que Ele conquistou com o Sangue de seu Filho[110].

Confissão e direção espiritual

Deixamos de tratar da frequência, para voltar a uma confusão entre o sacramento, como é na sua função e no seu conteúdo propriamente cristão, e o colóquio espiritual, a direção da alma, o descongestionamento psicológico, que acabam por mergulhar o sacramento como ação específica de Cristo, detestação do pecado – em solidariedade com a condenação que dela Ele fez,

---

109. Ibid., p. 987, n. 3.180.
110. Ibid., p. 991, n. 3.194.

"que foi marcado por nossos pecados e ressuscitou para nossa justificação" (Rm 4,23) –, restauração da configuração ao seu estado de Filho de Deus.

Mesmo que hoje estejamos bem longe de exceder, muito menos no caso de "direção" espiritual.

Um belo prefácio ambrosiano rezava na quarta-feira da semana santa: "A morte [de Cristo nosso Senhor] apagou nossos pecados, sua ressurreição ofereceu-nos a graça. Por Ele [Pai Santo] nós imploramos a tua paterna bondade: dá-nos a purificação dos pecados, sacia-nos amanhã com os alimentos do santo banquete; acolhe hoje a confissão dos nossos pecados para conceder-nos amanhã o aumento dos dons espirituais; aceita hoje a oferta de nossos jejuns, para admitir-nos amanhã à mesa da santíssima ceia".

2 As causas de uma crise

Para uma reforma litúrgica eficaz

No âmbito da revisão geral da liturgia, também o Sacramento da Penitência encontrou – conforme dissemos – uma nova veste ritual para que "ali se exprimam mais claramente a natureza e o efeito do sacramento", como diz a conciliar Constituição litúrgica (art. 72). Mas se uma "crise no regime sacramental da Igreja ainda pode verificar-se em nível do rito – que, aliás, por sua índole é solidário com a história e a cultura e, portanto, ligado à sua mobilidade – uma reforma litúrgica nunca é por si mesma resolutiva, para que necessariamente sua vitalidade e consistência se alimentem da experiência cristã, a começar pela fé e por uma ação que a traduza coerentemente.

Se, por um lado, um certo mal-estar e uma certa reação em relação à celebração litúrgica talvez provenham ainda de uma inadequada compreensão, com frequência, a liturgia como tal dissolveu-se e perdeu qualquer válida justificação por razões mais profundas.

Assim aparece no caso do Sacramento da Penitência. A história revela, sem dúvida, uma grande variedade ritual e disciplinar nas diversas épocas em tudo que é deixado à aplicação e à interpretação "criativa" da Igreja (um campo que a própria pesquisa histórica em geral demonstra mais vasto do que habitualmente se supunha). E todavia, também a renovação atual, significativa em relação à "natureza e ao efeito do sacramento", permaneceria inoperante se não forem recuperadas especialmente duas convicções fundamentais que precedem a formulação litúrgica e que são, com seu enfraquecimento, o motivo mais grave da crise que a celebração do Sacramento da Penitência está atravessando.

O sentido e a consciência do pecado

Trata-se sobretudo do sentido do pecado e da correspondente consciência. Ainda que nem sempre a avaliação de seu alcance teológico foi judiciosa e foram exata e completamente diferentes as componentes estranhas (explorações da ciência psicológica não deixaram, porém, de ser esclarecedoras e benéficas), sobretudo o estímulo secularizador, para não falar da teologia da morte de Deus, veio desmistificar o próprio conceito de pecado. Ainda mais do que esvaziar o conteúdo da liberdade humana, sublinhando seus condicionamentos até subtrair a capacidade e a responsabilidade da culpa, tornou sem significado a própria culpa, ao menos no que se refere ao relacionamento com Deus; nem vale, para substituí-la, um sentido embora vivo da fratura com o próximo e com a comunidade, ou de imperfeição num plano horizontal no futuro evolutivo do homem. Neste ponto, evidentemente, o Sacramento da Penitência e toda a sua possível liturgia cessaram de viver.

Banalização da cruz

Por outro lado, o sentido e a consciência do pecado, precisamente na sua dimensão teológica, como relacionamento com Deus, tocam o próprio coração da revelação e da realidade cristã: o plano divino atestado na Escritura com o mistério de Cristo se desarticularia e perderia seu elemento historicamente essencial se o pecado fosse "desmistificado". Não só cairia uma tradição sacramental e litúrgica que faz parte da vida mais íntima e constante da Igreja, mas, com a "banalização" da morte de Cristo, da cruz, seria desdramatizado e se tornaria insignificante e penoso autolesionismo a reação ao espírito do mal que sobressai como cume da experiência cristã.

Pecado e reconciliação

O novo rito introduz-se precisamente retraçando o plano de Deus que culmina com o sacrifício de Cristo, que efundiu o Espírito.

> O Pai manifestou sua misericórdia reconciliando o mundo a si por meio de Cristo, restabelecendo a paz, com o Sangue de sua cruz,

entre as coisas da terra e as do céu. O Filho de Deus, feito homem, viveu entre os homens para libertá-los da escravidão do pecado, e chamá-los das trevas para a sua luz admirável. Por isso, começou sua missão na terra pregando a Penitência e dizendo: "Convertei-vos e crede no evangelho" (Mc 1,15).

Este convite à Penitência, que mais vezes já se fizera ouvir pela boca dos profetas, preparou o coração dos homens para o advento do Reino de Deus com a voz de João Batista, que veio "pregar um batismo de conversão para o perdão dos pecados" (Mc 1,4).

Depois, Jesus não só exortou os homens à Penitência, para que abandonassem o pecado, e de todo o coração se convertessem a Deus, mas também acolheu os pecadores e os reconciliou com o Pai. Curou também os enfermos, para dar um sinal de seu poder de perdoar os pecados. E enfim, Ele próprio morreu pelos nossos pecados, e ressuscitou para a nossa justificação. Por isso, na noite em que foi entregue e deu início à paixão salvadora, instituiu o sacrifício da Nova Aliança, no seu Sangue, para a remissão dos pecados, e depois de sua ressurreição enviou sobre os apóstolos o Espírito Santo, para que tivessem o poder de perdoar os pecados ou de retê-los e recebessem a missão de pregar no seu nome, a todas as nações, a Penitência e a remissão dos pecados"[111].

A interpretação conduzida com métodos novos é instrumento precioso para a compreensão da Palavra de Deus hoje, e pode também ajudar para uma renovada compreensão do pecado e da nossa participação nele segundo a mesma Palavra, mas jamais poderá destruí-la, subtrair-lhe a realidade da culpa em diversas dimensões como recusa livre do amor: um amor pessoal e misterioso, diante do qual pessoalmente o homem assume a própria atitude plena de consequências nas opções concretas de sua existência e no penetrante fim na estrutura do homem.

Diagnóstico "precedente" à reforma litúrgica

Entrar em comunhão com a Bíblia – e é exigência difusamente sentida hoje – deve comportar aquisição do sentido da fidelidade ou infidelidade à

---

111. Ibid., p. 982, n. 3.173.

graça e ao dom, urgência da conversão e da contrição, e estado penitencial necessitado de perdão.

Esta é a questão primeira: a questão da reforma litúrgica ou modalidade disciplinar é questão não secundária, mas num certo sentido segunda. A pastoral deve acentuar sobretudo a análise deste momento e desta condição radicais. Julgamos que seja exatamente no terreno onde se encontram os movimentos determinantes do espírito do nosso tempo e da Palavra de Deus viva na tradição da Igreja, que deve ser operado um objetivo diagnóstico, ainda que, ainda neste ponto, a missão se torna "originária", levada a fases e a métodos de início precedentes logicamente a problemas de celebrações.

Dar-se conta disso é indispensável para não fazer levar a reformas litúrgicas tarefas e responsabilidades que não podem realizar.

Relação sacramental com a Igreja

Mas existe uma segunda convicção fundamental que importa e não é fácil de recuperar: o relacionamento com a Igreja no processo de conversão e aquisição da graça através do sacramento; ou, em outros termos, o perdão tornado visível, numa dimensão de sacramentalidade eclesial. Faz parte do mistério da Igreja ser continuamente acompanhada e, antes ainda, suscitada pelo Espírito Santo, dom de Cristo ressuscitado e glorificado, presente como princípio também da remissão dos pecados.

O Sacramento da Penitência, pois, é como o dispor-se da Igreja a acolher e deixar agir o Espírito que perdoa e recria através da fé e dos sinais, entre os quais está o próprio ministro da Penitência, a serviço da misericórdia, dentro da comunidade que, no seu conjunto, é "depositária" do Espírito Santo.

Segundo as *Praenotanda*: "A Igreja exerce o ministério do Sacramento da Penitência por meio dos bispos e dos presbíteros que, com a pregação da Palavra de Deus, chamam os fiéis à conversão, e a eles testemunham e conferem a remissão dos pecados em nome de Cristo e na força do Espírito Santo"[112].

Cremos que hoje esteja em dificuldade, apesar das proclamações contrárias, a compreensão deste seu preciso aspecto eclesial. Provavelmente algumas interpretações desta comunhão com a Igreja e o ministério sacerdotal

---

112. Ibid., p. 987, n. 3.181.

na Penitência exigem ser repensadas e repropostas: obviamente não com a rejeição e o abandono daquilo que é resultado da pertença estrutural ao mistério da Igreja, mas com uma espécie de novo confronto com a Bíblia e a tradição, distinta das tradições. Pensamos, por exemplo, no conteúdo da Palavra de Deus que deve assumir mais marcadamente o caráter de "juízo" que define a confissão. Também diversas situações e exigências psicológicas do espírito de hoje apresentam interrogações novas sobre a disciplina da Penitência.

De qualquer maneira, a relação sacramental com a Igreja é indispensável no acolhimento da salvação.

Também a confissão dos pecados deverá ser aprofundada em conexão com todas as componentes constitutivas do mistério cristão, e os teólogos, que, se tais, são um grande dom de Deus precisamente a serviço da experiência e da compreensão da realidade cristã na história, poderiam não deixar de fazê-lo; com o dar-se conta onde e em que grau já agem as forças de contestação ou as causas de mal-estar, mas certamente não com uma elementar repetição, desprovida de qualquer repensamento, com uma teologia baseada só em manuais, nem com uma crítica superficial à "cultura", em nome do evangelho "puro" que revela só incompreensão ou incapacidade de reflexão.

3 Cristo crucificado: reconciliação do homem pecador

Nós recebemos os sacramentos, com sua figura e sua intenção, não por uma aceitabilidade sob nossa medida, mas unicamente pela fé. São expressões da fé. Não têm como referência o nosso nível, mas a vontade de Jesus Cristo.

E é como dizer que sobre os sacramentos a única palavra sensata e pertinente é dita a partir da Revelação divina. Fora deste horizonte, não surpreende que se fale bastante aproximativamente, para não dizer também à toa, ou seja, segundo o grau de compreensão que o atual difundido neoiluminismo permite.

Deste princípio de método deriva que a Igreja, para saber o que seja o pecado e o sacramento que o absolve, não deve pôr-se a ouvir sobretudo o mundo de hoje – como se gosta de dizer, como se fosse possível pôr-se a ouvir o mundo de ontem! –, simplesmente porque o mundo, o de hoje como o de ontem e o de amanhã, não sabe nem pode saber o que de fato seja o pecado e o que seja a reconciliação e seu sentido eficaz. Do pecado pode só fazer experiência, mas não a interpretar adequadamente; e da reconciliação pode sentir a necessidade, mas por si é incapaz não só de realizá-la, mas de perceber suas dimensões e sua forma concreta.

Quer dizer, pois, que a Igreja se põe a ouvir a Palavra de Deus e, por isso, a ouvir Jesus Cristo. Só Ele pode dizer ao homem o que é o pecado e o perdão, e o diz na sua morte na cruz, onde Ele, Filho de Deus, feito homem, derrama seu Sangue para a remissão dos pecados. Se falássemos da Confissão prescindindo da paixão e da morte de Jesus poderíamos até dizer coisas interessantes, fazer análises agudas, manifestar sinceras participações no drama do homem, mas não faríamos um discurso "objetivo" e válido, nem sobre o pecado, nem sobre a reconciliação, nem sobre a Penitência e sobre seu sacramento. Seria um discurso – aliás, nada insignificante – de antropologia, de sociologia.

Em outros termos, nossa primeira preocupação deve ser a de sermos crentes: só uma Igreja crente discorre com pertinência sobre o tema, como só uma Igreja crente pode ser crível. Quem pensasse o contrário, ou caísse em fáceis conclusões pelas recusas do homem, deveria ser tão coerente de admitir a hipótese que a recusa oposta ao próprio Cristo seria derivada de uma sua menor credibilidade. Cristo preocupou-se em pregar o Evangelho, em proclamar a Verdade e, segundo Ele, aqueles que estavam ao lado da Verdade o acolhiam.

Por outro lado, nenhuma arrogância nesta preocupação fundamental da Igreja, mas humilde acolhimento e "guarda" de um "depósito".

A Igreja aprende, pois, de Jesus Cristo o "mistério" do pecado, seu ser ofensa a Deus, recusa do amor e da paternidade divina, "atentado ao coração de Deus", ruptura e desprezo da aliança, dissolução do plano de salvação, motivo da paixão e da morte do Filho de Deus, causa de sua angústia. Se não se ouvirem estes apelos, e a obscura conexão do pecado com a iniquidade que precedeu o homem e o impeliu ao mal, o homem não recebe a boa-nova e permanece fechado numa situação de impotência e quase de inevitável culpa.

Pode ser dito que hoje – mas também ontem, e sempre – o homem não suporta esta proposta tão "sacral" relativa ao pecado e à reconciliação. Efetivamente, é tão verdade que não a suporta, que até algum "católico" deve estar desejando uma configuração de culpa "não sacral", que no fundo significa não relativa a Deus, a Cristo e ao Espírito Santo. São "frivolidades", perfeitamente coerentes com uma concepção intolerante da divindade de Cristo: da natureza da Eucaristia, sacramento da paixão do Senhor; da liturgia, sinal e oferta de graça; da Igreja, "mistério"; do serviço ministerial hierárquico e de muitos outros aspectos do dogma cristão, ao qual é preferida ao menos a dúvida ou a incerteza, porque a verdade seria prepotente e fecharia o diálogo, ou seja, destruiria o grande mito ou ídolo de nosso tempo.

Mas não é a simpatia ou a suportabilidade da verdade cristã que está na origem da missão. A primeira tarefa que urge então – como dizíamos – é a de saber de Cristo – de sua experiência, de sua vida e de sua morte, o que é o pecado, e a reconciliação e seu sacramento, e anunciá-lo ao mundo: e não porque o mundo o espere ou esteja disposto a aceitá-lo. Por um lado, é questão de evangelização e por outro de adesão.

A Igreja não encontrou outro lugar onde aprender o que é o pecado e onde ter a fonte do perdão. Vem à mente um célebre colóquio de Santo Inácio, nos seus *Exercícios,* onde "imagina" "Cristo posto na cruz", morto pelos pecados; antes "pelos meus pecados": não pelos pecados "históricos", mesmo que fossem da Igreja, dos quais é bastante problemático e gratificante arrepender-se agora.

Vem à mente, sobretudo, a história dos santos confessores que, sensíveis à mais profunda dimensão eclesial da culpa e da reconciliação, e menos daquela que aparece, transcorreram a vida no confessionário – o artigo mais escarnecido e compadecido hoje – onde as consciências se purificavam e a conversão renovava a existência: a existência própria, aquela dos outros, ou das "estruturas", ou aquela da Igreja, que é ao menos problemático renovar.

Se no mundo não existe a fé – que não nasce espontaneamente, mas pela pregação e pelo consenso ao "mistério" de Deus ou ao plano em Jesus Cristo racionalmente inconcebível – não causa estranheza que decaia também o sentido do pecado. Aliás, também o mundo, se resiste ao acolhimento, não causa espanto: mas é simplesmente tarefa da Igreja anunciar a redenção por causa da culpa: culpa e redenção que o homem não conhece adequadamente antes da pregação.

Só assim pode ter significado a linguagem da reconciliação. Não é a Igreja que se reconcilia com o mundo, mesmo que esta expressão tenha o fascínio do encanto e da retórica, mas é o mundo que por meio da Igreja se reconcilia com Deus em Cristo, porque seu pecado consiste em ter-se posto e em pôr-se em antítese a Jesus Cristo.

A humanidade que se reconcilia com Deus no Sangue de Jesus derramado pela remissão dos pecados é exatamente a Igreja. Não outra coisa. Se falta a percepção destas dimensões do pecado, da redenção ou da misericórdia; se o mundo é em si mesmo bom, por que se admirar se os sacerdotes se desafeiçoam do Sacramento da Penitência ou os fiéis não recorrem a ele? A primeira condição para celebrar o Sacramento da Penitência e aproximar-se dele é sermos crentes.

Então, também a reconciliação aparece no seu conteúdo e sentido próprio: é a manifestação na caridade da retomada comunhão com Deus; é a epifania da cruz ou do amor; é a justiça temporal sinal da justiça da graça, a única que torna possível a primeira.

Constatávamos que alguém contesta a definição da culpa como ofensa a Deus: preferiria que fosse definida como ofensa ao homem ou à sociedade, numa espécie de conflitualidade entre Deus e o homem.

Mas, depois de tanto falar da Palavra de Deus, depois de elogiá-la tanto, como se faz esquecer o capítulo 1 da Carta aos Romanos, que hoje sofre uma espécie de expulsão? Os homens não deram glória a Deus, "sua mente se obnubilou, trocaram a glória do incorruptível Deus pela imagem do homem corruptível, de pássaros, de quadrúpedes e de répteis [...]. Adoraram a criatura em lugar do Criador. Deus os abandonou a paixões infames; suas mulheres trocaram as relações naturais por relações contra a natureza. Igualmente também os homens [...]. Deus os abandonou ao poder de uma inteligência depravada".

Os resultados sociais? Ei-los: homens "repletos de toda espécie de injustiça, de inveja, de homicídio, de rivalidades, de enganos, fanfarrões, desleais, sem coração". E tudo isto não porque não tenham amado o homem e o mundo, mas porque não amaram a Deus; não porque cultivaram o "Sagrado", mas porque o abandonaram. Certamente, este diagnóstico de Paulo pode causar mal-estar, mas é Palavra de Deus.

De qualquer modo, prescindir da fé, quer dizer, não fazer teologia, errar de perspectiva. E colocar-se na condição de não compreender o próprio Sacramento da Penitência. Dizemos que é possível dar-nos conta do erro do pecado quando nos concentramos nos sofrimentos de nosso Salvador, que sofreu por nossas culpas. De tudo isso fala claramente o suor de Sangue de nosso Senhor.

Se um teólogo tem pudor de lembrar isso, certamente errou de profissão.

4 O ministro e o ministério da Penitência: reflexões teológicas

O tema do ministro da Penitência está estreitamente ligado, ou melhor, por sua natureza, envolve o tema da presença eclesial neste sacramento. O caráter ministerial, por outro lado, apela imediatamente para o poder ou o senhorio de Cristo: dele logo resulta que o contexto completo para a compreensão do ministro – e do ministério da Penitência – como, aliás, de qualquer ministério sacramental, é a Igreja e é Jesus Cristo, como "Autor" do sacramento.

Mas o próprio tema do ministro implica também o da essência de sua ação; isto é, do significado preciso da "absolvição" como "juízo".

Segundo a impostação dada a esta nossa intervenção – de caráter teológico, ou seja, de interpretação crítica do fato histórico/dogmático – indicamos imediatamente duas orientações ou as duas soluções.

1) O ministro da Penitência representa, na sua forma especificamente hierárquica, a intervenção da Igreja na situação de pecado na qual caiu um batizado, para que seja reativado na comunidade de graça e do Espírito Santo.

Em outras palavras: esta intervenção é ato eficaz da mediação hierárquica na Igreja, lugar e sinal da misericórdia, eficaz por causa da presença do Espírito do Senhor ressuscitado, que permanece radicalmente o princípio do caráter ministerial.

2) A absolvição e o juízo (ou aquilo que concretamente equivale a eles) indicam a libertação pascal e a discriminação que o próprio Cristo faz com seu poder sobre o pecado. O juízo, a absolvição são o autorizado discernimento da situação do homem que, por força de Jesus Cristo, é subtraído ao mal e gratificado de redenção.

Assim, já se delineiam a posição e o conteúdo do caráter ministerial da Igreja em ato no Sacramento da Penitência.

Mas pelos acenos feitos, logo aparece e emerge um terceiro tema, unificante e "resolutivo", o da Eucaristia como sacramento da Páscoa de Cristo e sinal operativo e "definitivo" da Igreja. Neste duplo sentido.

1) A Igreja que intervém no Sacramento da Penitência é uma Igreja que consiste do Corpo e do Sangue de Jesus Cristo; que é por Ele como que gerada e sustentada. Em particular, é a Igreja que, através do ministério hierárquico, torna presente o Corpo doado e o Sangue derramado, daí o corpo eclesial, cujo ministério fala de relação.

Desta estreita relação entre Eucaristia e Igreja, com a "interferência" do ministério (o bispo e o presbítero), se apresenta a referência e o relacionamento entre a presidência à Eucaristia/Igreja e a readmissão, no Sacramento da Penitência, à Igreja/Eucaristia por obra ministerial.

O ministério de readmissão é em função da Igreja, que consiste graças à Eucaristia.

2) Além disso, se a absolvição, quanto ao conteúdo, é a eficácia da Páscoa – isto é, do Corpo doado e do Sangue derramado para a remissão dos pecados –, só pode ser estreito o laço entre a Eucaristia, presença do Corpo e do Sangue de Cristo, e o Sacramento da Penitência. Não pode senão reaparecer o caráter principal da Eucaristia na estrutura sacramental da Igreja. Todavia, não no sentido que a Eucaristia "constitua" a economia ou a "distribuição" dos outros sacramentos e, portanto, também da Penitência – nesta lógica também os outros sacramentos seriam todos tornados vãos ou supérfluos – quanto no sentido que no Sacramento da Penitência se encontra já uma objetiva participação da Eucaristia e uma essencial relação a ela.

Estas premissas circunscreveram e delimitaram mais expressamente o nosso assunto com a indicação dos âmbitos e das linhas de solução.

De qualquer forma, em síntese, trata-se de compreender:

1) Como se deve pôr e compreender precisamente o caráter ministerial da Penitência.

2) Como esse caráter ministerial se exprime.

3) Como ele se articula em especial conexão com a Eucaristia: uma compreensão alcançada na base de uma recuperação – isto é, com a apresentação dos "limites" ou os "confins" de um magistério que, aliás, deve ser corretamente projetado – e também de uma teologia que foi elaborada de uma maneira reducionista.

O caráter ministerial da Penitência

Ponto de referência imprescindível para a teologia católica no tema do ministro da Penitência é o Concílio de Trento, cuja leitura e exegese é legítima se se tiverem presentes a angulatura delimitada e o objeto controverso ou polêmico.

Uma teologia correta evidencia esta angulatura, não se permitindo, aliás, sua remoção. Quando um teólogo, na elaboração da compreensividade da revelação, percebe que, a seu juízo, alguma coisa da tradição cresce, deve perguntar-se seriamente se não se assemelha a alguém que, desmontando um relógio, sobrou-lhe nas mãos uma peça depois de havê-lo remontado. Não é que a peça estivesse sobrando antes: com toda a probabilidade o relógio não funcionará mais. Abandonada a metáfora: a teologia não será mais correta.

Os textos tridentinos que nos interessam declaram duas coisas:

1) Sobretudo que o ministério das chaves – *clavium ministerium* – pertence somente aos bispos e aos sacerdotes, e não indiferentemente a todos os fiéis *ad alios quosvis homines*; as palavras sobre a remissão dos pecados não foram ditas *ad omnes Christi fideles indifferenter et promiscue*. Portanto, nem todos têm a *potestas remittendi peccata* (cf. DENZINGER; SCHÖNMETZER, 1963, n. 1.684, 1710).

2) Que também os sacerdotes em pecado mortal, pela força do Espírito Santo recebida na ordenação, enquanto ministros de Cristo, exercem a função de remeter os pecados: *etiam sacerdotes, qui peccato mortali tenentur, per virtutem Spiritus Sancti in ordinatione collatam tamquam Christi ministros functionem remittendi peccata exercere* (ibid.).

A tomada de posição de Trento se compreende em relação a um caráter ministerial reconhecido pelos reformadores como pertencente em geral a todos os membros da Igreja, sem nenhuma distinção específica: uma posição que contrasta não só com outras precedentes intervenções do magistério eclesiástico[113]; não só com a teologia elaborada no período escolástico[114], mas também com a tradição, tanto mais recente quanto mais antiga, onde na variedade das formas da instituição e do exercício sacramental da Penitência a figura emergente e, no fim, "resolutiva" é a do bispo e do presbítero[115].

Mas, a respeito disso, é preciso fazer alguns destaques.

1 Parece inegável que, com a evolução da penitência de uma expressão mais pública para uma expressão mais "privada" – isto é, de um acontecimento de caráter mais manifesto na estrutura da Igreja – perceptível com uma relevante consistência história, para um acontecimento mais "reservado", a percepção da natureza eclesial tenha sido de algum modo menos acentuada ou tenha perdido em destaque; não só quanto à propriedade do sacramento, que interessa, como qualquer sacramento, à Igreja como tal, mas também quanto à natureza do pecado e da situação do pecador e, enfim, também quanto à presença e à participação da própria Igreja no processo da ação sacramental.

A observação é feita comumente. "A reintrodução da dimensão eclesial foi um dos desenvolvimentos mais relevantes na teologia da Penitência", escreve O'Neill, que, aliás, refere-se só às discussões teológicas, fora da perspectiva da expressão eclesial da liturgia do Sacramento da Penitência[116].

---

113. Cf., p. ex., o *Decretum pro Armenis* (DENZINGER, H.; SCHÖNMETZER, A. *Enchiridion Symbolorum*. Op. cit., n. 1.323. Cf. tb. POSCHMANN, B. *Pénitence et onction des malades*. Paris: Cerf, 1966, p. 170-176. • MOIOLI, G. Per determinare la natura del sacramento della penitenza cristiana – Appunti di método. *La Scuola Cattolica*, 103, 1975, p. 46, n. 88, onde pode-se encontrar uma bibliografia pertinente. Cf. tb. ALSZEGHY, Z. Confessione dei peccati. *Nuovo Dizionario di Teologia*. Alba: Paoline, 1977, p. 173-174. • SOTTOCORNOLA, F. Penitenza. *Dizionario Teologico Interdisciplinare*. Turim. Marietti, 1977, p. 700.

114. Cf. SANTO TOMÁS. *In 4 Sent.*,17, 3, 3, 1-5; 18, 1, 1, 1-3; 18, 3, 1-4; 19, 1, 1, 1-2; 21, 1, 3; 19, 1, 2, 1-3. • POSCHMANN, B. *Pénitence et onction des malades*. Op. cit., p. 137-168. • ANCIAUX, P. *La théologie du sacrement de pénitence au XIIe siècle*.

115. Cf. ibid., p. 41ss. Para uma visão de conjunto cf. ANCIAUX, P. *Le sacrement de la pénitence*. Lovaina/Paris: Béatgrice-Nauwelaets, 1957, p. 103-114. Cf. RAHNER, K. *La penitenza della Chiesa*. Roma: Paoline, Roma 1968, p. 311-876 (ensaios históricos). • RAHNER, K. Il sacramento della penitenza come riconciliazione con la Chiesa. *Nuovi Saggi*, III. Roma: Paoline, 1969, p. 343-373. • VV.AA. *La penitenza* – Dottrina, storia, catechesi e pastorale. Leumann: Elledici, Leumann, 1967, p. 66-240, com diversos ensaios históricos. Resume a tradição da Igreja este juízo de Anciaux: "A Igreja tem sempre por princípio o exercício do ministério da penitência ligado aos poderes conferidos por Cristo aos apóstolos e a seus sucessores" (ANCIAUX, P. *Le sacrement de la pénitence*. Op. cit., p. 104).

116. *Bilan de la théologie du XXe siècle*. 2. ed. Tournai/Paris: Castermann, 1970, p. 495.

O mesmo autor recorda a sentença de Karl Rahner, o qual considera que "o significado eclesial do sacramento foi em parte esquecido, seguindo a doutrina oposta pela Igreja em Wyclif e em Hus, segundo a qual o pecador não é excluído da Igreja"[117]. Um outro juízo: "A disposição teológica 'clássica', tradicional, escolástica, deixou na sombra a dimensão comunitária e litúrgica da Penitência que, em vez, era posta em bom destaque pela praxe e pela teologia da época patrística"[118].

2 Efetivamente, a impostação tanto do tratado escolástico relativo ao Sacramento da Penitência quanto sobretudo daquele dos manuais pós-tridentinos no capítulo relativo ao ministro[119] não aparece suficientemente sensível à dimensão completamente eclesial, o que, aliás, é verdade para todos os sacramentos, inclusive a Eucaristia.

O problema que se põe do ponto de vista teórico é, por assim dizer, o da leitura dos dados da fé, propostos em Trento, num contexto que insere quase repressivamente o ministro – bispo e presbítero – de maneira mais explícita no seio da toda a Igreja, retomando exatamente em toda a sua emergência a Igreja toda, no seu geral caráter ministerial.

Por outro lado, deve-se reconhecer e acrescentar que à elaboração teórica, que dilata e faz adquirir maior verdade e fundamentação aos dados tridentinos – substancialmente repropostos na teologia e no magistério a seguir, até os nossos dias – deve seguir, e de fato assim aconteceu, uma liturgia na qual o caráter ministerial, junto com a especificidade do bispo e do presbítero, seja evidenciada em todo o seu alcance mais amplamente eclesial.

Uma releitura teórica do magistério tridentino permite as seguintes considerações:

1) O Sacramento da Penitência, e em particular a *potestas* pela qual acontece, refere-se, com uma "causalidade próxima mais direta", a quem na Igre-

---

117. Ibid. Cf. RAHNER, K. *La penitenza della Chiesa*. Op. cit., p. 73-128. Cf. tb. p. 75-80: Aspetto ecclesiale del peccato.

118. RAMOS-REGIDOR, J. Il sacramento della penitenza, evento salvífico ecclesiale. In: VV.AA. *La Penitenza*. Op. cit., p. 92; remetemos a este artigo pela ampla bibliografia citada que aqui limitamos ao máximo. Recordamos também a contribuição de SAINT-CYR, C.V. Le mystère de la pénitence réconciliation avec Dieu, réconciliation avec l'Eglise. *La Maison Dieu*, 90, 1967, p. 1.132-1.154.

119. Cf. *Sacra Theologia Summa*, IV. 3. ed. Madri, 1956, p. 516-527. (S. González Rivas, *De paenitentia*, c. 4: *De ministro sacramenti paenitentiae*).

ja tem uma "hierárquica" participação no poder pastoral de Jesus Cristo. Ora, uma interpretação ou uma posição que por isso reduza a dimensão eclesial do Sacramento da Reconciliação viria a contestar indevidamente o sentido do sacerdócio cristão. A Penitência antiga, na variabilidade de suas manifestações e de sua ritualidade, revela sempre em singular e indispensável posição de proeminência um eficaz e imprescindível relacionamento com quem na Igreja tem o carisma da presidência, aliás, segundo a exegese tradicional, recordada pelo próprio Tridentino, de Mt 18,18 e de Jo 20,23[120]. Assim, é tocado um claro problema de eclesiologia, que não poderia ser catolicamente resolvido de maneira diferente.

2) Não menos interessante é a tomada de posição relativa à validade do caráter ministerial do sacerdote no caso da ausência da graça santificante no sacerdote que absolve. Neste caso, o significado profundo da posição tridentina é precisamente o de exaltar a eclesialidade do próprio ministério, subtraindo-o da incerta e precária subjetividade do ministro. A validade na sua objetivação sublinha e põe em primeiro plano a eclesialidade como tal e, mais radicalmente, o poder e o primado de Jesus Cristo; em outras palavras, a eclesialidade objetiva.

Como se vê, os dois dados do Tridentino: o hierárquico, como aquele que responde à intenção de Jesus Cristo, e o da validade objetiva ligada à *virtus Spiritus Sancti* (cf. DENZINGER; SCHÖNMETZER, 1963, n. 1.684) já acenada, vão exata e propriamente no sentido da eclesialidade a partir do caráter hierárquico inclusivamente entendido. Pode ser esclarecedor citar um texto de Santo Tomás, que diz: *"Quia 'ex latere dormientis in cruce sacramenta fluxerunt, quibus Ecclesia fabricatur', ideo in sacramentis Ecclesiae efficacia passionais manet. Et propter hoc etiam ministris Ecclesiae, qui sunt dispensatores sacramentorum, potestas [...] est collata non própria sed virtute divina et passionais Christi"* (*In 4 Sent.*, 18, 1, 1, 1c).

Poderia ser perguntado se o destaque de uma eclesialidade menos eficazmente evidente no Sacramento da Penitência – destaque ao qual não faltam legítimas motivações – não tenha às vezes como sua mais ou menos explícita razão uma concepção menos cristológica e, portanto, menos eclesial do ministério hierárquico e do Sacramento da Ordem em si mesmo.

---

120. Cf. RIGAUX, B. Lier et délier – Les ministères de réconciliation dans l'Eglise des temps apostoliques. *La Maison-Dieu*, 17, 1974, p. 86-135.

É verdade, por outro lado, que este mesmo ministério hierárquico não totaliza a Igreja, que deve ser vista sobretudo no seu conjunto, antes do que nas individuações essenciais internas, e que entra precisamente em todo o seu conjunto nas várias expressões sacramentais, inclusive naquela relativa à Penitência. Ora, especialmente uma menor evidência no plano celebrativo ou litúrgico da reconciliação manteve menos viva esta figura da eclesialidade.

A consciência da Igreja primitiva de ser integralmente envolvida no processo penitencial está fora de discussão e é um valor intrínseco, e tanto as pesquisas históricas quanto o próprio magistério nos documentos recentes não deixaram de pô-lo em evidência[121].

Podemos citar como texto paradigmático aquele de um sermão de Agostinho, que percebe no seio de toda a Igreja o poder e a graça de perdoar os pecados e, portanto, neste sentido do caráter ministerial: com Pedro *"universa Ecclesia ligat solvitque peccata"* (*Serm.* 99, 9). Mas textos sobre esta presença da Igreja e sobre uma teologia de tal presença são inumeráveis[122]. Algumas amostras: "Lá onde se encontram um ou dois fiéis, lá a Igreja está presente. Ora, a Igreja é Cristo, Portanto, quando te prostras aos joelhos dos teus irmãos, é Cristo que tu abraças, é a Cristo que suplicas. E quando eles choram sobre ti, Cristo sofre, Cristo ora ao Pai. E é sempre fácil obter aquilo que o Filho pede" (TERTULIANO. *De paenitentia*, 10). "Ninguém sinta mal-estar ou repugnância: a Penitência em presença de toda a Igreja não tem por objetivo humilhar o pecador, mas garantir-lhe a oração de toda a comunidade; o penitente recomenda-se à oração de seus irmãos, para que se unam na sua súplica" (ibid., 9).

A Tertuliano faz eco Cipriano: "Quando se consegue a paz com a Igreja, recebe-se o Espírito do Pai" (*Ep.* 57, 4). "A paz com a Igreja perdoa os pecados; ser privado dela os retêm" (AGOSTINHO. *Contra donatistas*, 3, 18, 23). "A Igreja, nossa mãe, rezará por ti [é o testemunho de Ambrósio], lavará tuas culpas com suas lágrimas [...]. Cristo deseja que muitos orem por um só [...]. Inclina-te diante de teus irmãos, para que eles intercedam em teu favor [...]. Terias, talvez,

---

121. Cf., p. ex. POSCHMANN, B. *Pénitence et onction des malades*. Op. cit., 27-107. • Os ensaios históricos de Rahner citados na nota 108. • Os títulos mencionados na nota 112. • LORIA, R. *La penitenza nei secoli*. In: VV.AA. *La penitenza...* Op. cit., p. 176-225. • NOCENT, A. *La riconciliazione dei penitenti nella Chiesa di VI secolo*, p. 226-240. • BADINI, J. La Constitution Apostolique "Paenitemini" dans la ligne du Concile. *La Maison-Dieu*, 90, p. 71-73.

122. Cf. a documentação nos ensaios citados na nota precedente.

vergonha de suplicar a Deus e de pedir a proteção do povo santo, a fim de que interceda em teu favor?" (*De paenitentia*, II, 10, 92).

A convicção patrística prossegue. Ouçamos a voz de um representante da teologia monástica medieval, a de Isaac della Stella: "Só o Cristo total, cabeça e corpo, o Cristo com a Igreja, pode perdoar os pecados" (*Serm.* 2). Santo Tomás, por sua vez, escreverá: *"Per sacramenta homo non solum Deo, sed etiam Ecclesiae oportet quod reconcilietur"* (*In 4 Sent.* 17, 3, 5, 3m).

> Sem perder de vista o perdão da culpa diante de Deus [comenta Karl Rahner], antes, tendo-o muito presente no resultado final do processo penitencial, sublinha-se, porém, em primeiro lugar, seu aspecto eclesial: ele é "paz com a Igreja", "comunhão" com a Igreja, "reconciliação com o altar", completa reintegração na "torre da Igreja", "reincorporação na Igreja" etc. Na Alta Idade Média até o século XIII tinha-se a clara consciência de que a absolvição do sacerdote salvasse o pecador readmitindo-o e reintegrando-o na Igreja de Cristo...[123]

Certamente, o tridentino não negou a característica da eclesialidade. O destaque dado ao caráter ministerial hierárquico, de certo modo absolutizado, tem sua motivação histórica, como temos acenado.

Por outro lado, tanto a teologia quanto as próprias intervenções recentes do Magistério vão no sentido de uma mais evidente e concreta retomada da dimensão da eclesialidade.

Pelo que se refere à teologia, a bibliografia não é rara, e se quiséssemos destacar a motivação profunda de tal retomada poderíamos dizer que ela está numa teologia dos sacramentos em geral, e por isso, numa teologia da liturgia, da qual se percebe mais agudamente o caráter eclesial. Tal motivação, portanto, está numa renovada eclesiologia, aquela que na estrutura da *Lumen Gentium* fez prepor o tratado do mistério da Igreja e do povo de Deus e fez seguir o tratado das componentes particulares internas, a começar pela constituição hierárquica e pelo episcopado. A teologia do sacerdócio ministerial aparece assim integrada com mais íntima articulação no conjunto da própria Igreja.

Mas também o magistério está nesta linha de um caráter ministerial da Igreja mais marcado e mais ativo. Além daquilo que se afirma sobre os prin-

---

[123]. VV.AA. *La penitenza...* Op. cit., p. 121.

cípios gerais da liturgia na *Sacrosanctum Concilium* (cf., p. ex., art. 26), a propósito do Sacramento da Penitência se diz: "O rito e as fórmulas da Penitência sejam revistos de tal modo que exprimam mais claramente a natureza e o efeito do sacramento" (art. 72), enquanto que no n. 11 da *Lumen Gentium* declara-se: "Aqueles que se aproximam do Sacramento da Penitência recebem pela misericórdia de Deus o perdão das ofensas feitas a Ele e também reconciliam-se com a Igreja, à qual infligiram uma ferida com o pecado e que coopera para sua conversão com a caridade, o exemplo e a oração".

O ponto de chegada mais maduro desta nova acentuação – aliás, na permanência integral da doutrina tridentina[124] – é o novo *Ordo Paenitentiae* (de 02/12/1973), do qual interessam particularmente os *Praenotanda*, e neles as partes relativas à reconciliação dos penitentes na vida da Igreja (n. 3-5; 8-10). "Toda a Igreja – recordemos ao menos este texto –, enquanto povo sacerdotal, é cointeressada e age, ainda que de maneira diferente, na atual obra de reconciliação, que pelo Senhor lhe foi confiada. Com efeito, ela não só chama os fiéis à Penitência mediante a pregação da palavra de Deus, mas intercede também pelos pecadores e, com zelo e solicitude materna, ajuda e induz o penitente a reconhecer e confessar seus pecados, para obter de Deus, o único que pode perdoá-los, misericórdia e perdão. E mais ainda, a própria Igreja torna-se instrumento de conversão e de absolvição do penitente mediante o ministério confiado por Cristo aos apóstolos e a seus sucessores": é uma síntese feliz da figura de toda a Igreja no ministério da Confissão. Quanto ao ministro – bispos e presbíteros – é dito: "A Igreja exerce o ministério do Sacramento da Penitência por meio dos bispos e dos presbíteros", os quais "atestam e concedem a remissão dos pecados em nome de Cristo e na força do Espírito Santo" (n. 9); e a imagem pastoral do confessor é assim delineada: "O confessor desenvolve a tarefa paterna, porque revela aos homens o coração do Pai e incorpora a imagem de Cristo, bom pastor [...]. Seu ministério é o mesmo de Cristo que, para salvar os homens, realizou na misericórdia a sua redenção e está presente com a força divina nos sacramentos" (n. 10).

A continuação do documento, esclarecendo o significado do rito para a reconciliação de mais penitentes, com a confissão e a absolvição individual,

---

124. Cf. DUVAL, A. Le Concilie de Trente et la confessions. *La Maison-Dieu*, 118, 1974, p. 131-180.

destaca que "a celebração comum manifesta mais claramente a natureza eclesial da Penitência" (n. 12).

Nesta perspectiva e com a nova celebração – significativa tanto como estrutura quanto nos textos do próprio rito – é mais assumido um caráter ministerial no tecido mais geral de todo o serviço eclesial relativo à Penitência e a seu sacramento.

Na mesma linha está o documento – antes redundante, em prejuízo da perspicaz linearidade – que precedeu o Sínodo dos Bispos sobre o Sacramento da Penitência: *A reconciliação e a penitência na missão da Igreja* – que intitula a terceira parte: "A Igreja, sacramento da reconciliação".

Deste modo, aparece em toda a sua dimensão o ministro: como o mediador (sacramental) não fora, mas dentro da Igreja, e coadjuvado por toda a Igreja entre Cristo e o Espírito e o pecador, em função de reinseri-lo vitalmente na própria Igreja ou de fazer-lhe retomar seus contatos.

Talvez não se insista suficientemente nesta mediação sacramental. Ela é, sobretudo, relação com Jesus Cristo e com seu Espírito, na pessoa dos quais o ministro age. Ele é o enviado essencial do Senhor, do Espírito e, portanto, do Pai. E é o enviado da comunidade, entendida no sentido sacramental, por sua estreita relação com o próprio Cristo e com seu Espírito. Não será inútil recordar que a dimensão eclesial é uma dimensão mistérica, não uma extrínseca publicidade. Antes, a relação pessoal e secreta do penitente é como que uma epifania da presença misericordiosa, interior, quase secreta, que insere a condição do pecador arrependido no sinal penitencial cristão e eclesial.

No prosseguimento das precedentes reflexões é o que é estabelecido por Trento – e já é claro na escolástica precedente – sobre a necessidade da jurisdição e não só da ordem no presbítero (cf. DENZINGER; SCHÖNMETZER, 1963, n. 1.686): a absolvição vale quando se refere aos "próprios" fiéis. É possível uma interpretação, por assim dizer, extrínseca desta norma, mas, além de sua positividade, ela exprime uma evidente sensibilidade eclesial.

Não enfrentamos as discussões que são pertinentes a este tema da relação entre poder de ordem e poder de jurisdição[125]. Indubitavelmente, na raiz está o poder de ordem, que conforma radicalmente a Cristo sacerdote e pastor: o poder de jurisdição realiza e aplica tal radical faculdade, especificando-a con-

---

125. Para um tratado clássico do problema, cf. *Sacra Theologiae Summa*, IV, p. 524ss.

cretamente nas suas traduções; desenvolve-a e a circunscreve eclesialmente. Aquele a quem compete originariamente absolver, realizar ministerialmente a *pax cum Ecclesia* é o bispo: com a faculdade de jurisdição, o presbítero colabora neste ministério com o bispo ou com o corpo episcopal.

O juízo da absolvição readmite ao corpo eclesial – ao corpo eucarístico/eclesial – sobre o qual o bispo preside ministerialmente em plenitude por sua porção. Este tem o *ministerium super corpus Christi*, tanto na Eucaristia quanto na Igreja em função do *corpus Christi* eucarístico. Vale especial e individualmente para ele o que encontramos em Santo Tomás: "*Solus ille minister est sacramentorum, in quibus gratia datur, qui habet ministerium super corpus Christi verum*" (*In 4 Sent.*, 17, 3, 3, 1).

Concluindo: a Igreja é como que o desenvolvimento do Corpo de Cristo; readmitir a ela e, por isso, ao Corpo de Cristo, compete a quem tem realmente o poder/ministério em relação àquilo que hoje nós chamamos corpo "místico" de Jesus Cristo.

A expressão do caráter ministerial no juízo da absolvição

Delineado o caráter ministerial no Sacramento da Penitência, com o destaque da específica fisionomia hierárquica na comunhão com toda a Igreja, tomemos em consideração aquilo que tradicionalmente é chamado juízo da absolvição na forma: "Eu te absolvo", e numa continuada e significativamente equivalente. Das precedentes observações aparece que o caráter ministerial não se exaure na absolvição. Em particular, os documentos recentes propõem uma pastoral e uma espiritualidade do ministério da confissão – assim os "*Praenotanda*" do *Ordo Paenitentiae* e os *Lineamenta* para o Sínodo –; e, por outro lado, com os atos do penitente, a absolvição do ministro constitui o sinal sacramental eficaz.

Trata-se de compreender exata e integralmente este "juízo" que, desde Trento, permanece sempre como elemento específico e definido.

O Concílio tridentino declara que a absolvição não é "*solum nudum ministerium vel annuntiandi evangelium vel declarandi remissa esse peccata*" (cf. DENZINGER; SCHÖNMETZER, 1963, n. 1.685): era a posição dos reformadores, que propriamente tirava uma "criatividade" ou originalidade à absolvição, fazendo-a equivaler a uma pregação ou declaração, no fim dissolvendo uma fisionomia específica do próprio sacramento.

Então, por parte do pecador, a única condição era considerada a fé de ser absolvido por Deus, prescindindo de uma contrição ou de uma intenção real do sacerdote de absolver. Basta *"credere se esse absolutum"* (cf. DENZINGER; SCHÖNMETZER, 1963, n. 1.709). Ao contrário, para Trento, o ministério da confissão configura-se *"ad instar actus iudicialis, quo ab ipso 'sacerdote' velut a iudice sententia pronuntiatur"* (cf. DENZINGER; SCHÖNMETZER, 1963, n. 1.685, 1709).

Não se trata, por certo, de enrijecer, confrontando-o com o ato judicial humano, *actus iudicialis*, ao qual dá concreto significado e conteúdo a oposição dos reformadores. A comparação vale precisamente enquanto entende qualificar a absolvição como decisão, fundamentada no conhecimento da condição do pecador, e decisão que vai no sentido do perdão real – dizíamos: criativo, original, efetivamente mediado, novo, quando o próprio juízo for expresso.

Sobre isso, pode-se ler os *Lineamenta*, onde afirmam: "Neste sacramento, o penitente abre-se ao Senhor Jesus, que perdoa mediante a absolvição sacramental que, na doutrina da Igreja, é qualificada como ato 'judicial'. O termo não deve fazer esquecer a analogia com a qual ele é usado: com efeito, estamos diante de um 'juízo', que tem sua inconfundível originalidade e que somente à luz da revelação e da fé pode ser compreendido, exatamente porque a 'justiça' que nele é exercida é a justiça de Deus, que salva em Cristo que morre na cruz. O juízo penitencial da Igreja manifesta sua verdadeira e profunda realidade por ser memorial, presença e anúncio profético do próprio juízo de Cristo: de Cristo que morre na cruz, de Cristo que retorna como juiz universal ao se completar a história humana" (n. 37). No "Eu te absolvo" é assim reapresentada a *auctoritas* de Cristo, que julga o pecado e cria a condição de graça. O juízo do ministério é sua verdadeira mediação, através da qual passa este juízo de Jesus Cristo, juízo que é também o do Espírito.

A confissão é como que a circunscrição do espírito real no qual opera esta discriminação de autoridade e de misericórdia, que é exercida pela Igreja, em analogia com a mediação eucarística e com a dos outros sacramentos.

> Além da fórmula "ato judiciário", o que está em questão é a consistência do poder das chaves, a maneira pela qual Cristo age no governo da Lei nova. Assim, somos reconduzidos ao coração da fé tridentina: a mediação real da Igreja, mediante o exercício insubstituível do sacerdócio ministerial, na economia da salvação. Na

conjuntura do século XVI, pareceu aos Padres de Trento que este dado fundamental da fé católica estaria gravemente comprometido se a confissão integral e circunstanciada dos pecados na confissão cessasse de ser considerada como essencial ao Sacramento da Penitência[126].

O juízo sacramental na Penitência é o sacramento do juízo de Cristo. Ora, "já que a Penitência é uma antecipação sacramental do juízo dos homens reservado a Jesus Cristo, na Penitência, o ministro realiza em si Jesus Cristo juiz. Esta identificação se completa no momento em que o ministro pronuncia a sentença de absolvição. Trata-se, pois, do aspecto misericordioso, salvífico do juízo de Jesus Cristo, segundo a estrutura própria da ação sacramental que, por sua natureza, é ordenada à salvação, e não à condenação dos homens. Nesta luz, o juízo sacramental aparece-nos como penhor do juízo futuro, assim como o banquete eucarístico nos aparece como penhor de alegria futura"[127].

Ministério eucarístico e ministério penitencial

O Concílio de Trento ensina ainda que a fé não é suficiente para receber dignamente a Eucaristia: a *ecclesiastica consuetudo* mostra que é necessária a *probatio* pela qual, se se tem consciência do pecado mortal, embora exista a contrição, para aproximar-se da Eucaristia é necessária como norma primeira a confissão sacramental (cf. DENZINGER; SCHÖNMETZER, 1963, n. 1.646-1.647, 1661). Disposição esta que permanece ainda na disciplina eclesiástica[128].

A relação Eucaristia-Penitência foi e é objeto de reflexão teológica[129]. Nós a acenamos brevemente pelo perfil do ministério da Igreja para a compreensão desta *ecclesiastica consuetudo*.

---

126. Cf. DUVAL, A. Le Concilie de Trente et la confessions. Art. cit., p. 180.
127. COLOMBO, G. *Il sacramento della penitenza*. Roma: Paoline, 1962, p. 115.
128. Cf. *Codex Iuris Canonici*, can. 916. • As normas pastorais da Sagrada Congregação para A Doutrina da Fé, 16/06/1972. In: *AAS*, 64, 972, p. 510-514. • *Ordo Paenitentiae*, n. 31-34.
129. RAMOS-REGIDOR, J. Il sacramento della penitenza, evento salvífico ecclesiale. Art. cit., p. 124-141, onde é examinada a bibliografia precedente sobre o assunto, esp. TILLARD, J.M.R. Pénitence et eucharistie. *La Maison-Dieu*, p. 103-131.

1 A Eucaristia – sacramento do sacrifício para a remissão dos pecados – é certamente o princípio completo da misericórdia e do perdão: é sua "garantia" eficaz na forma em que hoje na Igreja opera a morte redentora de Jesus Cristo.

A própria Eucaristia aparece neste modo como a gênese da comunidade de aliança, do novo povo que é a Igreja; pela comunhão no Corpo de Cristo, na Eucaristia, é apresentada a Igreja como "corpo" de Cristo, como comunhão no seu sacrifício. A Eucaristia é para a geração da Igreja.

No lado oposto, o pecado contesta o sacrifício de Cristo, divide a comunhão salvífica com Ele; consequentemente, põe-se como antítese da Eucaristia, o sacramento que o "contém"; de maneira rigorosamente correlativa, e mais ainda coincidente, o pecado age em sentido separador em relação à comunidade que deriva do sacrifício da cruz, que se constitui como Corpo de Cristo a partir da Eucaristia.

A culpa – obviamente a "mortal" – separa da Eucaristia e também da Igreja que dela resulta.

2 Agora, o ministério da reconciliação é realizado indissociavelmente para restaurar a comunhão com a Igreja e com a Eucaristia: com a Igreja que consiste para Eucaristia. Readmitir à Eucaristia é readmitir à Igreja que é feita pela Eucaristia – e que faz a Eucaristia –, e readmitir à Igreja comporta por isso mesmo readmitir à Eucaristia. O Sacramento da Penitência, em outras palavras, delineia-se como a intervenção que absolve da separação para inserir na Igreja/Eucaristia.

É a presença da Igreja nesta linha precisa. Sem dúvida, num certo sentido, a Eucaristia já está "presente" ou "operante" na Penitência; já está em ato como força da misericórdia e da reconciliação, enquanto sacramento do sacrifício redentor. Esta "porção" de Eucaristia eficaz na Penitência dá exatamente o Sacramento da Penitência, do qual a Eucaristia é o cumprimento, a consumação.

Pode-se dizer também: a Eucaristia é originariamente a fonte do perdão – ou, para sermos mais perspicazes: o sacrifício presente sacramentalmente na Eucaristia é a fonte originária do perdão. Na Penitência, aquele idêntico sacrifício faz sentir sua influência sacramental rejuntando com a comunidade eucarística que é a Igreja e com a Eucaristia que plenamente a significa e a realiza. A reconciliação é objetivamente para a Eucaristia/Igreja.

3 Neste dinamismo compreendem-se diversas coisas:

1) O itinerário da Iniciação Cristã que tem seu cume na Eucaristia e que já se pode entender como um itinerário e uma conexão de etapas para a graça eucarística.

2) O pecado como "excomunhão" da Eucaristia/Igreja.

3) A reconciliação com a qual o pecador é reconduzido, na absolvição, para a Igreja/Eucaristia.

Neste mesmo dinamismo tem seu esclarecimento e plausibilidade a "ecclesiastica consuetudo" que quer como norma primeira a confissão dos pecados mortais, portanto, a absolvição ou reconciliação, que, reativando a comunhão com a Igreja por "necessidade objetiva" comporta a comunhão na Eucaristia. Em resumo, é a Igreja que readmite à comunhão eclesiástico--eucarística.

4 A dissolução desta *ecclesiastica consuetudo*, no fim, iria na direção de desmanchar: a relação reconciliação/Eucaristia; a *pax cum Ecclesia* (na modalidade sacramental) com a comunhão com o Corpo de Cristo; e, no limite: o próprio relacionamento entre o ser-Igreja que o pecado compromete, e a Eucaristia; e a própria obnubilação do Sacramento da reconciliação.

O ministério da reconciliação é um ministério fundamentalmente eucarístico, enquanto o ministério eucarístico põe em ato o Corpo de Cristo e a Igreja como apelo ao pecador, como sua objetiva espera e exigência, através da reconciliação, do seu estar presente ao banquete da Igreja.

13
A Unção dos Enfermos e o conforto pascal de Cristo

A Unção dos enfermos é um dos sete sacramentos. Portanto, pertence à estrutura da Igreja e fala da objetiva relação – como cada sacramento – com a Páscoa do Senhor.

A Constituição litúrgica já delineava seu contexto, precisando que ela pode também chamar-se melhor "Unção dos enfermos", em vez de "extrema-unção", enquanto "não é só o sacramento daqueles que estão no fim da vida", mas também daqueles que "por doença ou por velhice" começam "a estar em perigo de morte" (art. 73).

É nesta situação de enfermidade que o mistério da morte e da ressurreição é destinado a iluminar-se com este sacramento.

E de fato os textos do rito renovado[130] e os *Praenotanda* detêm-se a lançar luz sobre o sentido e a eficácia da presença de Jesus morto e ressuscitado junto ao fiel doente.

Comunhão com a paixão de Jesus

Graças ao sacramento, a doença é como que inserida na paixão do Senhor; a debilitação física não é interpretada como indiferente ou irrecuperável condição puramente física: vivida naquele que tem fé, recebe iluminação e significado a partir do Cristo sofredor. Antes, do Cristo que, por um lado, tomou sobre si a enfermidade e, por outro, "iniciou" sua cura com sua

---

130. Cf. *Enchiridion documentorum instaurationis liturgicae*. Op. cit., p. 905ss.

atenção misericordiosa pelos enfermos e os milagres sobre eles: indícios do mundo renovado que Ele viera trazer e que estará completo na ressurreição dos mortos: "São muitas as passagens dos evangelhos nos quais transparece o desvelo de Cristo Senhor pelos doentes: Ele os cura no corpo e no espírito, e recomenda que seus fiéis façam a mesma coisa"[131]. O estado em si reprovável da doença, a extenuação que é prelúdio do fim, e às vezes a condição irreparável, são "redimidos" e salvíficos. Na perspectiva paulina: podem – e devem – representar o consenso ao cumprimento da paixão de Cristo para a salvação do mundo, em vista e na espera da libertação final, escatológica, e da participação da glória dos filhos de Deus (cf. Cl 1,24; Rm 8,19-21).

A forma sacramental

Mas a "visita" atual de Jesus Cristo ao doente assumiu a forma do sacramento: assim, a relação do enfermo com a Palavra de Cristo, com sua "graça" – com Ele que é a "Graça" – tem a certeza do sacramento. A razão pela qual esta "visita" tenha assumido a configuração do sacramento no-la podem dizer destaques de plausibilidade – a situação típica do enfermo e de sua grave debilitação. De fato, positivamente Jesus Cristo está na origem da eficácia sacramental, já que é Ele mesmo o inventor dos sacramentos.

Ainda os *Preâmbulos* do novo rito da Unção dos Enfermos destacam que o sinal principal do zelo de Cristo pelos doentes "é o Sacramento da Unção: instituído por Cristo e dado a conhecer na Carta de São Tiago – trata-se, como é sabido, de Tg 5,14-15 – este sacramento foi depois sempre celebrado pela Igreja para seus membros doentes; nele, por meio de uma unção, acompanhada da oração dos sacerdotes, a Igreja recomenda os doentes ao Senhor sofredor e glorificado, para que lhes dê consolo e salvação, e exorta os próprios doentes a associar-se espontaneamente à paixão e morte de Cristo a fim de contribuir para o bem do povo de Deus. Com efeito, no estado de ânsia e de dor em que se encontra, o homem gravemente enfermo tem necessidade de uma graça especial de Deus para não se deixar abater, com o perigo que a tentação faça vacilar sua fé. Por isso, Cristo quis dar a seus fiéis doentes a força e o consolo validíssimo da unção"[132].

---

131. Ibid., n. 907, n. 2.930.
132. Ibid.

De qualquer forma, é preciso partir da origem do sacramento, a Páscoa do Senhor, que é reapresentada na Eucaristia: dela se compreendem seus frutos, ou seja, o "consolo", que significa a não depressão ou valorização catastrófica da enfermidade: consolo que é inserção no plano de Deus e que não exclui a própria cura por força da vitória pascal de Jesus Cristo. Em tal caso, a saúde não é valor temporal absoluto, mas o indício de uma renovação interior que o Senhor pode conceder, assim como havia já concedido a saúde miraculosamente.

Depois, esta presença da própria Páscoa está na origem da remissão dos pecados: não como substituição da confissão – nas formas em que é prevista e exigida pela Igreja –, mas na condição de culpa em que o doente se encontra e da qual pode ser libertado levando em conta seu estado de enfermidade.

Segundo as palavras dos *Preambula*:

> Este sacramento confere ao doente a graça do Espírito Santo; todo o homem recebe sua ajuda para sua salvação, sente-se seguro pela confiança em Deus e obtém novas forças contra as tentações do maligno e a ansiedade da morte; Ele pode, assim, não só suportar fortemente o mal, mas combatê-lo e conseguir também a saúde, se dela derivar alguma vantagem para sua salvação espiritual; além disso, se necessário, o sacramento dá o perdão dos pecados e leva a termo a caminhada penitencial do cristão.
> No Sacramento da Unção, explicitamente ligado à oração da fé (cf. Tg 5,15), a própria fé se exprime e se manifesta; antes de qualquer outro devem reavivá-la e manifestá-la tanto o ministro que confere o sacramento quanto sobretudo o doente que o recebe; será exatamente sua fé e a fé da Igreja que salvará o enfermo, aquela fé que enquanto se reporta à morte e à ressurreição de Cristo, de quem o sacramento deriva sua eficácia (cf. Tg 5,15), lança-se para o reino futuro, do qual o sacramento é penhor e promessa[133].

Por vezes, pergunta-se se realmente a saúde física é um efeito do sacramento. Deveríamos dizer: efeito do sacramento é a real participação na Páscoa do Senhor, e esta tem múltiplos resultados. Eles são de natureza escatológica e não sem evidências ou indícios na história onde a escatologia já se manifesta. Eles são percebidos pela fé, nem sempre necessariamente os nossos sentidos estão em condições de percebê-los. A eficácia segura é

---

133. Ibid., p. 908, n. 2.931-2.932.

o resultado "espiritual", ou seja, a condição criada pelo Espírito de Jesus ressuscitado, que insere a enfermidade na ordem de salvação e, portanto, prepara para a restauração final.

14
O sacerdócio ministerial

O sacerdote, "sacramento" do sacerdócio de Jesus Cristo

Os sacramentos – dentre os quais emerge a Eucaristia – são confiados a toda a Igreja, que é o sujeito integral da memória. Mas nela existe como que uma articulação de papéis, que seria absolutamente errado interpretar e ligar em termos de poder. Ou mais exatamente: está implicado o "poder", mas trata-se do poder de Cristo, "o Senhor" (Mt 28,18). Já que – como toda a Igreja – assim o ministério se compreende a partir de Jesus Cristo ressuscitado, que concedeu à Igreja os seus dons e carismas (1Cor 12,4-11; Ef 4,7-8). Entre estes o sacerdócio, que o representa como aquele que preside a ceia eucarística.

Uma categoria capaz de traduzir o relacionamento entre o ministério sacerdotal e Jesus e seu sacerdócio é a de "sacramento". Como único é o sacrifício da cruz, assim único é o sacerdócio, aquele que pertence propriamente a Cristo. Mais do que ser participado, o sacerdócio de Cristo é representado realmente mediante o sacramento e mediante o exercício ministerial, que assim aparece o lugar onde o "poder" do Senhor Jesus prossegue e se realiza. Nesta relação, revela-se o significado primeiro do sacerdócio como serviço: aquele de estar disponíveis a quem recebeu "todo o poder no céu e na terra" (Mt 28,18). Consequentemente, o ministério serve a Igreja e serve a humanidade com a mesma continuidade do serviço que Cristo fez em relação à Igreja e aos homens (Mt 20,28).

O ministério "do alto"

Nesta concepção, compreende-se a doutrina tradicional católica que sempre entendeu o ministério – se é lícito usar difusas figuras geométricas, que, às vezes, distraem mais do que esclarecem – como proveniente "do alto", em vez de "de baixo". Ele não resulta da invenção e da possibilidade da comunidade[134], mas é oferecido pelo próprio Cristo, para significar, também deste ponto de vista, que a salvação é graça e dom e, por isso, está em dependência do plano divino e do amor, que o projetou e instituiu. Os ministros "tomam o lugar de Cristo, Cabeça da Igreja", cujo papel "é indispensável para demonstrar que a fracção do pão por eles realizada é um dom recebido do Cristo, que supera radicalmente o poder da assembleia"[135]. Precisamente porque a gênese é o poder de Cristo ressuscitado dos mortos.

Assim, refletindo bem, não é a dissolução ou a contestação do sacerdócio ministerial, mas sua presença e constatação, seu exercício, é que exaltam a gratuidade da salvação, em ato na disponibilidade da fé. O sacramento do sacerdócio não insere uma alteridade em relação ao sacerdócio único de Cristo; não é uma substituição ou superposição a Ele; é sua aproximação. E mais: é "o instrumento" de presença, que refere e proclama somente o sacerdócio do Senhor. Deste modo – com o destaque dos contornos que identificam a figura do ministério sacerdotal – é estabelecida a humildade profunda e constitutiva do sacerdote na comunidade. Não é "equiparando-se" e quase se envergonhando por possuí-la – por vezes modificando desastradamente ritos ou palavras litúrgicas – que se afirma a fraternidade cristã; mas evidenciando nela o poder de Jesus Cristo e a graça que significa o caráter ministerial. Esta espécie de temor, no fundo, manifesta um modo de compreender o sacerdócio que o assemelha a uma propriedade ou a bens pessoais, que – com os tempos que correm – é preciso repartir rapidamente ou fingir que reparte, para poder ornar-se com a honorificência da pobreza.

"Na pessoa" de Cristo

O sacerdócio não embeleza quem o recebe; não o enfeita para que se sinta orgulhoso em relação aos irmãos, pelas obrigações das quais por algum motivo foi dispensado. Ao contrário, compromete a estar entre eles em nome, "em pessoa" – isto é, como representante de Cristo (*Summa Theo-*

---

134. DENZINGER, H.; SCHÖNMETZER, A. *Enchiridion Symbolorum*. Op. cit., n. 1.771ss.
135. Cf. *Nuntius televisificus iis qui XLII Eucharistico ex omnibus nationibus conventui interfuere missus*. Op. cit., p. 547-553.

logiae, III, 82, 1) – quem recebeu a capacidade de consagrar, de absolver; capacidade que originariamente é de Jesus, constituído Senhor.

Mais uma vez se percebe quanto é preciosa e eficaz a categoria sacramento bem compreendida; isto é, não interpretada como extrínseca – o sacerdote é "interiormente" conformado a Jesus Cristo, Cabeça da Igreja, seu Corpo – nem como expressão de um acréscimo, mas como sinal de presença eficaz.

O sacerdócio redescobre sua identidade e não sucumbe na confusão se olhar para Jesus Cristo. E, portanto, olhando para Ele, reencontra-se na Igreja, que é a Esposa de Cristo; que é a obra histórica da Trindade Santíssima, o motivo e o êxito pelo qual Deus, com o mistério da encarnação redentora, saiu de si e chamou para a comunhão de seu inefável mistério (At 13,41; Ef 5,25-27).

A componente essencial da missão do sacerdote

Mudanças culturais

Também no sacerdócio e na sua figura, como no complexo da Igreja, são perceptíveis componentes essenciais de sua identidade – que não podem variar sem que ela seja alterada e "inválida" –, e componentes sujeitas à mudança da história e da cultura. O ritmo pelo qual estas últimas evoluem não apresenta em cada época a mesma rapidez: há tempos que lentamente se desenvolvem e produzem mudanças, e tempos nos quais as viradas ocorrem velozmente. O nosso tempo distingue-se pelas passagens prementes, que em poucos anos deixam o sinal de períodos uma vez bastante extensos. É o caso da própria figura "exterior" do sacerdote, cujo modo de aparecer e de colocar-se na comunidade cristã está se modificando rapidamente em relação a um passado recente. Nesta mudança, sobre a qual não importa formular aqui um juízo de mérito, é ainda mais necessário perceber as componentes essenciais que não podem ser discutidas ou postas em crise, sob pena do desaparecimento da identidade sacerdotal na Igreja. Não porque aquilo que pertence à mutabilidade histórica seja por isso mesmo objeto de opção autônoma ou arbitrária, ou falte consistência e incisão, mas porque o sentido das relativas componentes pode ser captado e recuperado na condição de permanecerem claros os traços estruturais do sacerdócio cristão.

Sacerdócio e celebração da Páscoa

Aqui quereríamos chamar a atenção sobre um deles, que consideramos o mais específico e completo: é a relação entre o sacerdócio e o culto, dizendo claramente que o sacerdote é o homem do "culto cristão", e sobretudo o homem da celebração eucarística. Sem dúvida, a ação sacerdotal (que entendemos em sentido amplo, que, por este aspecto, compreende também o ministério episcopal, que realiza em plenitude o Sacramento da Ordem) comporta essencialmente o ofício da pregação autorizada do evangelho, a função de referência autêntica da fé, o governo da Igreja como comunidade de graça, a remissão dos pecados no Sacramento da Reconciliação; mas o termo último e completo de tudo é a Eucaristia como celebração eficaz da Páscoa de Cristo, pela qual a comunidade recebe o conteúdo do Credo (Jesus Cristo morto e ressuscitado), a graça da salvação e a forma da vida. Nesta completeza de perspectiva, o sacerdote é aquele que tem o ministério específico de presidir a Eucaristia, o carisma de reunir ao seu redor os crentes, o poder de consagrar o Corpo e o Sangue do Senhor, pelo qual é constituído o povo de Deus e de reinserir nele o pecador arrependido. É um poder próprio do sacerdote, com o qual participa do poder de Cristo ressuscitado. Nem num clima de proclamado democratismo ou de alergia cultural à linguagem do poder, o sacerdote deve renunciar a ler no próprio carisma uma comunhão, certamente em absoluta dependência, com a autoridade de Cristo; não deve intimidar-se de ser expressamente "representante" do Senhor, do qual a Igreja nasce e é edificada.

O específico do sacerdote e alguns equívocos

A correspondência do sacerdócio com a Eucaristia sobressai mais claramente hoje na sua tipicidade com a resolução e a simplificação, de certo modo, dos compromissos antes exercidos pelo sacerdote e passados a outras mãos. Com tal redistribuição de consciência e de ofícios surge mais facilmente a interrogação sobre o específico ou sobre o "próprio" do sacerdote; ora, uma resposta parece indiscutível e rigorosa: é um "próprio" não transferível e qualificador do sacerdote a presidência da sinapse eucarística e de suas conexões fundamentais já acenadas, de modo que, se tal relação vier a se perder, dificilmente Ele conservaria seu caráter e seu significado. Ela é um elemento fundamental e discriminante.

Para dar um testemunho cristão e vivido no mundo do trabalho não é necessário que um crente tenha recebido a ordenação, que não é como tal pertinente a este fim. Antes, só nesta perspectiva, a imposição das mãos não teria sentido, assim como não o tem o falar, por força dela, de um testemunho de maior valor. Semelhantemente, não é preciso a ordenação para promover e transmitir o "saber" da fé que compete a um teólogo, ou a cultura cristã; ou para a santificação da própria vida e dos próprios sofrimentos em favor da Igreja (por isso nos parecem mais emotivas do que educativas certas ordenações presbiterais juvenis no leito do sofrimento), ou também para exercer a atividade formativa, a discrição dos espíritos, a administração dos bens eclesiásticos. Naturalmente isso não significa que então concebemos um sacerdócio quase abstrato e não histórico, ou que concreta e necessariamente estes vários carismas não convivam no ministério sacerdotal; mas, já que estamos fazendo um discurso formal, dizemos que, enquanto eles encontram possibilidades de princípio e de exercício também em quem não é sacerdote, a presidência da Eucaristia – entendida em toda a sua plenitude de valor e de conteúdo – e, portanto, da Igreja que dela é gerada, define essencialmente a identidade do sacerdote na comunidade cristã. Precisamente no despertar – como parece – de muitos outros carismas diferentemente distribuídos na Igreja, este sobe e permanece como emergente por si, até circunscrever sua fisionomia inconfundível.

Nenhum triunfalismo

Já acenamos que tudo isso nada tem a ver com uma concepção triunfalista do sacerdócio ou com uma visão de poder que se oporia a uma visão de serviço, ou de instituição em antítese com o espírito e com o evangelho. Em algum tempo recente, podia-se ser instintivamente disponíveis a crer nisso: talvez por razões históricas e talvez porque é quase inevitável oferecer ao menos um grão de incenso à ideologia imperante ou mais aclamada. Na realidade, é exatamente a desclericalização da Igreja que faz tomar consciência mais aguda desta natureza e finalidade não recuperável do clero; isto é, não substituível pelos outros membros da comunidade. Aliás, quem deduzisse que uma perspectiva clerical e cultural ou também "sacral" (bem entendido) do sacerdócio está na base destas afirmações, estaria no correto: uma vez bem distinguido um sacerdócio e uma cultualidade pagã (e em parte também veterotestamentária) em relação a um sacerdócio e a um culto cristão. Para quem se aproxima do sacerdócio, segue-se a necessidade da clara consciência desta sua função essencial no seio da comunidade, a partir da qual, num certo sentido, as outras expressões sacerdotais concretas devem ser medidas e avaliadas: com uma avaliação e uma medida que, sem dúvida, não atendem ao plano numérico quantitativo e reconhecendo uma multiplicidade de possíveis vocações sacerdotais.

A doutrina do Vaticano II

De qualquer forma, precisamente ao mudar a figura sociológica e ideológica do sacerdote, e no risco de se tornarem confusos os seus traços e se dissolver o carisma que o define inconfundivelmente, importa voltar a sublinhar um relacionamento que constitui de maneira imprescindível o sacerdócio cristão, e que o entende de forma primária como serviço eucarístico da comunidade. São palavras do Concílio Vaticano II: "A sinapse eucarística é o centro da comunidade dos fiéis presidida pelo presbítero"; "No mistério do sacrifício eucarístico [...] os sacerdotes desempenham sua função principal (*munus suum praecipuum*)" (*Presbyterorum Ordinis*, n. 13; cf. n. 5); "Os presbíteros sobretudo exercem sua função sacra no culto ou assembleia litúrgica, onde, agindo na pessoa de Cristo e proclamando seu mistério, unem os votos dos fiéis ao sacrifício de sua Cabeça" (*Lumen Gentium*, n. 28).

Educador da fé eucarística

Esta dimensão, entre as discussões que se poderão fazer sobre a identidade do sacerdócio, sobre sua maneira concreta de dispor-se no seio da Igreja, jamais poderá ser posta em crise ou equiparada a outras, ou, muito menos, ser julgada secundária. Ao contrário, deverá aparecer como primeira e insubstituível, até que a Igreja tiver necessidade da memória do Senhor, do banquete de sua Páscoa; isto é, até que Ele venha.

O sacerdote não é só aquele que preside a celebração da Eucaristia, exercendo assim um aspecto essencial do carisma possuído em virtude da imposição das mãos; ele é também aquele que educa para o mistério eucarístico. Antes de mais nada, com a correta fé. A fé relativa à Eucaristia é de certo modo sintética da fé cristã, que é acolhimento da morte e da ressurreição de Cristo, da qual a Eucaristia é sacramento. Ora, entre as tarefas primárias do sacerdote está aquela de despertar e reavivar a percepção, nos sinais daquilo que aparece e é circunscrito como pão e vinho, da presença do Senhor, de sua ação sacrifical na verdade de seu Corpo doado e de seu Sangue derramado. Esta fé não diminuiu nestes anos; parece, porém, que cá e lá tenha se tornado menos viva e evidente, menos capaz ou atenta a exprimir-se nos sinais, que, se não são a fé simplesmente, manifestam-na e a alimentam, como que traduzindo-a no tempo e no espaço. A recusa por parte da Igreja de acolher, em lugar da linguagem da transubstanciação, aquela da transignificação, não tem sua razão na identificação entre a realidade da fé e o termo e conceito que a exprime, ou na pura e acrítica aceitação de uma filosofia ou mentalidade que se pode discutir, mas – como acenamos acima – na convicção de que a linguagem da transfinalização e da transignificação não torna suficiente toda a verdade e a consistência da presença e da ação de Cristo na Eucaristia.

O sacerdote será rigoroso e atento na sua pregação e na sua praxe pastoral também na linguagem eucarística da Igreja, no seu sentido e nas suas consequências.

15
O Sacramento do Matrimônio

Já falamos[136] da espiritualidade cristã conjugal fundamentada na sua natureza sacramental. Aqui tratamos só de um aspecto do Matrimônio cristão.

O destaque da dimensão antropológica – ou do valor tanto da parte do homem quanto de sua historicidade – atravessou, nestes anos, todo o âmbito da teologia. Assim vieram à luz e se tornaram operantes aspectos do campo cristão que haviam ficado um pouco esquecidos tanto na reflexão teórica quanto na praxe. Mas a renovada sensibilidade e o destaque dado à antropologia como momento, num certo sentido, estrutural do mistério cristão exigem extrema atenção e rigor. Caso contrário, entra em crise e, no fim, vê-se dissolvida, a própria originalidade da ordem de salvação, seu caráter de novidade criadora, sua propriedade antecedente e objetiva, garantida não pelo acolhimento do homem, mas primariamente da fidelidade de Deus.

Sacramento do Matrimônio e antropologia

Feita emergir acriticamente nos sacramentos – para deter-nos a este tema – uma mentalidade antropologista não consegue mais compreendê-los como os gestos da presença e da atualidade de Cristo, os sinais radicalmente válidos pelo poder e pela gratuidade da redenção, os atos que recebem significado e interpretação unicamente a partir do Senhor e de nenhuma outra analogia humana ou natural, que podem vir só a seguir. Hoje são particularmente percebidos no seu lado antropológico os dois sacramentos do Matrimônio e da Eucaristia, com a dimensão do amor e da amizade convivial. Somente uma clara concepção do sacramento pode evitar que o nível

---

136. Cf. p. 193-194.

e, portanto, a realidade sacramental, sejam incompreendidos e dissipados: e o seria quando ao "puro" estado de amor, sem uma relação diversamente formulável com a Igreja, vier reconhecido caráter e validade sacramental; ou quando a "ceia humana" for feita coincidir, por suas razões intrínsecas, à "ceia do Senhor".

Validade e valor sacramental

No caso do Matrimônio: validade e valor sacramental não são alcançáveis, por mais presente e intensa que possa ser, unicamente pela vontade de doação recíproca dos dois batizados, ou por "difícil" que seja a situação daquele amor consciente e sincero. Deve agir positivamente, através da Igreja, o reconhecimento de Cristo. Sem dúvida, a raiz da sacramentalidade é o Batismo e, portanto, existe um reconhecimento de Cristo já intrínseco na condição batismal. Desse modo, acontece o "acréscimo" ao amor "natural" como "novidade criativa", com a qual Cristo assume e coloca no horizonte da salvação – isto é, no concreto plano de Deus – o amor do homem e da mulher. Esta possibilidade não pertence à "natureza" do amor. Ora, nesta linha coloca-se a intervenção da Igreja. Renunciar ou enfraquecer a necessidade do reconhecimento de Cristo na mediação e modalidade determinada pela Igreja, mesmo que seja para conseguir justificar situações lamentáveis, é método teológico errado. Intencional e objetivamente isso levaria a não compreender mais nem a especificidade nem a necessidade do sacramento, ao qual compete conferir um relacionamento e, portanto, uma percepção própria do amor conjugal, por força de uma ação e de uma eficácia que é subtraída à simples vontade de amor dos sujeitos, mas vem por iniciativa de Jesus Cristo morto e ressuscitado, em obra da Igreja.

Julgar em termos de simples juridicidade a presença da Igreja levaria à incompreensão da própria iniciativa do Senhor; e por este caminho perderia concreta realizabilidade a fundação sacramental. É precisamente a Igreja, com sua lei e ritualidade, compreendidas no seu sentido íntimo, a perceber no amor esponsal o sinal do amor de Cristo e da própria Igreja, e a permitir a leitura completa e finalmente única e concreta. Não seria exato falar de coroamento: o sacramento não coroa, já que, como se diz, a matéria e a forma e, portanto, o sinal sacramental, estão eficazmente em ato somente quando elas exprimem a palavra de Jesus Cristo, ou seja, a começar dele.

Primeiramente, todos os sinais, e também o amor, não são sinais cristãos, são "indiferentes" por si, não têm relação com a Páscoa do Senhor, não são sua memória. O Batismo e a presença da Igreja – que a história demonstra ter-se configurado diversamente – são mediações dessa memória, a serviço da ação de Cristo.

Imitação da fidelidade de Cristo

Correlativamente, como o sacramento não sabe autocriar-se naturalmente a partir do amor "natural", que também dá ao sinal cristão a sua possibilidade, assim o conteúdo e as consequências sacramentais não podem dissolver-se por faltar o próprio amor natural. E isso pelo fato de a obra eficaz e sacramental ter criado uma situação de "fidelidade de Cristo" que envolve definitivamente. O significado último da indissolubilidade do sacramento tem aqui sua motivação. A "graça", com a exigência que lhe está conexa para sempre, é esta: que o amor esponsal exprima aquele sentido que tem princípio e condição no modo e na realidade do amor que é o de Jesus Cristo. Como este amor primeiramente previu e constituiu o amor natural, tornou-o sinal sacramental eficaz, assim depois permanece sua força de adesão e de fidelidade, embora na sua estrutura natural e psicológica tenda a dissolver-se ou, ao menos, no plano fenomenológico, se sinta que esvaiu.

Obviamente, este discurso pode estar conexo somente dentro da linguagem da fé e de uma concepção dos sacramentos que não os entenda derivantes ou dependentes, como entidades e possibilidades, de motivações antropológicas. Se assim fosse, do mesmo modo que o amor construiria essencial e incondicionalmente o sacramento, fá-lo-ia cessar quando viesse a faltar o amor. É verdade que nestes termos, se se quiser permanecer ainda num certo clima sacramental, o discurso não é feito; e todavia, mesmo que antropologia e sacramento só sejam postos num nível igual, a perspectiva propriamente cristã começa a perder a sua coerência. O cristão percebe a exigência e o significado do sacramento acolhendo-o de Jesus Cristo e lhe é coerente até o fundo, com a mesma coerência da fé. O despertar antropológico, a atenção ao homem e à sua componente de amor, que devem ser estudadas com a maior participação pelo cristão, que as vive na experiência conjugal, não podem comprometer o caráter sacramental e a natureza própria representada pelo Matrimônio em Cristo e na Igreja.

Indissolubilidade do Matrimônio e comunhão eucarística

1 A indissolubilidade do Matrimônio e o não se casar "pelo Reino de Deus" representam as duas inesperadas e surpreendentes novidades do Evangelho. Anunciar ao mundo hebraico, e sobretudo ao pagão – sobre cuja conduta temos a impressionante e realista descrição em Rm 1 –, significava propor os princípios e as normas que levavam a uma subversão inaudita e a uma renovação radical. Fiel à Palavra de Cristo, a Igreja o fez desde o início, não a partir do diálogo com as culturas, que teriam permanecido surdas e não teriam compreendido, mas a partir de três outras persuasões precisas: a primeira, que aquelas "novidades" traduziam o plano de Deus sobre o homem e realizavam uma completa promoção humana; a segunda, que a transmissão daquele "Evangelho" representava uma tarefa permanente e não volúvel da pregação cristã; terceiro, que aquelas "novidades" eram acompanhadas da graça, que sabe tocar e converter o coração do homem.

2 Detemo-nos sobre a indissolubilidade do Matrimônio diante da praxe do divórcio.

A afirmação de Cristo é peremptória e inequívoca: o repúdio fora uma condescendência à "dureza do coração", mas era contrário ao originário plano de Deus sobre o homem e sobre a mulher: "No início não foi assim" (Mt 19,8). No projeto do Criador, o homem e a mulher são destinados a formar "uma só carne" no Matrimônio, por isso o homem não deve dividir aquilo que Deus uniu. Por isso – declara Jesus Cristo – "quem repudiar a própria mulher, a não ser no caso de união ilegítima, e se casar com outra, comete adultério" (19,9). E vale tanto para o homem quanto para a mulher: "se esta, tendo repudiado o marido, casar com outro, comete adultério" (Mc 10,12).

3 Nas atuais discussões, vivas e não raramente confusas também no seio da Igreja, o primeiro ponto, que é preciso relembrar sem incertezas, refere-se precisamente a esta indissolubilidade. Isto é, deve emergir que o divórcio contrasta com a vontade de Jesus Cristo, que ele não corresponde ao projeto divino ou à razão pela qual foram criados o homem e a mulher. Em outras palavras, um Matrimônio dissolúvel contradiz e transgride aquele plano "inicial", ao qual Cristo entendeu reconduzir peremptoriamente quem escolher ser seu discípulo.

Por certo, alguém é livre para não se tornar discípulo de Cristo, mas se se tornar não pode conceber um próprio e diferente modelo de esponsalício.

O que hoje parece mais grave e preocupante não são, porém, comportamentos de infidelidade, mas a pretensão de uma profissão cristã que se acompanhe com o ofuscamento ou a contestação relativa ao taxativo princípio da indissolubilidade do Matrimônio, na persuasão de que um enfraquecimento de tal indissolubilidade seja sinal da parte da Igreja de maior humanidade, em relação a uma concepção – aquela própria de Cristo – que seria demasiado severa e sem misericórdia, como se competisse a nós ensinar-lhe o espírito de indulgência.

4 Certamente, a indissolubilidade do Matrimônio não é completamente compreensível fora do Evangelho; ela desperta instintivamente surpresa e reação. Aliás, na sua proposição por parte de Cristo, os discípulos não deixaram de reagir: "Se esta é a situação do homem em relação à mulher, não convém casar-se" (Mt 19,10). Mas nem por isso Ele corrige seu projeto; poderia ser dito que até o acentua. Em todo o caso, ser "uma só carne" é o sinal que marca a união esponsal do cristão – isto é, do crente –, que a considera segundo o juízo de Cristo e, portanto, segundo a sensibilidade da fé. Ao declinar da fé não admira que suceda fatalmente também a rejeição desta prerrogativa do Matrimônio, estreitamente conexo com o conteúdo do Credo cristão.

A primeira e iluminada pastoral da Igreja em relação aos divorciados, e a primeira compreensão para com aqueles que levam sinceramente a sério sua fé cristã, não consiste precisamente em justificar de alguma maneira o divórcio, mas, ao contrário, em recordar sem tergiversação – a quem queira ser um seguidor de Cristo – a sua inadmissibilidade e, portanto, o valor da indissolubilidade, que é a única conforme o Evangelho.

5 Isso não quer dizer indiferença diante de situações não raramente complexas ao extremo, sobretudo quando ao divórcio tiver seguido a formação de outros núcleos familiares, com a presença de filhos, que têm o direito de ter e sentir-se próximos ao pai e à mãe. Uma sábia atenção a tais situações saberá sustentar, aconselhar e também confortar, com prudente e delicado discernimento, e com soluções variáveis segundo os casos, deixando a Deus o juízo sobre as responsabilidades individuais: uma grosseira dureza, um rápido tratamento jamais são evangélicos, como não o é a insensibilidade a muitos sofrimentos que, com frequência, se encontram em matrimônios desfeitos.

Mas em tudo isso deverá sempre sobressair, sem hesitação, o Matrimônio indissolúvel como único de acordo com o Evangelho e com a identidade cristã, e consequentemente a opção e o estado do divórcio, como opção e estado, do ponto de vista cristão e eclesial, anômalos, em si mesmos realmente disformes com o plano esponsal querido por Deus e revelado por Jesus Cristo.

6 Em síntese, o caminho irrenunciável para o saneamento do Matrimônio em sentido cristão é o de reforçar sua indissolubilidade e recordar o Evangelho.

Com efeito, trata-se de compreender que ela não é pura proibição e constrição.

O Apóstolo Paulo ensina que o "ser uma só carne" do "início" prefigurava e antecipava o mistério da própria esponsalidade de Cristo em relação à Igreja (Ef 5,31-32). No seu projeto divino, o Matrimônio foi logo uma profecia e uma antecipação deste laço de amor pela Igreja, que Jesus consumou na cruz e que é destinado a marcar o estado esponsal de seus discípulos. Antes, o próprio Matrimônio não cristão – o "natural", como se diz – está em condição de não acabamento, de "sofrimento" e de objetiva aspiração, enquanto não se converter e não se resolver no Matrimônio que Cristo definiu como pertencente à sua fundação divina "inicial".

Só, precisamente, que é necessária a fé para acolhê-lo e a graça, que é mediada pelo sacramento, para vivê-lo.

7 Como é sabido, é hoje motivo de animadas discussões a comunhão aos divorciados recasados. Mas, para compreender os termos da questão, importa sobretudo esclarecer o valor e o sentido tanto da comunhão eucarística quanto da pertença à Igreja, e é exatamente o que nos parece ser largamente desentendido e ausente na consideração tanto dos fiéis quanto também na reflexão dos pastores, que, ao invés, deveriam ser os primeiros a fazer dele objeto de reflexão.

A comunhão eucarística não consiste num simples conforto religioso, numa espécie de gratificação espiritual ou numa iniciativa deixada a cada cristão, que, certamente, não cessa, ainda que divorciado, de fazer parte da Igreja ou de ter um direito por ele possível de ser reivindicado.

Por um lado, a comunhão eucarística representa a mais íntima união com o Corpo e o Sangue de Jesus Cristo; sua assunção sacramental-real; o pleno "consenso" à sua vontade; o cumprimento e a perfeição do relacionamento com Ele.

Por outro lado, a condição do divorciado – que deve ser claramente distinguida da culpa de infidelidade, que pode ser perdoada, como pode sê-lo qualquer pecado – mostra um "estado" permanente de evidente contraste em relação ao projeto divino do Matrimônio por Ele revelado e quisto para seus discípulos e no qual a indissolubilidade está intrinsecamente incluída.

É exatamente esta antinomia entre a condição do divorciado e o conteúdo da Eucaristia que deve ser sobretudo considerada.

8 Mas também o valor e o sentido da pertença eclesial são habitualmente negligenciados na questão da comunhão aos divorciados. A participação na mesa eucarística comporta e manifesta o próprio estar plenamente no Corpo "místico" de Cristo, que é a Igreja.

Eucaristia e Igreja implicam-se reciprocamente.

A respeito, deve-se repetir com clareza duas coisas:

1) Que o divorciado não está excluído da Igreja, não só porque a Igreja, de várias formas, leva-o a sério e reza por ele, mas também porque ele próprio é chamado a viver o Evangelho, a rezar, antes, a tomar parte da oração da Igreja na assembleia litúrgica.

2) Que por motivo do divórcio – aliás, objeto de sua opção livre – o divorciado está numa situação eclesial e eucaristicamente anômala, "incompleta".

Nem deve admirar que se afirme, por um lado, que não deve deixar a assembleia eucarística sem que, por outro lado, receba o Corpo e o Sangue do Senhor.

A tradição da Igreja conhece estas formas "reduzidas" de participação: os catecúmenos, por exemplo, não participavam de toda a celebração; a categoria dos "penitentes", por sua vez, abstinha-se, à espera que, realizado o itinerário penitencial, recebendo a Eucaristia reentrassem em plena comunhão com a Igreja.

Depois, existe a comunhão espiritual, ou seja, de desejo, bastante mal-entendida e tornada quase insignificante, mas à qual Santo Tomás reconhecia uma grandíssima eficácia para conseguir o próprio fruto último – o da "realidade (*res*)" – da Eucaristia.

A não admissão à comunhão sacramental mantém viva na consciência da Igreja que o divórcio está em contraste radical com a imagem que Cristo tem do Matrimônio; que o suavizar sua radicalidade é o caminho errado para restaurar esta imagem e renovar em sentido evangélico a família; e, enfim, que a ninguém, na medida de sua boa vontade, é deixada faltar a graça da misericórdia e da salvação.

Alguém poderia notar que estas nossas reflexões são demasiado comprometedoras para os fiéis. Na verdade, são reflexões simplesmente contidas na mensagem cristã, que devem fazer parte da habitual pregação e catequese da Igreja, ocupada sobretudo na pastoral do Matrimônio indissolúvel.

16
Uma visão de conjunto

1 Os sacramentos cristãos

Premissa:

- Procurar no ato concreto sacramental a sua origem ou seu chamado radical.
- Desanima do sacramento:

1) Pelo perfil de seu conteúdo "principal": Jesus Cristo e seu Espírito: a Tradição, a Graça predestinada.

2) Pelo perfil do sujeito ou do termo da tradição: a fé ou o acolhimento da graça ou da predestinação.

3) Pelo perfil da modalidade da tradição e da fé: a instituição de uma forma vivível e histórica, com os sinais de sua consistência ou aparência humana. O sinal ou a ritualidade.

2 Na gênese dos sacramentos

1) Na gênese dos sacramentos: *A tradição originária*, ou seja, *a predestinação de Cristo e em Cristo*. "*Sic Deus dilexit mundum ut Filium suum unigenitum daret*".

2) Para cada homem: Jesus Cristo ressuscitado da morte.

3) A história da salvação, desde o princípio – desde a criação –, é história da entrega do Filho unigênito, razão, substância e fim de nossa história.

4) O cumprimento da salvação: o sacrifício da cruz na consumação gloriosa, ou o Crucificado ressuscitado e a efusão do Espírito que dele provém. Então a predestinação originária é completada e acontecida.

5) O que vale na variedade histórico-ritual é a graça, a entrega, o poder de Deus, sua prevalência e iminência, sua permanente concessão.

6) Na raiz eficaz das variedades histórico-rituais está o acolhimento da fé, a correspondência que a "liturgia" exprime e a existência confirma.

3 A decisão de Cristo: o sacrifício da cruz, sua autoentrega e a efusão do Espírito

1) A instituição radical do sacramento: não é aquela do rito, mas da disponibilidade de Cristo à sua entrega, à sua autoentrega.

2) A autoentrega de Jesus: *vitam suam dare*: ao Pai e aos homens, ligadura do Antigo com o Novo Testamento.

3) A autoentrega de Cristo e a efusão do Espírito: como confirmação da predestinação ou do "Princípio".

4) A autoentrega do Corpo e do Sangue na última ceia: "fundação" da Eucaristia e dos outros sacramentos.

4 A razão da autoentrega na última ceia

1) A razão da autoentrega na última ceia: o valor permanente e absoluto do Corpo doado e do Sangue derramado, sua não precariedade temporal e sua validade "para sempre", uma vez sacrificado o Corpo e derramado o Sangue "uma vez por todas".

2) O que importa a Jesus Cristo não é o pão ou o vinho; não é o acolhimento dos discípulos, não chamados a constituir, mas a receber; e, em perspectiva, não é a ritualidade do recebimento que, do mesmo modo, não é constitutiva, mas o Corpo e o Sangue de Cristo, ou seja, o próprio Jesus Cristo no valor de seu Sacrifício realizado.

5 O sacrifício da cruz e seu significado

Os sacramentos são compreendidos a partir da compreensão do significado do sacrifício da cruz no plano de Deus.

Cristicidade eterna em ato sobre o tempo e no tempo:

1) Quando Cristo morre na cruz tem satisfação o eterno plano de Deus, a predestinação de Cristo e a copredestinação e impredestinação nele. É um evento temporal que revela e também desfaz e leva a cumprimento uma decisão e um voto divino, eterno, que precede os séculos.

2) Se a intenção eterna de Deus era de predestinar a humanidade do Filho, como humanidade ressuscitada, e nela tudo considerar e implantar, ou "recapitular", quando Cristo morre e ressurge, aquela morte assume e manifesta sua validade, positividade e necessidade absolutamente para todos.

3) Antes, sendo aquela intenção única e sem alternativas desde a eternidade:

- Ela preside cada sucessão ou segmento ou instante de tempo; por isso, todo o tempo, desde sempre, está marcado pela cristicidade eterna, eternamente presente e operante em Deus.
- Em nenhum tempo Deus concedeu ao mundo e ao homem, numa ou noutra forma, um dom diferente de Jesus Cristo.

4) A começar pela criação do homem – criação que é para o próprio homem – o princípio e a síntese de cada dom.

- Em cada criação de homem realiza-se o dom crístico, determinável e qualificável segundo o momento pelo qual a história da salvação está transitando.
- Cada homem é não indiferentemente, mas positivamente querido em Cristo e para Ele; cada homem, pelo fato de existir, aumenta a consciência da impredestinação crística.

O sacrifício da cruz em ato sobre o tempo e no tempo:

1) O plano predestinante no Crucificado ressuscitado e glorioso precede cada deliberação do homem. Ele é pura graça, objetiva, dependente da vontade de Deus, de seu propósito ou conselho (cf. Carta aos Efésios;

Carta aos Colossenses), diante da qual o homem se reencontra, sem tê-la escolhido ou desejado ou suposto.

2) O vir ao mundo é subtraído à determinação de quem nasce; e radicalmente, ainda que não por mediação, à própria determinação dos pais. O vir ao mundo, com a marca ativa da copredestinação e impredestinação em Cristo, é absolutamente subtraído a toda deliberação humana.

Simplesmente vemo-nos ser em Cristo ressuscitado da morte.

Os sacramentos na história da salvação:

1) A doação da predestinação em Cristo acontece sempre numa visibilidade ou gestualidade.

- Se por sacramento se entende tal visibilidade e gestualidade em relação com uma graça de conteúdo crístico, os sacramentos sempre existiram.

2) A partir do sacramento inicial, que é a criação de cada homem.

3) Se por sacramento se entendem comunicações de graça de Cristo, não existem sacramentos "naturais".

4) Não existe comunicação de Cristo puramente "interior".

- Por um lado, a graça é sempre "interior" e "invisível" – é o efeito paterno de Deus por Jesus Cristo que se estende a cada homem.

- Por outro lado, tal graça assume sempre uma visibilidade, sendo sempre sobre o homem, na sua história.

Os sacramentos na história bíblica da salvação:

1) Segundo a Escritura, toda a história é a exposição e o desenvolvimento da predestinação. O Deus de Abraão é o Deus de Adão e é o Deus de Jesus Cristo. A história jamais lhe foge da mão, nem Ele jamais a abandona a si, num desinteresse.

- Adão é imagem de Cristo, o Adão verdadeiro, celeste; Deus cria o homem e a mulher como mistério de Cristo e da Igreja.

- Abraão vê o dia de Cristo e se alegra. Cristo é o "eu sou" antes de Abraão.

• Os eventos de Israel – a glória, a água, o maná, o cordeiro – já são grávidos de Cristo

2) Não existe gesto de graça divina que não seja um gesto de doação de Jesus Cristo.

• O sacramento completo da salvação, o sacrifício da cruz:

1) A doação de Deus ao homem, que tem como conteúdo Jesus Cristo, exaure-se na doação do Filho crucificado.

2) Esta se torna sua fonte e seu princípio inexaurível e atual.

PARTE III
O ANO LITÚRGICO OU AS ESTAÇÕES DA SALVAÇÃO

SEÇÃO I
ADVENTO, NATAL, EPIFANIA

Cristo é o Senhor e o Criador de todo o curso do tempo.
TOMÁS DE AQUINO. *Summa Theologiae*, III, 3, 35, 8.

Graças à memória, os mistérios da redenção se tornaram como que presentes em cada tempo.
(*Sacrosanctum Concilium*, art. 102).

Introdução
O Ano Litúrgico: memória e presença

1 O Ano Litúrgico, celebração da obra de salvação

O Ano Litúrgico é a celebração da obra de salvação por parte da Igreja: "A Santa Mãe Igreja considera seu dever celebrar em certos dias no decurso do ano, com piedosa recordação, a obra salvífica de seu divino Esposo" (*Sacrosanctum Concilium*, art. 102).

Os mistérios de Cristo no Ano Litúrgico

O centro da celebração do Ano Litúrgico é o mistério da Páscoa, que acontece em dupla comemoração: semanal, o domingo, e anual, a Páscoa, a solenidade originária, fontal: "Em cada semana, no dia que ela chamou Domingo, [a Igreja] comemora a Ressurreição do Senhor, que é celebrada também uma vez por ano, na solenidade máxima da Páscoa, juntamente com sua sagrada paixão" (*sollemnitas maxima*; ibid.)[1]. "Jamais se proclamara com tanto vigor a predominância absoluta do Mistério Pascal no culto cristão"[2]. Este texto da Constituição fixa a visão exata que é preciso ter do Ano Litúrgico e de sua estrutura fundamental; ele é essencialmente celebração da Páscoa do Senhor, semanal e anual, e serão os atributos pascais que tomam destaque diante dos fiéis para que adaptem sua vida. É o que encontramos

---

1. Sobre a celebração da Páscoa nos primeiros séculos e sobre seu conteúdo é ainda fundamental CASEL, O. *La Fête de Pâques dans l'Eglise des Pères*. Paris: Cerf, 1963). "Penso [escreve B. Botte no prefácio] que após 25 anos seu trabalho continue a obra de base para quem quer compreender o sentido da *sollemnitas sollemnitatum*" (p. 10).
2. *La Maison-Dieu*, 77, 1974, p. 177.

no novo Calendário e nos textos do Missal e da Liturgia das Horas que os substanciam.

"No decorrer do ano – prossegue a Constituição – [a Igreja] expõe todo o mistério de Cristo, desde a Encarnação e a Natividade até a Ascensão, o dia de Pentecostes e a expectativa da feliz esperança de sua volta gloriosa" (ibid.). O Mistério Pascal, global e sintético, aparece em diversos momentos: mesmo ficando durante toda a comemoração do ano na sua unicidade, divide-se de novo numa multiplicidade exemplar e eficiente de outros mistérios ou *sollemnitates Domini*, que sobem à Páscoa ou dela descem, para compor, porém, sempre a grande trama unitária do mistério de Cristo.

Tomando esta evidência e esta força construtora do mistério de Cristo, o Ano Litúrgico chega a constituir a inexaurível causa da edificação da piedade cristã, operando-se com ele uma assemelhação e uma conformação sacramental e exemplar. Santo Tomás fala de uma tríplice conformação: sacramental, mediante o mérito, com a similitude: três conceitos que oferecem um recurso magnífico de compreensão e de teologia dos mistérios de Cristo (cf. *Scriptum super Sententiis*, II, 22, 2, 2, sol. 4, ad 2).

Assim, os fiéis entram pessoalmente neste mistério, "apropriam-se" dele e o fazem florescer e amadurecer em frutos de vida.

O texto da Constituição é denso de teologia: "Recordando deste modo os mistérios da redenção, [a Igreja] abre aos fiéis as riquezas das ações salvíficas e dos méritos de seu Senhor, de modo a torná-los como que presentes a todos os tempos [*omni tempore quodammodo praesentia reddantur*], para que os fiéis possam entrar em contato com eles [*ea attingat*] – Santo Tomás fala da força [*virtus*] dos mistérios de Cristo, a qual com sua presença chega a cada lugar e a cada tempo [*praesentialiter atingit omnia loca et tempora*; TOMÁS DE AQUINO, III, 56, 1, ad 3] – e estar repletos da graça da salvação".

Os mistérios de Cristo – que são verdadeiramente o tema teológico mais substancial e cativante, como *história* de Deus feito homem, de Deus vivido segundo a antropologia, ou de que maneira vive Deus como homem – são reapresentados numa atualidade que supera os limites do tempo e também os insere, por isso permanecem, não reabsorvidos, para comunicar-se com os fiéis, de maneira que estes percebam sua força operativa (*divitias virtutum atque meritorum*).

Assim reconstruído, o Ano Litúrgico oferece um fluir do tempo no qual a comunidade cristã se move e extrai sua seiva vital.

As festas de Maria no Ano Litúrgico

Com os mistérios de Cristo, o Ano Litúrgico celebra a "memória" de Maria, considerada na sua ativa comunhão com a ação redentora do Filho, como a obra mais bem-sucedida da salvação e como o exemplar no qual a graça está no seu mais alto nível. As palavras da Constituição litúrgica: "Na celebração deste ciclo anual dos mistérios de Cristo, a Santa Igreja venera com particular amor Maria Santíssima, a Mãe de Deus, que está unida por um vínculo indissolúvel à obra salvífica de seu Filho. Em Maria, a Igreja admira e exalta o mais eminente fruto da Redenção, e nela contempla, com alegria, a puríssima imagem daquilo que toda a Igreja ansia e espera ser" (ibid., art. 103): é, em resumo, toda a teologia mariana.

É o que agora aparece com mais perspicaz clareza na liturgia. O culto de Maria alimenta corretamente a piedade se um vínculo indissociável ligar Maria com o mistério de Cristo, o qual permanece sempre e necessariamente o único centro e a única fonte da espiritualidade cristã. Separar a Virgem ou isolar um pouco sua "memória" falsificaria o sentido e a própria eficácia da ação materna de Maria na Igreja; ligá-la aos mistérios de Cristo e ao organismo da Igreja significa, ao contrário, conferir um sentido particular e incomparável ao seu culto, do qual cada cristão não pode prescindir, exatamente para prestar uma adequada homenagem aos próprios mistérios do Salvador.

Era necessário – acentuando a mais estreita conjunção entre Maria e o único Mediador, Cristo – reequilibrar um pouco uma certa redundância de festas marianas, derivadas de uma excessiva proliferação de formas devocionais. Disso segue-se a revisão da forma e do conteúdo da pregação, que jamais deve negligenciar os dogmas geradores da piedade mariana, com uma teologia "feita com o coração". Nos lugares próprios do culto à Virgem, antes ali, de certo modo mais do que em outros lugares, é preciso que sobressaia a prioridade ontológica e litúrgica do mistério de Cristo. Com a invasão das missas votivas nos santuários quase a qualquer tempo do ano, com uma iconografia privada de qualquer referência a Cristo, por vezes é difícil honrar Maria como a "Mãe de Deus".

As festas dos santos

Igualmente unidos com o mistério originário da salvação estão os santos, "que, conduzidos à perfeição pela multiforme graça de Deus e recompensados com a salvação eterna, cantam nos céus o perfeito louvor de Deus e intercedem em nosso favor (ibid., art. 104). Antes, também sua memória, segundo um modo felicíssimo de se exprimir da Constituição, equivale à proclamação do Mistério Pascal, à sua expansão e sucesso, integrada como está totalmente à paixão e ressurreição do Senhor: "Pois nos natalícios dos santos [...] a Igreja prega o Mistério Pascal vivido pelos santos, que com Cristo sofreram e com Ele foram glorificados" (ibid.).

Por esta razão, a liturgia anual dos santos não deve impedir o desenvolvimento dos mistérios do Senhor, nem pôr em discussão prática a sua proeminência, nem também só fazê-la aparecer menos evidente. Com efeito, nesse sentido foi orientada a reforma do santoral, com grande vantagem, também neste caso, para a piedade cristã, dirigida ao Pai, pela mediação de Cristo, seguindo o exemplo e a intercessão dos santos: "[a Igreja] propõe seu exemplo aos fiéis, para que atraia por Cristo todos ao Pai e por seus méritos impetre os benefícios de Deus" (ibid.).

O Ano Litúrgico e os exercícios piedosos

Os mistérios de Cristo e, que deles promanam, as festividades marianas e as memórias dos santos, como um filão único e ao mesmo tempo variado, são complementados e ramificados nos exercícios piedosos, segundo uma disciplina tradicional da Igreja, que estabeleceu estas práticas espirituais e corporais, feitas de instruções, de oração e de obras de penitência e de misericórdia (ibid., art. 105). Naturalmente as proporções devem ser precisas, segundo o princípio do relacionamento entre liturgia e exercícios piedosos. Com o objetivo de evitar aquilo que o P. Bevilacqua chamava de "piedosas fantasias, ansiedade de sinais no céu, sentimentalismos, puerilismos vazios"[3] e, ao contrário, apoiar substancialmente estas expressões religiosas que nascem espontaneamente de uma vida litúrgica sincera.

---

3. Crisi nel giovane clero: noia dell'altare. *Ambrosiius*, 38, 1962, p. 142.

2 A memória do Senhor no tempo

Lembrar-se de Cristo

Também o tempo está a serviço do mistério de Cristo. Já lhe é intrínseca a referência à obra da salvação, que o Filho de Deus – entrado e suscitado na nossa temporalidade – completou no íntimo da nossa história humana, que se desenvolve dia após dia.

Por um lado, Jesus Cristo representa verdadeiramente o fim do tempo, o Último. Realmente, não há mais nada a esperar depois dele, como valor ulterior. Ele é definitivo, o horizonte além do qual perde-se todo o sentido e nos encontramos no não ser. Por outro lado, se alguma coisa continua a existir "depois" de sua aparição na história é para que possa ser por Ele assumido, redimido e renovado.

Agora não nos resta senão "recordar-se" do Senhor. E é o que a Igreja faz: não só na liturgia, mas também em todo o lugar onde ela ponha e se exprima, antes, mais profundamente, por aquilo que é em si mesma.

Recordar-se de Cristo quer dizer para a Igreja proclamar a própria fé e a própria esperança, dispor-se em conformidade com seu projeto, interpretar-se como realidade que recebe dele consistência e possibilidade, apresentar-se como resposta fiel, como obediência ao seu mandato: "Fazei isto em memória de mim" (Lc 22,19). Ele o disse em relação à Eucaristia – isto é, ao seu Corpo doado e ao seu Sangue derramado – que confiava à Igreja para que entrasse em comunhão e se deixasse tomar.

Recordar-se de Jesus para ela significa que Ele morreu por ela e que esta nasceu desta morte e, portanto, significa partilhar esta morte, passando a fazer parte dela através da verdade do sacrifício da cruz, que continua oferecido à Igreja no tempo que ainda precede à vinda.

Vivemos no tempo e nele nos é dado encontrar aquele que dele foi constituído Senhor mediante a exaltação da crucificação, da qual se tornou o ponto que tudo atrai. Seria exato dizer que a memória de Jesus é esta atração operada sobre o homem por parte de sua Páscoa.

Lembrança litúrgica de Cristo

Uma forma especial e necessária da memória do Senhor é aquela que se realiza através da liturgia: com a celebração da Eucaristia, primeiramente, e, a partir dela, com a celebração dos sacramentos e do louvor, que igualmente derramam no tempo o valor do "Corpo" e do "Sangue".

Na mesma interpretação e segundo a mesma identidade de conteúdo deve ser entendido o Ano Litúrgico. O passar das semanas, em solidariedade com a lembrança do Senhor, desdobra-nos e nos faz a análise dos segredos e das riquezas escondidas no mistério da Páscoa, na qual confluem e acabam todos os momentos e todos os sentidos da vida de Cristo. Para captar a alma do Ano Litúrgico é preciso perceber nela esta presença, atual e impreterível, da ação salvífica de Jesus, mais concretamente dele mesmo, que assume e salva os homens e as realidades que estão acontecendo.

Presença de Jesus no tempo da Igreja

A memória litúrgica, ou a memória cristã simplesmente, transcende em medida incomparável a pura continuidade do evento transcorrido através de um traço que Ele deixou em nosso espírito ou em sinais diante dos nossos olhos. Ela não pode ser configurada como uma luta contra o tempo, com o objetivo de arrancar à sua voracidade as obras transcorridas, para senti-las ainda próximas e nossas em seu resultado e eficácia.

A distância que de certo modo nos separa da história de Jesus de Nazaré não provoca nenhuma saudade; não temos nostalgia – como não a tinha Paulo – de não ter conhecido Cristo "segundo a carne" (2Cor 5,16): na memória litúrgica, no passar do tempo, "recordamos" o Senhor, nós o encontramos, já que Ele "carrega" o tempo, e o tempo é para Ele, em função de sua atual presença, "agora e aqui".

Por isso, se por algum aspecto o transcorrer dos dias for entendido como um desgaste que deixa vestígios de velhice que enfraquece a mente e desvigora a alma, em visão cristã o sentido fundamental está totalmente subvertido: o projeto de Cristo para nós é destinado a consistir e a amadurecer no tempo, a oferecer-se e a manifestar-se o Senhor, seu ser conosco até o fim do mundo. Nesta visão, um tempo longo ou breve não tem significado; ou, se quisermos, sua positividade é medida pelo crescimento que é realizado e que acontece no homem no qual se expande a graça da redenção.

O Ano Litúrgico, conforme estas perspectivas, é destinado a rejuvenescer a Igreja, não a debilitá-la. O desenvolver-se da variedade dos dias alia-se à necessidade que temos de compreender sempre mais a "eco-nomia" de salvação – isto é, Jesus Cristo – e de compreendê-lo não abrindo ou reabrindo, com propósitos de estudo, os livros ou os "monumentos" que nos falam dele – isso é secundário – nem aumentando as notícias e as cognições ou a "cultura cristológica", mas penetrando, como dizia Santo Inácio, no conhecimento interior, que quer dizer pessoal, vital, de Jesus Cristo (*Es. Sp.*, 104), de maneira a poder "senti-lo e saboreá-lo" e ser por Ele saciados e repletos.

A alma do Ano Litúrgico

Sem dúvida, basta, e é tudo, conhecer e exprimir o mistério da Páscoa de Jesus Cristo, a realidade de sua morte e de sua ressurreição. E com efeito, no Ano Litúrgico, os traços ou as ocorrências fortes são – como dissemos acima – o domingo e a comemoração pascal de cada ano.

Mas a Páscoa é um mistério complexo, é a síntese: mediante o Ano Litúrgico e seus períodos, a síntese pascal é como que desenrolada, de modo que podemos captar suas implicações, suas premissas, suas estruturas e suas consequências. Talvez, não com muita lógica, mas com indubitável eficácia formaram-se de tal modo os tempos litúrgicos, durante os quais, com específicos e repetidos destaques, foi sempre o cumprimento da Páscoa a ser proposto, mas nos diversos momentos do seu acontecer, assim como é sempre a Eucaristia a ser celebrada, também quando se realiza o rito de um dos sacramentos ou a proclamação das maravilhas de Deus na Liturgia das Horas.

Não conseguiríamos captar o valor da morte do Senhor se não soubéssemos e não meditássemos que Ele é o Filho de Deus, o cumprimento da esperança antiga, a realização do projeto preparado e esperado.

Não perceberíamos o alcance da Páscoa, se o Senhor, que morreu e ressuscitou, não se revelasse como o juiz que ainda está por vir para fazer a plena e conclusiva determinação e discriminação "dos vivos e dos mortos", ou de toda a humanidade e também com aquele que vem todos os dias, diante do qual deve ser continuamente feita a nossa opção, urgente, necessária, que exige vigilância e sobriedade.

3 O Ano Litúrgico; ou seja, o tempo como sacramento da graça do Senhor

O Ano Litúrgico está entre as mais originais e preciosas criações da Igreja: "um poema – como dizia o Cardeal Ildefonso Schuster de toda a liturgia – no qual verdadeiramente puseram mão tanto o céu quanto a terra".

Ele é a trama dos mistérios de Jesus no enredo do tempo. Assim, no decorrer de cada ano, a Igreja reevoca os eventos de seu nascimento, de sua morte e de sua ressurreição, de modo que a sucessão dos dias seja toda marcada e sustentada pela memória dele. Uma memória, aliás, que, se faz voltar o olhar para quando aqueles eventos se realizaram, logo faz estender o olhar para o Presente – isto é, sobre o Cristo vivo – que domina e inclui em si mesmo toda a história.

Fazendo-se homem, o Filho de Deus vê-se, como cada um de nós, "datado" e envolvido nos limites da cronologia e, por isso, de um passado irreversível. É o aspecto temporal e não repetível de seus mistérios, que se tornam o objeto da recordação que os reevoca. Assim, no Ano Litúrgico, com imensa piedade, repassam os diversos momentos relembrados nos evangelhos, e dos quais foi tecida a existência de Jesus e que não se renovam. E todavia, cada um deles era uma mediação de graça e concorria para "criar" o Senhor e sua obra de salvação.

Jesus não renasce historicamente cada vez que a Igreja relembra o seu Natal, mas aquela natividade foi uma mediação e um acontecimento de graça. Como no futuro todas as outras manifestações da vida terrena do Filho de Deus, ou seja, como diria Tomás de Aquino, "tudo aquilo que o Filho de Deus encarnado fez ou sofreu na natureza humana a Ele unida (*ea quae Filius Dei incarnatus in natura humana sibi unita fecit vel passus est*)": tudo aquilo que concorre para formar o Cristo Redentor.

No desenvolvimento do Ano Litúrgico voltamos a meditar sobre aqueles mistérios, visamos a ter deles uma compreensão mais profunda e, sobretudo, renovamo-los com seu sentido e com seu valor no Senhor vivo e glorioso, sobre o qual estão fixos os olhos da fé e o ardor do coração. E neste sentido, pode-se afirmar que, narrados e transmitidos de ano em ano, não envelhecem nem jamais se consumam.

Eis por que é correto julgar que, enquanto estes mistérios se dispõem e se unem para formar a sugestiva "coroa da benignidade do ano de Deus" – como Paul Claudel intitula seu esplêndido poema sobre o Ano Litúrgico: *Corona benignitatis anni Dei* –, de certo modo, eles são destinados a renovar-se na Igreja.

O Ano Litúrgico – escrevia o Cardeal Schuster – "representa como que a unidade de medida da vida da Igreja sobre a terra. Esta vida, por sua vez, é a continuação da vida de Jesus Cristo". Para Ele vale o que dizia da oração litúrgica: "brota diretamente do coração da Igreja orante".

Os dias que o formam brotam do amor da Igreja ininterruptamente absorta em contemplar e em encontrar seu Senhor, instituindo com Ele uma cronologia ou um curso anual novo e inédito, a serviço de Cristo, por meio do qual, no qual e pelo qual tudo foi criado.

Desse modo, o tempo é resgatado do mal-estar da monotonia e da angústia que pode cair diante do desconhecido. A liturgia ambrosiana fala de "medo do tempo (*metus temporis*)". Na realidade, a Igreja, "peregrina sobre a terra", vive-o e o transcorre em companhia de Jesus, que é o significado e o fim do próprio tempo. Ela está sempre à "espera de sua vinda", certa, aliás, de que Ele já veio e é sempre Aquele que vem, convencida, por isso, que nenhuma desgraça ou nenhum acidente, por mais graves que possam parecer, jamais serão capazes de arrancá-la do amor onipotente e providente do Senhor.

E, com Cristo, também os santos, dia a dia, fazem companhia à Igreja, a começar pela Virgem Maria, que continua na Igreja sua solícita missão materna.

Assim, o lado do "Próprio do Tempo" e do "Tempo *per annum*", todos dedicados à contemplação dos mistérios de Cristo, deparamo-nos felizmente com o Santoral: uma luminosa grinalda de amigos de Deus e de amigos nossos, que agora se unem conosco, depois de ter antes de nós realizado a "santa viagem", e ter conseguido a graça nele escondida e agora amadurecida na glória.

Sem dúvida, neste trajeto não somos subtraídos ao tempo cronológico, que nos envolve de todos os lados. Ele não é anulado ou suspenso, mas perdura, tanto como defensor de crescimento terreno quanto como coeficiente de declínio quando na sua implacável corrida destrói e debilita o corpo, e também extenua e dissipa, por vezes até devastá-las, as energias do espírito.

E, todavia, não duvidamos que, precisamente neste transcorrer do tempo, o Senhor cuide de conceder uma energia inesperada e que o encha de bênçãos: Ele que transformou a água em vinho, restituiu a vida aos corpos enfermos ou já invadidos pela morte, e superado os limites do espaço, aparecendo a portas fechadas; o mesmo que sabe continuamente mudar a matéria das nossas ofertas para torná-la Eucaristia.

Da mesma maneira, Ele sabe converter e plasmar também o tempo, que se inclina dócil à ordem de Jesus, chamado por Santo Ambrósio "autor e criador do tempo (*temporis auctor et creator*)" (*De fide*, I, 9, 58).

Não seria então fora de lugar denominar o Ano Litúrgico de "sacramento dos 'tempos bem-aventurados (*beata tempora*)'": aqueles que o próprio bispo de Milão via iniciar pela Hora Terça, quando Cristo "subiu na cruz (*ascendit crucem*)".

Eis por que – usando as palavras de Davi – pode-se afirmar que quem percorre o Ano Litúrgico "passa pelo vale do pranto e o muda numa fonte", e que na caminhada "cresce seu vigor, até aparecer diante de Deus em Sião" (Sl 84).

1
Espiritualidade do Advento

1 O ano da graça

Presença de Cristo ressuscitado na história

O Advento reabre para a Igreja seu curso litúrgico e a celebração, conforme o ritmo anual, dos mistérios do Senhor. A comunidade dos crentes vive no espaço "profano" e não se move fora do tempo, mas também o espaço é significação de graça nos sacramentos, enquanto no fluir do tempo, por força do senhorio de Cristo, está presente e acompanha a redenção.

Da plenitude do Ressuscitado está como que repleto o universo, que já não precisa esperar algo diferente ou mais novo; e a Igreja é fé e esperança nesta presença, neste estar de Jesus Cristo conosco todos os dias até o fim do mundo. Ela consegue percebê-lo, sustentando o invisível e abrindo-se à sua força dia após dia, sobretudo fazendo, na liturgia, a memória dos acontecimentos de salvação.

Seguindo a figura do tempo anual e de sua repetição, a Igreja dispôs a celebração da vida de Cristo, ou, mais exatamente, de gestos salutares ou mistérios da vida do Senhor. é o ano da graça, "a coroa da benignidade do ano divino" que recomeça com o advento (cf. Sl 64,12).

Quando a liturgia celebra a memória daquilo que Jesus realizou, como que inscrevendo-a na tessitura dos dias, não reevoca um passado. Estamos já no cumprimento, que não conhece mais o desgaste do tempo que afasta e que separa. Como já dizíamos, não acontece, na liturgia, o esforço de voltar-se para recuperar acontecimentos transcorridos e para libertá-los dos condicionamentos; ao contrário, nela, trata-se de deixar que opere a graça dos mistérios, que a presença do Senhor e o dom do seu Espírito se tornem atualidade, ação eficaz e envolvente. Propriamente, não é a celebração que torna presente Jesus Cristo e viva a sua obra, mas Jesus Cristo, presente na plenitude dos tempos, torna possível a liturgia como ato salvífico, sinal e "lugar" da redenção.

De certo modo, a ação litúrgica atualiza os mistérios da vida do Senhor; retoma-os e os interpreta em novidade de significado e de aplicação. Vêm à mente as palavras de Santo Ambrósio: "Cada alma que tem fé concebe e gera o Verbo de Deus. More em cada um de nós a alma de Maria para que glorifique o Senhor, o espírito de Maria, para que exulte em Deus. Se uma só é a mãe de Cristo segundo a carne, Cristo é o fruto de todos segundo o Espírito: com efeito, cada alma acolhe o Verbo de Deus" (*Exp. del Vangelo sec. Luca*, II, 26).

Liturgia atualidade dos mistérios

A liturgia da Igreja é a hermenêutica fundamental, em atualidade de sentido e de resultado, das ações de Cristo.

Não celebrar mais, para a Igreja significaria perder a comunhão com seu Senhor, não ser mais a esposa imaculada e fecunda, e passar os dias não mais absorvendo a riqueza dos seus atos de salvação – nas celebrações o tempo é meio de chegar ao poder de Jesus ressuscitado – mas na incerteza e esterilidade de cursos e de recursos sem conteúdo. Ao invés, a presença de Cristo vivamente percebida no Ano Litúrgico redime o tempo, orienta-o e confere-lhe cumprimento.

Toda a alegria e a confiança da Igreja, e do mundo nela, é a de poder dizer: "hoje" é o Natal de Cristo, seu Advento: "hoje" é a Páscoa da ressurreição.

Liturgia e gratuidade

Seria uma tristeza se a Igreja se cansasse de celebrar, ou se chegasse à conclusão de que, se não é uma atividade supérflua, não é tal que a comprometa como uma das mais profundas e significativas expressões de sua vida. Quereria dizer que se deixou distrair pela mundanidade e pela dispersão.

Na liturgia emerge a dimensão contemplativa da Igreja, pela qual ela se reconhece e se reencontra em Maria Virgem, que "conservava no seu coração o plano de Deus e o meditava" (Lc 2,19), ou na outra Maria que, no afã inquieto de Marta, preferia o recolhimento aos pés de Jesus para ouvir sua palavra.

E a imersão no mundo e na história? E a acusação de evasão, de transferência de responsabilidades, de refúgio indevido na eternidade por medo da temporalidade e de seus problemas? Certamente, a ação celebrativa da Igreja poderia ser entendida e realizada numa separação não evangélica dos homens; todavia continua certo que a esperança da Igreja não é deste mundo, que a eternidade já está nela como que em gérmen, colhe-a pela divagação e a faz viver imersa no tempo, orientando-a e já tornando-a participante do horizonte de Cristo ressuscitado.

Igreja contemplativa

Seria grave se a comunidade cristã não compreendesse mais por que celebrar "os eternos mistérios": e esta parece hoje uma tentação sutil e sedutora. E precisamente uma Igreja contemplativa e orante, à espera do Senhor, consciente de ser "estrangeira e peregrina" (1Pd 2,11), que se torna mais sensível e mais aberta a todos os homens e ao mundo.

A liturgia cristã não admite, num retorno à concepção pagã do culto, a distinção *sagrado* e *profano*, segundo os critérios que a lei do Espírito superou. A fé e a celebração não separam do mundo, mas o assumem e o interpretam na luz última.

Se os cristãos não desenrolassem o *liber sacramentorum*, não o retomassem na mão ano após ano, para dar graças a Deus pelos mistérios da redenção, então esqueceriam de Jesus Cristo, ou Ele se tornaria apenas o objeto de uma pesquisa da mente, do estudo. Só estudando Jesus Cristo, investigando-o sob a exigência da lógica, sem a oração e a comunhão, no fim se chegaria a perder a própria memória do Senhor.

Por isso, é momento importante na vida da Igreja recomeçar a oração, no início do Advento: ela não repete as orações do Missal pela força de um hábito inerte, mas com a novidade repleta da esperança da esposa de Cristo, que vigia e que espera.

2 Pastoral do Advento e identidade da Igreja

Se a fé que anima o cristão tivesse como fonte a necessidade do homem e não fosse substanciada pela Palavra de Deus que quer e garante, além de nossos limites e de nossas possibilidades; e se a Igreja fosse expressão de uma sociabilidade puramente religiosa, sem origem e natureza do Espírito, no fim, teria razão o tempo. A fé ficaria extenuada e incapaz, e a Igreja não saberia opor resistência e, no fim, perderia a identidade.

Na realidade, por trás de seus desejos, o crente percebe a consistência de Deus, que fala e dispõe; e a comunidade cristã consegue perceber quem a sustenta e a acompanha. Acima de todos, seu testemunho e sinal é a ação litúrgica, a celebração dos sacramentos e, em particular, da Eucaristia, que é a esperança objetiva da Igreja.

Valor da experiência litúrgica

A obra da reforma foi grande e profunda em si mesma, mas talvez a incompreensão e a indiferença ainda permanecem em extensas regiões e em mais níveis, ou ao menos, o interesse ou a reação evidenciam-se e se exprimem num plano que não é o principal. O próprio debate criatividade ou não criatividade não atinge o valor íntimo ou a intenção última da liturgia.

Não faltam teólogos que, movidos pela convicção de serem os detentores rigorosos da fé e os juízes qualificados de sua cientificidade, deixam quase com indiferença a atividade litúrgica aos pastores, como se fosse um momento e um grau não suficientemente elevado. Por certo, os mais competentes entre eles, com frequência, formulam críticas pertinentes e destaques perspicazes. Quanto aos pastores não é difícil, por vezes, vê-los sem entusiasmo e, sobretudo, sem a atenção que os Padres teriam chamado de "mistagógica": preocupados com o sinal fácil e rápido mais do que com a iniciação, que primeiramente exige estudo e depois cuidado lúcido e perseverante; ou com a pesquisa do gesto que comove, que impressiona a fantasia e pede o gosto.

É lícito e também obrigatório intervir com destaques e observações, ou manifestar mal-estar e incoerências.

Mas existe uma questão prévia não eliminável: que, na figura da Igreja e da ação pastoral, é a exata colocação do ato litúrgico, da sua finalidade para a edificação do Corpo de Cristo, de sua função e de sua forma catequética.

A ocupação que os Padres revelam – um Cirilo de Jerusalém, um Ambrósio, um João Crisóstomo, um Agostinho –, creio com dificuldades não menores do que as de hoje, para iniciar os ritos e para explicar os símbolos a fim de que sejam assumidos e aplicados na vida, não perdeu atualidade, mas definiu um modelo e uma ação permanente e essencial. Talvez, depois, se tenham preocupado muito em dialogar com a cultura contemporânea e com sua instância?

Por certo, o momento do "mistério" – como eles chamavam a ação e a oração da liturgia – continuava de qualquer modo emergente e caracterizante, e manifestava um relacionamento e uma solidariedade intrínseca entre teologia e pastoral, compreensão da fé e sua celebração, teoria e "praxe".

Sensibilidade à presença de Cristo

Poderíamos dizer que às nossas assembleias litúrgicas, à sua impostação, falte a alegria e o entusiasmo de quem as sente como uma Epifania surpreendente do Senhor, o sinal real de sua presença, o sacramento de sua Palavra, do seu Espírito e da sua graça. Realmente, a Liturgia nada mais é do que um ato de fé, que, na falta desta "sensibilidade", não pode ser suprida absolutamente por nada, nem de novo, nem de antigo, nem do rito romano, nem do ambrosiano.

O objetivo ao qual cada renovação deve tender – e por isso o critério de êxito de uma celebração – é a criação desta sensibilidade da presença viva de Cristo, de sua paixão e morte, de sua ressurreição, que – quase num resgate e numa abreviação do tempo – a liturgia tem o poder admirável de "renovar", ou tornar atuais, vibrantes e novos para nós.

Na "memória" – e toda a teologia da ação litúrgica está aqui – desponta e emerge a Presença. Quem não sabe que o liturgismo torna estéril e alienada uma comunidade? Ou que a celebração não exaure seu conteúdo e sua missão? Mas é completando a lembrança do Senhor, com gestos de extrema simplicidade e de valor divino, que cresce e se imprime a identidade da Igreja, que é criada e completa a consciência da eleição no destino eterno.

Viver a liturgia

A fé não se apaga porque não cessa de ser proclamada a Palavra de Deus, a qual não se canaliza e não se dispõe nos limites do homem, mas produz radicalmente o homem, em novidade absoluta e de acordo com o plano inefável de Deus.

A confusão ou o medo ou o não significado do tempo, com seu acréscimo dos dias, é superado e vencido só porque na mediação das realidades terrenas – de seus espaços e de seus movimentos – está próximo o Senhor, que compreende o próprio tempo, orientou-o, transcende-o e ainda está nele inserido. Com intensidade e objetividade única a liturgia oferece tudo isto à Igreja, sem exaurimento e sem consumações.

A retomada do Advento

Tudo isso se verifica cada vez que nos reunimos "em memória dele", e recebe singular clareza e renovado vigor quando o Ano Litúrgico retorna e traz à Igreja a estação do Advento: quando a lembrança do passado e a espera do futuro se encontram. Ou melhor: quando o passado aparece motivo e fundamento da salvação presente, e o presente, etapa e esperança do cumprimento que ainda deve vir e que solicita a continuar, a abrir os limites do desejo sobre o objeto da espera que, enfim, não é senão Jesus ressuscitado dos mortos. Este já está "aqui", "agora", para doar-se e revelar-se depois no desaparecimento dos sinais e na maturação do significado da minha vida, alcançado morrendo nele e com Ele para o mundo.

Estes estímulos e esta espiritualidade visam a despertar e difundir a liturgia do Advento, que distrai tanto pelo lado da história com suas contingências, que unifica diante de Cristo Juiz e Senhor, que já discrimina e escolhe, e também que mergulha tanto em situações humanas e universais, todas destinadas a serem vividas no seu Espírito e com seu juízo.

No Advento retomamos, como que por um novo subir, a consciência que nossa solidão é, no fim, apenas uma impressão, que Um, que é Jesus Cristo, nos precede, está ao nosso lado e nos espera; que o tempo, em si atacado de insignificância, se não de contradição, não transcorre inútil e também violento; que a Igreja – obra do Senhor e do seu Espírito – se sabe dissipar o temor, não conhecerá o fim, porque a história e as forças que nela operam terão predominado sobre ela.

A liturgia, não enfatizada ou transformada em mito, mas simplesmente acolhida e vivida por aquilo que é numa comunidade cristã, tem como possibilidade a de infundir a experiência do Cristo Senhor, junto à sua Igreja e junto a cada alma em particular. E sem esta experiência, que é a substância da mística cristã, propriamente não haveria fé, nem Igreja, nem esperança, nem alegria.

3 Na escola dos profetas

Os profetas e a espera

"A antiga esperança está realizada" – diz um prefácio ambrosiano do Advento. No entanto, ainda lemos as páginas dos profetas; tornamos a ouvir sua voz; voltamos a escutar seus acentos vibrantes e intensos. Eles despertaram a espera do Salvador com a Palavra de Deus. Mediante sua transmissão e interpretação, a Palavra de Deus, dos limites de um povo circunscrito e situado, cria no homem a consciência de sua verdadeira condição, necessitada de libertação, antes, de uma salvação que somente a condescendência de Deus pode realizar: nos termos que Ele próprio coloca segundo seus planos.

Assim, nas complexas vicissitudes da história – que tende a desviar, a perder sentido, a se absolutizar ilusoriamente ou a se equiparar à história profana (com a qual também é solidária) –, a presença do profeta retifica, ilumina, minimiza, privilegia.

A história de um povo que parece insignificante eleva-se ao grau de sinal de Deus, a valor exemplar: brevemente, a "história sagrada", pois misteriosamente nela já acontece, num início e numa imagem notável, o cumprimento do plano divino; já começa a operar e a transmitir-se a libertação e a salvação individual, conforme a eleição e a possibilidade de Deus.

Atualidade dos profetas

Agora que em Cristo – na realidade "frágil" de sua existência humana, que, como qualquer outra, se cruza e aparece entre a contingência de um pouco de tempo e um pouco de espaço – o projeto eterno se realizou, a Igreja, especialmente na liturgia, não cessa de retomar o anúncio profético. E há uma razão profunda para isso.

Também nós – na complicação de nossos eventos pessoais, que são uma parcela daqueles mais amplos e universais, e no desenvolvimento enigmático, "irracional" ou "ilógico" da maior parte da história – somos tentados ou a desviar ou a resignar-nos ao incompreensível, ou a deixar-nos levar pelo fluir das coisas e por sua lei de necessidade. A presença profética quase nos faz refazer o caminho do passado. Ou mais exatamente: retraçando-nos o que aconteceu, no-lo põe na frente como um exemplar: seja da dificuldade, da inconstância, da resistência do homem – de cada homem, no fundo e, portanto, de cada um de nós – seja do método, da exigência, do poder e do amor do Deus fiel.

Está aqui a raiz da atualidade do Antigo Testamento.

Sob a voz profética, a história particular se abre e se torna a nossa história pelo íntimo laço que nos liga a ela.

Renovação da esperança

Não é em vão o convite de robustecer as mãos fracas e a tornar firmes os joelhos vacilantes, nem fora de lugar o apaixonado encorajamento aos perdidos de coração: "Tende coragem, não temais! Eis o vosso Deus. Ele vem para salvar-vos" (Is 35,4).

Nem deixa de ser atual uma experiência de exílio – já que existem muitas – e, portanto, não está privado de incisividade ouvirmos mais uma vez dizer que por uma "estrada aplainada", por um "caminho santo", retornarão "os resgatados do Senhor". É verdade que não voltaremos para Sião, a Sião terrena: mas para aquela da qual ela é símbolo.

E ainda, quem não conhece a cegueira ou a surdez? ou um caminhar claudicante e um falar cheio de embaraço, se não até de impossibilidade de falar, de modo a não ouvir por si o anúncio que "serão abertos os olhos dos cegos e se descerrarão os ouvidos dos surdos"?, que "o coxo saltará como um cervo e gritará de alegria a língua do mudo"? (Is 35,5-6).

Quando, então, a memória natalina se aproxima, e a Igreja quer tornar a ouvi-la e entendê-la nos próprios termos da concepção de Deus, ainda se põe na escola dos profetas, sobretudo, para aprender o desejo do Senhor e receber o impulso para a oração. Ela faz passar sobre os lábios, da profundeza do coração, a mais sugestiva invocação para o Natal, aquela que resume a espera e o suspiro de todo o Israel e de toda a humanidade, que em cada tempo o leva, ainda que inconscientemente, inscrito no coração: "Céus, destilai orvalho, nuvens fazei chover a justiça. Abra-se a terra e desabroche o Salvador" (Is 45,8).

Mas a esta escola dos profetas não se vai de qualquer maneira: na pressa rápida, na curiosidade simplesmente da doutrina, na heterogeneidade de um espírito maldisposto aquelas palavras não deixam traço.

4 A salvação que vem de Deus

Se os dias do Advento acentuam na Igreja o desinteresse pelos limites do mundo, é para dispô-la a acolher e a viver um dom medido pela caridade surpreendente de Deus.

É a razão do clima de alegria que envolve a liturgia deste tempo, do sentido de confiança profunda que sentimos, se as orações, os cantos, a palavra descem ao coração e tornam-se experiência. "Dizei aos covardes: Tende coragem, não temais! Eis o vosso Deus. Ele chega para salvar-vos" (Is 35,4).

A fé, a serenidade e a alegria

Depois de anos em que a crítica e a contestação, perpassando toda a Igreja, corroeram um pouco sua esperança e apagado seu entusiasmo; depois dos embaraços e das ânsias em que mais de um teólogo a seduziu e confundiu; e depois que o juízo, tão seguro e áspero, de não poucos moralistas como que a dobrou com prepotência num complexo de culpa, derramando sobre ela suas incertezas e suas dúvidas – entre pastores por vezes chantageados e intimidados –, a comunidade cristã necessita retomar vigor e serenidade na fé. Necessita vencer as provocações que, com frequência, se revelam frágeis e inconsistentes num breve espaço de tempo, e celebrar "com renovada exultação" os mistérios da salvação, não na evanescência impalpável à qual inquietos mestres reduziram o dogma, mas naquela realidade e verdade precisa que o magistério da Igreja propôs e definiu.

"A festa já próxima de nosso Redentor nos sustente nas fadigas de cada dia" é a graça que pedimos, na consciência de que quem nos redime é o próprio Filho de Deus, "Deus verdadeiro de Deus verdadeiro", que assume na unidade de sua Pessoa divina a nossa mortalidade, que a eleva, transfigura-a e a salva para sempre, e faz brotar nela e em sua história um motivo de confiança e de gáudio que jamais será eliminável.

Não faremos a memória de um super-homem, ou do "lugar simplesmente no qual Deus se manifestou, mas do Verbo que "se fez carne e habitou entre nós" (Jo 1,14), que à nossa fé revela a sua glória e nos doa sua vida.

Uma festa e uma ação de graças

Com a afirmação bastante rápida de que na economia evangélica o sagrado não existe mais, as celebrações só podem perder significado e originalidade – isto é, a natureza de ofertas renovadas de graça – de sinais eficazes do plano de Deus, para tomar o significado de memórias e reuniões todas entendidas para exaltar as empresas do homem sozinho.

Não aumentando o momento litúrgico, mas reencontrando-o na sua fonte – Deus que suscita a nossa história –, a Igreja retoma força e readquire frescor. Sabe que ainda está exposta à tentação e ainda partilha a tristeza da culpa, mas também sabe que está indissoluvelmente ligada a Cristo Salvador, que tem em si o dom de sua palavra e de sua misericórdia. Por isso continua a rezar: "A consciência de nossa culpa nos entristece: dá-nos tua alegria e salva-nos"; "O novo nascimento do teu único Filho nos liberte da antiga escravidão".

Esta consciência de sermos redimidos "no Verbo feito homem no seio de uma mãe sempre virgem" supera finalmente qualquer razão de estável inquietude e nos mantém bem distantes das estéreis inércias.

Não temos méritos de que nos gloriar, mas de que agradecer, porque Deus "tem piedade dos pobres" e sabe renovar seus milagres. As ações litúrgicas são um milagre de Cristo, como a vista ao cego, a audição aos surdos, a vida aos mortos, para quem sabe percebê-las como concessão da graça nas vicissitudes de nossa existência e de seu tempo. Por isso é uma providência e uma exultação para a Igreja poder celebrar mais uma vez o Natal e deixar que o aparecimento de Cristo no mundo nos faça renascer.

A Igreja, sobretudo a ambrosiana, canta em seus prefácios as razões da alegria destes dias: "O teu amor desce do céu e aparece a bondade de Jesus salvador; a terra, que é reino de morte, recebe o Rei da vida". "A nossa redenção está próxima, a antiga esperança está completa; aparece a libertação prometida e desponta a luz e a alegria dos santos": daqueles que já são santos no céu e daqueles que ainda estão com o coração aberto ao Verbo de Deus, e não temem, "não deixam cair os braços" (cf. Sf 3,16), mas esperam que Ele "há de surgir como estrela da manhã, altíssimo Senhor sobre os povos" (cf. Sl 112,4).

Poderias observar que isto é "alienação": sim, é verdadeiramente um "outro" mundo, uma "outra" história, aquela que Deus, no "mistério do seu amor paterno", sabe fazer para nós.

5 As duas vindas do Senhor

A graça do Natal

Quando a Igreja celebra o tempo sagrado do Advento quer dizer que está próximo o Natal, e que ela se dispõe a fazer sua memória com um encontro espiritual, que renova e dá novamente a graça do Filho de Deus feito homem.

Mas no Advento torna-se mais perceptível à consciência da Igreja uma outra proximidade: a de Cristo como Juiz e Senhor. Uma proximidade não propriamente cronológica, que já nos acompanha e espera revelar-se.

O Natal não se repete a cada ano, mas sua festa abre cada vez mais claramente o seu sentido, que já permanece. Compreendemo-lo com maior profundidade e recebemos mais abundantes e cheias as suas promessas. A natividade do Senhor, com efeito, concluiu-se na sua Páscoa, que é o evento completo e preciso da salvação: o único que nos é reapresentado no sacramento, e no qual encontramos o valor de todos os mistérios de Jesus.

Espera do segundo Advento

A Igreja já traz em si este cumprimento e este caráter definitivo e, por força da esperança – a virtude do Advento –, mesmo vivendo no esforço da história, ela já se sente atraída por ele.

A conclusão não é que nos desagrada viver na terra, que procuramos suprimir o espaço e o tempo que agora são a forma e a dimensão para a graça; significa que o nosso comportamento e toda a história são chamados a abrir-se para além de suas possibilidades, a julgar-se na medida dos valores como são propostos pelo evangelho, a configurar-se a Cristo morto e ressuscitado, que é o único absoluto e imprescindível. As nossas vicissitudes já devem ser compreendidas e ligadas à escatologia.

Vigilância operosa

Esta, que é condição essencial da Igreja, sobressai com intensidade nestas semanas, que aparecem para tornar o nosso coração mais aberto e mais atento, comprometido e também desligado, lá onde gostaríamos de fechar-nos satisfeitos e realizados e comodamente colocados.

Já possuímos a "promessa antiga" com o primeiro advento do Senhor, mas ela deve vir de novo na sua plenitude, que "ousamos esperar vigilando na espera": uma vigilância não passiva, mas operosa. Realmente, começa-se o Advento com a oração: "Desperta em nós a vontade de, com as boas obras, ir ao encontro do teu Cristo que vem". Nossa caminhada procede assim: com os passos do espírito e com a experiência interior. Não com o aparecimento dos sucessos, segundo os quais vai avante a história avaliada só pelo homem.

Sobre Cristo, e afinal somente segundo seu juízo, acontece um progresso verdadeiro, aquele que em sua origem tem a ação de Deus e a nossa dócil correspondência. À qual não será dada ilusão: "Quem espera em ti não ficará iludido" (Sl 24,3), vamos repetindo nestes dias repletos de espera e de íntima alegria.

6 No tempo em direção ao Reino

A graça na história

Vivendo os vários tempos do Ano Litúrgico – no qual a graça da salvação é como que distribuída – a Igreja compreende e experimenta os diversos aspectos do mistério de Cristo e também mais profundamente encontra e reconhece a própria identidade.

No Advento resplandece e nela se acentua a dimensão da esperança, a qual – como vamos repetindo – imerge-a na história e ainda já a dispõe superá-la no seu fim e no seu cumprimento na eternidade.

A Igreja não é chamada a sair do tempo e de suas vicissitudes; a ignorar o futuro do mundo e as obsessões do homem. Ela própria é um futuro e um compromisso humano: já que a graça de Cristo vive na história, constitui os homens, os crentes, anima suas situações. A redenção aconteceu porque o Filho de Deus assumiu a temporalidade, tornou-se visível, dispôs-se substancialmente no nosso espaço.

Um primeiro caráter do Advento é o de ser memória do Senhor que veio na "humildade de nossa vida humana", na qual "levou a cumprimento a promessa antiga e nos abriu o caminho da eterna salvação".

Uma Igreja no tempo

Uma Igreja que se retirasse da humanidade dissolveria a si mesma, pois é feita de homens e a eles, por sua natureza, é enviada: recordar Jesus Cristo significa receber e transmitir sua graça, tornar-se seu sinal e colocá-la no princípio de cada condição.

Existe, por vezes, uma concepção da transcendência da Igreja em relação à história e à cultura, do seu ser – como se diz – "escatológica", que a separa a tal ponto dos momentos e das expressões das vicissitudes humanas que já não participa do mundo que é chamada a evangelizar nas suas estruturas concretas. Talvez não se ponha suficiente atenção às exigências sensíveis e visíveis do futuro do plano de Deus, e se permite o surgimento de um estranho dualismo que intercepta uma proclamação e uma experiência eficaz do Evangelho. Não se trata, por certo, de fazer coincidir um traço ou uma componente da história simplesmente com a realidade da salvação, mas é indispensável que eles sejam assumidos no espírito da graça em que devem ser vividos.

Nem aparece uma Igreja de acordo com a imagem de Cristo, aquela que referisse ao depois, ao além da história, a sua realidade; que não reconhecesse já agora em obra nela, até a defini-la, a novidade e a santidade de Jesus Cristo. Se o fato do pecado ainda consegue comprometer os crentes, nem por isso falta à Igreja do Senhor uma verdadeira presença da pureza que o Senhor transmite especialmente nos sacramentos e que a fidelidade diariamente se esforça por traduzir em ato. Uma Igreja à qual fosse subtraída a verdade da santidade, só milagrosamente esperada no futuro, significaria a frustração da ação salvífica de Cristo. Na profissão da fé dizemos "crer na santa Igreja".

Peregrinos sobre a terra

Por certo, é necessário que as obras concretas revelem esta santidade: e com efeito, a liturgia do Advento pede com insistência a necessidade das "boas obras" e do "sentido cristão da vida", que são a evidência "aqui e agora" da Igreja do Senhor.

Volta neste tempo litúrgico a imagem da "caminhada", do "ir ao encontro": é uma caminhada percorrida com a sucessão do espírito, um ir adiante medido pelo progresso da santidade. Ao término, como aquele que ao mesmo tempo espera e vem, está o Senhor Jesus.

Torna-se mais aguda no Advento a consciência do povo de Deus e, portanto, das nossas almas, de ter de ir adiante, de não se deter, de não se desviar. Em todas as condições e situações da história, ao cristão importa que nelas seja verdadeira a presença da fé e da caridade, ou mais precisamente, que segundo as virtudes teologais elas sejam recebidas e partilhadas: nunca como significado último ou como valores em si: já que somente Jesus Cristo, ressuscitado dos mortos e Senhor, é o último valor e a única medida.

Se a esperança já nos transmite os bens da salvação, se a memória da redenção nos torna conscientes de que a santidade já nos foi dada e que cada momento deve ser interpretado e acolhido com empenho, ela todavia é ainda espera. Nós estamos inseridos no mundo e ao mesmo tempo "peregrinos sobre a terra". A imagem da peregrinação coincide com aquela da caminhada e, portanto, da incompletude, do desejo, da aspiração.

O Advento destaca que a Igreja não se identifica com este mundo, que, por um lado, é somente uma "cena" ou um lugar de representação, que é destinado a passar, um invólucro do qual saem o fruto e a substância.

Além do tempo para o Reino

Se é sedutora a tentação de uma Igreja abstraída das vicissitudes mundanas, separada das maquinações e implicações mundanas – uma Igreja que, no fim, torna-se estéril, sem incidência e sem voz – é igualmente sedutora a tentação de uma Igreja tão intencionada a assumir o mundo a ponto de perder de vista a realização do Reino, a verificação em plenitude das promessas, o ser conforme o plano de Deus e, por isso, para a glória de Cristo, que supera e é de outra natureza em relação ao tempo e ao espaço. A Igreja implanta-se como graça cá na terra, mas não para aqui permanecer.

Nos dias em que nos dispomos ao Natal, compreendemos a urgência de sermos "vigilantes na espera" do Senhor, que "virá de novo no esplendor de sua glória" para dar-nos "em plenitude de luz os bens prometidos", e a verdade e o sentido de uma consumação e de um fim, contido no símbolo da queda de Jerusalém.

Assim, a comunidade cristã torna-se apelo à instabilidade do mundo, ao enigma e à provisoriedade da história antes que ela receba a plena e perfeita realização com o advento de Cristo.

O segredo dos nossos dia e o plano de todos os eventos humanos nos fogem, antes que venha o fim, e ainda sentimos íntima e provocatória a insídia do mal que tenta e joga na nossa liberdade: a liturgia do Advento, enquanto reacende e revigora as nossas certezas de fé, estabelecidas em Cristo, torna-nos particularmente sensíveis à nossa fragilidade e ao dever de "despertarmos do sono"; enquanto nos oferece a concretude de uma Igreja que trabalha no tempo e o faz próprio, prega-nos o nosso estado passageiro e irresistente; enquanto nos estimula para as obras da cidade terrena, já e sobretudo nos ilumina com a claridade da cidade celeste.

A insídia e a vigilância

Em outras palavras: é uma liturgia que compromete e "separa" em relação ao mundo e que reflete bem a natureza da Igreja.

Hoje, talvez, tenhamos necessidade sobretudo de recompor o rosto da Igreja; em todos os seus traços: diante de um escatologismo que arrisca torná-la vã e dissolvê-la, diante de um neointegrismo que a recupera para um sucesso ambíguo e diante de um secularismo que a circunscreve e a fecha no horizonte do homem, enquanto a Igreja é obra de Deus, para a qual é disposto o Paraíso.

7 Advento e prudência cristã

A figura da Igreja que emerge no Advento revela os caracteres típicos da Igreja de sempre: não inerte e estabilizada, vigilante e à espera, em contato com os bens da terra e também em busca dos bens do céu. A liturgia deste tempo acentua estes traços na memória e na oração, e assim os aviva e os aprofunda.

O mito do humanismo

Pedimos que "nosso esforço no mundo não nos dificulte a caminhada para o Filho de Deus".

Ele já está presente e sustenta sua Igreja, mas é exato falar de itinerário para Ele, que se percorre quando nossa história concreta – a começar pela interior e mais verdadeira – acolhe sua palavra com a fé e confia-se a Ele na esperança. Não estamos em Cristo automaticamente, mas através de uma adesão livre e trabalhosa. O enxerto no mundo poderia dificultar os nossos passos.

Recordamo-lo contra o mito fácil e sutil que faz coincidir simplesmente a ação do homem e a redenção cristã, o cumprimento do plano de Deus e a nossa vicissitude; que supõe e sonha uma ressurreição sem a cruz. Olhando bem, é o enigma da cruz que todo o puro humanismo tende a rejeitar junto com a obra de Deus, o único que pode utilizar positivamente uma cruz.

Valorização objetiva dos bens terrenos

Na oração, paramos para pedir que "a sabedoria que vem do céu nos guie para a comunhão com o Cristo". Esta sabedoria é o evangelho, que revela o projeto de Deus sobre o homem, investe e dá sentido a todo projeto humano, contesta-nos e nos abre, e nos dá capacidade de "avaliar" os bens terrenos com objetividade, que quer dizer relatividade em relação ao Reino de Deus.

Hoje, já não conseguimos suportar o *terrena despicere*, traduzido como "desprezar as realidades terrenas" – quem hoje teria a coragem e o mau gosto de fazer semelhante afirmação? Dizemos, em vez disso, com mais elegância, "avaliar com sabedoria"; mas esta sabedoria não é certamente outra senão a visão evangélica que comporta, por um lado, o "vai, vende o que tens" e, por outro lado, o "tesouro nos céus" (Mc 10,21), que nenhuma desmistificação poderá seriamente fazer crer que seja um modo de dizer devedor de uma mentalidade alienada.

Com os tempos que correm, se não devemos admirar-nos – o que seria demais – existe, porém, um motivo de alegrar-nos que no Missal se continue a falar de incessante "busca dos bens do céu", e que tenha sido vencida – parece – a alergia à palavra "céu": ninguém seria tão infantil de confundi-la com a virada que está sobre a terra, mas, no fundo, neste nível, seria preciso reduzir um certo secularismo.

O juízo do Senhor

Para que a avaliação seja sábia é necessária uma intensa lucidez, que traz indiferença, separação, suspensão, e uma espécie de insatisfação, não separados de um sentimento de alegria e de paz.

Superada a espera por um fim cronológico iminente, que foi própria da primitiva comunidade cristã, não nos tornamos menos atentos e menos na expectativa. A proximidade é mais profunda e mais "imediata"; é a do juízo crítico do Senhor, que já tem na mão e pesa a "grande" e a "pequena" história.

O crente nunca tem a lâmpada apagada ou, ao menos, desprovida de óleo. Por isso, pode entrar no "fim do mundo", que é o próprio Jesus Cristo morto e ressuscitado.

Na liturgia do Advento, dizemos que a palavra de Deus ilumina nossas lâmpadas, que as mantém acesas: com efeito, nem a mais aguda filosofia saberia trazer-nos ao coração uma verdadeira esperança. Assim como nenhuma força humana poderia sustentar-nos até o fim, exceto o sacramento ou a Eucaristia, que é o viático para "nós peregrinos sobre a terra", a esperança viva que "o Senhor vem".

8 Maria e o Advento

A fé da Virgem

No cumprimento da espera profética – depois do diálogo prolongado e intenso entre Deus e o homem – está a fé de Maria, que acolhe a Palavra, concebe o Verbo de Deus, e se torna o princípio e o símbolo dos redimidos, realidade e modelo da Igreja. Primeiramente porque acreditou. Sem a conversão, que é sempre, como em Abraão, um abandonar a terra para deixar-se guiar pela voz e pela indicação divina, não há salvação. O anúncio do anjo é proposta e chamado: a revelação de Deus à Virgem do plano que se referia a ela; o convite a deixar desejos e projetos para estar disponível na liberdade do amor aos mistérios imprevisíveis e admiráveis da história de graça. Maria é bem-aventurada antes por sua fé do que por sua maternidade; ou pela maternidade que dá à luz o Verbo de Deus, depois de havê-lo acolhido e conservado no coração. Passar além da fé da Virgem, não compreender seu drama e seu evento no curso salvífico da humanidade, não perceber o alcance e o risco de seu "Sim", no qual terminava a esperança e a espera expressa de um povo e a intenção profunda de todo o gênero humano, significa permanecer nos umbrais de sua vocação no mundo e na Igreja e da plenitude da santidade, da qual Deus a encheu.

Significa, no fim, nem compreender o que é a fé cristã, ingresso do homem no horizonte de Deus, de suas possibilidades e de suas obras.

É razoável crer; todavia, a fé é de natureza diferente da razão. Linguagens e vicissitudes, métodos e itinerários, êxitos e frutos não têm confronto. A razão é evidência e satisfação, obviedade e posse. A fé é obscuridade e espera, mistério e esperança. A razão é necessidade e conexão. A fé é gratuidade e liberdade. Nem jamais existirá fé diferente, mais fácil, mais próxima ao homem. Conatural não lhe é, certamente, a hesitação ou a dúvida – na fé a mente não é flutuante ou nebulosa –, mas a falta dos sustentos naturais, a afirmação das faculdades humanas, a pergunta da própria Virgem Maria: "Como acontecerá isso?" (Lc 1,34). Caso contrário, não teria sentido o "Sim", que não é aquiescência ou passividade, mas iniciativa e vontade.

Por isso vem antes a fé, que é, depois, também esperança e caridade. As formas concretas da santidade cristã variam, mas na sua raiz vive sempre esta conversão e este abandono.

No tempo do Advento, a Igreja e "cada santa alma" – como gostavam de dizer os monges medievais, na escola dos Padres – retoma e torna a meditar a fé de Maria e se encontra nela, "tipo da Igreja". Percebe mais claramente as exigências e as tentações de sua fidelidade. Retoma força para não confiar no mundo, fechando-se nas suas premissas e nas suas esperas, para interpretar-se novamente na Palavra e crer nas obras do Espírito Santo.

Jesus Cristo: sinal da graça e do Espírito

Com efeito, o fruto da fé são as obras do Espírito. Antes, a própria fé é confiança no Espírito, na sua orientação e no seu poder. Assim, sobressai o significado da maternidade virginal de Maria. O filho é concebido sem conhecimento de homem, mas pela vinda do Espírito Santo e porque junto a Maria está a glória de Deus. Assim, Cristo é ao mesmo tempo homem, na verdade da carne mortal, e dom de salvação que veio do céu. Sem a fé de Maria não se compreenderia Jesus, Filho de Deus no espírito, fonte da graça e manifestação do amor do Pai. "Que uma virgem dê à luz – escreve Santo Ambrósio – é o sinal do dom da graça divina, não de um mérito do homem: prega que a redenção não tem a dimensão e os termos do projeto e da força da humanidade, mas aqueles inesperados que unicamente Deus, isto é, o Pai no Filho, por força do Espírito Santo, estabelece e conduz.

E mais, à luz da concepção de Cristo por uma fecundidade "espiritual", o homem compreende-se filho de Deus, regenerado, num nascimento novo que vem do alto, como que por uma maternidade da Igreja, à semelhança e continuidade com aquela da Virgem Maria: "Maria – recorda ainda Santo Ambrósio – é esposa e virgem porque é tipo da Igreja, por sua vez imaculada e fecunda, que nos concebeu virginalmente no Espírito e virginalmente nos deu à luz na alegria [...]. Também a Igreja é cheia do Espírito" (*Esp. del Vangelo sec. Luca*, II, 25.7.26). A Igreja – com "cada alma individualmente" – torna a contemplar na liturgia do Natal esta fecundidade espiritual, para reconhecer-se no mundo sinal da bondade de Deus e apelo para a ação que dele deriva.

2
Tempo de Advento numa Igreja

Trata-se da Igreja ambrosiana. Certamente seu Advento não apresenta caracteres novos em relação à liturgia romana e, todavia, tem uma riqueza de textos e de temas que merecem ser conhecidos de perto.

O Advento ambrosiano[4] prolonga-se e sustenta a meditação e a oração da Igreja milanesa por seis semanas, e representa no curso de seu Ano Litúrgico um momento de profundo significado teológico e de viva intensidade espiritual. Com destaque singular, emerge na liturgia deste tempo o sentido da presença do Senhor: aquele que já veio, que vem continuamente e que ainda está por vir. Assim, é recordado um mistério passado; percebe-se sua atualidade no presente; e se aguarda seu cumprimento além da história. "Celebramos alegres sua primeira vinda"; "em vigilante espera aguardamos com confiança seu retorno glorioso no fim dos tempos"; enquanto já nos são dadas "as primícias do Espírito" e cada dia nos é possível "encontrar os dons de graça".

1 O Advento: memória, realização, espera

Memória de uma vinda e de um cumprimento

A liturgia do Advento é toda permeada pela dimensão da memória e toda voltada para reavivar na Igreja a consciência de um evento, preciso no seu valor e circunstanciado no seu tempo, transcorrido na história: a vinda entre nós do Filho unigênito de Deus, cumprimento de uma economia que a preparava e despertava sua espera: "Tu que havias prometido com a voz dos

---

4. Para as referências dos textos citados, cf. BIFFI, I. Avvento ambrosiano: escatologia e speranza della Chiesa. *La liturgia ambrosiana* – Vol. I: *La riforma del rito e il nuovo messale*. Milão: Jaca Book, 2013, p. 63-78.

profetas a vinda do teu Unigênito em nossa carne mortal e seu nascimento da Virgem, chegada a plenitude dos tempos, mantiveste com fidelidade a tua palavra"; "Com tua promessa de redenção reergueste depois da culpa a uma nova esperança de graça o gênero humano, criado em santidade e justiça no teu Verbo divino, e na plenitude dos tempos enviaste o teu próprio Verbo ao mundo, para que, vivendo como homem entre nós, nos abrisse o mistério do teu amor paterno e, desfeitos os laços mortais do mal, nos infundisse novamente a vida eterna do céu".

A liturgia do Advento mantém vivo na Igreja o sentido da salvação, que teve uma história, que foi para sempre marcada por ela, e também alimenta a percepção de Cristo como o "definitivo". Assim, por um lado, ela faz reviver as etapas, as atitudes interiores, o espírito da espera e, por outra, dispõe e abre para a realidade da Presença, que disse e continua a dizer o "Sim" definitivo.

A antiga espera revivida

Num certo sentido, a Igreja não está dispensada do itinerário antigo percorrido pela espera messiânica. Mesmo no horizonte do definitivo, ela o vai repetindo, entrando nele por sua vez, de maneira a poder compreender o que significa ter necessidade e desejar a redenção; por isso, no Advento, repassa especialmente a "voz dos profetas", com as orações que imploram a vinda do Salvador. "Desperta teu poder e vem"; "A vinda do teu Unigênito, ó Deus, salve-nos do mal, que insidia no tempo presente, e guie nossos passos para o reino eterno"; "Vem em nossa defesa e enche cada esperança com a presença gloriosa do teu Filho"; "Ao sol de tua justiça, que se irradia do céu, sobre toda a terra brote a alegria, e os nossos corações cheios de desejo saciem-se de tua bênção na vinda do Redentor do mundo"; "Concede a nós, ó Deus, esperar com ardente esperança o mistério de Maria, virgem e mãe, que por obra do Espírito Santo gera em nós o Salvador"; "Ó Deus onipotente, enche de bens a terra que anela por seu Redentor". A liturgia está perfeitamente consciente de que o Senhor já veio; todavia, reza para que ainda venha. O fim imediato de tal oração é a festividade natalina, com sua comemoração. Ela é radicalmente diferente do aparecimento histórico: não põe na economia uma novidade, mas, ao contrário, é sua manifestação. E, por outro lado, a própria celebração é uma "graça", uma vinda.

A comemoração da vinda e da "graça" do Natal

O tempo do Advento e a repetição do pedido "Vem!" é despertado certa e proximamente pelo Natal, no qual a Igreja não encontra somente o valor de uma lembrança do passado. Se assim fosse, as expressões da espera seriam, por assim dizer, desproporcionais. A festa tem uma própria dimensão e um próprio peso de graça, que não podem derivá-los senão do caráter definitivo de Cristo, que, embora tenha vindo, está sempre por "Vir", e na memória litúrgica faz sentir de maneira singularmente sensível e eficaz a sua presença redentora. A celebração não cria, porém, mais propriamente, revela e põe à disposição, faz ressubir e emergir com uma força e com um conteúdo característico, mediante os sinais postos no tempo pela fé da Igreja.

O Advento é, então, uma preparação para a Natividade de Cristo, que já veio e tocou irreversivelmente a si a história; que, por isso, pode ser celebrado na liturgia dos dias natalinos, nos quais esta vinda se revela em seu significado permanente, alcançável através dos sentimentos da espera e do desejo, que são semelhantes àqueles da "antiga esperança": mas, enquanto esta era orientada para aquele que ainda devia aparecer, nós estamos voltados para quem já chegou, está aqui e pode ser comemorado não como alguém do passado, mas que do passado continua, e na memória da Igreja assume um destaque evidente e renovado.

Nesta luz devem, primeiramente, ser compreendidas as orações que invocam o Natal ou "a glória da vinda em nossa carne mortal", e o sentido do presente e do futuro que sugestivamente perpassa tudo o Advento ambrosiano: "A nossa redenção está próxima, a antiga esperança está completa; aparece a libertação prometida e desponta a luz e a alegria dos santos"; "Teu amor desce do céu e aparece a bondade de Jesus salvador: a terra, que é reino de morte, recebe o Rei da vida".

Atualidade da vinda

Para o definitivo cumprimento da antiga esperança, que é Cristo, e para a condição nova determinada por Ele para todos e para sempre, a Igreja agora não tem senão que compreender e viver esta imprescindível presença, este "Vindouro", que é o Filho de Deus, feito homem.

Enquanto se volta para o passado e se dispõe ao futuro litúrgico da memória, ela percebe no presente as dimensões da vinda definitiva. O Missal do Advento, e a seguir aquele natalino, leva a Igreja a retomar e a aprofundar o significado permanente do mistério natalino e a realidade dele derivada e atual. A eucologia deste tempo nasce da grande contemplação e experiência do dogma da encarnação, não abstratamente repensado, como num tratado de teologia, mas voltado para a oração e captado como capaz de gerar a piedade. É esta percepção de atualidade que impede a liturgia de ser uma pura reevocação histórica, e lhe dá a possibilidade de usar com verdade o tempo presente.

Os prefácios do Advento ambrosiano são, sobretudo, ricos desta dogmática do mistério da encarnação e desta leitura da novidade despertada estruturalmente pela primeira vinda e, portanto, da "presença" de tal mistério: "Com a luz de sua vinda, o Senhor Jesus dissipou as trevas e revelou-se aos homens como o caminho que leva à felicidade da vida imortal". "Na humanidade do teu Filho recriaste o homem, para que a morte não deformasse nele a sua imagem viva. É a graça de tua piedade que nos salva: pela carne de Adão, o pecado nos havia dado a morte, pela Carne de Cristo teu amor infinito nos recriou para a vida". "Sem faltar à tua onipotência, com surpreendente amor te fizeste pai para nós. Éramos servos por natureza, mas no teu Unigênito benignamente nos tornaste filhos. A origem terrena nos designava à morte, o renascimento que é dado do céu nos destinou a uma vida sem fim". "Cristo nosso Senhor, nascendo entre nós, liberta da escravidão toda a terra e dissolve dos laços do pecado a nossa frágil carne". "Ó Deus onipotente [...] quiseste reerguer-nos e animar-nos com verdadeiro coração de pai. Na vinda entre nós do teu Filho unigênito nos reconquistaste para o teu amor e na vida de Cristo nos fazes encontrar cada dia teus dons de graça."

O Advento ambrosiano é, pois, o tempo forte e privilegiado no qual é retomado e destacado em múltiplos aspectos o plano de Deus sobre o homem e a atuação dele em Cristo e por Ele em nós, que dele já somos estruturalmente participantes. A singularidade da liturgia, na forma típica que a define, é a de fazer dela fim e ao mesmo tempo ação de graças, de louvor, de alegria; de criar o clima espiritual no qual a verdade se torna "emoção", esforço e oração.

Toma, então, seu significado preciso a celebração natalina esperada no decorrer dos dias do Advento: não se espera e não se prepara uma recordação, que ligue, quando vier, o passado ao presente. A própria recordação que emerge manifesta e exalta o mistério do Filho de Deus feito homem, que é realidade e verdade do presente. Como termo exato se diria que o Natal celebra, com destaque da memória litúrgica, a estrutura permanente ou o horizonte insuperável no qual, com Cristo, foi posto o homem. Celebra a sua presença, que agora para sempre sustenta e especifica a condição do homem.

O Cristo "vindouro"

Não seria suficientemente percebida a presença do mistério natalino e, portanto, de Cristo "que veio" e "que vem", se na liturgia nos limitássemos a ouvir e a exprimir a condição nova que se criou uma vez para sempre com a encarnação do Filho de Deus. E, de fato, no Advento é vivo o sentimento da atualidade da vinda entendida como presença real de Cristo Salvador, o qual verdadeiramente continua a vir na Igreja. O tempo do Advento mantém acordada esta percepção do evento em ato, a interpelar continuamente. E nisto toma destaque – como já acenamos – a releitura e a retomada da antiga esperança. A própria memória natalina está em função da percepção que Cristo "é" hoje e no "hoje".

A liturgia é um momento não terminal, mas pode-se dizer irradiante e exemplar, que se estabelece como sintomático e típico, quase por concentração, da realidade de Cristo "aqui e agora". Os textos ambrosianos colocam-no em singular evidência. As implorações que se exprimiam no "Vem redimir o mundo", se, por certo, tinham como objetivo a festividade natalina, ainda mais profundamente se compreendem se forem entendidas para a vinda continuamente em ato, aquela que é oferecida através da história, já decisivamente suscitada e sustentada por Jesus Cristo, que "bate" continuamente, para que seja sempre mais verdadeira e eficazmente acolhido.

Em semelhante perspectiva, a liturgia do Advento produz e especifica uma Igreja como incessante espera do Senhor, por um acolhimento que não se fecha jamais nos limites da história. Assim, a própria liturgia se apresenta como uma *visitatio* – era um termo e um conceito constante na literatura monástica medieval (Bernardo, Aelredo) para definir e para entender a festa litúrgica. Assimilar o ritmo e a substância do Advento é dispor-se a esta "intuição" de Cristo que não abandona mais a história, mas lhe é ao mesmo tempo imanente e transcendente, e a expõe do íntimo.

Acima já ouvimos falar dos "dons de graça", que, ininterruptamente, cada dia, nos são feitos encontrar. Os textos, ainda sobretudo dos prefácios, retomam o tema. Trata-se da "riqueza inexaurível" trazida por Cristo, do "dom generoso" e permanente, das "primícias" do Espírito já concedidas: "Nos deste com imprevisível amor as primícias do Espírito e, em Cristo, nos fizeste filhos teus". O próprio tempo litúrgico é visto como graça e interpretado como vinda: "Para reavivar nossa esperança Tu ofereces à tua Igreja estes santos dias do Advento". Assim, pode-se interpretar em toda a sua profundidade o "hoje" litúrgico ao qual temos acenado e que é frequente especialmente nas ações de graças. Existe, particularmente, um prefácio que põe como tema a eficácia da memória litúrgica e, mais amplamente, aquela da lembrança de Cristo que se configura naquela memória: "Na lembrança de tão grande amor por nós renova-se na Igreja a graça de Cristo redentor e se reacende a esperança de reinar com Ele".

Espera do cumprimento

A admoestação reavivada do advento de Cristo, que vem continuamente, a memória de seu primeiro aparecimento, o destaque da nova condição para sempre estabelecida fazem sentir à Igreja – e os textos não cessam de recordá-lo – que a história da salvação não acabou e que se deve aguardar seu cumprimento. A liturgia do Advento destina-se a uma Igreja nascida da primeira vinda e a caminho daquela definitiva.

Já chamamos Cristo de definitivo. Ele é a novidade que não acaba; mas agora a humanidade deve tornar-se nova, não porque acrescenta a Ele, em si, alguma coisa, mas porque nele ela se torna nova e é suscitada em cada momento seu. Não existe um possível "futuro" que não possa ser coberto, antes já está coberto, por Cristo Senhor, que é o Escatológico pessoal; e não porque temporalmente se estenda a todo o tempo, mas porque o compreende por força de sua ressurreição. Nós já vivemos no último, e disso são sinal as concedidas "primícias do Espírito", ou a graça que brotou da primeira vinda. É preciso que nós vivamos efetivamente para o último, deixando-nos tomar por Ele dia após dia. Jesus é memória "para nós", é aquele que vem "para nós". Neste sentido ainda o esperamos: para o desdobramento da escatologia na história.

A dimensão e a força escatológica destacam-se com acento especial na liturgia do Advento ambrosiano, e formam certamente uma de suas atrações mais fortes. Ele revela e propõe uma Igreja não já estabilizada, mas "móvel", por vir, em viagem. É um destaque especial perceptível nos textos novos: "Pacientes na prova e certos na promessa aguardamos a glória futura"; "Tu ofereces [...] estes santos dias de advento para que, caminhando como filhos da luz, sóbrios e vigilantes, nos disponhamos a viver para sempre com Cristo; "A Igreja vai ao encontro do Cristo Senhor no laborioso caminho, sustentada e alegrada pela esperança, até que, no último dia, cumprido o mistério do reino, possa entrar com Ele no banquete nupcial"; "Com alegria renovada o acolhemos como nosso libertador e aguardamos sua vinda para o último juízo".

Dois dos textos mais belos e significativos da escatologia de Cristo em ato na Igreja são os seguintes novos prefácios ambrosianos: À Igreja que vive de fé tens dado desde agora o conforto para o dia do encontro com Cristo, prometendo a herança incorruptível que lhe reservas nos céus. Na prova, vigilando, esperamos a alegria futura". "O tempo já se volta para o fim, já somos filhos de Deus e nos é dada, em penhor, a herança dos céus, que teremos em plenitude quando o Senhor aparecer no seu retorno de glória".

A Eucaristia: sacramento da presença atual de Cristo e penhor de sua vinda escatológica

A atual presença de Cristo é captada pela Igreja do Advento, de maneira singularíssima, no sacramento eucarístico.

São interessantes, sob este aspecto, as orações sobre os dons e, sobretudo, aquelas depois da comunhão. Aliás, a "resolução" de cada celebração é a Páscoa do Senhor, reapresentada sacramentalmente na Eucaristia. Esta é a "fonte de graça presente e futura"; dá a força de "viver imunes a cada contágio do mal"; é celebrada para que "fortaleça a Igreja no cansaço da sua caminhada presente e a acompanhe na alegria da pátria futura"; é confiada a ela no tempo do Advento – aquele de preparação para o Natal, aquele de espera da visitação quotidiana e aquele da visitação escatológica completa – "para que celebre incontaminada a vinda de Cristo Senhor", e agora sabemos que estão junto a vinda litúrgica, atual e final.

"Dê-nos novo vigor, ó Deus – rezamos ainda numa oração depois da comunhão –, a graça deste sacramento e nos ajude a caminhar ao encontro do Salvador no caminho da justiça, para que, no fim, de Cristo possamos receber em prêmio a bem-aventurança eterna". O Pão que se recebe é "penhor da glória" e sustento diante das "insídias do mundo", ou seja, daquilo que ameaça desviar a Igreja de ser tomada pela escatologia de Cristo e pela novidade da condição por Ele operada com o mistério de sua vinda. A Eucaristia é já um cumprimento das promessas: "Ó Deus onipotente, que no dom do Corpo e do Sangue de Cristo já cumpres as tuas promessas, concede à tua Igreja possuir em plenitude a glória do reino, apressando com a santidade da vida o retorno do Senhor".

O Sacramento do Corpo e do Sangue do Senhor é assim prefiguração real e verdade escatológica e, portanto, nele, particularmente, a Igreja toma a força para viver no plano e em conformidade com a escatologia. "Faze, ó Deus – reza-se numa oração depois da comunhão –, que, celebrado o mistério da morte e da ressurreição de Cristo, nos mantenhamos distantes dos desejos da carne, à espera de seu retorno para obter a salvação eterna no dia da sua vinda como Juiz e Senhor". "Guarda, ó Deus, de toda insídia do tempo a tua Igreja, que participou da mesa de Cristo, e conserva-a fiel a ti a fim de que seja convidada para o banquete das núpcias eternas do Cordeiro"; "Participantes dos divinos mistérios, ó Pai, suplicamos-te: cresça cada dia em nós a graça da salvação e se mantenha constante, até o fim, a nossa esperança"; "Concede-nos, ó Deus, que guardemos com coração vigilante e fiel a graça da redenção que Tu nos deste e que obtenhamos a alegria prometida da vida eterna no retorno glorioso de Cristo".

Uma última bela oração, sempre como conclusão da Eucaristia: "Acesos pelo fogo do Espírito, ó Deus, e saciados com o dom divino, os nossos corações sejam invadidos pelo desejo de resplandecer como luzes festivas diante de Cristo, o teu Filho que vem".

Talvez o Advento ambrosiano seja o tempo litúrgico que mais põe em destaque a Eucaristia como o "sacramento" de Cristo no tempo da Igreja, a sua função de sinal da presença e de motivo da confiança, seu conteúdo escatológico, seu ser realidade e promessa. A Igreja se lê e se reencontra na Eucaristia, que representa o fundamento sacramental de sua fé e de sua certeza: mais completamente, da sua esperança, que é o traço típico da espiritualidade eclesial do Advento.

2 O Advento: tempo da esperança da Igreja

A liturgia jamais se contenta com a pura contemplação dos momentos e dos aspectos do mistério da salvação. Cria um espírito e uma praxe segundo o dogma, feito substância de tempo litúrgico e, portanto, de ação de graças. A teologia trazida pelo Advento reaviva e acentua na Igreja a atitude da esperança. Já a encontramos várias vezes: ela anima, também, a lembrança do evento passado, a incessante preparação para as vindas no ato presente, a disposição para a memória litúrgica; sinteticamente, é o estado que caracteriza o futuro da escatologia da Igreja a caminho para a parusia. Em particular, sentimo-la como graça própria da Eucaristia, que se pode definir como sinal da esperança da Igreja: esperança objetiva, que é o próprio Cristo – presente, passado e futuro – e esperança subjetiva, que é o sentimento e a vontade dos crentes. Os textos são múltiplos e variáveis nas retomadas e nos desenvolvimentos.

A esperança como segurança e força

O tempo do Advento é para a Igreja estímulo, conforto e segurança fundamentada no "já" acontecido histórico e sacramental. A primeira vinda é a garantia, e a Eucaristia, o sinal evidente.

Tal segurança é a resposta do homem à fidelidade de Deus, da qual no Advento e no Natal se relê e se verifica com acentuada vivacidade a história e a prova. Pedimos ao Pai "fidelidade e coragem" para a Igreja, de modo que possa chegar à "sua total salvação", que "depois de um dom tão generoso" – o primeiro aparecimento de Deus na carne – não seja deixada sucumbir entre os perigos. Especialmente encontramos as primícias do Espírito como razão "real" da paciência na prova e da certeza da promessa.

A esperança como espera vigilante

Na liturgia do Advento delineia-se com traços consideráveis a figura da Igreja como virgem que, com as lâmpadas acesas, vigia e espera o Esposo para o convívio. É um motivo que percorre um pouco por todo o Advento e tanto maior quanto mais este tempo destaca na Igreja e lhe repropõe o tema do mundo como "insídia".

Já encontramos também isto, e a liturgia ambrosiana, na riqueza de sua eucologia, não deixa de voltar ao tema. Por todas as vindas do Senhor acenadas, ou mais exatamente, já, pela única vinda do próprio Senhor, em tempos e formas diferentes, é indispensável este estado de vigilância, que sacode o torpor e que compromete ao mesmo tempo a mente e o coração dos discípulos do Senhor. É a obediência à admoestação evangélica de não se deixar vencer pelo sono interior e surpreender improvisamente e despreparados. "Vigilando na espera" nós "ousamos esperar os bens prometidos". Por isso pedimos "viver imunes de todo o contágio com o mal", ter "o ânimo aberto" para acolher o advento do Redentor e não condicionado e ligado à temporalidade que dificulta o encontro: "Ensina-nos – rezamos – a usar os bens da terra com liberdade evangélica e dá-nos um coração atento aos bens eternos do céu"; "Não nos deixes seduzir pelos atrativos terrenos enquanto queremos apressar-nos para o encontro com Deus"; "Sustenta [o teu povo] com tua graça para que com fé e paciência se apresse para alcançar a meta da eterna paz".

Esta Igreja deve superar a tentação do cansaço, expressamente recordado na oração: "Sustenta, ó Deus, com bondade paterna os teus fiéis, para que, observando intacto, sem cansaço, o dom da esperança, possamos caminhar seguros para a pátria eterna".

Como que resumindo esta atitude de atenção e de vigilância, citemos esta rica oração de inspiração bíblica: "Nós somos ainda, ó Deus, estrangeiros e peregrinos sobre a terra, mas Tu, sustenta a nossa inconstância para que a confiança na glória esperada seja viva até o fim, quando alegres e serenos entraremos no teu repouso".

Esperança como vigília operosa e alegre

A esperança não é um sentimento interior improdutivo. Desperta um modo de vida. O Advento é tempo exigente e laborioso, uma caminhada na "via da justiça", na qual a vigilância se exprime. Devemos conservar-nos "puros de qualquer mancha de pecado"; "ir ao encontro do Senhor que vem com operosa justiça"; "viver irrepreensíveis na santidade"; "santificar o tempo presente"; "viver na verdade e no amor"; preparar "com esforço o caminho ao Redentor", para ver com alegria a salvação. O juízo de Cristo está sempre diante da Igreja do Advento, preocupada que Cristo "no seu retorno nos encontre puros de toda mancha de culpa". Esta preparação é realizada de forma particular com a caridade, que é a correspondência à caridade de Deus, que nos enviou o Filho salvador: "Ó Deus eterno – rezamos –, que na vinda do teu Filho reconciliaste o mundo distante do teu amor, dissolve a dureza do nosso egoísmo, para que possamos celebrar com o coração livre e alegre o mistério do nascimento de Cristo.

Também o tema da alegria não falta no Advento: "Vivemos na alegria os dias do Advento". É a consequência da esperança e da constatação do Deus poderoso e fiel que em Cristo entrou irreversivelmente na história e a está levando a termo: a história das dimensões universais e a nossa história com suas tramas particulares. A Igreja, por isso, é "alegrada pela esperança"; ela está na "espera alegre" do Reino. Mesmo que ainda não completa e não totalmente livre da tribulação da ausência e da dificuldade do presente, ela saboreia verdadeiramente a "alegria da redenção", que espera ser aquela do retorno glorioso, quando for possuída "em plenitude a glória do Reino", agora antecipada no evento decisivo e nas suas festividades.

Assim, o tempo do Advento aparece, sobretudo, como o tempo da esperança, aquele no qual mais claramente sobressaem os sinais e mais intensamente se faz experiência deles. E o cristão se revela como o homem "à espera", convencido de que, se no mundo e com a própria atividade, realiza-se agora a salvação, todavia encontra-se ainda no não último olhar para si e para o próprio mundo, no não completo e, portanto, na suspensão, que ainda depende da fidelidade de Deus, a quem a vigilância e a espera se confiam, com a certeza de não serem iludidas. Na sua oração do Advento, a Igreja exprime a fé de não ser abandonada nas adversidades e nas contradições; de não ser absorvida nas vicissitudes que passam e dentro de seu horizonte. Não se deixa subverter pelo "temor do tempo" e por sua mobilidade, pois sabe que em Cristo o fim do tempo já veio e que nele o tempo já está todo compreendido. Mas também sabe que poderia trair a fidelidade de Deus se não permanecesse em vigilante e operosa espera. Por isso, reza e escuta como faz no tempo litúrgico do Advento. O qual, aliás, é como o destaque ou, digamos ainda, o "sacramento" do tempo da Igreja simplesmente, que é totalmente tempo de memória da primeira vinda, de "sensibilidade" para a atual presença, de espera do retorno, de invocação para que "venha o Reino". E mais: a própria Igreja é este indício da espera, esta memória e proximidade, este "desejo do Reino", segundo o exemplo da Virgem, que no seu pleno acolhimento do Verbo, "cheia do Espírito Santo, torna-se templo de Deus".

Assim, a liturgia ambrosiana, nas suas seis semanas e com a profundidade e a riqueza de seus textos eucológicos, faz viver com força e com originalidade a escatologia de Cristo em ato na Igreja e na história.

3 "Tu que bordas a noite de estrelas" (*Conditor alme siderum*)

À "poesia religiosa fundamental [...] constituída pelos *Salmos* e pelos cânticos espirituais" rapidamente se associa, na Igreja primitiva, uma hinologia cristã. O primeiro a tentar o caminho da lírica religiosa latina, mas com pequeno sucesso", foi Hilário de Poitiers († 367), mas "a glória de ser pai da hinologia do Ocidente [observa Del Ton] compete totalmente a Santo Ambrósio". "De inspiração popular e de execução artística, apurada na métrica, a poesia de Santo Ambrósio, cheia de elegância, de gravidade romana, máscula na terna efusão da piedade cristã, é o grande modelo que mais do que outro terá imitadores".

Aliás, como escreve Fontaine, "a hinologia ambrosiana passa, com toda a justiça, por uma das criações poéticas mais originais e mais perfeitas do cristianismo latino", que soube fundir "numa síntese nova a tríplice herança das tradições hínicas judaica, grega e latina", e produzir como que "um microcosmos da vida de fé", canora profissão de fé, adaptada ao povo, também pelo verso – o dímetro jâmbico acataléctico – "simples, fluido, musical".

Por certo, não faltaram, depois de Ambrósio, outros poetas cristãos. Pensemos no refinado Prudêncio (nascido em 348 e morto nos inícios do século V), largamente lido e imitado, com seus hinos – fantasiosos, vivos e ricos de simbologia – alguns dos quais não deixaram de entrar na liturgia; ou em Sedúlio (segunda metade do século V), "poeta singelo e sensível"; em Venâncio Fortunato (morto depois de 600), autor, entre outros, do célebre *Vexilla regis prodeunt*, e nos muitos hinólogos medievais, entre os quais Tomás de Aquino, para não falar de toda uma poesia anônima, que entrou na liturgia romana para cantar os tempos sacros e o mistérios das festas cristãs.

Em toda esta esplêndida literatura, Ambrósio permanece o indubitável mestre e o inspirador insuperável nos conteúdos e na forma. E todavia, merecem uma cuidada atenção os vários hinos sacros que, além daqueles decididamente ambrosianos, tornaram e continuam a tornar artístico e melodioso na Igreja o canto da fé, e que hoje, com uso novo e feliz, sempre mais alimentam a oração dos fiéis, que fazem da *Liturgia das Horas* o livro normal de sua piedade.

Consideramos aqui, à base do texto latino, a hinologia do tempo do Advento, com seus três hinos das Vésperas, para o Ofício das Leituras e das Laudes. Não se pode dizer que sejam obras-primas, mas têm seu encanto.

A começar por aquele das Vésperas, *Conditor alme siderum*, de autor desconhecido, rítmico, que remonta ao menos ao século IX e no qual se encontram acentos poéticos do bispo de Milão.

O hino dirige-se diretamente a Cristo, invocado como "Criador dos astros", "luz eterna dos crentes" e "Redentor de todos" – e aqui parece ouvir o eco de três versos santambrosianos: *Deus, creator omnium*, *Lux lucis et fons liminis* e *Veni, Redemptor gentium* – a Ele a Igreja súplice pede que a ouça.

E, com efeito, o canto abre-se com uma exaltação à clemência de Cristo que, sentindo compaixão (*condolens*) pela triste sorte do mundo, piedosamente subtraiu-o ao destino de morte, ao qual seu pecado o havia entregue e lhe concedeu o remédio do perdão: "Tu que a noite bordas de estrelas / – traduz a *Liturgia ambrosiana das Horas* – e de luz celeste ornas as mentes, / Senhor que a todos queres salvar, / ouve quem te implora! // A acerba sorte do homem / tocou o teu coração: / sobre o mundo exânime renasce / a flor da esperança". E aqui não é difícil reconhecer que a elegante versão italiana tenha enobrecido o texto latino que, mesmo com algum verso bonito, não se distingue por excessiva beleza.

A redenção é vista despontar com o consumar-se da história (*vergente mundi vespere*): ao sobrevir – diria Paulo – a "plenitude dos tempos" (Gl 4,4) ou, como é considerado pelos Padres, na última idade do mundo.

É então que o Cristo apareceu, "desposando a natureza humana / no inviolado seio de uma virgem": Maria, assim anunciada, como num prelúdio, desde o princípio do Advento.

Ele – prossegue o poeta – é "o Senhor", ao qual "tudo dobra o joelho (*genu curvantur omnia*)" e que o céu e a terra adoram" – a lembrança é da Carta aos Filipenses (Fl 2,19) – confessando seu domínio.

Contudo, já sabemos: Ele é um Senhor intimamente tocado pela miséria do mundo; seu poder é misericordioso.

Um dia, o próprio Senhor – *venturus iudex saeculi* – virá para o juízo final: mas, enquanto nossa vida flui ainda no tempo, estamos continuamente expostos às flechas do inimigo, o demônio, que não cessa de insidiar-nos. Confiantemente, pedimos então que não sejamos deixados em seu poder, e que sejamos preservados de sua perfídia: "E quando baixar a última tarde, / santo e supremo Juiz, virás: / oh! naquela hora não deixes ao maligno / quem a ti se confiou".

Assim, ao abrasar-se com a memória da primeira vinda do Senhor, o pensamento corre para o segundo e definitivo advento: a alma se torna vigilante, mas não se deixa vencer pela angústia, já que a nossa sorte tocou o coração do Filho de Deus.

4 "Ó Virgem Santa Maria" (*Verbum salutis omnium*)

Toda a graça de Maria se revela quando se cumpre o mistério de sua divina maternidade e vem à luz "a Palavra da salvação [...] gerada pelos lábios do Pai" e acolhida em seu "seio ilibado (*casto viscere*)".

A divina maternidade – na qual está incluída toda a razão do existir da "Virgem bem-aventurada" – não é um mérito que Maria possa atribuir a si, mas é o sinal surpreendente que, pelo "eterno conselho" (*Paraíso*, XXXIII, 3), ela é "desde sempre a imensamente amada" (Lc 1,28), e por isso o Anjo Gabriel a convida à desmedida alegria messiânica.

A encarnação nela do Verbo do Pai é totalmente dom divino e pura obra do Espírito Santo. Segundo o canto do hino: "A arcana força do Espírito / é nuvem que envolve e te encobre: te torna mistério fecundo / morada do Filho de Deus".

Maria convive o Natal com Cristo, experimentando-o no íntimo de sua virginal experiência materna e na sua profunda obediência de fé, onde inicia o milagre da conceição de Jesus.

Ela é "a porta bem-aventurada", que só se fecha ao Rei da glória (*Haec est sacrati ianua templi serata iugiter, soli supremo Principi pandens beata limina*).

Aliás, o nascimento do Filho de Deus não chega inesperadamente: ele cumpre uma antiga promessa e torna verdadeiro o anúncio feito pelo anjo a Maria: "Aquele que, nascido antes da aurora, / fora antigamente prometido aos vates / e que Gabriel anuncia / desce Senhor sobre a terra (*Olim promissus vatibus, / natus ante luciferum, / quem Gabriel annuntiat, / turris descendit Dominus*)".

Podemos, antes, dizer que toda a história surgiu exatamente para que Cristo se manifestasse e que pelo desejo de seu aparecimento, ainda que inconscientemente, ela foi sempre atravessada.

Aos pastores, o Natal será anunciado por um anjo do Senhor como fonte de "uma grande alegria" (Lc 2,20): é sempre a alegria messiânica, e o nosso hino convida a tomar parte dela toda a multidão dos anjos – chamados à existência para que estivessem a diligente e alegre serviço de Cristo – e todos os povos da terra, que nele são finalmente redimidos: "Admire-se e se alegre a multidão dos anjos, / alegrem-se os povos todos: / o Altíssimo vem entre os pequenos, / inclina-se para os pobres e salva (*Laetentur simul angeli, / omnes exsultent populi, / excelsus venit humilis / salvare quod perierat*)".

Se este hino pré-natalino – rítmico, de feitio composto, de autor desconhecido e que remonta ao menos ao século X – não pode gloriar-se de ser excelso por poesia, porém tem o louvável valor de ser rico de dogma e de teologia e de fixar uma intensa meditação sobre o acontecimento mais inefável: aquele de Deus que se faz homem para nós.

5 "Os profetas anunciam em altas vozes" (*Magnis prophetae vocibus*)

Jesus não chega de improviso. Seu aparecimento é esperado. Adão tem apenas tristemente caído, já que o Advento de um Salvador é misericordiosamente anunciado (Gn 3,15). Com este objetivo será eleita a estirpe de Abraão. O Redentor nascerá no seio daquela estirpe, e o suceder-se de suas gerações será seu símbolo e sua predição. A história de Israel será, assim, uma história de espera e de esperança, e quem a manterá viva e fervorosa serão os profetas suscitados por Deus, até que ela estiver completa com o nascimento de Cristo, e a graça ultrapassará dele para todos os povos.

Quem canta esta espera e esta esperança, nos dias imediatamente pré-natalinos, é o hino das Laudes, *Magnis prophetae vocibus* – de autor desconhecido e de século incerto: "Aclamam em alta voz os profetas / que Cristo está por vir, / anunciando a graça da alegre salvação / com a qual nos tem redimido".

Ao ressoar destes antigos e fiéis presságios de glória, a luz inunda as primeiras horas de oração e a alma se acende de exultação – "Resplandece a nossa manhã / e os nossos corações se inflamam de alegria (*Hinc mane nostrum promicat / et corda laeta exaestuant*)"; a alegria, porque o Senhor não veio para punir, mas para limpar piedosamente as feridas, resgatando aquilo que estava perdido (*venit [...] ulcus tergere, / salvando quod perierat*).

Mas a memória da primeira vinda nos pré-adverte que outro advento é iminente e que "Cristo está às portas (*adesse Christum ianuis*)", "para coroar os seus santos / e abrir o Reino dos Céus".

Agora nos é prometida uma "luz sem ocaso e um astro que salva (*Aeterna lux promittitur sidusque salvans promitur*)"; antes, um raio lucidíssimo já nos chama ao tribunal do céu (*iam nos iubar praefulgidum ius vocat caelestium*).

Assim, a calma e confiante alegria do tempo do Advento não está separada do pensamento e do trêmulo temor do último juízo de Cristo Senhor.

E no entanto, exatamente a Ele sobe a nossa angustiada invocação: com ardor apaixonado imploramos-lhe poder contemplar finalmente seu rosto divino (*Te, Christe, solum quaerimus videre, sicut es Deus*), e encontrar "nesta eterna visão" o nosso "perene cântico de louvor (*ut perpes haec sit visio / perenne laudis canticum*)".

O rosto de Jesus, no qual refulge o "esplendor da glória do Pai", será a fonte inesgotável da nossa bem-aventurança, que a luminosa Natividade temporal do Verbo já largamente nos antecipa.

3
O Tempo de Natal

1 Natal: o divino entra na história

O divino no humano

O curso do tempo traz à Igreja a memória do Natal de Cristo: um evento unido pela fragilidade própria daquilo que acontece no horizonte da história humana – isto é, um nascimento, um espaço, um momento – que a um juízo de pura razão pode até fugir.

Mas aos olhos da fé "na figura de um presépio revela-se o mistério de Deus" (SANTO AMBRÓSIO. *Esp. del Vangelo sec. Luca*, II, 43): termo da intensa e admirada contemplação, motivo inexaurível de ação de graça da liturgia natalina.

A fé cristã, que encontra cumprimento acolhendo a Sabedoria e o Poder na cruz, começa "contemplando – como dizemos na liturgia – a glória de Deus numa criatura visível". Ela reencontra o absoluto e o eterno na contingência de um acontecimento do tempo, vê o rosto do Pai dos céus nos traços do filho do homem: "Com seu nascimento – canta o prefácio da Igreja de Milão na vigília do Natal – a tua invisível divindade tornou-se visível na natureza humana, e aquele que Tu geras fora do tempo, no segredo inefável da tua vida, nasce no tempo e vem ao mundo".

O "hoje" da natividade

A liturgia pode reevocar e celebrar a natividade do Senhor por aquele plano de salvação que nele é representado e que permanece, com significado e eficácia, num "hoje" sem ocaso. Já que a redenção do homem acontece solidária com ele numa história, os ritos reevocam e ligam a um passado; mas porque ela se realizou na "plenitude dos Tempos" do Filho de Deus, cada homem a encontra presente, "aqui e agora", brotada no instante transcorrido e incessante até o fim do mundo.

Na memória litúrgica não há lugar para nostalgias ou para saudades: a "invencível força do amor que salva" alcança-nos nos dias de nossa existência. Não por retórica, mas com verdade e intuição profunda dizemos: "Hoje para nós desceu do céu a verdadeira paz"; "Hoje nasceu o Cristo, apareceu o Salvador; hoje os justos se alegram".

Segundo a lei temporal, o evento seria destinado a ausentar-se: a liturgia no-lo faz perceber como valor e início que deve ser desenvolvido por nós, e verificado como graça que quase ressuscita numa oferta renovada para a disponibilidade de nossa Inteligência e do nosso coração.

O nascimento do verdadeiro homem

Mas é preciso deter-se para contemplar e receber o mistério, e não passar apressados e distraídos, satisfeitos apenas com o retorno de superficiais emoções; não deixar que as orações ressoem em vão e as palavras evaporem velozes e vazias.

É verdade que, num certo sentido, a liturgia é um pouco utopia e ideal: realmente suas dimensões são bem mais vastas do que os limites que nos circunscrevem, mais amplas do que o lugar que habitualmente ocupamos, mais reais, nos seus dons, do que aquilo que consideramos espontânea e certamente concreto. É simplesmente limite e culpa nossa se a linguagem natalina nos parece distante, quase eco de realidades que estão fora do espaço aberto ao homem, como um sonho e uma poesia.

A verdade é totalmente outra: no Natal, no Filho de Deus que se torna homem acontece o nascimento da única humanidade projetada por Deus, por uma criação da qual a antiga era um esboço afinal malsucedido: "De maneira admirável nos criaste à tua imagem e de maneira ainda mais admirável nos renovaste e redimiste".

Não é possível, sem confundir-se, procurar a natureza e os traços do homem prescindindo de Jesus, o Verbo encarnado. A Ele se reconduz e por

Ele é medida qualquer filosofia do homem, qualquer antropologia. Esta sim é abstrata e deslocada enquanto não o encontrar, injustificada e superada, enquanto dele prescindir: "Hoje em Cristo, teu Filho, o mundo renasce" (Liturgia ambrosiana).

Com encanto, sobretudo, um prefácio ambrosiano do dia do Natal comenta e canta o "novo nascimento": "Contemplamos adorando o amor imenso que nos redimiu com um fato admirável e arcano: de uma humanidade contaminada e velha surge um povo novo: a condição mortal assumida pelo Filho de Deus vence a nossa morte; os homens fracos e vulnerados foram sanados por um homem; de uma descendência contagiada pelo mal nasce um Filho inocente; nossa fragilidade assumida por teu Verbo, ó Pai, recebe uma dignidade que não conhecerá decadência e se faz também para nós prodigioso princípio de vida imortal".

Todavia, uma liturgia natalina, ainda que seja luminosa, entusiasta, teológica e ao mesmo tempo lírica como esta, não tem valor algum por si, se não significa uma Igreja com intenção de manifestar no mundo que em Belém nasceu, de fato, o Filho de Deus e nele uma humanidade nova veio à luz. No Natal, aparece mais clara a missão dos crentes: tornar visível e crível o ingresso divino na história do homem. Pede-o uma bela oração: "O anúncio alegre do Natal de Cristo ressoe para sempre no coração de teus fiéis, e sua vida, animada pela caridade sincera, repita-o com força persuasiva aos homens de todo o mundo (ibid.).

2 Natal cristão

Função da liturgia natalina

Na comunidade cristã, sobretudo a liturgia mantém vivo e revela o sentido original do Natal. Não só através da forma da catequese, porém mais globalmente mediante o recurso do tempo sagrado, que é totalmente marcado pela memória natalina nas suas palavras e nos seus símbolos, e que toca e move a Igreja, convocando-a e recolhendo-a. Ao menos lá onde não se chegue à falsa convicção de que o momento celebrativo tenha secado ou não possa mais ser recebido por razões assim chamadas culturais: enquanto, com mais frequência do que se pensa, o não sentido litúrgico denuncia mais uma incompreensão ou uma renúncia da parte de "intelectuais", antes distantes da vida eclesial ou, em qualquer caso, extremamente redutivos nas suas análises e nas suas avaliações.

O Natal e o humanismo

Pela fé, a memória natalina revela o Natal de Cristo como o cumprimento do significado de toda a história da salvação e de todo o sentido da obra de Deus.

Quando em Belém nasce o Filho da Virgem, que é o Filho de Deus, não aparece um homem ocasional, mas o homem segundo o qual todos fomos projetados. Adão é sua cópia, malsucedida; cada um de nós que vem ao mundo – mesmo além de qualquer consciência explícita – é chamado à existência para ser de acordo com Jesus Cristo.

O humanismo concreto, o único possível, parte dele e dele recebe possibilidade e consistência. A Igreja sabe disso, e é posta no mundo para anunciá-lo e testemunhá-lo. Certamente com uma linguagem fácil, compreensível, como se diz, ao homem da estrada, mergulhado, ao menos na aparência, em todos os outros interesses. Mas também, com uma linguagem precisa e transparente, de maneira a não se deixar intimidar por nenhuma cultura, por mais que possa considerar-se distante e discorde, de nenhuma concretude, por mais que se creia perseguida e empenhada.

Talvez, por vezes, quando se julga complicado o anúncio evangélico e sua celebração, exigindo sua não dificuldade da compreensão e da proposta, estamos expostos a esquecer a novidade de seu conteúdo, do qual a linguagem é a manifestação. É natural que a experiência de cada dia não seja imediatamente reveladora da realidade natalina: não é o passar dos anos, nem o curso da história, nem o futuro dos homens na sua geração e no seu progresso, antes que o proclame a Palavra que se faz Carne e habita entre nós, antes que o perceba a comunidade cristã que a recebe e a transmite.

O naturalismo, nas suas diversas formas, torna inútil o Natal de Jesus, dissolve a humanidade do Filho de Deus, pois crê ter já completamente à própria disposição o modelo de homem.

O tempo natalino – tecido de lembrança e de palavras tiradas e pronunciadas pela Escritura – declara-nos que o homem da "natureza" é ilusório, abstrato, impossível de fato, e que o homem real é unicamente aquele que encontramos em Belém, aquele que adere a Deus, aquele que encontramos depois em cada lugar de humanidade, enquanto destinado a ser segundo aquele que se "abreviou", assumindo nossa visibilidade, nossos limites contingentes, o modo de ser homem segundo a opção de Deus.

O Natal da nossa salvação

Estaremos em erro se pensarmos que tudo isso pode ser sabido sem o evangelho e sem a Igreja; ou, se tivéssemos medo de proclamá-lo, a necessidade e a originalidade do Senhor seriam esvaziadas. Legitimamente, todos desejamos que a formulação seja límpida, o dito livre e sem complicações, mas continua também imprescindível e atual que no Natal – segundo um texto já acima encontrado – "manifesta-se admiravelmente a nova criação que nos é dada do céu"; que decididamente não é uma vã retórica declarar que "o Natal de nosso Salvador é o Natal da nossa salvação": nossa – isto é, de todos – também daqueles que não o sabem ainda e aos quais devemos dizê-lo e explicá-lo.

A liturgia simplesmente não altera ou não embeleza um desejo, mas se esforça por mostrar aquilo que é próprio do mistério da Natividade, e que por nós mesmos nem saberíamos suspeitar.

O discurso litúrgico não é tecido de belas palavras alienantes no irreal: ao contrário, é a interpretação do simples acontecimento de Natal, quando ele é captado na origem. Somos enviados a pregá-lo com esperança, através da voz e da vida.

3 Nas origens da alegria natalina

"Insignificância" do homem antes de Cristo

O Natal de Cristo é "o sacramento do renascimento do homem". "Enquanto adoramos o aparecimento de nosso Salvador, estamos a celebrar a nossa própria origem. A geração de Cristo é o princípio do povo cristão. O Natal do cabeça é também o Natal dos membros" (*Sermão* IV). Leão Magno retornava cada ano à natividade do Senhor como início contemporâneo do homem segundo o plano divino de salvação.

Adão – já o acenamos – não é o projeto realizado, mas como que um esboço, que não acontece; nele a humanidade já vinha à luz, antes de Cristo;

nela Cristo toma realismo e consistência, figura e história. E, contudo, enquanto o Verbo não tomou carne, o homem permaneceu radicalmente sem significado, privado da interpretação última e verdadeira, como que suspenso e à espera, pois o único homem, não da possibilidade, mas da realidade do plano de Deus, é aquele configurado na humanidade de seu Filho. Por fora existe a reflexão abstrata, da qual sobressai a imensa gratuidade do amor, mas não fala do conteúdo da iniciativa que desde a eternidade pensava o homem em comunhão de graça.

Jesus: espera de cada homem

Assim, também quando ou onde Jesus ainda não veio ou não é reconhecido, o homem tem sentido e fala de relação de existência com Ele: é sua ontológica exigência; até já representa seu momento e sua forma. Toda a história o espera, e especialmente aquela de Israel é sua consciência explícita e quase o símbolo, como o espera cada homem que nasce, pelo único fato de vir e de ser neste mundo.

No Natal, sem dúvida, nasce um "outro" homem, concebido por força da fé e do Espírito Santo, que renova aquele antigo decaído, mas não se trata da alteridade de um diferente plano de homem, que venha a se acrescentar ou sobrepor: este "outro" homem é o único verdadeiro, o homem "restituído", como Deus desde sempre e unicamente supunha. Encantadoramente Leão Magno pregava: "Alegre-se a Igreja nos seus mistérios, pois o próprio Criador desceu em comunhão com sua criatura e com sua natividade reconduziu e chamou a antiga decadência humana a uma origem nova" (*Sermão* V): o *novum principium* que desde a eternidade existia, que era também início e novidade.

A dignidade do cristão

Em Cristo, verdadeiro Filho de Deus, procuramos e reencontramos o homem; correlativamente em cada homem o próprio Jesus vai ao seu encontro. Deus assume a nossa pobreza, que se torna uma riqueza; "onipotente naquilo que tem por si, é humilde naquilo que lhe vem de nós" (*Sermão* VII): uma humildade que se torna dignidade incomparável.

Já não é possível transgredir a humanidade para chegar a Deus, ou a temporalidade para entrar em contato com o eterno. O caminho para o Senhor dos céus passa através da pobreza da terra. Jesus é o esplendor do Pai, que tem a beleza do rosto humano, a simplicidade de seus traços.

Leão insiste: "Reconhece, toma consciência, ó cristão, de tua dignidade; foste feito participante da natureza de Deus; não retornes à miserável condição de antes com uma conduta indigna [...]. Desperta, ó homem, toma consciência do valor de tua natureza. Recorda que foste criado à imagem de Deus, a qual, se em Adão conheceu a corrupção, em Cristo foi todavia novamente feita e reformada" (*Sermão* I).

Ao mesmo tempo, por trás de cada homem está Jesus Cristo: a realidade humana, compreensível somente nele, está sempre dentro de seu horizonte, e este reconhecimento – que para o cristão é o mandamento novo – é o apelo à descoberta e ao reconhecimento da natureza em Cristo. A simplicidade dos pastores, não o poder da realeza, impele para Jesus em Belém. Como na simplicidade cada homem, na sua verdade humana, impele para o Senhor.

Na alegria do Espírito

Com Cristo, na sua natividade, nós fomos gerados [...]. Não há lugar para a tristeza quando acontece o Natal da vida [...]. Exultamos na alegria do Espírito: surgiu a luz de uma redenção nova, de uma antiga e longa espera e de um gáudio sem fim. Retorna a nós, como a cada ano, o sacramento da salvação, prometido desde o princípio, agora já cumprido e destinado a durar para sempre (*Sermões* I e II).

Ao grande Leão faz eco Paul Claudel, o poeta-teólogo do ano do Senhor e de seus mistérios: "Hoje o Verbo começa em nós, como começou em Deus no Princípio! Ó graça que supera a culpa! Cumprimento que transcende a promessa! Almas gementes dizem: Ó meu filho, Tu chegaste! A aurora já branqueia sobre o deserto deste dia, que jamais há de acabar, início do nosso primeiro dia cristão, o ano Primeiro da graça e da nossa salvação (*Chante de marche de Noël*).

4 O Natal de Jesus: verdadeiro homem e verdadeiro Deus

Verdadeiro homem

Quando Cristo nasce em Belém, a proximidade de Deus ao homem chega ao seu cumprimento. Corretamente a reflexão teológica atual destacou a "humildade" de Deus (mas já Agostinho falava de *humilis Deus*), sua "vulnerabilidade": não por uma aparência que Ele vista externamente, como que vestindo um hábito, mas pela comunhão substancial do Filho de Deus com a nossa natureza humana.

Verdadeiramente, já desde o início a percepção da fé tinha entendido e reagido à fácil tentação de conceber a encarnação como um simples aparecer, um "parecer" (o docetismo), pelo qual não seríamos salvos em toda a nossa concretude e segundo a consistência, a originalidade e a realidade do plano de redenção. E com efeito, fazendo eco a São João, a profissão cristã não atenua, mas confessa: "Por nós homens e por nossa salvação desceu do céu e por obra do Espírito Santo encarnou-se no seio da Virgem Maria e se fez homem".

A liturgia sublinha com vigor a participação real e completa do Verbo divino na condição do homem: Ele a quis partilhar e levar até o fim.

É preciso dar todo o seu sentido e o seu peso à expressão: Cristo, Filho de Deus, assumiu em si toda a criação. Quer dizer que, na perspectiva do homem, que é sua síntese e seu cume, Deus "realiza", experimenta a nova história e suas componentes, "degusta-as", como nós, na sua verdade, de modo que é simplesmente expressão da fé afirmar que em Cristo Deus é homem e o homem é Deus. Nele – e é a surpresa do poder e do amor divino – a insuperável "distância", a infinita diferença receberam a união. O Verbo "sabe" o que é ser homem, conhece a "humildade da nossa carne" – por isso acima falávamos da humildade de Deus.

Verdadeiro Deus

Mas a liturgia natalina não esquece nem cala o aparecimento da glória nesta humildade, como, ao contrário, alguma teologia corre o risco de fazer.

A novidade ou o que é admirável, não é que Cristo seja completamente homem, mas que o seja sendo e permanecendo "Deus verdadeiro de Deus verdadeiro".

A profissão cristã afirma-o com força – e nenhuma teologia ortodoxa poderia pô-lo na sombra, sem dissolver o plano da salvação, da "economia", como diziam os Padres Gregos: "Creio em Jesus Cristo, nascido do Pai antes de todos os séculos [...] gerado, não criado; consubstancial ao Pai".

As orações do tempo do Natal mantêm estreitamente unidas a humildade do nascimento e sua íntima glória, da qual é captado um sinal na "divina maternidade da Virgem". Elas não cessam jamais de ver juntas a fragilidade humana e o "esplendor da luz incriada", falando de "nascimento glorioso na humildade de nossa carne": é todo o mistério natalino, sua transcendente singularidade, do qual parte e desdobra a exaltante e admirada ação de graças. Volta, em particular, a imagem antiga do *commercium*, que não sem alguma ineficácia evocativa foi tomada por aquela de "troca" e que a única realidade da natureza humana em Cristo, que não fosse pessoalmente trazida por Deus, não justificaria.

Nós recebemos a vida divina da humanidade de Jesus, porque ela é a humanidade do Filho de Deus, segundo o preciso rigor da segunda Pessoa da Santíssima Trindade. Não um super-homem, e não o cume da manifestação e da presença divina ainda conferida apenas do externo.

"Hoje resplende mais claramente o mistério da comunhão que nos redimiu: teu Verbo assume a nossa fraqueza, eleva o homem mortal à dignidade perene e, com admirável troca, torna-nos participantes" de sua própria eternidade (Liturgia ambrosiana). "Ó admirável troca de dons" – reafirma um canto. O Criador do gênero humano, nascendo da Virgem intacta por obra do Espírito Santo, recebe uma carne mortal e nos concede uma vida divina".

A humildade de Deus, sua humana "vulnerabilidade" – que se associa à nossa – não desfaz sua divindade, mas a faz penetrar no íntimo da nossa existência, de suas estruturas e de suas vicissitudes, das quais nenhuma é rejeitada, exceto lá onde houvesse positivamente o pecado que o "Filho inocente" jamais poderia partilhar.

Majestade divina e realidade humana

Nós somos redimidos porque Cristo "é filho do homem e sempre Senhor do mundo", que nos doa sua própria imortalidade sob a forma de graça. A liturgia mantém felizmente unidos os dois aspectos indissolúveis do mistério: majestade divina e realidade humana, e se substancia a ela envolvendo uma cristologia viva e concreta. A Igreja encontra no tempo natalino um desenvolvimento do tratado sobre Jesus Cristo Homem-Deus: no modo característico de proposta que é o da liturgia que, enquanto comenta e recorda, provoca a comunhão e suscita a oração.

5 Identidade cristã do Natal: Epifania de Deus e do homem

Revelação de Deus e do homem

E o sentido originário é este: o Natal de Cristo é a intimidade de Deus na história; é a revelação da verdadeira imagem do homem.

Ele testemunha que Deus não é segregado e inacessível; distante e sem providência; avesso a interessar-se pelo mundo, depois de tê-lo movido; feliz na sua altiva solidão. Era a concepção, até muito grande, de um talento preclaro   como diria Santo Tomás (*Contra Gent.*, 3, 48) – que alcançado na sua reflexão o "Pensamento dos pensamentos" não conseguia vê-lo com o olhar voltado para a fragilidade e para a mutabilidade do homem e de sua história fragmentária.

Mas o próprio Natal testemunha também que o homem não é Deus, por mais que leve seu esforço ao extremo. No máximo, sabe criar ídolos: o grande ídolo de um mundo identificado com Deus – foi a trágica ilusão do idealismo –, ou os pequenos ídolos que pululam cá e lá, a começar por aquele que cada homem embala dentro de si e faz vir à luz nos momentos mais vaidosos e não raros de sua existência.

No Natal aparece a Graça de Deus que nos salva: e a Graça é pessoalmente o próprio Filho de Deus, que não se reveste tanto de um hábito de homem – como era fantasiado já antigamente, na mitologia – e como no seio da própria tradição cristã, como que deslumbrados e estupefatos pelo mistério, os monofisitas – lançaram a hipótese e creram. Verdadeiramente, "o Verbo se fez Carne" (Jo 1,14), assumiu e uniu à própria pessoa, com um vínculo indissolúvel, a fraqueza do homem, sua realidade mortal. E assim instituiu-se o modo ontologicamente, naturalmente, humano de ser Deus: aquele de Cristo, verdadeiro homem e verdadeiro Deus.

Jesus Cristo: "lugar" de Deus

Somente nele o homem pode encontrar a Deus, porque nele encontra o Filho de Deus e, portanto, o Pai e o Espírito Santo. Todo o esforço e toda a meta que a razão realize e alcance vale na medida em que aproxima objetivamente de Cristo. E, ao contrário, é destinado ao desvio se afastar dele, que é o único caminho que leva a Deus, o Desconhecido sobre o qual só Ele pode discorrer.

No Natal, acontece a revelação de Deus, de um Deus que é Pai, que chama o homem a partilhar de sua vida, sob o exemplar, que é Jesus. No Natal, o homem encontra o Pai e se torna consciente da própria surpreendente vocação de ser filho. E este é o "bom anúncio", o "evangelho", a causa profunda da alegria, para a qual o cristão deve conservar um caráter específico e inconfundível.

Belém representa a Casa do Pão, a Casa do Pai, do convite a todos os homens, para que se reúnam da dispersão de caminhos interrompidos e se conscientizem de não estar no mundo por acaso, sem nome, pois de Deus, em Cristo – isto é, do Pai – todos os homens recebem um nome e uma paternidade. O ser órfão, de ninguém, é só uma possível vicissitude nesta história humana: onde a realidade é mais verdadeira, nenhum homem é sem nome e sem Pai.

Revelação do homem

Assim, com o Pai, no Natal é representado o homem, sua identidade precisa, com os traços do próprio Deus concebidos na sua arcana decisão de criar o homem. No Natal, chegamos a conhecer – como acima já temos destacado – que estes traços não são aqueles de Adão, mas os de Jesus Cristo. Nele cada homem foi predestinado: Adão não é o homem malsucedido, ao qual se acrescente, como reparação, num segundo tempo, o homem que é Jesus Cristo. Também Adão estava em função de Cristo e por Ele: quase como um esquema que não podia, não devia, ter sucesso.

Certamente, aqui percebemos que começa a se apresentar a nossa pergunta, sem resposta, sobre o plano de Deus; mas está além de qualquer dúvida que o Primeiro na mente divina é Jesus Cristo. Sua predestinação, sua opção vem antes de todos, desde a eternidade; "ela – escreve Santo Tomás – é o exemplar da nossa opção e predestinação"; antes "ela é a causa" (cf. *Summa Theologiae*, III, 24, 3-4). A verdade de cada teoria sobre o homem recebe de Jesus sua consistência e confirmação final.

Toda a antropologia que se separe do homem que em Cristo nasce em Belém é destinada a se desviar; e toda a antropologia, toda a filosofia que discorre sobre o homem de modo verdadeiro, é uma aproximação, uma afinidade a Jesus; é seu reflexo através da razão, que pertence essencialmente à humanidade querida em Cristo e às prerrogativas com as quais Deus pensou o homem.

O Natal fundamenta a possibilidade e oferece os dados do humanismo cristão. Ele não destrói, não torna vãs as palavras e os discursos válidos que já o homem antes de Jesus Cristo havia feito ou que, sem que Ele seja ainda conhecido, seguirão, porque exatamente com Ele nasce a razão sadia e exemplar; com Ele é oferecida uma natureza humana que corresponde sem defeitos à eleição divina.

O crente sabe e nisso encontra a força para traduzir no pensamento e nas obras a imagem do homem que ali acha. Não em alternativa com a Graça, mas por causa da Graça. A humanidade que se define em Jesus Cristo, modelo para cada homem, é graça, porque querida no dom impensável que é o Filho de Deus feito homem, o Verbo feito Carne.

Teologia e antropologia

O crente não admite uma real conflitualidade entre a teologia e a antropologia, e recebe em termos exatos e concretos com os quais construir a humanidade ouvindo e compreendendo toda a "boa-nova" que é: Deus para o homem – no Natal acontece a "reviravolta antropológica" – e o homem para Deus, e concordando com adoração e espanto com o Pai que no Espírito o modelou sobre seu Filho.

6 Maria no mistério do Natal

O aparecimento do Filho de Deus no mundo passou através da fé e do acolhimento da Virgem Maria: sobretudo na liturgia do Advento e do Natal – no resultado da maternidade virginal – configura-se sua missão e delineiam-se os traços de sua fisionomia interior.

A virgindade como adesão à Palavra

Compreende-se a virgindade de Maria como adesão indivisa à Palavra e ao plano de Deus. No seu "sim" está presente todo o desejo da antiga aliança, toda a esperança do gênero humano no seu suspiro de redenção: a obediência de Abraão, a disponibilidade de Isaac, a oração de Jacó e, mais acima, a espera de um novo início de justiça prometido ao primeiro homem. Na fragilidade e na imprevisível liberdade do ato de fé de Maria está como que suspensa a economia da salvação da história.

Santo Tomás, particularmente, está atento, na sua teologia dos mistérios, a pôr à luz a docilidade da Virgem como um consenso livre à ação divina, como uma representação de todos nós: "A bem-aventurada Virgem – escolhida para servir a Deus de forma altíssima e singular – levou-o no seio, nutriu-o ao seu regaço, carregou-o nos seus braços, foi-lhe pedido o seu consentimento, e ela o deu humildemente, aderiu a Ele com solicitude e com prontidão, dizendo: sou a serva do Senhor. Com efeito, Deus não ama um serviço a Ele que aconteça por obrigação e sem liberdade. Aquele ato tão pessoal teria, aliás, trazido salvação a todos os homens: no seu consenso a bem-aventurada Virgem representava toda a humanidade" (*Scriptum super Sententiis*, III, 3, 1, 1).

Um "sim" sem reservas

A virgindade cristã, ou simplesmente aquela que, enfim, caracteriza toda a Igreja, encontra modelo e começa a despontar, na lei evangélica, neste "sim" de Maria, que não será jamais retirado, que não é dado *ad tempus*, vem do amor e prosseguirá fielmente até o fim, até a paixão e a ressurreição, no qual o mistério de Deus se completa. É um "sim" que não encontra origem no medo ou nos complexos; que está muito longe de ser fechamento e frieza por uma esponsalidade ou disponibilidade do coração; que não cultiva tristeza e saudades. Só pressupõe e parte da fé que se confia ao mistério de Deus, à sua certeza e à sua fecundidade, que se manifesta nos frutos de graça.

Com efeito, confiando-se completamente ao mistério de Deus na fé, a virgindade de Maria é assumida pelo Espírito Santo e concebe o Filho de Deus na carne mortal.

A conceição virginal não seria compreendida se fosse interpretada sob o aspecto, por assim dizer, ascético, em vez de teológico e cristológico. Ela é o sinal eminente que a salvação não vem pela possibilidade do homem, mas pelo poder de Deus. Ela é graça e gratuidade: dom que vem pelo Espírito, princípio de vida que opera e torna produtiva a fé e concreta a Palavra.

Estamos na linha das intervenções e dos gestos de Deus na história: sobre o fundo do Verbo que vem entre nós pela descida do Espírito estão como antecipação e como profecia os milagres de todo o Antigo Testamento, e singularmente as esterilidades fecundas pela vontade e pela capacidade de Deus, símbolos eficazes que se está desenvolvendo um plano "sobrenatural".

Também na sua concepção para a vinda do Espírito – na qual encontra significado e cumprimento a virgindade como espaço deixado absolutamente só a Deus – Maria revela-se exemplar e início. Não só para quem recebeu o carisma da virgindade, mas para toda a Igreja, para cada alma, cuja fé é induzida a reconhecer e a amadurecer os frutos da graça.

Nós somos gerados pela força e como dom do Espírito, e somos chamados ao acolhimento último do mistério de Deus, no qual acontecem as obras do mesmo Espírito. Neste sentido, rigorosamente, o nascimento virginal de Cristo prossegue em nós.

Da memória renovada do Natal do Senhor deve vir uma Igreja mais disposta a crer na presença de Deus e na ação do Espírito Santo; a permanecer corajosamente no horizonte da Palavra e da esperança; a saber perceber os sinais e os frutos da força do Altíssimo.

Modelos da Igreja e de cada alma

Não são expressões vazias aquelas que falam da virgindade, da esponsalidade e da maternidade da Igreja: só que a sensibilidade e o juízo são tomados à esfera e ao vocabulário que estão além da razão, como tudo o que acontece na ordem do mistério cristão e do cumprimento da vontade do Senhor e de seu plano. Nestes dias de recordação e de evento, nós pedimos: "Tu quiseste, Pai, que ao anúncio do anjo a Virgem imaculada concebesse o teu Verbo eterno e, envolvida pela luz do Espírito Santo, se tornasse templo da Nova Aliança; faze que adiramos humildemente ao teu querer, como a Virgem se confiou à tua palavra".

"Acreditou na palavra do anjo – canta no Natal a liturgia ambrosiana – e concebeu o Verbo em quem havia crido". "A Virgem fiel deu à luz o Verbo do homem". E desta fidelidade a plenitude da alegria, que na comunhão natalina com acentos vibrantes é cantada ainda por um antigo texto da Igreja de Milão: "Alegra-te, cheia de graça, o Senhor está contigo.

Tu és a exultação dos anjos, és a Virgem mãe, a alegria dos profetas. Tu, pelo anúncio do anjo, geraste a alegria do mundo, o teu Criador e Senhor".

7 A Epifania do Senhor

A fé: luz do Espírito

As festas litúrgicas são ao mesmo tempo história e "símbolo". No evento transcorrido lemos um valor exemplar que emerge do passado e vale para o "hoje". Assim a Epifania: na memória da "vinda dos Magos, primícia dos povos distantes", celebramos "os inícios da nossa vocação para a salvação", ou o mistério da natividade do Senhor destinado à fé e à redenção de cada homem.

É difícil raciocinar sobre a fé, sobre a maneira como ela surge no coração. Seus caminhos precisos pertencem ao segredo de Deus, mas sabemos que Cristo é "luz do mundo" (Jo 8,2), que nele está escondida para revelar-se a "glória divina" (cf. Jo 1,14), que existem olhos que o percebem e passos que o seguem. Por um dom que vem por sua bondade: como a estrela, tácita e luminosa portadora do alegre anúncio de além dos limites de Israel. É a gratuidade desta chamada que na Festa da Epifania dá à Igreja, nascida da fé, motivo para o louvor e a ação de graças.

Talvez possa maravilhar, mas sem razão, que se fala de fé como visão de luz, penetração e conhecimento. Mas é o sinal que é graça, não meta alcançada por um esforço mental, que permaneceria só confuso e inconcluso. O crente vê realmente, tem um olhar interior, ao qual as palavras e os eventos falam de sentido e presença. Ele percebe, aliás, que ela está acesa se lhe corresponde, se é seguida ao longo de um itinerário do qual não compreende as passagens. O fato não basta: não foi suficiente a Herodes e a Jerusalém, pois não esperavam, não procuravam.

A liturgia insiste sobre a disponibilidade do espírito. Aparecem textos sugestivos nestes dias: "Ó Deus vivo e verdadeiro [...] faze que a estrela da justiça não se apague em nossas almas"; "Dá-nos, ó Pai, a experiência viva do Senhor Jesus, que se revelou à silenciosa meditação dos Magos" (Liturgia ambrosiana); "Faze que esta nova e estupenda luz do céu brilhe sempre nos corações" (ibid.).

Ela não se apaga, se "nos guia no caminho escuro da existência": se a fé não permanecer abstrata e estéril na mente, objeto apenas de organização e de estudo, mas se é como "lâmpada para os nossos passos". Os Magos "chegaram [...] perguntaram [...] partiram [...] entraram [...] viram [...] a estrela se movia diante deles" (Mt 2,1-9).

Então, a fé cresce e infunde alegria. Não acompanhada por profundas obscuridades, e aqui está o paradoxo. Pois, se sabe ver e intuir, espera ainda a contemplação da glória do Senhor, o "esplendor que não tem ocaso", no fim de uma difícil fidelidade, do contraste com outras evidências que aparecem mais claras e seguras. Por isso, a Igreja reza para que a fé não falte agora e, depois, encontre seu cumprimento: "O esplendor de tua glória, ó Deus, ilumine os corações, para que caminhando na noite do mundo, no fim, possamos chegar à tua morada de luz" (Liturgia ambrosiana).

Santo Ambrósio, com a fineza que o distingue, pregava aos seus fiéis: "A estrela é vista pelos Magos, mas onde reina Herodes não é percebida. Onde existe Cristo, ela é vista novamente e indica o caminho. Esta estrela é também um caminho, e o caminho é Cristo: no mistério de sua encarnação Cristo é a estrela [...]. Onde existe Cristo, existe a estrela; é Ele a estrela esplêndida da manhã. Ele refulge e se faz encontrar com sua luz" (*Esp. del Vangelo sec. Luca*, II, 45).

Mas agora, o símbolo da luz e da estrela se verifica na Igreja, a comunidade da fé – como dizia o texto litúrgico citado – na "noite do mundo". Ela é a Epifania de Cristo, a estrada que a Ele conduz, que o faz encontrar. Não indicando um caminho fácil e tranquilo, mas o único caminho, aquele da fé, aquele dos Magos, com suas provas, suas tribulações, sua alegria e seu testemunho. Segundo as próprias palavras do Senhor: "Sede vós a luz do mundo. Deve resplandecer a vossa luz diante dos homens" (Mt 5,14-16).

Conhecimento abstrato e conhecimento concreto do Senhor

O Filho de Deus no mistério do Natal torna-se irmão de cada homem. O horizonte da salvação, depois da preparação histórica e simbólica de Israel, coincide com os confins da humanidade. No próprio aparecimento de Jesus revela-se como em primícias o chamado universal, enquanto logo entra em crise desconcertante a precedência judaica. Nesta dialética e tensão, lemos e compreendemos a primeira Epifania, aos Magos.

Quem possui o conhecimento preciso, mas abstrato, do Messias, não consegue perceber sua presença e reconhecê-lo: a fé não é privilégio de ciência, ou "tesouro" seguramente conservado e transmitido sob a força da tradição; não é comparável a uma riqueza da qual orgulhar-se e sobre a qual pôr as mãos, dispondo dela à vontade. No plano de Deus – no menino nascido em Belém – existe uma dimensão que foge radicalmente aos projetos e às esperanças, às medidas, às obviedades e certezas humanas. Somente pode captá-la e aceitá-la a pobreza do coração, que se deixa guiar, e não se impõe. Seguindo as Escrituras, "possuídas e reduzidas aos próprios limites, mais do que recebidas como Palavra livre, gratuita e criadora, o "Rei Herodes, os sumos sacerdotes e os escribas do povo" continuaram a não perceber o tempo, a obra e a pessoa de Cristo, e consumarão sua recusa até o fim. À luz deste primeiro aspecto do drama da fé compreendemos a intenção profunda e a importância do Evangelho de Mateus sobre a infância: ele anuncia o futuro e a realização da história do Messias e do Reino de Deus nele, e evidencia, ao mesmo tempo, a "lei" da fé, como acontece sempre e mesmo hoje.

Não existe condição ou categoria à qual a fé seja devida por outra coisa senão pelo amor divino, ou na qual possa brotar e crescer quando falta a disponibilidade de pôr-se a caminho. O itinerário, que primeiramente peregrina e mais do que realidade histórica, é evento e experiência interior de cada fé.

E mais: a fé não pode acontecer senão na comunhão, não como bem usufruído privadamente, mas na ação de graças por tê-lo recebido e por tê-lo junto com os outros. A fé é ao mesmo tempo fraternidade, porque pobreza nossa e gratuidade de Deus. O Evangelho é para todas as criaturas; a redenção é vocação dos povos. "Reconheçamos, irmãos – prega Leão Magno no dia da Epifania –, nos Magos que vêm adorar a Cristo, as primícias da nossa vocação à fé e, com o ânimo repleto de alegria, celebremos os inícios da feliz esperança. Com eles começamos a entrar na herança eterna, e nos foram revelados os mistérios das Escrituras que fala de Cristo" (*Sermão* II).

A noite iluminada

Deter-se para discorrer sobre a natureza da estrela que apareceu aos personagens do Oriente é vão: ela é bem mais do que uma luz que simplesmente se tenha acendido no céu. É o sinal da Palavra, e da Igreja, que chama à fé. O crente é alguém que vê, que não se move às cegas nem se volta na dúvida. E todavia, sua luz e a estrada que segue não são segundo o instinto de sua natureza, ou traçadas neste mundo.

A fé é uma certeza em meio à obscuridade; uma orientação interiormente vaticinada e justificada, que deixa o homem desconcertado e perturbado nas suas possibilidades e faculdades. Também ela faz parte do mistério de Deus; é força que vem do alto e também obra na liberdade da resposta e da busca laboriosa.

É paradoxal que a fé seja ao mesmo tempo luz e obscuridade; que a estrela preceda e traga "grandíssima alegria" a quem vem de longe e deixe abandonado a si quem é próximo; que envolva de névoa e de suspeita quem fica e, ao invés, faça partir na noite quem se pôs a procurar. No *Chant pour l'Épiphanie*, Claudel saúda a "grande Noite da Fé": "A noite, não o nevoeiro, é a pátria de um católico; o nevoeiro no qual caminham sem saber onde estão o incrédulo e o indiferente".

Leão Magno encontra sugestivamente outro símbolo na estrela, aquele da vida do cristão: "Quem na Igreja vive piedosamente e na castidade, quem tem o sabor das coisas do céu, e não daquelas da terra, é semelhante a um astro celeste: enquanto conserva o esplendor de uma vida santa, como uma estrela indica aos outros o caminho para o Senhor" (*Sermão* III). É o testemunho como indício e estímulo para a fé, ou como renovado aparecimento de Jesus Cristo.

Ainda Leão: "É preciso que o sacramento da festa de hoje permaneça em nós: ele será continuamente celebrado se, em todos os nossos atos, aparecer o Senhor Jesus Cristo" (*Sermão* VIII).

Nas Vésperas: *Hostis Herodes impie*

Se o Natal recorda a vinda de Jesus à luz, no escondimento e na familiar simplicidade de uma casa não muito diferente de uma gruta, onde é acolhido pela fé e pela ternura de Maria e de José, e onde é reconhecido somente pela solícita humildade dos pastores, a Epifania já celebra sua aberta manifestação de Filho de Deus, considerando os sinais que o revelam: a estrela que brilhou ao olhar dos Magos; o batismo no Jordão, a conversão da água em vinho, em Caná.

São os três "milagres" cantados pelo hino das Vésperas da Epifania – um hino formado por estrofes tiradas da ampla composição de Sedúlio: *A solis ortus cardine*.

O pensamento de início é para Herodes, ímpia e tolamente obsessionado pelo temor de perder a própria realeza por causa da realeza daquele

Menino: "Por que, Herodes, de Cristo / o terror te invade? – é a apóstrofe do hino – Não tira os reinos terrenos / quem nos concede o céu (*Non eripit mortalia, / qui regna dat celestia*)". O próprio Jesus proclama a Pilatos: "O meu reino não é deste mundo" (Jo 18,36).

Como ensina a história de todos os tempos, o desenfreado apego ao poder cria uma ânsia invencível, cega o coração e é capaz de todos os delitos. Porém, quando o coração não está voltado e fechado sobre si mesmo, mas está em busca sincera da verdade, então consegue ver a luz que Deus ali acende. Assim aconteceu para os Magos, geograficamente distantes de Belém, no entanto, muito próximos do Menino celeste que ali nascera: para dar-se conta do Senhor, não basta morar fisicamente perto dele.

O primeiro milagre que aparece na Epifania é o aparecimento inesperado desta luz de verdade representada numa Estrela sábia e dócil, que não se consegue perscrutar e descobrir entre os eventos que percorrem e habitam o firmamento criado, que está sobre nós. Ele é um dom chamejante de graça oferecido pela Providência Divina como guia especial, que aclara o caminho para Jesus – "Caminho, Verdade e Vida" (Jo 14,6) – e leva à sua adoração. Com fineza, é dito pelo nosso poeta: os Magos, seguindo uma luz, buscam a luz (*Lumen requirunt lumine*), e vem à mente a oração de Newman: "Guia-me, luz gentil / em meio à escuridão que me envolve". Esta "luz amiga", Deus não a deixa faltar a ninguém. E ainda Newman: "É no íntimo que procuraremos a Epifania de Cristo".

O segundo milagre que hoje a liturgia comemora é o batismo de Jesus nas águas do Jordão – tão ricas de história e de graça – do Cordeiro, que tira o pecado do mundo. Descida nas águas sua inocência tira o nosso pecado: "Na onda clara se imerge / o Cordeiro sem mancha: / este lavacro admirável; lava as nossas culpas".

Com rara eficácia, este mistério é cantado no magnífico e longo prefácio da Igreja ambrosiana, que tradicionalmente marca, na Epifania, sobretudo a lembrança do batismo de Cristo: "Sobre as margens do Jordão, ó Deus, manifestaste o Salvador dos homens / e te revelaste pai da luz. / Fechaste os céus, consagraste as águas, / venceste o poder do mal, indicaste teu Filho unigênito. / Hoje a água, por ti abençoada, apaga a antiga condenação / e gera filhos de Deus".

Segue a memória de um terceiro novo prodígio (*novum genus potentiae*) acontecido na festa de núpcias em Caná da Galileia, quando "obediente, a água se incorpora e se muda em vinho (*Aquae rubescunt hydriae, / vinumque iussa fundere / mutavit unda originem*)". O Evangelista João define-o "o início dos sinais realizados por Cristo", no qual Ele "manifestou sua glória", despertando a fé de seus discípulos – "Seus discípulos creram nele" (Jo 2,11).

É um sinal profético, repleto de presságios: a conversão das águas alude ao poder criador e ao senhorio de Cristo; o vinho do milagre preanuncia a lei nova, que purifica o coração, que sucede a lei antiga e suas abluções, e prefigura o vinho do banquete eucarístico e aquele do banquete do céu, enquanto todo o banquete nupcial, como que em filigrana, sombreia as núpcias gloriosas do Filho de Deus, esposo da Igreja.

Ainda um belíssimo texto da liturgia ambrosiana oferece-nos o comentário mais amplo e feliz da Epifania: "Hoje, a Igreja se une ao seu celeste esposo, / que lavará seus pecados / na água do Jordão. / Com seus dons acorrem os Magos / às núpcias do Filho do Rei, / e o banquete se alegra com um vinho admirável. / Nos nossos corações ressoa a voz do Pai / que revela a João o Salvador: / Este é o Filho que amo: / ouvi sua palavra".

A vida de Jesus é também história e símbolo, evento e mistério. A liturgia reapresenta-a, relê-a e nas suas festividades assume sua inexaurível graça.

8 O Batismo de Jesus: imagem do Batismo cristão

Os mistérios de Cristo são os gestos que Ele realizou com particular valor e eficácia salvífica. Gestos simbólicos: se por símbolo não entendemos aquilo que não aconteceu, mas eventos que o tempo não absorveu, e que continuam ricos de significado a fixar nossa contemplação; gestos que têm "edificado" Jesus Cristo na sua história, e nos quais encontramos em prefiguração também aquilo que teria acontecido a nós, como nos modelos de nossa história. Em tais mistérios detém-se a memória litúrgica, que os reapresenta e os participa. Assim é com o batismo de Jesus.

"Consagração" e missão de Jesus

Na vida de Cristo – no seu futuro redentor – o lavacro do Jordão descreve um momento fundamental. Quando aparece a humanidade do Senhor, a

Carne do Filho de Deus, alguns sinais divinos a acompanham, de maneira que podemos interpretá-la e compreendê-la; quando Jesus de Nazaré se faz batizar no Jordão, a Palavra, a manifestação divina, intervém para revelar o sentido profundo daquele evento. Nele, Jesus inaugura o novo êxodo, a nova passagem. Com Ele os céus se abrem, a Palavra de Deus e sua presença torna a existir sobre a terra; o Espírito ainda paira sobre as águas, como nos inícios da criação e como durante a travessia do deserto.

O que aconteceu na consciência de Cristo – é Ele que vê os céus se abrirem e descer o Espírito e que ouve a voz do Pai – é hoje, para todos nós, o caminho que nos introduz a descobrir o mistério de Jesus, e faz-nos subir à sua origem, que a humildade da proveniência de Nazaré e da comunhão conosco poderia esconder. Por esta revelação e manifestação de Jesus no Jordão, que no-lo descreve numa primeira imagem essencial, compreende-se a importância dada ao batismo pelo primitivo testemunho cristão, refletido nos evangelhos. A experiência da ressurreição leva a termo este início captado "depois do batismo pregado por João (At 10,37); isto é, a consagração de Jesus "com o Espírito Santo e com poder" (ibid., 10,38): um início na linha da cronologia e do crescimento de Cristo, mas sobretudo um início na epifania de sua identidade e da sua missão. Ele é o Filho predileto, repleto do Espírito; lugar da união entre Deus e a humanidade.

Prelúdio da paixão

Por outro lado, com estas prerrogativas que o identificam e o marcam, e já o exaltam, Jesus de Nazaré entra nas águas e, assim, Ele declara sua solidariedade com a humanidade pecadora. Não se afasta, mas insere-se intimamente na história e na condição do homem, que necessita de purificação: não tanto de água quanto de Espírito.

Os termos do mistério de Jesus estão já presentes no seu batismo: a singularidade de seu relacionamento com Deus e a solidariedade com os homens. Na humilhação da água batismal – onde entra também como um dos muitos – aparece a sua figura e a sua função de Servo. Ele significa a perfeita disponibilidade ao plano divino – por este aspecto, o batismo antecipa e preludia a cruz – e a doação total aos irmãos: ele representa o fundamento de sua aliança, sua luz e libertação; seu evangelho, sua misericórdia. Importa deter-se longamente sobre o mistério do batismo do Senhor, para percebê-lo como o gesto do amor do Pai que nos doa Cristo para a nossa salvação, e como o sinal da vontade de Jesus de ser o nosso Salvador: aquele que consente em fazer-nos cumprir a Páscoa nova.

É preciso não negligenciar os particulares da "explicação" que cerca seu lavacro: demorando sobre eles – e ligando-os com a multiplicidade das ressonâncias das quais são eco – começa o nosso primeiro e decisivo conhecimento interior de Jesus Cristo. O conhecimento interior – e concreto – é aquele que ultrapassa a fase do estudo "objetivo" e caracteriza a relação do mistério do Senhor com nossa vida.

Figura do nosso batismo

Em particular a Igreja, através da interpretação da liturgia, leu no batismo de Cristo os traços do banho batismal cristão. Sem dúvida, o batismo cristão vem depois da Páscoa e depois da efusão plena do Espírito por Jesus ressuscitado. Vem depois que o Senhor levou a cumprimento sua missão de "Servo", de "Filho predileto". E todavia, Jesus no Jordão já delineia a forma e o sentido do nosso batismo.

Primeiramente, receberá o batismo quem crer em Jesus: quem acolher o testemunho sobre Ele, aderindo a Ele como ao Filho de Deus. O batizado é um crente. É o comentário do prefácio: a voz se faz ouvir para que Jesus seja acolhido como o Verbo no meio de nós. A vida cristã consiste toda na iniciação a Cristo. A teologia é a ciência que tem como objeto Jesus e tudo o que se refere a Ele.

No batismo, o cristão recebe o Espírito, partilhando-o pelo Senhor, pelo seu ser Filho, sobre o qual o Espírito desceu, e pelo qual será efundido em plenitude em Pentecostes. Aquela iniciação realiza-se mediante a comunhão com o próprio Espírito de Jesus: "Batizar-vos-á [isto é, imergir-vos-á e vos dessedentará] com o Espírito", havia pregado João (Mc 1,8).

O cristão toma parte e se torna conforme à condição de Cristo mediante uma consagração. Assim se vê dotado do carisma da profecia: nele vive a Palavra, revela-se nele o mistério de Deus na comunhão com toda a Igreja, lugar vivo da profecia e do anúncio.

E mais: graças ao lavacro batismal, tornamo-nos sacerdotes, separados do mundo não redimido e dedicados à adoração, no louvor e nas obras; e sobretudo inseridos na oferta sacrifical do próprio Jesus, deputados para a celebração do Sacramento do seu Corpo e do seu Sangue. Partilhamos o sacerdócio de Cristo.

E somos associados à sua realeza, ao seu ser o "Senhor". Ele o é porque cada coisa tem validade em referência a si; desse modo a realidade das coisas – dos homens ou da história – não está esvaziada ou aviltada: a realeza de Cristo se exerce na libertação e na concessão de sua identidade, seu nome, a cada ser. Isso acontece quando às coisas é levado o "evangelho": o anúncio da redenção. A comunidade dos batizados, a Igreja, sente-se chamada também à unção real. Nós a exercemos não abandonando o mundo, e não nos deixando recuperar por ele, mas "evangelizando-o", a partir da evangelização de nosso coração; exercemo-la e a confirmamos quando Jesus Cristo permanece o significado e a medida absoluta, e a nossa obra continua a sua e imprime seu valor.

Nosso batismo aparece, então, totalmente inscrito na experiência e na realeza de Cristo, da qual provém; na sua história, da qual surge como criação da humanidade nova.

4
Tempo natalino de uma Igreja

Estamos ainda na Igreja ambrosiana. Já temos encontrado alguns textos de sua liturgia natalina: aqui os reunimos para traçar uma figura unitária, inserindo-a numa reflexão sobre a salvação e a história.

1 A salvação e a história

O "cumprimento" da Páscoa do Senhor

O tempo litúrgico natalino comemora o mistério do Filho de Deus que, na história e na realidade humana, aparece o evento no qual "se fez Carne e habitou entre nós (Jo 1,14). Mas, para a Igreja, não se trata quase de resgatar e de subtrair aquele evento salvífico da força que se esquece do tempo através do artifício da recordação, com o qual o passado volta para o horizonte humano. Nem, por outro lado, com o ato litúrgico ele se repete na sua configuração e no seu futuro temporal. A memória ritual não realiza uma espécie de retorno cíclico dos mistérios de Cristo, caracterizados pela unicidade e pela impossibilidade de repetição histórica. O próprio mistério da Páscoa, propriamente, não se repete: realizado "uma vez para sempre" (Hb 9,12), através do sacramento está reapresentado na sua atualidade e eficácia, enquanto já todos os outros "momentos" da vida do Senhor concluíram-se na morte e na ressurreição, que permanecem o mistério definitivo da salvação.

Para a Igreja, este é o evento, no qual Cristo alcança a plenitude, que é possível recordar sob a forma do sacramento, no qual desdobra sua "força", porque nele Cristo se torna aquele que recobre e tem sentido por toda a história. Celebramos eficazmente a Páscoa do Senhor – que é a verdade do seu Corpo e do seu Sangue, de sua caridade salvífica – porque ela é o gesto salvífico último, escatológico. Mais rigorosamente, é Cristo mesmo, constituído Senhor e "Último", que torna possível e válida a Liturgia Eucarística com a real presença de sua Páscoa. Ele é aquele que compreende e que atrai e assemelha a si todos os movimentos da história. Já somos todos chamados, em cada tempo e espaço, a tomar parte não de um outro evento depois de Cristo, ou pós-pascal. Não existe, nem é concebível um "depois de Cristo", mas só um "em Cristo". A liturgia nos é possível não porque nós "creiamos" na presença do Senhor, mas, ao contrário, porque o Senhor está presente, com seu gesto realizado e definitivo de salvação; isto é, seu "Corpo oferecido em sacrifício" e seu "Sangue derramado pela remissão dos pecados". Esta "atualidade" escatológica dá consistência à nossa liturgia. A "história" da Páscoa é atual porque é uma história de dimensão final, de "símbolo" e de valor que compreende toda a história. Dito de modo diferente: o plano de Deus não espera algo depois, historicamente os mistérios de Cristo estão acabados, e agora é a conclusão disposta sobre toda a história do homem que espera tornar-se nossa conclusão, nossa história.

A reevocação dos mistérios de Cristo através da Eucaristia

Desta premissa compreende-se o significado do Ano Litúrgico – a que acenamos no início –, com sua reevocação dos grandes mistérios de Cristo. O Ano Litúrgico não é uma simples meditação espiritual ou devoção aos mistérios do Senhor, captados e feitos passar como sujeito de elevação interior. Nem, ao contrário, pode-se falar de uma sacramentalidade de todos os "gestos" de Jesus no mesmo plano da sacramentalidade pascal, ou Eucaristia, pela qual eles retornariam a estar presentes na sua singularidade. "O Ano Litúrgico é o próprio Cristo, que vive sempre na sua Igreja" – declara a *Mediator Dei*; isto é, o Cristo da Páscoa na viva realidade do seu Corpo doado e do seu Sangue derramado, do qual tomamos parte, e no qual estão resumidos e permanecem os mistérios que o prepararam e que o constituem.

Celebrar a Eucaristia, receber o Corpo e o Sangue de Cristo, quer dizer abrir-nos ao sentido e à graça de todos os eventos da salvação e de todos os mistérios do Senhor. No Corpo e no Sangue de Cristo assumimo-los todos e os reencontramos. E, com efeito, com maior ou menor desenvolvimento, comemoramo-los na grande oração eucarística e fazemos deles motivo de ação de graças. Especialmente o prefácio – e com ele toda a eucologia – reevoca os mistérios da redenção que se resolvem na morte e na ressurreição.

Compreende-se, então, por que a Constituição litúrgica afirma que desse modo a Igreja "franqueia aos fiéis as riquezas do poder santificador e dos méritos de seu Senhor, de tal sorte que, de alguma forma, os torne presentes em todo o tempo, para que os fiéis entrem em contato com eles e sejam repletos da graça da salvação" (*Sacrosanctum Concilium*, art. 102). Através da presença do Corpo e do Sangue do Senhor, ou de seu Mistério Pascal, nós entramos em contato com eles completa e eficazmente e, portanto, recebemos sua graça. Como eles "realizaram" o Cristo pascal, assim, no Cristo pascal, em ato na Eucaristia, "num certo sentido" (*quodammodo*; ibid.) nós os reencontramos.

Cada um dos tempos litúrgicos e o tempo natalino

Um tempo litúrgico não se especifica porque ele, prescindindo da Páscoa e, portanto, da Eucaristia, seja, por assim dizer, ocupado por um mistério próprio e particular, que esteja presentemente em ato na sua historicidade, mas pelo destaque que tal mistério individualmente venha a receber por motivo sobretudo eucarístico. Ele adquire destaque e evidência em função de Cristo e, portanto, em função nossa. Desse modo, é o mesmo Mistério Pascal que é tomado e desdobrado, compreendido e assimilado em toda a completude de sua "simbolicidade"; isto é, de seu valor atual, não somente exemplar, mas sacramental[5]. Participando do Corpo e do Sangue de Cristo, ou da morte e da ressurreição do Senhor, participamos real e sacramentalmente de toda a vida de Cristo, de todos os eventos da história da salvação. Ao mesmo tempo, pela própria análise dos mistérios que emergem individualmente, o mistério sintético da Páscoa abre todo o seu sentido. Sobre este fundo, tem-se a compreensão da liturgia natalina e do tempo do ano sagrado que o marca.

---

5. Por "simbolicidade do evento" entendemos seu "valor" ou "significado" que superam a momentaneidade da primeira realização e que esperam se desdobrar e se aplicar. Os eventos históricos têm diversos graus de simbolicidade. O evento pascal e, em sua função, cada gesto de salvação têm um grau de simbolicidade único, aquele que lhe é conferido por seu caráter e por sua dimensão escatológica, e por isso é absolutamente significativo para toda a história.

A graça, a "vis" da natividade de Cristo, é tornada presente pela realização do Corpo e do Sangue do Senhor, pela Eucaristia, que, por sua natureza, é pascal. Mas esta é compreendida profundamente quando é captada como a morte e a ressurreição do Filho de Deus feito homem, como a ação culminante do evento natalino, da radical novidade que ele tem representado, e que continuará sempre a representar. Este "aparecimento" de Cristo nos cabe e nos interessa "agora". É valor que transcende os limites do tempo e do espaço. A liturgia natalina – e com intensidade e riqueza particulares a eucologia eucarística ambrosiana – propõe, comenta e torna operativo o mistério do Natal do Filho de Deus, de sua manifestação e precisamente ligando-o à grande ação de graças.

2 "Hoje" nasceu o Cristo

Os *hodie* da liturgia

Com efeito, voltam com frequência, na linguagem litúrgica, os termos da atualidade e da presença referidos aos mistérios de Cristo. Eles traduzem a consciência que os eventos passados a tal ponto desdobram "hoje" ainda seu grau de simbolicidade – ou seja: sua intenção e alcance –, que o tempo transcorrido no fundo não conta, não é tal de realizar uma separação e uma distância de modo a torná-los radicalmente passados. Não porque os mistérios de Cristo sejam a-históricos: ao contrário, mas porque envolvem e interessam a todo o arco da história.

O "hoje" litúrgico globalmente é algo mais do que a "retórica" do "hoje", que aparece espontânea e habitualmente em cada recordação que, por sua natureza, é sempre uma certa recuperação do passado e renovação psicológica e social. O "hoje" da liturgia cristã tem uma originalidade própria e incomparável, que lhe provém do caráter escatológico de Jesus Cristo e de seus mistérios. É como dizer que a simbolicidade dos eventos de salvação não deve ser entendida na linha da temporalidade, mas na linha da escatologia. A figura da simples linearidade não é suficiente para dar a razão do *hodie* da memória litúrgica como é reconhecido pela consciência da Igreja. Pronunciando-o, a Igreja diz e revela toda a atualidade e a força do evento comemorado, exalta seu valor escatológico e percebe seu sentido. Ela volta a ele para ter *hic et nunc* a compreensão e a disponibilidade de captá-lo e de vivê-lo como evento, de maneira permanente, significativo de salvação.

O *hodie* natalino

Com este espírito e nesta perspectiva lemos os "hoje" e os "presentes", que frequentemente voltam na liturgia ambrosiana do Natal do Senhor[6], e que oferecem como o horizonte teológico e espiritual primeiramente o tempo natalino.

"Mais alegre do que em qualquer outra festa [dizemos na missa da vigília], hoje, nosso Deus, erguemos a ti o canto porque neste dia nos nasceu o Cordeiro sem mancha." "Nesta hora antecipamos, rezando, a espera de sua vinda a fim de estarmos prontos para vigiar na próxima noite e para acolher, com ânimo aberto, o seu natal": a expressão é muito estimulante e sugestiva. Sabemos muito bem que o natal de Cristo já veio e, todavia, não é realmente exagerado afirmar que ainda devemos "acolhê-lo"; para nós acontece agora a compreensão. E é o motivo pelo qual somos "um povo em festa pelo nascimento de Cristo", e até "impacientes por adorar o nascimento de Jesus Cristo". Todo o rito natalino é desenvolvido neste sentido de atualidade: "Hoje apareceu entre nós e nos une a ti em eterna aliança, Cristo, nosso perdão e nossa paz"; "Hoje para nós desceu do céu a verdadeira paz"; "Hoje nasceu o Cristo, apareceu o Salvador; na terra cantam os anjos, exultam os arcanjos; hoje os justos se alegram, dizendo: 'Glória a Deus no mais alto dos céus'"; "Hoje resplandece mais claramente o mistério de comunhão que nos redimiu: o teu Verbo assume a nossa fraqueza, eleva o homem imortal à dignidade perene e, com admirável troca, torna-nos participantes de sua própria herança".

O uso destes verbos no presente é muito mais do que um comum presente histórico. Mais profundamente eles exprimem uma permanência do valor do advento, um início que deve ser continuamente desenvolvido e confirmado, uma verdade e uma estrutura do mistério de salvação que exigem percepção e disponibilidade "agora". Por isso, pode-se falar da graça que o mistério tem em si, e que na memória quase se ressuscita e é oferecida, com uma atualidade típica e singular.

---

6. Para as referências dos textos citados remetemos a BIFFI, I. Liturgia natalizia ambrosiana: teologia ed esperienza della nascita di Cristo. *La reforma del rito e il nuovo messale ambrosiano*, p. 79-102.

O sentido do Natal do Senhor, que a liturgia ambrosiana representa e propõe neste horizonte de atualidade, é desenvolvido em diversos aspectos. O nascimento de Cristo é a epifania de Deus; sua revelação e comunhão com a história do homem; o sinal de sua gratuita vontade de redenção. É a novidade humana do Filho Unigênito, pela qual se realiza e, virtualmente, se leva a cumprimento o plano divino. É a novidade do homem e do universo, da qual provém uma condição regenerada na existência e na esperança da humanidade. O aparecimento humano do Verbo está se cumprindo agora em nós, no qual deve sobressair e tornar-se consistente.

Vejamos mais em análise estes múltiplos lados do Natal que – dizíamos – são as intenções e os significados imanentes no Cristo, que é o Ano Litúrgico (*Mediator Dei*), e na sua Páscoa, pela qual perfeitamente os recebemos, e que são por isso comemorados e magnificados na ação de graças na memória pascal da Eucaristia.

3 O Natal de Cristo: Epifania de Deus e manifestação do plano de salvação

Quando o Filho de Deus assume a carne mortal acontece para o homem a epifania e o conhecimento de Deus. Deus revela-se a ele em Jesus Cristo, na sua dimensão de humanidade. E lhe aparece como o Deus que suscita a própria história do homem. O natal de Cristo é uma "teo-logia": o discurso concreto não do homem "sobre" Deus, mas de Deus sobre si mesmo e sobre o homem; é sua "condescendência" e sua comunhão. A eucologia ambrosiana, com seus cantos, é rica deste sentido do Natal do Senhor, desta cristo-logia, na qual encontrar Deus e seu plano, ou, mais exatamente, que é Deus e seu plano, Deus e sua história para nós no Filho. Já na missa da vigília, a ação de graças parte do Senhor nosso, em cujo nascimento – dizemos ao Pai – "a tua invisível divindade tornou-se visível na natureza humana, e aquele que Tu geras fora do tempo, no segredo inefável de sua vida, nasce no tempo e vem ao mundo".

Este tema da revelação de Deus na humanidade de Cristo volta a dar conteúdo aos prefácios e às motivações nas diversas orações: Cristo Senhor nosso "no mistério adorável do Natal, Deus invisível, visivelmente apareceu na nossa carne e, gerado fora do tempo, começou uma existência no tempo para assumir em si toda a criação e elevá-la de sua queda; assim renovou o universo no teu plano de amor e reconduziu o homem perdido ao Reino dos Céus"; "Para que a luz brilhasse para todos os povos, a todos revelaste o projeto inefável por ti designado para a nossa redenção. Agora nos é dado conhecer o Senhor Jesus como Deus verdadeiro e como verdadeiro homem, como o Cristo teu Filho que num ímpeto de amor assumiu a nossa natureza e se dignou fazer-nos participantes da sua".

A "luz" é a imagem constante para significar o Natal do Senhor como manifestação do mistério de Deus que se "narra" ao homem e que nesta "narração" cumpre seu plano, que é totalmente um plano de amor. A epifania de Deus faz parte e está em função de um projeto redentor, de aliança de Deus com o homem e do homem com Deus. É uma perspectiva e um destaque repetido e já encontrado. Na natividade de Cristo, que manifesta e oferece ao mundo o Unigênito de Deus, está em ato " o invencível amor que salva"; ali, nós adoramos "com ardente coração o plano divino" e "a obra estupenda da infinita misericórdia", que já encontra cumprimento: "Cada imagem das profecias antigas verifica-se no Cordeiro de Deus, no Pontífice eterno, no Cristo que nasceu para nós".

Especialmente na liturgia da Epifania, o símbolo da luz é assumido para exprimir o aparecimento de Deus e de sua história de redenção no mundo: "Hoje em Cristo, luz do mundo, Tu revelaste aos povos o inefável mistério da salvação e nele, aparecido na nossa carne mortal, nos renovaste na manifestação de sua glória divina". Os eventos que a festa comemora são "sinais multíplices" do "poder divino", "claras manifestações salvíficas", pelas quais "luminosamente apareceu aos nossos olhos – dizemos a Deus no prefácio do dia da Epifania – a tua vontade de doar-te no teu Filho amadíssimo". Ainda na presença luminosa de Deus somos levados num célebre prefácio: "No mistério do Verbo encarnado brilhou uma luz nova e mais brilhante aos olhos da alma, para que, contemplando a glória de Deus numa criatura visível, nos sintamos arrebatados pelo amor das belezas invisíveis".

É um traço característico da liturgia natalina ambrosiana o conceito "glorioso" do nascimento de Cristo. Ela insiste sobre o "fulgor" do mistério de Cristo, sobre a "beleza salvífica deste mistério", sobre a "luz da encarnação", sobre o "nascimento glorioso na humildade de nossa carne", sobre a "luz inesperada do céu noturno", sobre o "esplendor da glória" surgido "com a divina maternidade da Virgem". O Natal é o "dia de uma nova redenção" que desponta de uma "glória única e grande".

Nos próprios termos de luz é interpretada a salvação e a vida de graça: "Desde os séculos eternos nos prometeste a vida e agora revelaste seu dom sublime na luz do Salvador". A esta epifania de luz responde "o olhar de nossa fé" – como mais expressamente veremos, tratando de nossa correspondência à liturgia do Natal. Com esta insistência sobre a imagem da "luz", da "glória", do "esplendor" e com o recurso à categoria da "beleza" do mistério natalino poderemos quase falar de singular teologia simbólica, como por uma insuficiência das categorias do ser e da verdade para traduzir os conteúdos e as sugestões do mistério do Filho de Deus, que "aparece" na carne humana.

4 O mistério natalino na Virgem Mãe

Com uma acentuação particular, o Missal Ambrosiano coloca no sujeito de sua teologia natalina a Virgem Maria: com a divina maternidade que nela acontece, ela aparece o "lugar" da admirável manifestação de Deus, do seu "humanizar-se" e "fazer-se história", e também o sinal que o dom da salvação não é intencionado e resultado da força do homem, mas somente concessão da misericórdia e da graça.

O universo não te contém, ó Filho de Deus; no entanto, o seio de uma virgem tornou-se o templo de tua morada"; "No nascimento virginal de Maria manifestaste ao mundo o teu Unigênito"; "Revelaste ao mundo o esplendor de tua glória com a divina maternidade da Virgem"; "Por ti foi criada e por ti foi renovada a nossa natureza, que o teu Unigênito assumiu no seio virginal de Maria"; "O Espírito Santo acendeu no seio inviolado da Virgem a vida humana do teu Unigênito".

São sobretudo os cantos da liturgia natalina que se detêm a admirar o cumprimento da condescendência de Deus numa mulher. Estão certamente entre os cantos mais vibrantes do Missal Ambrosiano, onde dogma, espiritualidade e poesia se fundem com harmonia: "Vinde e vede em Belém o Rei da glória. Uma Virgem traz no seio aquele que é maior do que os céus!"; "A grandeza de Deus se revelou, seu poder apareceu na Virgem porque o excelso quis ser humilde"; Vinde e vede o grande mistério de Deus: Deus nasce de uma virgem para redimir o mundo. É o Salvador, prometido pelos profetas, o Cordeiro predito por Isaías"; "Desde o início, Senhor, Tu existes com o Pai e no fim dos tempos assumiste a carne por Maria, virgem e mãe"; "Esplendor da luz incriada, o Verbo do Pai refulge na Virgem. Ele que antes do tempo com o Pai criou todas as coisas, hoje para nós nasceu sobre a terra. Vinde, exultemos no Senhor, aclamemos o Deus que nos salva"; "Alegrai-vos, ó justos; exultai, ó céus; regozijai-vos, ó montes, pelo nascimento de Cristo. Semelhante aos querubins que adoram, a Virgem trazia no seio o Verbo de Deus feito homem".

Nesta contemplação do mistério de Deus e de sua "economia" na divina maternidade de Maria – proposta antes como o horizonte e a figura humana, na qual acontece a surpreendente história do Pai, do Filho e do Espírito Santo – o milagre virginal assume todo o seu significado de sinal cristológico e teológico. O repetido elogio à virgindade de Maria – já intenso no tempo do Advento – é o louvor e a ação de graças à salvação como possibilidade somente a Deus, que o homem recebe como dom, e é a percepção da vida nova do cristão por sua vez igualmente como vida e novidade que vêm pelo Espírito, à semelhança da fecundidade espiritual da Virgem mãe. "Hoje uma virgem puríssima por força divina deu à luz o Rei do universo – canta-se num ingresso – e sozinha entre as mães resplandece de puríssima glória eterna. Gerou o Cordeiro de Deus, Jesus salvador do mundo"; "Hoje – dizemos ainda – a Virgem fiel deu à luz o Verbo feito homem e permaneceu virgem depois de tê-lo gerado. Em seu louvor, nós todos dizemos: És bendita entre as mulheres!"

Não é sem um significado profundo a visão da virgindade de Maria na sua maternidade em conexão com a permanência da "imutabilidade" do mistério de Deus. Num ingresso se diz: "No Pai permanece a eternidade, a Mãe conserva a virgindade. O Invisível não desprezou assumir a humana natureza; é filho do homem e sempre Senhor do mundo": a eternidade do Pai na íntima comunhão com o tempo, no qual o Filho é gerado, a virgindade da Mãe na sua fecundidade que tem como termo o próprio Filho de Deus, a invisibilidade que se revela na humanidade e o senhorio sobre o mundo na humildade do homem, são todos aspectos de um único e prodigioso – ou seja, "gracioso" – plano.

Jesus salvador nasce não por natureza, mas por graça e por fé; seu "sinal" é a virgindade que vem pela fé e que o prefácio da missa do dia de Natal canta com voz singular: "Ó Pai de misericórdia infinita, o teu Filho unigênito foi concebido por Maria que se tornou mãe e permaneceu virgem intata. Ela acreditou na palavra do anjo e concebeu o Verbo no qual havia crido. Sua integridade permaneceu tão ilibada que podemos proclamá-la mãe da virgindade. Feliz o santo seio da Virgem Maria, que entre todas as mulheres foi a única que mereceu trazer o Senhor do mundo e dá-lo à luz para a nossa salvação eterna". Sempre um canto natalino dá a perfeita definição da divina e virginal maternidade de Maria, quando a chama *magnum et salutare mysterium*: "Grande é o mistério de salvação: Virgem é aquela que gerou, e o filho de uma mulher é homem e Deus. É o Criador de todas as coisas, é o Senhor de sua própria mãe".

Na liturgia ambrosiana do Natal sobressai, não separada de intensa vibração, uma completa e luminosa teologia mariana. Nossa Senhora aparece como um aspecto e um "momento" essencial do plano de salvação. Nela encontramos a realização do projeto de Deus de redimir o mundo na encarnação do Filho unigênito. Maria é inteiramente "a relação" com Cristo, o nó com o qual indissoluvelmente começa a ser firmada a aliança. É célebre o canto da comunhão na missa do dia de Natal, de antiga proveniência do Oriente: "Alegra-te, cheia de graça, o Senhor está contigo. Tu és a exultação dos anjos, és a Virgem mãe, a alegria dos profetas! Tu, pelo anúncio do anjo, geraste a alegria do mundo, o teu Criador e Senhor. Alegra-te porque foste digna de ser mãe de Cristo".

5 A múltipla graça do "misterioso evento salvífico"

A liturgia natalina ambrosiana, com a variedade de seus textos, não se limita a celebrar o aparecimento do Filho de Deus no gênero humano, reconhecendo em síntese a "vicissitude admirável e arcana" do "amor imenso que nos redimiu", mas propõe e desenvolve seus diversos aspectos e sentidos salvíficos. Desenvolve e repete todos os reflexos do "novo nascimento do Filho".

Recordemos um prefácio de raro encanto e riqueza teológica que o resume, aquele da missa da aurora: "Contemplamos adorando o amor imenso que nos remiu com acontecimento admirável e arcano: de uma humanidade contaminada e envelhecida surge um povo novo; a condição mortal assumida pelo Filho de Deus vence a nossa morte; os homens fracos e vulnerados são curados por um homem; de uma progênie contagiada pelo mal nasce um Filho inocente; nossa fragilidade assumida pelo teu Verbo, ó Pai, recebe uma dignidade que não conhecerá decadência e se faz também para nós prodigioso princípio de vida imortal".

O "nascimento renovador" de Cristo. Quando o Filho de Deus aparece na terra, vê-se criado o "princípio" da salvação. Nele começam como primícias a humanidade e o mundo novo; segundo as palavras do prefácio acima citado emerge uma "condição" de vida, de cura, de inocência, de dignidade, que assumem a propriedade de um "prodigioso princípio de vida imortal". Sobre este motivo de Cristo, "realidade nova" no mundo, a eucologia ambrosiana retorna com frequência. A natividade do Senhor é uma "nova criação": no domingo entre a oitava do Natal proclamamos "adorar com ardente coração o plano divino que nos renovou", pois "decai a antiga lei terrena e se manifesta admiravelmente a nova criação que nos é dada pelo céu".

Na humanidade de Cristo está em ação a intervenção de Deus que recria o homem, constituindo o projeto perfeito e o início definitivo: "Ó Deus [...] de modo admirável nos criaste à tua imagem e de modo ainda mais admirável nos renovaste e redimiste", dizemos no dia do Natal. Antes, ao próprio Cristo, colocado já como o modelo vivo do homem, na missa da aurora: "Tu [...] nos criaste à tua imagem"; e o advento desta "imagem" é precisamente a obra do Natal, no qual – como afirma uma poderosa oração – está em ato "a ação criadora do Verbo e a redenção". A salvação, segundo o plano de Deus, aparece assim iniciada no Natal, quando juntamente se verificam o nascimento do Senhor e aquele do homem: "Hoje celebramos o natal do Salvador e o natal de nossa salvação. Hoje em Cristo, teu Filho, também o mundo renasce, ao pecador é perdoado o pecado, ao mortal é prometida a vida", é o que proclamamos num dos textos mais belos do atual Missal Ambrosiano.

A liturgia natalina detalha e delineia o conteúdo deste "nascimento renovador": é o "dom da graça", pelo qual nos tornamos "familiares" de Deus e herdeiros da imortalidade, "a vida divina", a elevação à glória escatológica, a "beleza salvífica", a "eterna aliança", a libertação da antiga contaminação, a "radical renovação", a "dignidade perene", a comunhão, "com admirável troca", a própria "eternidade" do Verbo de Deus, "sua divina riqueza na pobreza de nossa natureza", a participação de "sua condição de Filho e de sua natureza divina", a cura da ferida da culpa, a oferta da luz e da verdade, o chamado do homem perdido.

Por esta leitura profunda do sentido e da graça do mistério natalino podemos compreender porque, segundo a liturgia ambrosiana, "no natal do Redentor têm cumprimento as mais altas aspirações do homem e é posto o princípio de nossa salvação".

6 A correspondência à graça do Natal

A intensa e prolongada reflexão e contemplação cristológica não aparecem na liturgia como termo de estudo e de repensamento abstrato e separado, mas como sinal de acolhimento e de adesão e em sua função.

O início representado pela encarnação do Filho de Deus, e já perenemente em ato no seu significado, pede para passar na experiência viva da Igreja que, num certo sentido, confere-lhe uma atualidade, um "hoje" contínuo, segundo a perspectiva já acima evidenciada e proposta. E, de fato, é num contexto de ação de graças, de oração, de disponibilidade que os aspectos múltiplos do mistério do Natal são reevocados na Eucaristia, e com a percepção que o rito e a memória que se desenvolvem dentro do tempo "sagrado" têm sua eficácia e seu *opus operatum*. "A anual memória do natal de Cristo é um dom que Deus nos concede "reviver"; pedimos que a "celebração da natividade do Filho de Deus nos seja remédio prodigioso de eterna salvação"; se "o dia da mais solene celebração" – o dia do Natal – passou, reconhecemos que "permanece em nós a graça" que Deus nos deu; temos a certeza de que "o anual retorno do mistério natalino" traz consigo o dom de "perseverar na alegria perene da nova vida".

Brevemente, pela liturgia, "a vinda entre nós do Senhor Jesus" é uma experiência: comporta e significa um despertar da fé, uma iluminação interior, um esforço de renovação e de conformidade com Cristo, um reacender-se da esperança, um difundir-se da alegria.

A adesão da fé

A primeira correspondência da graça do Natal – reapresentada na memória litúrgica – é uma renovação da fé no mistério da encarnação – que aqui inclui toda a economia de salvação – pela qual o próprio mistério é intimamente acolhido no espírito e na praxe. Já acenamos – no horizonte da atualidade ou do *hodie* do Natal – à sua adesão e ao seu recebimento. O pedido da fé concreta e transformadora é repetido em todo o curso do tempo natalino: "A nós que celebramos alegres o dia do nascimento do teu Filho unigênito, dá, ó Deus, que intuamos com fé mais penetrante a beleza salvífica deste mistério e que possuamos sua graça com mais vivo amor" – notemos: "intuir" e "possuir a graça" do mistério. "Ó Deus, que revelaste ao mundo o esplendor de tua glória com a divina maternidade de Virgem, dá-nos acolher com fé pura e celebrar sempre com amor sincero o grande prodígio da encarnação do teu Filho". Também aqui: "acolher com fé" e "celebrar com amor".

Temos chamado a atenção sobre a linguagem tipicamente relativa à "estética" da liturgia natalina ambrosiana ou à "beleza" do mistério. É seu correlativo a linguagem da fé como "contemplação", "conhecimento", "penetração". Na própria noite do Natal rezamos: "Ó Deus, que iluminaste esta santíssima noite com o esplendor de Cristo, verdadeira luz do mundo, dá-nos gozar no céu da sua própria alegria, pois temos conhecido na terra o fulgor do seu mistério". Mas repetimos com frequência: "Protege, ó Pai, o teu povo e enche-o com a abundância de tua graça enquanto contempla o mistério do Natal"; "Hoje revelaste, ó Pai, aos povos convocados pela luz de uma estrela o teu Filho unigênito; agora que te conhecemos na fé, guia-nos Tu benignamente à contemplação aberta de sua soberana beleza"; "A festa de hoje convida-nos a contemplar, ó Deus, o mistério de tua condescendência" pela concepção da própria fé como "luz", que é uma característica visão da liturgia ambrosiana do Natal.

Acolhido com adesão interior, o mistério da encarnação – ou melhor, neste contexto, do "aparecimento" do Filho de Deus na história e no mundo –, ele se torna iluminação da alma e guia na vida: "A tua salvação, ó Deus onipotente [rezamos durante a oitava do Natal] que nos apareceu na hora do natal de Cristo como luz inesperada no céu noturno, ilumine e renove o nosso coração" ["Alguns pastores vigiavam à noite [...] e a glória do Senhor os envolveu de Luz", diz Lc 2,9-10, que, certamente, com a passagem de Mateus sobre a estrela dos Magos, inspira estes chamados da liturgia natalina à luz]. A glória única e grande de teu nascimento, ó Senhor [...] continue em nós a sua obra renovadora".

477

Mas, sobretudo, a Festa da Epifania é uma apresentação da fé como esplendor e como caminho interior: "Ó Deus vivo e verdadeiro, que revelaste a encarnação do teu Verbo com o aparecimento de uma estrela e conduziste os Magos [...] faze que a estrela da justiça não se ponha em nossas almas"; "faze que esta nova e estupenda luz do céu ilumine sempre os corações"; "O esplendor de tua glória, ó Deus, ilumine os corações, para que, caminhando na noite do mundo, no fim, possamos chegar à tua morada de luz"; "Ilumina o teu povo, ó Deus santo, e acende em nossos corações a esplêndida chama de tua graça, para que o nascimento do Salvador do mundo, revelado a nós no clarão de uma estrela, reavive a alegria nos nossos ânimos". Atraente e quase curiosa uma oração que está no fim das férias natalinas. "Dá-nos, ó Pai, a experiência viva do Senhor Jesus que se revelou na silenciosa meditação dos Magos e na adoração de todos os povos; faze que todos os homens encontrem verdade e salvação no encontro iluminante com Ele".

Este encontro deve já acontecer na história, para cumprir-se em plenitude no fim. A fé e sua luz são um caminho para a glória: "Dá-nos participar de tua glória na felicidade que não tem fim"; "Ó Deus, que na vinda do teu Filho iluminaste todos os povos com a tua eterna luz, dá-nos contemplar a glória do nosso Redentor e chegar até o esplendor que não tem ocaso, crescendo nele" – acima falávamos de "morada de luz". E num belo prefácio já citado dizemos: o esplendor da luz do Salvador "nos guia no caminho obscuro da existência até a contemplação revelada na tua glória infinita".

Uma vida nova conforme com o Filho de Deus

O acolhimento do mistério natalino na adesão da fé manifesta-se, além disso, na vontade de corresponder a Ele com uma vida renovada, na qual se exprime a imagem do Filho de Deus feito homem. É o termo do empenho e da oração da Igreja nos dias do Natal, com a qual a "novidade", que em Cristo é como no princípio, desdobra-se e adquire atualidade e história.

Assim, especialmente, prossegue e persevera o "retorno da festividade natalina" e a posse de sua "graça": "Estupenda, ó Deus – dizemos nós – é a obra que vais cumprindo no universo para restaurar o homem e salvá-lo de sua queda; leva agora a cumprimento em nós a ação criadora do teu Verbo e a redenção que se iniciou com o nascimento glorioso, na humildade de nossa carne"; "Ó Deus, que no prodígio da maternidade virginal subtraíste a natureza humana do teu Filho do contágio dos filhos de Adão, torna também a nós participantes desta radical renovação e liberta-nos de qualquer vestígio da antiga contaminação"; "Ó Deus rico de misericórdia, que nos chamaste a partilhar do destino de glória do teu amado Unigênito, agora que somos participantes de sua condição de Filho e de sua natureza divina, renova-nos interiormente e torna-nos conscientes da dignidade dele recebida como dom".

A oração deste tempo repete-se sobre este tema e demonstra quanto é exigente a premissa e o espaço para a verdade natalina no *hic et nunc* da Igreja: "Tu que nos criaste à tua imagem, faze que a obediência fiel à tua palavra nos torne sempre mais semelhantes a ti"; "Ó Deus, concede celebrar na alegria este mistério que nos faz teus familiares e, salvos por este dom de graça, torna-nos dignos da herança prometida"; "conforma-nos sempre mais a Cristo, que elevou o homem ao teu lado na glória"; "faze que rompamos todo o laço com o autor de nossa perdição, para estar sempre em comunhão de vida com teu Filho, que nos redimiu". "Jamais nos aconteça, ó Pai, que, feitos participantes da natureza divina [...] recaiamos na miséria antiga por uma vida disforme". E como a fé e sua luz estão à espera do esplendor da glória, assim a "graça de tornar-nos filhos de Deus" que nos é dada no Natal, espera a consumação na "vida imortal", e o próprio mistério do Natal fundamenta sua esperança, para a Igreja.

Esperança e alegria natalina da Igreja

Celebrando o Natal do Senhor e intuindo "com fé mais penetrante sua beleza salvífica", a Igreja retoma a esperança com renovado vigor. A natividade do Filho de Deus revela-lhe o "mistério da condescendência" e a garante com a "invencível força" do seu amor. Por isso, a memória natalina e a oração que ela suscita está cheia de confiança. Sentimo-nos definitivamente despertados e seguidos pelo afeto do Pai e pela presença de seu Filho em comunhão de natureza conosco e, assim, associados à sua graça: "Ó Deus [...] não nos abandones à nossa fraqueza, agora que estamos remidos pela vinda de teu Filho unigênito entre nós"; "por este misterioso evento salvífico guarda com vigilante proteção o teu povo"; "nenhuma contrariedade nos perturbe enquanto nos alegramos com o nascimento do teu Filho entre nós, e a celebração que realizamos no tempo nos obtenha um fruto eterno".

Pela caridade divina tão aproximada a nós na encarnação, pedimos e esperamos ao mesmo tempo os bens temporais e os eternos. Não tememos dizer: "Protege, ó Pai, o teu povo e enche-o com a abundância de tua graça enquanto contempla o mistério do natal; o sustento de consolações visíveis nos abra ao desejo de bens invisíveis"; "Ó Deus, que nos sustentas com abundante amor no tempo presente e nos preparas para a vida eterna, não negues ao teu povo as alegrias simples e necessárias na sua caminhada terrena, para que aspire com mais serena confiança à felicidade que não tem fim". A assunção do corpo mortal por parte do Filho de Deus é garantia nesta caminhada terrestre da Igreja: "À tua Igreja – ela mesma reza no fim do tempo natalino –, ó Deus vivo e verdadeiro, conserva inviolada a fé, e já que crê e proclama que teu Unigênito, vivo contigo na glória eterna, assumiu pela Virgem o nosso corpo mortal, preserva-a das insídias do caminhar terrestre e guia-a para a alegria sem fim". Também para o último juízo estamos repletos de esperança por força do mistério do Natal: "Tu nos alegras, ó Deus, no retorno da festividade natalina, e nós, com alegria, temos outra vez celebrado a memória salvífica do Redentor; dá-nos agora preparar-nos com serena confiança para o último juízo, quando aparecer como nosso Senhor e nosso Deus".

"Com alegria temos celebrado a memória salvífica do Redentor": também a alegria é um tema recorrente da liturgia natalina ambrosiana. Mais vezes já o encontramos como expressão do estado de ânimo do homem e da Igreja diante do impensável "dom de graça". O natal é "dia festivo"; nós "nos alegramos com o nascimento do teu Filho entre nós"; "a Igreja celebra com imensa alegria a obra estupenda da tua infinita misericórdia"; "o nascimento do Salvador do mundo reavive em nossos ânimos a alegria": é a oração deste tempo.

O apelo à alegria, junto com o sentido de espanto e de admiração, encontra-se especialmente nas conclusões italianas dos prefácios. Estamos "admirados e jubilosos", "com coração renovado e alegre", "espantados e alegres por este mistério". Também os cantos ressoam particularmente de alegria. Já encontramos o célebre: "Alegra-te, cheia de graça", no qual a Virgem Mãe é chamada de "a alegria dos profetas", e Cristo por ela gerado "a alegria do mundo". Mas existem muitos outros: sobre a "criação que exulta"; sobre a multidão dos anjos que se alegra; "Hoje para nós do céu – proclama o ingresso da oitava do Natal – desceu a verdadeira paz; dos céus sobre todo o mundo brota a doçura. Hoje despontou o dia de uma redenção nova e de uma alegria eterna, que cumpre as promessas feitas nos séculos". São cantos que fazem eco ao anúncio alegre do anjo aos pastores (Lc 2,10): "Exultemos todos no Senhor porque o Salvador nasceu no mundo. Hoje para nós desceu do céu a verdadeira paz". "Alegrai-vos, fiéis! Veio ao mundo o Salvador".

Teologia e espiritualidade do Natal ambrosiano

Podemos concluir: a liturgia ambrosiana do tempo natalino propõe e desdobra o mistério do Filho de Deus feito homem, pondo em luz seu significado múltiplo e correspondente ao plano divino sobre o homem e sobre o mundo. Celebrar o Natal, "revivê-lo", quer dizer para a Igreja reaver a compreensão do aparecimento de Cristo, "repassar" a cristologia, acolhendo-a e reassumindo-a na vida; tornar a percorrer as dimensões e manifestar suas aplicações.

Os muitos textos, antigos e novos, do Missal da Igreja milanesa, as diversas perspectivas singular e tipicamente sublinhadas, conferem-lhe um acento e uma fisionomia própria: um nível caracteristicamente teológico e contemplativo – que coloca eficazmente Cristo no centro da história da humanidade e do universo – e uma aguda e própria vibração espiritual. É uma liturgia luminosa, entusiasta, doutrinal e lírica a uma só vez. É ao mesmo tempo extremamente comprometedora e concreta – isto é, exigente de fidelidade prática –, e tendo-a celebrado saímos do Natal renovados. E, com efeito, é esta mesma renovação que oferece ao nascimento do Senhor a presença agora do seu sentido. E o diz com adivinhada fórmula uma oração nova do sacramentário ambrosiano: "O anúncio alegre do natal de Cristo ressoe para sempre no coração dos seus fiéis, e sua vida, animada por caridade sincera, repita o com força persuasiva aos homens de todo o mundo". É a Igreja que, por aquilo que é e por aquilo que faz, revela ao mundo a caridade do Pai, o dom do Filho de Deus e a novidade prodigiosa e "espiritual" por Ele criada; ou seja, o mundo novo aparecido com a encarnação. Para esta verdade e atualidade está voltada toda a celebração e sua graça.

SEÇÃO II
QUARESMA E PÁSCOA

Segundo o plano do Verbo de Deus, somos primeiramente chamados a assemelhar-nos a Cristo, que sofre e morre durante esta vida de sofrimentos e de morte, para sermos depois participantes e conformes à sua ressurreição.
TOMÁS DE AQUINO. *Summa Theologiae*, III, 56, 1, 1m.

Introdução
A Páscoa: substância do Ano Litúrgico

A Igreja tem sua gênese na morte e na ressurreição do Senhor. Toda a liturgia é uma memória da Páscoa de Cristo: o é a Eucaristia com a intensidade e a verdade do sacramento; o é o domingo, páscoa semanal e o é, no curso do ano sagrado – como seu fulcro e coração – o Tríduo, que culmina na grande Vigília e no dia da Páscoa. O próprio ciclo natalino é segundo: em primeiro lugar está o ciclo pascal, preparado pela Quaresma e que se irradia até Pentecostes.

A disposição do Ano Litúrgico, com sua estrutura, seus ritmos e suas festas não é um absoluto; não lhe faltam razões de caráter contingente. Isso é indicado pela mobilidade histórica que é possível retraçar. Pode-se supor também uma formulação diversa e uma organização pedagógica diferente.

Para sua correta teologia será necessário destacar que o tempo não deve ser elevado a sacramento, nem o Ano Litúrgico como tal.

Decisivo é o mistério "histórico" de Jesus, seu evento pascal; a Eucaristia é o sacramento daquele evento; e ainda, é a memória da Igreja concreta que, no tempo, quase graças a ele, recorda o acontecimento e o celebra no Sacramento da Eucaristia: por Jesus Cristo e pela Igreja, o tempo assume marca e modalidade salvítica, que, desse modo, torna-se "sagrado" dispondo-se, por esta presença de Cristo e da Igreja, quase como lugar de "representação".

Como o tempo "natural" se faz "humano" por força da alma que o mede e, portanto, o vive, assim é para o tempo sagrado, dentro do qual é determinante e recorrente a lembrança da morte e da ressurreição de Jesus.

Ora, sobre a Páscoa e sobre seu período temos continuado a recolher e a ordenar artigos e textos antigos que, mais uma vez, não nos pareceram dissolvidos com o passar dos anos. Primeiramente, vêm aqueles sobre a Quaresma, depois aqueles sobre a Semana Santa com seu Tríduo, enfim aqueles sobre a continuação pascal.

Parece-nos oportuno notar – e o leitor perceberá isso com facilidade – que por vezes o mesmo tema é tratado mais de uma vez; não temos escolhido um e deixado outro de lado, crendo que destaques diferentes justificassem a presença simultânea.

Alguém poderia observar que, com frequência, aparecem textos da liturgia ambrosiana: fizemo-lo não apenas por amor pessoal ao rito de nossa Igreja – que circunstâncias felizes permitiram conservar e reavivar – mas também pela convicção de que a eucologia e os cantos da Igreja milanesa têm um conteúdo, um fascínio e um valor que merecem ser conhecidos; não só, mas que seriam capazes de iluminar e de sustentar a experiência quaresmal e pascal de quem pertencesse à liturgia irmã, como é aquela romana. Antes, como no primeiro volume das *Stagioni della salvezza*, temos dedicado dois capítulos especiais à liturgia que se reporta ao nome bendito de Santo Ambrósio.

Quase nos pareceu um ato de "ecumenismo" tomar e utilizar a liturgia ambrosiana, já que a variedade dos ritos – e o rito ambrosiano é o único ocidental vivo e consistente – indica e exprime a riqueza do mistério cristão e a variegada beleza da Igreja que o contempla e o vive.

1
O itinerário da Quaresma

Antepomos ainda uma reflexão sobre Jesus e o tempo e, portanto, sobre o ano sacro.

O Filho de Deus reencontrável na história

Quando Deus quis exprimir-se no tempo criou o homem. Ou melhor, projetou Jesus Cristo. E, nele, todos os homens e toda a história. Assim, o tempo tornou-se a manifestação da glória de Deus.

Dizemos o tempo, mas muito conscientes de quanto a fantasia concorre para imaginá-lo e delineá-lo. Na realidade, ele é o modo pelo qual o homem registra o próprio futuro e a própria relação com aquilo que cresce e que se segue. Já que isto distingue o homem de Deus. Deus é plenitude; o homem é limite que recebe pouco a pouco, interiormente movido pelo desejo, que diz também possibilidade, espera, esperança. Todavia segundo um sentido e um plano.

Se Jesus Cristo é o projeto de Deus no tempo, para o homem a temporalidade é o lugar no qual aquele projeto encontra cumprimento. Sua possibilidade, sua espera e sua esperança são fundadas e medidas sobre o Filho de Deus eterno e também inserido e encontrável no tempo, perfeito e também em devir segundo os acontecimentos da história; invisível, e isso, não obstante, mediado pela visibilidade da natureza.

Um tempo sensato e redimido

Diante de uma concepção exasperante do tempo, ou pela monotonia do retorno ou por um inatingível fim, a revelação cristã manifesta-o sensato.

A revelação não interrompeu o caminho temporal do homem; não desfez sua dimensão de temporalidade que intrinsecamente agora o constitui; nem o absorveu no eterno que é próprio e específico de Deus, numa evasão ou num radical desprezo por aquilo que se segue. Mas ao ontem, ao hoje e ao amanhã, que fora da fé, mesmo exigindo um sentido (caso contrário, o próprio homem seria dissolvido), não estavam em condições em encontrá-lo – daí o caráter abstrato de uma "pura" filosofia da história – a Palavra de Deus, antes, Jesus Cristo conferiu e tornou possível uma concreta sensatez. As épocas e os instantes têm como meta interior e objetiva intenção aquela de "construí-lo, de prepará-lo, de transmiti-lo.

O tempo como "tradição" tem o objetivo de entregar o Filho de Deus feito homem, redentor. Também o tempo pode ser considerado resgatado, através do homem, que o sente e quase o substancia, crescendo e, portanto, conservando e sintetizando em si aquilo que antes existia – ou que era antes – e aquilo que segue depois.

Mas para compreender agora o sentido do tempo em todas as suas frações, também as menores e secretas, é preciso dar-se conta de que Jesus Cristo "completou" o tempo, é sua plenitude. O evento pascal não dissolveu os laços do Senhor com o tempo, que já teria sido deixado à própria sorte; ele não se eternizou tanto que sua relação conosco e com os nossos fatos, que se desenvolvem no devir temporal, sejam simplesmente os de Deus, o Eterno, como se o Verbo não tivesse posto sua morada entre nós.

Cristo: valor perene

A Páscoa de Cristo estabeleceu-o "Senhor" de toda a temporalidade histórica, "Valor", além do qual ou diferentemente do qual nada é valor. Jesus Cristo – para usar um termo preciso e em via de compreensão sempre maior – é o *Éscaton*, o Último, não na linha da temporalidade, mas daquilo que é definitivo.

O tempo continua e há de passar – falando sempre em linguagem da imagem – enquanto houver um homem (fora do homem, de sua consciência e da sua liberdade não existe história e, no fundo, nem tempo), mas neste tempo transcendente como "Último" e imanente como "Valor", existe o Senhor, que se trata de acolher e de reviver. E que já não é só de ontem, ou que pode ser circunscrito ao hoje, ou possível de ser remetido e desejado pelo amanhã. Ele é o Absoluto no tempo e também do tempo; é de maneira profunda seu mediador imprescindível.

É preciso manter juntas duas verdades: que Ele representa seu princípio e seu critério; e que, por outro lado, seu evento pascal não é mais configurável nos termos da temporalidade e de seus ritmos. Esta não consegue mais detê-lo e delimitá-lo; Ele está numa dimensão radicalmente nova, que não é – já o acenávamos – puramente a da eternidade divina e, obviamente, nem a dimensão do suceder-se histórico do homem.

Exatamente por esta novidade de condição – tão dificilmente representável pela nossa falta de termos simultaneamente comparativos –, ou seja, precisamente por este estado escatológico de Jesus Cristo, nós podemos encontrá-lo, sem que os fatos de distância "física", "temporal", dele nos oponham os obstáculos.

Por certo, nós o reencontramos com os sinais de seu lugar e de seu tempo, mas a Páscoa sem apagá-los descerrou através deles e neles aquela terceira dimensão, que está entre a eternidade e o tempo, mas não como sua "mistura", porém, como originalidade que o plano de salvação soube determinar. Não seria justo considerar que, com a Páscoa do Senhor, tenha acontecido como que uma espécie de curto circuito do tempo e que tenha por isso mesmo – com a introdução da dimensão escatológica – bloqueado a sucessão. Se isto tivesse acontecido, teria comportado a imediata ressurreição de todos os homens, sem mais outros sobre a terra.

Ao invés, aconteceu outra coisa: a constituição daquela terceira dimensão, escatológica, de Cristo, pela qual Ele é o Definitivo, o Último, o Valor, não mais determinável com a escala do tempo e "contemporâneo" a cada tempo. Talvez nós pudéssemos fazer-nos uma ideia constatando, enquanto isso é possível, o "comportamento" de Jesus ressuscitado.

A oração litúrgica: memória "temporal" de Cristo

Sobre estas reflexões fundamenta-se o entendimento de vários aspectos do mistério e da vida da Igreja, como a oração eclesial, ou a oração no tempo. Nem a definição – por aquilo que vale – nem a forma da oração cristã é facilmente esgotável, mas, de qualquer forma, um caráter a marca: o caráter de ser a "memória" do Senhor, de sua Páscoa, que foi de morte e de ressurreição; ou de ser o "reconhecimento" que parte de sua memória: mas, precisamente, uma memória que traz em si o sinal, melhor, a realidade, da escatologia.

Expliquemos. Quando Cristo diz aos apóstolos: "Fazei isto em memória de mim" (Lc 22,19), Ele não entende que eles só se recordem dele durante a sucessão temporal, conservando no seu ânimo o afeto e os traços ou a doutrina, e transmitindo-a como que num esforço de superação e de aversão às exigências cansativas e desgastantes dos anos e dos séculos. Teria sido uma memória compreendida na linha da pura temporalidade. Com a entrega da "memória", Jesus Cristo confiava a si mesmo, sua obra de salvação, seu Corpo e seu Sangue: por seu valor escatológico eles teriam sido a "memória" e a presença. Teriam sido o Dom ou a Realidade definitiva para todos os tempos – isto é, para todos os homens – sem que o passado histórico minimamente a alterasse ou reduzisse. A memória que a Igreja hoje faz do Senhor é seu atual entregar-se a ela em forma de escatologia. Rezar pela Igreja é um "reconhecer" Jesus Cristo, como os discípulos de Emaús na fracção do pão (Lc 24,31). E não só na fracção do pão, mas também nos outros encontros sacramentais e na liturgia de louvor.

Esta oração, com suas Horas, é sempre um espaço que se faz à presença de Jesus Cristo, à sua condição escatológica; é sempre uma tradição e uma memória que o envolve e o torna "aqui, agora". Ou, para sermos mais profundos e originários, é o fruto ou a eficácia da escatologia, pois não somos propriamente nós que introduzimos o Senhor no tempo, mas é Ele que se entrega lá onde existe a nossa fé; e Ele se entrega precisamente enquanto ligado ao tempo, não mais pelos vínculos da sucessão e da temporalidade, mas por aquela última atividade pela qual sem lhe ser "confuso" lhe é interior.

Santificação no tempo

A expressão: santificação cristã do tempo cede, e inevitavelmente, à fantasia. E, aliás, sabemo-lo muito bem: as horas do dia santificam o homem, que é referência e balança do tempo; santificam seu futuro enquanto se insere nele – mas também esta expressão deve ser purificada – a memória, que é presença e contemporaneidade de Jesus Cristo. Através destas "Horas" certamente é exercida também a memória na linha da temporalidade: lemos a Escritura, socorremo-nos, no exercício das faculdades psicológicas, que permanecem abertas sobre o passado, que compõem e distinguem, ou que amam e que desejam. Empenhamos o entendimento e a afetividade. Mas tudo isso é como que uma preparação ou também um resultado. É rigoroso dizer que existe uma precedência dada por Cristo presente, o qual emerge, sobe, dá substância e verdade à Escritura, aos salmos, aos cânticos, reassumidos pela condição de documento, para ser o sinal da memória e da presença objetiva, ao qual as orações respondem, para dizer a ação de graças a Jesus Cristo, não como a um ausente ou como a um distante, mas como àquele que está ali, na condição pascal, para que nós, por nossa vez, possamos ser introduzidos naquele seu estado de Páscoa.

Toda a oração cristã, especialmente a eucarística, todas as assembleias são atravessadas pelo desejo e pela esperança que venha. O que significa: que nos associe e nos torne participantes, depois da comunhão com a morte, de sua condição gloriosa.

A liturgia santifica o homem no tempo, porque lhe permite morrer em Cristo nos acontecimentos temporais para ressurgir com Ele: e o permite porque Jesus está presente com sua morte exemplar e com sua ressurreição, que é o termo ou o sentido do tempo. Um tempo já orientado e pré-compreendido pelo Senhor, do qual a oração aos poucos nos torna conscientes.

1 Finalidade e caracteres do tempo da Quaresma

Revisão da Quaresma

O mistério cristão – como vimos – necessita do tempo; isto é, necessita associar-se ao homem na sua dimensão histórica e acompanhá-lo durante o percurso de seus anos. É a exigência da qual nasce o Ano Litúrgico, no qual a salvação assume uma fisionomia e uma formulação cronológica, de maneira a tomar o homem e, aos poucos, torná-lo participante de sua riqueza sem limites. Mas – como se sabe – o ano sagrado veio se sobrecarregando de elementos secundários, sob os quais a pureza da estrutura originária, do centro para o particular, deformou-se e se desfocou em favor de repetidos fracionamentos, os mesmos possíveis de constatar na sala sagrada, nos textos litúrgicos e, consequentemente, na piedade cristã.

Todo o capítulo V da Constituição sobre a liturgia do Concílio Vaticano II foi pensado para purificar e para redescobrir o ponto gerador e as linhas fundamentais do ano sagrado, portanto, de maneira especial da Páscoa, que é exatamente seu coração. Rever o curso anual da celebração significa essencialmente destacar e praticar a festividade pascal na sua periodicidade semanal e no seu retorno a cada ano.

E é exatamente o que aconteceu com os novos livros litúrgicos, Missal e Liturgia das Horas.

Estreitamente ligada com a Páscoa, para recolher seu espírito e sua substância, está a Quaresma, à qual a Constituição dedica dois densos e laboriosos artigos (n. 109 e 110). Os dois artigos definem em síntese a finalidade, os caracteres e os elementos que, necessariamente, o tempo da Quaresma deve apresentar.

A finalidade pascal da Quaresma

Primeiramente a finalidade pascal: "A Quaresma dispõe os fiéis à celebração do Mistério Pascal" (art. 109); cada dia seu está como que ligado por um fio condutor: seus tiros, suas páginas escriturísticas, os sentimentos que promanam, os "carismas" que ali são administrados são os "instrumentos" com os quais toda a Igreja se prepara para "fazer a Páscoa". Esta é mais do que uma confissão e comunhão isoladas e solitárias, conclusão simplesmente de um tríduo por categoria ou de uma sequência de conferências especializadas; ao contrário, é associação para a animação espiritual de toda a comunidade cristã, lenta e progressivamente edificada pela vida litúrgica deste tempo, que a faz subir para a festividade.

Ideal irrealizável? Digamos melhor: critério de referência de uma ação pastoral convicta da fecundidade de formação oferecida pelo ritmo e pela graça da celebração.

A característica batismal e penitencial

Determinado o fim, a Constituição recorda as duas seguintes características que fixam a índole da Quaresma.

A característica batismal: a qual, também com o desaparecimento normal do catecumenato (que, aliás, poderia retornar em prazos mais ou menos remotos), não cessa de marcar esta posição do ano sagrado, especialmente propícia a comemorar o batismo, para aprofundá-lo, para lê-lo nas prefigurações bíblicas e para retomá-lo nas suas aplicações. A Páscoa de Cristo é a origem do Batismo cristão, e, se por um lado cada batismo é pascal, por outro, cada Páscoa é intrinsecamente reevocação e dom batismal.

A característica penitencial: é o segundo aspecto da índole quaresmal, ligado intimamente ao precedente, do qual é, ao mesmo tempo, a premissa e a manifestação.

Como exigência, o Batismo é conclusão sacramental da conversão; e o estado batismal foi incessantemente de penitência multiformemente traduzível, participação na morte e na ressurreição do Senhor, que falam de e impõem a negação e a derrota do "corpo do pecado": passagem obrigatória para um humanismo cristão sem ilusão, que tenha superado a tentação da abstração e da ambiguidade, encontrando em Cristo sua objetiva situação e nos seus mistérios o próprio desenvolvimento e itinerário. Diz o texto conciliar: "O tempo quaresmal [...] principalmente pela lembrança ou preparação do Batismo, e pela Penitência [...] dispõe os fiéis à celebração do Mistério Pascal" (art. 109).

A reforma

Ora, este "duplo caráter" traduziu-se "com maior evidência na liturgia". Realmente, foram utilizados "abundantemente os elementos batismais próprios da liturgia quaresmal [...] [e os] elementos penitenciais" (ibid.); assim, recompôs-se o complexo ritual, abrindo-o a mais abundantes temas e sinais do batismo e da conversão.

A isso deve adaptar-se uma catequese litúrgica – isto é, o comentário aos ritos e aos textos da Quaresma – sem a qual a celebração permanece muda e insignificante, incapaz de nutrir uma espiritualidade. Talvez não seja inútil reforçar que tal catequese é realmente litúrgica quando é a liturgia que fornece a matéria, com suas páginas bíblicas, suas orações e seus louvores.

Dois compromissos

Este tempo quaresmal é bastante comprometedor. Acenamos a dois compromissos. O primeiro é, certamente, "uma audição mais frequente da Palavra de Deus": e isso acontece sobretudo com a pregação habitual, especialmente no domingo, em forma de verdadeira homilia, muito mais apta do que ciclos adventícios de instrução para criar o clima de preparação ao mistério da Páscoa, para despertar a fé na história da salvação, para fazer avançar na conversão e fazer tomar parte na Eucaristia. Assim como o são outras celebrações da Palavra de Deus, quando forem bem concebidas e bem conduzidas. O segundo compromisso é a oração, que o desenvolvimento da história da salvação não pode deixar de gerar.

2 A comunidade cristã "sobe a Jerusalém"

Na liturgia – como sabemos – a Igreja exprime e encontra o sentido profundo do tempo. No mistério de sua morte e de sua ressurreição, propriamente Cristo deu aos dias da humanidade e aos dias de cada homem um significado único e último, e a Igreja é a comunhão no tempo, mediante a fé, deste significado. Através da liturgia e de seu curso, ela torna a compreendê-lo, desenvolve-o e o faz crescer segundo a medida e a dimensão de Cristo.

Os dias da Quaresma

Assim, os dias da Quaresma são ricos do sentido que vem do Senhor. Cada ano, a comunidade cristã começa seu itinerário e refaz sua experiência. Põe-se a caminho: "sobe a Jerusalém", para renovar a paixão, a morte, a sepultura e, depois, a ressurreição de Jesus.

Certamente, o mistério de Cristo está cumprido para sempre, mas, por isso, a Igreja pode renová-lo em si, tomando parte em novidade de graça, de compromisso e de frutos. Ela se reflete nos quarenta dias de Cristo e no seu ir ao encontro da paixão, partilhando com Ele da mesma sorte. É esta mesma partilha que a faz Igreja, numa liturgia que não é separação da vida, mas é Palavra de Deus, dom de salvação, "sacramento", princípio e forma de comportamento.

Mediação da presença de Cristo

O Ano Litúrgico se repete; seu "círculo" recomeça; mas não é nunca um retorno, um voltar-se para trás que recubra o passado; uma memória necessária e inerte. A graça em Cristo para nós já existe toda; mas aos poucos, em proporção da disponibilidade do coração, existe o novo do nosso acolhimento, pelo qual a plenitude de Cristo torna-se a nossa.

A quem sabe ler e receber o memorial antigo, o tempo litúrgico é indicação e mediação de um presente, antes, do Presente que é o Senhor, de sua agonia, que na Igreja e por ela continua até o fim; de sua ressurreição, que está operando a nossa e a do universo.

Atualidade dos mistérios e identidade da Igreja

A liturgia ambrosiana da Quaresma exprime sugestivamente esta Presença da salvação, dos mistérios do Senhor, vivos e eficazes: "Com imensa bondade, Tu doas ao teu povo um tempo no qual convergem todos os gestos de tua misericórdia, para que na penitência e na purificação quaresmal possamos celebrá-los com ânimo grato e guardar sua graça com um coração fiel". É a interpretação repetida na oração: "Ó Deus, que a teus fiéis ofereces sem fim o valor e a força dos eventos de salvação, que são chamados a reviver, abre os nossos corações aos seus mistérios, para que a graça da redenção possa completá-los.

Repercorrer a viagem para Jerusalém, junto e segundo o sentido do Senhor – para recomeçar com Ele a sua paixão – quer dizer para a Igreja retomar e levar à profundidade o próprio ser e a própria compreensão. Acontece correlativamente: "Concede-nos, ó Deus de salvação [...], viver com coração sincero e fiel este tempo; a cada retorno da celebração pascal cresça em nós o entendimento dos mistérios que redimem"; mas, com este entendimento, a Igreja consegue compreender a si mesma como redenção e libertação. É seu lugar e seu sinal; seu projeto e sua esperança, seu início e seu caminho. A Igreja é a paixão do Senhor que se reapresenta na história e a constitui. Não se diz o suficiente afirmando que a Igreja nasce da paixão, como se depois se separasse em autonomia. Ela é o futuro e o ir adiante da paixão de Cristo agora, no tempo.

Assim, durante a Quaresma, a Igreja está voltada, com graça e com esforço singular, para vencer a distração, para ouvir a Palavra que sozinha a revela a si mesma: uma comunhão de morte e já também de ressurreição com Jesus. Ela não consegue definir-se a partir do mundo, ou da história, ou de suas necessidades, mas da indissolubilidade com o Calvário. É seu próprio mistério que continua, por isso se diz: a Eucaristia faz a Igreja. Este da Quaresma é, então, um acontecimento de liturgia, de rito e de gestos, sim: mas na identidade da vida, que o gesto suscita.

A liturgia não é arqueologia

Não é um prodígio de sabedoria este que consiste em relegar os tempos litúrgicos entre as regiões arqueológicas da Igreja, ou seus apelos entre as expressões que reduzem ou de segundo grau. Ou não se compreendeu a Igreja ou não se compreendeu a ação litúrgica e o dom que nela é repetido. É como que uma exigência interior para a Igreja que ela marque para si os vários tempos de um ano, ou mais corretamente, deixar que sejam marcados pelo Senhor. E desse modo permitir que seja assumido nele o tempo e seus acontecimentos.

Através da Igreja, todo o tempo é destinado a entrar na paixão, para sentir seu poder: o tempo que só assim é redimido e se torna sensato. Por isso, a Quaresma, reassumida pela Igreja, é um modelo para o mundo, que através do homem deve passar para a paixão de Cristo, e com Ele subir totalmente a Jerusalém. E esta é a função crítica da Igreja, sua diferença do próprio mundo, sua contestação dele, seu apelo na fé. Os quarenta dias levam-nos a "reviver o admirável evento da Páscoa"; neles "apressamo-nos para a Páscoa que salva": é o indício que manifesta a renovada consciência que a Igreja tem de si e a necessidade de toda a história. É preciso – ou seja, é a lei concreta e única possível – que o Filho do homem e nele a Igreja e o mundo tomem sobre si a paixão, para ressurgir. E desta se vai para a promoção humana ou para a vinda do homem segundo o plano de Deus em Jesus Cristo.

3 Quaresma: êxodo da Igreja

Memória e presença

"Fazei isto em memória de mim" (Lc 22,19): assim a Igreja reaviva e continua na Eucaristia a recordação do Senhor. Mas a recordação de Cristo age e emerge não só na Eucaristia: ela atravessa e age na Igreja, em certo sentido, até constituí-la. Todavia é preciso não diminuir o valor e o conteúdo da memória de Jesus Cristo. Talvez seu conceito não se esgote habitualmente numa permanência do passado na consciência no presente; ou nos vários sinais e nos diversos vestígios que a história deixou de si mesma e que o tempo pouco a pouco vai deteriorando. Sem dúvida, tudo isso é memória: mas em sentido demasiado redutivo. De qualquer forma, não é assim que Cristo é recordado pela Igreja – em sua palavra, nem seus sacramentos e em sua vida.

A memória do Senhor significa para ela muito mais do que um evento ou do que uma figura, da qual permanecem os traços na mente e no coração dos crentes, ou nas marcas dos textos ou dos "monumentos.

A Igreja referida aos mistérios de salvação

Sem os eventos do passado, que a Escritura recolheu e interpretou e, especialmente, sem o evento de Jesus Cristo, que assumiu sua forma concreta entre o tempo e o espaço, a Igreja – já anotávamos acima – não se reconheceria, não estaria em condições de identificar-se, e, mais radicalmente, nem existiria. Quando à sua consciência se reapresentam os fatos que Deus suscitou e que tecem a economia da salvação, de alguma maneira encontra-os ainda em si mesma, não fora do próprio horizonte, mas reunidos para torná-la possível e para defini-la.

Abraão, Isaac e Jacó não são personagens que só a precederam ou que só fundaram sua premissa histórica e exemplar. De igual modo, o êxodo não representou simplesmente o episódio antecedente, embora esquemático e estrutural: a Igreja encontra no seu íntimo e na sua verdade a eleição e a aliança, a graça e a fidelidade divina e, portanto, a mesma força e finalidade dos gestos de Deus. Reencontra-os como "tradição", como dados do "grande recesso" de sua memória – diria Agostinho (*Conf.*, X, 17-26).

E, realmente, a tradição é bem mais do que um complexo e articulado sistema de verdades e de "dogmas", mantidos atuais pela sua formulação escrita. Eles são a Igreja na sua realidade e na sua consciência constitutiva, na sua dimensão viva: com sua rigorosidade, a fórmula é "dissolvida" no contexto daquilo que é a Igreja.

Também a Sagrada Escritura nao prende a Igreja ao Livro, fazendo dele uma reevocação daquilo que já não existe: ela é eficaz mediação para encontrar e tornar a ouvir o significado profundo e contemporâneo, não superado na sua intenção, daquilo que formou os *mirabilia Dei* – as obras surpreendentes do Senhor.

Os mistérios hoje

Certamente não se quer dizer que os fatos do passado sejam quase fisicamente presentes – então se dissolveria a verdade do presente da Igreja, deixando vazia e parada a época transcorrida. Porém, aqueles gestos – que aconteceram numa precisa encruzilhada de lugar e de idade – amadurecem na atualidade da Igreja, confirmam-se nela, tornam-se mais "verdadeiros". Aliás, não necessariamente por autônoma força mecânica, mas pelo esforço sempre novo que, recordando-os e reescrevendo-os, confere aos eventos salvíficos uma validade renovada e uma aplicação original. Precisamente só assim, subjetivamente, eles são mantidos vivos.

O êxodo e seus "milagres"

No tempo da Quaresma recordamos o êxodo e seus milagres; e, de fato, nós nos alinhamos a ele, usamo-lo como código para nos interpretar, permitindo também sua renovação num modo que antes nem era pensável nem possível. Ele não se repete: não voltamos ao Egito para depois sair de lá como outrora; não repercorremos o deserto como então, presenciando e gozando da água da rocha e do maná do céu. E, no entanto, a lei ou a providência do êxodo está dentro de nós, dentro da Igreja, na sua "memória": destinado e com a exigência de abrir-se e de continuar em novidade, para que se torne agora o nosso êxodo.

Recordamo-lo e o relemos para que assuma a sua verdade: a verdade de antes, mas na situação de hoje. Se sua memória se dissipasse, nem saberíamos o que é o êxodo e o plano de Deus que ele traduz; se nos limitássemos à recordação "histórica", não ultrapassaríamos os limites da cultura, talvez nem interessasse; se nos recusássemos a cumprir a memória, renegaríamos a história que nos precedeu e na qual estamos colocados.

Jesus, nosso Êxodo

Mas este discurso não saberia sair do abstrato, se não acrescentássemos logo que os eventos do passado estão presentes à Igreja mediante e em Jesus Cristo, ou enquanto o termo de nossa memória é Jesus Cristo. É nele que todos os gestos de salvação, que têm prefigurado sua vinda, por assim dizer, refluíram como que ao seu sentido último. Ele nos traz de volta, já na dimensão do cumprimento, toda a graça: o Senhor tornou-se o nosso êxodo, a nossa libertação; o maná do céu e a água da rocha: realidades que seriam insignificantes e inalcançáveis sem a concretude e a possibilidade que elas recebem de Cristo, de seu acontecimento e de sua história. Elas retornam criativamente à consciência e à vida da Igreja por meio dele e na sua recordação; mais exatamente, coincidem com Ele, cuja memória substancia a própria Igreja.

O que era dito da memória, como presença da tradição e como constitutiva real e não só intelectual e psicológica da Igreja, vale, por motivo da presença de Jesus Cristo, para a sua comemoração criativa hoje.

Esquecer-se de Cristo, ou ainda simplesmente procurá-lo no passado, faria desaparecer a Igreja. Abrimos as Escrituras para ali encontrar Jesus Cristo; para "percebermos" que Ele está "aqui, agora"; para deixá-lo subir e determinar a nossa história; para ter a contemporaneidade de sua Páscoa em ato de fazê-la tornar-se a nossa Páscoa; para reconhecer-nos, portanto, na nossa origem e identidade. E com este objetivo é dado o Espírito Santo: Ele desperta em nós a memória de Jesus; antes, entrega-o à nossa consciência e ao nosso esforço. E assim nos permite fazer a Eucaristia e "dispor" do Corpo e do Sangue do Redentor. Faz que o descubramos e o compreendamos, em cada idade, eficazmente, realizando a união do passado com o presente e assim fundamentando a unidade de nossa história sagrada. O Espírito e a memória objetiva e subjetiva de Cristo, no anúncio do evangelho, na celebração da Eucaristia e dos outros sacramentos: eis o que deve ser reestudado e retomado.

Nós podemos obedecer ao mandato de Cristo: "Fazei isso em memória de mim" (Lc 22,19) porque o Espírito conserva na Igreja o laço com o Senhor, que supera o relacionamento psicológico da intenção e oferece o espaço da presença; e, mais, no-la faz "sentir" na fé. Uma leitura da Bíblia, uma liturgia, uma vida cristã que não sejam sustentadas por uma recordação de Jesus, que corresponde à sua própria presença reassumida e "aplicada", inevitavelmente se desviariam para a erudição, para o ritualismo vão, ou para a ação sem esperança. Em outras palavras, estaríamos tornando vã a Igreja e a salvação.

4 Quarenta dias de silêncio e de abandono com Jesus no deserto

"Conhecimento interior" de Jesus Cristo

Já sabemos que a celebração do Ano Litúrgico revela na Igreja a percepção mais profunda da atualidade sacramental da vida do Senhor.

No curso dos dias marcados pela memória de Cristo, com a Páscoa e a Eucaristia, somos chamados a encontrar no tempo como que uma dimensão nova: aquela do mistério do Filho de Deus que, assumindo a temporalidade, enche-a de sua graça.

Na liturgia, a Igreja participa, dos exórdios ao cumprimento, do evento de Jesus Cristo: achega-se a Ele e, num certo sentido, renova-o. Imita-o não externamente, mas por interior comunhão e continuidade, e é o verdadeiro significado do ser discípulos de Jesus, do seguir atrás dele, e do próprio testemunho, que não é ainda real como simples discurso "sobre" Jesus, ou como explicação de sua história, mas o é, como sua presença e epifania, quando ela é celebrada no tempo e no acolhimento de nossa liberdade e produz, como diz Santo Inácio nos *Exercícios*, o "conhecimento interior" do Senhor (n. 104).

Acabar com a celebração, ou separar a objetividade do seu mistério da emergência na liberdade de quem toma parte nela, quer dizer bloquear no passado, ou no abstrato e fora do tempo, a vida de Jesus Cristo; mortificá-la, em vez de chamá-la à novidade que a nossa fé lhe confere e na concretude do hoje de nossa existência.

O Ano Litúrgico, com suas comemorações, chama-nos a superar "um saber discursivo", o plano da escola e da narração, para entrar, pessoalmente e segundo o esforço da escolha, nos acontecimentos de Cristo, para que com nosso consenso eles sejam promovidos, levados a cumprimento, no sentido em que São João fala do cumprimento em nós do amor com o qual Deus nos ama e, portanto, se tornem palavra, além do discurso, e sejam verdadeiramente conhecidos (1Jo 4,12).

Isso significa: não como fatos já ocorridos, mas na sua historicidade que se manifesta somente a quem não se limita a olhar do exterior, a "estruturá-los", mas os acolhe e confia neles. Por isso, com expressão delicadíssima pode-se chegar a falar de um "fazer existir Jesus Cristo", consentir que continue em nós a vida que começou nele e que Ele nos transmite e nos oferece para que confiemos nela. Mas estamos "não na ordem em que os teólogos 'falam' de Jesus Cristo, mas na ordem em que Maria o 'diz' e o dá à luz"[7].

---

7. Cf. HAYEN, A. *Affidato agli uomini*. Milão: Jaca Book, 975, p. 60-61, 80-81, 108-109.

A confiança em Deus para além da "lógica" e da "natureza"

O Espírito impele o Filho de Deus ao deserto para que, no abandono à Palavra – isto é, na "fé" –, comece o itinerário da salvação, a missão. A agonia de Cristo e sua oração para que se faça a vontade do Pai contra as sugestões do diabo inicia pelas provas do deserto. Aquele que tenta assalta primeiramente com a proposta de um messianismo fácil, de acordo com a "natureza" e com a "lógica", que procuram o pão depois do jejum de quarenta dias.

Também Israel havia sentido a tentação de procurar o alimento por um caminho diferente do caminho de Deus, e sentira saudades do Egito durante os quarenta anos de deserto; Jesus, que disporia da possibilidade absoluta de fornecer o pão pelas pedras, recusa-se a isso e acolhe como alimento a Palavra, ou seja, a vontade do Pai. Não tem saudades e não volta atrás.

Tentação de Jesus: tentações da Igreja

Tudo isso é tipo para a Igreja: onde, se faltar a confiança da fé, além da "lógica" e da "natureza", está perdida a validade de seu testemunho do Senhor, a identidade de sua missão. Seria uma Igreja que segue um caminho diferente, não aquele da conversão e do deserto, mas aquele do retorno à segurança; que rejeita o êxodo pelas "panelas de carne e o pão comido à saciedade" (cf. Ex 16,3), e não confia na marcha por temor de morrer de fome e de sede.

A Igreja e cada discípulo do Senhor serão tomados até o fim pela tentação de reduzir a Palavra a uma medida compreensível, de dissolver o mistério para torná-lo racional, evidente e aceitável. Mas não seria mais o povo de Deus, que já estava concebido em Abraão, que foi o homem da prova e da escuta, a começar por sua "irracional" partida; não seria mais o povo de Deus que em Maria havia florescido, no serviço da fé que diz "sim" ao Verbo. Não seria mais a Igreja de Jesus Cristo, que sobe a Jerusalém por um caminho não traçado segundo o plano do homem, mas segundo o projeto de Deus. A Igreja seria nutrida unicamente de pão se atualizasse a Palavra e não fosse mais posta em crise e em tentação; se com uma filosofia o evangelho se tornasse óbvio e os dogmas fossem facilmente recriados. Significaria que ela se cansou de caminhar, que está voltando para trás; repetiria as murmurações de Israel; ela se desmobilizaria ou acamparia sem mais tender e esperar pela terra prometida.

O caminho da fé

Fazer a Quaresma com o Senhor é retomar a energia para ir adiante, apesar da fome, da sede e dos perigos. É ouvir a voz de Deus e não endurecer o coração. Na Quaresma não lemos o êxodo como uma história de ontem, e não consideramos o relato da primeira tentação só como momento da vida do Senhor, mas como eventos e momentos nossos, hoje.

Sempre pela "fé" na Palavra, Cristo recusou-se a tentar a Deus para a própria satisfação, e resistiu à sugestão de sua missão como espetáculo e sucesso: mais um messianismo terrestre, a ser realizado na cidade santa. Porém, Ele morrerá fora de Jerusalém, sem a intervenção miraculosa dos anjos para libertá-lo da prova suprema. Ao contrário de um triunfo do pináculo do templo, experimentará a perturbação da alma diante da hora. A Igreja, e cada discípulo, associa-se a Ele neste "cumprimento de toda a justiça" (cf. Mt 3,15) e na meditação quaresmal compreende por que não tem à disposição os milagres que a enfeitem com um esplendor exterior, e a livrem da angústia de ter de entrar no sulco para produzir muito fruto.

O Filho de Deus não tenta o Senhor seu Deus; a Igreja com Ele não pretende exceções para não tropeçar nos seus passos. Jesus caiu e tropeçou – e a *Via Crucis* percebeu-o com seguro intuito. Não diferentemente a Igreja, nascida da humildade, da "vulnerabilidade" de Deus, e chamada a superar a tentação da vaidade, da vanguarda e do reconhecimento. Como Jesus, ela não pode pedir a antecipação da glória escatológica ou os privilégios que a desviem do abandono.

Os quarenta dias são os dias do silêncio e do abandono. Os dias das cinzas e do cilício, nos quais a intimidade com Cristo, que não apresenta um rosto agradável e interessante, torna-se mais profunda.

Um messianismo sem glória é também sem poder. E Jesus supera a prova do poder na terceira tentação, aquela de negar o Deus verdadeiro para seguir os ídolos que buscam uma realeza terrena. Todos os reinos do mundo, com seu esplendor, não são a terra prometida por Deus. Em seu lugar, Cristo escolhe o serviço de Deus na impotência extrema da cruz; opta por pôr-se a lavar os pés de seus discípulos.

E a Igreja, neste tempo de penitência que está vivendo, percebe que não pode dispor de instrumentos de poder ou de posses. É chamada a crer no tesouro escondido no céu para quem vendeu tudo aquilo que tem (cf. Mc 10,21).

Como o Senhor é assaltado pela insídia dos ídolos, a mais falsa e difícil de vencer, pois é a do poder. E com ele encontra-se diante de Pilatos e de todos os reis dos povos que sobre eles exercem o domínio: "Entre vós, porém, não seja assim" (Lc 22,26).

Se Jesus está em agonia até o fim do mundo (cf. PASCAL, B. *Pensamentos*, n. 736), também sua provação continua até o fim na provação dos discípulos. Mas continua também sua força para vencer o demônio, que é o príncipe deste mundo (Jo 12,31).

5 A vitória sobre o diabo no itinerário quaresmal

A experiência da Igreja no tempo quaresmal encontra sua interpretação e sua possibilidade na Palavra de Deus mais intensamente acolhida e ouvida. Não teria sentido subir com o Senhor a Jerusalém se não fôssemos sustentados pela fé no plano de Deus, que não concebe itinerário diferente para o homem.

O alimento da Palavra

O próprio Cristo entrou no seu caminho pela força e pela resistência que lhe veio pela Palavra divina. Na Quaresma, volta o tema da Palavra que é alimento, e a imagem é usada pelo próprio Jesus, no fim do seu jejum: "Não só de pão vive o homem, mas de toda a palavra que sai da boca de Deus" (Mt 4,4).

Dois textos da liturgia quaresmal de Milão comentam assim este valor da Palavra para a vida de Cristo: "Cristo Senhor nosso tornou sagrado este tempo, quando por quarenta dias e quarenta noites não cedeu à tentação de pão, quis mais a nossa salvação; mais do que o alimento desejou a santidade de nossos corações. Seu alimento é a libertação dos povos, seu alimento é fazer a vontade do Pai. Assim, ensinou-nos a preferir aos alimentos terrenos o sustento que vem das divinas escrituras". "Nós fomos expulsos do paraíso porque o primeiro Adão não dominou uma fome orgulhosa, mas com o remédio eficaz do jejum de Cristo Tu nos chamas à antiga pátria feliz e nos ensinas de quão alta obediência provém a nossa libertação".

Cristo: antítese de Adão e de Israel

Cristo é, ao mesmo tempo, a antítese de Adão e do Israel rebelde do deserto, e para a Igreja é mestre sobre que Palavra lhe indique a estrada. Ela tem constantemente necessidade desta referência, pois não pertence a um projeto humano.

Nem a história nem a natureza jamais poderiam revelar-lhe a "essência" ou traçar a imagem. Mais do que a criação, a Igreja é a obra e o término da Palavra de Deus, manifestada por seu mistério.

Quando uma filosofia da história ou do homem abre um fácil espaço à Igreja; ou, correlativamente, quando esta tem dificuldade de encontrar-se nelas, ou até perceba ser a resposta ou a espera para seus vazios ou aos seus enigmas e impotências, é necessária uma viva atenção crítica.

A Igreja está num outro plano e noutra natureza. Deve fazer questão. E é precisamente a Palavra de Deus – que move a Igreja atrás de Cristo, e mais: que a compreende como a continuidade de Cristo e de seus eventos – que a mantém na dimensão da graça.

Estamos completamente em outra perspectiva que aquela de uma a-historicidade ou ausência da comunidade cristã em relação ao mundo e à "política". A encarnação não é simples assunção. Quando o Filho de Deus liga a si a humanidade de Adão, transforma-a profundamente, segundo um plano delineado pela Palavra que sai da boca de Deus. Não existe continuidade, mas contestação e interrupção. Existe a paixão e a ressurreição.

Esta contestação e interrupção daquilo que parece óbvio e natural acontece na Igreja quando, sempre sobre a Palavra, ela rejeita uma glória diferente daquela que veio a Cristo pela cruz. Um sucesso da Igreja é sempre cheio de ambiguidades, e põe a interrogação: o que significa?

"Separada" do mundo

Para estar presente no mundo, a Igreja não pode aliar-se a nenhum tipo de poder, que não seja aquele que se exprime quando a elevação de Cristo julga o mundo. E este não é simplesmente um modo de ver a Igreja que deixe a história nas mãos de seus poderes ou que renuncie a transformá-la. Somente é uma transformação na fé, que é adaptável unicamente ao evangelho de Deus, e não testemunhável na medida e segundo os destaques que são próprios de outros âmbitos.

Sobre o pináculo do templo, Jesus é tentado para que confie nos "sinais" (Mt 4,5); a mesma tentação lhe será apresentada pela boca de Pedro (Mt 16,23), mas Ele "segue seu caminho" e não oferece senão o sinal de Jonas (Mt 16,4). Agora é toda a Igreja que segue a Jesus e se renova precisamente aquela primeira e decisiva sequela de que fala São Marcos: "Enquanto estavam em viagem para subir a Jerusalém, Jesus caminhava diante deles e eles estavam admirados; aqueles que vinham atrás estavam cheios de temor" (Mc 10,32).

A Igreja põe-se, assim, no mundo como chamado à adoração do verdadeiro Deus e para seu serviço, no qual o homem é libertado da escravidão e dos condicionamentos das divindades. É o significado e a eficácia profética da pobreza originária de Jesus Cristo, que rejeita "todos os reinos deste mundo". É na trama desta pobreza que se realiza e se oferece a gratuidade da salvação.

Tal pobreza, lida segundo a interpretação e a prática de Cristo, não é só uma virtude, mas o horizonte no qual o mistério da redenção se cumpre; é a forma da paixão na vida, que o Senhor traz ainda em nós pelo acolhimento da Palavra de Deus. "Está escrito: Adorarás o Senhor Deus e só a Ele servirás" (Mt 4,10).

Na caminhada quaresmal, a comunidade cristã repensa na pureza de sua adoração segundo a divina palavra, pela qual são percebidos os ídolos da riqueza, da estabilidade: os mesmos que seduziam Israel nos anos do deserto, diante das exigências de Javé que, ao contrário, conduzia na linha da fé e da esperança para uma terra prometida e futura.

Somente pela fé e pela esperança, que são o espaço criado no homem pela Palavra de Deus, a Igreja pode prosseguir, reencontrando-se na verdade do plano redentor, que vai se cumprindo em comunhão de sorte com Jesus Cristo: a Igreja que reza: "Cresça, ó Deus, nos teus servos a fé na palavra de salvação"; "Sacia, ó Deus piedoso, a fome de verdade de tua família, que ouve com assiduidade o anúncio da salvação" (Liturgia ambrosiana).

6 Os gestos salvíficos de Cristo: o seu jejum

Cada tempo litúrgico significa para a Igreja uma comunhão renovada com os mistérios da vida de Jesus, que substanciam por si todo o ano sacro.

Com motivos, dizemos "sacro" sem nenhum complexo de inferioridade e também sem ignorar toda a novidade do culto no Espírito e na Verdade trazidos por Cristo.

O tempo litúrgico é diferente do outro precisamente pela mediação que ele é chamado a realizar na Igreja entre o evento do Senhor e seu acolhimento hoje, entre o passado que circunscreveu a ação de Jesus Cristo e a atualidade sobre a qual permanece aberto e eficaz. Onde acontece a celebração, onde está em ato a fé e a esperança, e a memória é cumprida nos sinais sacramentais, o correr dos dias não é motivo de distanciamento e de separação.

Cristo no tempo

É a realidade surpreendente da liturgia: enquanto fora – ou por uma dimensão e um aspecto da vida, certamente aquele aparente e superficial – o futuro da história escava as distâncias, anuvia as lembranças e imprime nos acontecimentos e nas obras dos homens os traços da velhice, no tempo da liturgia – e também mais amplamente no tempo da graça – Cristo está presente na novidade de sua pessoa, na vivacidade de seus gestos, na sua validade que nos remiu e, finalmente, no amor que em cada ato do Senhor foi o princípio da salvação.

A originalidade da liturgia cristã, que o secularismo unidimensional dissolveria irreparavelmente, está totalmente nesta concepção que vê o constituir-se da assembleia, os ritos que ali se desenvolvem, as orações que ali se elevam, como atos de fé aos quais responde a graça; mais profundamente: como suscitados pelo próprio Jesus Cristo, continuação e tradução de sua intenção, epifania de sua presença real, que transcende o tempo para assumi-lo em si.

Evento e símbolo

Como explicar mais rigorosamente que os gestos, os "mistérios", do Senhor não estão definitivamente desaparecidos, antes, no sacramento, continuam a operar a nossa redenção? A razão é que, quando Ele já os cumpria, não estavam delimitados pelos puros limites de seu caráter episódico, não eram somente eventos: podemos dizer que eram "símbolos".

A distinção entre evento e símbolo é encontrável também nas nossas ações. Algumas delas são facilmente absorvidas no tempo e no espaço nos quais acontecem; outras, ao contrário, têm um peso de valor, uma dimensão de profecia, uma exigência de desenvolvimento destinado a manifestar-se depois, para encontrar novos lugares e novas circunstâncias, dotadas de consistência exemplar.

Com esta distinção evento-símbolo podemos esclarecer-nos, talvez, porque as ações de Cristo, e particularmente o mistério de sua Páscoa, podem ser retomadas eficazmente pela liturgia. Dispostas como são também elas – como ações históricas – no cruzamento temporal e espacial, não podem propriamente ser renovadas. Porém, mais especificamente, já que têm o caráter de ações "escatológicas", últimas pelo caráter último e definitivo de Cristo. Elas não são repetíveis e são típicas; parecem, ao mesmo tempo, individuais e "universais", pessoais de Cristo e "imitáveis" por nós, objetivamente exemplares e abertas e, neste sentido, retraduzíveis na Igreja.

No seu complexo – e de modo paradigmático no seu cume que é a missa – o Ano Litúrgico comemora e revive assim os mistérios do Senhor: conferindo atualidade à sua vida, melhor, deixando-se por vezes envolver e assumir por Ele. Com esta concepção e intenção, a própria Igreja acolhe o tempo quaresmal, com todas as evocações dos atos de salvação que o compõem e que chegam ao cume do Tríduo Sacro.

O absoluto da palavra e a vitória de Cristo

O esquema originário que marca e denomina a Quaresma é a vitória de Cristo sobre as tentações do demônio, sua opção de obediência ao Pai. Para além da episodicidade não facilmente descritível em termos analíticos, esta vitória e esta opção, que serão consumadas na cruz, apresentam-se com a singularidade das ações e das propriedades de Cristo, que inseriu e viveu na história do homem a rejeição da atração diabólica, a resistência à separação de Deus, a recolocação do mundo no plano divino. A Quaresma chama a comunidade cristã a deixar-se tomar por esta opção de Cristo, a partilhar a força da fé no absoluto da Palavra de Deus: e não só chama através da recordação e com a imitação de um exemplo moral, exterior, mas com a disposição de uma graça, de uma presença da própria força do Senhor, que no mundo representou um início, uma pré-compreensão que hoje se verifica.

O sentido e o apelo do jejum de Cristo

Na diferente articulação e proposta, e mediante a linguagem e a imagem do jejum, este absoluto de Deus na disposição de nossa vida é o traço dominante e a figura positiva da Quaresma: a própria figura da cruz, que é a passagem concreta insubstituível e não contornável para a vida de cada homem. Sobre ela, por seu juízo, são avaliados e reduzidos todos os bens deste mundo, com suas intrínsecas tentações desviantes, que se tornaram extremamente frágeis e efêmeros.

É verdade que os bens terrenos plasmam a nossa natureza humana, o nosso ser criaturas, mas não como sentido e como êxito último. Isso é descrito e decidido pela Palavra que sai da boca de Deus, que vem a nós através da Escritura.

Se pela liturgia, por amor de uma equivocada leitura dos sinais dos tempos, tivesse sido eliminado o tema e, sobretudo, a operatividade do "jejum" de Cristo e nosso, ou se, por amor de atualização cultural, de desmistificação e de crítica da ideologia, tivesse desaparecido a sensibilidade ao tema e à possibilidade diabólica, a própria realidade e singularidade de Cristo teria perdido em verdade e em significado com seu ato de retomada em si e para nós do plano de Deus segundo o qual o homem foi destinado.

Não só a liturgia, que se tornou unidimensional, seria reduzida aos limites do homem, mas a própria concepção do homem sairia da projetação divina, que é, de fato, a única válida na sua própria transcendência, da qual vem a criação do homem.

O objetivo do tempo quaresmal é o de fazer-nos sentir sob o juízo de Deus, sob sua palavra e sua graça, que radicalmente contam. Não é outro o sentido do prefácio quaresmal sobre Cristo que venceu "as insídias do antigo tentador" e que nos ensinou "a dominar as seduções do pecado": ensinou-nos dominando Ele próprio e, portanto, oferecendo a cada homem a possibilidade de tomar parte no seu domínio. Isto é, na sua Páscoa.

7 Cristo, pão da Igreja a caminho no mundo

A Igreja, novo povo de Deus, está sempre a caminho através de um deserto; dissemos que jamais cessa de fazer a experiência do êxodo: de sentir as antigas tentações e também as admiráveis intervenções de Deus.

Um caminho

Propriamente, não é a travessia de ontem que se repete ou que continua: o itinerário de Israel terminou. Nem a presença assídua e providente de Deus continua a conceder o maná, a água, a luz, o alívio, o ingresso na terra prometida. Desde que veio Cristo, e desde que Ele realizou a libertação, passar pelo deserto significa simplesmente viver no mundo a fé no seu evangelho, crer na sua Palavra, resistir ao cansaço e à impaciência do que querer logo e aqui o reino. Significa, para a Igreja, esperar e encontrar no Filho de Deus, morto na cruz e ressurgido do túmulo, o Pão da vida, a Água que brota, a Luz que indica o caminho, a Vida que não morre.

Existe um tempo, porém, privilegiado no qual se acentua o nosso sentimento e a chamada que estamos no deserto, participantes de uma passagem e de uma saída misteriosa, meta de um plano de Deus amoroso, solícito e onipotente, e é o tempo litúrgico da Quaresma, que singularmente a Igreja interpreta e desenvolve como renovação espiritual e "sacramental" dos grandes gestos e dos decisivos encontros com o Senhor Jesus; tempo acertado para retomar e para despertar os momentos e a graça batismal, ou mais completamente todo o itinerário da iniciação.

Identidade da Igreja e juízo da cruz

Como o povo da passada aliança, também aquele da aliança eterna vive pela fé na Palavra de Deus, à imitação do próprio Senhor que, por sua vez, transcorrendo os dias do deserto e pregando sua dimensão profunda, deixa-se sustentar não pelo pão como se fosse o único alimento, mas por todas as palavras que saem da boca de Deus. Durante os quarenta dias, a Igreja reaviva sua disponibilidade de receber, não do mundo, mas de Deus, a revelação sobre sua natureza, sobre seu destino e sobre sua missão, para apresentar-se segundo a identidade que Ele lhe projetou. A "recuperação" do mundo por parte da Igreja não acontece "natural" e espontaneamente, mas depois da contestação e da purificação que Deus lhe faz mediante a cruz e a Palavra que a proclama. Agora, sobre toda a realidade criada – sobre o homem e sobre as coisas, sobre a natureza e sobre a história – está em curso o anúncio e a eficácia da paixão, da morte, da sepultura de Jesus para a ressurreição.

O motivo quaresmal do pão

Mas o motivo do pão que é a Palavra de Deus e representa uma das imagens mais significativas do tempo penitencial, torna-se concreto em Cristo e no sacramento que o repropõe como alimento.

Logo no primeiro domingo quaresmal, um prefácio ambrosiano dá graças reconhecendo no Senhor a Palavra de Deus "que criou cada coisa", no qual "reencontramos o Pão vivo e verdadeiro que, cá embaixo, nos sustenta no difícil caminho do bem e, lá em cima, nos saciará com sua substância na eternidade feliz do céu". "Moisés – são ainda expressões do próprio texto – não percebeu a fome do corpo nem pensou nos alimentos terrenos: bastava-lhe a palavra de Deus. O próprio Pão, que é Cristo, tua Palavra viva – dizemos ao Pai –, Tu agora no-lo dás à tua mesa e nos induzes a desejá-lo sem fim".

A Palavra de Deus, Cristo, o pão da vida assumido na santa ceia, no fim, não são mais distintos e constituem o idêntico e complexo sinal de Deus, que intervém no êxodo da Igreja. Na Quaresma, faz-se mais atenta e mais aberta a escuta da Palavra, a meditação da Escritura, a busca de Cristo nas páginas bíblicas, a comunhão na Eucaristia, sentida como alívio e sustento.

Uma salutar "alienação"

Não somos tão ingênuos ou abstratos a ponto de esquecer o "pão quotidiano" para nós e para os nossos irmãos, mas ele nos parece insuficiente e efêmero, quase uma figura do Pão verdadeiro. Nem este nos aliena: tem a força de partilhar nos atos com os outros seu alimento quem na fé sabe ver e reconhecer a realidade e a consistência do "pão do reino"; quem para além do horizonte da própria mesa sabe descobrir a mesa da Eucaristia, que produz uma salutar "alienação", oferecendo verdadeiramente um "outro" Pão, que não é aquele usado e ordinário de todos os dias, que não perece e é o Pão que veio do céu.

Pensar nesta verdade no tempo da fome do mundo e da necessidade urgente do alimento material e visível não é sair da história ou permanecer insensíveis e separados por uma prevalência que é chamada "vertical"; não é transferência ou evasão para um estado mais cômodo e menos exigente, mas é exatamente o contrário: é o esforço de estar dentro da história segundo os juízos, os valores e a concepção de Deus.

A liturgia da Quaresma encontra outro sugestivo laço no tema do pão. "Nós fomos expulsos do paraíso porque o primeiro Adão não dominou uma fome orgulhosa, mas com o remédio eficaz do jejum de Cristo – dizemos ainda ao Pai – Tu nos chamas à antiga pátria feliz e nos ensinas de que alta obediência provém a nossa libertação" (Liturgia ambrosiana): a obediência do Senhor à vontade do Pai, a quanto "está escrito" por Ele, e a nossa obediência que na Ceia repete a memória e dispõe da realidade do sacrifício de Cristo.

Nas semanas que sobem para a Páscoa compreendemos o sentido próprio do "jejum" da Igreja, que não é falta e ausência, mas presença do evangelho como Palavra que conta e que vale; isto é, como presença e encontro com Jesus Cristo que no "sacramento celeste [...] cada dia nutre e sustenta a família de Deus" (ibid.).

8 Consciência viva do pecado e espera da redenção

Conhecimento da culpa

Enquanto sobe com Cristo a Jerusalém para reviver sua paixão, a Igreja sente mais aguda a necessidade da redenção e da libertação. Sente-se ainda frágil e pecadora, tentada e exposta. Não são palavras de pessimismo aquelas que são ditas nos dias da Quaresma, mas é a leitura profunda do homem se fosse deixado a si mesmo, ou que se retrai em si para um sucesso impossível e uma "culpa inevitável".

É a meditação da morte que está dentro da vida, sob a aparência da alegria; o esforço de tomar as distâncias das impressões fugidias. O rito das cinzas não é um resíduo de folclore, mas um sinal, uma imagem e, desde o início da Quaresma, dispõe a Igreja a ser, certamente, não triste, mas pensativa.

Na liturgia ambrosiana, por exemplo, o tema volta como motivo com frequência impressionante. Ouçamos os cantos deste tempo do ano sagrado: "Alegre é a vida, Senhor, e acaba. Teu juízo é tremendo, e permanece. Deixemos, portanto, um amor inseguro, considerando o eterno destino; levantemos um grito: 'Piedade de nós todos'". "Em plena vida, temos a morte por cima. Onde está o nosso auxílio, senão em ti, Senhor? Santo Deus, Santo forte, Santo piedoso, Salvador Jesus, não nos abandones à morte!"

Esperança de salvação

Contudo, esta consciência viva da fraqueza e do pecado não está separada da esperança de salvação. Ou seja, da graça da paixão do Senhor, que é perdão e benevolência, gratuidade e remissão.

A Quaresma é a reconciliação que se faz próxima, que se torna nossa história, aquela de cada homem que não se dobra e não se fecha. Por isso, também os quarenta dias estão abertos à alegria do espírito, são os dias da confiança: "Senhor, se te irritas contra nós, quem virá em nosso auxílio? Quem terá piedade de nossas misérias? Chamaste à conversão a cananeia e o publicano, aceitaste as lágrimas de Pedro: acolhe piedoso, Jesus, também o nosso arrependimento e salva-nos, ó Salvador do mundo". A cananeia, o publicano, Pedro: voltam a renovar a memória do perdão e da misericórdia, e a dispor o coração ao abandono: "De todos, Senhor, tens piedade, não rejeites nenhuma de tuas obras: cobre o pecado dos homens até que se convertam, perdoa, porque és o nosso Deus. Vê a aflição do teu povo, que é muito amarga. Ouve-nos, Pai que estás nos céus, Salvador do mundo, perdoa-nos" (Liturgia ambrosiana).

O homem: uma criatura à qual perdoar os pecados

Uma sensibilidade ou avaliação da natureza humana simplesmente na perspectiva de positividade, sem o desequilíbrio e a fratura, que não é só incompletude curável pela história e por sua evolução, mas que é pecado, não compreenderia a liturgia quaresmal, sua oração e seus acentos. Não teria sentido falar da paciência de Deus e da experiência de uma redenção, que é mais prodigiosa do que a própria redenção e até, segundo Santo Ambrósio, o motivo profundo do repouso de Deus no sétimo dia. Propriamente, não encontramos no consular que se tornou bispo de Milão alguma coisa semelhante às "Confissões", no entanto percebemos suas emoções mais íntimas e mais profundas na meditação sobre a misericórdia e sobre o perdão divino. São suas as palavras que ecoam num canto da liturgia de sua Igreja: "Guarda-nos, Senhor Jesus, ajuda-nos a reconhecer nossos erros e a obter o perdão dos pecados. As lágrimas lavem as culpas que as palavras não ousam dizer" (cf. *Esp. del Vangelo secondo Luca*, X, 89). E no seu *Exameron* deixará escrito: "Eu dou graças ao Senhor nosso Deus por ter feito uma obra na qual repousar. Ele fez o céu, mas não leio que tenha repousado; fez a terra, mas não leio que tenha repousado; fez o sol, a lua, as estrelas e nem aqui leio que tenha repousado. No entanto, leio que fez o homem e que, então, repousou, tendo a quem perdoar os pecados" (*I sei giorni della creazione*, IX, 76).

Uma falsa antropologia

Uma antropologia que não seja atravessada pela real dimensão da culpa é radicalmente falsa se pretende ser completa. O homem, o universo concreto e verdadeiro, nasce de uma redenção, que arranca do poder e da escravidão do mal, e mais pessoalmente do maligno, que procurou dobrar e ligar a si a própria natureza humana do Filho de Deus. A liturgia não tem complexos em repetir temas e linguagem bíblicos e tradicionais, em pedir: "Torna vã a ação do tentador e quebra as correntes mortais do pecado"; "não nos deixes enganar pelos prazeres ilusórios do mundo, liberta-nos de todo o contágio do mal". Todavia, já se acenou, não existe sombra de desespero, mas, ao contrário, existe o emergir da purificação e do resgate, da "inocência do coração", do Senhor que vem ao encontro "quando estamos perdidos e distantes".

As mãos que curam

A Quaresma que se celebra em Milão não confiou só à eucologia, mas especialmente também aos cantos a expressão do sentido agudo da culpa, do arrependimento e da fé que justifica pelo dom que é feito pela generosidade de Deus. Vale a pena ouvir alguns deles: "Vê, Senhor, como é frágil o homem! Procura as feridas que curaste: muita indulgência tiveste conosco, mas ainda encontrarás algo a perdoar. Estende tuas mãos que curam, restabelece os membros doentes, fortalece toda a nossa fraqueza, conserva em fiel constância aquilo que está intato". Ou ainda: "Nossa vida suspira na angústia, mas não se corrige o nosso agir. Se esperas, não nos arrependemos; se punes, não resistimos. Estende a mão para nós, que temos caído, Tu, que ao ladrão arrependido abriste o paraíso".

9 A água viva que regenera toda a Igreja

Do lado aberto

No seu êxodo, a Igreja encontra sustento em Cristo, Palavra de Deus e Pão da vida; e, ao mesmo tempo, tira dele como na fonte água nascente; isto é, do Espírito. A pedra na qual matou sua sede o antigo povo era sua prefiguração, e o poço, junto ao qual "cansado e sedento, Ele quis sentar para "revelar-nos o mistério de sua condescendência", é seu símbolo, pois nele "é satisfeita a nossa sede de Deus" (Liturgia ambrosiana).

Os quarenta dias renovam particularmente o encontro da Samaritana, já no cumprimento acontecido da morte e da glorificação do Senhor. Do seu lado aberto depois da crucificação e da exaltação sobre a cruz brotou a água, que era a imagem do Espírito, dom para todos que tivessem crido nele. Os acontecimentos da aliança passada e os sinais nela manifestados por Deus agora os encontramos reassumidos em Jesus Cristo, nas confirmações que Ele trouxe: "Do teu coração, Cristo, brota a fonte da água que lava todo o mal do mundo e renova a vida. Senhor, lava também a nós com aquela água puríssima, de toda a malícia purifica nosso pobre coração" (ibid.).

O lavacro da Igreja

Mas a evocação da água faz reconhecer a Igreja como o novo povo em viagem, saciado pelo Espírito de Cristo ressuscitado: a Igreja é lavada no banho do batismo e assim aparece na prerrogativa da Esposa: "Grandes e admiráveis são tuas obras, Deus onipotente, Tu que lavas a Igreja com o lavacro da água por força da palavra de vida, para que tua misericórdia permaneça para sempre. Justas e verdadeiras as tuas estradas, Rei dos séculos, que guias teu povo através do deserto" (ibid.). A penitência que na Quaresma nos purifica, desperta a graça batismal e reaviva a comunhão com Cristo; torna-nos intimamente mais conscientes do tipo e da intensidade de seu amor pela Igreja, que provém dele, quase "carne de sua carne e osso de seus ossos"; compromete-nos com renovado vigor para a fidelidade e a correspondência a tanta doação, pela qual fomos criados e somos continuamente ressuscitados.

A Lei nova

Sob o mesmo fundo dos acontecimentos do Antigo Testamento, das experiências do êxodo, aparece-nos a exegese quaresmal do dom do Espírito como a promulgação da Lei nova: "Em tábuas de pedra doaste, por mão de Moisés, a lei antiga, mas renovando a aliança escreveste em nossos corações a Lei nova, que é dom do Espírito, para que todos os que creem recebam em Cristo a adoção de filhos e te chamem pai" (ibid.): "Ó Deus [diz uma oração], que pela força do Espírito Santo increves indelevelmente no coração dos crentes a santidade de tua lei, dá-nos crescer na fé, na esperança e no amor, para que, conformando-nos sempre ao teu querer, nos seja dado conseguir um dia a terra da tua promessa" (ibid.).

Uma libertação completa

O esforço da Quaresma tende a interiorizar o evangelho mediante a docilidade à obra do Espírito, do qual deve proceder e encontrar animação a conduta do cristão. A partir do batismo, o coração do homem é refeito e movido a não agir pela coação de uma letra que mata, mas pela liberdade da graça que doa a vida. A Igreja que, nestas semanas, se aproxima da Páscoa não deve trazer os sinais de uma entristecedora opressão, mas os de uma libertação que cresce e se torna eficaz. Esta já é realidade do presente, da história, pela alma e pelo corpo, e tende a ser indissociavelmente "religiosa" e política, individual e social: encontra princípio na boa-nova, que é a Palavra, o plano e a medida de Deus, e encontra como sujeito o homem, por aquilo que diz em si mesmo e em relação com os outros.

Propriamente, não se trata de aproximar duas libertações: em plenitude somente "um dia" poderemos conseguir a "terra prometida" da qual falava a oração acima, mas ela já é possuída aqui e agora, pois recebemos o dom do Espírito que nos torna laboriosos operadores da única libertação. A quem simplesmente sobrepõe e faz coincidir a atual e visível libertação com a dissolução evangélica dos oprimidos é preciso recordar as dimensões escatológicas e supraterrenas do Reino de Deus; a quem àquela espera prefere o esforço atual e concreto, deve ser lembrado que o plano divino é um só e cada libertação e valor é sinal e fruto do evangelho, realidade e figura da "terra prometida". Outra oração, depois da comunhão, pede: "Estes mistérios de salvação, abrindo-nos as metas divinas, nos ensinem a não nos fecharmos na angústia dos horizontes terrenos" (ibid.); nos ensinem a não sair fora deles, mas a não ficar seus prisioneiros. A Quaresma projeta tornar a Igreja mais "espiritual", não quase para desencarná-la dos limites e das realidades temporais, mas para que se torne mais consciente de ser criada pelo Espírito, que foi doado e ininterruptamente é efundido pelo Senhor, morto e ressuscitado.

10 O culto espiritual no "agora" de Jesus Messias

A Hora da salvação

No decorrer da Quaresma – como temos visto – a Igreja descobre com encanto e alegria renovada a presença de Cristo que surge do Espírito, princípio do culto novo. Quando é celebrada a liturgia já não se retorna mais ao templo de Jerusalém, nem ao santuário do Monte Garizim: o tempo do rito e o lugar dos símbolos, embora na sua fragilidade e incerteza, abrem-se misteriosamente ricos da graça, porque o Senhor ali renova e recoloca seus gestos salutares. A comunidade cristã realiza suas celebrações na "Hora", no "Agora" de Jesus. E é esta "Hora" e este "Agora" seu sustento e sua esperança. Seu tempo e seu lugar não são mais medidos por sucessão de cronologia ou edificados pelo crescer de espaços visíveis e mensuráveis, mas são simplesmente a atualidade do Senhor. Sem dúvida, não é só na liturgia que a Igreja vive esta "Hora", ou este momento único, que é já eternidade ou ligação de aliança eterna, pois todo o ser e sentido da Igreja consiste nesta "Hora" e é sua epifania. Já que toda a sua vida é culto que tem possibilidade e princípio no Espírito que é efundido na "Hora" de Jesus (Jo 4,23). Mas, porque é memória e sacramento, a liturgia é, com intensidade singular, o encontro com o Senhor e com o momento da salvação. Num certo aspecto, existe uma espécie de não sentido falar de atualização da liturgia. Não que tivesse de continuar em língua de difícil e quase impossível compreensão, ou não reformar-se em simplicidade de sinais e também substanciosos conteúdos, mas, no fim, seria exaurir-se na superfície se faltasse à comunidade que celebra a percepção da continuidade da presença de Cristo, que está, ao mesmo tempo, dentro e fora do tempo, no interior radical e já além e contendo a história.

Este "Hoje" desapareceria, seria dissolvida sua atualidade quando, por exemplo, por causa da renovação da linguagem, na realidade, se viesse a perder a consistência e a verdade da memória fiel de Jesus Cristo; quando, na liturgia, não emergir mais a Tradição e não fosse mais a festa da recordação da Páscoa, da redenção do pecado, da paternidade de Deus, da terra prometida a uma comunidade peregrina e a caminho; e, ao invés, a secularização, as teologias da esperança, a história transformada em mito e a escatologia confinada na política cansassem a Igreja, e lhe tolhessem o gosto de ouvir a Palavra, de dedicar-se à contemplação, de confiar nos bens eternos e, portanto, de celebrar. "Os poços e os oásis – foi escrito – medem o itinerário terrestre e espiritual dos patriarcas e do povo do êxodo"; agora Cristo, no poço de Jacó, dá cumprimento aos símbolos da água e das suas fontes pela caminhada da comunidade cristã, e pelo povo que está ainda saindo da escravidão e fazendo a travessia. E o cumprimento é o evangelho, a sabedoria, a Lei nova; é o Espírito, que brota do Senhor, que sai do seu lado aberto e da sua glorificação, para matar a sede para sempre. E tomamos este Espírito, como "o dom de Deus", quando nos reunimos em assembleia que celebra.

Liturgia cristã: adoração do Pai no Espírito e na Verdade

Por isso, a liturgia cristã é culto novo, adoração do Pai no Espírito e na Verdade. A tentação de voltar atrás, para Jerusalém ou ao Monte Garizim é insidiosa, fácil. Cede-se a ela quando a comunidade que faz a memória de Jesus Cristo não for de fato suscitada pelo Espírito, como assembleia dos filhos que Deus regenera do alto; se, com ruidosa contradição, os símbolos forem vazios, consistindo só de densidade natural, não suscitados pela fé dos corações renovados; quando para a obra da graça, no sacramento que é evento do Senhor, não estejam disponíveis dos crentes que o acolhem, não para delimitá-la na área e no instante da celebração, mas para exprimi-la e confirmá-la na vida. Nestas duas últimas condições, a liturgia, sustentada pela dimensão do mistério e pela fé em Jesus Filho de Deus, em vez de alienar, é a fonte da água viva dos tempos messiânicos; isto é, do Espírito dado para recriar a alma e para encher os sinais de eficácia. Ou mais precisamente: do Espírito transmitido para que jamais falte a presença de Cristo e para que sejam possíveis as sinapses na novidade e, fundamentalmente, a Eucaristia, o sacrifício da aliança nova. É pelo Espírito Santo que é "criada" a Eucaristia, o Corpo e o Sangue de Jesus morto e ressuscitado, para cuja comunhão é objetivado, como que no fim consumado, cada rito cristão. É muito importante sublinhar a transfiguração, por assim dizer, dos símbolos litúrgicos, sua natureza sacramental e "espiritual", da qual desponta como realidade o Espírito Santo, que brota do Corpo do Senhor, o Poço ao qual é chamada a mulher da Samaria, o Judeu e o Infiel, já que cada figura é superada e confirmada em Jesus Cristo.

E de fato, ainda, a adoração está na Verdade, que se manifestou na Palavra feita Carne: que, de maneira idêntica no Espírito e na Verdade, libertou a falsidade e a ambiguidade de cada criatura, dessacralizou-a e libertou-a do rito. Nenhum elemento tem mais em si mesmo significado "religioso"; revelou-se sua inconsistência mágica e idolátrica. Jesus é o templo e o sacrifício. Os verdadeiros adoradores do Pai rezam nele, na sua redenção e na sua Palavra, por força da vida surgida da sua ressurreição.

Talvez um pouco, ontem, pensava-se na Igreja só como comunidade empenhada em celebrar, e se arriscava a compensação do rito. Mas não é grave hoje o risco de entender mal o culto espiritual até dissolver os sacramentos pela ideologia iluminista da cultura? Numa celebração em que a fé não consegue crer e tomar em experiência de realidade, através do sacramento, o "Agora" do Senhor, a história da salvação é esquecida. Se se esquece Jesus Cristo, Deus verdadeiro feito homem; se se reduzem seus sinais e se mudam suas "palavras", então, celebra-se o puro homem e se separa o amor do Espírito da filantropia. A liturgia poderia continuar ainda, mas se torna – em vez de advertência cheia de alegria da presença do Senhor, que oferece a todos os pobres o seu Espírito, esforço humilde e penitente de comunhão, espera da terra prometida – ocasião de litígio discriminante, de discursos separados da Palavra, espetáculo entristecedor de uma comunidade que não se reconhece mais e que se cria e se edifica por si mesma, ou ao menos uma Igreja estranha e desolada.

O encontro de Jesus, que se senta cansado ao poço com a Samaritana, a qual entra na "Hora" definitiva da salvação e reencontra nele a fonte da água que dessedenta sem fim, evoca para a Igreja a contínua e humilde presença de Cristo no sacramento e na vida, o dom de Deus pelo qual é constituída em comunidade dos filhos de Deus, que adora no Espírito e na Verdade.

11 Jesus, Senhor e Deus

Reviver no tempo da Quaresma os grandes encontros com o Senhor, renovando e aprofundando a experiência e a graça do batismo e de toda a Iniciação Cristã, significa especial e ultimamente renovar o encontro que o reconhece como o Filho de Deus. A força que justifica a fé age quando Jesus de Nazaré é confessado "Senhor e Deus". O crente, por certo, não sai nunca da humanidade de Cristo e dos limites de sua "visibilidade"; não prescinde dela como se fosse um revestimento exterior, e exatamente nela lê e encontra o Verbo de Deus.

Duas tentações

Diante de Jesus Cristo são recorrentes e permanentes duas tentações, que concordam na recusa ou na preterição de sua integralidade – isto é, do seu ser verdadeiramente homem –, mas por uma humanidade assumida e expressa pessoalmente por Deus.

A atenção para a condição humana de Cristo e para as consequências que daí derivam marca a cristologia do nosso tempo contra uma perspectiva e um destaque que pareciam menos sensíveis à historicidade do evento da encarnação. Continuar numa linha de desatenção significaria, no fim, colocar Cristo fora do mundo e, de fato, esvaziar de consistência a economia da salvação. Não se expressaria objetivamente o mistério cristão, que não é senão o fazer-se de uma história que tem no seu cumprimento e no seu sentido concluído o ingresso de Deus, ou mais exatamente o emergir do Filho do próprio Deus no coração da história, de modo a poder dizer com João que Ele "se fez carne" (Jo 1,14), tomou a nossa mortalidade, suscitou-a em si e a viveu consigo, como própria.

O cristão é aquele que percebe esta comunhão pessoal de Deus com a humanidade concreta, que a acolhe como o único projeto de redenção. Para além das discussões a respeito da natureza pura e da sobrenaturalidade, Jesus lhe aparece como quem circunscreve e oferece o âmbito do homem: a humanidade pensada e realizada por Deus apresenta como modelo e como princípio Jesus de Nazaré Filho de Deus. Nem a ressurreição veio para desviá-lo da história ou para dissolver nele o realismo da humanidade; ao contrário, ela exalta sua dimensão e sua estrutura humana, une-a ainda mais íntima e eficazmente ao Filho de Deus, e lhe constitui sinal operativo de redenção. A novidade, a dificuldade e a admiração para o crente derivam da "constatação" e do reconhecimento que o verdadeiro homem Jesus, que partilha conosco a vida, a morte e a sepultura, é Deus.

"Antes que Abraão fosse, Eu Sou"

Esta natureza divina, a fé cristã a professa em Jesus "pessoalmente". Quem se faz carne e habita entre nós é o Verbo, que é Deus, que vem absolutamente antes da história da salvação e a faz emergir, conferindo-lhe toda a possibilidade e todos os dados. Se ela está em relação com Abraão, se a ele imediatamente se refere, todavia, também a alegria profunda do patriarca surge da visão profética do "dia de Jesus", motivo último e autêntico de sua exultação, de seu "riso". Num dos momentos fundamentais do Evangelho de João, Jesus exclama: "Em verdade, em verdade vos digo: antes que Abraão fosse, eu sou" (Jo 8,58). "Eu sou": a expressão, que provoca a reação prevista pelos blasfemadores, "no êxodo, significa que o Deus de Israel é o único e verdadeiro Deus. Aplicando-a a si, Jesus apropria-se da fórmula que resumia toda a fé de Israel". Toda a cristologia que não consiga mais ver e propor em Jesus de Nazaré o verdadeiro Filho de Deus, para a qual se escureça ou se torne problemático "o Deus verdadeiro de Deus verdadeiro", perdeu irremediavelmente a propriedade cristã.

Esta é algo completamente diferente do que reconhecimento no homem Jesus simplesmente de uma revelação de Deus, embora seja em sumo e impreterível grau, ou a confissão dele como do homem exemplar e decisivo. Cristo não se explica como a elevação ou a exaltação que Deus faz do homem Jesus, como uma sua consagração e missão apenas: na interpretação conclusiva é preciso chegar até a proclamação da divindade do homem de Nazaré. Por isso, cremos, não se pode facilmente passar por cima da "imagem" – que alguns rapidamente relegam à cultura ou à mitologia – do Filho unigênito de Deus, nascido do Pai antes de todos os séculos, que "desce" do céu, para nós homens e para a nossa salvação. Contestar o significado real desta "descida" do céu, para escolher puramente o ser assumido e elevado, leva à perda daquilo que é próprio e indiscutível da fé cristã.

Além das interpretações, além das devidas releituras dos dogmas dentro de toda a revelação de Jesus Cristo, parece ser necessário que se esclareça com renovada clareza e perspicácia a verdade imutável e não variável do Credo: que Jesus de Nazaré era e é Deus; que a glorificação não nos deu um outro Cristo em relação àquele histórico, que ela não lhe acrescentou a "forma divina", mas lhe fez entrar em plenitude a humanidade. Caso contrário, olhando bem, é a mitização – exorcizada temporânea e ilusoriamente – que torna a entrar: nada é tão natural e mitológico, tão conforme à nossa natureza e aos seus jogos quanto tender a sublimar uma humanidade ou fazer dela um puro lugar da revelação de uma divindade. A confissão de Jesus Filho de Deus é o início radical de toda demitização definitiva. A razão pode compreender o homem e pode "compreender" Deus separados ou aproximados.

Jesus de Nazaré, Filho de Deus

O Credo – aquele do nosso batismo, aquele que repetimos na Eucaristia e que nos marca e caracteriza de modo específico e distinto – diz que Jesus é pessoalmente Deus. Enquanto não chegarmos aqui, certamente não para exaurir, mas para afirmar com segurança, ainda não está percorrido verdadeiramente o itinerário da fé, nem o alcance da salvação é captado no seu real sentido. Não seria compreendido o nosso ser filhos de Deus, nem a Igreja como comunidade na qual o Espírito gera os filhos do Pai. Por isso, a fé precede o batismo, no qual a verdade de Jesus Filho de Deus aparece confirmada e se traduz em nós, que nos vemos "filhos da promessa", não porque descendemos de Abraão segundo a carne, mas pela nossa comunhão com a geração divina de Jesus, termo da esperança do grande patriarca. "Nos séculos antigos – canta a liturgia ambrosiana –, abençoando a futura estirpe de Abraão, Tu revelaste a vinda entre nós de Cristo, teu Filho. A multidão dos povos, prenunciados ao santo patriarca como sua descendência, é verdadeiramente a tua única Igreja, que se reúne de cada tribo, língua e nação. Nela contemplamos felizes o que tinhas prometido aos nossos pais".

Verdade antiga e original

Entre as exigências atormentadoras da praxe e o esforço ardente da promoção humana, a verdade mais importante, antiga e também sempre nova e original, que a Igreja é chamada a anunciar, é que Jesus de Nazaré, ressuscitado dos mortos, é o Filho de Deus. Se, na consciência cristã, esta certeza se tornasse incerta, ou também se só fosse relegada a segundo plano como menos urgente e interessante, não existiria mais a Igreja de Cristo, nem a história da salvação. Sobretudo a liturgia mantém viva e reafirmada esta consciência e esta novidade: não só quando repassa nos dias quaresmais o Símbolo da fé, mas todos os dias, quando celebra e se dirige ao Pai interpondo Cristo e chamando-o "teu Filho, nosso Senhor e nosso Deus"; "teu Filho, que é Deus".

12 A nova piscina de Siloé

Lendo, na Quaresma, o Evangelho de João, a Igreja torna a meditar os "sinais" de Cristo, já que o quarto evangelho é especialmente o anúncio e a reflexão dos "sinais" do Senhor. E assim, com renovada consciência, ela percebe Jesus como aquele que compreende o passado, o presente e o futuro do plano salvífico ou – segundo a sugestão de Santo Agostinho – como "um dia que não é medido pelo surgir e pelo levantar do sol, fechado em poucas horas, mas que se estende até o fim do mundo" (*Tract. in Joh.*, 44, 6). Antes, a própria Igreja se reconhece como "o lugar" no qual os gestos de Cristo, precisamente porque sinais, continuam. Em particular, eles acontecem de novo nos sacramentos, e é importante retomar vivamente o significado dos sacramentos, antes ainda e mais originariamente do que ações da Igreja, atos da presença do Senhor que a constitui e a edifica.

A Igreja: antiga, mas sempre nova

Sobressai, então, a antiguidade da Igreja. Ela já se prefigura, encontra modelo e elementos de formação, já estruturalmente começa a se desenvolver, na vida de Jesus, nos seus eventos históricos. Estes são sinais porque contêm, além do significado imediato, um indício relativo a eventos ulteriores da história da salvação, ou seja, os sacramentos da Igreja, ligados na sua possibilidade e no seu sentido às obras fundamentais e únicas da existência terrena de Cristo. Mas, ao mesmo tempo, sobressai a novidade da própria Igreja, a qual, brotando da vida do Senhor, obedecendo ao projeto que ali era imanente, desenvolve-a. Os sacramentos levam a cumprimento a dimensão e a profecia eclesial da história de Jesus, para que esta se torne história da Igreja, afirmação do esquema que estava nele, amadurecimento de seu gérmen.

A cura do cego de nascença e os olhos novos do batizado

Com este pano de fundo, ponhamos em destaque o sinal da cura do cego de nascença (Jo 9,1-41). João vê ali a figura do batismo, o exemplar e, mais ainda, o início e a fundamentação de sua celebração na Igreja, a razão e o conteúdo de sua eficácia. Foi escrito: "Segundo o evangelista, este relato imprimiu um duplo significado: o primeiro relativo a um acontecimento único na história da vida de Jesus; o segundo relativo a um acontecimento litúrgico, na vida da Igreja do Cristo glorificado".

Hoje, o rito batismal, é ainda o Senhor que, através do sacramento, toca os olhos de um mendigo cego desde o nascimento: o homem, simplesmente, que está privado da luz da natureza. Ele é mandado lavar-se na piscina de Siloé e retorna com olhos que veem. Mas agora tudo se cumpre não no corpo, que só era imagem, mas no íntimo do coração, onde é alcançada a intenção do "milagre". E não em contato com as águas que se tiravam em Siloé, durante a Festa dos Tabernáculos, como símbolo das bênçãos messiânicas.

Lavando-se em Cristo, o batizado é curado de sua cegueira natural; torna-se "iluminado"; pela fé enxerga com a própria luz de Cristo. Pela operação recriadora do Messias (o "Enviado") recebe olhos novos, com os quais ele pode reconhecer o mistério de Jesus. Esta é a iluminação: a percepção do Senhor, seu acolhimento. "Lavada a face do coração – é ainda Santo Agostinho – é limpa a consciência, reconhecemo-lo como filho do homem e como Filho de Deus e o adoramos" (ibid., 44, 15): hoje, por força do evento litúrgico, que tem a atualidade e o poder do gesto de Cristo, que é aquele mesmo gesto seu continuado, e através da simplicidade de seu acontecer celebrativo – pobreza dos sinais, mas sustentados pela eficácia da Palavra e da Presença –, ou também, desdobramento na pobreza dos elementos (unção, água, banho etc.) do fato único que é a vida de Jesus.

A fé em Jesus Cristo

Pela fé originária em Jesus Cristo veem ao crente os diversos conteúdos da fé: importa captá-los e mantê-los todos, mas também é necessário perceber com clareza sua origem e sua síntese. O ato de fé fundamental e constitutivo, o *lumen* que, para o cristão, dá e é visão, mentalidade, experiência nova, é a capacidade de crer em Jesus Cristo, de nele chegar ao grau de Filho de Deus. Quando esta certeza começar a vacilar, quer dizer que a fé cristã está simples e irremediavelmente se apagando. Está aberta a estrada para reduzir Jesus Cristo a todas as possibilidades; seu mistério é dissolvido, no retorno da cegueira de nascimento. Isso acontece, certamente, quando na teoria e na discussão se obscurece o mistério; mas também quando, na vida do cristão, suas obras não refletem a luz que é o Senhor.

Testemunhas da luz

Na oferta da luz por parte de Cristo, está em ato, ao mesmo tempo, seu juízo. Permanece "o dia da presença de Cristo" e, portanto, o dia da decisão e da discriminação. E também, o cristão não decidiu uma vez para sempre: cada dia é chamado a responder, a ser disponível à luz; a não se pretender possuidor, já que, diz o Senhor, "Assim como dizeis: nós vemos, o vosso pecado permanece" (Jo 9,41). O batizado vive numa profunda humildade do espírito, para que não lhe aconteça que se torne cego pela pretensão de seu orgulho. Enfim, o processo ao mendigo iluminado, sua perseguição e excomunhão recordam a situação do cristão diante do mundo: a confissão de Jesus Cristo comporta uma recusa, uma expulsão, e a coragem da fidelidade. O batismo compromete radicalmente a liberdade, diante do Senhor e do mundo, hoje.

E então, enquanto os sacramentos, como vida de Cristo em ato na Igreja, continuam e reapresentam seus "sinais", significam por ela a vontade de assumi-los, de modo que se tornem opção e vida da Igreja. A Quaresma é tempo propício: como preparação dos "competentes" que, da "cegueira original", se preparam para lavar-se nas águas de Siloé – o Senhor, já morto e ressuscitado – e para confessar em Jesus o Filho de Deus; e como memória do batismo para aqueles que já foram "iluminados" e renovam a intenção de ser, na verdade, testemunhas da Luz vinda a este mundo e presente como salvação e como juízo.

13 O sacramento da iluminação

A Igreja, viemos dizendo, reescreve na sua vida – na atualidade do seu tempo – os mistérios do Senhor. Mais exatamente, ela é formada pela presença eficaz de Cristo com os gestos de salvação; ela é sua partilha. Por isso, provém e cresce de Jesus, como seu corpo, e reflete suas prerrogativas; é sua modalidade hoje; num certo sentido, sua possibilidade. Não porque Jesus depende da Igreja, mas porque, incessantemente promovida por Ele, torna-se seu sinal e sua interpretação; o lugar de encontro e de manifestação; o prosseguimento que revela a força e o espírito de Cristo. Nesse contexto, compreendem-se os sacramentos e a marca que eles deixam.

Jesus Cristo e os sacramentos

O sacramentos não significam e não acrescentam novidades a Jesus Cristo: Ele é o completo, o último, para além do qual não é pensável algum outro valor. Mas é Ele próprio a torná-los possíveis, precisamente em razão de seu ser já o imprescindível e o insuperável. Os sacramentos são o seu novo modo de ser; precisamente, aquele pelo qual suscita a Igreja e, ao mesmo tempo, é assumido pela Igreja, que se representa a novidade de Cristo. O sacramento não se separa e não se justapõe extrinsecamente a Cristo, e a Igreja é a fidelidade e a conformidade à sua presença real, é a comunhão com Ele no ato sacramental, que pede para ser traduzido e levado a termo.

De maneira perspicaz, durante o tempo da Quaresma destacam-se estes momentos e articulações, este "tornar-se" de Cristo, que se reapresenta e se "transmite" no sacramento, fazendo a Igreja lançar rebentos como participação e memória sua. Assim, no domingo do cego de nascença, que reconsideramos, e onde, num caso sintomático, encontra aplicação uma economia geral e uma clara percepção e consciência da Igreja. Jesus é "a luz do mundo"; quem o segue "terá a luz da vida": o dom da vista a um radical e insuperavelmente cego desde o nascimento é seu "sacramento", o aparecimento concreto e visível, um primeiro indício que encontrará cumprimento na luz interior que iluminará o cego, quando puder ver a ponto de dizer: "Eu creio, Senhor". Esta fé é a plena iniciação a Jesus que é a luz, é o verdadeiro milagre.

Cristo, Luz para sempre

Com efeito, Cristo é constituído para sempre como aquele que faz os cegos ver: assim também aquele milagre não é concluído e terminado como episódio, mas continua a se realizar no batismo, o sacramento da iluminação. Particularmente, o Evangelho de João compreende e dispõe os grandes atos históricos do Senhor de maneira tal de entendê-los ainda emergentes na vida da Igreja, "aqui e agora", em função de "repetir-se" e de causar os mesmos efeitos. Os momentos mais significativos da história de Cristo são destinados a permanecer, através da "linguagem" e da realidade do sacramento. O homem que vai lavar-se em Siloé é modelo de cada homem que se lavará no lavacro batismal e já a piscina de Siloé não é outra coisa senão Jesus Cristo, o Enviado (João, de fato, anota que Siloé significa "Enviado"). Em cada rito batismal verifica-se o encontro do Senhor com alguém que "por natureza" está privado do dom da luz e que poderá dizer: "Fui, lavei-me e agora enxergo" (Jo 9,11).

"Lavaste a cegueira deste mundo – canta a liturgia ambrosiana na ação de graças do quarto domingo da Quaresma, o do cego de nascença –, e aos nossos olhos escurecidos tens feito resplandecer a luz verdadeira quando – prodígio inaudito – restituíste a vista ao cego de nascença. No mendigo curado está representado o gênero humano, antes, na cegueira de sua origem e, depois, na esplêndida iluminação que na fonte batismal lhe foi dada". A visão "sacramental" e o sentido da atualidade de Jesus na experiência da Igreja são aqui particularmente vivos. Como neste outro prefácio, que encontra motivo de louvor em Cristo, o qual "no mistério de sua encarnação se fez guia do homem para conduzi-lo das trevas para a grande luz da fé" (ibid.), uma fé que vai muito além de um puro esclarecimento ou doutrina, ainda que transmitida pelo Senhor. Mais concretamente, quem crê é no Verbo e no evangelho que a Ele se reduz: toma-o como guia e segue atrás dele, reconhecido como Filho de Deus. A ação iluminante de Cristo, o sinal realizado no cego de nascença e a fonte batismal da qual aquele sinal era anúncio e figura estão ligados: "Na sagrada fonte, Cristo Senhor nosso dissipou as trevas que embaraçavam o coração e infundiu a luz da verdade em nossos afetos humanos; e nós, antes cegos no espírito, agora o confessamos Filho de Deus e o seguimos como única esperança de salvação" (ibid.).

Uma visão diferente

Iniciando-se em Cristo, na sua "miraculosa" presença batismal, como luz ou horizonte novo, a Igreja assume o compromisso de uma vida que transcorre na fé: uma vida que encontra a orientação e a estrada na Palavra de Deus que se fez carne. O cristão vê e sente diferentemente dos outros, pois desta Palavra recebe a verdade e o juízo sobre a natureza e sobre a história, por certo com profunda humildade, porque curar-se da cegueira desde o nascimento é pura graça, mas também com segura certeza e fiel coerência.

Uma Igreja que "caminha na luz" quase revela e delineia o âmbito espacial e temporal do Senhor, que ali renova o gesto de salvação realizado no mendigo que não enxergava. É o nosso testemunho que significa e interpreta Jesus Cristo, que ilumina cada homem. O batismo, ato repleto de luz, amadurece e se evidencia quando, além do rito, sustenta as nossas obras. Prosseguindo e ultrapassando o sacramento, o Senhor continua assim a viver na nossa conduta de cada dia pela qual se transmite e se oferece como luz concreta aos nossos irmãos.

14 O sinal de Lázaro hoje

A ressurreição de Lázaro

Mistérios e sacramentos

Na Escritura, a Igreja não encontra uma simples informação sobre Jesus Cristo, nem uma série de modelos a serem imitados externamente. A compreensão bíblica – e em particular a evangélica, que é seu cumprimento – torna-se profunda e viva quando os eventos do Senhor são como que reassumidos e continuados na experiência da comunidade cristã e adquirem sentido e atualidade em cada um dos fiéis.

É com este espírito – que, sem dúvida, não negligencia todas as premissas da filologia e da história – que, no tempo da Quaresma, tornamos a ouvir as páginas sobre os grandes encontros com Cristo: o da Samaritana, do cego de nascença, de Lázaro. A Igreja, sobretudo quando a "leitura" é feita no contexto da liturgia (que é experiência e vida), encontra ali um traço e uma dimensão permanente. Poderíamos dizer deste modo: os gestos salvíficos de Jesus subiram ao nível do mistério; continuam nos sacramentos e na vicissitude concreta, quotidiana, dos crentes. Já falamos disso. Assim, torna-se a ouvir a ressurreição de Lázaro (Jo 11,1-44).

Revelação de Jesus e vida nova em nós

Primeiramente ela revela Jesus Cristo: "manifestou na terra a glória de sua divindade quando, com a força de seu inefável amor, libertou Lázaro dos laços da morte, que há quatro dias já era cadáver" (Liturgia ambrosiana). É preciso sublinhar a função e o valor de epifania dos milagres; e todavia, esta revelação recebe consistência quando o "sinal" ou o mistério do Senhor, para além de sua presença e testemunho no livro inspirado, renova-se "aqui e agora". É o que acontece no batismo, na reconciliação, onde a ação de Cristo traduz seu significado "profético".

Ouçamos: "Grande é o mistério da salvação que nesta ressurreição se representa: aquele corpo, já em estado de decomposição, de repente ressuscitou por ordem do eterno Senhor; assim a graça divina de Cristo liberta-nos todos, sepultados na culpa do primeiro homem, e nos devolve à vida e à glória sem fim" (ibid.). Enquanto permanecermos no plano da aproximação que produz o conhecimento de Cristo – ressurreição e vida –, o encontro com Ele está só no começo; mas se a "ressurreição e a vida" entram na área de nossa existência terrena, então como e, antes, mais do que Lázaro percebemos e reconhecemos o Senhor. Mais do que Lázaro, pois o "modelo" ou a "estrutura" do milagre feito nele opera e retoma agora no cumprimento da morte e ressurreição de Cristo, da qual nos vem um apelo à vida, que não é mais aquela somente ainda neste mundo. Em relação ao irmão de Marta e de Maria, pela nossa fé em Jesus Senhor, pelos sacramentos da regeneração e da renovação, a nós é dado incomparavelmente mais.

A Igreja "confirma os milagres"

A Igreja "confirma" os milagres de Cristo e confere a eles uma plenitude singular quando os reescreve no próprio horizonte. Quando nela são reapresentados como "sacramentos": atos e encontros com Jesus de Nazaré, ressuscitado. Então, produz-se efetivamente o "conhecimento interno", ao qual já temos acenado acima.

O milagre na existência

Todavia, o momento sacramental não é um momento válido e fechado em si. E consequentemente, o milagre do Senhor, ressurreição e vida, reconfirma-se quando a partir do sacramento é a existência toda, na concretude de suas obras, que é envolvida no "milagre", a realizar-se como encontro com Jesus Cristo; quando nossa "natureza" se faz pouco a pouco nova, pois Cristo, primeiro na prefiguração do prodígio em Lázaro, depois com a passagem da prefiguração para a vida, na sua ressurreição, renovou o homem recriando-o. Esta "recriação", que resgata da decomposição e refaz a vida, está em ato se estivermos livres dos desejos injustos, dos afetos desordenados, dos laços de morte, que são a avidez da posse e o hábito de mentir.

Desse modo, a nossa mortalidade está superada, nossa própria ressurreição começa já; quer dizer que existe em nós o "presságio", ou a condição e premissa objetiva. Quer dizer também que, se a morte no fim dos nossos dias nos levar de volta ao sepulcro, na realidade já está vencida, porque Cristo já nos chamou, já nos fez sair.

Ainda sobre a ressurreição de Lázaro

A história: símbolo e profecia

Enquanto se aproxima a Páscoa da ressurreição, a Igreja prossegue a leitura e a meditação da vida do Senhor naqueles eventos que, na recordação de São João, emergem com o encanto e a profundidade do "sinal"; após o encontro com a Samaritana no poço de Jacó, a cura do cego de nascença na piscina de Siloé, eis o chamado de Lázaro do sepulcro. E é como dizer: Jesus fonte do Espírito, luz do mundo, ressurreição e vida. Portanto, se o retorno de Lázaro, que aqui retomamos, tem a realidade do fato histórico – pelo que toca a ele individualmente, da individualidade episódica já da mulher da Samaria ou do cego em Siloé –, São João, ainda, resgata-o dos seus limites, e o coloca dentro da dimensão do "símbolo". Não existe oposição ou separação entre história e símbolo. Este não dissolve a verdade do acontecimento. E a história torna-se epifania, uma profecia e um "tipo". Assim, na ressurreição de Lázaro temos representado e em ato o poder de vida do Senhor e sua vitória sobre a morte. Ou melhor: já se reflete nela e se antecipa a saída pascal de Cristo do túmulo, traz os sinais da "glória de Deus" a "glória do Filho de Deus", Jesus ressuscitado.

A mortalidade do homem

Na sua morte inevitável, enquanto deixado à sua doença e à sua "natureza", Lázaro significa o homem considerado em si, prescindindo de Jesus Cristo. O homem da experiência primeira, imediata e universal, que comporta a morte e o desaparecimento. Nem se trata de um momento de ilusão ou de inconsistência; ao contrário, é um primeiro momento de verdade para o homem, tomado e sujeito como a necessidade de uma estrutura, aquela que parece definir o próprio homem como mortalidade, que no fim revela e sucumbe ao limite. Por isso, Jesus provou a verdade desse limite absoluto, como estremecimento e comoção – "Comoveu se, perturbou-se e caiu em pranto" –, como "tristeza, angústia e medo" (cf. Mt 26,37; Mc 14,33) e enfim, como realidade da própria morte e sepultura que, colocando-o no túmulo, levou a termo também nele a comunhão à nossa mortalidade.

Outra possibilidade

Mas esta mortalidade para Jesus Cristo, e por causa dele, não é a última palavra. Embora consumando e confirmando a humanidade no seu limite, e demonstrando sua relatividade e a contingência extrema, deixa radicalmente aberta uma outra possibilidade e verdade, que depende da relação que a morte assume com o Senhor, Antes, propriamente, não vale um discurso sobre a morte, que também parece apresentar-se seguro e imprescindível, se não compreende concretamente Jesus Cristo. Nele, o dado de experiência humana, primeiro, imediato e universal, recebe explicação e interpretação nova. A ressurreição de Lázaro é sua prova e seu sinal.

O "presente" da ressurreição e da vida

O Senhor, que tem em si mesmo a vida e que faz viver, "é" a ressurreição, e o é "agora". Resgata o passado e seus eventos e já antecipa – antes, Ele se revela – como o tempo que veio, a hora que chegou: o "presente" da ressurreição e da vida, e o faz perceber na ressurreição de Lázaro. Sobre este, a morte ocorrida deixou a marca (o evento do passado), e a expectativa da irmã esperava vê-lo ressurgir só no futuro: mas "veio a hora, e é agora, que os mortos ouvirão a voz do Filho de Deus, e aqueles que a ouvirem, viverão. Aqueles que estão nos sepulcros ouvirão sua voz e sairão". Realmente, Jesus "encontrou Lázaro no sepulcro, gritou com voz forte: "Vem para fora", e o morto saiu".

Em certo sentido, Cristo esvazia o significado e a força do tempo e dos seus acontecimentos: "Eu sou a ressurreição", e é precisamente esta "atualidade" que é preciso sublinhar, este não deixar para amanhã e esta independência dele, quando a vida já se concentrou em Jesus e provém dele. Não faz sentido perguntar se um dia Lázaro tornou a morrer: certamente, pois ele foi o símbolo, no ministério histórico, de Jesus, que é o doador da vida. A ação verificadora, que está em ato como ressurreição lá onde se encontra e opera o Senhor, não subtrai dessa morte humana, desse limite, mas a relativiza. Deixa-lhe a realidade, e também julga-o e o transforma na aparência. Em relação a Cristo e a seu juízo, a respeito daquilo que Ele é e faz, "também se alguém morre" (falamos da experiência primeira e imediata), "viverá novamente", antes "não morrerá jamais". Como é agora e não no fim que Lázaro ressurge, assim, sobretudo, é agora e não no fim que o Senhor é ressurreição e subtração da morte: "não morrerá jamais".

A vida: comunhão com o Senhor

Isso é compreensível se se aceita o verdadeiro significado que recebem, segundo a acepção de Cristo, a morte e a vida. Do mesmo modo pode-se compreender a superação da ressurreição, já desde agora. A vida é a comunhão com o Senhor, a renovação que recria o homem e o incompatibiliza com o pecado, que é a separação de Deus e, portanto, é morte. Onde existe Jesus Cristo e a vida nele, já não tem sentido falar de morte, mas de sua vitória definitiva e constituída. No evangelho, muda radicalmente a linguagem relativa à morte e à vida até a aparente equivocidade. Mudam radicalmente as condições e as perspectivas: a dissolução resolutiva é para aquele que está separado do doador da vida, Jesus Cristo; isto é, o Senhor morto e ressuscitado. De fato, o Jesus que dialoga com Marta e com Maria e que chama Lázaro para fora do sepulcro é, na interpretação de São João, já visto na glória e no poder de sua ressurreição dos mortos. "Se a ressurreição de Lázaro – já foi escrito – é um verdadeiro "sinal" da ressurreição em geral, deve ser ligada à morte do próprio Cristo, por meio da qual Ele se torna a ressurreição e a vida".

"Quem crê em mim, ainda que morra, viverá de novo; quem crê em mim não morrerá jamais": o poder da vida desdobra-se em quem acolhe Jesus Cristo e sua presença de ressurreição. A nova condição, dentro das "aparências" da morte, é própria do crente que se abre e se confia, e, por isso, se vê reincluído e reinterpretado em Jesus Cristo na própria mortalidade.

"A alma está na morte – observa Santo Agostinho – quando não há a fé. Mas se em nós existe a fé, em nós existe Cristo: a tua fé a respeito de Cristo é o próprio Cristo dentro de ti" (*Tract. in Joh, 49, 15, 19*). Quem crê percebe e entra em contato com o "Verbo da vida", por isso assume uma linguagem nova, e se torna equívoco em relação a Ele aquela da mortalidade. Esta novidade de linguagem revela-se necessária ainda mais quando o acolhimento da Palavra é levado ao renascimento batismal no Espírito – a água viva que do Senhor brota para a vida eterna; no mesmo Espírito todo o discurso de dissolução perde possibilidade e conteúdo.

Eucaristia e ressurreição

Mas sobretudo a confiança do crente em Cristo e sua condição de ressurreição e de vida se compreendem no cumprimento da comunhão na Eucaristia, que é o sacramento de Jesus morto e ressuscitado, o mistério de sua Páscoa, na qual se torna Corpo glorioso dele; a antecipação real da ressurreição; a situação de permanência na vida: "Eu sou o pão da vida. Aquele que come não morre" (Jo 6,44.50). A vida eterna pode ser possuída logo por aqueles que aceitam a Palavra de Deus – e a recebem na Eucaristia. Para ela acontece "agora" a passagem da morte para a vida. Pela Palavra e pela Eucaristia – que finalmente coincidem – o homem é arrancado de sua enfermidade mortal, de sua "natureza", que o deixaria à lei da dissolução sem esperança. Uma humanidade sem Palavra e sem Eucaristia – ou seja: sem Cristo morto e ressuscitado – estaria privada de sentido, porque, no fim, nenhuma filosofia da história e do progresso, nenhum mito do futuro seria suficiente para dar-lhe verdadeiramente a esperança da ressurreição, na qual a mortalidade não se apresente mais como selo definitivo do limite do homem e do universo.

O cristão: testemunha da vitória sobre a morte

Reconsiderando a ressurreição de Lázaro e o diálogo de Jesus com a irmã, que confere ao evento o alcance do símbolo e da atualidade, a Igreja torna a compreender a intenção profunda de seu acolhimento da Palavra, de sua fé, e a intenção profunda de sua celebração da Eucaristia. É a de viver e de dar testemunho da vitória sobre a morte. Quase a de desmentir o fato humano mais absoluto e necessário; de ter presente e de acender, em meio à constatação da obviedade, o não sentido último da morte. E, por consequência, quando for necessário, esta intenção profunda torna-se aquela de desiludir das mistificações das expectativas do futuro, pois, na fé e na Eucaristia, o homem é já participante daquele que é presente e futuro ao mesmo tempo, ou – como se diz – que é já o "Último", o "Escaton realizado" e participado.

Mas aqui a fé e a celebração manifestam sua "dificuldade no limite, precisamente porque contestação da evidência que aparece mais indiscutível e natural: atestam a vida e a ressurreição dentro de uma experiência ainda de mortalidade e de dissolução, e com não outra prova senão a Palavra do Senhor e sua presença acolhida no mistério. A força e a segurança da fé estão nesta "fraqueza", na qual se sente o trauma de crer que quem acolhe a "voz" tem em si o poder da ressurreição.

2
A Semana Santa

1 Teologia e espiritualidade dos dias santos

Compreende o sentido da celebração do mistério da Páscoa quem primeiramente captar o significado do tempo litúrgico e do ano sagrado, no qual ele se ordena e se configura.

A trama da graça

A obra da salvação – que é a morte e a ressurreição do Senhor – está continuamente presente na Igreja: gerou-a e a envolve, assumindo-a com um ritmo ininterrupto, enquanto passam as gerações. Ela está sempre em ato para comunicar-lhe a vida. Sob este aspecto, o tempo é "o lugar", a trama em que decorre, manifesta-se e se transmite a graça. De forma especial, tudo isso acontece na ação litúrgica, no "tempo" da celebração, no qual emerge para ser proclamado, meditado, louvado e, portanto, participado e assimilado o mistério da redenção, manifestado e eficaz mediante os "sinais".

Recurso da Páscoa na Eucaristia e no dia do Senhor

O tipo eminente de "tempo" e de "sinal" que opera a salvação é a celebração da Eucaristia, na qual, enquanto se dá graças a Deus por suas intervenções redentoras comemorando-as, elas são reapresentadas no gesto que as resume a todas: o mistério da morte e da ressurreição de Cristo, assumido no banquete da comunhão. Cada missa coincide rigorosamente com a Páscoa do Senhor, que se torna a Páscoa da Igreja.

Um realce e uma solenidade especial reveste a comemoração semanal do mistério da Páscoa, no domingo, que é o "dia da festa primordial", no qual "os fiéis se reúnem para, pela escuta da palavra de Deus e pela participação na Eucaristia, se lembrarem da paixão, da ressurreição e da glória do Senhor Jesus, e para agradecer a Deus que os 'regenerou na esperança viva mediante a ressurreição de Jesus Cristo dos mortos', como ensina a Constituição litúrgica do Vaticano II. A Eucaristia-Páscoa de Cristo recebe, pois, seu mais intenso desdobramento a cada domingo, santificando o tempo deste dia, que a reforma recolocou como "fundamento e núcleo de todo o Ano Litúrgico" (*Sacrosanctum Concilium*, art. 106).

O ciclo pascal

Além do recurso em cada celebração eucarística, e particularmente na dominical, a Páscoa do Senhor conhece uma comemoração de alcance excepcional dentro do ciclo do Ano Litúrgico, em cujo coração se coloca. É a partir da Páscoa, e definitivamente em função dela, que a comunidade cristã "festeja os mistérios da salvação durante o ano": todo o tempo do "círculo anual" encontra sua consagração irradiando sobre ela a memória pascal; por isso, a reforma reviu o Ano Litúrgico de maneira tal que alimente a piedade dos fiéis na celebração dos mistérios da redenção cristã, mas, sobretudo, na celebração do Mistério Pascal (ibid., art. 107).

Mas, para que isso seja eficaz, é preciso recuperar precisamente o sentido "original" das festividades pascais, encontrando seus aspectos e momentos centrais, que consistem na vigília da Páscoa, que culmina na Eucaristia, ponto de chegada do sagrado tríduo que começa na tarde da quinta-feira santa. É preciso retomar e aprofundar a percepção primitiva do caráter unitário dos "dias pascais", no seu significado de memória da paixão, morte e ressurreição. Na liturgia daqueles dias, tudo deve tender à proclamação e à reapresentação do duplo e indissociável conteúdo da obra da salvação.

A Liturgia da Palavra

Proclamação e reapresentação realizam-se primeiramente com a Liturgia da Palavra na comunhão com a Escritura. Sem uma eficaz ação bíblica que abra e anuncie os grandes fatos da história da redenção, prefigurados no Antigo Testamento e levados a cumprimento no Novo, é impossível uma celebração pascal que renove interiormente a vida da Igreja. Nunca como na Semana Santa, a Igreja relê na Escritura os sinais e as intervenções do amor e da misericórdia, com o esforço de assimilar seu significado e de corresponder a ele no louvor, no reconhecimento e no compromisso. A pedagogia litúrgica tem como sua primeira finalidade este tipo de introdução, de iniciação aos momentos fundamentais do plano de Deus, que se realiza, em plenitude, na morte de Cristo e na sua ressurreição.

A Sexta-feira Santa e o Sábado Santo, prolongados na vigília, são tipicamente os dias da Palavra, a serem passados numa reevocação viva e num anúncio que se transforma em oração. São um subir, precisamente pela Escritura, para a Eucaristia. Só assim compreende-se a "liturgia" destes dois dias; isto é, a falta de celebração da Eucaristia, para sua espera e sua preparação mais assídua e mais prolongada. Sem pesados prolongamentos e sem artificiosas complicações, a pastoral litúrgica destes dias deverá ser orientada a levar a comunidade para este comprometedor e vivificante encontro com o curso da salvação, que transparece e é testemunhado continuamente na Bíblia.

Dela, em harmonia e em sintonia, decorrerão os "piedosos exercícios" e a apropriação "privada" e subjetiva, sem o qual a celebração corre o risco de não ser "edificante" e pessoal, mas com a atenção para que as expressões extralitúrgicas não sufoquem, com sua facilidade e aparente e imediato fruto, a presença e a ação proeminente da Palavra.

Convergência eucarística

No cume da longa Liturgia da Palavra e do louvor está a liturgia da Eucaristia, que quase cresce pela Palavra que a preparou e lhe conferiu sentido. Sobretudo em conexão com o tríduo da Páscoa, ela se revela "o sacramento" que é sinal e presença da morte e da ressurreição do Senhor, e se manifesta como a "comunhão" no Mistério Pascal. É a centralidade da Eucaristia pascal que a põe no vértice de uma preparação mais assídua e prolongada e, de modo particular, a conecta com o Sacramento do Batismo, que na Eucaristia se consuma. Aqui, a pastoral estará atenta a destacar as ações litúrgicas da vigília como expressões da obra da salvação e todas convergentes na Eucaristia. E é possível quando ainda se tenha ou se retome, com o favor da clareza e da linearidade ritual, um sentido litúrgico interior e, consequentemente, a capacidade, sem dúvida árdua, de formar segundo o módulo vivo da celebração a espiritualidade da comunidade cristã.

O sentido do mistério

Para uma celebração que verdadeiramente queira ser frutuosa é necessário ter a exata compreensão daquilo que acontece quando a Igreja celebra a "memória" da Páscoa e "comemora" a redenção: ela não se volta tanto para o passado, no esforço de recuperá-lo, mas – como sabemos – "desdobra o mistério de Cristo", abrindo aos fiéis as riquezas das ações salvíficas e dos mistérios de seu Senhor, de tal sorte que, de alguma forma, sejam tornados presentes a todos os tempos, para que os fiéis possam entrar em contato com eles e serem repletos da graça da salvação" (*Sacrosanctum Concilium*, art. 102). No fundo, trata-se de reaver e de traduzir o sentido genuíno de "mistério" cristão, em ato e também presente ao tempo.

2 Os dias da redenção

Comemorando os mistérios da salvação, a liturgia os induz no horizonte atual da Igreja e do mundo, e ela mesma se torna mistério. Propriamente, não acrescenta novidades de conteúdo e de sentido aos eventos que nos redimiram: são estes que, através e na forma da liturgia, encontram um espaço novo, uma disponibilidade contemporânea. Em sua unicidade que não se repete têm a capacidade de suscitar atualmente, para além de seus limites históricos, a adesão e a comunhão.

Memória e presença

Durante estes dias, a Igreja não faz simplesmente a memória da paixão, da morte e da ressurreição. Enquanto se desenvolvem as Escrituras, não surge somente a recordação. A comunidade não assiste como a uma representação sagrada, no máximo participada emotivamente. Ela entra nos mistérios que comemora, compreende seu significado, interpreta-os dentro de si mesma. Reconhece-se neles como termo e cumprimento. Não é fácil expressar este modo único e singular de reassumir os gestos de nossa redenção, e, ao mesmo tempo, ver um passado original que não se renova – sendo já a obra "última", escatológica e não ultrapassável – e um presente no qual o ato de salvação é inscrito agora e age com eficácia, envolvendo nele a Igreja e tornando-nos participantes. Todavia, é a consequência de Cristo, Jesus de Nazaré e Filho de Deus, que se tornou Senhor morrendo e ressurgindo, e que em cada momento da história abre à fé e à esperança dos homens a graça de seu "senhorio", o campo e a força do seu reino, que não é deste mundo.

"Distração" e contemplação

A solenidade, a intensidade e o prolongar-se das celebrações dos santos dias distraem de modo singular a comunidade dos crentes das obras de cada dia, para recolhê-la na contemplação e na ação de graças: é reevocado o mistério, repensado com a mente e com o coração, e reconhecido como origem e sentido de toda a história do homem: "O justo que não conheceu a culpa aceitou sofrer por nós e, entregando-se a uma injusta condenação, carregou o peso dos nossos erros. Sua morte destruiu o pecado, sua ressurreição recriou nossa inocência" (Liturgia ambrosiana).

Da Semana Autêntica (como a chamam em Milão) – isto é, principal e, sobretudo, do Tríduo Pascal – irradia-se o sentido e o motivo de todo o Ano Litúrgico. A obra de Deus é vista no momento em que é levada para a consumação pela chegada de um plano que deixa o homem admirado do poder e do amor divino: "Teu Filho unigênito, fazendo-se homem nos recolhe na unidade, humilhando-se nos eleva, entregando-se à morte nos liberta, sofrendo nos resgata. Sua Cruz nos salva, seu Sangue nos lava, sua Carne nos nutre" (ibid.).

É o paradoxo que somente Deus sabe realizar e sabe continuar. Proclama-o, sobretudo, nesta grande oração, que admira e exalta a cruz, o sinal de Deus no Novo Testamento: "Na paixão redentora do teu Filho, Tu renovas o universo e dás ao homem o verdadeiro sentido de tua glória; no poder misterioso da cruz, Tu julgas o mundo e fazes resplandecer o poder real de Cristo crucificado" (ibid.).

Neste mistério introduz-se a Igreja na Semana Santa, para depois revivê-lo, com amor fiel, como a Esposa que participa do sofrimento, para reescrever a comunhão da glória, no "banquete eterno". Implora-o com pedido angustiante e com estes acentos a liturgia ambrosiana, no espírito de toda a Igreja, quando começa os santos dias da Autêntica: "És bendito, Senhor! Tu que subiste ao monte, Tu que expiraste na cruz, Tu que experimentaste a morte, Tu que reinas glorioso, guia a tua santa Igreja até o banquete eterno".

3 Fato passado e realidade presente

Sabemos que a Igreja vive sempre da memória fiel do Senhor. Por isso, sobretudo, lê a Escritura e celebra a Eucaristia. Mais profundamente: a Igreja "é a recordação do Senhor que, através da Palavra e da comunhão no seu Corpo e no seu Sangue, edifica-a no tempo como sua presença".

Mas no decorrer do Ano Litúrgico – no qual está sempre em ação a graça da salvação, pois Jesus é o Senhor – a escuta da Palavra se faz mais intensa e prolongada e a disponibilidade de Igreja torna-se mais aberta e comprometedora durante o Tríduo Sacro: da missa na Ceia do Senhor, à grande Vigília Pascal.

> Em cada tempo [dizia São Leão Magno, pastor e genial teólogo do Ano Litúrgico], o mistério da paixão e da ressurreição fixa e ocupa o ânimo dos fiéis: não existe rito cristão que não celebre a reconciliação do mundo e, mais ainda, a assunção da natureza humana em Cristo. Mas é preciso que a Igreja receba sua mais aguda compreensão e seja acesa sua esperança mais viva agora: quando, no retorno dos santos dias e das páginas da verdade evangélica, a grandeza dos próprios eventos revela-se com tal intensidade que a Páscoa do Senhor aparece não como fato do passado somente para ser comemorado, mas como realidade do presente a ser celebrado (*Sermão 64*).

Dias da escuta

Os dias do Tríduo Sacro são dedicados sobretudo à leitura, ao anúncio da Palavra de Deus sobre a morte e sobre a ressurreição de Jesus Cristo, ou seja, sobre a gênese e a síntese do plano divino de redenção. A Igreja saiu do Senhor morto e ressuscitado. E de fato, com expressões litúrgicas diferentes, ela jamais cessou de referir-se a estes acontecimentos, de relê-los, pois neles se reconhece e torna a se compreender. Especialmente nestes dias – que apesar da secularização ainda os chamamos "santos" – a comunidade cristã é como que levada novamente às suas origens, ao testemunho inicial do qual partiu e é sustentada, e que não pode deixar de repetir incessantemente. A Igreja não veio de uma reflexão abstrata, mas da história concreta de Jesus de Nazaré e, em particular, de seus "fatos" de Páscoa. Nunca como no Tríduo Sacro aparece o sentido e a função da Escritura para a Igreja: aquele de não ser uma pura documentação ou uma narração desinteressada, mas o apelo permanente de Deus à própria Igreja sobre sua história e suas próprias condições; em cada tempo e lugar, a mediação da Palavra divina, que diz à Igreja de onde vem, quem é e como confirma o plano da salvação. Enquanto na Semana Santa ela repassa o Antigo e o Novo testamentos, renova-se nela a exegese feita por Jesus Cristo ressuscitado aos dois discípulos de Emaús, segundo a qual a paixão do Messias e o ingresso na sua glória é a intenção de toda a Escritura, a começar por Moisés e através de todos os profetas (Lc 24,25-26). Por isso, trata-se já de crer e de testemunhar a Páscoa do Senhor.

Dias da fé e da confiança

Na escuta da Escritura, a Igreja é levada novamente à origem única da própria história, à vida do Senhor, para que ela torne a confiar-se a Ele e renovar seu testemunho. Não existe Jesus Cristo morto e ressuscitado de um lado, e de outro, separada, a Igreja, pois Jesus morreu e ressurgiu dentro e para o testemunho da Igreja; do mesmo modo, não existe uma Igreja primitiva e, separada, uma Igreja de hoje: se existisse verdadeira fratura, não teríamos mais a verdadeira Igreja do Senhor. Por sua natureza, ela é sempre, identicamente, confiança na Páscoa de Jesus e seu sinal, que se renova na mesma fonte e na mesma força histórica: nos "sacramentos" de nossa redenção, realizados por Cristo na passagem desta terra para o Pai. A leitura do Tríduo Sacro, comemorando, repropõe o Senhor no acolhimento da fé que supera os limites do tempo: "A verdadeira fé [pregava ainda Leão Magno] tem esta força em si: de não estar ausente, no espírito, dos fatos aos quais não pôde participar a presença corporal. Quer o coração do crente se dobre para o passado, quer tenda para o futuro, a comunhão com a realidade transcende os limites do tempo. A imagem dos eventos realizados para a nossa salvação está presente aos nossos corações e aos nossos sentidos; tudo aquilo que, então, tocou o ânimo dos discípulos, imprime-se hoje nos nossos sentimentos" (*Sermão* 70). Sem uma fé que bebe na atualidade da presença do Senhor, pela qual a comunidade da Páscoa de ontem é esta nossa mesma comunidade, em identidade de relação com Jesus Cristo, a Igreja se limitaria a repetir um discurso "sobre" Ele; relembraria, sim, sua história com o desdobramento assíduo das páginas da Bíblia, mas sem a fé criadora seria uma exegese abstrata, uma anamnese externa, improdutiva, que não encontra eficazmente Cristo na história. Se isso acontecesse realmente, não teríamos mais a Igreja, que continua a persistir precisamente por sua confiança, hoje, no Senhor que morreu e ressurgiu. Podemos aplicar à morte e à ressurreição de Jesus, se bem-entendido, o que Lacan escreveu, em algum lugar, do Verbo: "No princípio existia o Verbo, e nós vivíamos na sua criação. Mas é a ação do nosso espírito que continua esta criação, renovando-a sempre. Nós não podemos retornar a esta ação senão deixando-nos impelir sempre mais adiante por ela". Repassando com fidelidade a história de Jesus, por meio da fé, a Igreja é refeita e impelida adiante: uma fé que se torna naturalmente oração, ação de graças, plano de compunção e alegria.

Liturgia e participação nos sacramentos de salvação

A proximidade dos mistérios de nossa redenção não é dada só pela Escritura e pela comemoração que dela acontece. A fé percebe a paixão, a morte, a sepultura e a ressurreição na reapresentação sacramental da liturgia. A ação sagrada, com a qual a Igreja se ocupa assiduamente durante o tríduo, exatamente, não repete o mistério da Páscoa, mas torna-o presente, desenvolve seu significado e sua "força", em íntima ligação com a Palavra. Palavra e sacramento estão, do mesmo modo, em função de Jesus, e não se distinguem adequadamente. A primeira proclama os gestos realizados ontem por Jesus Cristo nos limites da história, e agora em ato nos "sacramentos", para que a Igreja se recorde deles e neles tome parte; e a liturgia "torna vivos" os gestos que a Palavra anuncia e explica a partir de Jesus Cristo, para que sejam, ao mesmo tempo, os gestos da Igreja. Se, através da Palavra e do sacramento, faltar a sensibilidade da presença de Jesus Cristo – de sua voz, de suas ações – o Tríduo Sacro é como que esvaziado. É ainda Leão: "Tudo aquilo que o Filho de Deus fez e ensinou para a reconciliação do mundo, não o conhecemos unicamente através da narração das ações passadas, mas o sentimos na força de seus atos presentes" (*Sermão* 63).

Crescimento da Igreja: atual Comunidade de Páscoa

Desta força produz-se e cresce a Igreja como atual comunidade de Páscoa. Completamente, ela é a comunidade que lê, escuta, celebra os mistérios para conformar-se a eles. Ou seja, simplesmente, para reviver ação de Jesus que se ofereceu, para assumir de modo concreto a paixão, a morte, a sepultura e a ressurreição. O tríduo tem, necessariamente, uma modalidade nos limites de uma igreja e de uma liturgia, mas apresenta, no fim, o alcance de uma referência de Cristo à vida "secular" da Igreja. Sempre segundo as palavras do grande exegeta e iniciador aos sagrados mistérios, Leão Magno: a reevocação do sacramento da Páscoa é feita "para que ela seja devidamente celebrada também nos membros do Corpo de Cristo" (*Sermão* 70); "A própria vida dos crentes deve conter o sacramento pascal, de maneira que seja celebrado na praxe aquilo que é objeto da festividade" (*Sermão* 71); "A Páscoa do Senhor é celebrada completamente nos ázimos da sinceridade e da verdade quando, lançado fora o fermento da antiga malícia, a criatura nova inebria-se e se nutre do próprio Senhor. Com efeito, a participação no Corpo e no Sangue de Cristo não tem outro efeito senão aquele de assemelhar-nos àquilo que recebemos" (*Sermão* 61).

O rito sobre a vida

Ler a Escritura e fazer o rito não teria sentido numa Igreja que se recusasse a manifestar na própria existência a comemorada e reapresentada relação com Cristo.

A Igreja não pode deixar de abrir a Escritura e de realizar os sacramentos se quiser ser anamnese de Jesus Cristo, mas não seria tal anamnese se esta não proviesse e aparecesse na vida dos fiéis. Em outros termos: se não compreendesse que o "isto" que deve fazer, em obediência ao mandamento de Jesus – "Fazei isto em memória de mim" (Lc 22,19) –, não é somente a repetição do gesto da Ceia, que torna presente em sacramento a doação do Senhor, mas que "isto" é a própria ação da Igreja em ato de oferecer-se com Ele como "alimento" e como "bebida". Então, a fidelidade é real: contém e revela os traços da verdade na comunidade do amor pascal originário. Já que a Igreja é precisamente isto: a verdade da caridade de Jesus Cristo que continua.

O retorno do Tríduo Sacro recorda-o à Igreja e, ao mesmo tempo, dá-lhe força para que seja uma verdadeira recordação.

4 Hinos do tempo quaresmal

Ex more docti mystico (Ofício dominical das leituras)

O Ano Litúrgico está entre as criações mais originais e mais felizes da Igreja: surge pela percepção que, por causa da assunção da carne por parte do Verbo, nasceu uma história sagrada, onde os dias decorrem ricos de graça. Segundo Santo Ambrósio, a partir da Páscoa de Cristo começou um tempo repleto de felicidade – *beata tempora*.

Assim, vieram se formando os dois grandes ciclos litúrgicos: aquele pascal, tendo no coração a paixão, a morte e a ressurreição do Senhor, e que se completa com a solenidade de Pentecostes; e aquele que irradia o aparecimento do Senhor – o ciclo natalino – concluído pela memória do Batismo de Jesus. O outro é um tempo no qual se sucedem e tomam destaque os domingos: inventar e organizar, depois do ciclo pascal e natalino, um tempo centrado no mistério de Pentecostes revelaria uma singular incompetência e uma insipiência digna de nota.

A Quaresma faz parte da "grinalda" pascal. É uma porção de tempo totalmente voltada para a Páscoa; e, como acontece com os outros períodos do seu curso litúrgico, a Igreja cravejou-o de hinos, que cantam os temas e os significados desta espera pascal.

Eis o primeiro hino: o *Ex more docti mystico*, em dímetros jâmbicos, duvidosamente atribuído a Gregório Magno.

Abre-se com a definição da Quaresma: um tempo de abstinência empreendida por quarenta dias, à imitação de uma observância antiga e misteriosa (*ex more docti mystico*) – o arcano número quadragenário percorre misteriosamente a Escritura.

Moisés e os Profetas (*Lex et Prophetae*) foram os primeiros a anunciar e observar esta abstinência e, depois deles, o próprio Cristo santificou-a, "o Criador e Senhor da história (*rex atque fator temporum*)".

É um tempo com programa austero, destinado a envolver e a tocar toda a conduta. Distingue-se pela sobriedade da palavra; pela temperança no alimento; pela moderação no sono; pelo controle no passatempo; pela guarda dos sentidos (*Utamur ergo parcius / verbis, cibis et potibus, / somno, iocis et arctius / perstemus in custodia*).

E, ainda, é um tempo marcado pela vitória sobre as inclinações malignas, que perturbam e dissipam as mentes (*Vitemus autem pessima / quae subruunt mentes vagas*), e pela derrota inflexível do astuto tirano, o demônio (*Nullumque demus callido / hosti locum tyrammidis*).

O discípulo do Senhor está comprometido a ater-se a este estilo de vida cada dia do ano; mas ele deverá transparecer com verdade mais lúcida e força mais firme durante a Quaresma. O Ano Litúrgico, de fato, desenvolve-se e atinge seu fim com esta variada intensidade de acentos, marcando, assim, a experiência cristã com os admiráveis eventos do Senhor.

"Cada ação de Cristo é nossa instrução (*omnis Christi actio mostra est instructio*)", repete Santo Tomás.

E, todavia, além de ser um fato, cada ação de Cristo é um "mistério" ou um "sacramento", que não só pede para ser imitada, mas continuada e revivida.

Audi, benigne Coditor (Vésperas dominicais)

Além de tempo de austeridade, a Quaresma é tempo de arrependimento e de perdão. Ilustra-o um outro hino das semanas que iniciam na Páscoa, o *Audi, benigne conditor*, em dímetros jâmbicos, duvidosamente atribuído a Gregório Magno.

"As orações e as lágrimas (*preces cum fletibus*) / ó Senhor piedoso, / a ti mais intensas se soltam / neste tempo santo."

Não são súplicas estéreis e lágrimas vãs: elas vão tocar o coração de Deus, que, não ignorando quanto é frágil o barro de que é plasmado o homem, está pronto a conceder à compunção e ao arrependimento a graça do perdão. Daí a confiança aflita e confiante: "Tu que conheces os corações / e nos vês fracos (*Scrutator alme cordium, / infirma tu scis virium*) / a quem se arrepende e te invoca / concede o teu perdão.

De nossa parte, reconhecemos a gravidade das culpas cometidas e invocamos a misericórdia que as perdoa e a medicina que cura e revigora a nossa fraqueza: "Grande é o nosso pecado / mas teu amor é maior: / cura as obscuras feridas / para glória do teu nome".

Com audácia é dito: a glória de Deus é o nosso perdão. Mas Santo Ambrósio é ainda mais audaz: ele acredita que Deus tenha criado o homem e tenha repousado, precisamente, pelo fato de ter finalmente chamado à existência uma criatura à qual poder perdoar as culpas, ou seja, sobre a qual derramar seu amor na forma de perdão.

A revelação da essência de Deus é o amor misericordioso.

Quanto à Quaresma, é certamente um tempo de austero rigor e de sincera vontade de conversão: pedimos a força de jejuar, a resistência ao encanto que desvia os sentidos e o dom de um "espírito sóbrio", que fuja das concessões à culpa (*ieiunet ut mens sobria / a labe prorsus criminum*).

Austero rigor, porém, não quer dizer contínua aflição interior, nem arrependimento sincero significa um perseverar incessante de remorsos implacáveis, para desconfiança e para tormento da alma.

Recordamos e reconhecemos os pecados cometidos por nos terem desagradado e detestá-los, mas sobretudo por experimentar o milagre da reconciliação e o gosto e a alegria da graça, que nos readmitiu à amizade do Pai celeste.

O homem é totalmente feito do perdão de Deus, segundo os acentos vibrantes de uma estupenda invocação da liturgia quaresmal ambrosiana: "A nossa vida suspira na angústia, mas não se corrige o nosso agir. Se esperas, Senhor, não nos arrependemos; se punes, não resistimos. Estende a mão para nós que temos caído, Tu que ao ladrão arrependido abriste o paraíso".

5 Hinos da Semana Santa

Vexilla regis prodeunt (Para as Vésperas)

Com a Semana Santa começam os dias da prolongada e apaixonada contemplação da cruz. Ali ressoa, em particular, o grande hino do *Vexilla Regis*. O autor, Venâncio Fortunato – nascido em Valdobbiadene (530/540) e falecido como bispo de Poitiers (600/610) – é considerado "o criador da mística simbólica da cruz, da qual, mais tarde, tornaram-se cantores inspirados São Boaventura ou Jacopone de Todi" (Henry Spitzmuller).

A composição, em dímetros jâmbicos acatalépticos, foi cantada pela primeira vez em Poitier, em 568, por ocasião da deposição de um fragmento da Santa Cruz na Igreja do mosteiro a ela dedicada, erigido pela Abadessa Radegunda, que havia recebido o fragmento do Imperador Justino II.

Os versos, embora não estejam privados de alguma ênfase e retórica, são animados de uma fé ardente e perpassados de uma profunda inspiração.

O que logo ressalta com clareza é o sentido salvífico da cruz, ao mesmo tempo dolorosa e gloriosa.

A nosso juízo terreno, a cruz aparece um ignominioso instrumento de morte, uma horrenda marca de infâmia, um sinal de insensatez e de impotência.

Aqui, ao contrário, a cruz é exaltada como "o estandarte do Rei (*vexilla Regis*)", como "um luminoso mistério (*fulget Crucis mysterium*)".

O pensamento vai para a "Palavra da cruz", da qual fala Paulo, que é "loucura para os que se perdem", mas "poder de Deus para aqueles que se salvam". "Os judeus pedem sinais e os gregos procuram sabedoria – declara o Apóstolo – nós, porém, pregamos Cristo crucificado, escândalo para os judeus e loucura para os pagãos" (cf. 1Cor 1,18ss.). A cruz, pelo perfil humano, é o que há de mais fraco e ignóbil que se possa pensar; e, no entanto, Deus a escolheu para manifestar sua sabedoria e seu poder. Deus escolheu aquele lenho funesto como o trono da realeza de seu Filho.

Pilatos acreditava zombar de Jesus, apresentando-o com uma "coroa de espinhos" e vestido com "um manto de púrpura" (Jo 19,5); na realidade, não fazia mais do que expressar o surpreendente plano de Deus, que, desde a eternidade, havia predestinado como Rei do universo o Crucificado ressurgido e como exemplar do homem a humanidade gloriosa do Filho morto na cruz.

Surpreendentemente, na cruz não fracassava, mas, ao contrário, para além de toda a razoável expectativa, cumpria-se e tinha sucesso exatamente a opção divina, desde sempre presente no coração da Trindade. A Dante, que contemplava estático a "luz eterna", parece entrever pintado no "lume refletido", o Verbo, a "nossa efígie": ou seja, o mistério da encarnação. Poderemos precisar: naquele "lume refletido" estava impresso o mistério da paixão e da ressurreição do Senhor, ou o Crucificado glorioso.

Com efeito, a realeza do Ressuscitado da morte – para o qual tudo tinha sido e era querido – não se justapõe para reparar um imprevisto divino, devido ao homem, mas era a razão pela qual tudo, desde o princípio, fora criado.

Por isso, Venâncio Fortunato pode iniciar felizmente seu hino, cantando a luz que reside e promana do mistério da cruz.

No patíbulo – prossegue o poeta, fixando seu olhar piedoso sobre os particulares daquela crucificação – está pendente o Corpo do "Criador do mundo (*conditor carnis*)": "Torturado nas carnes, / com as mãos e o pés traspassados pelos pregos, / ali é imolado como vítima do nosso resgate (*redemptionis gratia / hic imolada est hóstia*)".

Depois vem "o cruel golpe de lança", que "rasga seu lado (*Quo vulneratus insuper / mucrone diro lanceae*)": daí "flui sangue e água", como da fonte "que lava todos os crimes (*ut nos lavaret crimine / manavit unda, sanguine*)". Sobre o fato detivera-se a atenção do Evangelista João, que o testemunha com especial autoridade: a tradição cristã leu ali um evento rico de símbolos: do Crucificado, verdadeiro Cordeiro pascal, brota o Espírito e nascem os sacramentos, em particular, o lavacro batismal e o Sangue eucarístico.

O olhar é, depois, dirigido à árvore da cruz, da qual é elogiada, com profusão um pouco barroca de imagens, a luminosidade, o mérito, o perfume, a doçura e a fecundidade.

Na aparência, é um esquálido madeiro; na realidade, é uma "árvore revestida de beleza e de fulgor", "adornada do sangue como de púrpura real (*Arbor decora et fulgida / ornada regis purpura*), "escolhida entre todas para ser o tronco digno / de tocar membros tão santos (*electa, digno stipite / tam sancta membra tangere!*)". Uma "árvore feliz, sobre cujos braços abertos / foi suspenso o preço da redenção do mundo (*Beata, cuius bracchiis / pretium pependit saeculi!*)", semelhante à "balança", sobre a qual é pesado o Corpo de Cristo, e que arrancou a presa ao inferno. Uma árvore que emana um perfume suave, e goteja uma doçura mais gostosa do que o mel, e sobre a qual amadurecem frutos copiosos.

Como conclusão, segue a solene saudação à cruz, e à Vítima sobre ela sacrificada como sobre um altar: lugar onde a Vida suporta a morte, e a morte concede a vida: "Salve, cruz adorável" / Sobre este altar morre / a Vida e morrendo torna a dar / aos homens a vida (*Salve ara, salve victima, / de passionais gloria, / qua Vita mortem pertulit / et morte vitam reddidit*)".

É o paradoxo do projeto salvífico: experimentada pelo Filho de Deus, a morte torna-se fonte de vida: a onipotência divina admiravelmente transforma um instrumento de perdição em meio de redenção.

"Salve, cruz adorável" – repete com ímpeto renovado o poeta – única esperança nossa" (*O crux, ave spes única*)"; "Concede perdão aos culpados / aumenta nos justos a graça (*piis adauge gratiam / reisque dona veniam*)".

Quando apareceu o conteúdo do "mistério oculto desde os séculos e as gerações" (Cl 1,26), revelou-se como a glória do Crucificado e como a realeza de Cristo no trono da cruz. O próprio Jesus havia declarado que, uma vez elevado, teria atraído tudo a si (cf. Jo 12,32). E, de fato, todas as criaturas, aquelas do céu e aquelas da terra, trazem a marca de Jesus ressuscitado da morte, tendo sido projetadas pelo Pai desde a origem à sua imagem.

"Sobre o madeiro aconteceu a realeza de Deus", canta um esplêndido verso de Venâncio (*Regnavit a ligno Deus*).

Não admira, então, que São Máximo de Turim, com exegese fantasiosa e, também, aguda e sugestiva, tenha procurado e encontrado "o sacramento da cruz" e a presença de seu sinal em todo o universo: na "vela suspensa pelo marinheiro à árvore, na "estrutura do arado, com seu dental, suas relhas e o cabo", na "disposição do céu em quatro partes", na "posição do homem quando ergue as mãos": Por este sinal do Senhor é sulcado o mar, é cultivada a terra, é governado o céu, são salvos os homens".

Todo o mistério que nos envolve está contido no Crucificado glorioso. Toda a nossa aspiração é poder compreendê-lo, para poder viver.

6 Quinta-feira Santa: os óleos e a ceia

Os santos óleos

A Quinta-feira Santa, pela manhã, leva-nos à catedral, onde se reúne o presbitério com o bispo. Celebra-se a missa "crismal" e se benze o óleo misturado com perfumes, e o óleo para os enfermos e os catecúmenos.

O sacerdócio ministerial

Mas, primeiramente, sobressai nesta reunião o sacerdócio ministerial. Ou seja, o sacerdócio como participação no sacerdócio originário e intransferível de Jesus Cristo, do qual o presbítero é dom e sinal de amor para sua Igreja. Não é a comunidade que se dota do ministério: ela o recebe como graça; e não porque se acrescente a Jesus Cristo. O sacerdote é como que um "sacramento" seu. E está a serviço de Cristo, do seu Espírito, para a edificação da Igreja; está, portanto, a serviço da Igreja, que não se autoconstrói, mas é edificada pelo Senhor, pela obra "representativa" dos sacerdotes. Não existem categorias humanas (democracia, aristocracia etc.) que saibam manifestar a prerrogativa e a identidade do sacerdócio ministerial: ele deve ser acolhido e lido no interior do mistério de Cristo e da economia de salvação, onde analogias podem valer, mas nada mais.

Às dependências do Senhor

Por outro lado, se na Igreja alguns "poderes" são exclusivamente exercidos só por quem recebeu a ordem sagrada, isso não eleva o sacerdote acima da comunidade, mas expõe sua colocação de dependência de Jesus Cristo, ao qual pertence todo o poder e que está no princípio de toda a graça e de toda a validade. É Ele quem consagra e quem envia, depois de ser sido Ele próprio "consagrado" pelo Pai e enviado como "o servo".

E consagra e envia para cumprir sua própria missão: onde o primeiro está no último lugar, e onde o conteúdo é o anúncio do evangelho aos pobres, a cura dos pecadores convertidos, a libertação de qualquer opressão e escravidão. O ministério sacerdotal é sempre uma "promulgação" e um cumprimento do "ano da misericórdia do Senhor": uma misericórdia que interpela, exige e julga (cf. Is 61,1-9).

Na missa crismal, o sacerdote ouve que se repetem os termos desta consagração e desta missão, e torna a contemplar Jesus Cristo "a Testemunha fiel", "Aquele que nos ama e, com seu Sangue, libertou-nos de nossos pecados, que fez de nós um reino de sacerdotes para seu Deus e Pai" (cf. Ap 1,5-8).

Realmente, todo o povo de Deus é consagrado e sacerdotal; o sacerdócio ministerial não se coloca em antítese ou em concorrência com ele, pois a fonte sacerdotal é única para todos: Jesus, Sumo Sacerdote. O sacerdócio ministerial distingue-se por sua fisionomia e propriedade e como aspecto singular do sacerdócio de Cristo; neste confere o poder de agir em nome ou "na pessoa" de Cristo, em função do próprio povo sacerdotal, especialmente com o anúncio do evangelho e com os sacramentos, em particular, com a Eucaristia.

São os temas que dão motivo ao prefácio:

• Com a unção do Espírito Santo constituíste teu Filho Pontífice da nova e eterna aliança, e quiseste que seu único sacerdócio fosse perpetuado na Igreja. Ele não só comunica o sacerdócio real a todo o povo dos redimidos, mas, com afeto de predileção, escolhe alguns entre os irmãos e, mediante a imposição das mãos, os faz participantes do seu ministério de salvação.

• Tu queres que no seu nome renovem o sacrifício redentor, preparem aos teus filhos a mesa pascal, e, servos diligentes do teu povo, o nutram com tua palavra e o santifiquem com os sacramentos.

• Tu lhes propões Cristo como modelo, para que, doando a vida por ti e pelos irmãos, se esforcem por se conformar à imagem do teu Filho e deem testemunho de fidelidade e de amor generoso.

Os sacramentos e os óleos

A celebração da missa vespertina na "Ceia do Senhor" será sobretudo dedicada à Eucaristia. De manhã, porém, na missa dos "óleos" tomam destaque os outros sacramentos, aqueles nos quais entra o sinal do óleo: o batismo, que fala de compromisso e fortaleza e também de efusão do Espírito e consagração; a crisma, que completa a consagração batismal com a concessão da plenitude dos dons do mesmo Espírito e constitui cristãos envolvidos pelo perfume das virtudes do Senhor; a unção dos enfermos, nos quais a graça da Páscoa é transmitida como conforto, paciência e lenitivo nos sofrimentos; o sacerdócio episcopal e presbiteral, onde o óleo misturado a perfume significa a assemelhação à missão de Jesus, Messias, em grau especial. Podemos ouvir estas bênçãos pronunciados pelo bispo na catedral.

Bênção do crisma

Na bênção do crisma, o bispo reza assim:

> Ó Deus, primeira fonte de toda a vida e autor de todo o crescimento no Espírito, acolhe o alegre canto de louvor que a Igreja te eleva com nossa voz.
> No princípio, Tu fizeste brotar da terra árvores frutíferas e entre estas a oliveira, para que do óleo fluente viesse a nós o dom do crisma. O Profeta Davi, misticamente anunciador dos sacramentos

futuros, cantou este óleo que faz resplandecer de alegria o nosso rosto. Depois do dilúvio, lavacro expiador da iniquidade do mundo, a pomba trouxe o raminho de oliveira, símbolo dos bens messiânicos e anúncio que sobre a terra voltara a paz.

Na plenitude dos tempos, confirmaram-se as figuras antigas, quando, destruídos os pecados nas águas do batismo, a unção do óleo fez reaparecer sobre o rosto do homem a tua alegre luz.

Moisés, teu servo, por tua vontade purificou com a água o irmão Aarão e com a santa unção o consagrou sacerdote.

O valor de todos estes sinais revelou-se plenamente em Jesus Cristo, teu Filho e nosso Senhor.

Quando Ele pediu o batismo a João nas águas do Rio Jordão, então Tu mandaste do céu, em forma de pomba, o Espírito Santo e testemunhaste com tua própria voz que nele, teu Filho unigênito, reside toda a tua complacência. Sobre Ele, de preferência a todos os outros homens, derramaste o óleo da exultação, proficamente cantado por Davi.

Agora te pedimos, ó Pai: santifica com a tua bênção este óleo, dom de tua providência; enche-o com a força do teu Espírito e com o poder que emana de Cristo, por cujo santo nome é chamado crisma o óleo que consagra os sacerdotes, os reis, os profetas e os mártires. Confirma-o como sinal sacramental de salvação e vida perfeita para teus filhos renovados no lavacro espiritual do batismo. Esta unção os penetre e os santifique, para que livres da corrupção original e consagrados templos de tua glória, expandam o perfume de uma vida santa. Cumpra-se neles o plano do teu amor e sua vida íntegra e pura seja totalmente conforme à grande dignidade que os reveste como reis, sacerdotes e profetas.

Este óleo seja crisma de salvação para todos os renascidos da água e do Espírito Santo; torne-os participantes da vida eterna e comensais do banquete de tua glória.

Bênção do óleo dos enfermos

E eis a oração sobre o óleo dos enfermos:

Ó Deus, Pai de toda a consolação, que por meio do teu Filho quiseste trazer alívio aos sofrimentos dos enfermos, ouve a oração de nossa fé: manda do céu o teu Espírito Santo Paráclito sobre este óleo, fruto da oliveira, alimento e consolo do nosso corpo; efunde a tua santa bênção para que os que receberem a unção obtenham conforto no corpo, na alma e no espírito, e sejam libertados de toda a doença, angústia e dor. Este dom de tua criação se torne óleo santo por ti abençoado para nós, em nome de nosso Senhor Jesus Cristo.

Bênção do óleo dos catecúmenos

Sobre o óleo dos catecúmenos, enfim, o bispo diz:

> Ó Deus, sustento e defesa do teu povo, abençoa este óleo no qual quiseste dar-nos um sinal de tua força divina; concede energia e vigor aos catecúmenos que receberem sua unção, para que, iluminados pela tua sabedoria, compreendam mais profundamente o evangelho de Cristo; sustentados por teu poder, assumam com generosidade os compromissos da vida cristã, feitos dignos da adoção a filhos, gozem da alegria de renascer e viver na tua Igreja.

Graças à palavra, na qual ressoa a força e a intenção de Cristo, a criatura do óleo e do perfume torna-se na Igreja sinal da presença da salvação: coisas de extrema simplicidade, que assumem significado novo e que, como que transfiguradas, de algum modo enxertam-se na visibilidade da humanidade do Senhor para, por Ele, produzir a redenção.

Fraternidade sacerdotal

Com particular destaque emerge depois na celebração da Catedral, na manhã da Quinta-feira Santa, a fraternidade sacerdotal, que tem seu eixo sacramental no bispo diocesano. A variedade de cada ofício e a diversidade dos lugares do exercício do ministério se unificam na identidade da intenção. Os presbíteros se reencontram todos no mesmo serviço pastoral, no mesmo testemunho. Para eles, especialmente, vale o que é dito na coleta da missa: "Ó Pai, que consagraste teu único Filho com a unção do Espírito Santo e o constituíste Messias e Senhor, concede a nós, participantes de sua consagração, que sejamos testemunhas no mundo de sua obra de salvação".

Um compromisso renovado

Na anual comemoração do dia em que Cristo comunicou aos apóstolos e aos seus sucessores o sacerdócio, os presbíteros renovam suas promessas sacerdotais. A comunidade cristã lhes está próxima, para que sejam "fiéis dispensadores dos mistérios de Deus por meio da santa Eucaristia e das outras ações litúrgicas", e para que cumpram "o ministério da palavra de salvação sob o exemplo de Cristo, Cabeça e Pastor".

Os sacerdotes, junto com a consagração e o bom propósito, trazem ainda consigo sua original fraqueza. Os fiéis não podem desinteressar-se disso.

A renovação das promessas é assim concluída pelo bispo: "O Senhor nos guarde no seu amor e conduza a todos nós, pastores e rebanho, à vida eterna".

Toda uma fraternidade

Da Catedral, os santos óleos chegarão às várias comunidades da diocese: também eles serão o sinal da profunda comunhão que liga cada porção da diocese ao bispo, que a dirige e a representa em nome de Jesus e em continuação ao ministério dos apóstolos. A Igreja é toda uma fraternidade: não uma agregação que justaponha seus membros externamente; uma fraternidade, que tem seu centro visível no bispo e, para além de sua figura, em Jesus Cristo. Os óleos santos o significam exatamente no dia em que é feita a memória da "tradição de Jesus", da entrega de sua vida, ou seja, do seu amor pela Igreja.

A Santa Ceia

A memória da "tradição" de Jesus

Com a missa na "Ceia do Senhor" começa o Tríduo Sacro da Páscoa: e sobretudo a memória da instituição da Eucaristia.

Sim, a memória do gesto que a instituiu, mas antes ainda do conteúdo que Jesus deu àquele gesto, ou seja, a própria "entrega", o próprio amor, tornados presentes nos sinais do pão e do vinho.

Não se compreende a Eucaristia a partir do "sacramento", mas do sacrifício de Jesus, de seu Corpo doado e do seu Sangue derramado: de sua Pessoa que se torna disponível para seus discípulos, depois que Ele, realizados os mistérios da redenção, tiver subtraído deles a sua presença e conversação sensível.

O tema principal da sinapse – a primeira das numerosas e solenes sinapses da comunidade cristã na Semana Santa – é logo introduzido pela coleta: "Ó Deus, que nos reuniste para celebrar a santa Ceia, na qual teu único

Filho, antes de entregar-se à morte, confiou à Igreja o novo e eterno sacrifício, banquete nupcial do seu amor, faze que pela participação de tão grande mistério cheguemos à plenitude da caridade e da vida".

Nas origens da Eucaristia

A memória da Ceia do Senhor "na noite em que foi entregue" (1Cor 11,23), faz-nos voltar às origens e faz-nos tornar a compreender a Eucaristia não como uma invenção da Igreja, mas como uma "entrega". No seu início, está a intenção de Jesus Cristo, está a sua pessoa e sua vontade de tornar-se participante durante os séculos, de modo novo, antes de sua vinda final. Recordamo-lo lendo a Primeira Carta de Paulo aos Coríntios, onde ele recorda o início da Ceia para apresentar sua identidade a uma comunidade cristã que corria o risco de perdê-lo ou de falsificá-lo: "Irmãos, eu recebi do Senhor o que vos transmiti". Não se trata de inventar, mas de acolher e de viver a Eucaristia segundo os dados que Cristo ali introduziu e o significado que Ele próprio lhe atribuiu. Ela é o "anúncio da morte"; evento acontecido e também atingível pela comunidade, pois o pão é "o Corpo para nós", e o cálice contém "a Nova Aliança no seu Sangue".

A Eucaristia é a memória que reaviva e entrega o sacrifício de Jesus e sua presença. Não outra coisa. Nenhuma mesa humana pode recuperá-la. Por ela, a morte do Senhor se "estende" sobre toda a história que ainda nos separa da vinda final.

A Igreja não inventou a Eucaristia, mas a Eucaristia, como presença do Sangue da aliança, gera a Igreja, o novo povo de Deus: o povo da nova libertação. Se a Páscoa hebraica era celebrada como "um memorial", como "festa do Senhor", como "rito solene de geração em geração" (Ex 12,14), agora a Páscoa do cristão é a consumação do Cordeiro de Deus, é o sacrifício de Jesus; A Eucaristia é, pois, sacramento do sacrifício. Ela fala da permanência e da eficácia do plano de redenção. Ele é "o sangue sobre nossas casas" (Ex 12,7);

Dizemos no prefácio:
> Sacerdote verdadeiro e eterno, Ele instituiu o rito do sacrifício perene; por primeiro ofereceu-se a ti como vítima de salvação, e ordenou que nós perpetuássemos a oferta em sua memória. Seu Corpo por nós imolado é nosso alimento e nos dá força, seu Sangue por nós derramado é nossa bebida e nos lava de toda culpa.

E numa célebre oração sobre as ofertas dizemos:
> Concede a nós, teus fiéis, Senhor, participar dignamente dos santos mistérios, porque cada vez que celebramos este memorial do sacrifício do Senhor cumpre-se a obra de nossa redenção.

Sacramento do amor

Mas o que deu valor ao sacrifício de Cristo não foi a dor, o puro sofrimento: foi o amor. Sobre a cruz, Jesus está como que no último lugar, aquele do servo, que não se detém, mas oferece sua vida. Sacramento do Corpo e do Sangue de Cristo, a Eucaristia é identicamente sacramento da caridade do Senhor, que continua a redimir o mundo e no qual cada geração é chamada a entrar.

João não narra no seu evangelho a instituição da Ceia, mas – depois do grande discurso sobre o pão da vida e sobre a Carne como alimento e sobre o Sangue como bebida – apresenta seu sentido ou sua intenção profunda no contexto do lava-pés. Jesus está no último lugar, como mestre da caridade nova, como exemplo do mandamento do amor, que lava a culpa e purifica os discípulos.

Se alguém toma parte na Eucaristia, quer dizer que decidiu subverter a concepção da vida e colocar-se no lugar de quem serve.

A caridade é fruto da Eucaristia, é a comunhão alcançada e a epifania da comunidade própria de Jesus, que é a Igreja, com aquele sinal distintivo que é o dom de si.

Jesus morreu na cruz para reunir-se em fraternidade. "O amor de Cristo reuniu-nos na unidade", da dispersão de nossas divisões e contrastes, de nossas recíprocas excomunhões: *Congregavit nos in unum Christi amor*. "Aqui nós formamos um só corpo" [cantamos na bela sequência "Onde houver caridade e amor, Deus ali está"], evitemos dividir-nos entre nós. Não existam rancores, não mais litígios e reine entre nós Cristo Deus".

A Eucaristia foi instituída por Jesus precisamente para que permanecesse entre nós, como sacramento de sua comunhão hoje, antes de ser – conforme pedimos no fim da missa – seus "comensais no banquete glorioso do céu".

Se se compreende a caridade do Senhor, compreende-se seu sacrifício; e se se compreende seu sacrifício, compreende-se a Eucaristia, que o significa e torna a doá-lo à Igreja e ao mundo.

Porém, assim entendida a Eucaristia, então logo aparece que não se pode celebrá-la e basta; isto é, sem que transforme a vida mediante o amor recíproco.

7 A cruz: critério e juízo da história

O mistério da cruz

A memória de Cristo que morre e que ressurge não interessa somente no momento e no lugar de celebração. Se a memória acontecer na forma da liturgia, seu significado toca e envolve toda a história do homem. Não existe dimensão ou aspecto que possa subtrair-se ao confronto com a morte e com a ressurreição do Senhor. A cruz é posta como critério e como juízo de valor; como passagem e como discernimento inevitável, sob pena de insignificância, antes de desvalorização e de condenação.

Por sua natureza, o homem se exprime na história, constitui um projeto e tende a cumpri-lo. É intimamente movido pelo desejo, aberto a uma espera, voltado para uma esperança. Ele nunca é puramente presente: antecipa um futuro. O homem busca um sentido para si e para as coisas. E todavia, ele não sabe responder à pergunta sobre o êxito último e definitivo da própria existência e da história no seu conjunto. Pode ter a impressão de algumas linhas de progresso, de um crescimento racional, mas não possui os dados que indiscutivelmente resolvam seu problema e, sobretudo, garantam-lhe a realização plena de sua vida. Pode aguardar; pode esperar. Pode tentar conferir uma positividade antropológica também à morte – como gostam de dizer teólogos dotados de um otimismo que comove, insatisfeitos com uma pura escuta da palavra de Deus que vê a morte como distanciamento, como separação por causa do pecado, como radical contrariedade que só tem solução na Páscoa do Senhor.

Uma filosofia impossível

Na realidade, não é possível uma filosofia da história, que prove com evidência um significado último para ela. Ela só pode chegar a dizer que uma total insensatez dos homens e dos acontecimentos, uma inconclusividade sua, equivaleria a reconhecer o primado do irracional. Ela chega a declarar a exigência para o homem e para sua história de superar o jogo da casualidade ou da contingência. Mas uma resposta, que apresente fundamento e conteúdo precisos, a razão não pode dá-la. Termina-se na interrupção, quando não se quer compreender cada um dos elementos, mas a totalidade seja de uma vida, seja de todo o futuro.

Senhor da cruz

De fato, a única resposta está na Palavra de Deus, Jesus Cristo morto na cruz e ressuscitado como Juiz e Senhor. É simplesmente Ele o projeto e a solução. Prescindindo dele, confiando-se a uma "pura" filosofia – que é impossível –, quer dizer permanecer no máximo na ambiguidade, ou, mais propriamente, fora da realidade concreta. O homem existe por uma única razão: para realizar-se segundo a medida e à imitação de Jesus Cristo; progresso é aquilo que objetivamente se aproxima dele. Aquilo que se afasta cai no não sentido, de maneira insubstituível e irrecuperável. Enquanto faltar a decisão em relação a Ele, qualquer juízo de progresso ou de regresso, de significado ou de não significado, não tem fundamento. Aquilo que aparece ou que pode resultar ou ser deduzido – em qualquer linha e âmbito: cultura, economia etc. – fica ainda disponível e susceptível, antes que aconteça a discriminação sobre Jesus Cristo.

Passagem inevitável

Mas é necessário sermos rigorosos: a discriminação acontece a partir da cruz. Cada existência é chamada a passar por ela. A cruz não é um mito nem um instrumento: é o consenso de Jesus Cristo fazendo "até o fim" a vontade de Deus; é o abandono livremente determinado de tudo, de cada criatura, inclusive a própria vida de cada um, com a fé e a esperança colocadas em Deus. E, de fato, a cruz é a figura e a substância da fé, da esperança e da caridade. A história, como se desenha para cada homem e para toda a humanidade, é conduzida providencialmente, de modo que possa acontecer – pelos caminhos e nos modos mais diversos – esta "perda" que corresponde ao nosso momento terreno, livre, do plano de Deus. E que só na aparência é "negativo": tem em si toda a positividade do acolhimento e do cumprimento da Palavra, do distanciamento do nosso limite e da nossa projetação que não é a medida de Deus. A filosofia emudece diante do Deus crucificado, porque não pode imaginar racionalmente que Ele revele e traduza o poder e a sabedoria divina. Não pode supor que tudo experimente "atração" para Jesus elevado da terra, crucificado e, portanto, glorioso (Jo 12,32). Por outro lado, não existem dois projetos, duas sabedorias, duas conclusões.

A cruz e o amor

O evangelho que a Igreja é chamada a anunciar está exatamente nestes termos.

Se Jesus Cristo, no seu amor pelo Pai e pelos homens, e portanto, na sua cruz, é referência de juízo do qual depende aquilo que vale e aquilo que não vale, nós nos sentimos intimamente livres de qualquer condicionamento e contingência. Somos todos felizes do mesmo modo, sem dependência essencial das circunstâncias. Em si, o tempo, o lugar e aquilo que ali se cruza não têm nenhuma validade, são indiferentes. Recebem a diferença se eles forem ou não forem sinais e expressão da comunhão com a cruz e com o amor de Jesus Cristo. Se estes estão presentes e agem, temos o progresso, o sentido. Se estes faltam, momentos, lugares e também pessoas, empresas, e tudo o mais delineiam uma aparência e alimentam uma ilusão. São elementos de um mundo subjetivo, inconsistente, pois a objetividade, a eternidade e o fruto estão absolutamente só em Jesus Cristo.

A queda dos mitos

Estamos então numa atitude de passividade descomprometida em relação à história, às suas leis e peripécias, a seus riscos e incertezas? Simplesmente, não: estamos na solidariedade com a história simplesmente não mitizada, mas tomada por aquilo que é: o "corpo" no qual cresce a nossa decisão de aceitar ou de rejeitar a palavra de Deus sobre nós. Estamos na condição de não sermos absorvidos por nenhum acontecimento externo, por nenhuma intervenção que não seja aquela do próprio Deus, por nenhum ídolo – e nenhum é mais sedutor do que o historicista. Assim fundamenta-se e se justifica a nossa esperança, a esperança dos pobres, dos mansos, dos perseguidos, que confiam num céu novo e numa terra nova, de todos os últimos que se tornarão primeiros.

Compreende-se que neste ponto pode surgir a acusação de alienação. Mas o projeto de Deus consiste precisamente no ser "outro" em relação àquilo que uma filosofia do homem estaria em condições ou teria vontade de instituir. Não devemos ouvir em vão as palavras de um texto litúrgico no fim da Quaresma: "Na paixão redentora de teu Filho, ó Deus, Tu renovas o universo e dás ao homem o verdadeiro sentido de tua glória; no poder misterioso da cruz Tu julgas o mundo e fazes resplandecer o poder real de Cristo crucificado".

O dia do nosso resgate

No "tristíssimo rito" (MANZONI. *La passione*) da Sexta-feira Santa comemoramos e revivemos os eventos da paixão e da morte do Senhor. Não celebramos a Eucaristia até a noite de Páscoa e ouvimos a Palavra de Deus nas leituras prolongadas e intensas da Escritura.

Dia da tristeza

É o dia da tristeza. A tristeza de Cristo, do Filho de Deus que despoja a si mesmo, assume a condição do servo e se humilha até a cruz. Ele consuma a sua comunhão com a nossa mortalidade e a leva ao extremo. É a enfermidade de Jesus. Sua solidão. É a força, o "milagre", que se retira dele, pois é a "hora das trevas" (Lc 22,53), o tempo da tentação pela fraqueza da carne. O Senhor já não é atraente. A divindade esconde-lhe o rosto e se escurece na sua alma. Da humanidade desaparece a beleza e o esplendor: "Um verme, não um homem; injuriado pelos homens, desprezado por meu povo" (Sl 21,7). Sua face desperta confusão e repulsa. O horizonte e a lei da morte o prendem e ligam a si, sem caminho de saída. Por isso é deixado só, sem séquito, no seu medo e no seu desgosto; no ultraje, na condenação e na vergonha da crucificação e, no fim, no corpo frio e inerte.

Dia do mistério

É o dia do mistério. A obviedade da paixão e da morte do homem em Jesus torna-se um imperscrutável mistério: estupidez e escândalo para os ideais de nossa filosofia e para os desejos de nosso poder, é sinal de salvação e causa de redenção, porque é a sabedoria de Deus (cf. 1Cor 7,18-25). Sentimos a atração de um amor que chega a este limite, e a confusão de uma história que se constrói fora de toda a racionalidade: as feridas de Cristo que nos curam, seu fracasso – sob a opressão do maligno – que nos liberta do mal, sua derrota na morte, que é uma vitória na vida.

Dia da fidelidade de Deus

É o dia da fidelidade de Deus e de seu cumprimento. Hoje o Pai nos entrega Jesus, seu Filho predileto – "Assim, Ele tanto amou o mundo" (Jo 3,16). E Jesus confia e se deixa prender pela vontade divina, renunciando, na obediência, à própria vontade. É sua "hora" e leva a termo cada particular da Escritura. Depõe seu espírito, o sentido de sua vida, nas mãos do Pai: Ele o sente distante, mas sua esperança não desaparece. Reza, confiando que o ouvirá no seu grito de ajuda, que viverá por Ele, pois não se subtraiu, e que o servirá a própria descendência (Jo 19,34). Do lado de Cristo, aberto, brota a água e o sangue; de sua ferida nasce a Igreja (cf. Mt 27,46; Lc 23,46; Jo 19,30). É a reconciliação de cada homem, a abolição da economia antiga, e de cada separação e distinção. Jesus crucificado é o grande abraço de Deus para a humanidade universal, para cada homem individualmente, que está no mundo.

Dia da amargura e da penitência

É o dia da amargura e da penitência da Igreja. Enquanto ressoa o canto de Isaías, com o lamento do justo, "traspassado e calado" (MANZONI, *La passione*), e é repercorrido o caminho da cruz, segundo o testemunho e a fé do evangelho, toda a Igreja é tomada pela amargura do Senhor. Descobrindo-se culpada, infiel, sobe-lhe ao coração a lembrança de ser o termo daquele desejo divino que em Cristo desce e se abaixa, até esvaziar-se. Lê na paixão a verdade do próprio pecado e o amor misericordioso sem limites. "Jesus, que não tinha em si razão de tristeza – exclama Santo Ambrósio pregando na Semana Santa –, quer sofrer por mim. Deposta a alegria da divindade eterna, foi invadido pelo aborrecimento da minha enfermidade. Ele tomou minha tristeza, para comunicar-me sua alegria. Desceu, seguindo os nossos passos, até a amargura da morte, para reconduzir-nos sobre seus passos até a vida" (*Esp. del Vang. sec. Luca*, X, 56).

Dia da compunção e do retorno

A Sexta-feira Santa é o dia da compunção e do retorno. "Povo meu – diz-nos o Senhor – que mal te fiz? Em que te provoquei? Responde-me. Porque te guiei quarenta anos no deserto, saciei-te com o maná, introduzi-te num país fecundo, Tu preparaste a cruz ao teu Salvador". A Igreja retorna, com a confiança de Pedro, que negou o Mestre e chorou depois que Ele, "voltando-se, fixou nele o olhar" (Lc 22,61). Ainda Santo Ambrósio, com os mais tocantes acentos, rezava: "Olha também para nós, Senhor Jesus, a fim de que também nós reconheçamos os nossos erros e apaguemos com piedosas lágrimas a nossa culpa, e mereçamos o perdão dos pecados. Judas exultou pela paga de sua traição, Pedro chorou seu erro e mereceu apagar suas culpas e as dos outros. Benditas as lágrimas que lavam a culpa. Aqueles para os quais Jesus olha, choram. Se também tu queres receber o perdão, lava com as lágrimas o pecado. Como sobre Pedro, hoje, Cristo pousa sobre ti seus olhos" (ibid., X, 89-90. • *I sei giorni della creazione*, VIII, 89).

8 O silêncio e a esperança do Sábado Santo

O dia do silêncio

A fé viva no coração dos crentes

À memória da sepultura é dedicado o Sábado Santo. Jejuamos da Eucaristia, no silêncio que envolve o sepulcro. É o silêncio de Deus; o silêncio de Jesus Cristo: "Tomaram o Corpo, envolveram-no em faixas, depuseram-no num sepulcro" (Jo 19,40-42). Quem nunca acreditou, encontra aqui o cumprimento justo e lógico de uma pretensão mistificadora ou de uma pobre ilusão. Para quem começara a crer, a pedra rolada diante do túmulo é o sinal de que Deus não estava com Jesus de Nazaré, pois não o salvou. Só quem crê, ainda não depôs a esperança: ela vive no coração da Virgem, e não está apagada na inquietude de Pedro e na ânsia de João.

Com a sepultura, concluiu-se a descida de Cristo na nossa mortalidade. A Palavra de Deus nos chega no esvaziamento absoluto, numa pureza sem sinais. A escuta não tem sustento algum pela experiência. A espera está só na Escritura. Talvez nenhum dia do ano sagrado ponha à prova e purifique a fé da Igreja como aquele do "Sábado solene" (Jo 18,31). Ela compreende até o fundo a tentação e o extravio dos discípulos. A linha que separa e que distingue a confiança da fé e a irracionalidade é subtilíssima. Enquanto rezamos junto ao sepulcro e meditamos sobre o Corpo do Senhor, sentimos que não estamos em condições de continuar a crer sem o dom misterioso da graça, pelo qual não cessamos de vigiar e de esperar o terceiro dia.

O "sacramento" do Corpo de Jesus

Considerado segundo a esperança, o próprio Corpo de Jesus nos aparece hoje como "sacramento" de salvação. Entre os evangelistas, João revelou suas dimensões de mistério: "Chegando a Jesus, não lhe quebraram as pernas", pois era o verdadeiro Cordeiro, a Páscoa nova. "Um dos soldados traspassou-lhe o lado com a lança e logo saiu sangue e água", pois a Ele traspassado devia voltar-se o olhar de cada homem – a contemplação do Senhor na cruz –, e da ferida devia sair o Espírito Santo, "os rios de água viva" (cf. Jo 19,32-37), como princípio da Igreja. Nós estamos unidos ao Corpo do Senhor: aquilo que a Ele se refere é causa de redenção.

A espera dos justos

"Morreu e foi sepultado, e desceu aos infernos." Assim cada "lugar" e cada homem – o mundo inteiro e toda a sua história –, também o passado e para além de onde chega a nossa comunhão e o nosso olhar, sentia-se tocado pela salvação de Jesus Cristo. Sua morte preenchia a intenção de todos os justos. Era a libertação de toda a condenação, a vitória sobre a morte e sobre seu reino, o prêmio para aqueles que o haviam desejado, antes ainda que o Senhor viesse ao mundo. Desceu aos infernos para abrir o "cárcere" e para trazer consigo o paraíso. Mas não só comemoramos a sepultura do Senhor. Não somos espectadores: junto com Ele, no batismo, entramos no sepulcro – a sagrada fonte é como um túmulo – para com Cristo sairmos ressuscitados a nova vida. Nos sacramentos participamos de todos os eventos da salvação.

Entre os "adormecidos de Israel"

A descida aos infernos

O sepulcro do Senhor é o sinal que Ele partilhou até o fim da nossa mortalidade, que seguiu o curso e a sorte do homem, que fora tirado da terra e que na morte exala o espírito. Parece o selo que o poder divino foi vencido e reduzido ao termo de cada homem, quando conclui sua vida; que na dimensão aparecida transcendente tenha prevalecido ainda a força da inércia e do silêncio que invadem e predominam no mundo do homem, ao apagar de sua existência: "Inclinada a cabeça, expirou" (Jo 19,30).

Não sabemos, por experiência, o que acontece depois, neste itinerário de Cristo no reino dos mortos. Mas a Primeira Carta de Pedro descobre-nos um pouco o seu véu: "Sofreu a morte em sua Carne [...] e foi pregar a salvação aos espíritos que estavam na prisão" (1Pd 3,18-19); para cumprir aquele mistério de salvação entre "os adormecidos de Israel", que encontrarão poderosa inspiração no hino sacro de Manzoni, *La risurrezione*: "Para roubar-vos ao mudo inferno, velhos pais, Ele desceu: / O suspiro do tempo antigo, / O terror do inimigo, / O prometido Vencedor".

Cristo – comenta Santo Tomás – "tinha amigos não só neste mundo, mas também nos infernos. É por força da caridade que nos tornamos amigos de Cristo, e nos infernos muitos estavam mortos com a caridade e com a fé naquele que devia vir, como Abraão, Isaac, Jacó, Moisés, Davi, e outros homens justos e perfeitos, que Ele quis visitar" (*In Symbolum*, 5), e, portanto, libertar, levando-lhes o dom da graça e inaugurando em plenitude o juízo da cruz e o triunfo sobre o reino das trevas.

Somente a fé

Assim, o silêncio de Cristo no túmulo dá substância à fé da Igreja, que medita sobre a eficácia e o fruto da salvação, vencendo as aparências e as resistências daquilo que pareceria fim irrecuperável e dissolução da expectativa; nossa esperança permanece acesa: com a mesma confiança de Cristo, que se ofereceu à morte e ao túmulo, confiando ao Pai o seu espírito, na renúncia a ver os sinais da vitória dentro do horizonte sensível deste mundo. Nossa fé não se sustenta e não se motiva dentro deste mundo, pois Deus não libertou o Filho unigênito da cruz, e este não desceu do patíbulo, mas foi colocado morto nos braços da mãe, na Piedade, e deposto depois no "jazigo solitário". É propriamente neste ponto que nossa fé se torna mistério e experiência da força e da graça de Deus, dom sem possibilidade de analisar e, no fim, racionalmente injustificável, ou, se quisermos, graça de luz que sustenta o intelecto, mas supera infinitamente qualquer lógica sua.

No Sábado Santo, junto ao túmulo do Senhor, a Igreja renova e dá graças pela fé; implora que ela não venha a faltar. Sente mais intensamente seu risco, compreende quantos são tentados a voltar atrás quantos são invadidos pela prepotência das razões e das evidências; e reza por eles, continuando a oração de Jesus ao Pai "para que a fé não falhe" (Lc 22,32).

9 A Vigília: uma luz sobre toda a história

"Ressuscitou no terceiro dia, segundo as Escrituras": o Espírito ressuscitou Jesus que confiara na Palavra de Deus, cumprindo, na sua morte, a extrema doação. É o maior evento para o homem e para o universo, "o mistério cósmico e universal", o irreversível início da redenção. "Celebremos, alegres, na exultação – convidava Santo Ambrósio –, a festa da pública salvação" (*Ep.* 23,22). Todo o plano de Deus, que cria e suscita o homem delineando-o sobre o Filho, realiza-se definitivamente em Cristo que ressuscita dos mortos.

Resurrexit Dominus vere

Ele ressurgiu verdadeiramente: na realidade da história, na qual o mito se dissolve, e na dimensão do mundo novo, que nem a experiência dos sentidos nem a força do pensamento chega a captar ou a deduzir. Jesus ressuscitado é percebido pela fé do crente. O Senhor aparece na fé da Igreja. Ela não cria a ressurreição, mas só pode acolhê-la e percebê-la. "Não conseguimos tocar Cristo corporalmente: tocamo-lo com a fé" – *fide tangimus* –, dizia ainda Santo Ambrósio. "Nem todos aqueles que o tocaram enquanto estava nesta vida e morava com o Corpo entre nós podem entrar em contato com Cristo ressuscitado" (*Esp. del Vang. sec. Luca*, X, 155, 164). Uma fé apagada significa, ultimamente, o eclipsar-se do Senhor vivo e glorioso.

De fato, a Igreja provém e, mais profundamente, "é" a experiência de Jesus ressuscitado dos mortos. Como possibilidade e como substância, consiste pela fé na ressurreição. É a comunidade em que esta fé está em ato, como testemunho e como exegese concreta. A Igreja é a consciência de que Jesus ressuscitou e sua missão é a de manter na consciência da humanidade e no horizonte da história a certeza e o sinal da ressurreição.

Felix culpa!

Desta certeza – e do seu termo: Jesus proclamado "Senhor" – formou-se a liturgia pascal, a mais antiga, a mais solene e mais sugestiva de todas as celebrações anuais da Igreja, onde é mais estreita e mais transparente a união da realidade e do símbolo. Tornemos a ouvir o canto da Vigília: "Esta é a noite na qual venceste as trevas do pecado com o esplendor da coluna de fogo [...]. A noite em que Cristo, quebrando os vínculos da morte, ressurge vencedor do sepulcro. Feliz culpa que mereceu ter tão grande redentor! O santo mistério desta noite derrota o mal, lava as culpas, restitui a inocência aos pecadores, a alegria aos aflitos. Noite verdadeiramente gloriosa, que reúne a terra ao céu e o homem ao seu criador. Noite verdadeiramente feliz, a única que mereceu conhecer o tempo e a hora da ressurreição dos infernos do Senhor" (cf. Precônio Romano). "*Heureuse nuit* [dirá Claudel] *qui toute seule sait l'heure où Jésus est resuscité!*" (*La nuit de Pâques*).

O elogio da Páscoa

Na vigília, toda a história antiga é relida e compreendida à luz de Cristo morto e ressuscitado: a Páscoa é a verdadeira criação, a libertação, a aliança. Cristo é o sacrifício, a luz, a sabedoria, a purificação que renova o coração: "Nas páginas do Antigo e do Novo testamentos nos preparaste para celebrar o Mistério Pascal", no qual "aquilo que está destruído se reconstrói, aquilo que envelheceu se renova, e tudo volta à sua integridade, por meio do Cristo que é princípio de todas as coisas" (Vigília Pascal).

É o elogio da Páscoa, que encontramos na tradição, desde os inícios. "Ó festa espiritual [exclama uma antiga homilia], Páscoa divina, Tu desces do céu sobre a terra e tornas a subir da terra ao céu. Festividade comum de todas as coisas, solenidade do mundo, alegria e honra do universo, seu alimento e sua delícia: por ti foi destruída a morte tenebrosa, tudo reencontrou vida, as portas do céu foram abertas. Páscoa divina, que não fez Deus sair do céu, mas uniu-o espiritualmente a nós: por ti a grande sala das núpcias foi enchida, todos usam a veste nupcial e ninguém será lançado para fora. Páscoa, luz das chamas novas, esplendor das lanternas das virgens: graças a ti as lâmpadas das almas não se apagarão mais."

Páscoa e vida nova

Fomos feitos participantes da Páscoa no Sacramento do Batismo: "Fomos sepultados com Cristo na morte, para que como Cristo foi ressuscitado dos mortos pela glória do Pai, também nós andemos em novidade de vida" (Rm 6,4). Na memória de cada ano renova-se a graça pascal do sacramento. Na existência de cada dia a ressurreição do Senhor assume a evidência e eficácia nas nossas obras: "É Páscoa, dizia Santo Ambrósio, quando a alma se despe das paixões desregradas, sofre junto com Cristo e toma sobre si sua passagem" (*Ep.* 7,10). "Na primavera, os judeus deixaram o Egito e atravessaram o mar, batizados na nuvem e no mar; é na mesma estação que cada ano se celebra a Páscoa do Senhor Jesus Cristo, ou seja, a passagem das almas dos vícios para a virtude, das paixões da carne para a graça e sobriedade do espírito, do fermento da malícia e da iniquidade para a verdade e a sinceridade" (*I sei giorni dela creazione*, I, 14). Por isso, hoje "a tristeza original é engolida pela alegria da ressurreição.

3
Para a compreensão teológica do Tríduo Pascal
Uma visão teológica

1 O Tríduo Pascal, para ser compreendido na variedade de suas expressões e, portanto, para ser eficazmente celebrado e vivido, exige antes de mais nada uma visão teológica, que oferece, a mais, os critérios para a avaliação tanto do desenvolvimento histórico quanto da reforma acontecida, e também dos resultados pastorais.

2 O perfil teológico unifica, captando seu sentido profundo, sua sucessão cronológica – isto é, os diversos dias que compõem o Tríduo Pascal – recolhe a variedade simbólica que o compõe e liga os textos escriturísticos que a Igreja lê e medita.

Com efeito, o risco seria o de transcorrer os dias do Tríduo, pôr os sinais, ouvir a Escritura, isolando seus elementos e dispersando-os; vendo-os sucederem-se sem uma coerência não só extrínseca, mas interior.

Ora, toda esta multiplicidade de tempos e de palavras, de coisas e de símbolos, é válida enquanto exprime uma comunhão real entre o Senhor ressuscitado da morte e a Igreja que confia nele. São os dois sujeitos reais da liturgia do Tríduo Pascal. Os ritos interessam porque significam a memória e a presença real de Cristo, porque são "gestos" de Cristo; os ritos interessam porque significam a memória da Igreja, que os suscita na fé consciente e no acolhimento obediente.

3 Caso contrário, o sistema dos dias, dos sinais, das palavras ficaria numa espécie de objetividade anônima; estaria como que vestida nele a capacidade de operar uma comunhão, enquanto a comunhão é somente fruto do espírito e, portanto, é dotada de um caráter pessoal. Por trás da visibilidade da liturgia, por trás de sua consistência sensível, está presente e opera a pessoa de Cristo, portanto, o Espírito Santo e o Pai; sua interlocução, afinal, não consiste em atos e iniciativas rituais, mas comporta pessoas: aquelas que também formam a Igreja, a Esposa de Cristo, com um rosto e um nome próprios. Os ritos não existem por si mesmos e para si mesmos, sem esta animação: seria um liturgismo insidioso, uma ritualidade, finalmente, demasiado fácil. O problema não é a multiplicação e a extensão das formas litúrgicas, porque na origem está o Senhor e sua Igreja.

4 Por isso, poremos à luz progressivamente as categorias ou as dimensões que introduzem à compreensão teológica unificante do Tríduo de Páscoa, destacando sua proveniência originariamente pessoal, ou seja, significativa dos "sujeitos" que são "protagonistas" deste mesmo Tríduo, "centro e coração do Ano Litúrgico".

1 Primeira dimensão: a memória

1 O Tríduo Pascal aparece imediatamente como um tempo e uma expressão de memória. No conjunto, é a aceitação do mandato de Cristo de fazer sua comemoração. A cada um dos dias acontecem recordações precisas apresentadas aos poucos das páginas da Escritura, recordações tornadas quase visíveis pelos sinais e pelos símbolos, dos quais brota a oração como resposta e como sentimento interior e vocal.

2 Todavia, se os acontecimentos comemorados no Tríduo são inúmeros, eles não aparecem numa simples aproximação, providos do mesmo sentido e do mesmo valor. Eles convergem num significado e numa referência precisa, que os atrai a si, que os relaciona tornando-os expressivos e verdadeiros: este significado e referência é o "evento" Jesus Cristo. Tudo é lido, recordado e interpretado à luz de Cristo e por causa de Cristo, que, assim, aparece a substância da memória do Tríduo, surgido em lembrança dele. Nada fica desorientado ou fraccionado: no espaço de três dias ou na figura ou na verdade, ou como profecia ou como cumprimento, o assunto é Jesus morto, ressuscitado, glorificado, fonte do dom do Espírito. É o caso das amplas páginas da Escritura que se abrem e se proclamam: falam de Jesus e de seus mistérios, de maneira ora velada, ora explícita; é o caso dos símbolos, que recebem do Senhor sua ressonância. Se não se percebesse com clareza que

Jesus Cristo é a "matéria" última – e primeira – da memória que sobe à consciência da Igreja no Tríduo Pascal, as celebrações e as leituras se sucederiam, mas numa inevitável distração e, sobretudo, com a consequência que ficaria distante a relação pessoal com aquele que – dissemos – confere princípio e vigor aos ritos celebrativos; isto é, representa o grande "sujeito e protagonista" destes dias: Jesus Cristo Ressuscitado e glorioso à direita do Pai.

3 Outra consideração sobre a memória que toca a Igreja nestes dias: ela não a desperta a partir de si mesma, tirando seus conteúdos, sobretudo, de uma experiência própria. A memória da Igreja no Tríduo é remetida à história de Jesus Cristo, aos acontecimentos que são originariamente a manifestação e a vicissitude de Deus na humanidade.

Não se faz memória de uma ideia; nem se vai à escola de uma teoria. Nos três dias não nos ocupamos em elaborar ou em aprofundar os nossos projetos, mas a repercorrer os acontecimentos que estão "fora" de nós: não porque estranhos, mas porque precedentes.

Nós comemoramos e celebramos uma história.

2 Segunda dimensão: a história

1 E de fato, a história é a segunda categoria ou dimensão do Tríduo Pascal. Trata-se de compreender o que aconteceu; mais precisamente: o que foi e é o evento de Cristo que morre, ressurge e entra na glória. Nos três dias, a Igreja repassa e torna a expor a história da salvação para retomar seu sentido e, portanto, tornar a saber a razão e os efeitos de sua memória.

A Escritura é como a estrada que nos leva ao evento; os símbolos prendem-se a ele; cada um dos dias nos faz parar sobre "aquilo que aconteceu", para usar a expressão dos dois discípulos de Emaús (Lc 24,18); quanto às orações, estas afloram ao tornar a ouvir aquela história, que – podemos logo supor – não é consertada com a "indiferença" do erudito, mas com a paixão de quem se sente envolvido como numa vicissitude própria.

2 Tratando-se de história, é óbvio que devamos voltar-nos para um passado que forneça os dados do relato; estamos, pois, voltados imediatamente para trás, para uma cronologia, para um encontro de tempo e espaço, que circunscreveu o lugar em que os acontecimentos aconteceram: "Foi crucificado sob Pôncio Pilatos".

Mas a singularidade e a surpresa será a de percebermos que aquela história não teve ocaso; que o passado não absorveu o evento.

Para compreendê-lo é preciso antes destacar o que exatamente comportou o acontecimento de Jesus Cristo, em particular, sua morte e sua ressurreição, conclusão de um itinerário humano e divino, que tem sua fonte na deliberação trinitária ideada desde a eternidade.

3 Podemos nos deter em termos essenciais.

1) A morte e a ressurreição de Cristo representam o cumprimento do plano divino, que escolheu, na mais absoluta e insondável gratuidade, a humanidade do Filho, ressurgida da morte, como fim ou modelo e predestinação de toda a criação. Ela é o sinal da infinita caridade do Pai. Quando Jesus morre, o amor de Deus é perfeito; seu acesso ao homem alcança o cume; a revelação, antes, a própria criação, acabou. A Páscoa é, pois, epifania de Deus na sua fase conclusiva.

2) A morte de Cristo – que não é um incidente inevitável e inesperado, mas uma opção surpreendentemente deliberada – realiza a perfeita adoração de Deus, a adesão absoluta ao Pai, o cume da confiança do homem a Ele, até a doação da vida. O evento pascal é, pois, a epifania da obediência e do amor. Jesus sobe à cruz e realiza seu sacrifício porque Ele "ama o Pai" (Jo 14,31).

3) O evento da Páscoa é evento da fraternidade: a vida de Cristo não é mantida para si. Entregue ao Pai, torna-se por isso mesmo disponível aos irmãos. A cruz é a revelação de Jesus, como daquele que "não veio para ser servido, mas para servir e dar sua vida como resgate pela libertação" (cf. Mt 20,28).

Por estes significados, o evento de Jesus Cristo, captado no seu êxito comemorado e reapresentado no Tríduo Sacro, refaz o homem que descende por geração de Adão: cópia fracassada de Jesus Cristo e dele disforme. Ao homem da desconfiança, que peca ressentido contra Deus na iludida e trágica intenção de equiparar-se a Ele, segue o homem da confiança e da adoração, aquele que se alegra por ser Filho, por mostrar, pois, toda a própria relação com Deus.

Ao homem que "inveja" o irmão e elimina sua existência substitui o homem que doa a própria vida. Na cruz, nasce a adoração e a caridade que assumem o rosto concreto de Jesus Cristo, que fazem definitivamente passar a condição humana do pecado e abrem no mundo um início novo.

Cristo que ressurge da morte, que efunde o Espírito, é o Primogênito da humanidade verdadeira, aquela ideada desde a eternidade e que é a razão da criação: a única humanidade válida e reconhecida. Na Páscoa, o plano de Deus se realiza e acontece. No breve espaço em que se distende e no fragmento de tempo do qual emerge, o evento da morte e da ressurreição assume, assim, um alcance único e incomparável, que, por sua natureza, transcende o limite circunscrito em que acontece. É – como se diz – o valor escatológico dos mistérios de Jesus, que iniciam pela encarnação e se consumam quando é concedido o Espírito, ao qual é confiado inserir Cristo em cada tempo e em cada espaço.

4 Mas antes de considerar esta dimensão escatológica com suas consequências sobre a presença, façamos algumas reflexões:

1) Se o Tríduo Sacro quiser ser eficazmente celebrado, é preciso que sobressaia em todo o seu valor a história da qual é memória. E isso, uma vez mais, não é possível sem uma catequese bíblica e teológica, com o objetivo de acentuar o alcance dos acontecimentos que, com a autoridade da Palavra de Deus, a Escritura fixou e conservou. Trata-se de compreender esta história de Deus na humanidade de Jesus, o Filho: história que, entre todas, é a mais interessante e a mais decisiva simplesmente para cada homem, para além de sua própria consciência.

2) É necessário interpretar a nossa história a partir daquela de Jesus Cristo, que se põe exemplarmente. O Tríduo Sacro não é uma evasão ou uma alienação das nossas mais urgentes necessidades. São os dias da concretude mais autêntica e mais imperiosa. Contra uma concepção ambígua de concretude dentro da liturgia, deve-se dizer: que ela quase deva ser entendida como uma presença primariamente do homem, que reduz às próprias dimensões a história de Cristo. Nossos dias são resgatados de seu não sentido na medida em que são interpretados a partir da morte de Cristo, do seu sepulcro, da sua ressurreição. Um cristão tem um conceito totalmente diferente de concretude em relação ao natural, que se encontra prescindindo de Jesus Cristo. Não admitimos contraposições irrefletidas, mas nem puras identidades. Trata-se de reencontrar a nossa história no paradigma daquela desenvolvida na humanidade do Filho de

Deus, que morre e que ressuscita e nos destina a entrar na sua própria morte e na sua ressurreição.

3) Para aceitar este sentido da morte e da ressurreição de Cristo é necessária a fé; isto é, a visão e a projetação da realidade com a sensibilidade e com o juízo de Cristo, já que isso é a fé. Se faltar, a história evocada no Tríduo resvalaria para a episodicidade: a crucificação seria um dos muitos casos trágicos da humanidade, de qualquer forma, o fim e a falência de tudo, como aos olhos da razão tudo fracassa no universal e indefinido desaparecimento de cada homem ou por violência ou por exaurimento de forças.

Tiremos do Tríduo Pascal a premissa e o acompanhamento da fé: então já não se consegue reorganizar. Substituamos o critério iluminista ou sociológico na liturgia: então desaparece toda a atração pelo Tríduo Sacro. É a fé que suscita na Igreja a memória e, através da memória, a porta para a história, para a Páscoa, na qual encontrar a verdade do homem e de suas aventuras.

Sem a fé, a Escritura é puro relato, no máximo, informação, não eco e introdução ao evento decisivo; sem ela, os sinais são vazios ou redutíveis a satisfazer, como se diz, uma necessidade de ritualidade, uma ludicidade que parece existir no homem.

Sem a fé – declara Paulo – não existe salvação, mas seu conteúdo não é outra coisa senão a morte e a ressurreição do Senhor, a própria substância da memória do Tríduo (1Cor 15,17; Rm 4,25; 10,9).

Se a celebração está em crise, se ela não atrai ou não aparece verdadeiramente concreta, a razão primeira é o esfriamento do "credo", sem o qual o realismo e a eficácia absoluta do evento pascal se anuvia. Sem a fé, os dias do Tríduo, as páginas da Escritura, os sinais litúrgicos confundem-se na insensatez; é a fé que abre o espírito à comunhão pessoal da Igreja com Cristo, a fé como consciente e livre entrega de si.

3 Terceira dimensão: a realização

1 Mas é preciso continuar na compreensão da história da salvação, isto é, do evento da Páscoa. Surgido da história da qual traz as insígnias, o evento pascal não permanece preso dentro dos limites da própria história e, portanto, condicionado pelas inexoráveis leis da temporalidade, da qual pode ser resgatado só afetivamente ou através das relíquias deixadas nos documentos. A singularidade do evento da morte e da ressurreição é a da permanência de seu valor, de sua atualidade, que o passar do tempo não faz envelhecer e não extenua. Não no sentido que Cristo continue a morrer e a ressurgir: o acontecimento realizou-se uma vez para sempre (cf. Hb 10,10), e todavia já compreende todo o tempo e toda a sucessão da época humana, à qual é possível achegar-se sem que o passar dos anos possa interpor obstáculo. Não é fidedigna nem pensável uma doação maior do que aquela ocorrida na cruz, uma adoração maior, uma fraternidade mais intensa e, portanto, uma graça ulterior. Na Páscoa, aconteceu tudo e para sempre: e o sinal é o dom do Espírito, o dom dos últimos tempos (cf. At 2,17). Não é um "além", em relação à Páscoa e à efusão do Espírito. Jesus é o Senhor do tempo: cada geração é atraída para Ele, porque Ele, se assim se pode dizer, domina-a e é seu contemporâneo. Jesus está sempre entregue no valor de seu Corpo; isto é, de seu amor que salva. A tarefa do Espírito é a de ser o laço entre o Senhor e cada lugar e circunstância na qual o homem está inserido.

Se, por um lado, o Tríduo Pascal é memória de uma história e, portanto, faz-nos voltar ao passado, por outro, e mais profundamente, o acontecimento sobe em atualidade dentro desta mesma memória.

2 Jesus Cristo venceu a morte e os condicionamentos da temporalidade, ressurgiu e está vivo, presente "agora, aqui". A primeira consequência é que não somos nós, com os nossos dias litúrgicos, com nossos sinais e com a Escritura que lemos, que damos atualidade a Jesus Cristo. Eles são sinais e gestão de sua presença. Não é a liturgia que cria radicalmente a atualidade de Jesus Cristo, mas é a atualidade do Ressuscitado que confere valor e matéria aos dias e aos ritos. É Ele que suscita e dá validade à nossa memória, e que entrega o poder salvífico de sua história mediante o dom do Espírito.

Não que, com isso, a ritualidade se torne vã; ao contrário, põe-se na luz a sua genuína função: ela supõe a "precedência" e a "atualidade" incondicionada e pessoal de Jesus ressuscitado, que nos faz entrar na comunhão de sua morte e nos oferece, com seu Corpo e seu Sangue, o penhor da ressurreição. Isso deve ser dito, ainda, contra um certo liturgismo, convencido de que as cerimônias estejam em condições de tornar Cristo presente entre nós; de "libertá-lo" do passado, para fazê-lo aproximar-se; na realidade, é Ele que se confia lá onde se realiza a liturgia como sinal de confiança e de fidelidade ao seu mandato.

3 Neste ponto, mais claramente, Jesus ressuscitado da morte aparece o primeiro sujeito do Tríduo Sacro, como aquele que se doa livremente, que nos associa à sua adoração e à sua fraternidade; que nos constrói como homens novos, que nos cria no Espírito.

Assim, por força de sua atualidade e de sua presença, de sua condição "escatológica", que leva a termo o plano divino, Jesus Cristo já não aparece só como objeto, mas como sujeito da memória da Igreja. Dele parte a iniciativa e a graça de fazer recordar sua presença à Igreja. O Espírito Santo, que está na Igreja porque Ele o efunde, age de forma que ela possa fazer memória do Senhor. Esta memória não desperta tanto porque se encontram sinais de Cristo, que provêm do passado, mas porque Cristo já está nela; porque já está junto a cada homem, para revelar-lhe e participar-lhe seus mistérios de redenção.

4 Podemos, então, compreender melhor o significado das grandes leituras bíblicas destes três dias: elas são o instrumento mediante o qual Cristo não só falou, mas fala agora à sua Igreja. Estas leituras não são só documentação: um cristão não tem o culto de um Livro, mas da Pessoa do Senhor, da qual deriva a Escritura.

E nos vários dias que se passam para constituir o Tríduo da Páscoa, o Senhor é quem nos acompanha, que se serve do tempo e das circunstâncias, mas para unir-nos à sua presença, de conformidade com a promessa de estar conosco todos os dias até o cumprimento (cf. Mt 28,20): o tempo não é proteção que afasta, e não é sagrado em si mesmo, mas porque Cristo o domina como Senhor. Sagrado é o Senhor que nele age. Isso deve ser dito contra uma concepção quase fantástica do tempo sagrado.

Enfim, os sinais, por mais repletos de notas históricas, por mais que se relacionem à história sagrada, aparecem agora mais ou menos intensamente como os indícios da presença de Cristo, exatamente como a Escritura e como os dias da liturgia.

Significam, são, o lugar da presença do Ressuscitado.

5 Quanto à fé: ela não só é certeza e percepção do valor e da consistência que têm os eventos históricos de Jesus, mas é confiança no Cristo presente, efetivo laço com Ele. Ela institui a comunhão espiritual, que no início definimos como alma e substância do Tríduo Sacro. A fé não é crer num distante, com uma convicção que se forma porque Jesus Cristo imprimiu as provas de sua passagem; mas a confiança naquele que está próximo, porque ressuscitou: que fala na Bíblia, faz-se encontrar na trama do tempo e age por meio de sinais.

6 Assim, aparecem imediatamente o método e os conteúdos da ação pastoral: ela é absolutamente diversa da preparação feita para reevocar, mesmo com extrema seriedade, uma história religiosa; mas do passado. A ação pastoral educa a estabelecer um relacionamento real com Cristo ressuscitado, uma sintonia consciente de graça com Ele, uma vontade de deixar-se assumir agora por seu acontecimento. A sucessão dos gestos e dos momentos intencionalmente resolve-se na unidade da Pessoa viva de Cristo. E valem tanto mais quanto mais forem perspicazes e indicativos dele, que nos chama agora à solidariedade com seu Corpo e seu Sangue.

O liturgismo – como enaltecimento dos sinais – dissolve-se e esvanece precisamente quando se percebe que eles denotam uma Presença.

4 Quarta dimensão: o sacramento

1 Certamente não se trata de uma presença manifesta. Não é anônima, mas não é ainda imediata: acontece no sacramento. E, por sacramento, entendemos o sinal eficaz que define os sete sacramentos, primeiramente; mas como difusão todo o conjunto significativo, através do qual o mistério da salvação está ligado à nossa realidade histórica.

No fundo, já falamos disso: mas talvez importe tornar a sublinhar qual é a intenção e a orientação profunda do sinal sacramental, mediante o qual acontece a comunhão com Cristo, que nos insere no evento de sua morte e de sua ressurreição. Como a memória, e mais ainda: como a história e a atualidade são memória de Cristo, sua história e sua atualidade – dissemos que Cristo é o objeto e o sujeito do Tríduo Sacro –, assim o sacramento, antes de ser sinal da graça, é sinal de Jesus Cristo: a economia sacramental tem em Cristo seu sustento, significa-o e o prega. Sua eficácia deriva do fato de uma espécie de solidariedade entre Jesus Cristo e o sacramento: uma solidariedade que, nos sete sacramentos, está fundamentada na vontade do

Senhor de fazer perseverar sua presença no sinal. Pense-se, em particular, na Eucaristia: o próprio Cristo garante a entrega de seu Corpo e de seu Sangue na forma e no sinal da convivialidade, que fala de seu propósito de estar presente e à disposição da Igreja. No Tríduo Sacro, todos os sacramentos se encontram um pouco, diretamente celebrados ou indiretamente reevocados: o Tríduo é ocasião feliz para redescobrir que o fim primeiro do sacramento, aquele que o confirma e o torna válido, é Jesus Cristo, e que sem Ele seria produzido um espaço e uma separação que invalidaria o próprio sacramento.

2 O sacramento é a forma visível e objetiva pela qual age o Ressuscitado: todavia, não delegando os sinais para serem portadores de salvação e para realizar uma partilha com a Paixão e com o Espírito Santo. A salvação é só representável nos sinais, não delegável ou substituível neles. A teologia falou de *opus operatum* nos sacramentos: pois bem, ultimamente a expressão quer dizer que o próprio Cristo é a garantia do êxito do ato sacramental, porque radicalmente é ato seu.

No Tríduo Sacro, repetem-se gestos sacramentais em profundidade e intensidade diferente: o "coração" está, sem dúvida, na celebração eucarística da Vigília: mas o Cristo presente e vivo deve aparecer o Ator de todo o conjunto, se quisermos percebê-lo como autêntico e edificante.

5 Quinta dimensão: a eclesialidade

1 Até este ponto, para perceber e para compreender a natureza e a validade do Tríduo Sacro, viemos delineando seu objeto e seu sujeito principal, o Interlocutor ao qual deve ser reconhecida a iniciativa e a permanência. Por outro lado, a ação litúrgica, aqui o Tríduo Sacro, nos seus dias, nos seus sinais, nas suas leituras, aparece não menos obra da Igreja, e sinal dela. Nós pusemos às claras a primeira referência da comunhão espiritual; isto é, o relacionamento com Cristo no ato litúrgico. Agora, deve-se evidenciar a segunda referência para que exista tal comunhão.

2 O Ressuscitado, sua história, sua atualidade não são produzidos por nós: precedem-nos; mas estão aqui, agora para nós, sob a condição de que nós queiramos sua memória, reconheçamos seu valor, recebamos sua presença, ponhamos seu sinal; sob a condição de correspondermos ao mandato de celebrar o memorial. Se não fizermos isso em memória dele, Ele permanece, já que não deve sua existência e seu mistério a nós, mas ao Pai e ao Espírito; nós, porém, nos distanciaremos e, no fim, nos reduziremos a não ser nem fiéis nem Igreja.

3 Já que, se é verdade que o sinal litúrgico não vive vida autônoma, mas deriva sua eficácia do fato de que Cristo, de alguma maneira, se faz seu sujeito, é fatalmente verdade também que todo o aparato dos sinais deixa de existir se não for feito nascer quase por brotação da Igreja. No Tríduo Sacro, a Igreja reconhece a precedência de Cristo, sem a qual ela não existiria, sendo seu Corpo; mas, ao mesmo tempo, é a Igreja que gera o Tríduo com suas componentes. O sacramento, a memória, existem como expressões e dimensões da Igreja. Não têm uma vida objetiva válida autonomamente por Cristo, não a têm autonomamente pela Igreja. Remetem para ela; são sua profissão. Se é verdade que a comunidade, de certa maneira, encontra-os previamente constituídos pela tradição, e também que a Igreja de sempre, por algum aspecto, não os inventa, mas os recebe pela intenção ou pela instituição de Jesus Cristo – pensemos nos sinais eucarísticos –, todavia, seu colocar-se concretamente tem sua razão sempre numa ação e num esforço eclesial, que os reconhece e os anima, modifica-os e os desenvolve.

4 O Tríduo Sacro deve, pois, revelar uma Igreja consciente, que recebe da morte e da ressurreição de Jesus sua existência e sua identidade; que dedica dias e ritos, leituras e escuta, símbolos e chamadas ao mistério celebrado, porque entende ser dócil, fiel; entende manifestar a própria alegria de partilhar o mistério da morte e da ressurreição: partilha não puramente litúrgica, mas concreta, precisamente porque concreto é o dom que Cristo faz de si mesmo nos sinais que o anunciam.

5 Se isto é verdade, segue-se que os sinais não vivem vida própria e que são inertes e indiferentes se não exibirem a fé da Igreja, seu amor pelo Senhor. O Tríduo é um sinal da grande fé da Igreja, que se propõe acolher aquele que garantiu não faltar ao encontro salvífico exatamente a quem se propõe encontrá-lo na memória que Ele enche de presença.

Já acenamos ao liturgismo: ele nos insidia quando os ritos não estiverem ligados à pessoa de Cristo; insidia-nos quando a validade for deixada aos ritos, sem que por trás deles se configure a Igreja do Senhor, a Esposa, que o recorda e o acolhe.

O rito não está, como se vivesse vida própria, entre Jesus Cristo, por um lado, e a Igreja, por outro, como um *tertium quid*: ao contrário, é um resultado de intenções pessoais, segundo a lógica do amor, onde, quando o dom não se refere à verdade do amor ou não o significa, torna-se um sinal falso e não motivo de união, mas de ressentimento e de divisão.

O espírito, a fé, a caridade devem investir a ritualidade.

6 Daí algumas precisas consequências.

1) O primeiro cuidado pastoral deve ser o acendimento e a alimentação do amor a Jesus Cristo, a vontade de dedicação, pela qual apareça que é justo reconhecer a recordação e dedicar a ela tempos e sinais.

2) No aparato dos sinais, a comunidade cristã deve sentir-se bem, deve estar em condições de compreendê-los, de conferir-lhes interpretação e alcance. Se tais sinais forem somente suportados, se forem pesados e complicados, como podem revelar e sustentar a vontade de comunhão espiritual?

3) Além disso, a fé – com as conotações que pusemos em evidência – é o elemento ou a condição permanente, enquanto permanece possível a variedade simbólico-ritual: a maleável variedade que, salva "a substância" determinada por Cristo, entra na própria tradição da Igreja.

É um apelo à simplicidade do rito, à sua transparência, à pergunta se a comunidade cristã, num determinado tempo, está efetivamente em condições de inspirar e sentir seu um determinado sinal.

7 Todavia, é preciso acrescentar que a validade de um sinal – a validade da ritualidade do Tríduo Pascal – não poderá simplesmente ser julgada pela capacidade imediata e natural de perceber seu sinal. Isto é, a fonte da qual os sinais deverão ser tomados não poderá ser primariamente a cultura sem outra preocupação, ao invés, estes sinais deverão ser antes de mais nada interpretáveis no âmbito do desenvolvimento da história da salvação; sinais que pertençam à tradição e à sensibilidade eclesial. Seria possível dizer que os sinais naturais devem ser convertidos, para evidenciar neles a dupla relação a Cristo e à Igreja que os faz sinais cristãos; portanto, sinais da fé, a quem compete a tarefa de interpretá-los.

E notemos: fé eclesial, e não arbítrio, nem gosto do individual, já que nós fazemos a memória da paixão e da ressurreição do Senhor enquanto filhos da Igreja, enquanto membros do Corpo de Cristo e, portanto, porque partilhamos a fé e a exegese do povo de Deus.

6 Conclusão: uma página esclarecedora de Santo Agostinho

1 Cada ato litúrgico implica aquilo que viemos dizendo. Implica-o porque nossas considerações valem sobretudo pela memória e pela atualidade do sacramento eucarístico e, indiretamente, pelo Tríduo Sacro que desdobra em tempo, intensidade e ritualidade a Eucaristia. Quem compreendeu a Eucaristia, compreendeu o Tríduo e, portanto, possui a compreensão de cada gesto litúrgico da Igreja, que do Tríduo é como que uma reverberação particularizada.

2 Mas, o propósito das reflexões precedentes era mostrar as dimensões do Tríduo Sacro: memória de uma história – isto é, o evento Cristo; não passado, mas atual na forma do sacramento, para a Igreja que o acolhe pessoalmente tem Cristo na fé, para que a história de Cristo, seu acontecimento, torne-se acontecimento da Igreja.

São as dimensões que à teologia compete pôr à luz, deixando à análise histórica a tarefa de esclarecer suas fases, e à pastoral e à espiritualidade a de traduzi-las em ato.

Como conclusão, pode esclarecer-nos mais Santo Agostinho, que num discurso seu na noite de Páscoa em Hipona dizia a seus fiéis:

> Nós sabemos, irmãos, e com firmíssima fé professamos, que Cristo morreu por nós uma vez para sempre, o inocente pelos pecadores, o dono pelos servos, o livre pelos encarcerados, o médico pelos doentes, o feliz pelos sofredores, o rico pelos indigentes [...].
> Isso aconteceu uma vez para sempre, bem o sabeis. Porém, mesmo que a verdade, com muitas chamadas da Escritura, recorda que aconteceu uma vez para sempre, a solenidade anual repete-o de vez em vez como se sempre fosse a primeira. E não estão em contradição verdade e solenidade, como se uma dissesse o falso e a outra, o verdadeiro. A verdade indica que aconteceu realmente uma vez para sempre; a solenidade renova-o de vez em vez celebrando-o no coração dos fiéis. A verdade indica-nos o que e como aconteceu; a solenidade, ao invés, não cumprindo pela primeira vez, mas celebrando, não deixa que passem coisas já passadas. Portanto, Cristo, nossa Páscoa, foi imolado. É Ele, portanto, que foi morto uma vez para sempre, Ele que não morre mais, sobre quem a morte já não

tem poder. E então, falando segundo a verdade, nós dizemos que a Páscoa aconteceu uma vez para sempre e que nunca mais há de se repetir; falando segundo a solenidade, dizemos que a Páscoa vem cada ano (*Serm*. 220).

4
O Mistério Pascal

1 A Páscoa "iminente" sobre o mundo

Compreensão renovada

A teologia, por uma renovada e feliz comunhão com a Palavra de Deus e com a tradição viva dos Padres que a interpretou, retomou e aprofundou nestes anos a compreensão do mistério da Páscoa de Cristo na economia da salvação. O mesmo destaque veio emergindo – ora como estímulo, ora como resultado – na concepção e na experiência da liturgia, aparecida mais perspicazmente como a celebração na qual é reapresentada no sinal eficaz a ressurreição do Senhor.

Substancialmente, fazer teologia significa ler e compreender o sentido de Cristo, que morre e que ressurge, e ligar cada expressão e cada lógica da realidade com aquele evento. Realizar a liturgia, ainda na sua substância, quer dizer deixar-se incluir naquela morte e ressurreição, abrir a própria vida à caridade que um tal mistério tem significado, através dos gestos simbólicos que a manifestam e comunicam sua força.

Caráter histórico e escatológico da Páscoa

Se a teologia é a compreensão da Páscoa e a liturgia é seu memorial – isto é, se não existe um para além fora destes horizontes pascais – a razão deve ser encontrada no caráter último, ou – como se diz – escatológico, que a Páscoa ocupa no plano divino e no seu desenvolvimento. O mundo foi projetado para aquela morte e aquela ressurreição: é sua meta e o motivo ao mesmo tempo. E agora que chegou e aconteceu, nós estamos no fim dos tempos:

não devemos esperar outro dom, uma ulterior manifestação de Deus, uma Palavra de acréscimo, uma graça a mais, que venha para preencher uma insuficiência e para entrar no cálculo.

Nós estamos agora – e antes já o estavam na fé e na esperança as épocas antes de nós – sob a presença "iminente" da Páscoa e de sua plenitude. Objetivamente ela não se repete, nem pode mais repetir-se. Depois da morte e da ressurreição não existe nem mais história para Jesus, e, sob um aspecto preciso e a ser definido com rigor, não existe nem mais história para a humanidade. Ou seja: não surgirá nela e em função dela, nem deve ser esperado, um acontecimento de maior alcance e eficácia. A história só é concebível como memória e acolhimento da Páscoa, como seu desenvolvimento e dilatação em nós, como testemunho e como forma de vida: ou em outras palavras, como epifania e ação no tempo – isto é, na concretude da existência humana – da novidade absoluta, única e eterna, da caridade pascal de Jesus e da resposta que lhe deu o Pai.

Com efeito, o valor da Páscoa – através das circunstâncias nas quais tomou corpo ou dos episódios de realização – coincide com o amor que Cristo a viveu e revelou. Se por acaso se renunciasse a ele, simplesmente a vida do Senhor não seria redentora e salvífica e não o seriam, em particular, a paixão e a morte na cruz.

Cristo ressuscitado: modelo da criação

O mundo "conclui-se" na cruz, porque lá existe o amor maior, realizado num homem, mas na medida de Deus. O único, o absoluto e que não se repete é precisamente este amor, em vista do qual e a partir do qual a humanidade foi criada. E lá existe aquele "sim" do Pai que é a ressurreição; existe a verdadeira criação, da qual a antiga, se assim se pode dizer, em certo modo, era só imagem. Deus cria "verdadeiramente" (tenhamos presente a relação tão sentida pelos Padres e pela liturgia entre a figura e a realidade, a sombra e a verdade) quando as criaturas surgem pelo amor de Cristo, quando são impressas sobre Ele ressuscitado dos mortos; por isso, pela Páscoa, por Jesus que ressuscita depois de ter-se transmitido e doado a Deus e ao homem, deve ser datada a criação; por isso, a humanidade do Senhor – que jamais deve ser separada do seu amor, deixando-a numa espécie de fisicidade –, é a obra-prima e o modelo de todas as criaturas.

Para além da recordação e da emoção

Se compreendermos o Mistério Pascal nos termos precedentes, e em relação a ele a nossa atual história – mas só na fé, não na física, ou na filosofia, ou nas ciências humanas, tudo isso é compreensível e oferece as componentes de um discurso sensato –, pode-se compreender a liturgia e, em particular, o ano sacro no qual se desenvolve. Sem a aguda e penetrante percepção deste caráter último de Cristo e deste significado de sua morte e ressurreição – que é simplesmente a redenção, a salvação do mundo, seu "fim" e o êxito de todas as intervenções de Deus – a liturgia perde sua propriedade cristã, sua "paradoxalidade" e surpresa específica, afastando-se sem razão ou na direção de uma pura recordação, também se de intensa emotividade e encanto, ou na direção de uma inapresentável repetitividade, que esvazia o próprio valor da cruz e de todos os mistérios do Senhor.

E também o Ano Litúrgico – se é permitido fazer um discurso diferente – seria radicalmente mal-entendido, pela queda nas mesmas e desviantes direções: devota contemplação de uma história do passado – como num rosário ou numa *Via Crucis* – ou renovar-se e repetir-se dos mistérios e dos sujeitos da reevocação. Na realidade, a liturgia, na variedade de suas expressões, não é só memória entendida como traço objetivo deixado pelo acontecimento ou como reassunção subjetiva; e não é repetição que multiplique e acrescente. É a presença irreversível do fato último, escatológico nos "sinais" e na liberdade do homem; isto é, na sua fé e na sua vida.

2 A Páscoa na Igreja

Assunção do mistério

Junto com a exata sensibilidade do evento pascal de Cristo, absoluto, último e não repetível – como tal não mais susceptível de adição – para compreender a liturgia e sua modalidade no desenvolvimento do ano sagrado é necessário ter uma justa concepção da história do homem, de sua liberdade e, portanto, da fé.

A Páscoa do Senhor, que já não se renova pela plenitude de sua suficiência e do seu valor, é destinada a ser assumida no acolhimento do homem, que a reconhece e "apropria-se" dela, fazendo-lhe espaço na própria vida. Mais profundamente: a presença iminente e irreversível daquele amor – que define a morte e a ressurreição de Cristo e que é capaz de gerar os sinais litúrgicos e de ser sua substância – é vocação e possibilidade para o homem de recebê-lo, de modo a poder amar com o amor de Cristo na cruz e de poder ressurgir como verdadeira criatura de Deus. Se, por um lado, com o Mistério Pascal é objetivamente exaurida a história, já que nele é dado tudo – de modo que já não se admite um "além de" –, por outro, na medida em que continua uma história do homem, acontece uma história da Páscoa quando o homem se associa a ela. Mas deve-se precisar: justamente não se trata de um "além de" em relação a ela, mas de atingir sua intenção e a expressão de seu sentido. Somos nós que crescemos nela, que somos inseridos na sua unicidade não renovável e postos como fruto e evidência.

Salvação e história

São correntes expressões como estas: a história como salvação e a salvação como história. Verdadeiramente: a salvação, como tal, faz-se na história, não coincide com ela. O amor de Cristo manifesta-se nela, encontra forma nela, mas é de outra natureza. O fazer-se das liberdades humanas, suas concretas circunstâncias não são por si mesmas razão e gênese de salvação: a origem está totalmente em outro lugar, mesmo que não sejam de algum modo solidárias. Por isso, a história não expressa relacionamento de redenção e de graça, a não ser enquanto brota e expressa a caridade de Jesus Cristo na cruz e novidade da criação na ressurreição. Também a afirmação: a salvação como história deve ser relacionada à afirmação que a salvação, ou a Páscoa do Senhor, no próprio Cristo cresceu nas contingências da liberdade e das situações, e agora é possível de ser assumida e é de fato assumida na eleição da liberdade das circunstâncias do homem. Mas, sem que uma evolução qualquer ou progressão represente em si mesma uma salvação. O tempo é "indiferente a ela: não a comporta por necessidade, ainda que ela esteja presente e iminente – acima dizíamos: escatológica, imprescindível e intransponível.

"Reinscrição" do mistério

Rejeitadas as expressões, ao menos por sua parte de ambiguidade, sobre a história como salvação e a salvação como história, é oportuno apresentar o tema da liberdade, por nos termos referido a ele mais vezes. A liberdade é o princípio da historicidade do homem, confere a área de inscrição no mistério da Páscoa e, por este aspecto, de seu atual futuro e de sua história continuada. Pode acontecer que se fale de história e de tempo, de alguma forma, miticamente, como de realidades em si mesmas: "objetivamente" e "fisicamente" contêm a salvação; isto é, a morte e a ressurreição de Jesus. Na realidade, existe a caridade de Cristo realizada na Páscoa como valor absoluto e total, vivida e manifestada naquele ato e naquele modo que foi sua realização histórica; e existem os homens com sua possibilidade de escolher e, por isso, de aderir a ela e de serem salvos. Assim que estas escolhas surgirem, eis que se faz a nossa história da salvação. Eis que se delineia e delimita o "lugar" no qual o Mistério Pascal revive e que equivalentemente pode-se chamar de fé, obediência, memória subjetiva da caridade de Jesus Cristo. A qual, na sua atualidade, "aqui e agora", tem como lugar o consenso da fé, a imitação da vida do homem: ou seja, a Igreja. A Igreja é esta fé, esta imitação, ou esta liberdade de adesão. Portanto, não é o tempo ou um espaço "físico" fora de Cristo e fora da Igreja que delimita, se assim pode-se falar, a área atual da Páscoa, mas o homem, na sua eleição, na sua decisão. É ele o sujeito do qual o mistério da morte e da ressurreição reemerge e se desdobra: este homem, que desse modo se torna Igreja, fidelidade, recordação de Jesus Cristo, marca de sua "iminência". A história do Mistério Pascal, sua atualidade, é simples e rigorosamente a Igreja, a humanidade que passa pela paixão e pela morte para ressurgir com o Senhor. Nesta linha, desmistifica-se uma "física" do Mistério Pascal, de sua presença, do meu ser no tempo: um seu ser no tempo: um seu ser suspenso entre Jesus Cristo e a comunidade cristã e a humanidade.

A Igreja, obra pascal

E também, assim, a Igreja aparece por excelência a obra da Páscoa do Senhor, seu anúncio, sua possibilidade: também ela é obra última, completa e escatológica, que, por certo, ainda está se tornando, porque está se tornando a liberdade do homem. Não existe um "além" da Igreja na intenção e na vontade de Jesus Cristo, pois ela é a salvação da humanidade e o motivo pelo qual o Filho de Deus se fez homem; é a caridade do Senhor na paixão e morte, é o sinal e o início, no mundo, de sua ressurreição, a confirmação e a expressão que a exibe e a expande.

Os próprios sinais litúrgicos – aqueles que são postos pela vontade de Cristo e aqueles que continuam sua perspectiva e são colocados em homogeneidade – devem ser compreendidos em relação com a Igreja.

Se é verdade que o sinal litúrgico, como a ceia eucarística, tem a objetividade da presença da Páscoa, "contém" a ação do evento absoluto, o futuro histórico daquele sinal nasce pela Igreja, que ali se vê significada e realizada: é sua fé tornada objetiva. O gesto da liturgia passa através da iniciativa e da liberdade dos crentes. É sempre e só Jesus Cristo que confere capacidade salvífica, enquanto é Ele mesmo sua realidade; a *res* junto com o *sacramentum*, como diziam os teólogos medievais. Originariamente o sinal litúrgico significa Ele; no entanto, Ele próprio não é distanciado da Igreja, mas é nela reapresentado pela disponibilidade que o recebe. Não é a Igreja que edifica o Senhor; nem é primeiramente a Igreja que tem o poder de dar valor ao ato litúrgico, de "produzir" a Eucaristia: ao contrário, ela a recebe de Jesus Cristo. Mas não passivamente e sim com todo o empenho e a novidade que a obediência da fé e a conformação da vida comportam. É o caso de insistir neste ponto: para que não se disponha de um lado Jesus Cristo, no meio os sacramentos ou a liturgia, e como outro termo a Igreja. Não existe sacramento, nem liturgia que não compreenda, a partir de Cristo morto e ressuscitado, a Igreja, que não seja ação de Igreja: com o esclarecimento que ela é a livre-adesão do homem, na fé, ao mistério da Páscoa.

3 O evento definitivo e atual

Valor multiforme e perene da Páscoa

Quando, no curso de suas épocas litúrgicas, ou do ano sacro, a Igreja repassa os mistérios de Cristo ou realiza a memória dos santos, não perde nem atenua a percepção que a ação salvífica, a Páscoa, já é a realidade e o evento definitivo; que nele teve êxito a vida do Senhor; e ainda que a humanidade está redimida segundo o plano divino pela comunhão com a morte e a ressurreição, sacramentalmente presentes na liturgia.

Não acontece, de modo algum, uma espécie de retrogradação ou regressão dos gestos da história da salvação, como que por um seu refazer-se no desenvolvimento do nosso tempo. A natividade é mistério irreversível e dela propriamente não existe sacramento que se ponha no plano do sacramento da Páscoa. E, todavia, o ano da Igreja, substanciado pela recordação destes mistérios, é mais do que uma simples reapresentação à alma e ao afeto de fatos para sempre realizados e irrecuperáveis. O cumprimento e a "iminência" da Páscoa, da qual só é possível a reapresentação sacramental e que em si mesma investe e prevalece sobre toda a história, não apagou o sentido, o valor, ou a "graça" dos mistérios que a precederam e constituíram, e da qual representa a intenção íntima e o êxito.

Celebrando-os, a Igreja não faz mais que desenvolver em análise a síntese do Mistério Pascal: não faz mais que penetrar seu significado, perceber sua gênese e as coordenadas, repercorrendo em si mesma seu surgimento, numa vontade de participação. Não se coloca ficticiamente numa época transcorrida, mas, na consciência do momento presente – isto é, da "plenitude dos tempos" –, ocupa o próprio tempo, sua distensão posterior, para compreender as articulações, as etapas, os "esquemas", as estruturas daquela salvação, que se resolveu na morte – que a Eucaristia repropõe à Igreja – e na ressurreição, para a qual tende na esperança e da qual já traz o penhor. Também então é a Páscoa que revela todas as suas dimensões e suas exigências: a Páscoa do Filho de Deus, feito homem, preparada e esperada na antiga economia, saliente pela vida histórica de Jesus de Nazaré, "concluída" no dom do Espírito, capaz de suscitar a presença e a obra dos santos. Nesta memória do Ano Litúrgico não se repete nem se renova o nascimento do Senhor ou sua experiência quaresmal; e, no entanto, não é exato julgar que estão distantes, como simples "episódios": permanece seu sentido e seu valor, que é encontrado e recebido precisamente na Eucaristia, o sacramento daquilo que é definitivo e completo, daquilo que permanece para nós.

Uma memória para nós

Trata-se de um voltar-se para o passado, que se encontra e se conclui sempre no presente dos sacramentos, na atualidade da morte e da ressurreição de Cristo e do dom do seu Espírito. Podemos falar de função e finalidade pascal-eucarística de toda a variedade das comemorações do Ano Litúrgico, do qual são testemunho, repertório e guia o Missal e o Calendário da Igreja. Assim, a mente e o coração da Igreja, do homem, não cessam de repensar no Senhor, na concretude de sua existência e de suas ações; de ler as dimensões de sua figura; de alcançar, reencontrando-as na plenitude da Páscoa, as "graças" daqueles mistérios, como gosta de chamá-las uma profunda tradição.

Em outras palavras, a Igreja retoma em si, e faz tornar-se história própria, toda a história do Senhor, toda a economia da salvação. Recebe-a como modelo e como empenho a ser compreendido agora que se realizou e que deve desenvolver-se em nós na sua força e na sua virtude. Por isso, a recordação natalina é mais do que uma devoção: é a apresentação do Verbo que se fez Carne, o mesmo que morrerá na cruz e ressurgirá ao terceiro dia; é a compreensão do amor do Pai pela humanidade, do projeto sobre o qual a concebeu. Esta natividade foi e continua a ser uma "graça": na memória litúrgica natalina medimos seu sentido e dispomos o espírito para recebê-la, já que não se alienou com o tempo, mas permanece e tomou a figura da graça pascal e eucarística. Análogo é o discurso na memória dos santos, que dizem modelo e presença com Cristo na Igreja.

Uma compreensão essencial e simples do Ano Litúrgico partirá sempre e terá viva a centralidade absoluta do mistério da Páscoa e do seu sacramento – a Eucaristia. Não desvalorizará o episódico e o devocional, mas remarcará e dará destaque aos traços dogmáticos e teológicos; distinguirá com atenção a memória sacramental da paixão e ressurreição das outras memórias e assim, conclusivamente, apresentará o Ano Litúrgico como um reviver de Jesus Cristo, de sua história, de sua realidade, e no tempo da Igreja, ou na humanidade, que a isso consente e, portanto, torna-se e se expressa como Igreja, conferindo ao próprio tempo o caráter e a substância de um tempo de graça.

Jesus que vive sempre

Sobre o fundo daquilo que viemos dizendo, podemos reler, talvez, com maior capacidade de evocação, as palavras da encíclica de Pio XII, *Mediator Dei*: "O Ano Litúrgico não é uma fria e inerte representação de fatos que pertencem ao passado, ou uma simples e nua reevocação de realidades de outros tempos. Ele é, antes, o próprio Cristo, que vive sempre na sua Igreja, e que prossegue o caminho de imensa misericórdia [...] com o objetivo de pôr os homens em contato com seus mistérios e fazê-los viver por eles; mistérios que são perenemente presentes e operantes [...]. Porque são exemplos fontes de graça; e porque perduram em nós com seu efeito sendo cada um deles a causa de nossa salvação". É a visão retomada – como já sabemos – com vigor pela Constituição litúrgica: "Relembrando destarte os mistérios da redenção, a Igreja franqueia aos fiéis as riquezas do poder santificador e dos méritos de seu Senhor, de tal sorte que, de alguma forma, torna-os presentes em todo o tempo, para que os fiéis entrem em contato com eles e sejam repletos da graça da salvação" (*Sacrosanctum Concilium*, art. 102).

4 A Páscoa: horizonte e substância do mistério cristão

O problema da morte e sua insolubilidade "natural"

A teologia da Páscoa do Senhor, quando é adequada ao seu sujeito e à sua história, corresponde exatamente à teologia cristã. Em Cristo que morre e que ressuscita acontece a epifania de Deus e do homem. Fora disso não se conhece o mistério da Trindade e não se compreende o mistério do homem e de suas vicissitudes. Deus, homem e, portanto, Palavra, sacramentos, Igreja vida moral, êxito final: são capítulos que se desenvolvem no interior e que expressam o fato pascal consumado por Jesus de Nazaré. Também a morte, se quiser ser entendida com um significado exaustivo, é compreensível na luz e pelo conteúdo pascal: é sua continuação a ponto de poder dizer que no homem que morre, intencionalmente, está presente e a ele se associa hoje a morte do Senhor. Se a pesquisa científica sabe explicar por que o homem participa do processo natural de desagregação dos elementos, a filosofia, que quereria captar seu sentido e sua racionalidade, fica impotente, como que diante do máximo de sua tensão e de sua possibilidade explicativa. Com a morte, o homem perde os laços que o inserem na história, desfazem-se os relacionamentos espaçotemporais, e ele se vê projetado para o limite, para o extremo, além do qual não existe mais método de experiência alguma. Ainda que, mais ou menos intensamente, não deixam de sobreviver os sinais da presença e da atividade da pessoa humana na história, ela não aparece mais como protagonista.

Sem dúvida: uma reflexão completa sobre o próprio homem, assim como ele se manifesta, revela a exigência intrínseca – em linguagem técnica: metafísica – da permanência e indestrutibilidade do espírito: mas não consegue dar consistência e trama no "além" a uma vida que por natureza se revela e é perceptível em dimensão de tempo, de espaço e de relações humanas. Para não dizer que, segundo outro destaque particularmente sensível ao realismo da corporeidade, uma permanência incorporal oferece uma realidade humana essencialmente dividida e inconcludente.

É este o obstáculo radical de uma filosofia do progresso que se vê necessariamente reduzida a projetá-lo numa continuidade universal e de espécie, mais do que pessoal e de indivíduo: a morte do indivíduo, aos poucos vai excluindo-o, mesmo na subida – quando existirem – dos valores e das possibilidades promovidas pelo desenvolvimento humano. À parte o que se poderia dizer da validade real desta mesma visão, marcada de otimismo, a morte é o verdadeiro escândalo ou escolho da filosofia do progresso e, antes, da filosofia simplesmente, por seu caráter de extremismo no qual obriga e de a-historicidade na qual afunda.

A resposta da Páscoa

Pode responder ao enigma uma teologia pascal da morte que não faz o discurso segundo os dados de pura experiência natural e usa a faculdade racional de interpretação, mas acolhe um discurso feito por Deus em Cristo, que é acolhido com outra faculdade de conhecimento que é a fé. Pois bem, a Palavra de Deus dá primeiramente uma interpretação da morte que supera o nível da pura perda de comunhão espaçotemporal com a história, em antítese com a imanente necessidade de um ser constitucionalmente expresso na matéria. Numa leitura profunda como é possível somente a Deus, a morte do homem é de fato o sinal e o êxito de outra morte, acontecida num estrato e com um sentido incomensuravelmente mais íntimo e mais grave: a separação de Deus, o pecado, do qual a própria morte é como que a manifestação e o "corpo". Discorrer sobre a morte na hipótese de uma ordem, como se diz, de "natureza pura" pode ser útil em certas condições, mas, de todo modo, é sair da realidade concreta e captar-lhe um aspecto limitado. Na atual situação humana, não interpretável globalmente pela filosofia, morte e pecado estão indissoluvelmente unidos.

Consequentemente, uma obra de salvação que influa sobre a separação de Deus e realize com Ele a comunhão, por isso mesmo deve arrancar à morte do homem a raiz sobre a qual agora amadurece e o estado do qual é indício. Com efeito, Cristo é, ao mesmo tempo, graça e glória; sacrifício pelo pecado e vitória sobre a morte. Uma vitória que não é prolongamento sem fim de uma vida dentro da trajetória da terra, mas de fato glória, que é a condição celeste da graça, da salvação humana, onde também o corpo é "espiritual", ou no "Espírito", e ao qual, no seu plano, Deus conduz, em Cristo, a história e o universo.

Com Jesus Cristo, a morte já começa a assumir um conteúdo e uma perspectiva radicalmente nova. Nele, que a assumiu, torna-se o itinerário e a manifestação eficiente da redenção. A ruína mortal para Jesus de Nazaré tem o valor de uma obediência, de uma dor, mais verdadeiramente de um amor que salva, e já de uma ressurreição e de uma vida. Nele, que é o Filho de Deus, morrer não é perder os contatos com a história ou testemunhar a situação de seu pecado, mas destruir e superar a grande separação e entrar no além que é a escatologia, a glória, a vida, a criação definitiva, o fim último e único, que faz compreender e dominar a própria história. Sentida por Cristo, a morte é "mistério", ou seja, ato salutar e, em vez de perda, é aquisição e é lucro.

A partir de Jesus ressuscitado

Um discurso fundamentado relativo à morte do homem, já não pode ser feito senão a partir de Cristo, que morreu e ressuscitou e envolve na sua morte e ressurreição. Agora, morrer é continuar seu mistério. Antes, o cristão já no batismo é enxertado nele, e sua vida é originariamente "mortificação", como que assunção do valor da morte do Senhor e, por isso, vitória sobre o pecado, intimidade com Deus, ato de obediência que repara e recupera. O cristão que não traz em si a morte do Senhor desmente o próprio batismo com o qual, no sacramento, entrou nela. Para ele, a morte, como termo último, sintetiza e leva à conclusão a associação com o sacrifício de Cristo, que distinguiu sua vida. Aliás, a Eucaristia, tornando presente aquele sacrifício, é destinada precisamente a fazer a Igreja entrar continuamente no estado mortal salvífico do Senhor que se consumará no fim.

Morte de Cristo, sacramentos, morte do cristão: são temas não só aproximáveis, mas organicamente unificados, como de uma só realidade que se torna e se estende. De corpo do pecado e sinal de separação, a morte passou a ser "corpo" da graça, sinal da pacificação, ingresso na glória, de modo que aparece o ponto de chegada da história: todavia, não porque a conduza, com suas forças, sua lógica, adequadamente ao seu horizonte, ou ao desenvolvimento das possibilidades humanas, consideradas sem levar em conta a dimensão divina da própria história, mas porque Cristo, que traz ao mundo a dimensão da graça, a conduz.

Solução pela fé

Certamente, só a fé, acolhimento da Palavra de Deus, pode sustentar a realidade da morte como mistério de salvação e ingresso na glória. E o ato de fé mais difícil é aquele que diante do extremo da possibilidade da filosofia e da dissolução definitiva da experiência da vida, realiza o ato de abandono, que desmente aparências e raciocínios, em Cristo ressuscitado, que disse: "Quem crê em mim ainda que esteja morto, viverá" (Jo 11,25). É então a própria fé que sustenta toda a existência do cristão, que, nascida pela morte de Cristo, caminha para a ressurreição e a Páscoa eterna.

5 A plenitude do tempo em Cristo ressuscitado

Pergunta radical

Existe um modo profano de considerar o passar do tempo: registra a mobilidade das coisas, o suceder-se dos acontecimentos, a variada disposição dos eventos da liberdade humana, na qual profundamente o próprio tempo recebe sua possibilidade. É um modo espontâneo, que não deixa de perceber e de determinar certos progressos e certos regressos, um crescer e um decrescer; que também se pode deter para avaliar e para julgar. Todavia, na sensibilidade e na crítica profana confunde-se e, no fim, evita o significado último e a compreensão completa dos dias e dos anos que passam. A história permanece com seu indecifrável segredo, que não consegue ser-lhe arrancado. Sobretudo e radicalmente, a pergunta sem resposta é suscitada e provocada – como temos visto – pela morte do homem, que aparece e é sentida como o definitivo desenvolvimento e a irreversível saída do tempo. A pergunta é colocada inequivocamente sem que se revele possibilidade de dissolução; o problema do tempo e de seu sentido é dramatizado e deixa o homem na ânsia e na angústia.

De fato, é impossível – é empresa e esforço sem sucesso – responder ao significado do tempo fora da fé cristã, que interpreta e acolhe o plano divino sobre o homem e sobre o mundo.

A Palavra de Deus

A Palavra de Deus manifesta a ordem e a razão da vida e da morte; abre a metas adequadas e concretas a liberdade do homem, promovendo-a e também completando-a, num futuro que será satisfeito "além" do escorrer dos dias e dos séculos. Propriamente não num "depois" que está além do tempo, na continuidade que levaria adiante ainda aquela cronologia, mas para o advento de uma Plenitude: para o advento da Plenitude que é o Filho de Deus feito homem; isto é, a Ordem e a Razão da história e de tudo o que sucede nela. O mundo está de pé, consiste, em Jesus Cristo Ressuscitado, na sua possibilidade para nós. Ele é a Chave que abre os segredos, aquele que rompe os selos do Livro (Ap 3,7; 5,5). Nele, os diversos segmentos, os traços esparsos conseguem recompor-se e desenhar a vontade de salvação do universo, e primária e intencionalmente do homem, chamado a consentir e a ser corredentor, a fazer passar o projeto para sua realização.

A providencialidade do tempo

Assim, emerge a "providencialidade" do tempo, da história: não pelo proceder necessário no qual somos prefixados e movidos, mas porque não existe momento e espaço que não sejam de graça, de chamado e por si de sucesso, pois Deus nos criou e nos redimiu; Deus "entrou" no tempo, e ali permanece, "todos os dias até a consumação" (Mt 28,20). Já a Plenitude, que é o Senhor Jesus, está "aqui agora", para que nossa liberdade, nossa história possam crescer. O crente sabe, conhece a vontade divina sobre a qual o mundo está fundamentado desde a eternidade; ele está celebrando eventos bem precisos e bem seguros, nos quais tira a força de vencer o medo e a dúvida, que o tempo, por sua "natureza", tende a gerar. Durante o período do advento, a Igreja invocava Cristo como aquele que liberta da incerteza e da incumbência que um fluir insensato de horas e de semanas causa ao nosso espírito. Agora, a nossa tarefa é dupla: anunciar que no Verbo encarnado está a única possibilidade de compreensão do mistério da história, que com Ele – antes, que ele próprio – é a "Plenitude do tempo" (cf. Gl 4,4) e nele tudo é recuperável, também a morte, e que, prescindindo dele, tudo se desagrega numa aparência seguramente destinada a enfrentar-se numa irresolução, teórica e prática. E é, ainda, nossa tarefa revelar nas obras a "Plenitude do tempo" já vinda; manifestar na liberdade e nas suas opções o significado dos nossos dias, a realidade da esperança que já supera o terror da morte, que já vence o risco horrendo da dissolução. É preciso, pois, viver na fé, que confia na luz e na razão da Palavra de Deus, em quem tudo é compreendido e ultimamente – isto é, originariamente – ligado. E este é o sentido da novidade cristã e de seu testemunho: permanecer na realidade assim como é, não se subtrair dela, não a evitar: já que é do evangelho que vem a verdadeira concretude, e o cristão a está vivendo.

Existe um prefácio ambrosiano que agradece belamente este sentido do tempo do homem e de sua história: "Tu concedes, ó Pai, à Igreja de Cristo celebrar mistérios inefáveis, nos quais a nossa exiguidade de criaturas mortais se sublima num relacionamento eterno, e a nossa existência no tempo começa a florescer na vida sem fim. Assim, seguindo teu plano de amor, o homem passa de uma condição de morte para uma prodigiosa salvação".

5
Da páscoa a Pentecostes

1 Tempo pascal

Cinquenta dias como Páscoa

A Festa de Páscoa não está concluída. Sua liturgia se estende por cinquenta dias e se fecha em Pentecostes. "Celebramos como Páscoa os cinquenta dias: são todos como dias do Senhor" – dizia Santo Ambrósio. "Festejamos na alegria este número, depois da paixão, perdoado já o débito de cada culpa, na plena alegria do Espírito" (*Esp. del Vang. sec. Luca*, VIII, 25).

Precisamos fixar por muito tempo o mistério de Jesus ressuscitado dos mortos e estabelecido Senhor, pois Ele constitui a substância da realidade cristã e a fundação e crescimento da Igreja.

A Páscoa de Cristo não é apenas o término da fé, sem a qual não existiria nada objetivamente a anunciar, mas também o princípio da atual existência do Senhor, o fundamento de sua continuidade através dos sacramentos, o horizonte no qual os cristãos encontram a possibilidade de suas opções próprias, a fonte e a natureza de sua vida. Em outras palavras: Jesus de Nazaré, que, dissolvendo em si a morte, reemerge e se renova na ressurreição, é a esperança da Igreja, pela qual ela é continuamente sustentada e por isso acontecem suas opções de esperança. E com efeito, abrindo definitivamente os confins terrenos do homem, Cristo ressuscitado colocou a espera e o cumprimento do homem para além da pura temporalidade, na escatologia, que nele já se realizou. Se a ressurreição do Senhor é tudo isso, compreende-se que a Igreja prolongue sua festa e sua contemplação na liturgia.

Evangelhos e sacramentos à luz da ressurreição

No tempo pascal, acentuamos a consciência que o anúncio do evangelho recebe de Jesus ressuscitado sua verdade e eficácia. Para Ele, que está vivo, a Escritura não é simples relato, mas "Voz" atual, e sua exegese é bem mais e diferente da explicação e do estudo de um documento: "sob" a memória bíblica está o Senhor, tornado presente e contemporâneo com a ressurreição. Se, ao contrário, Jesus não tivesse sido "livrado das angústias da morte" (At 2,24), não teria justificação e sentido último mais nenhuma palavra e nenhum livro; "não arderia o coração" (cf. Lc 24,32) enquanto se explicam as Escrituras. Elas entrariam nos limites da ciência, não nos limites da fé, que não deduz por enunciações ou por narração, mas por Jesus Cristo morto e ressuscitado.

Também a Eucaristia – e todos os outros sacramentos – é possível porque o Senhor é glorificado. Diferentemente, não o "reconheceríamos na fracção do pão" (cf. Lc 24,31), nem poderíamos ter uma comunhão com seu Corpo e com seu Sangue, fonte de graça e antecipação de vida eterna. A anamnese não seria resgatada pela irreparabilidade do fato passado para sempre. A Igreja não faz outra coisa senão anunciar e celebrar sua esperança, que, ainda antes de ser uma virtude teologal, é o próprio Jesus Cristo sentado à direita do Pai, e é a dimensão radicalmente nova por Ele trazida. Sobre ela tem sentido pregar e tem validade o sacramento. Nas palavras e nos sinais da liturgia opera e se dispõe "Jesus Cristo nossa esperança" (1Tm 1,1). São suas palavras e suas ações, e, portanto, o lugar e o gesto nos quais está ativa a glória e o cumprimento do Senhor.

Igreja visível e invisível

Através da Palavra e dos sacramentos tem-se a edificação da Igreja por parte de Jesus ressuscitado. A comunidade cristã recebe consistência pela atualidade de sua ação, e como seu "corpo": não por força da fé que adere a Ele externamente, mas como criação que procede de sua obra de glorificação, pela comunhão com Ele, por meio do Espírito Santo, que é o dom oferecido pela exaltação do Senhor. Assim, a Igreja não brota de visibilidade e de invisibilidade, de temporalidade e de escatologia, de manifestação perceptível e de "vida escondida com Cristo em Deus" (Cl 3,3), de participação na história e de posse já da "feliz esperança", não estranha ao mundo e também em vigília e peregrina para "uma herança que não se corrompe, não se mancha e não murcha, conservada nos céus" (1Pd 1,4). Quando se obscurece ou diminui a confiança ou a consciência prática da esperança, que é Cristo ressuscitado, e do horizonte por Ele aberto, a Igreja retira-se para dentro dos confins "naturais" e "racionais", até não ser mais o sinal e o plano de Deus, que se desenvolve segundo sua sabedoria. Por isso, é continuamente necessária a "reação" de fé, que é a atitude na qual a ressurreição do Senhor já aparece e é princípio das ações do cristão.

O cristão testemunha de Cristo ressuscitado na pobreza

Última e definitivamente, as opções do cristão não se compreendem prescindindo da ressurreição de Jesus Cristo. Elas se colocam fora de uma medida "natural". Não se trata, por certo, de um "fora" refratário ao mundo terrestre – seria dualismo cristãmente não sustentável. Trata-se da realidade do Senhor ressuscitado dos mortos que confere conteúdo novo à própria esfera terrena. Pedro fala de "esperança viva conservada nos céus" (1Pd 1,3-4); Paulo, das "coisas do alto" (Cl 3,1). Assim, a partir desta condição, que é o próprio Cristo ressuscitado e a dimensão por Ele representada e estabelecida, a Igreja compreende e realiza a pobreza, a virgindade do coração, o serviço na caridade. Não seria nem pensável nem realizável a bem-aventurança dos pobres sem a esperança do "tesouro dos céus" (Mc 10,21), que é Jesus ressuscitado, do qual espera a manifestação. Uma Igreja que não confia no poder que "as coisas da terra" (Cl 3,2) põem à disposição é puro efeito da graça desta esperança, em relação à qual qualquer outro absoluto se perde, para tornar-se extremamente relativo. Por isso, a pobreza do cristão é sinal e apologia que Jesus realmente ressuscitou e é capaz de manter o lugar de todos os bens e de todas as esperas finais. Sem Ele, é impossível uma Igreja pobre, e sem uma Igreja pobre faltaria a atestação e a epifania convincente da riqueza de Jesus Cristo. A pobreza cristã não coincide com a ausência de bens terrenos, mas com a presença do bem definitivo, pelo qual – dizia São Paulo – tudo deve ser considerado como perda (Fl 3,8). A escatologia faz a Igreja pobre.

Ressurreição e virgindade

Da própria força da ressurreição do Senhor deriva a opção dos "filhos da ressurreição" (Lc 20,36), que não absolutizam nem a sexualidade, também quando a exercem no seu significado de expressão de amor. Eles podem chegar até a acolher e a entender a graça da virgindade. Sem a ressurreição de Jesus Cristo, também a virgindade estaria privada do conteúdo verdadeiro, e antes, de intrínseca fundamentação, e o matrimônio cristão não seria a mesma coisa. Talvez no tempo pascal é salutar tornar a ouvir as palavras do evangelho: "Nesta vida, as pessoas casam-se e se dão em casamento. Os que forem considerados dignos, porém, de ter parte na outra vida e na ressurreição dos mortos, não se casam nem se dão em casamento. É que eles já não podem morrer, porque são iguais aos anjos, uma vez que, sendo filhos da ressurreição, são filhos de Deus" (Lc 20,34-36). Sem dúvida, Jesus não despreza o amor conjugal, mas o avalia segundo o caráter definitivo da ressurreição, que é possível por Ele ressuscitado.

Existe alguma ambiguidade ao afirmar, sem crítica, que na pobreza e na virgindade na Igreja (ou mais exatamente da Igreja) antecipa-se a vida futura: todavia é afirmação perfeita se este futuro foi entendido como Jesus ressuscitado, pelo qual a Igreja é pobre e vive em cada estado o amor, sem coração dividido.

O serviço da caridade

Como a pobreza e a virgindade expressam a esperança da Igreja, assim, é seu sinal eficaz o serviço de caridade do cristão– com o qual a própria pobreza e virgindade, afinal, coincidem –, a recusa a reconhecer-se plenamente à vontade e cumprindo a história em qualquer fase, a identificar o progresso e o Reino de Deus, o desenvolvimento cultural e a libertação evangélica, a palavra do homem e a Palavra de Deus: ainda não propriamente por um discutível dualismo, mas porque somente Deus em Cristo ressuscitado tem a posse e realiza o ato definitivo para o homem, que a Ele adere confiando-se na fé.

O tempo pascal nos é oferecido para poder desenvolver um repensamento assíduo destes temas e de todos os outros que, ligados à ressurreição de Cristo, revelam-nos a profundidade deste mistério, que é o cume do plano de salvação, que nos faz viver como comunidade de crentes no mundo.

2 A fé na escola da liturgia pascal

Continuação da Páscoa

O mistério da Páscoa, como cumprimento da salvação em Cristo ressuscitado, não se exaure no cume da Vigília ou no Domingo da Ressurreição, mas se prolonga, marcando todo o curso litúrgico, até a festa que hoje denominamos de Pentecostes: mais de cinquenta dias de diferença. Poderia ser dito com Santo Ambrósio que é uma "festa do Senhor", que incessantemente propõe e explica o acontecimento que única e definitivamente conta para a história da humanidade.

Com o sentido teológico e espiritual do domingo, com a centralidade da liturgia pascal e como sua derivação, devemos readquirir o significado e a importância deste tempo sagrado, no qual, como num grande e longo sinal, é-nos oferecido o mistério de Cristo ressuscitado da morte e princípio de vida mediante o dom do Espírito. É um tempo que a própria insondável riqueza da Páscoa exige como necessário, para que em progressiva profundidade e em múltiplo movimento se vejam postos à luz os vários ângulos da ação de Cristo que morre e que ressurge, e os diferentes aspectos de concreta inserção nela na atualidade de nossa história de cada dia.

Com efeito, ainda hoje a história está sob o sinal ativo da Páscoa do Senhor, que é o único mistério que realmente é reapresentado na liturgia, para que constitua a fonte ininterrupta da vida da Igreja. É em toda a verdade da morte e da ressurreição do Senhor que vale o que a Constituição litúrgica afirmou – como temos visto – sobre a contemporaneidade dos mistérios de Cristo: "Relembrando destarte os Mistérios da Redenção, a Igreja franqueia aos fiéis as riquezas do poder santificador e dos méritos de seu Senhor, de tal sorte que, de alguma forma, torna-os presentes em todo o tempo, para que os fiéis entrem em contato com eles e sejam repletos da graça da salvação" (*Sacrosanctum Concilium*, art. 102).

Assimilação dos textos litúrgicos e piedade cristã

Um primeiro caminho para realizar este contato será o da assimilação dos textos da liturgia do decorrer dos cinquenta dias: textos da Palavra e da oração, que estão entre o que de mais teológico e de mais sugestivo a liturgia possui: orações e prefácios são joias, que a indiferença litúrgica antes ignorava e que, com um esforço de compreensão e de penetração, saberiam alimentar a contemplação e o louvor de toda a longa Páscoa pentecostal. E se é assim, também como fruto da compreensão e da meditação do pastor de almas – a partir do dogma vivido na liturgia é, por ministério, o educador para a piedade –, por que não haveria uma iniciação a estes mesmos textos mediante catequese e homilias mais abundantes e apropriadas? E seria uma formação para a piedade que, centrando-se na fonte da espiritualidade cristã, teria como consequência uma necessária retificação da sensibilidade e, portanto, das formas expressivas da "devoção".

Catequese sobre os sacramentos

Em particular, a liturgia pascal oferece o ambiente vivo para uma catequese sobre os sacramentos da iniciação, o Batismo, a Crisma e a Eucaristia: três fases e modalidades da plena participação, no sinal eficaz, na Páscoa do Senhor. O resultado seria a "escola" litúrgica, para a qual os textos, os ritos, o tempo da celebração, são, ao mesmo tempo, esclarecimento da fé e transmissão da graça, contra um ensinamento puramente abstrato e facilmente menos incisivo. Seria bastante oportuna, por exemplo, uma catequese sobre as orações eucarísticas, onde é tão significativo o destaque que ali assume a própria Eucaristia, como "memorial da morte e ressurreição", como oferta por parte da Igreja "da vítima imolada para nossa redenção" e "sinal de eterna aliança".

Esforço pastoral

Sem dúvida, uma pastoral litúrgica dos "Cinquenta dias", que tire substância e inspiração daquilo que a Igreja propõe e reza no seu assíduo desenvolvimento do mistério, não é de fácil alcance, pois pede que se converta a própria mentalidade teológica, que, não faz muito tempo, voltou a centralizar-se sobre a Páscoa, da qual se trata de perceber a dimensão e os reflexos e, consequentemente, a própria espiritualidade, a exigir que seja mais explicitamente e com maior intensidade reconduzida à sua origem após diversas dispersões. Aliás, assim como estamos num momento da Igreja em que se deveria organizar uma teologia nova, ou seja, uma mais fiel comunhão com a tradição para que daí sejam interpretadas as atuais realidades oferecidas pela história (estaríamos, portanto, inteiramente contra uma recusa ou uma ruptura com o passado), da mesma forma parece indubitável que a Igreja deva recompor os traços de sua espiritualidade com acentos novos; e, ainda, não por distanciamento ou separação das componentes que em cada tempo têm representado, na sua originalidade, a característica vida espiritual da Igreja, mas, ao contrário, para uma imersão mais profunda e, por algum lado, libertadora, dentro da corrente de vida em que afunda suas raízes.

Retorno às fontes

Se a finalidade última da história da Igreja é a de ser conformada ao estado de Cristo morto e ressuscitado, nada é menos novo do que uma genuína atualização, já que ela é retorno – certamente não cronológico – às fontes, e nada é mais ingênuo do que uma contestação que queira ser cristã e seja separadora. Todavia, a Igreja é uma novidade contínua, já que em cada tempo seu ela tende a se deixar tomar pela novidade absoluta que é Cristo ressuscitado, que lhe contesta rigorosamente cada mundanidade e deformidade sua. Uma vez mais, o princípio, a lei de uma contestação cristã permanece; Cristo que morre e que ressuscita. Mas então, esta se torna uma experiência extremamente séria, que envolve toda a Igreja e é constatável a cada momento onde exista seu sucesso: no século primeiro, ou na Idade Média, ou depois do Tridentino. Poderão mudar os nomes: a substância é rigorosamente igual. Mas o encanto e a sugestão dos nomes novos são a nossa tentação e, por vezes, continuamos ingenuamente suas vítimas.

6
Maria Virgem na história da salvação

Renovação da Mariologia

Nestes anos de ardente estudo teológico, também o mistério de Maria se vê envolvido numa retomada de mais evidente e de mais íntima comunhão com o futuro e com a estrutura da história da salvação. Por esta reconcentração, a Mãe de Cristo aparece ainda mais claramente na sua função, ao mesmo tempo única e comum, no mistério de Cristo e, portanto, na vida da Igreja.

Certamente, um determinado tipo de Mariologia entrou em crise: a crise benéfica com a qual caíram as incrustações de um devocionismo que, por um lado, não fazia emergir Maria da própria economia do Salvador com suficiente limpidez e orgânica relação e, por outro, determinava e alimentava uma piedade menos sólida e menos esclarecedora, porque menos fundamentada no seu único "dogma gerador", que é o Mistério Pascal. O Concílio Vaticano II, na Constituição sobre a Igreja, onde está sinteticamente delineada a figura da Virgem e seu carisma, mas na completa visão do mistério de Cristo e da Igreja, do qual provém o justo culto e sua importância e finalidade, fala de "um estéril e transitório afeto [e de] uma certa vã credulidade" (*Lumen Gentium*, n. 67), que não correspondem nem à verdadeira doutrina da Igreja, nem à verdadeira devoção.

Mas se algumas formas estão desaparecendo sob a exigência e o estímulo de uma piedade mais genuína, mais simples e sensível às dimensões objetivas e proporcionadas, a presença e a obra de Maria e a nossa comunhão com ela tornam-se mais íntimas, mais necessárias e mais exigentes. E sob este aspecto, a crise da Mariologia seria um indício grave de empobrecimento e de patologia teológica.

"Antecipação" da Páscoa

Se considerarmos a Virgem no plano do futuro da economia redentora, ela nos aparece como seu início já vivo e consistente, numa posição própria, pessoal e, ao mesmo tempo, em verdadeira associação com a humanidade. O dom feito a ela e sua correspondência é o dom da graça divina que começa e que é para toda a humanidade; é o acolhimento do homem (que assume a expressão consumada da maternidade, ou seja, do acolhimento fecundo) que se dispõe a entrar no plano divino da salvação.

Ontológica e moralmente, na sua graça (ou privilégio) e na sua liberdade, em toda a concretude e a história do seu ser e, portanto, na sua influência e na sua causalidade, Maria é já prefiguração e antecipação do mistério da Páscoa. Diríamos que a Virgem é a flor pascal, da qual amadurecerá o fruto que é seu Filho morto e ressuscitado. A fineza da teologia de Santo Tomás, no mais, fiel à fineza que o havia precedido, fala do consenso que em Maria se esperava em nome de toda a humanidade, de modo que a encarnação se realizasse como um certo *spirituale matrimonium* (*Summa Theologiae*, III, 30, 1c), e põe em luz a concepção sobretudo na fé e a livre-doação de Maria ao plano de Deus. O *fiat* da Mãe na anunciação e aquele do Filho na agonia são como que o fruto que se junta e o fruto que amadurece: mais do que justapor-se, um completa o outro, num só futuro, numa só história, que é aquela do ingresso da humanidade na eleição divina, na passagem pascal.

"Cumprimento" de Jesus Cristo

No seu ser e no seu agir, Maria entra para "colaborar" na redenção: colaboração que é essencialmente "eucarística", ação de graças, reconhecimento do dom, consenso e disponibilidade a Cristo, "primitiva" e livre-aceitação da eleição de Deus, da Páscoa no seu inicial fazer-se nela. Por consequência, colaboração não por "acréscimo" à obra de Cristo, mas para o serviço no seu realizar-se na história, a começar por ela. Serviço de tipo materno, único por constituição e por prontidão e plenitude de cumprimento. Por analogia (e talvez também mais): nós, depois de Cristo, segundo São Paulo, completamos o que faltava à paixão de Cristo na Igreja; Maria "completava" o que faltava à paixão (à Páscoa) de Cristo, tornando-se sua Mãe e, portanto, "começando" Cristo, que sem ela "faltava".

Maria relativa a Jesus Cristo, único mediador

Nesta perspectiva, que sentido teria opor Maria a Cristo? Ou como sobressairia a história e a Páscoa de Cristo sem a história e a "Páscoa" de Maria? Uma Mariologia que mesmo minimamente ofuscasse a unicidade absoluta do mistério de Cristo esvaziaria de substância e de significado o mistério relativo de Maria; e uma Mariologia que prejudicasse seu ofício materno, de dependência mas também de ativa comunhão com Cristo, reduziria e no fim dissolveria o mistério do Senhor.

Cremos que sobretudo a atual teologia de orientação mais histórica deve ser particularmente sensível a estas relações do futuro da salvação. Assim entendida, Maria não fechará ou interporá obstáculos ao itinerário ao único mediador, à associação pascal a Ele, já que sua tarefa, seu serviço materno na história da "economia", é o de abrir o caminho a Cristo – falávamos de juntar o fruto –, não de substituir-se a Ele. De forma eminente, com Cristo e "depois" dele, a Virgem serve evangelicamente, segundo a inversão: quem é o primeiro ponha-se a serviço. Sua função é exatamente a de servir o Mistério Pascal de Cristo, que dela, maternalmente, começou no espírito e na carne, por dom e por acolhimento.

Maria e a Igreja

A função de Maria, que se desenvolveu na história, pertence à estrutura da Igreja e, portanto, continua na sua existência atual, como presença, como oração, mas seria melhor dizer, como ininterrupta comunhão com Cristo, que já é o Cristo que cresce no seu Corpo místico. Maria "ajuda" ainda a realização da Páscoa, para que do seu Filho, no qual se realizou, transpasse para nós, para a humanidade inteira, de modo que se leve a termo perfeito seu próprio ofício ou carisma materno. Então: Maria "mediadora" da Páscoa de Cristo na Igreja por missão materna, que é total e absoluto relacionamento ao próprio Cristo, introdução a Ele, "fruto do seu seio".

Podemos precisar e compreender a dupla relação, que segue, de Maria com a Igreja. A mãe de Deus não é distinta da Igreja, está no seu próprio coração se a Igreja não for outra coisa senão a humanidade em estado pascal, redimida por Cristo e em união de vida com Ele. Maria é Igreja eminente e exemplarmente, antes, a primeira a ser Igreja, porque seu *fiat* é já pascal e eclesial. Mas, exatamente por isso, ela é também mãe da Igreja, pelo crescimento de seu Filho no seu Corpo que é a Igreja. Como o mistério de Cristo estaria mutilado sem Maria, assim o estaria o mistério da Igreja sem ela.

A história da piedade mariana, à qual a Igreja é sensibilíssima, tem na sua origem, como *intentio profundior* a animá-la, esta dimensão do mistério cristão, percebida na fé e na teologia.

7
A festa cristã

A festividade aparece como uma dimensão do homem na sua concreta história e vida: quer se ponha num contexto de religiosidade, quer a parada festiva se coloque numa causa "profana", como expressão – hoje se diz – do homem lúdico. Uma "ferialidade" que não acabe mais, no fim se revelaria sem sentido e seria sufocante e opressiva, sob a insígnia do útil do qual a gratuidade está ausente. Do mesmo modo, uma festividade que não conhecesse pausa nos exauriria ainda no sem sentido. Contudo, detenhamo-nos nestes destaques: já que o aspecto antropológico da festividade e, correlativamente, da ferialidade, mereceria teórica e historicamente uma atenta e prolongada análise.

Ao contrário, depois de toda a meditação pascal precedente, ponhamos em foco a motivação e o caráter próprio da festa cristã ou da festividade litúrgica. Por um lado, ele se diversifica em relação a outros momentos lúdicos do homem e do próprio cristão; por outro, porém, assume-os e, em certa medida, interpreta-os.

Jesus ressuscitado: motivo da festa

Antes de mais nada, a festa cristã é atravessada pela memória. "Renova" um evento, celebra-o e, portanto, revive-o com sentimentos da libertação, da alegria, na consciência de seu significado, que fixa e atrai.

A recordação já dava substância à festividade hebraica: o Sábado comemorava a criação, gesto de salvação e, particularmente, o êxodo, a saída que libertara da escravidão. Deus é certamente o termo da festa hebraica, porém, não um Deus conceitualizado, mas o Deus que havia suscitado a história redentora, e que não cessava de conduzi-la e, portanto, de estar presente a ela. A obrigatoriedade do culto e, por isso, também da festa, não era desfeita, mas o princípio e o conteúdo não eram aquele do dever como tal, mas da ação de graças, do louvor, da experiência da "graça", cujo preceito confirmava. Antropologia e teologia não se opunham, nem só se justapunham, mas eram aspectos de uma idêntica realidade.

Para a comunidade cristã, para a Igreja, é o mesmo sentido da festividade hebraica que continua, mas já no seu cumprimento e, portanto, numa radical novidade. A memória tem como conteúdo a definitiva intervenção de salvação que é Jesus Cristo; o evento recordado é a Páscoa do Senhor, sua morte, sua ressurreição, a exaltação à direita do Pai, o dom do Espírito; são os mistérios de Cristo, que continuam na sua graça e no seu valor para fundamentar a razão da festa cristã.

São atos do Senhor, mas a Igreja os festeja porque se sente totalmente tomada por eles: vê ali o próprio nascimento, a própria libertação e, consequentemente, a causa de sua alegria, de seu "bem-estar". A festividade cristã proclama o sucesso da redenção, o significado da história; isto é, do homem e do mundo todo com ele. Na liturgia, os crentes se detêm para repensá-lo, para reviver como atuais os fatos que o passado não sepultou. Radicalmente, o tempo como tal não tem pertença: esta provém da memória que ali se cumpre, antes, da atualidade de Cristo morto, ressuscitado e alcançado no tempo através do rito.

Portanto, para o cristão a festa é Jesus Cristo: o cristão faz festa porque Jesus ressuscitou dos mortos e enviou o Espírito; porque está presente com seu Corpo e com seu Sangue, do qual o mesmo Espírito provém hoje para suscitar os crentes. Isso explica a Eucaristia como coração da festa cristã; a Sagrada Escritura como livro especialmente aberto na festa; explica o repouso que circunda e é exigido pela memória festiva.

Festa do homem

Porém, na sua celebração, a Igreja não esquece o homem. Simplesmente, é a festa do homem, que plenamente se reconhece em Jesus Cristo. Seria abstrata e, no fim, triste uma festividade cristã que não assumisse e não refluísse antropologicamente. Se, também para os crentes, permanecem espaços, circunstâncias, para festividade de alto gênero, sua humanidade encontra-se – deve encontrar-se – na liturgia.

Não é outro homem aquele que está em festa porque o Senhor ressuscitou, porque possui o Espírito, porque enche destes termos a exigência de festividade, em relação ao homem que sente a necessidade do "jogo", da distração, do repouso. Assim, o crente sabe prolongar o sentido da festividade, da qual a recordação cristã lhe oferece as razões.

A condição da fé

Mas, a consequência ou a premissa primeira é evidente: não se celebra o dia do Senhor eficazmente, nem se fazem a festas cristãs com significado e participação, quando falta a fé; quando só nos detivermos diante da obrigatoriedade, mesmo que o dever de ação de graças, e dizemos até da alegria, venha providencialmente a admoestar e estimular uma vontade que fatalmente está também exposta a tornar-se preguiçosa. O descuido da festa, do dia do Senhor, é vencido a partir do princípio, e o princípio é somente a fé, sua pregação e sua adesão.

Talvez o repouso festivo, sobre o qual a antiga pastoral insistia casuística e unilateralmente, não fugia um pouco da confusão entre causa e efeito. O mal-estar e a incompreensão da festa tinham e têm os motivos profundos da incompreensão exatamente no plano da fé, que introduz para a memória e para a sua recriação na vida.

Festividade "natural" e festa de Cristo

Todavia, outra observação é necessária. Como a dimensão humana faz parte da festividade cristã, na qual todo o homem é envolvido, assim entram nela os motivos e as expressões concretas da festividade que o homem "naturalmente" encontra.

As festas voltam na temporalidade, assumem também seu ritmo e sua cor. Do mesmo modo, configuram-se na festividade cristã as tradições, as culturas, os costumes, recebidos e também criados. A "natureza" e a "civilização" tornam-se um "santo sinal" e um uso sagrado; as realidades terrestres, um "sacramento": mas, na origem está sempre a novidade e a propriedade do evento cristão. A festa é Cristo ressuscitado, e tudo o que concretamente o significa e pode "historicamente" dizê-lo.

8
A Quaresma de uma Igreja[8]

Trata-se da Igreja ambrosiana. Já nas páginas precedentes temos longamente nos referido a seus textos. Aqui recolhemos a figura unitária de sua Quaresma, por certo, fundamentalmente semelhante à Quaresma romana, e todavia, com acentos particulares e próprios, cujo conhecimento pode enriquecer a espiritualidade de todos.

Os traços característicos

Cada tempo litúrgico – como é sabido – já celebra o único e realizado mistério da salvação: a Páscoa de Cristo, que a Igreja assume para que se traduza na sua experiência de vida. E todavia, segundo os tempos e as celebrações, os vários aspectos do mistério salvífico – sempre globalmente presente e ativo – recebem destaque, perspectiva e síntese, em certo sentido, diferente, precisamente aquela que confere fisionomia ao traço particular do ano sacro.

Na Quaresma aparece uma Igreja totalmente voltada a preparar-se para a memória pascal, mediante um renovado esforço de conversão. Nos quarenta dias, tornando a meditar, tendo o êxodo por fundo, sobre "os eventos de salvação" perenemente operantes em seu "valor" e em sua "força", e abrindo-se para receber sua graça, a comunidade cristã retoma mais intensa e mais viva a comunhão com a paixão, a morte e a ressurreição do Senhor.

---

8. Para as fontes dos textos citados, cf. BIFFI, I. La quaresima ambrosiana. *La riforma del rito e il nuovo messale ambrosiano*, p. 103-172.

Assim, faz emergir na própria conduta a condição e a exigência do batismo e de toda a iniciação, protegendo sua fidelidade e continuando sua eficácia.

O realce destas componentes quaresmais, a forma de sua articulação, a configuração de conjunto que daí resulta – no plano dos textos eucológicos e, sobretudo, do espírito que os alimenta e que deles deriva – dão aos "quarenta dias" da liturgia ambrosiana uma fisionomia diferente e típica, rica de teologia, de espiritualidade e de estímulo pastoral. Como para o tempo do Advento e para aquele do Natal, também para este da Quaresma pode-se falar de tempo verdadeiramente "forte", aliás, em coerência com a antiga Quaresma milanesa, continuada e aprofundada no seu sentido e na sua linha pela reforma.

Por variedade de temas, por seu conteúdo dogmático, particularmente cristológico e batismal, e por uma ressonância e vibração tipicamente sua, este momento e esta oração do Ano Litúrgico ambrosiano apresentava já um caráter próprio, mais do que as outras partes das memórias dos mistérios do Senhor. Baste pensar, mesmo com evidentes limites de diferente gênero, que a reforma acreditou remediar, nos muitos e amplos prefácios, e especialmente naqueles dos domingos da Quaresma.

Itinerário pascal

Todo o tempo quaresmal – como sabemos – recebe sentido e atração da Páscoa de Cristo, a *sollemnitas maxima* de todo o Ano Litúrgico (*Sacrosanctum Concilium*, art. 102). É o perfil que sobressai logo no I domingo da Quaresma, o motivo que pouco a pouco retorna nas orações e nos cantos para recordar a meta destes dias do Ano Litúrgico: "Assiste, ó Deus de misericórdia, a tua Igreja, que entra neste tempo de penitência com ânimo dócil e pronto, para que, libertando-se do antigo contágio do mal, possa chegar em novidade de vida à alegria da Páscoa". Os "eventos pascais", que todos os anos a Igreja é chamada a "reviver", orientam e suscitam a oração e a penitência, a fome de justiça e o jejum da culpa e, por outro lado, aparecem como os "frutos desejados" da prática penitencial. O "coração novo", que sabe dominar os "sentidos", é a condição para celebrar uma "Páscoa que salva", para ter uma compreensão mais profunda "dos mistérios que nos redimem" e que voltam no curso litúrgico como sinal da condescendência de Deus, de sua presença e de seu chamado e como antecipação da alegria escatológica: "A cada ano – é dito a Deus num prefácio –, dando aos crentes a alegria de participar com coração purificado dos mistérios da Páscoa de Cristo, Tu os encorajas ao teu louvor e ao serviço dos irmãos; e nos sacramentos de seu renascimento os reconduzes à plenitude da vida de filhos. Por estes benefícios de tua misericórdia, elevamos o hino de tua glória"; e num outro prefácio: "Tu queres que te ofereçamos as nossas renúncias para levar-nos a esperar na tua misericórdia e nos concedes celebrar as festas pascais para fazer-nos desejar a alegria do céu". Desde que o espaço quaresmal se abre – com a exortação: "Ninguém se deixe encontrar, no dia de redenção, ainda escravo do velho mundo de pecado" – até concluir-se com a oração: "quanto mais se aproxima o dia festivo de nossa salvação, tanto mais intensamente disponha os nossos corações para celebrar o Mistério Pascal", a comunidade cristã conserva intensa a consciência do significado último e do fim dos quarenta dias. Antes, nem é preciso que o apelo pascal seja sempre explícito para que esta consciência seja real e eficaz.

Têm substância e sabor pascal todos os temas e todas as experiências que formam a Quaresma. E, de fato, esta é possível hoje à Igreja como consequência e continuação da morte e da ressurreição de Cristo, que não vêm para interessar e para tocar só a memória, mas se impõem com a iminência própria dos eventos escatológicos e definitivos, nos quais são "reassumidos" e dos quais retornam já difundidos, na completação do Último, todos os diferentes aspectos da economia da salvação.

"Renovação" dos gestos do êxodo no cumprimento cristão

A Páscoa, como aparece na perspectiva quaresmal, é evidenciada singularmente num horizonte de atualidade, no qual se dispõem em particular os momentos e os conteúdos pascais que dão matéria à meditação e à percepção dos quarenta dias, e que chegam para compor e para delinear a vicissitude do êxodo cristão. Algum texto nos foi dado a conhecer nas páginas precedentes. Um prefácio, rico de teologia, vê no espaço da Quaresma a reassunção de "todos os gestos da misericórdia" de Deus, que são celebrados e dos quais deve ser guardada "a graça com coração fiel": "Com imensa bondade, Tu dás ao teu povo um tempo no qual se reúnem todos os gestos de tua misericórdia, para que, na penitência e na purificação quaresmal, possamos celebrá-los com ânimo agradecido e guardar sua graça com coração fiel". A sensibilidade pela presença da ação de salvação é recorrente na eucologia deste tempo litúrgico ambrosiano, e revela quanto ela confirma e também aplica o modo de entender o Ano Litúrgico da *Sacrosanctum Concilium*, cuja afirmação é conhecida: "Relembrando destarte os mistérios da redenção, (a santa mãe Igreja) franqueia aos fiéis as riquezas do poder santificador e dos méritos de seu Senhor, de tal sorte que, de alguma forma, os torna presentes em todo o tempo, para que os fiéis entrem em contato com eles e sejam repletos da graça da salvação" (art. 102). Quase fazem eco a estas palavras as seguintes orações do Missal Ambrosiano: "Ó Deus de misericórdia, que dispões o coração de quem regeneraste no batismo para reviver os eventos pascais e para alcançar sua eficácia profunda, dá-nos guardar com fidelidade a tua graça e recuperá-la humildemente na oração e na penitência"; "Ó Deus, que aos teus fiéis ofereces sem fim o valor e a força dos eventos de salvação que são chamados a reviver, abre os nossos corações aos teus mistérios, para que a graça da redenção possa preenchê-los". Mas, além destes acentos explícitos, são significativos os repetidos apelos ao "tempo" quaresmal, visto como dom de Deus, especialmente apto para significar com eficácia a graça: o tempo e os dias litúrgicos, mediação e campo da presença da história com a qual Deus vai salvando o homem, ou, mais precisamente, do "senhorio" de Cristo que morreu e ressuscitou.

É, sem dúvida, um traço caracterizante da Quaresma ambrosiana a apresentação de Cristo nos seus gestos salvíficos fundamentais e o desenvolvimento das semanas como a continuação dos encontros decisivos com Ele – que já viemos comentando; ou seja, com Jesus Pão de vida, fonte do Espírito, luz e ressurreição, no qual as intervenções de Deus, já acontecidas, continuam e acompanham a Igreja no seu estado "exódico".

Os grandes encontros com Cristo

Logo no início da Quaresma, Cristo é posto diante da Igreja como o modelo da experiência que ela é chamada a fazer: "Santifica, ó Deus onipotente, este primeiro dia do tempo quaresmal e sustenta a tua Igreja com a graça do Salvador, cujo exemplo queremos seguir". Mas não se trata de uma imitação externa: "Alma minha, bendize o Senhor – diz um canto de comunhão – que te coroa de misericórdia e, em Cristo, tudo te deu. Alma minha, bendize o Senhor que enche de bens tua vida. Cristo é a graça, Cristo é a vida. Cristo é a ressurreição". A Quaresma aumenta a nossa consciência das bênçãos de Deus que, em Cristo, não cessam de acompanhar-nos.

Cristo, Pão da vida

Tendo por fundo a palavra repetida de Cristo: "Não só de pão vive o homem, mas de toda a palavra que sai da boca de Deus" (Mt 4,4) – que dá ao jejum quaresmal um dos motivos mais profundos e mais significativos – volta por todo o tempo dos quarenta dias ambrosianos e, sobretudo, na primeira semana, o tema do pão. Ele é referido à Palavra de Deus, que depois se torna concreta em Jesus Cristo e no seu sacramento, a Eucaristia: aspecto e cumprimento este particularmente novo e próprio do Missal Ambrosiano conciliar.

Logo no domingo que está no início da Quaresma, o prefácio dá graças reconhecendo em Cristo Senhor a Palavra de Deus "que criou todas as coisas", na qual "reencontramos o Pão vivo e verdadeiro que, cá na terra, nos sustenta no laborioso caminho do bem e lá no céu nos saciará com sua substância na eternidade feliz do céu". Continuando, o mesmo prefácio vê já a presença e a substância deste Pão vivo por Moisés – isto é, a Lei já continha Cristo e nutria-se dele – e, portanto, reencontra-o hoje na mesa da Igreja: três momentos e modos de ser e de oferecer-se de Cristo: "Teu servo Moisés, sustentado por este pão, jejuou quarenta dias e quarenta noites, quando recebeu a lei [...]. Não percebeu a fome do corpo nem pensou em alimentos terrenos: bastava-lhe a palavra de Deus [...]. O mesmo Pão, que é Cristo, tua Palavra viva, Tu agora no-lo doas à tua mesa, ó Pai, e nos induzes a desejá-lo sem fim". E, de fato, depois da comunhão a mesma missa diz: "Nutridos à tua mesa, pedimos-te, ó Deus: dá-nos sempre o desejo deste Pão, que dá vigor de eterna substância aos nossos corações indecisos.

"A participação no sacramento celeste [...] cada dia nutre e sustenta a família de Deus" – encontramos em outra oração –, na qual facilmente tornamos a ouvir os acentos e entrevemos a imagem do maná e do êxodo. Em nosso caminho, a força é dada "pelo Pão que o Pai nos manda do céu", e "a fome da verdade" é saciada pela escuta assídua do anúncio da salvação.

Dois cantos entrelaçam muito felizmente o motivo do Pão de vida, do Pão do Reino de Deus e do banquete das núpcias do Cordeiro: "Este é o Pão que o Senhor nos deu por alimento: gozemos, exultemos e demos glória a Deus nosso Senhor, porque chegaram as núpcias do Cordeiro; bem-aventurado quem comer o Pão no Reino de Deus": a Eucaristia é também verdade e espera de plenitude, é já o dom do Senhor, o sinal que Cristo é o Esposo da Igreja, o Pão do reino, e todavia este reino ainda objeto de oração e de esperança.

Outro canto, igualmente sobre a Ceia consumida na intimidade com Jesus desde agora na Eucaristia, mas sempre esperada no momento definitivo e eterno, comenta a fracção do pão: "O Senhor me disse: "Tu me abrirás a porta do teu coração e no Tu a tu nós cearemos juntos". Eu te agradeço e te louvo, meu Deus, por ter-me chamado, Mestre, luz do coração".

Mas o tema do pão apresenta-se sob outro registro, que liga por contraste o jejum de Cristo, sustentado pela Palavra de Deus, e a fome orgulhosa de Adão, desconfiado do alimento que vem da boca de Deus. Assim, o exemplo e o mistério de Cristo tornam-se símbolo e causa do retorno ao paraíso, do qual a Igreja que jejua é feita participante.

Trata-se de três antigos prefácios ambrosianos, que a reforma do Missal conservou: "Tu não nos nutres somente com alimento terreno, não nos fazes viver somente de pão, mas de cada santa palavra tua [...]. Grande salvação puseste para nós no teu dom, Tu que quiseste esta longa abstinência, para que jejuando voltemos ao paraíso do qual uma fome orgulhosa, não dominada, nos excluiu; "Cristo Senhor nosso tornou sagrado este tempo quando por quarenta dias e quarenta noites não cedeu à tentação do pão, antes, quis a nossa salvação; mais do que o alimento desejou a santidade de nossos corações. Seu alimento é a libertação dos povos, seu alimento é fazer a vontade do Pai. Assim, ensinou-nos a preferir o sustento que vem das divinas Escrituras aos alimentos terrenos" – ouvimos expressamente neste texto as palavras de Cristo aos discípulos depois do colóquio com a Samaritana (Jo 4,31.34). "Nós fomos expulsos do paraíso – recorda, enfim, o terceiro prefácio – porque o primeiro Adão não dominou uma fome orgulhosa, mas, com o remédio eficaz do jejum de Cristo, Tu nos chamas de volta à antiga pátria feliz e nos ensinas de que alta obediência provém a nossa libertação".

Sobressai assim, no seu significado teológico, o "jejum" quaresmal, sua conexão com Cristo, novo Adão – com sua obediência e fidelidade à Palavra e, portanto, ao plano de Deus – e com Cristo, que é a Palavra que se faz alimento especialmente na Eucaristia. No tema do "Pão" confluem diversas e ricas evocações bíblicas e é exaltada sua atualidade: aquela do Paraíso e do primeiro pecado, aquela da tentação de Cristo e de sua vitória, aquela da "passagem, do deserto, do maná, da Palavra de Deus, do banquete da Igreja peregrina e do banquete celeste.

Cristo, fonte da água viva; isto é, do Espírito Santo

No seu itinerário quaresmal a Igreja encontra Cristo não só como Palavra de Deus e Pão de vida, mas também como a fonte da água viva ou do Espírito Santo. É o grande assunto – como sabemos – do II domingo da Quaresma, da Samaritana. O poço, junto ao qual, "cansado e sedento", o Senhor quis sentar-se para "revelar-nos o mistério de sua condescendência por nós", é sua prefiguração e seu símbolo, pois nele satisfaz-se a nossa "sede de Deus".

Mais uma vez mostra-se o acontecimento do êxodo, do deserto, indício da condição da Igreja e das confirmações que aconteceram em Cristo e, contemporaneamente, a vicissitude dos patriarcas à procura dos poços e das fontes. Mas outros aspectos da história da salvação reúnem-se na imagem da água: uma lembrança à crucificação e exaltação de Cristo e ao seu lado aberto, como no canto ao quebrar o pão: "De teu coração, Cristo, brota a fonte da água que lava toda a culpa do mundo e renova a vida. Senhor, lava também a nós com aquela água puríssima, limpa nosso pobre coração de toda a malícia"; e, por consequência, a referência ao Espírito, efundido pelo Senhor morto e ressuscitado: "Do teu coração, Senhor Jesus, correrão rios de água viva – 'referia-se ao Espírito' (Jo 7,39). Ouve, piedoso, o grito deste povo e abre-nos o tesouro de tua graça que santifica o coração dos crentes".

A rocha batida pela vara de Moisés, na realidade, era Jesus Cristo, e a água que dela brota é o dom do Espírito Santo e da graça para o povo em viagem, que é a Igreja. Sempre falando da água, a liturgia quaresmal faz a Igreja ouvir sua prerrogativa de esposa de Cristo, que é lavada "com o lavacro da água" no banho do batismo – outro tema quaresmal. Diz o canto de entrada do domingo da Samaritana: "Grandes e admiráveis são as tuas obras, Deus onipotente, Tu que lavas a Igreja com o lavacro da água por força da palavra de vida, porque tua misericórdia permanece para sempre. Justos e verdadeiros, os teus caminhos, Rei dos séculos, que guias teu povo através do deserto": volta a evocação da grande experiência do povo depois da libertação e da Igreja depois da Páscoa de Cristo. E de novo no primeiro caso, o êxodo hebraico com o dom da Lei, no segundo, o êxodo cristão com o dom do Espírito, unem-se dois dos textos mais belos da Quaresma ambrosiana: um, de composição recente, e um, antigo. Aqui os recordamos pelo significado "espiritual" que a água tem em relação a Jesus Cristo, segundo a exegese de João, acima acenada.

Diz o novo texto: "Deus onipotente e eterno – trata-se de um prefácio – sobre tábuas de pedra deste, por mão de Moisés, a lei antiga, mas, renovando a aliança, escreveste em nossos corações a lei nova, que é dom do Espírito, para que todos aqueles que creem recebam em Cristo a adoção de filhos e te chamem de pai".

O antigo texto, que está como oração de início (alternativa) no domingo de Abraão, como o precedente proclama: "Ó Deus, que pela força do Espírito Santo inscreves indelevelmente no coração dos crentes a santidade da tua lei, dá-nos crescer na fé, na esperança e no amor, para que, conformando-nos sempre ao teu querer, seja-nos dado conseguir um dia a terra da tua promessa".

Logo podemos perceber outro aspecto da figura, do significado, de Cristo para nós: Ele é nosso irmão; por força do Espírito por Ele doado, tornamo-nos filhos adotivos e nele dirigimo-nos a Deus como ao Pai. Por Ele confirma-se a bênção e a promessa divina ao patriarca Abraão: os filhos pré-anunciados a Abraão são os crentes, que, na comunhão da graça, na aliança nova, obtêm a dignidade dos filhos de Deus, que formam a Igreja, a pertença à sua "família": a reevocação do batismo, da regeneração, da "imagem de Cristo" pô-lo-á especialmente em destaque.

Cristo, luz do mundo

É a apresentação de Cristo que emerge no IV domingo da Quaresma, do cego de nascença, e no sábado que o precede. O Senhor, em todo o seu mistério, é a epifania de Deus e de sua verdade, a vitória sobre as trevas e a iluminação interior, que, com a fé, se acende no crente.

No sinal da visão concedida ao cego de nascença revela-se a natureza iluminante de Cristo, sua função de guia no caminho da Igreja – mais uma vez não sem eco na "nuvem resplendente" para as viagens dos filhos de Israel (Ex 40,38). Um sinal se renova na fonte batismal, do qual era anúncio e preparação: "Lavaste a cegueira deste mundo e, aos nossos olhos obscurecidos, fizeste resplandecer a verdadeira luz, quando – prodígio inaudito – restituíste a vista ao cego de nascença. No mendigo curado é representado o gênero humano, primeiro, na cegueira de sua origem e, depois, na esplêndida iluminação que na fonte batismal lhe é doada": é o primeiro prefácio no domingo do cego de nascença; enquanto o segundo canta: "No mistério de sua encarnação, Cristo Senhor nosso se fez guia do homem, para conduzi-lo das trevas à grande luz da fé. Com o sacramento do renascimento libertou aqueles que nascem oprimidos pela antiga escravidão do pecado, elevando-os à dignidade de filhos".

Toda uma oração a Cristo luz do mundo é dirigida nos cantos destas missas e em outros lugares no tempo quaresmal: "Tu que abriste os olhos ao cego de nascença, com tua luz ilumina meu coração, para que eu saiba ver as tuas obras e observe todos os teus preceitos"; "Agradeço-te e te louvo, meu Deus [é um canto, como outros textos, já recordado], por haver-me chamado, Mestre, luz do meu coração".

Mas o encontro com Jesus, luz do coração, deve manifestar-se, por uma vida iluminada, nas obras: "Irmãos – é a exortação ao partir o pão no domingo do cego –, amemos a luz e a justiça, caminhemos como de dia. Tenhamos em vista fazer resplandecer as nossas ações diante de Deus".

Cristo, ressurreição e vida

A Quaresma, como encontro com o Senhor, princípio de ressurreição e de vida e, portanto, com sua paixão e morte redentora, sobressai difusamente na eucologia e nos cantos, e toma um acento particular no domingo de Lázaro, onde o milagre é, ainda, sinal de Cristo e sacramento para a Igreja. Na libertação dos laços de morte que prendiam Lázaro é prefigurado um grande mistério de salvação: "aquele corpo, já preso pela decomposição, de repente ressurge por ordem do eterno Senhor; assim a graça divina de Cristo liberta a nós todos, sepultados na culpa do primeiro homem, e nos restitui à vida e à alegria sem fim". Agora, por certo, os crentes recebem muito mais do que foi dado a Lázaro no seu retorno à vida terrena. A profecia teve cumprimento em Cristo, ressuscitado da morte, e na Igreja que se tornou participante do Mistério Pascal e que traz já em si a "imagem da ressurreição", seu "presságio". Estes não são espera apenas daquilo que deve vir, mas realidade e condição que tende a amadurecer e a desdobrar-se na novidade da "vida eterna".

É o fim de uma grande oração no domingo de Lázaro: "Tira da tua Igreja, ó Deus santo e forte, todo o injusto desejo terreno e infunde nela com generosa largueza o presságio da ressurreição, para que não prevaleça o autor de toda a ruína, mas vença o Redentor; e assim, liberta de todo o condicionamento culpável, avance, por tua graça, para a novidade da vida eterna".

Penhor singular deste caminhar para a novidade da vida eterna não pode ser senão a Eucaristia. As orações depois da comunhão repetem esta eficácia do Corpo e do Sangue de Cristo para fazer-nos participar da paixão, para comunicar-nos "a certeza da eterna comunhão com o Senhor ressuscitado", que, todavia, já agora somos chamados a exprimir: "Os sacramentos da Nova Aliança dos quais temos participado – reza-se numa oração depois da comunhão – concedam-nos, ó Deus, exprimir, numa vida justa, a imagem de Cristo, para que, um dia, na glória da ressurreição, nos conformemos plenamente a Ele".

Na verdade, o tempo da Quaresma apresenta-se como a retomada dos encontros e dos gestos decisivos e significativos de Cristo, segundo, sobretudo, a grande leitura e exegese que deles fez São João, e já a partir do cumprimento que receberam no próprio Jesus com sua Páscoa; gestos e encontros agora em ato para nós na sua dimensão sacramental e permanente.

Por esta sua presença e atualidade, ou, mais exatamente, por esta atualidade e presença de Cristo, reavivada em toda a estrutura ritual da Quaresma, este tempo nos é oferecido como tempo de misericórdia, de conversão e de renovação da graça batismal.

Tempo de graça

O abrir-se do "valor e da força dos eventos de salvação" – que recebem, em particular, a fisionomia e a concretude dos grandes encontros com Cristo – constitui a Quaresma como "tempo propício", "dia" excepcional de redenção. A liturgia propõe, pois, com insistência e com intensidade a Palavra de Deus, que convida à conversão, à confiança no amor do Pai, e se torna, com acentos repetidos, elogio e ação de graças pelos gestos da misericórdia de Cristo, nos quais nos é dado encontrar a forma e o espaço para a esperança. "Aqui e agora", como sabemos: porque a ação salvífica de Jesus, manifestada nos seus mistérios, assumiu dimensão definitiva e poder escatológico.

O apelo à economia de graça, incessantemente, oferecida à Igreja e a todos os homens, e quase exibida com maior largueza na Quaresma, retorna especialmente nos prefácios e nos cantos, que estão entre os mais vivos e apaixonantes do Missal Ambrosiano. "Deus de infinita misericórdia, por gratuito amor Tu perdoas a quem se arrepende e restituis tua amizade aos pecadores que voltam a ti; e a nós, que somos culpados, não só perdoas a justa condenação, mas prometes como dom o prêmio eterno"; "Tu só curas as chagas da culpa nos corações que confiam na tua misericórdia"; "Neste tempo de Quaresma, na tua bondade Tu nos chamas à conversão para libertar-nos de qualquer desfalecimento e abrir-nos ao mistério de nossa salvação; e nós, reencontrada com alegria a luz, exultaremos ao sentir-nos renovados".

Ressoam expressamente a linguagem e o tema bíblico da paciência de Deus e de sua vontade de salvação neste outro sugestivo prefácio: "Tu não queres que o pecador morra, mas que se converta e viva; por isso, nos chamas à penitência e nos esperas até retornarmos. Na esperança do perdão que, em Cristo, nos concedes [...] elevamos o hino de teu louvor".

Mas este "incansável amor", que "neste tempo de graça" nos faz encontrar "no Filho o remédio dos pecados" e nos alcança no nosso "desfalecimento", é sobretudo a tese dos cantos, do tom interior e do ritmo inconfundível, muito conhecidos dos ambrosianos: Ó Deus, imenso é o amor que tua promessa revela, e quem pode compreendê-lo? Tu disseste: Não quero a morte do pecador, mas que se converta e viva, e chamaste à conversão a cananeia e o publicano. Tu és o altíssimo Deus, longânime e pronto ao perdão": parece-nos muito forte a expressão sobre o amor divino que tem a profundidade e a incompreensibilidade do mistério.

Outros cantos: "Ó Misericordioso, Tu não nos rejeitaste quando te invocamos na dor, mas vieste salvar teu povo na hora da redenção; és rei, e libertas os prisioneiros, és médico, e curas os doentes, és pastor, e reencontras os errantes; para quem desespera, és Tu o caminho da esperança". De raro poder dramático é o canto de comunhão que invoca a misericórdia de Deus para resolver a insolúvel e contraditória conduta do homem: "Senhor, pecamos contra ti, pedimos um perdão que não merecemos. Estende a mão para nós que caímos, Tu, que ao ladrão arrependido abriste o paraíso. Nossa vida suspira na angústia, mas não se corrige o nosso agir. Se esperas, não nos arrependemos; se punes, não resistimos. Estende a mão para nós que caímos; Tu, que ao ladrão arrependido abriste o paraíso".

Totalmente invadido pela emoção e pelo espírito de Santo Ambrósio é um canto depois do evangelho: "Vê, Senhor, como é frágil o homem! Procura as feridas que curaste; muita indulgência tiveste conosco, mas ainda encontrarás o que perdoar. Estende as tuas mãos que curam, sara os membros doentes, fortalece a nossa fraqueza, conserva aquilo que está intacto na fiel constância" (cf. SANTO AMBRÓSIO. *La penitenza*, II, 8, 66).

A contemplação e a confiança que a Igreja fixa e traduz nestes seus cantos é tomada e alimentada pela história da salvação, com suas experiências e suas figuras: Noé, Jonas, Pedro, o publicano, a cananeia. A liturgia percebe que aquela história não está concluía, nem parou, mas continua para nós, num mesmo plano de condescendência: "Pecamos, Senhor, perdoa nossas culpas e salva-nos. Tu que guiaste Noé sobre as ondas do dilúvio, ouve-nos. Tu que chamaste Jonas das profundezas do mar, e Pedro que afundava, vem em nosso auxílio para que a festa próxima nos encontre todos inocentes, todos resgatados"; "Senhor, se te irritares contra nós, quem virá em nosso auxílio? Quem terá piedade de nossas misérias? Chamaste à conversão a cananeia e o publicano, ouviste as lágrimas de Pedro: acolhe piedoso, Jesus, também nosso arrependimento e salva-nos, Salvador do mundo".

Assim, pela consciência desta economia de perdão, que continua a manifestar o incompreensível amor do Pai, nasce uma oração repleta de "confiante esperança".

Diz-se: "Acolhe, ó Deus onipotente, nossas súplicas e, como sinal de teu amor paciente, dá-nos o perdão pelo qual nos infundes a confiante esperança"; "Deus de misericórdia, acolhe os dons de teus servos fiéis; Tu, que nos vens ao encontro quando estamos desviados e distantes, purifica-nos com teu amor, agora que, conscientes, servimos aos teus divinos mistérios"; "Olha, ó Deus clementíssimo, a tristeza e o remorso de teus filhos culpados; infunde em seus corações a alegria do teu perdão, para que possam sempre gloriar-se de tua paterna misericórdia".

Caminho de conversão

A resposta ao chamado divino, insistente no "tempo propício", e ao dom renovado do amor, que nos liberta da culpa e nos recria, torna-se concreta e visível na vontade e nas obras de conversão. A liturgia ambrosiana dá uma leitura particular a este acontecimento e a esta graça, interpretando-os em particular como um "retorno", uma "obediência" capaz de recolocar-nos no plano originário de Deus: retorno e obediência possíveis – já o temos acenado – como imitação e comunhão com Cristo, no qual a humanidade inteira é reconduzida, mediante a obediência, à conformidade e à verdade do projeto segundo o qual foi predestinada. O motivo da conversão, dentro desta perspectiva fundamental que a define como intenção de corresponder à palavra de Deus, a qual determina e suscita o plano de salvação, é difundido e ressoa por todo o tempo da Quaresma. Trata-se do esforço do ânimo "dócil e pronto" a libertar-se "do antigo contágio do mal", para enfrentar e para sustentar a luta contra o espírito do maligno, para renovar-se intimamente vivendo "com plena devoção e com fé operosa" os santos dias que preparam para a Páscoa. A penitência é vista como "um remédio", que cura dos "nossos antigos males", "do pecado de orgulho" – que é o mais antigo, a origem dos males: "Olha com amor, ó Deus – é dito num início de assembleia litúrgica –, a sincera vontade do teu povo que se fortalece com renúncias penitenciais e pede para renovar-se no coração com obras de justiça"; "Por tua bondade, ó Deus fiel, leva a cumprimento a nossa vontade de conversão, dá-nos conhecer teus caminhos e obedecer à tua lei". Reza-se ainda: "Ajuda-nos a depor os hábitos do pecado a fim de entrar dignamente para o banquete nupcial com a veste da graça".

A presença do mal – as "turvas águas do mal" –, a realidade e a violência da tentação – por certo, na recordação do encontro entre Cristo e o diabo no deserto – estimula o propósito e dão o tema às orações do tempo quaresmal: "Ó Deus onipotente, faze que a penitência quaresmal nos purifique, nos conserve ilesos em meio às insídias do mal e nos torne fiéis a ti com todo o coração"; "Ajuda-nos, ó Deus, com a tua graça, libertando-nos de toda a lisonja do mal, e faze que nos dediquemos com coração sincero à conversão e à oração"; "Concede as lágrimas de um coração penitente e a alegria de uma consciência pura". A Igreja pede para ter as mesmas atitudes de Cristo diante do mal, do qual Ele descobriu as tramas e as dimensões e sobre o qual venceu na sua morte e ressurreição, tornando a trazer o homem para a dignidade e "nobreza" primitiva: "A nós, que desde o início, com presunção orgulhosa, aviltamos a nossa nobreza originária, concede, ó Deus, que sejamos renovados pelo remédio de renúncias humilde e livremente aceitas".

Precariedade do homem

Para tornar mais viva a urgência da conversão, volta, com frequência, a meditação sobre a precariedade da vida do homem, sobre o juízo irrevogável que cai sobre ele: "Alma minha, já chega de pecado. Pensa que, de repente, podes cair no eterno tormento, onde não existe penitência e o choro não vale mais nada. Converte-te, agora que o tempo da salvação te é dado, e grita ao Senhor Jesus: Piedade de mim, Tu que salvas!" Acrescenta um outro canto: "Em plena vida, acima de nós existe a morte. Onde está o nosso auxílio, senão em ti, Senhor? Deus santo, Santo forte, Santo piedoso, salvador Jesus, não nos abandones à morte eterna!"

Mas deve ser lembrado, entre todos, o canto antigo e característico da liturgia ambrosiana: "Alegre é a vida, Senhor, e acaba. Teu juízo é tremendo, e permanece. Deixemos, pois, um amor inseguro, considerando o eterno destino; elevemos um grito: Piedade de nós todos". Contudo, eis ao lado uma oração já brotada da tenra e confiante piedade de Santo Ambrósio: "Olha para nós, Senhor Jesus, ajuda-nos a reconhecer nossos erros e obter o perdão dos pecados. As lágrimas lavem as culpas que as palavras não ousam pronunciar" (*Esp. del Vang, sec. Luca*, X, 88-89).

A obra por excelência da conversão: a caridade

O esforço de vida nova – que responde e se conforma ao "tempo da graça" – manifesta-se e cresce de diversas formas, que a liturgia determina e sublinha. A "renúncia" e "penitência" quaresmal – ou o "jejum" segundo a categoria antiga – não estão fechadas em si mesmas e com finalidade para si. E especialmente um significado sobressai sobre os outros, aquele que "o exercício da penitência e da caridade afaste de nós o egoísmo e, purificando-nos das culpas, nos faça celebrar a páscoa", enquanto um prefácio – de fonte romana – descreve assim o sentido dos quarenta dias: "Nestes dias, Tu inspiras o propósito de fazer penitências que nos curem do pecado de orgulho. Nossas renúncias, transformadas em sustento dos pobres, consentem-nos imitar tua providência". A participação na Ceia impele a "traduzir prontamente em ato o amor aos pobres" e consente "obter a misericórdia divina quando formos julgados" – o juízo sobre o amor e a nossa caridade, "medida" da misericórdia de Deus.

Duas orações, depois da comunhão, acentuam com força extraordinária o laço entre a graça da Eucaristia e a fraternidade cristã: "Reine em tua Igreja uma comum e verdadeira justiça, ó Deus justo e santo, pois a própria graça nos reuniu em torno à única mesa"; "A nós, que temos dividido o mesmo Pão de vida, concede, ó Pai de todos, que nos abramos ao amor recíproco e nos ajudemos mutuamente como membros de um único corpo".

O perdão das ofensas

O "operoso exercício da caridade" tem uma forma e uma evidência singulares no acolhimento fraterno que, com coração generoso, sabe perdoar e restabelecer a comunhão quebrada, a qual continua e confirma o próprio perdão de Deus e a oferta de sua graça pascal. É o que propõem duas orações muito concretas e ricas de inspiração: "Ó Deus, que perdoando preparas a tua Igreja para a solenidade da Páscoa, dá-nos espírito de caridade e de paz, para que a oferta da vida realizada por Cristo para a salvação do mundo se prolongue na memória e no amor fraterno de teus filhos"; "Concede, ó Deus misericordioso, que nestes dias de conversão, conhecendo os nossos pecados e esquecendo qualquer culpa sofrida, busquemos com confiança o teu perdão". Também esta oração retoma o tema do perdão: "Concede, ó Deus onipotente, que neste tempo quaresmal nos perdoemos mutuamente as ofensas; assim, os nossos dons ser-te-ão agradáveis e poderemos crescer na tua comunhão".

É fácil fazer emergir os laços profundos do único movimento que articula estas orações: no início está o sacrifício redentor de Cristo – isto é, a doação de sua vida tornada presente na Eucaristia –, do qual vem o nosso perdão; ele continua na memória e na obra "concreta" que é a mútua caridade fraterna, e, por nossa vez, comporta o perdão oferecido aos outros. Em outras palavras: a caridade e o esquecimento de "qualquer culpa sofrida" têm possibilidade e exigência na caridade de Cristo, que morre por nós todos; antes, para a sua realização é concluída, na liturgia, a celebração de sua morte e ressurreição, enquanto, por outro lado, existem as condições de eficácia e de validade.

O sacrifício da cruz, no qual o amor de Cristo tem cumprimento, gerando a caridade da Igreja, representa a origem e o sentido de toda a conversão e penitência quaresmal. A perspectiva cristológica e pascal do "serviço aos irmãos" revela-o como a "obra penitencial" por excelência da Quaresma. Ela dá sua interpretação e seu significado último. Dão-lhe destaque outras duas orações: "Pai amantíssimo, que deste a todos nós o teu Filho, perdoa nossos pecados e acolhe, quase como sacrifício de salvação, as obras penitenciais que te oferecemos com estes dons"; as "obras penitenciais" são um "sacrifício de salvação" se traduzirem a comunhão com o sacrifício do Senhor, no qual se revela o dom do Pai e do Filho. Mais uma oração: "Aceita, ó Deus, Senhor do universo, com esta oferta, o nosso esforço humano, com o qual levamos a cumprimento tua criação e nos associamos a Cristo redentor na obra de salvação": todo o "esforço humano" – inclusive o trabalho, a operosidade e a tribulação do homem no seu viver histórico na "natureza" – compreende-se e é possível em relação e como participação na redenção de Cristo, ou seja, no seu amor e no seu sacrifício pascal e, portanto, na intenção de sua caridade e de sua doação; motivo unificante da experiência da Igreja durante os quarenta dias.

A Quaresma: renovação da graça batismal

Típica por repetição e desenvolvimento é a índole batismal do tempo ambrosiano da Quaresma. Ela já é claramente destacada na tematização dos encontros com Cristo água viva, luz, vida, e está compreendida no perfil pascal dos quarenta dias. A antiga liturgia ambrosiana havia conservado e transmitido seus caracteres, continuando os sinais e os conteúdos também quando se veio perdendo a destinação original dos grandes domingos da Quaresma em relação aos "competentes", ou seja, àqueles que se dispunham ao lavacro.

A Constituição *Sacrosanctum Concilium* – como sabemos – afirma que o tempo quaresmal "dispõe para a celebração do Mistério Pascal sobretudo mediante a lembrança ou a preparação do Batismo e da penitência" (art. 109): a reforma do sacramentário milanês, na fidelidade à própria tradição não faltou, reconfirmou e acentuou a fisionomia batismal dos domingos, e a eles incluiu também os sábados: orações, prefácios e cantos estão invadidos e movidos especialmente pela memória da fonte, de suas exigências e de sua graça, captada como dom permanente que exige fidelidade e aplicação.

Já recordamos os grandes prefácios dos domingos e dos sábados, os cantos que iniciam e continuam sua ação de graças, e as orações que põem às claras o sentido da atualidade e da presença sacramental e renovadora da ação de Cristo.

Para quem foi batizado e, portanto, para a Igreja, comunidade dos crentes na qual acontece o caminho para a Páscoa, a penitência quaresmal, a assunção e a manifestação do sacrifício e da caridade de Jesus, brevemente: a praxe dos quarenta dias significa essencialmente uma retomada e um desenvolvimento da participação primária e decisiva na paixão e na ressurreição acontecida no batismo, ou mais exata e completamente, em toda a Iniciação Cristã – aqui o batismo está a indicar, por certo, o complexo do itinerário que parte do banho batismal e, através da confirmação, consuma-se na Eucaristia.

A "sacramentalidade" global que temos percebido na Quaresma continua eficazmente a comunhão sacramental com o mistério de Cristo, que inseriu o cristão de modo estrutural e definitivo na condição da salvação, também porque nos sábados e nos domingos da II à V Semana da Quaresma, as orações no início da assembleia litúrgica são duas, a escolher. "Faze, ó Deus – diz-se no primeiro sábado batismal –, que todo o povo dos batizados viva fielmente este tempo de salvação e se disponha a celebrar com fruto o mistério da redenção"; "Com a penitência salutar mantém viva em nós a graça batismal que nos libertou de toda a culpa"; e no domingo da samaritana: "Lava a Igreja das impurezas dos nossos pecados, para que possa caminhar para a vida eterna com obras novas, dignas do renascimento batismal"; "Deus, que amas a inocência e tornas a doá-la, une a ti os corações dos teus servos; Tu, que nos libertaste das trevas do espírito, jamais nos deixes afastar de tua luz".

Conscientes de que no princípio da novidade batismal houve o Espírito Santo, eis que invocamos ainda a sua vinda e ação: "Manda teu Espírito, ó Deus misericordioso, para renovar em nós a graça do batismo, a fim de que a realidade da regeneração se traduza eficazmente na nossa vida", ou seja, para que "em toda a nossa vida, com alegria, nos manifestemos renascidos à imagem de Cristo no batismo". A "novidade" da conversão quaresmal, na qual age a ação pascal do Senhor, é a "novidade batismal", pela qual "reconhecemos com alegria a Deus como criador e pai", enquanto a luta, "com as armas da sobriedade e da abstinência", contra o espírito do mal estende a mesma que foi iniciada no batismo.

Declara-o com vigor uma antiga oração: "Ó Deus, entre as tuas mais admiráveis obras está a regeneração do homem; torna vã a ação do Tentador e quebra as correntes mortais do pecado para que seja destruída a inveja que nos perdeu e vença o amor que nos salvou".

Sublinhamos a estreita relação entre o "amor que nos salvou" – que é o do Pai revelado e completado no sacrifício de Cristo –, o batismo no qual primeiramente o recebemos em nós e a condição cristã na qual é chamado a subir e a recuperar-se ininterruptamente. Nesta operosa fidelidade ao "princípio", o crente partilha sempre mais real e experimentalmente a ressurreição do Senhor e sua libertação. É uma superação progressiva do "condicionamento", da "alienação", da "transitoriedade" e da "estreiteza dos horizontes terrenos", já em ato no batizado como "presságio": "Ó Pai onipotente, ao se aproximarem as festas pascais, tua Igreja obtenha de ti a plena remissão das culpas, e aqueles que no batismo tiveram a sorte de se tornarem teus filhos, faze que não voltem mais a ser prisioneiros da velha condição de pecado"; "Ao teu povo, que pelo lavacro batismal já ressuscitou na alegria, concede, ó Deus piedoso, que passe à plena liberdade da vida eterna.

Nesta luz, toma todo o seu significado a apresentação, na Quaresma, dos grandes mistérios de Cristo, de seus encontros com a Igreja, entendidos em sentido batismal, e a aguda percepção de sua atualidade "sacramental", que os vê continuamente capazes no seu "valor" e na sua "força".

A fecundidade da Igreja

Mas a espera e a oração da Igreja ultrapassam os limites de seu estado atual: durante a Quaresma, ela pensa e espera as "novas gerações" dos filhos de Deus, que estão fazendo ou farão o primeiro itinerário e o primeiro encontro com o Senhor, fonte de água viva, Filho de Deus, luz e ressurreição.

Assim, nasce uma assídua e vibrante súplica da comunidade cristã, para que seja multiplicada "a fecundidade de Igreja". "Ó Deus clemente e fiel, que crias a existência do homem e a renovas, olha com favor para o povo que escolheste para ti e, sem jamais te cansar, chama novas gerações para tua aliança, a fim de que, segundo tua promessa, se alegrem por receber em dom a dignidade de filhos de Deus, que supera, para além de qualquer esperança, a possibilidade de sua natureza". Não menos ardente e ampla é esta outra oração no domingo de Lázaro: "Ó Deus, que operando sempre a salvação dos homens, sobretudo neste tempo sagrado, alegras teu povo com a abundância da graça, olha com bondade os teus filhos e guarda com amor vigilante e paterno aqueles que ainda esperam renascer e aqueles que já renasceram no batismo".

Na formulação do Missal Ambrosiano, o tempo litúrgico do Advento renova para a comunidade cristã com característica riqueza dogmática e intensidade espiritual a contemplação e a experiência do mistério do Filho de Deus feito homem, ilustrando o sentido de seu aparecimento na história, e dispondo o coração para o encontro escatológico com o segundo aparecimento do Senhor da própria história; agora, o tempo ambrosiano da Quaresma, com unificante perspectiva pascal, apresenta-nos a economia salvífica de Cristo – com seus fundamentais momentos e significados – da qual começar a fazer parte através do acolhimento da conversão. Os traços especialmente cristológicos e batismais são desenvolvidos e enriquecidos, com a superação de um arcaísmo caduco ou de uma temática só demasiado insistente, pela colocação à luz de outros aspectos do plano redentor e da conversão cristã. O tempo da Quaresma é o caminho da Igreja em direção à Páscoa, antes, o sinal da Páscoa de Cristo já acontecida e em ato de cumprir-se para a comunidade cristã: cumprimento que provoca e faz crescer a conversão e a graça pascal do batismo.

É esta graça que explica e determina a penitência do trecho quaresmal do Ano Litúrgico. A eucologia ambrosiana do Missal, dotada das estupendas composições de cantos, distingue-se pela unidade da ideação cristológica e batismal e, portanto, eclesial, pela profundidade e pela coerência de desenvolvimento do Mistério Pascal em ação convertedora, pela acentuação do sentido do êxodo – êxodo da Igreja em Cristo – que este tempo litúrgico propõe e leva adiante.

Sua celebração por parte da comunidade cristã significa compreensão e praxe dos conteúdos e da orientação da história da salvação, com seus "mistérios", sua validade e eficácia, que não são realidades do passado, mas verdades sacramentais do presente, que é preciso fazer próprias.

Vista a estreita relação com todo o tempo que deriva e se dispõe da Páscoa, a Quaresma aparece, por excelência, um tempo forte e decisivo para a compreensão concreta da redenção.

9
O tríduo sagrado de uma Igreja

1 Na Ceia do Senhor

Meditação da Palavra

A Igreja ambrosiana – antes que venha a tarde com a "Missa na Ceia do Senhor" – está totalmente ocupada, desde a manhã de Quinta-feira, na escuta da Palavra de Deus. Medita sobre o Justo inocente, condenado por uma iníqua sentença e prefigurado já em Abel, morto pelo irmão, na casta Susana, caluniada pelos envelhecidos no mal, e em cada justo posto à prova com insultos e tormentos, traído pela vileza e pelo lucro. E medita também sobre o pecado e sobre o perdão, celebrando a reconciliação dos penitentes, sobre o esquema proposto pelos livros litúrgicos ambrosianos antigos: voltam as páginas bíblicas sobre a purificação e a cura, sobre o poder do Filho do homem de perdoar os pecados. As duas assembleias previstas *ad libitum* no lecionário dispõem com profunda eficácia para a liturgia da tarde, que abre o Tríduo Sacro, "cume do Ano Litúrgico" (*Normas gerais para o ordenamento do Ano Litúrgico e do Calendário, n. 18*).

A missa é posta "entre as vésperas": começa depois do lucernário e depois do hino, cujas estrofes rápidas e simples expressam, com potente efeito, o drama que a celebração está por recordar: "Segue a noite na véspera, noite de sangue grávida: Jesus suporta o pérfido beijo que a morte provoca. Vil clarão argênteo venceu o fulgor dos séculos; Judas, péssimo mercador, vende o sol às trevas".

Como amigo no banquete

A liturgia ambrosiana da Quinta-feira Santa comemora a "entrega" de Cristo: no seu significado de oferta do Corpo e do Sangue do Senhor – que permanece agora no "banquete estupendo" – e como gesto sacrílego da traição por parte de Judas, "péssimo mercador". Os "cantos" das vésperas e da missa estão entre os mais belos do rito de Milão.

Célebre, entre todos, o *Coenae tuae*, comum com os orientais: "Hoje, Filho do Eterno, como amigo ao teu banquete, estupendo Tu me acolhes. Não confiarei aos indignos o teu mistério nem te beijarei traindo como Judas, mas te imploro, como o ladrão na cruz, que me recebas, Senhor, no teu reino".

Judas e o ladrão na cruz: são figuras emblemáticas e recorrentes na tarde de Quinta-feira. Também no início da assembleia a oração recorda "o castigo que Judas encontrou no seu próprio delito e o prêmio que o ladrão recebeu por sua fé.

Um amor infinito

Diante do "Unigênito de Deus" que "para apagar as nossas culpas se fez homem"; que "vindo para libertar-nos, mesmo sendo o Senhor, é vendido por sacrílego preço", e "é arrastado diante do tribunal de um homem", mesmo que seja "aquele que julga os anjos", nossa confiança é imensa. Ela faz dizer: "Dá, ó Pai de misericórdia, a todos os crentes a salvação realizada pela paixão redentora e quebra por teu amor infinito os vínculos da antiga condenação".

Temor e vigilância

Ao mesmo tempo, porém, somos tomados pelo sentido do temor e da vigilância. Nosso reconhecimento e nossa alegria por nos sentarmos à mesa com o Senhor e com os irmãos é acompanhado por apreensiva oração: "Dá-nos que não sejamos envolvidos pelas trevas do discípulo infiel", mas que reconheçamos em Cristo o Salvador: reconhecê-lo na "enfermidade" de sua paixão, na fraqueza de sua morte e sepultura, tendo acesa no coração a esperança de sua ressurreição ao terceiro dia.

Enfim, a liturgia ambrosiana distingue-se particularmente na Quinta-feira Santa por sua anáfora própria. Acertado seu mais antigo e mais simples plano, ela foi reestruturada e integrada de elementos novos e homogêneos e agora apresenta-se com seus traços típicos, rica de apelos tradicionais, sugestiva por teologia e espiritualidade e eficaz como ação de graças pelo "sacramento de imperdível salvação" daqueles que são chamados a ser "cidadãos do céu e companheiros dos anjos".

2 O mistério da morte e da redenção

Jejum e silenciosa contemplação

A memória da cruz e de seu mistério ocupa toda a liturgia da Sexta-feira Santa. Fiel à antiquíssima tradição, o rito da Igreja ambrosiana não celebra a Eucaristia, e não prepara seu banquete, até que nova e solenemente o disporá como conclusão da grande Vigília da Páscoa. Coerentemente, nem é distribuída a Eucaristia.

A Sexta-feira Santa e o Sábado Santo são os dias do jejum, sustentado pelas palavras dos profetas, com o canto e o sagrado lamento (MANZONI. *La passione*). Os dias do luto da Igreja, cujo Esposo é levado.

A morte de Cristo é o maior mistério no céu, no insondável mundo divino, e sobre a terra, na história do homem. É a morte do Filho de Deus, do Salvador irreconhecido e rejeitado; e, ao mesmo tempo, é o cumprimento de um plano eterno, no qual cada homem foi originariamente concebido.

Poder e sabedoria da cruz

A liturgia da "Sexta-feira" na Semana Autêntica não nos introduz propriamente a compreender a cruz; não a explica e a deixa obscura à nossa razão e à nossa natureza. Compreendê-la significaria exaurir o mistério de Deus, para o qual o escândalo é poder, é sabedoria a loucura, e a fraqueza é força. Ao invés, mais uma vez – pelo retorno litúrgico no qual a graça nos segue sem faltar e assume a forma dos eventos humanos e temporais – somos iniciados a reconhecer a cruz e a acolhê-la na fé. Ou seja, a não rejeitá-la, mas carregá-la, partilhando-a com o Senhor, que "entregando-se livremente nas mãos dos carrascos, sofreu o suplício da cruz, e agora glorioso vive e reina".

Quando a adoramos solenemente, não nos dirigimos tanto ao madeiro na sua realidade sensível quanto ao mistério e à salvação por ele significados; "Ó Senhor, adoramos a tua cruz e cantamos glória à tua ressurreição [...]. Adoramos o mistério de tua cruz e a salvação que vem de ti crucificado".

A salvação do Crucificado ou "da vida eterna que da cruz brotou": é o inconcebível para nós, que é a possibilidade de Deus. A própria Igreja, que nasceu "daquele coração ferido" (MANZONI. *Il Natale del 1833*) e revela sempre seus sinais, é esta possibilidade de Deus. Por isso, a sexta-feira está aos pés da cruz, longamente, levando e encontrando em Cristo que morre a própria identidade e a razão da esperança; o modelo da oração e do abandono: como que renovando aos pés do Crucificado a presença de Maria, aquela que o seguiu sobre o monte e o viu morrer. Se não dirigisse mais o olhar para a cruz, a Igreja não conseguiria mais compreender-se e justificar-se, como momento e término do plano e da economia divina.

Ainda Santo Ambrósio nos guia na contemplação da paixão e da morte do Senhor: "Ele subiu sobre a nossa cruz. Cristo a carregou no homem e o homem em Cristo. Foi Ele o primeiro a erguê-la como troféu, a entregá-la aos mártires: não quis descer dela e salvar-se, para morrer por mim [...]. E é estupendo o exemplo da conversão: logo a culpa é perdoada ao ladrão, e a graça é bem maior do que a oração [...]. Assim, cumpre-se todo o mistério da nossa mortalidade por Ele assumida. A carne morre para ressurgir, ao Pai o espírito é confiado, para que também o mundo celeste seja libertado dos laços do pecado e aconteça a paz no céu e sobre a terra [...]".

E "enquanto os apóstolos fugiram, diante da cruz estava Maria, a Mãe de Cristo, a contemplar com os olhos piedosos, não à espera de sua morte, mas da salvação do mundo, as chagas do filho, cujo corpo mortal, semelhante ao nosso por natureza, não era igual na graça: dele brotava a vida de todos; saiu a água e o sangue" (cf. *Esp. del Vang. sec. Luca*, X, 107, 116, 121, 126, 132,135).

3 A Vigília da Páscoa

O lucernário

Entre todas as Vigílias, a pascal é a mais santa e mais solene. É repleta de sugestões e de apelos. Depreciá-la numa sequência de gestos e de palavras minuciosamente examinadas, talvez por um preconceito inconsistente em relação ao símbolo, que hoje seria incapaz de falar, significaria deixar faltar à comunidade cristã a experiência litúrgica mais forte de todo o ano sacro. Seria empobrecer uma cultura que só uma imprevidente cegueira pode considerar indesejável e superada. No grande início da "noite feliz", na liturgia ambrosiana chamado de lucernário – em cuja "rápida corrida confirmam-se prenúncios e fatos proféticos de vários milênios" – acende-se o círio pascal e se eleva o canto ao "eterno Senhor da luz", que inunda a terra e a alegra com "novo fulgor".

Antigos eventos confirmados

O precônio desenvolve e repassa para a Igreja o antigo evento da Páscoa e os gestos do povo antecedente já confirmados no Filho unigênito. Cordeiro e Pastor, "alimento vital", pão sem fermento descido do céu, "inebriante bebida", "único sangue que não contamina", "coluna de fogo" e "grande luz" na noite, Esposo que vem de improviso e espera as virgens com as lâmpadas acesas: "Todos os sinais das profecias antigas confirmam-se para nós em Cristo".

História sagrada e liturgia

Ao lucernário, segue a Liturgia da Palavra, para reevocar a criação, o sacrifício de Isaac, o êxodo com o cordeiro pascal, o maná caído do céu e as fontes refrescantes de água. Ontem eram apenas sinais e antecipação.

Hoje são realidades ocorridas no Senhor que vence a morte: quando Cristo ressurge, também "o universo abatido e arruinado ressurge e se renova, e tudo retorna à integridade primitiva"; por sua Páscoa é expiado "uma vez para sempre o pecado de todo o gênero humano"; por Jesus somos libertados da horrenda escravidão do demônio e arrancados à morte; nele encontramos o Espírito do qual renascemos para a vida. Aprendemos isso pelas prolongadas leituras desta Vigília, que as orações intercalam e interpretam aplicando-as à atualidade de nossa existência.

"Cristo Senhor ressurgiu!"

Depois vem o anúncio por três vezes que "Cristo Senhor ressurgiu" – tríplice anúncio característico da liturgia ambrosiana e do qual talvez existe eco em *La Risurrezione* de Manzoni, fiel ambrosiano, com seu tríplice início: "Ressuscitou". A bênção da água, o batismo, a renovação das promessas feitas na sagrada fonte um dia renovam na comunidade a experiência da ressurreição. Mediante o "sacramento", ela não é simplesmente recordada, mas verdadeiramente revivida: "Lavacro santo e puro, perene fonte de água – diz um magnífico canto da Igreja milanesa – que dá a quem se imerge a juventude eterna".

A Eucaristia

Como na missa "na Ceia do Senhor", assim na Vigília de Páscoa é própria uma anáfora, a VI como é chamada habitualmente: conservada pela tradição nos seus traços antigos, e oportunamente recomposta e desenvolvida, representa uma riqueza do rito ambrosiano e também, com sua epiclese ou invocação de Cristo depois da consagração, um ponto de feliz comunhão com a Igreja do Oriente.

Recordamo-la na sua exigente versão do não fácil texto original: "Nesta ação sacrifical, manda entre nós aquele que a intuiu, para que o rito que nós cumprimos com fé tenha o dom da presença do teu Filho na arcana sublimidade do teu sacramento" – ou seja: para que o gesto litúrgico, os sinais do pão e do vinho, não sejam vazios de conteúdo, mas sejam sacramento, ou sinais eficazes e, portanto, reais e arcanos, da presença do Senhor. "E a nós, que em verdade participamos do sacrifício perenemente oferecido no santuário celeste, concede que alcancemos a viva e misteriosa realidade do Corpo e do Sangue do Senhor".

"Ó povos, vinde!"

Também os cantos da Vigília são ricos de teologia e de poesia, representativos do estilo e dos caracteres dos cantos ambrosianos da missa e que se inspiram especialmente no Oriente. Ao partir do pão: "Eu morria contigo na cruz, hoje contigo revivo. Contigo dividia o túmulo, hoje contigo ressurjo. Dá-me a alegria do sinal, Cristo meu Salvador. Aleluia, aleluia".

E à comunhão: "A árvore da vida é dada a quem crê; eis que a porta se abre a teus servos fiéis. Água de fonte viva nos dessedenta e nos sacia. Aleluia, aleluia.

Durante todo o tempo de Páscoa, a Igreja nada fará senão celebrar e exaltar a ressurreição e a vida nova: "Cristo ressurgiu dos mortos, a todos deu a vida. Cantam os anjos no céu, canta o teu povo na terra a tua ressurreição, ó Cristo salvador. Aleluia, aleluia".

Terminamos com o antigo "transitório" do domingo de Páscoa: "Ó povos, vinde com temor e confiança para celebrar o imortal e santíssimo mistério. As mãos sejam puras e teremos parte no dom que nos transforma o coração. Cristo, cordeiro de Deus, ofereceu-se ao Pai, vítima sem mancha: só a Ele adoramos, a Ele damos glória, cantando com os anjos: Aleluia".

10
Espiritualidade litúrgica do tempo pascal

1 O tempo litúrgico pascal

Da celebração da Vigília, na noite de Páscoa, parte e continua por cinquenta dias ininterruptos o tempo litúrgico pascal: palavra, oração e sinais não fazem mais que repropor o Mistério do Senhor morto e ressuscitado. Precisamente porque mistério gerador da vida cristã, é necessário um tempo prolongado no ano sacro, no qual ele se desdobre na sua riqueza multiforme, de maneira a criar uma espiritualidade. Para sermos mais exatos: a espiritualidade cristã simplesmente, que é a Páscoa de Cristo em ação na Igreja.

Mas, para que estes cinquenta dias de fato edifiquem um espírito, é preciso adquirir e sublinhar o sentido de unitarismo que os caracteriza. São dias "todos iguais", um "grande Domingo" de todos estes dias: não sinal de monotonia, mas de substância inexaurível.

Falta esta visão de um período no qual o mesmo mistério é celebrado durante todos os cinquenta dias, mas é a concepção mais antiga e mais genuína. Numa bela página de São Máximo de Turim, lemos que ainda tem vivo o sentido dos cinquentas dias como de única festividade, de uma unidade com o "dia do Senhor ressuscitado", celebrado com o mesmo espírito e estilo do domingo:

> Saiba a vossa santidade, irmãos, por qual razão [...] estes cinquenta dias são para nós uma só ininterrupta festividade, de maneira que, durante todo este tempo, não indicamos observância de jejuns, nem cessamos de suplicar a Deus, antes, como fazemos aos domingos, ritos e em festa, celebramos a ressurreição do Senhor.

> Para nós, o domingo é venerável e solene, porque nele, como sol que surge, dissipadas as trevas dos infernos, o Salvador fulgurou na luz da ressurreição.
> Este dia é chamado "dia do sol" porque iluminado por Cristo, sol de justiça que já despontou.
> Agora todo o decorrer dos cinquenta dias é celebrado como o domingo. Consideramos cada um como dia do Senhor[9].

A esta concepção dos cinquenta dias como de um tempo simples e indiferenciado porque igualmente pascal e dominical refere-se o novo Calendário:

> Os cinquenta dias que vão do domingo da ressurreição ao domingo de Pentecostes são celebrados na alegria e na exultação como um único dia festivo, antes, como "grande domingo" (n. 22)[10].
>
> Os domingos deste tempo são considerados como domingos de Páscoa e depois do domingo da ressurreição são chamados domingos II, III, IV, V, VI e VII da Páscoa; o domingo de Pentecostes conclui este tempo sagrado de cinquenta dias (n. 23).

Estes dois artigos do novo Calendário são comentados assim pelo *Consilium* para a Liturgia:

> A estrutura natural do tempo pascal é que perdure o espaço de cinquenta dias: *Deus, qui paschale sacramentum quinquaginta dierum voluiste mysterio contineri*[11]. Inicia, pois, com a Vigília Pascal e termina no Domingo de Pentecostes, como testemunha a antiga e universal tradição da Igreja, que tem sempre celebrado como um único dia festivo o "período de Pentecostes"[12], as "sete semanas sagradas de Pentecostes"[13]. Esta é a razão pela qual os ritos orientais terminam o tempo pascal na tarde do Domingo de Pentecostes. E este era também o uso da liturgia romana nos tempos de São Leão Magno. Porém, quando se começou a celebrar a Festa de Pentecostes unicamente como dia do aniversário da descida do Espírito Santo sobre os apóstolos [século VII] e se esqueceu a união vital do

---

9. *Serm.* XLIV, n. 1. • TAURINENSIS, M. *Sermones* – Corpus Christianorum, ser. lat. T. XXIII. Turnholti, 1952, p. 178. Um ótimo estudo sobre Pentecostes é CABIÉ, A. *La Pentecôte*. Tournai: Desclée, 1965.

10. A expressão "Grande Domingo" é de Santo Atanásio. Cf. *Epist. Fest.*, 1. In: *PG* 26, 1.366.

11. MOHLBERG, K. (ed.). *Sacramentarium Gelasianum*, n. 637.

12. TERTULIANO. *De oratione*, 23, 2. In: *PL* 1, 1.299.

13. BASÍLIO. De Spiritu Sancto, 27, 66. In: *PG* 32, 191.

dia de Pentecostes com o tempo pascal, à própria Festa de Pentecostes foi acrescentada a oitava.

O estudo do Mistério Pascal que foi realizado em nossos dias permitiu perceber o íntimo nexo entre o dom do Espírito Santo e a ressurreição e ascensão do Senhor, de maneira que por muitos era desejada a supressão da oitava de Pentecostes, como de fato aconteceu.

Para que melhor apareçam os cinquenta dias do tempo pascal como "um só dia" ou "grande domingo", segundo a expressão de Santo Atanásio, de agora em diante os domingos do tempo pascal não serão denominados "Domingos depois da Páscoa", mas "Domingos de Páscoa"[14].

2 Espiritualidade pascal

Transcorridos estes cinquenta dias em íntimo contato com a liturgia, eles permitem desenvolver e aprofundar na contemplação, na oração, o mistério da Páscoa e, portanto, realizar uma espiritualidade pascal. As orações deste tempo, com os cantos que o acompanham, estão certamente entre as mais ricas de todo o Ano Litúrgico. Em sua autenticidade e beleza – da qual o latim tinha o gênio e o gosto – estes textos de orações devem ser meditados pouco a pouco. Referindo-se ao coração do mistério cristão, dão-nos o sentido daquilo que deve ser a vida dos fiéis, o tipo de suas obras; concorrem para formar a sensibilidade no prosseguimento da conversão e no renascimento.

Fala-se de escolas de espiritualidade, também justamente: a liturgia do tempo pascal, na sua simplicidade e também densidade, leva-as todas ao seu centro gerador. Naturalmente uma liturgia-vida. Segundo uma oração deste tempo: trata-se de confirmar na vida, nas ações, nos "costumes" as festividades pascais celebradas: *"Qui pashalia festa peregimus, haec moribus et vita teneamus"* (*Coll. Dom. in Albis*). Não poderia ser dito com formulação mais feliz pelo caráter exaustivo e brevidade. E com mais exigência, contra o perigo de uma celebração vazia, de uma liturgia pela liturgia, que, fechada no curto circuito do rito, não se esforça pela circulação da graça pascal no longo circuito da existência. Vale para toda a atividade litúrgica,

---

14. Commentarius in annum liturgicum instauratum. *Calendarium Romanum*. Typis Polyglottis Vaticanis MCMLXIX, p. 56.

para todo o *sacramentum* da Igreja, aquilo que um outro texto de oração aplica à celebração do Batismo: *sacramentum vivendo tenere* (Coll. Quarta-feira oitava pascal): conservar e prolongar a ação litúrgica com a vida e dentro da vida.

3 A Liturgia da Palavra no tempo pascal

Esta espiritualidade pascal, precisamente porque nutrida pela liturgia, encontrará na palavra de Deus seu insubstituível alimento. É importante dar-se conta de sua estrutura.

A primeira leitura vem dos Atos dos Apóstolos – para o ciclo de três anos, de maneira paralela e progressiva. Assim, "cada ano é oferecido algum trecho sobre a vida, o testemunho e o desenvolvimento da Igreja primitiva"[15]:

> A leitura dos Atos dos Apóstolos no tempo pascal é tradicional tanto nas liturgias latinas de Milão e da Espanha quanto no Oriente. Esta disposição mostra bem que toda a vida da Igreja começa na Páscoa, inauguração dos "tempos novos", sob o influxo de Cristo ressuscitado. Desde as primeiras organizações do Ano Litúrgico, os cinquenta dias pascais, "tempo de alegria por excelência"[16], caracterizam-se, entre outras coisas, em muitas regiões por esta leitura dos Atos[17].

> Durante o tempo pascal, a liturgia ambrosiana lê os Atos na primeira leitura, em lugar do Antigo Testamento; a tradição hispânica lê o Apocalipse em vez do Profeta, e os Atos em vez do Apóstolo. Inspirando-se nestes usos, o novo Lecionário pôs nos domingos os Atos como primeira leitura[18].

Como segunda leitura: o Ano A terá a Primeira Carta de Pedro, "cuja maior parte é sempre mais considerada pelos exegetas contemporâneos como um conjunto de fragmentos de homilias de origem batismal"; o Ano B terá a Primeira Carta de João, o Ano C, o Apocalipse.

---

15. *Ordo Lectionum Missae*, n. 14.
16. TERTULIANO. *De oratione*. Op. cit.
17. Santo Agostinho e São João Crisóstomo apresentam este uso como transmitido pelos antigos. Cf. SANTO AGOSTINHO, Serm. 315. In: *PL* 38, 1.426. • SÃO JOÃO CRISÓSTOMO. Homilia sobre o início dos Atos, 4,3. In: *PG* 51, 101.
18. FONTAINE, G. Commentarium ad ordinem lectionum missae. *Notitiae*, 47, 1969, p. 271.

Estes dois livros têm ressonâncias pascais. No primeiro, o Apóstolo recorda "o íntimo laço que existe necessariamente entre o nosso estado de filhos de Deus e a retidão de nossa vida moral, considerada como fidelidade ao duplo mandamento da fé em Jesus Cristo Filho de Deus e do amor fraterno[19]. O Apocalipse, "a grande epopeia da esperança cristã"[20], mostra bem como, em meio às perseguições, a Igreja vive a vida do Cristo vencedor do mal e da morte, na certeza da presença ativa de seu Senhor, que a associará ao seu triunfo final[21].

Enfim, o evangelho dará o lugar privilegiado a João: à narração das aparições de Cristo ressuscitado (a II de Páscoa, enquanto na III no ciclo A e B é referido Lc 24,13-18), ao Bom Pastor (a IV) e a trechos do discurso e da oração depois da última ceia para os domingos seguintes:

> É o evangelho "espiritual" por excelência, aquele que interpreta, com maior profundidade, o mistério de Cristo, que ama os seus até o fim, até a Hora fixada pelo Pai[22].

Assim, é aberta a Escritura, especialmente, sobre o mistério da Páscoa e de sua continuação em nós: será, sobretudo, a nossa pregação que, tornando atual esta Palavra, introduzirá a comunidade cristã à comunhão com Cristo ressuscitado, para que Ele viva.

4 A *Sequência de ouro* de Pentecostes

Para Pentecostes, a liturgia põe sobre nossos lábios a esplêndida sequência *Veni sancte Spiritus*, em tercetos de dímetros trocaicos acatalépticos, atribuída ao arcebispo de Canterbury Stefano Langton (ca. 1150-1228).

Foi definida a *Sequência de ouro*, certamente por seus versos luminosos e transparentes, que, evocando as múltiplas prerrogativas do Espírito, imploram com ardente fervor sua efusão. Desde a súplica inicial: "Vem, Santo Espírito, / e manda do céu / um raio de tua luz".

---

19. *La Sainte Bible* [Bíblia de Jerusalém]. Paris: Cerf, 1956, p. 1.396.
20. Ibid., p. 1.620.
21. FONTAINE, G. Commentarium ad ordinem lectionum missae. Art. cit., p. 271-272.
22. Ibid., p. 272.

A invocação é repetida, porque as graças imploradas são numerosas e variadas, como reflexos da íntima e multiforme riqueza do Espírito.

Assim, com insistência, solicitamos sua vinda. "Vem", replicamos, decorando-o com os títulos mais nobres e mais elogiosos, que aos poucos saem e se entrelaçam como uma harmoniosa e incontida ladainha: "Pai dos pobres, / dispensador dos dons, / luz dos corações"; "Ótimo consolador, / doce hóspede da alma, / suave refrigério". E ainda: "Repouso no cansaço, / frescor nos ardores, / conforto nas lágrimas".

Eis, por isso, que se renova a oração: "Ó luz, fonte de imensa alegria, / enche no seu íntimo / os corações dos teus fiéis".

Com efeito, eles estão bem conscientes de que, se estão privados do Espírito, "falta-lhes tudo, / e nada se encontra neles de inocente": só o Espírito os pode livrar da imundície, da aridez e das lacerações; e, ainda, da dureza, do gelo e do desvio.

Os nossos tercetos elencam, neste caso com uma triste sequela de humilhantes evocações, aquilo que existe no fundo do homem não transformado pela ação do Espírito.

Retorna então o angustiado e confiante apelo: "Lava em nós o que é sujo, / rega aquilo que é árido, / sana aquilo que está ferido"; "Dobra o que é rígido, / aquece o que é frio, / endireita o que é torto".

Enfim, pede-se o Espírito na plenitude de seus dons – o Sacro Septenário – para que conceda o prêmio às virtudes, guie para a meta da salvação eterna e dispense a bem-aventurança sem ocaso.

Em versos rápidos e concisos está delineada assim uma límpida teologia do Espírito Santo, que, derramado com divina superabundância na vida do cristão, empobrecida e marcada pelo pecado, a recria e a torna preciosa.

O Espírito é o Dom prometido por Jesus a seus discípulos, amadurecido na sua cruz gloriosa e copiosamente efundido no dia de Pentecostes: um dia que jamais declina.

Com efeito, pelo Senhor sentado à direita do Pai, o Espírito não cessa de jorrar para infundir a caridade nas almas, para iluminá-las e fortalecê-las, pois Ele é "a Força" que vem do alto (cf. Lc 24,49).

Potente e silenciosamente, pois o Espírito Santo não ama o ruído exterior, o Espírito suscita nas almas o gosto e a familiaridade de Deus. Por força do seu "instinto" – a expressão "instinto do Espírito Santo" volta com frequência em Tomás de Aquino (*Summa Theologiae*, I-II, 68, 3, c.) – podemos levar uma vida "espiritual".

Em particular, o Espírito é a alma da Igreja, por Ele dotada de seus carismas, iniciada na compreensão dos mistérios divinos, fortalecida pelo testemunho e pelo anúncio perseverante do Evangelho e, sobretudo, por Ele purificada e embelezada, pelo qual no Credo a proclamamos santa: "Creio na santa Igreja". Nem poderia ser diferente, já que a Igreja é o próprio Corpo de Cristo e sua Esposa.

Índice onomástico

Aarão 548

Abel 128, 625

Abraão 393, 423, 440, 453, 495, 499, 517-519, 560, 613

Adão 234, 259, 263, 269, 274, 280, 393, 429, 440, 445, 448, 452, 479, 501-502, 509, 567, 611, 627

Aelredo de Rievaulx, Santo 430

Agostinho de Hipona, Santo 129, 141, 213, 230, 310, 362, 411, 449, 495, 520-521, 529, 576, 635n.

Alighieri, D. 543

Alszeghy, Z. 359

Ambrósio de Milão, Santo 17, 51, 117, 119-120, 122, 137, 214, 286, 309-310, 313, 362, 406, 408, 411, 425, 437-438, 442, 457, 484, 510, 540, 541, 557-558, 561, 592, 596, 617, 619, 628

Anciaux, P. 359n.

Ashworth, H. 336n.

Atanásio de Alexandria, Santo 633n., 634

Augusto, Imperador 168

Badini, J. 362n.

Basílio de Cesareia, Santo 633n.

Beauduin, L. 50

Béraudy, R. 293n.

Bernardo de Claraval, Santo 141, 430

Betz, J. 341n.

Bevilacqua, P. 400

Biffi, G. 133, 145

Biffi, I. 179n., 182n., 248n., 297n., 317n., 323n., 324n., 329n., 426n., 469n., 606n.

Boaventura de Bagnoregio, Santo 542

Botte, B. 248n., 250n., 253-255, 336n., 341n., 343, 397n.

Bouyer, L. 310n., 326, 338n., 339n., 341, 346

Cabié, A. 633n.

Carra de Vaux Saint-Cyr, B. 360n.

Casel, O. 50, 129, 143, 148, 338n., 339n., 397n.

Chenu, M.-D. 22

Cipriano de Cartago, Santo 362

Cirilo de Jerusalém, Santo 51, 56, 205, 207, 219, 225-226, 234, 411

Claudel, P. 139, 405, 448, 459, 562

Colombo, G. 55, 88, 94, 297n.

Congar, Y. 310n., 311n.

Davi, rei de Israel 406, 547-548, 560

Del Ton, G. 437

Della Stella, I. 363
Denzinger, H. 101n., 358, 359n., 365, 366, 367, 368, 376n.
Duval, A. 364n., 368n.

Falsini, R. 336n.
Fontaine, G. 635n., 636n.
Fontaine, J. 437
Fortino, E.F. 244n.

Gelineau, J. 336n.
González Rivas, S. 360n.
Gregório I Magno, Papa, Santo 540
Gregório Nazianzeno, Santo 56, 137, 141
Guardini, R. 93, 143, 147-151, 186
Guéranger, P. 135
Gut, B.W. 336n.

Hanggi, A. 326n., 340n.
Hayen, A. 498n.
Herodes o Grande, rei da Judeia 456-460
Hilário de Poitiers, Santo 437
Hus, J. 360
Huyghe, G. 336n.

Inácio de Antioquia, Santo 164
Inácio de Loyola, Santo 28, 354, 403, 498
Isaac 453, 495, 560, 629

João, apóstolo e evangelista, Santo 258, 449, 461-463, 498, 517-520, 523, 527, 529, 544, 552, 558-559, 613, 615, 635-636

João Batista, Santo 350, 463, 548
João Crisóstomo, Santo 411, 635n.
João da Cruz, Santo 28
João de Jerusalém 51
João Paulo II, Papa, Santo 101-102, 104
Jacopone de Todi 542
Jonas 503, 617
Judas Iscariotes 558, 625-626
Jungmann, J.A. 143, 341n.
Justino II, Imperador 542

Kuss, O. 224n.

Langton, E. 636
Lázaro de Betânia, Santo 525-530, 614-615, 623
Leão I Magno, Papa, Santo 56, 136, 141, 446-448, 458-459, 536-539, 633
Leão XIII, Papa 251, 253, 255
Lécuyer, J. 293n.
Ligier, L. 326n., 341n.
Loria, R. 362n.
Lyonnet, S. 229n., 321n., 323

Manziana, C. 133
Manzoni, A. 139, 168, 556-557, 560, 627-629
Marcos, evangelista, Santo 503
Maritain, J. 52-53, 319
Marsili, S. 334n., 342
Martimort, A.G. 293n.
Máximo de Turim, Santo 545, 632
Moeller, E. 336n.
Mohlberg, K. 148, 633n.

Moioli, G. 359n.

Moisés 167, 508, 512, 537, 540, 548, 560, 610, 6112

Montini, J.B.; cf. Paulo VI, Papa

Newman, J.H. 121-122, 460

Nocent, A. 362n.

Noé 617

O'Neill, C.E. 359

Orchampt, J. 336n.

Pahl, I. 326n., 340n.

Paredi, A. 219n.

Pascal, B. 501

Pascásio Radberto 310

Paulo de Tarso, Santo 36, 79, 91, 92, 126, 133, 166, 169, 224, 226, 229, 233, 236, 258, 262, 289, 355, 387, 402, 438, 543, 551, 569, 594, 600

Paulo VI, Papa 247, 296

Pedro, apóstolo, Santo 229, 232, 235, 362, 503, 510, 558, 594, 617, 635

Pedro de Alexandria, Santo 137

Piédagnel, A. 219n.

Pio V, Papa, Santo 135

Pio XII, Papa 84, 585

Pôncio Pilatos 118, 136, 168, 460, 501, 543, 566

Poschmann, B. 359n., 362n.

Prudêncio 437

Radegunda, Santa 542

Rahner, K. 359n., 360, 362n., 363

Ramos-Regidor, J. 360n., 368n.

Rigaux, B. 361n.

Schillebeeckx, E.H. 156-159

Schlier, H. 225n., 229n.

Schömmetzer, A. 101n., 358, 361, 365-368, 376n.

Schuster, A.I. 132-133, 135, 145, 167, 404-405

Sedúlio 437, 459

Sottocornola, F. 359n.

Spitzmuller, H. 542

Strotmann, T. 310n.

Tertuliano 362, 633n., 635n.

Thurian, M. 336n.

Tillard, J.M.R. 368n.

Tomás de Aquino, Santo 22, 28, 36, 102, 104, 112, 119-120, 125, 136, 167, 175-176, 191, 285, 310-311, 320, 359n., 361, 363, 366, 388, 396, 398, 404, 437, 451-452, 454, 482, 541, 560, 600, 638

Vagaggini, C. 248n., 341n.

Venâncio Fortunato 437, 542-543, 545

Wyclif, J. 360

Leia também!

Conecte-se conosco:

 facebook.com/editoravozes

 @editoravozes

 @editora_vozes

 youtube.com/editoravozes

 +55 24 2233-9033

www.vozes.com.br

Conheça nossas lojas:
www.livrariavozes.com.br

Belo Horizonte – Brasília – Campinas – Cuiabá – Curitiba
Fortaleza – Juiz de Fora – Petrópolis – Recife – São Paulo

  Vozes de Bolso

EDITORA VOZES LTDA.
Rua Frei Luís, 100 – Centro – Cep 25689-900 – Petrópolis, RJ
Tel.: (24) 2233-9000 – E-mail: vendas@vozes.com.br